临湘年鉴

（2018）

中共临湘市委
临湘市人民政府　主办

中共临湘市委党史研究室　编

方志出版社
Publishing House of Local Records

图书在版编目（CIP）数据

临湘年鉴.2018 / 中共临湘市委史志办公室编.
—— 北京：方志出版社，2019.6
ISBN 978-7-5144-3775-1

Ⅰ.①临… Ⅱ.①中… Ⅲ.①临湘—2018—年鉴
Ⅳ.①Z526.44

中国版本图书馆CIP数据核字（2019）第138821号

临湘年鉴（2018）

编　　者：中共临湘市委史志办公室
责任编辑：刘　珊

出 版 人：冀祥德
出 版 者：方志出版社
地址　北京市朝阳区潘家园东里 9 号（国家方志馆4层）
邮编　100021
网址　http：//www.fzph.org
发　　行：方志出版社图书经销中心
电话　（010）67110500
经　　销：各地新华书店
印　　刷：岳阳鑫容印刷有限公司

开　　本：889×1194　1/16
印　　张：19
字　　数：640千字
版　　次：2019年6月第1版　2019年6月第1次印刷
印　　数：0001～1000册

ISBN 978-7-5144-3775-1　　定价：300.00元

编辑说明

一、《临湘年鉴（2018）》是中共临湘市委、临湘市人民政府主办的综合性地方年鉴。本年鉴以马克思列宁主义、毛泽东思想、邓小平理论、“三个代表”重要思想、科学发展观、习近平新时代中国特色社会主义思想为指导，坚持辩证唯物主义和历史唯物主义的立场、观点和方法，全面、系统、真实地记载临湘市2017年自然、经济、政治、文化和社会发展的历史进程，为各级党政领导科学决策提供可靠依据和最新信息，为国内外广大读者了解和研究临湘市提供基本信息资料。

二、本年鉴采用分类编辑法，以类目、分目、条目组成框架结构的主体部分，少数分目没有次分目。本年鉴内容中的“市”指“临湘市”。条目标题统一用黑体加【 】表示，为方便读者查阅，书前有目录，书后有索引。

三、本年鉴文字资料所记载的内容，以2017年1月1日至12月31日为时间断限。

四、各单位“主要负责人名录”系各单位提供，以2018年3月底在职为准，且以副科级以上行政正副职务为主，党内职务只收录专职正、副书记（有行政职务的未注明）。

五、本年鉴所载稿件内容和数据均由各部门、各单位提供，并经撰稿单位领导审核。主要数据由市统计局提供。

六、本年鉴彩页内容涉及乡镇合并、县直机构调整的，原则上按2017年实际情况记述，部分内容涉及2018年。

《临湘年鉴（2018）》编纂委员会

顾　　问	谢　胜	中共临湘市委书记
	廖星辉	中共临湘市委副书记、临湘市人民政府市长
	余岳雄	中共临湘市委副书记
	孙少游	中共临湘市委常委、市委办主任
主　　任	蔡吉伟	中共临湘市委常委、市人民政府常务副市长
副 主 任	黎建平	临湘市人民政府办公室主任
	李　阳	临湘市委办公室副主任
	许定华	临湘市委党史研究室室主任
专职委员	李小容	临湘市委党史研究室党组成员
	李旭宇	临湘市委党史研究室党组成员、工会主席
	魏新敏	临湘市委党史研究室党组成员
委　　员	方　靖	中共临湘市纪律检查委员会常务副书记、市监察委副主任
	方晓宏	中共临湘市委组织部常务副部长
	胡子贵	中共临湘市委宣传部常务副部长
	胡华望	中共临湘市委统战部常务副部长
	詹　荣	中共临湘市委政法委常务副书记
	吴天星	临湘市财政局局长
	朱琼波	临湘市教育体育局局长
	周　伏	临湘市发展和改革局局长
	张　韧	临湘市住房和城乡建设局局长
	李伟峰	临湘市卫生健康局局长

沈国齐	临湘市统计局局长
何华光	临湘市长安街道党工委书记
李　瑜	临湘市五里牌街道党工委书记
刘庆明	临湘市桃矿街道党工委书记
汪　浪	临湘市云湖街道党工委书记
夏逢响	临湘市羊楼司镇党委书记
郑新宇	临湘市聂市镇党委书记
李开龙	临湘市江南镇党委书记
郑　娟	临湘市黄盖镇党委书记
何卫华	临湘市坦渡镇党委书记
袁　胤	临湘市詹桥镇党委书记
吴　斌	临湘市忠防镇党委书记
戴季田	临湘市桃林镇党委书记
张　华	临湘市长塘镇党委书记
陆　晖	临湘市白羊田镇党委书记

《临湘年鉴（2018）》编辑部

主　　编　许定华

副 主 编　李小容　李旭宇　魏新敏

责任编辑　刘　宏

编　　辑　方良斌　陈小明　朱岳华　刘　莎

摄　　影　张诚高　陆劲松

封面摄影　陈义斌

《临湘年鉴（2018）》组稿人

丁　洁	卜梅蓉	万云霞	马　兰	王子豪
王　飞	王伟夫	王高全	王　祺	方小勇
方立志	方伟利	方学军	方　威	方美云
方超纲	卢　樱	叶美华	叶恒波	叶　彬
田　鹏	付　聪	朱燕午	任　夏	任雯琼
向浩然	刘　一	刘　云	刘　为	刘亚军
刘　辉	许德军	严永华	苏栋华	杜　娟
李　力	李云海	李文龙	李文粲	李旭光
李　克	李贤璋	李泓龙	李　妮	李陟晖
李　勇	李振钦	李祥勇	李淑芳	李　翔
李　强	李毓昕	李　露	杨　芳	杨　美
杨　瓒	肖新宇	吴海峰	邱　景	何路标
余　良	余良松	余忠辉	余晓霞	余　琪
汪　郁	汪律行	沈小勇	沈华军	沈　鹏
张子龙	张日平	张驰成	张伶俐	张彬良
张　辉	陆三星	陆文军	陈三萍	陈小明
陈　芬	陈　凌	陈　容	陈　智	陈耀红
林　广	金李楠	金　勇	周　洁	孟文伟

赵府臣	钟丽敏	闾　炜	闾　炯	洪长虹
姚湘北	夏　丽	晏军雄	高运轩	唐　云
涂昌猛	曹　丞	曹宏粱	曹　洲	曹湘杰
龚　进	盛世龙	彭　红	彭　艳	彭琳琳
蒋　演	喻格雄	童　琼	曾光建	曾宪富
曾晓虎	湛军利	游泽松	谢文锴	谢　佳
谢继尧	谢清望	谢朝晖	廖亚萍	廖芳娜
谭小毛	潘　骙			

目 录

特 载

大事记

临湘市概况

中共临湘市委员会

临湘市人民代表大会

临湘市人民政府

政协临湘市委员会

社会团体

军 事

法　治

城乡建设·环境保护

综合经济管理

工　业

农　业

商贸服务业

交通·邮政·通信

金　融

文化·旅游

教育·卫生

乡镇·街道

附 录

临湘市白云湖公园

临湘市夜景

2017年4月6日，财政部农业司司长、国务院农村综合改革办主任吴奇修率领国家防总检查组，到临湘市检查防汛抗旱工作。省水利厅厅长詹晓安，岳阳市市委副书记、市长刘和生等陪同调研

2017年4月14日，省委常委、省委宣传部部长蔡振红一行到临湘市考察调研

2017年5月23日，岳阳市委书记胡忠雄到临湘调研

2017年5月12日，湖南远大集团总裁张跃一行到临湘考察，市领导李美云、魏淑萍、孙少游等陪同考察

2017年7月24日，岳阳市委副书记、市长刘和生到岳阳流动现场会，临湘市各级领导陪同

► 2017年10月11日，岳阳市委副书记李爱武到临湘市调研

◄ 2017年8月18日，岳阳市委统战部部长熊炜到临湘调研统战工作

► 2017年12月29日，岳阳市委书记胡忠雄到临湘调研指导工作

市委书记　李美云

市人大常委会主任　魏新咏

临湘市第十七届人民代表大会第二次会议

市长　魏淑萍

市政协主席　廖帧祥

临湘市政协第九届委员会第二次会议

市委书记李美云指导精准扶贫工作

市长魏淑萍走访贫困户

美丽乡村——梅池村

黄盖镇天鹅村"空心房"整治后规范村民建房集中安置点

时任岳阳市委书记胡忠雄到临湘浮漂制造基地考察

浮漂生产车间

竹制工艺品

中国竹乡标志

詹桥樱花

五尖山植树造林基地

首届菊花文化节

聂市三和茶叶标准园

国家AAA级景区一五尖山国家森林公园

2017年举办全国垂钓俱乐部挑战赛

白云湖晨练

龙窖山竹楼

6501风景区

山清水秀的龙源水库

十三村特色食品加工园

临湘海螺水泥有限责任公司

兆邦陶瓷有限责任公司

湖南金叶众望科技股份有限公司

湖南国发精细化工科技有限公司

临湘农村商业银行股份有限公司成立仪式

中国农业银行临湘市支行

华融湘江银行临湘市支行

政银合作签约仪式

特　载

不忘初心　牢记使命
为打造“精彩北大门、品质新临湘”奋力前进
——在全市三级干部大会上的讲话

市委书记　李美云

（2018年2月28日）

一、2017年的工作稳中有进，进中创优

一年来，全市上下坚持干字当头、实字托底，加力加速推进各项工作落实，保持了经济社会强劲发展态势。2017年，全市完成地区生产总值256亿元，增幅7.5%；财政总收入9亿元，增幅17.1%，其中地方公共财政收入5.2亿元，增幅18.6%；固定资产投资224亿元，增幅15.9%；社会消费品零售总额75亿元，增幅10%；城乡居民收入分别达到26477元、14589元，增幅10%、9.2%。主要经济指标增幅保持在岳阳市六县市第一方阵，一系列工作走在岳阳市乃至全省前列，实现了十二届市委开局之年稳中有进，进中创优。

一是推进了一批管当前、利长远的攻坚行动。牢牢抓住临岳融城发展机遇，着力在城市建设、产业发展上补短板，为加快城区、园区、景区三区联动发展打下坚实基础。修订了城市总规和9个镇的村镇布局规划；完善了海绵城市、地下综合管廊、商业网点布局、停车场等专项规划；启动了云湖新区建设，白云湖亮化美化；集中开工建设汽贸城、商贸城等7个专业市场。整体提质改造107国道五尖山西入口至羊楼司中洲桥段，打造了“湘北第一景观大道”，拉通城区断头路4条，提质改造背街小巷15条，城区十纵四横、网格循环的路网基本成型。组织大规模拆违行动30余次，拆除各类违法建设5万平方米。建成小公园、小游园21个。推进全域环境整治，创建了一批美丽乡镇、美丽村庄、美丽屋场。城乡面貌明显改观，城市承载力、吸附力显著增强。招商引资项目建设攻坚积蓄发展潜能。向上申报项目124个，争取各类政策性资金23亿元，开工建设重大项目72个。招商引资到位内资46.5亿元，外资3346万美元，新开工项目19个。其中5亿元以上2个、亿元以上10个，新投产项目37个。福尔程化工、中国竹艺城、万峰钓竿投入运营，竹木家居创新创业园、竹类交易物流园、标准厂房和长安文创园、黄盖湖防洪综合治理、长安河生态环境综合治理等重大项目加速推进，一大批基础设施项目和产业项目为经济增长提供强力支撑。全市新增规模工业企业30家，完成规模工业增加值90.8亿元，增幅7.6%。其中园区完成64.9亿元，占全市比重达71.5%，比2016年提高7.2个百分点。全域旅游示范创建攻坚激发发展活力。全域旅游游客接待中心和五尖山南门旅游公路、南门公园工程竣

工，十里桃花景区、桃花岛景区和旅游厕所建设稳步推进。野樱花·油菜花摄影节实现观光休闲游开门红，游钓文化园建成开园，承办国内赛事活动15场次，带动全市宾馆酒店爆满。2017年旅游接待总人数704万人次，旅游总收入51亿元，分别增长32%、34%。

二是破解了一批绕不开、想解决的现实难题。坚持站在对子孙后代负责的高度，正视历史遗留问题和现实矛盾，以强烈的责任担当，解决了一批多年来想解决而没有解决的难题。棚改征拆腾房任务超额完成：长安、五里牌街道和房产局、工科局等单位以挑战“天下第一难事”的决心和勇气，发扬钉钉子精神，全力推进十大片区17个项目棚改征拆，签约腾房5236户，超额完成两年的征拆任务。烟花爆竹生产企业全面退出：桃林、忠防、坦渡等镇以抓铁有痕、踏石留印的韧劲，强力推进烟花爆竹生产企业清零行动，退出烟花爆竹生产企业26家，提前两个多月完成省定任务，消除了临湘最大的安全隐患。环保突出问题整改落实到位：关停整顿非煤矿山企业52家，关停粘土砖厂33家、畜禽养殖场170户。全面拆除黄盖湖围栏9636亩、网箱6800口。全市66条河流、9个湖泊、3个中型水库、长江临湘段全部实行河长制管理。中央环保督察39个信访交办和反馈件全部整改销号。重点深化改革事项取得突破：产镇融合改革走在全省前列，打造的全国首个浮标小镇列入“全国休闲渔业基地”“中国最具特色休闲垂钓产业园区”和全省“第一批产镇融合示范镇”“第三批湖湘文化风情小镇”“省级工业旅游示范点”。长安文创园列入财政部PPP示范项目库。供销社综合改革、承担行政职能事业单位改革试点、机关事业养老保险改革稳步推进，监察体制和大统战改革顺利实施。

三是办成了一批促和谐、提品质的民生实事。始终围绕提高临湘人民生活品质，着力解决群众最盼、最急、最忧的问题，以实实在在的行动践行为民宗旨。小康整体实现程度达到97.5%，比2016年的91.2%提升6.3个百分点。基本保障更实了：发放各项社保资金9.6亿元、民政资金1.65亿元，新增城镇就业5064人、农村劳动力转移就业5526人。完成26个贫困村的安全饮水工程，实现贫困村光伏产业全覆盖，发放扶贫贷款4200万元，完成易地扶贫搬迁和危房改造578户，建立了健康扶贫机制，退出贫困村23个，脱贫2385人。交通出行更畅了：临港一期、长桃公路、兆邦大道等4个重点项目竣工，城中南路、芙蓉中路、麦坡东路、金太路建成通车，投放新能源公交车80辆，完成农村公路提质改造52公里、安保工程201公里。公共服务更优了：维修改造薄弱学校27所，整体搬迁新一中、六中、一小。高考本科上线率、优生比例居岳阳市第一。社会福利中心主体工程已完工。村级文化活动中心实现全覆盖。社会秩序更好了：公共法律服务中心、雪亮工程、强制戒毒所等基础项目全面建成，“五打五整治”和全警巡防、全民参与、全域创建“三全”系列专项行动深入推进，破获各类刑事案件263起。诉访分离进一步理顺，提供法律援助311件，大部分的矛盾纠纷在基层得到化解，实现了中共十九大特护期零进京上访。综治民调排名全省第38位、岳阳六县市第1位，群众满意度不断提升。

四是培养了一批讲党性、敢担当的优秀干部。大力践行严管就是厚爱的理念，深化两学一做主题教育，深入学习宣传贯彻中共十九大精神，各级党组织和党员干部紧跟新时代新思想，四个意识、四个自信不断增强。基层党建树立新标杆。在岳阳各县市中率先完成村（居）“两委”换届选举，率先启动村级综合服务平台建设，率先签约“岳农”综合服务平台项目，基层干部的服务意识、服务能力不断增强，基层组织的凝聚力、战斗力明显提升。正风肃纪成为新常态。大力开展“刹人情歪风、治婚丧陋习、树文明新风”、公职人员涉砂涉矿涉炮违规经营、“雁过拔毛”式腐败等专项整治行动，办结各类信访举报322件，立案查处各类违纪违法案件211起，切实维护了党纪国法权威，教育绝大多数干部保持了廉洁自律本色。实干担当塑造新精神。各级干部拼命干、加油干、埋头干、带头干、合力干，在全市上下营造了做就做成一流、干就干到极致、走就走在前列的争先创优氛围，充分展示了临湘干部队伍勇于进取的精神、脚踏实地的作风、较真碰硬的锐气。

五是打造了一批树形象、聚人气的工作品牌。2017年，是全市上下袖子撸得最高的一年，是同心圆画得最大的一年，也是临湘得到赞誉最多的一年。岳阳市委、市政府点赞临湘：干劲大、手笔大、力度大、变化大，给岳阳争了气、添了光、添了彩。一年来，临湘市承办了岳阳市村（社区）综合服务平台建设推进会、岳阳市政府全会、岳阳市棚户区改造工作会3个现场会，荣获全国基层中医药工作先进县市、中国休闲渔业旅游魅力城市和省级园林城市、全省首批“四好农村路”示范县、省级现代公共文化服务体系示范区等称号；“放管服”改革、工业企业入规、特色小镇建设得到省政府通报表扬，烟花鞭炮生产企业退出、精准脱贫、减灾救灾、血防、食盐专营、四同创建等工作经验得到国家、省有关部门推介；还有教体、安监、交通、商务粮食、国税、地税、五尖山公园、交警大队等部门单位，聂市、江南、羊楼司、桃矿等镇（街道），以及花桥、石咀、金河、万峰、龙胜等村（社区）获得国家级、省级荣誉。特别是在岳阳市综合绩效考评中，临湘市首次连续两年进入先进行列。一系列的临湘经验、临湘模式和先进荣誉，进一步树好了临湘形象，提高了临湘的知名度和美誉度。

这些成绩的取得，是市级班子精诚团结、励精图治的结果，是社会各界通力合作、鼎力支持的结果，更是全市广大干部群众实干担当、奋力拼博的结果。在此，我代表市委、市政府，向参加大会的各级干部、向各条战线的先进集体和模范个人，表示亲切的慰问和热烈的祝贺！向全市干部群众、向所有关心支持临湘建设发展的各界人士，表示崇高的敬意和衷心的感谢！

二、不忘初心，牢记使命，奋力打造“精彩北大门、品质新临湘”

2017年是贯彻中共十九大精神开局之年，是改革开放40周年，是决胜全面建成小康社会关键之年，是落实岳阳市委一个总体要求、三个工作重点、五个新的格局“一三五”发展战略的起步之年，也是我们打造“精彩北大门、品质新临湘”的攻坚之年。做好2017年的工作，临湘将迈入高速度、高质量的发展轨道，迎来更加广阔的空间。习近平总书记在中共十九大报告中号召全党“不忘初心、牢记使命”。这一届市委牢记初心和使命的具体行动就是矢志不渝地打造“精彩北大门、品质新临湘”，努力提高临湘人民的生活品质。

市委紧跟新时代，把握新思想，确定2017年总体工作思路是：深入贯彻中共十九大精神，坚持以习近平新时代中国特色社会主义思想为行动指南，认真落实中央、省委、岳阳市委经济工作会议部署，按照高质量发展的要求，突出新型工业化、新型城镇化两化引领，聚力园区升级、城市提质、乡村振兴、全域旅游、精准脱贫五大攻坚，筑牢民生保障、法治维稳、管党治党三条底线，为打造“精彩北大门、品质新临湘”奋力前进。

做好2017年的工作，要正确认识存在的问题和面临的机遇，牢牢把握以下三个要点：

*一是以新型工业化引领实体经济发展。*新型工业化是园区发展的必然选择，是壮大实体经济的必由之路。临湘的经济增长建立在“小盘子”基础上，总量不大。科技含量高、税收贡献大、集聚效应强的大项目好项目不多，钓具、楠竹、茶叶、艾草、旅游等特色产业还处于成长阶段，建材一业独大、工业经济不强的问题还没有得到根本性转变，市域经济抗风险能力仍然不强。中共十九大和中央经济工作会议对“振兴实体经济”作出全面部署，省委、省政府明确2017年产业发展的主攻方向是实体经济，要求突出抓好100个重大产业建设项目、100个科技创新项目和100个重大产品的创新，引进100家500强企业和100名科技创新人才。岳阳正在大力构建“现代产业、立体交通、开放带动、城乡统筹、生态发展”五个新的格局，产业发展的重点是做强做优石化、食品2个两千亿级产业，培育壮大现代物流、装备制造、文化旅游3个千亿级产业，在实施产业园区、开放型经济、非公有制经济、金融业四个十条的基础上，出台了实体经济“二十条”，在政策、用地、资金等方面打出了一套“组合拳”。一系列的政策举措，为我们补齐工业经济短板、做大做强实体经济提供了难得的机遇。临湘属于欠发达县市，推动高质量发展必须以较快的经济增长为支撑，一定要充分用好政策，把产业发展的重心调整到“主攻工业、决战园区”上来，通过两到三年的努力，重振临湘工业雄风，大幅提升经济实力。

*二是以新型城镇化引领临岳融城发展。*产业是城市发展的基础，城市是产业发展的载体，城市与产业共生共利，没有“城”的配套，就不可能引进好企业，更谈不上培育新产业。近年来，我们大力开展城乡规划建设管理、全域环境整治等攻坚行动，城乡面貌有了明显改观，街道变宽了，城市变绿、变亮、变美了。但也还存在城市功能分布不科学、个性特色不鲜明、常态化管理落实不严格的问题，尤其是与“市”的名称相比，与“1+4+2”大岳阳城市圈建设的要求相比，基础设施配套、城中村改造、教育医疗文化公共产品供给等方面的任务仍然很艰巨。省委经济工作会议强调，要把实施乡村振兴战略作为新时代“三农”工作的总抓手，并推进以人为核心的新型城镇化；岳阳坚持推进“1+4+2”大岳阳城市圈建设，在大型基础设施和公共服务项目方面将会释放更多的政策红利，为临湘城市建设发展提供了千载难逢的机遇。事实证明，我们坚持不懈抓城建、补短板、打基础的路子是正确的。2017年，要进一步加大新型城镇化力度，以精致精美的城乡环境和优质优越的教育、医疗、文化、交通等公共服务，吸引投资，聚集产业，惠及群众，为城市提供更多的价值回报，不断加快临岳融城发展。

*三是以创新和担当加速临湘建设发展。*创新位于五大发展理念之首，是引领发展的第一动力，有创新才有突破；担当是党员干部的必备品格，有多大的担当才有多大的作为。总的来看，临湘的干部队伍党性修养、能力素质、工作作风方面都经得起考验、说得起硬话，但也要看到极少数部门单位和干部身上存在的问题：落实

政令不畅，个别部门单位口头上落实，行动上落空，拖拉推诿，推三阻四；执行纪律不严，少数部门单位放松了对干部的教育管理，对身边同志身上的小毛病、小问题睁一只眼闭一只眼，乐于当“老好人”；创新意识不强，少数干部习惯于穿新鞋走老路，不善于运用新政策、新法规解决新问题；主动担当不够，少数干部缩头缩脚，怕担风险，对职责范围内的工作也要市委市政府发文件、出纪要。这些问题虽然是个别现象，但与临湘干部队伍的主流格格不入，必须引起高度重视。党员干部创造性地开展工作，是勇气和魄力的展示，更是责任和担当的体现。全市各级干部要始终坚持在创新中体现担当，在担当中推动发展。面对工作，要一马当先、一往无前、一抓到底；面对困难，要敢接招，敢负责，大胆创新，逢山开路，遇水架桥；面对大是大非，要敢于出手亮剑，敢于较真碰硬，全力推进各项工作落实。

同志们，历史只会眷顾坚定者、奋进者、搏击者，而不会等待犹豫者、懈怠者、畏难者。我们一定要坚定信心，牢记初心和使命，不驰于空想、不骛于虚声，继续发扬勇于进取的精神、脚踏实地的作风、较真碰硬的锐气，一步一个脚印，一件一件落实，向时代、向人民交上一份满意的答卷！

三、聚力五大攻坚，激活发展动能

决胜之年就要有决战之举，攻坚之年就要打好攻坚之战。要以深入推进四大会战、构建五个新的格局为契机，打好五大攻坚战，把经济社会发展的动能充分释放出来。

一是打好园区升级攻坚战。深入落实省委“五个100”和“产业项目建设年”活动部署，坚持工业强市、园区兴工、项目立园，在谋划上见高低、在落地上分胜负、在服务上比优劣，形成大抓项目、抓大项目的热潮，全面提升园区承载能力和税收贡献率，力争完成规模工业增加值65亿元、税收1.2亿元。

一要招大商。把招商引资作为发展的“第一工程”“一把工程”，坚持“书记抓园区、常委抓产业”，四大家班子齐上阵抓招商引资项目建设，实行招商引资“论资排位”，一季一讲评、半年一拉练、年终算总账。部门单位、镇（街道）的招商引资工作纳入全市年度综合绩效考评，并与干部的提拔重用、绩效工资挂钩。深入开展“迎老乡、回故乡、建家乡”系列活动，鼓励乡友企业把人才、资金、技术、经验带回临湘、造福临湘。3月，要集中精力开展一批产业项目建设行动。主动对接世界500强、中国500强、国内知名大型企业，开展产业链招商，力争引进投资10亿元以上项目1个、5亿元以上项目3个、2亿元以上项目5个、1亿元以上项目10个。

二要上项目。加强重大项目的跟踪对接，组织专班专人，尽早促成信息转意向、意向转签约、签约转落地、落地见效益。滨江片区要努力完成碧水源等6个项目签约，开工建设岳阳电镀中心、环宇医药、美邦铸造等8个项目，竣工投产宇恒二期、柳化中成、蓝彬科技、如虹制药等7个项目；加快临湘港区建设，促进港口与食品冷链、竹木、汽贸等专业物流园互动，培育一批5A级物流企业，抢占岳阳打造千亿级物流产业发展先机，努力建设环洞庭湖砂卵石储备基地、湖南铁矿石中转基地和中南地区进口木材集散中心。三湾片区已签约的新童盟服饰、永志诚电子线材等项目要尽快入园投产。羊楼司片区要加快建设竹木家居创新创业园、笋竹冷链物流园，力争7月全面竣工投产。

三要抓配套。加大标准厂房建设力度，启动钓具产业园电商物流园建设，园区在建的46万平方米标准厂房要在4月底交付使用。加大产业项目扶持力度，设立重点产业发展基金和产业孵化基金，坚决兑现“四优惠、四鼓励”招商政策。进一步优化行政审批程序，推行重大项目手续全程代办，让企业“只跑一次”。加大科技创新力度，积极与上海大学、湖南农大、中南林大等高校、科研机构合作，联合建立智能制造产业孵化中心和新材料、新工艺、新设备研发中心，促进科研成果就地转化。加大人才引进使用力度，通过四海揽才、柔性挂职等方式，引进紧缺专业人才，用好本土实用人才。

二是打好城市提质攻坚战。贯彻以人为中心的新型城镇化理念，积极承接“1+4+2”大岳阳城市圈建设，对标岳阳中心城区抓提质，以创建全国文明城市为龙头，争创国家级园林城市和卫生城市。

一要加快交通提质。积极开展107国道东移前期工作，开工建设临港二期、五大、羊定、乘铁等骨干道路，加快完成G4坦渡互通和长忠公路、麦坡西路建设。启动北正街拓宽拉通工程，彻底解决北正街拥堵难题。开工建设金阳路、金临路、府前路、建新南路等云湖新区道路，提质改造兴农巷、民兴路、旺乡路、烟坡西路、群强路和星河广场，拉通连新路、永昌东路等断头路。开工建设公交总站。修建社会停车场8处、货场停车场5处。

二要加快绿化提质。持续开展“增绿、补绿、透绿、享绿”行动，大力推进乔木进城，打造“森林小镇”4个、海绵生态园林机关10家。加大城东片区增绿力度，新增一批小绿园、小游园。

三要加快功能提质。举全市之建好云湖新区，推进城市综合体、教体新城、人民医院整体搬迁、长安文创园等重大公共服务项目建设，增设一批融入湘北文化元素的城市小品，构建宜居宜业宜游的城市新空间。稳步推进聂市茶乡小镇、羊楼司竹器小镇、詹桥樱花小镇、坦渡艾草小镇、桃林河流域特色小镇建设。完成浮标小镇二期工程，开工建设核心街区，争创国家级产镇融合示范镇。

四要加快管理提质。进一步健全城市常态化管理机制，着力抓好市政道路、公共场所的日常保洁和市政设施维护，严格落实“门前三包”和绿化管养责任。强化规划刚性约束，所有建设施工项目的规划方案归口规划局编制管理，继续推行禁违拆违治违村（社区）组巡查、镇（街道）负总责、规划局牵头执法的工作机制，坚决严厉打击乱搭乱建、抢栽抢种行为。

三是打好乡村振兴攻坚战。着眼解决城乡发展不平衡、农村发展不充分的问题，大力实施乡村振兴战略三年行动，打造一批“产业兴旺、生态宜居、乡风文明、治理有效、生活富裕”的美丽乡村、品质乡村。

一要做旺乡村经济。严格落实承包地所有权、承包权、经营权三权分置制度，鼓励农民加快土地流转，积极引导工商资本下乡，扶持十三村、永巨茶叶、家乐米业等龙头企业做大做强，让农民与企业、大户联手经营村庄。建设桃林现代农业生态产业园，培育休闲农业、观光农业、创意农业。积极发展羊楼司山野菜、黄盖小龙虾、江南富硒米、桃林豆腐、托坝狗肉、白羊田油茶等地域特色产业，培育10个以上集体经济示范村。深化供销社综合改革，9月底前完成市、镇两级供销合作社、农合联，市、镇、村三级惠农综合服务平台“两组织一平台”建设，新增镇基层供销社5个，成立农合联8个、村级电商服务社77个，建立生产、供销、信用“三位一体”综合服务体系，进一步打通“工业品下乡、农产品进城”的渠道。

二要整治乡村环境。重点抓好规范村民建房和空心房（包括闲置房、危旧房、零散房、违建房）集中整治，着力在“拆、建、管”上下功夫，严格落实先批后建、一户一宅、建新拆旧、集中连片、按图建房制度和“两鼓励、三到场、四禁止、五个有”，每个镇（街道）至少要建好2个30栋以上集中建房点。持续推进全域环境整治，抓好房前屋后、村组屋场、河港沟渠、公路沿线的清扫保洁。推动“厕所革命”和粪污治理，改造一批偏远村、贫困村旱厕，启动以乡村旅游风景区、公众活动集聚区等为重点的农村公共厕所建设。建好16座镇垃圾中转站，全面实行户分类、组保洁、村收集、镇集中、市转运填埋的垃圾治理模式。开展“国土绿化”行动，继续推进村旁、屋旁、路旁、水旁“四旁”绿化，建设一批林荫大道、绿树人家。

三要净化乡村风气。强力推进殡葬改革，重拳整治乱埋乱葬和修建“活人墓”“豪华墓”行为。加快推进公墓建设，各镇在建的公墓要尽快完工，投入使用，有条件的村至少建成1座公墓。继续开展“刹人情歪风、治婚丧陋习、树文明新风”专项行动，按照“婚事新办、丧事简办、其他不办”的原则，坚决刹住铺张浪费、大操大办的不正之风。

四要加强乡村治理。强化自治约束，村规民约要简洁明了，并且引导群众内化于心、外化于行。树牢法治观念，加强法治教育，增强基层干部法治观念、法治为民意识，引导群众学法、守法、用法。发挥德治作用，广泛开展好媳妇、好儿女、好公婆等评选表彰活动，开展寻找最美乡村教师、医生、村官、家庭等活动，组织乡贤名流、产业能人带头示范，增强乡村治理合力。

四是打好全域旅游攻坚战。创建“国家全域旅游示范区”，是我们提升城乡品位、打造产业品牌、塑造文化品格、提高生活品质的有力抓手，一定要以必胜的决心打好攻坚战，为明年成功夺牌打好基础。

一要完善旅游设施。建设文白至梅池旅游公路。6月底前完成全域旅游服务中心、五尖山游客接待中心布展，并投入使用。建好五里千亩茶园、江南万亩油菜花海、6501自驾游房车基地。开工建设茶博园、吴獬文化广场等旅游场所。争创五尖山AAAA级旅游景区、浮标小镇AAA级旅游景区。

二要开发旅游产品。开发“游钓”产品，积极承办国际国内垂钓赛事，带动游钓消费，形成“游钓”必来临湘的旅游市场导向。开发“竹旅”产品，培育竹乡农家乐、竹林氧吧，包装“爬竹山、赏竹林、采竹笋、全竹宴”精品游线。开发“赏花”产品，办好詹桥野樱岭、江南油菜花海、桃林河十里桃花观光摄影活动。开发“品茶”产品，做好百年茶庄、千年茶镇、万里茶道文章，扶持茶企、茶农走茶旅融合发展之路，培育一批集茶种植、茶体验、茶文化于一身的茶园综合体，做大做强“临湘老青茶”“临湘砖茶”公共品牌。开发“康养”产品，探索中医药与养老、养生融合发展之路，打造集艾草种植、加工、艾灸养生于一体的艾草特色小镇，发展一批以艾草疗养、森林康养为主题的民宿村寨。

三要扩大旅游营销。充分利用微博、微信、微电影、APP客户端等新兴媒体，提高旅游宣传营销的精准度、现代感和亲和力。紧跟市场，包装几条精品游线，吸引周边游客。加强运作，大力申办“国际浮标节”“砖茶文化节”“瑶文化节”等节会活动，争取影视剧、真人秀节目到临湘取景，植入广告，扩大知名度和影响力。

五是打好精准脱贫攻坚战。精准脱贫越到后面难度越大，越要保持定力，确保决战决胜。年内脱贫2500名建档立卡贫困人口，退出剩余3个贫困村。

一要落实脱贫责任。市级领导要坚守一线抓扶贫，带头开展“三走访三签字”活动。部门单位要充分发挥后盾作用，确保人力、资金、效果到位。镇（街道）要落实主体责任，对辖区贫困户包干负责，做到逐户销号、脱贫到人、群众认账。村（社区）要主动担当第一责任，密切配合，主动作为，对贫困底子、工作动态了如指掌、对答如流。驻村工作队要真驻、真扶，对全村贫困人口帮扶全覆盖。

二要用足脱贫政策。研究吃透扶贫政策，争取更多项目、资金扶持，并把扶贫政策宣传到位，最大限度地让贫困户得实惠。着力抓好健康扶贫，设立1000万元的健康扶贫基金，不断健全农村贫困人口住院先诊疗后付费、大病集中救治、慢性病签约服务管理的工作机制。继续推进易地搬迁扶贫，年内集中安置654人。

三要激活脱贫动力。坚持扶贫与扶志相结合，不断提高贫困户技能素质和就业创业能力。引导民营企业、加工大户为贫困户量身订制“扶贫岗位”，帮助有一定劳动能力的贫困人口就近从事劳动强度低的工作。加大资金、技术投入力度，扶持贫困户发展特色种养、农副产品加工等家庭小产业，让贫困户在家门口创业增收、脱贫致富。

四、筑牢三条底线，强化发展保障

不断强化风险意识和忧患意识，坚决守住三条底线，营造更加安全稳定的社会环境、公平正义的法治环境和风清气正的政治生态。

一是筑牢民生保障底线。积极回应人民群众对美好生活的向往，持续加大民生投入，让临湘发展更有温度，让群众生活更有品质。

一要推进生态大保护。牢固树立绿水青山就是金山银山理念，统筹推进山水林田湖综合治理，积极迎接中央环保督察“回头看”。加强公益林管护，扎实开展森林禁伐减伐三年行动。建好112公里森林防火带，严控林区火源，确保不发生森林火灾。推进黄盖湖防洪综合治理，除险加固小（2）型水库10座。严格执行“河长巡河工作方案”，定期开展巡河、暗访督察。加强龙源、团湾、忠防等中小型水库，桃林河、源潭河等流域水生态环境保护，保障饮水安全。大力整顿关停非法矿山，全方位全天候巡查跟踪已关停采石场、砂石码头堆场。

二要推进实事大办理。加快义务教育学校标准化建设，高起点高标准规划幼儿园、小学、高中、职高各一所，建好2所城区标准化小学。整合中医院与社会福利中心资源，建好医养结合示范基地。进一步扩大城乡居民养老保险、工伤保险、基本医疗保险等覆盖面，确保养老保险和医疗保险覆盖率分别达到95%、90%以上。扎实做好就业创业服务，不断拓展群众就业渠道，新增城镇就业5064人。全面优化救灾救济、优抚安置、养老服务等工作。改造农村公路42公里、农村危桥28座。继续推进棚户区改造，完成棚改安置房1787套。

三要推进计生大提质。在大幅提升统计数据和人口出生质量的同时努力创先争优，确保升类晋位，坚决打好“翻身仗”。主要做到四个不缺：不缺位，镇（街道）要把计生工作摆在重要位置，由党政一把手亲自抓、负总责，安排得力班子成员分管，并将责任、压力传导到村（社区）。不缺人，按乡镇“三定”方案，落实人员编制，配齐配强配优乡镇计生干部，尤其是计生办主任。不缺钱，市、镇、村（社区）都要加大计生工作经费投入，切实解决好缺钱办事的问题。不缺席，坚持计划生育与全市重点工作同部署、同考核、同奖惩，坚决兑现“一票否决”。

四要推进文化大繁荣。加强精神文明建设，坚持办好“道德讲堂”和“市民大课堂”，在全市上下营造学习道德模范、争当道德模范的浓厚氛围。加大文化遗址保护管理力度，保护传承十样锦、嗡琴戏等民俗文化。开展“一元周末剧场”、草根文化艺术节等惠民活动，为群众提供更丰盛的精神食粮。

二是筑牢法治维稳底线。全面推进依法治市，完善党委领导、政府负责、社会协同、公众参与、法治保障的社会治理体系，打造共建共治共享的社会治理格局。

一要防风险。不断提高防范和抵御风险能力，有效防范、化解、管控各类风险。积极防控政府债务风险，遏制增量，化解存量，严禁新上非必要性、非紧迫性、非公益性的“功利型”项目。同时，正确处理好上项目、抓发展与防风险、化债务的关系，切实转变思想观念，不能把推进发展与化解债务对立起来，一谈控制政府债务就不抓发展了，对事关长远发展、事关民生改善的项目，该搞的还是要坚决搞，但要严格控制投资成本。把防控金融风险摆到突出位置，狠抓金融生态整治。进一步加大宣传警示力度，提高群众对非法集资的风险意识和识别能力，加强民间投融资机构监管，突出抓好公职人员参与非法集资专项整治，系统排查整治非法吸收公众存款、集资诈骗、高利转贷、暴力催债等违法行为，争创“省级金融安全示范区”。

二要常震慑。大力开展扫黑除恶专项斗争，把打击黑恶势力犯罪和反腐败、基层“拍蝇”结合起来，把扫黑除恶和加强基层组织建设结合起来，铁腕整治河道采砂、工程招投标、工程监理领域的违法行为，以及强揽工程、强买强卖、强行阻工等违法犯罪行为，坚决依法从严惩处黑恶势力的组织者、领导者、骨干成员及其“保护伞”。始终保持对“两抢一盗”、黄赌毒、地下“六合彩”、堵门堵路堵桥等违法犯罪的高压态势，坚持露头就打，把“严打”变“常打”，不断提升群众的幸福感、安全感。

三要促和谐。强化市、镇、村三级网格化服务管理，加快建设综治中心、雪亮工程，加大普法教育和平安数字建设力度，持续开展社会安全防控“三全”行动，进一步提高街面见警率和“红袖章”覆盖范围。加强基层治理和源头防范，做好矛盾纠纷排查，将隐患苗头化解在萌芽状态。持续推进诉访分离，依法规范信访秩序。确保全市民调排名全省前40位、镇（街道）排名岳阳前40位。

四要保安全。坚持依法治安、科技兴安、全员保安，严格落实安全生产企业主体责任、党政领导责任、部门监管责任和属地管理责任，突出抓好非煤矿山、交通运输、危化物品、建筑工地、工贸企业、消防等领域安全隐患排查整改，全力保障群众生命财产安全，确保不发生重大事故，创建安全生产示范区。

三是筑牢管党治党底线。坚持党建总揽，深入贯彻落实新时代党的建设总要求，拧紧压实管党治党责任，不断提高党的建设质量，为临湘经济社会发展提供坚强的组织保证和纪律保证。

一要旗帜鲜明讲政治。“党政军民学，东西南北中，党是领导一切的”。坚持党对一切工作的领导，是党的政治建设的首要任务。要始终把严守政治纪律和政治规矩摆在首要位置，坚决维护以习近平同志为核心的党中央权威和集中统一领导，不断强化四个意识和四个自信。深入开展“不忘初心、牢记使命”主题教育，努力学懂弄通做实中共十九大精神，增强用习近平新时代中国特色社会主义思想武装头脑、指导实践、推动工作的思想自觉、政治自觉和行动自觉。全市各级各部门都要始终坚持在市委的集体领导下开展工作，对市委的决策部署，一个声音、一个步调、一以贯之抓落实。全市党员干部都要牢记自己的第一身份是共产党员，第一职责是为党工作，任何时候都要做到对党忠诚、听党指挥，立场坚定地服从市委安排、执行市委决定、维护市委形象。

二要协调联动聚合力。全市各级各部门都是临湘建设发展的主人公，市委、市政府的中心工作，人人有义务，个个要支持。四大家机关、部门单位、镇（街道）及村（社区）既要认真干好本职工作，又要积极参与全市中心工作，特别是在市委、市政府的重大决策、重大项目面前，在矛盾纠纷、困难障碍面前，要主动支持、积极配合，多找解决问题的办法，多做协调对接的工作。宣传部门要紧紧围绕学思践悟中共十九大精神，深入挖掘临湘干部群众身边的鲜活事例、先进事迹，推出一批有力度、有深度、有温度的重点报道和特色报道；要围绕“网站、网军、网宣、网研、网监”五大要素，建立部门协作机制，依法严厉打击造谣滋事行为，营造清朗的网络空间和积极向上的舆论氛围。统战部门要充分发挥联系广泛的优势，加大招商引资推介力度，搭建创新创业服务平台，进一步画好“同心圆”。人武部门要加强非战争军事行动能力建设，着力提高民兵预备役人员应急处突能力，组织专武干部积极参加全市中心工作。驻临单位要强化大局意识和驻地意识，积极为临湘建设发展提供优质服务。工会、共青团、妇联、文联、科协、残联等群团组织要以更加积极的姿态主动作为，充分发挥服务大局、联系群众的桥梁和纽带作用。

三要强化举措抓基层。基层组织是党的全部工作和战斗力的基础。市委历来重视基层、关心基层，2017年继续在找好一条发展路子、管好一名支部书记、带好一支党员队伍、用好一个服务平台、建好一套制度机制上下功夫，重点强化三项举措：强化基层组织管理考核。制定《党委（党组）抓党建工作责任制实施办法》《农村（社区）党组织书记管理考核激励办法》和村干部“小微权力清单”，建立精准明责、认真履责、严肃问责“三位一体”的责任体系，从严抓实“党员活动日+”制度，对基层组织和基层党员的履职情况实行量化积分管理。强化基层阵地服务功能。充分运用好村民服务中心，选优配强乡镇代办指导员、全程代办员和村级便民服务员，把村民服务中心打造成为村干之家、党员之家和村民之家。强化基层干部培养使用。坚持在项目建设、征地拆迁、信访维稳、精准脱贫、基层党建等一线岗位上检验干部、识别干部、培养干部，选派一批优秀年轻干部到镇（街道）及村（社区）挂职任职。积极探索村支部书记专业化、职业化和公职化，让党性强、敢担当、会办事、守底线的村干部更有保障、更有奔头。

四要持之以恒正风纪。中共十八大以来，中央正风反腐的态度鲜明，决心坚定不移，而且越往后执纪越严。纪委监委要以霹雳手段惩治腐败，坚持受贿行贿一起查，坚持减存量、重点遏增量；继续开展巡察工作，着力抓好中共十九大精神贯彻落实情况的监督检查，督促各级党组织严守政治纪律和政治规矩，对在重点工作中推进不力、推诿扯皮的干部，夸夸其谈、敷衍塞责的干部，要严肃追究相关领导和干部的责任，确保政令畅通、令行禁止。各级纪检监察机关要进一步加大纠“四风”和“雁过拔毛”式腐败专项整治力度，紧盯“四风”问题新动向，充分运用“四种形态”，早提醒、早教育、早处理，坚决整治群众身边的不正之风。各级党组织要自觉担当主体责任，牢固树立严管就是厚爱、保护干部不出事就是给予干部最大的政治福利这一理念，既抓好班子自身建设，又管好本部门、本辖区的党员干部，把对干部的关心厚爱体现到从严要求、从严管理上来。各级党员干部一定要牢记：党的纪律和规矩是不可触碰的底线、红线，必须把纪律和规矩作为做人做事的标尺，认真学习党章、严格遵守党章、自觉尊崇党章，心有所畏，言有所戒，行有所止，永葆清正廉洁本色。

五要增强本领提效能。中共十九大报告指出，“我们党既要政治过硬，也要本领高强”，要增强八个方面的本领。对临湘的干部来讲，迫切需要增强四个方面的本领：要增强学习本领，既学党的理论、政策法规，又要学城乡规划、金融融资等与实践工作密切相关的专业知识和先进经验，并学以致用。要增强改革创新本领，坚持按照市委的部署，全力推进年度各项改革任务，大力探索自主改革事项，不断在产业品牌上求创新、在体制机制上求突破，力争为全省乃至全国提供一批“临湘模式”“临湘经验”。要增强群众工作本领，大力推行“一线工作法”，坚持问题在一线发现、矛盾在一线解决、工作在一线推动、形象在一线树立，主动与基层群众交朋友，充分发挥群众的主体作用，积极组织群众参与、支持市委、市政府的中心工作。要增强狠抓落实本领，“一分部署，九分落实”，定了的事要马上就办、用心去办、一办到底、办就办好，始终以真抓的实劲、敢抓的狠劲、善抓的巧劲、常抓的韧劲，快节奏、高效率抓落实，不见成效不罢休，不达目的不罢休。为确保全市各级干部集中精力抓工作落实，市委专门出台了关于进一步贯彻落实中央八项规定精神的实施细则，调查研究、文件会议、新闻报道、检查考核等方面都要规范简化，可发可不发的文件一律不发，可开可不开的会议一律不开，可搞可不搞的检查一律不搞，确需召开的会议和举行的活动，也要缩短时长、统筹安排，尽量“拼盘”合并，市级领导要带头遵照执行，四大办要严格把关，市纪委要加强监督。

同志们，新时代要有新气象，更要有新作为。让我们更加紧密地团结在以习近平同志为核心的党中央周围，深入学习贯彻习近平新时代中国特色社会主义思想，不忘初心、牢记使命，同心同德、实干担当，为打造“精彩北大门、品质新临湘”奋力前进！

临湘市人民代表大会常务委员会工作报告

——在临湘市第十七届人民代表大会第二次会议上

市人大常委会主任　魏新咏

（2017年12月22日）

2017年工作回顾

过去一年，常委会在市委的坚强领导下，认真贯彻落实中共十八届三中、四中、五中、六中全会和中共十九大精神，围绕全市工作大局，依法履职，较好地发挥了地方国家权力机关的作用。全年共召开常委会议9次，主任会议16次，工作会议20次，听取和审议“一府两院”工作报告12项，开展执法检查7次，视察14次，专题调研15次，圆满完成了市十七届人大一次会议确定的各项目标任务，为推进经济社会发展和民主法治建设做出了积极贡献。

一、围绕中心，助推经济发展

常委会紧紧围绕市委的中心工作，坚持发展与民生兼顾，监督与支持并重，着力推进经济平稳、健康、有序发展。

1.力促经济平稳运行。听取和审议2016年财政决算和政府财政收支审计情况报告，批准了2016年财政决算。提出了增强预算刚性约束、提高预决算透明度，加大审计发现问题整改力度的建议。听取和审议2017年财政预算编制方案、2017年上半年国民经济和社会发展计划及财政预算执行情况的报告，要求政府适应经济新常态，强化财源培植，集聚增收后劲，提高财政收入。支持政府适度举债发展，作出融资发债决定7个，批准政府融资近30亿元，为加快我市发展步伐注入了强大活力。开展融资平台公司债务调查，澄清债务底子，督促政府及相关部门，防范财政风险，控制举债规模，科学使用发债资金，切实提高使用效能，确保经济平稳运行。

2.稳步推进社会事业。专题调研全市旅游基础设施建设情况，建议政府结合实际、突出重点、创造特色、分步推进、讲求实效。组织开展《城区烟花爆竹限放管理办法》实施情况检查，将城区南部限放范围，调整到了三湾工业园及原城南敬老院一线，净化了浮标特色小镇及周边村组生产生活环境。专项检查“合乡并村”改革后机构运行情况，要求市、镇两级加强指导，搞好协调，维护稳定，促进发展。确保合并之后，思想合心、工作合拍、行动合力。关注村主职干部待遇问题，提出了适当提高工资标准，稳定村支“两委”队伍的建议，引起了市委的高度重视。继续抓好《规范性文件备案审查条例》的贯彻落实，2017年审查政府规范性文件、通告、会议纪要113份，备案审查工作逐步走向制度化、规范化、常态化，提升了法治建设水平。

3.全力支持中心工作。积极响应市委号召，支持政府工作，投身重点工程建设，常委会机关先后派出12名班子成员和副科以上干部到征拆、建设一线，在五个指挥部，既当指挥员，又当战斗员。李炎利同志负责浮标特色小镇工程项目，在时间紧、任务重、矛盾多、压力大的情况下，全身心投入，迎难而上，加班加点，务实、高效的作风得到广泛好评。正面鼓与呼，倡导良好的社会舆论环境，主任会议成员两次集体看望受委屈的征拆干部。在全市脱贫攻坚行动中，引领驻临湘的省、市、县、乡四级人大代表260多人，积极参加“脱贫攻坚”行动，开展“我为脱贫攻坚争贡献”系列竞赛活动，对口帮扶困难群众320户，918人，落实帮扶措施400多条。省人大代表李国武、市人大代表李正炎，2017年扶贫、助学、做慈善均在50万元以上。情系基层，动员机关，协调各方，筹措资金300多万元，帮助联点乡镇、双联单位解决具体问题28个。

二、关注民生，促进社会和谐

常委会致力于发展成果普惠于民，紧紧抓住事关民生改善和社会发展重大问题，切实履行职责，促进热点、难点问题的解决。

1.*关心文化教育*。在新一中搬迁时间问题上，常委会组织全体常委委员，亲临建设现场，深入调查研究，广泛听取群众意见，针对配套工程尚在建设、绿化工作任务很重、环保要求难以达标的实际问题，向市委、市政府提出了暂缓搬迁的建议，得到充分采纳。针对市图书馆工作要求高、历史遗留问题多、经费紧张的现实情况，常委会建议财政加大支持力度，并从人大机关安排经费，帮助解决燃眉之急。

组织机关干部到新文书苑参观学习，建言献策，鼓励书苑走专业化、产业化发展之路，带头认购读书卡，营造良好学习氛围。

2.*关爱弱势群体*。一是建议适度提高商务粮食局、计生协会、精神病医院、工科局等弱势部门的经费预算，力促预算公平。二是重视计划生育失独家庭的关爱工作，失独家庭在当时的历史条件下，为我们的计划生育事业做出了积极贡献，现在面临着巨大的精神和经济压力，理应得到全社会的关心，人大常委会为之鼓与呼，就“特别扶助金和生育关怀基金”等问题，要求相关部门按政策标准兑现，得到了省卫计委的充分肯定。三是组织部分人大代表，深入到原针织厂、制线厂等7家破产企业，摸实情，出实招，督促相关部门，面对现实，克服困难，抢抓国家政策机遇，加快改制进度，解决下岗职工后顾之忧。四是急群众所急，帮群众所需，多方筹集资金，救助因病、因灾致贫的社会弱势群体70多人次。

3.*关注来信来访*。常委会全年受理群众来信来访58件，交办38件，转办20件，办结35件，做到件件有回音。詹桥镇沙团村群众反映该村与岳阳县毛田镇，山水相连，来往密切，因资金短缺，公路年久失修，安全隐患大，影响通行。常委会高度重视，现场调研，组织公路局等单位筹措资金20多万元，硬化路面1.8公里。聂市镇同德村因同德垸土地权属问题，村民多次到人大集体上访，人大相关工委组织人民法院、经管局等部门，深入调查，反复协调，息诉息访，维护了一方稳定。

三、依法监督，维护法律权威

常委会始终把保证宪法和法律实施放在突出的位置，依法监督，不断推进法治建设进程。

1.*加强司法监督，维护司法公正*。集中视察公安局看守所、拘留所和禁毒工作，督促公安部门加强监所管理，加大毒品犯罪的打击力度，创建良好社会环境。深入实施《临湘市人大常委会司法监督工作办法》，对“公、检、法、司”重要案件呈报备案和例案信息报送工作进行专项检查，对取保候审、不予逮捕、免于刑事处罚、社区矫正等案件进行重点监督，促进司法公正。专题调研市人民法院执行工作，破解人民群众反映强烈的执行难问题，督促市人民法院加强案件甄别，加大执行力度，执行工作有明显成效。璧山牲猪退养案执行、润天酒店租赁合同案执行，影响较大，反响较好，维护了人民群众的合法权益和司法权威。

2.*加强执法监督，促进依法行政*。开展《环境保护法》执法检查，督促市政府抓住中央环保督查的契机，加大宣传力度，健全部门配合机制，加强生态环境保护，提升环保执法能力。开展《残疾人保障法》执法检查，全面了解我市残疾人的基本情况、生存生活现状及保障工作，建议市政府加大残保金收缴力度，逐年增加精神病医院的财政投入。专题询问村组公路管养问题，要求市政府及相关部门，厘清责任，明确职责，整合资源，形成合力，确保乡村道路监管有机构，执法有人员，养护有资金，考核有机制。常委会将密切关注，跟踪问效，2018年组织省、市、县三级代表进行视察，落实情况向代表大会交账。

3.*加强任免监督，改进工作作风*。坚持党管干部与人大依法任免有机统一，进一步规范任免工作程序。对任命对象，依法组织任前调查，严格任前法律知识考试，任命通过后，一律向宪法庄严宣誓，强化宪法意识、弘扬法治精神。2017年共依法任免国家工作人员58人次，接受临湘市本级人大代表辞职6人。坚持任后监督，注重任命对象外部信息收集，认真听取纪检、信访、公安、卫计等部门意见，对触犯刑律、违纪违规的3名岳阳市、临湘市人大代表，根据市委意见，坚决依法劝其辞去法律职务。

四、优化服务，发挥代表作用

牢固树立代表主体意识，不断完善服务保障机制，创新工作载体和形式，激发代表履职热情。

1.*夯实代表履职平台*。充分发挥镇（街道）“代表之家”联系群众、收集社情民意的纽带作用，完善代表履职管理，建立省、市、县、镇四级代表履职档案869份，在42名岳阳市人大代表中开展履职考评。借助村级便民服务中心达标建设契机，搞好村级代表工作平台建设试点，推广代表履职平台向基层延伸，实现镇、街道、村社区人大代表联系选民“零距离”。

2.创新代表活动方式。一是组织代表“看”。深入基层一线，实地察看，看城市建设、看村镇变化、看产业发展、看环境治理，增强代表的感性认识。二是邀请代表“听”。先后分批次安排152名各级代表列席常委会议5次、旁听法院庭审4次、参与审议专项工作12次，提高代表履职水平。三是引导代表“想”。围绕“岳临融城发展、边界乡镇建设、规范村民建房、稻田养虾”等12个课题开展调研，督促代表主动思考，参与调研代表64人，形成调研报告12份，供各级领导参考决策。

3.关心代表生产生活。专题调研中发矿业、吉祥嘉年华等5家企业，就发展方向、资源利用、人才培养等问题，提出相关建议意见9条。支持代表做大做强自身产业，牵线搭桥，协调解决九峰油茶等3家企业项目支持4个。对于生活困难、身患病痛的22名市、县人大代表，常委会做到看望上门，情暖于心。

4.突出代表建议办理。采取大会交办、电话催办、上门督办的方式，紧盯目标不放手。79件代表建议案，回复78件，办结34件，代表满意率达97.4%。《关于将精神病患者进行特殊救助的建议》，常委会连续督办4年，终结硕果，被省刊《人民之友》作为县、区人大工作经验登载。忠防代表小组马志龙提出的《关于联通詹桥至忠防公路的建议案》，市政府高度重视，常务副市长凌晓明现场办公，交通局等单位积极作为，筹措资金600多万元，5个月内完成了桥梁架设和道路硬化，群众很高兴，代表很满意。

五、改进作风，提升人大形象

1.抓培训学习，提高素质。组织机关干部职工集中学习4次，观看反腐倡廉和中共十九大开幕式等系列专题片6次，撰写心得体会文章150余篇。组织机关干部职工到羊楼司、忠防、江南、长安街道等单位，访贫问苦，扶贫帮困，亲身感受普通百姓生活的艰辛和不易，提高干部职工的政治素养和道德情怀。

2.抓舆论宣传，树立形象。充分利用临湘电视台、临湘人大网、“临湘人大”微信公众号、临湘手机报、QQ、微信群及上级刊物等媒介，宣传人大工作。全年报送、采用各类信息280多条，向省刊《人民之友》、《岳阳人大导刊》、《岳阳人大理论研究》、岳阳人大网等上级人大刊物投稿60多篇，其中经验论文15篇，获奖5篇，较好地反映了我市人大工作，提升了人大形象。

3.抓制度建设，转变作风。切实加强机关管理，结合反“四风”要求，进一步细化和完善人大机关《财务管理制度》《公共财物管理制度》《干部职工考勤制度》《食堂就餐制度》《干部学习制度》等，规范了干部行为，转变了干部作风，提高了工作效率。

4.抓机关改造，美化环境。积极响应市委“增绿透绿、靓城美城”的号召，投资80多万元，升级改造机关后院，按海绵城市的设计标准，增加绿化面积1300多平方米，新建生态停车位60多个，向市民开放，美化了机关环境，方便了人民群众。

各位代表，在肯定成绩的同时，我们也清醒地认识到，常委会的工作离法律和上级的要求，离人民群众和人大代表的期望，还存在一定的差距和不足。主要表现在：对“一府两院”的工作监督，手段偏软，不愿碰硬；对社会反映的热点问题，介入太少，顾虑太多；对乡镇人大队伍建设，重视不够，关心不足等。我们将认真研究，切实加以改进。

2018年工作设想

2018年是贯彻落实中共十九大会议精神的开局之年，是我市脱贫攻坚，全面建成小康社会的关键之年，意义重要，责任重大。总体要求是：深入贯彻落实中共十九大和习近平总书记系列重要讲话精神，紧紧围绕“精彩北大门、品质新临湘”的发展目标，探索创新，积极作为，促进我市经济社会发展更加平衡、更加充分。具体而言，在抓好其它常规工作的同时，着重抓好如下10个方面的工作。

——规范人事任免，坚持党管干部与人大依法任免有机统一，重点抓好任前调查和任后监督，促进被任命对象依法行政，积极作为。

——完善工作评议，扩大评议范围，“一府两院”、上管单位、正科级事业单位全覆盖，分类、分期、分批进行。

——突出建议案办理，建立长效机制，重点办理5—6个事关民生、涉及面广的建议案，兼办一般建议案，整体推进，确保实效。

——开展执法检查，择重点、选难点、抓突破。针对社会反响较大的城市规划、食品安全、非税收入管理等问题，开展《城乡规划法》《食品安全法》和《湖南省非税收入管理条例》等法律法规的执法检查，确保法律法规在本行政区内的有效实施。听取市人民检察院关于刑罚执行工作情况汇报，维护社会公平正义。

——关注民生实事，针对城乡殡葬乱象，开展殡葬管理工作专题调研，督促相关部门加大殡葬管理改革力度；针对农业产业发展的现状和需要，开展茶产业发展专题调研，督促相关部门着眼打造茶叶品牌，扎实推进茶叶基地建设。

——创新代表活动，拓展代表履职平台，逐渐向村、居委会、社区延伸；组织各级代表分组开展活动，创新活动形式，丰富活动内容，实行履职考核。

——做实专题询问，针对社会反映较大、关注度较高的医保资金管理、计生失独家庭保障等问题进行专题询问，确保医保资金规范运行，确保计生失独家庭得到社会关爱。

——密切上下联系，加强与省、岳阳市人大的工作联系，及时反映临湘人大工作动态，寻求指导。认真指导乡镇人大工作，落实人大主席季度例会制，邀请乡镇人大主席列席人大常委会议，参加人大常委会检查、评议等活动，相互学习，共同进步。

——决定重大事项，根据即将出台的湖南省《关于市县人大依法行使重大问题决定权的指导意见》，拟订我市重大事项处理办法，特别是对产业发展方向、重大民生工程、重要建设项目等，依法行使重大事项决定权，促进经济社会可持续发展。认真落实《关于预算审查前听取人大代表和社会各界意见建议的若干规定》，确保预算编制科学、规范。

——加强自身建设，坚持把党的领导贯穿于人大各项工作，进一步加强人大系统干部职工的理论学习和业务知识培训，进一步加强常委会党组和人大机关思想建设、作风建设、廉政建设、制度建设，不断提高人大工作整体水平。

各位代表，新蓝图绘就新希望，新事业开启新征程，让我们在中共临湘市委的坚强领导下，不忘初心、继续前行，敢于担当，开拓进取，为促进临湘全面建成小康社会而努力奋斗！

政府工作报告

——在临湘市第十七届人民代表大会第二次会议上

市人民政府市长 魏淑萍

（2017年12月21日）

2017年：实现了本届政府的良好开局

一年来，在中共临湘市委的坚强领导下，在市人大、市政协的监督支持下，我们团结带领全市人民，撸起袖子加油干，迈开了新的发展步伐，实现了本届政府的良好开局。预计全市地区生产总值、固定资产投资、规模工业增加值、社会消费品零售总额、公共财政预算收入分别达到251亿元、210亿元、88亿元、75.4亿元、8.47亿元，同比分别增长7.5%、16%、7.5%、11%、10%。预计城乡居民收入分别达到26470元、14567元，同比分别增长9.6%、9%。

2017年，我们夯实了产业基础。大力推进“一园四区”①建设，加快产业集聚，提升产业实力。钓具服装产业园入驻企业27家，开工建设标准化厂房46万平方米，滨江工业园区比德生化二期、福尔程化工、宇恒二期、柳化岳阳中成、如虹制药、湖南蓝彬和吉象化工等7个化工朝阳项目已开工建设。环宇药业与赛托生物、人福药业2家上市公司签订合作协议，我市与武汉港发集团签订战略合作框架协议，临湘产业发展势头更加强劲。

2017年，我们提升了城乡品质。湘北大道提质改造打造了城市景观。法治公园、西入口公园等8处绿地公园拓展了城市绿色空间。注入临湘文化元素的城市夜景，赏心悦目、美轮美奂，浮标、竹器等特色公益广告提升了城市品位。7个专业市场建成后，将在充分发挥市场经济效益的同时，有效破解马路市场、占道经营等城市管理难题。桃矿、桃林、长塘、忠防等桃林河流域特色小镇建设增添了镇村魅力。聂市古镇获评中国历史文化名镇。羊楼司镇、龙窖山村、梅池村荣获省级历史文化名镇、名村。“刹人情歪风、治婚丧陋习、树文明新风”行动正在改变旧俗。我们的城市变得更靓，乡村变得更美，市民变得更加文明。

2017年，我们狠抓了环保整改。践行“绿水青山就是金山银山”的理念，关闭黏土砖厂33家，退养城区畜禽养殖户93户、黄盖湖等禁养区养殖户31户，拆除黄盖湖围网围栏9636亩、网箱6800个，停产整顿非煤矿山52家，整体退出烟花爆竹企业33家，全面取缔境内长江岸线非法码头和砂石堆场，较好地完成了中央和省市交办的环保整改任务。烟花爆竹企业退出工作经验在全省推介。昔日千疮百孔的矿山开始复绿，围网密布的湖泊再现碧波荡漾。

2017年，我们回应了群众期盼。今年，我们完成了十大棚户片区5236户的签约；完成了市三中改扩建、市六小新建，新一中即将搬迁；拉通了7条城市断头路、盲肠路，缓解了城区交通拥堵问题；长桃、坦定公路，羊楼司铁路跨线桥，临港公路一期改扩建工程全面竣工；全市有23个贫困村即将退出，2385名贫困人口有望脱贫。

2017年，我们扩大了对外影响。城建、交通、棚改、文化、盐业以及村级综合服务平台建设等多项工作走在省市前列，省、岳阳市接连在我市召开现场经验交流会。国际垂钓中心高标准建设，成功举办了全国垂钓俱乐部挑战赛等12场国家级赛事活动。承办了湘鄂赣边区第十六届老年运动会。成功创建省园林城市、省四好农村公路示范市，临湘浮标特色小镇被列入全国休闲渔业示范基地和湖湘文化风情小镇。

“五个2017年”，让我们深深地感受到了，在攻坚之时赢得了支持，在压力面前实现了突破，在实干之中凝聚了人心。我们有信心、有能力把临湘的事情办得更实、更好、更有前景！

一年来，我们主要抓了以下几个方面工作：

扎实开展项目攻坚行动。紧密对接“四大会战”投资需求，深入开展项目建设年活动。全年累计开工建设重大项目72个，完成投资56亿元，占年度计划的107%。向上申报项目124个，争取各类政策性资金20.6亿元。其中，黄盖湖防洪治理工程获国家发改委批准，完成了黄盖垸、中山湖垸、杨花咀垸、冶湖渍堤4处堤垸标准化改造。“迎老乡、回故乡、建家乡”招商活动成效明显，到位内资46.2亿元，同比增长54.3%，到位外资3000万美元。临湘国际汽贸城、湘北国际商贸城、湘北风味美食城、金河汽车美容市场等项目开工建设。加大园区土地征收和闲置土地清理回购力度，平整土地1200亩，回购土地267.5亩，确保了入园项目开工建设。严格规范政府性融资行为，积极稳妥推进PPP项目建设，长安文化创意园已开工建设，教体新城、交通路网工程、人民医院整体搬迁等项目正在做前期工作。

加快实施产业转型升级。企业创新加快推进，东泰饲料机械等3家企业跻身省级高新技术企业行列，环宇药业成功申报省级企业技术中心，如虹制药列入制造强省项目库，全市高新技术企业达到9家。建材产业迈出转型发展步伐，海螺水泥综合利用三废资源，4家陶瓷企业新上了环保设施，新美陶瓷开拓了海外市场。大力发展钓具（浮标）、楠竹、茶叶三大特色产业，17个浮标品牌获评湖南省著名商标、湖南省名牌，12家浮标电商企业列入湖南省电子商务认定企业，钓具电商年销售额达到7亿元。临湘砖茶博物馆建成开馆，三湘四水被评为全省十大黑茶品牌金奖产品。中国竹艺城、竹类交易物流园开园，笋竹食品加工冷链物流园完成主体工程，现代林业（楠竹）综合产业园建设稳步推进。全域旅游规划布局和基础设施不断完善，启动了小猫钓鱼乐园项目建设，完成了全域旅游游客接待中心、五尖山南门公路、南门公园等基础设施主体工程建设，打造了江南油菜花、詹桥野樱花等乡村旅游产品。开放型经济加快发展，浮标企业实现直接出口破零目标，新增外贸企业9家，完成进出口总额2400万美元。我市成功创建省出口食品农产品质量安全示范区。

着力推进城乡统筹发展。全面实施“2124”行动，积极融入“1+4+2”[②]大岳阳城市圈，加速临岳融城，加快乡村发展。编制了新的城市总规，城中南路、芙蓉中路、麦坡东路、金太路建成通车，新发巷等15条背街小巷完成提质改造，打造了同德巷文化创意示范小区。推进海绵城市建设和绿化提质，实施了长安河生态环境综合治理，着力开展了乔木进城、拆墙透绿、见缝插绿等行动，新增绿地面积70万平方米，提质改造25万平方米，城区绿化覆盖率达到35%。扎实开展市容市貌整治行动，街道冲洗、施工围场、渣土覆盖、户外广告清理落到实处。强力推进禁建拆违，城区存量违法建设拆除50%以上，新增违法建设保持零记录。人防结建工程强力推进，竣工验收项目4个，人防工程总量达到2.4万平方米。加快推进农业现代化，划定永久性基本农田47万亩，引导农民流转土地23万亩，发展家庭农场606家，注册登记农民专业合作社368家，我市被评为省家庭农场示范市。推进供销合作社综合改革，建成供销惠农服务公司1家、惠农服务中心4个、惠农服务社40个。纵深推进全域环境整治，整市推进污水治理和农村生活垃圾无害化处理，首批农村公益性公墓加快建设，农村禁炮工作扎实开展。村镇布局规划编制工作进展有序，完成规范村民建房集中建房点2个，开工4个，规划15个，新乡村建设步伐加快。

持续加大民生改善力度。以人民日益增长的美好生活需要为导向，办成省、岳阳市和本级民生实事28项，兑现了对全市人民的承诺。加大社会保障力度，机关事业养老保险改革基本完成，城乡居民医保整合有序运行，城乡低保持续提标，发放各项社保资金9.6亿元、民政资金1.65亿元，新增城镇就业5064人，新增农村劳动力转移就业5526人，社会福利中心完成主体建筑。国税局地税局协同联动、通力合作，全面落实6项减税政策，切实优化了税收环境。财政投入资金2600万元，整合资金5000万元，88家驻村帮扶单位投入资金2907万元，大力推进脱贫攻坚，贫困村基础设施不断完善。26个贫困村安全饮水工程全部完成，并实现了光伏产业全覆盖，可带动2455名贫困群众脱贫。全市发放扶贫贷款4200万元，募集社会资金1600多万元，支持贫困户发展特色产业，吸纳贫困户就业1500多人。完成易地扶贫搬迁和危房改造578户。全面落实“三个一批”[③]健康扶贫政策，提高了贫困人口健康水平，有效防止因病致贫、因病返贫发生。同时，教育、产业等行业扶贫扎实推进。协调发展社会事业，义务教育合格学校建设顺利完成，高考二本以上上线突破1100人，创近5年来新高。80%的行政村建有村级文化活动中心，课本剧《将相和》获全省金奖，成功探索出现代公共文化服务体系建设临湘模式。

全面加强社会综合治理。抓实中央环保督察交办件的整改，“黄标车”[④]淘汰在岳阳市率先全面完成，园区初期雨水收集池和污水处理提质工程即将竣工。全市66条河流、9个湖泊、3个中型水库及长江临湘段全部实行了“河长制”管理，黄盖湖水质升级到Ⅱ类，城乡生态环境不断改善。强化重点领域安全生产监管，烟花爆竹企业涉药危险品全部销毁，矿山企业进入规范化管理轨道，安全生产工作名列岳阳第一，被评为省安全生产先进单位。着力优化金融环境，农村商业银行挂牌开业，新引进保险公司2家，社会信用体系不断健全。扎实强化信访问题源头治理和信访积案清零专项行动，确保了社会大局和谐稳定。我市民调在全省128个县市区排第38位，在岳阳6县市排第1位。大力推进平安创建，始终保持严打高压态势，突出打击侵财性犯罪、毒品犯罪等违法犯罪行为，全市刑事发案率同比下降12.23%。未雨绸缪，科学调度，夺取了今年防汛抗灾胜利，市水利局荣获全省防汛抗灾先进集体。

切实强化政府自身建设。全面深化九大领域、29项、129个条目改革，承担行政职能事业改革、干部人事制度改革、司法体制和工作机制改革有序推进。政府信息公开、依申请公开制度逐步完善，行政审批逐步推行“零审批”“多评合一”模式，“先照后证”、注册资本认缴制等商事制度全面实施，市场准入环境不断改善，创新创业热情深度激发，新增企业335家、个体户2872户，同比分别增长17.5%和83.6%。161个村级综合服务平台全面推进，“互联网+政务服务”延伸至村（社区），电子政务窗口办结满意率达到96%，“12345”热线工单办结率达到99.8%。深入开展政府系列党风廉政建设，扎实推进“两学一做”学习教育常态化制度化，认真学习宣传贯彻中共十九大精神，持续推进作风建设，扎实开展涉砂、涉矿、涉炮等6个专项清理行动，严肃查处违纪违法行为，立案211起，查处科级干部23人，移送司法机关3人。严格落实依法行政，承办人大议案、代表建议案、政协委员提案共181件，满意率达到96.6%。

同时，我们着力加大了其他各项事业发展的力度，审计、统计、工会、共青团、妇联、外事侨务、民族宗教、档案、史志、消防、残联、文联、科协、老龄老干、工商联、气象、移民、烟草、石油、邮政、通信、国防教育、国防动员和后备力量建设等工作取得明显成效。

这些成绩的取得，得益于上级党委、政府和临湘市委的正确领导，得益于市人大、市政协的鼎力支持，离不开社会各界的通力协作，凝聚着全市人民的心血和汗水。在此，我谨代表市人民政府，向全体人大代表和政协委员，向所有关心、支持临湘工作的各界人士，致以崇高的敬意并表示衷心的感谢！

在肯定成绩的同时，我们也清醒地看到，我市经济社会发展还存在不少困难和问题，人民日益增长的美好生活需要和不平衡不充分的发展之间的矛盾显得相对突出。主要表现在：环境治理任务仍然艰巨。我们以中央环保督察为契机，以超常规的手段抓环境整治，但是一些深层次的产业结构、污染遗留、环保欠账等问题，解决尚需时日。创新引领能力与发展需求尚有差距。新材料、新能源、信息技术、节能环保等战略性新兴产业整体创新水平不高，还不能很好适应新旧动能加快转换、产业结构加速升级的要求。传统产业有待进一步提质发展，经济效益、品牌效益、集群效益还没有充分发挥，大而不强、多而不精的产业发展瓶颈亟待破解。少数部门服务意识仍需加强。“放管服”改革和作风建设任重道远，少数部门单位干部存在“门好进、脸好看、事难办”等“四风”问题新表现，依法行政和为民服务的意识还存在一定差距。对此，我们将坚持问题导向，抓住关键要害，采取有效措施，努力加以改进。

2018年：加快全面建成小康社会步伐

新的一年，政府工作的总体要求是：坚决贯彻落实中共十九大精神和习近平新时代中国特色社会主义思想，按照省、岳阳市和临湘市委决策部署，大力实施“创新引领、开放崛起”战略，强力推进“四大会战”，坚决落实“四个十条”[⑤]，全力打好“实力园区、新型城镇、乡村振兴、全域旅游、脱贫攻坚”五大战役，推进新型工业化、信息化、城镇化、农业现代化同步发展，加快全面建成小康社会，确保在建设“精彩北大门、品质新临湘”宏伟征程中迈出更加坚实的步伐！

2018年，全市经济社会发展主要预期目标是：地区生产总值增长8%；固定资产投资增长13.5%；规模工业增加值增长7.5%；社会消费品零售总额增长11.5%；公共财政预算收入增长10%左右；地方公共财政预算收入增长10%；城乡居民收入分别增长10%和9.2%。

主要任务是：

一、坚持扩总量、增质效，做强生态经济新引擎。深化供给侧结构性改革，以发展实体经济为着力点，推动三大产业扩规增量、提质增效。推动工业转型升级。落实“工业八条”[⑥]“园区十条”，完成46万平方米标准化厂房建设，持续夯实园区产业发展平台，切实增强园区企业集聚度和项目承载力。继续发力港口大会战，整合岸线资源，加快港口基础设施建设，打造现代航运物流园；按照岳阳市港口建设整体布局规划，把鸭栏港打造成岳阳港副中心，以及湘北地区最大的件杂货集散中心。落实“非公十条”，出台政策激励企业科技创新。加大对企业创新支持力度，搭建中小企业“云服务”平台，促进科技成果转化。稳步推进岳阳中成化工、湖南蓝彬、如虹制药等化工企业建设，支持海螺、兆邦等建材企业创建安全环保标杆企业，支持金叶众望等高新技术企业扩能增产。转变农业发展方式。稳定粮食生产，确保粮食复种面积在100万亩以上，总产量达40万吨以上。加大示范性家庭农场、农民合作示范社创建力度，大力发展蔬菜、水果、油料、食用菌、中药材等经济作物。培育一批竞争力强的农产品加工企业，支持十三村、永巨茶业、明伦、三湘四水、龙窖山生态农业有限公司等龙头企业打造品牌。开发特色休闲农业产品，发展农业生产服务业，加强农产品营销网络建设。加快推广新农技、新农机，完善畜禽养殖污染防治长效机制，狠抓动植物疫病防控，加强农产品质量安全监管，提升农业现代化水平。补齐三产供给短板。大力发展电子商务，创建省级电子商务示范企业、示范基地，积极培育扩大旅游、教育、养老、休闲等新的消费热点。综合施策加大去库存力度，保持房地产平稳健康发展。提升重点景区服务功能，建设乡村生态文化旅游示范带，增强短线休闲度假吸引力。健全政府举债融资机制，切实监管好政府性融资平台，推进平台公司转型发展，坚决制止违规举借政府性债务。落实“金融十条”，拓宽融资渠道，优化投资序列，提升投资效益，防范各类金融风险，严厉打击金融违法违规行为，确保不发生系统性、区域性金融风险和政府信誉风险。加快特色县域经济建设，搭建返乡创业平台，努力形成“人才返乡、企业回迁、资金回流”的良好局面。

二、坚持抓招商、攻项目，激发跨越转型新动力。按照“书记抓园区、常委抓产业”的思路统筹整合招商力量，扎实推进招商引资和项目攻坚。紧扣产业招商。立足资源优势和现实基础，紧盯高新技术、港航物流、竹木家居、精细化工、文化旅游、农产品加工、钓具渔具及休闲运动器材七大产业招商。进一步转变招商思路，由大招商向招大商转变，由重数量向重质量转变，由传统优势产业向新兴产业转变；进一步丰富招商形式，把资源招商、产业招商、专业招商、以商招商、定点招商有机结合，力争引进投资10亿元以上项目1个、5亿元以上项目3个、2亿元以上项目10个、1亿元以上项目20个；力争引进央企、国内500强、行业100强投资项目2个。立足基础争资。深入研究国家和省市推进基础设施建设的投资政策，积极争取上级投资在临湘有更大份额。完成桃矿“三供一业”项目。加速推进黄盖湖防洪治理工程，抓好水库整险、沟渠疏浚、中小河流治理、幸福岭水厂管网延伸、铁山咀电排扩容等项目的争资和建设，为水利可持续发展注入新的动力。继续深入推进交通大会战，积极对接107国道东移等建设项目，启动G4京港澳高速坦渡互通、新球至路口公路、大坝至五里牌公路等工程建设，争创全国四好农村公路示范市。围绕特色推进。强力推进浮标特色小镇“一镇六区”⑦规划落地，加快推进游钓文化园、钓具产业园项目建设；整合资源，探索钓具（浮标）产业运营，扶持企业组建联营公司，打造专业钓具（浮标）物流园。加快浮标文化申遗工作，开展钓具专业人才培训，提升浮标工艺水平。组建专业公司运营赛事，用一杆浮标、一方赛场扩大知名度，以游钓临湘带动全域旅游。按照“四园五区三基地”⑧规划，强力推进羊楼司镇现代林业（楠竹）综合产业园建设，确保竹产业种植区、加工区、休闲旅游区，以及竹产品物流商贸基地基本成型，为产业融合发展提供有力支撑。

三、坚持严建管、提品质，开启临岳融城新篇章。落实区域协调发展战略，积极主动与岳阳中心城区对标对表、同频共振、融城发展。加快城市建设。按照“西进南扩”城市发展思路，高起点编制城区控规、完善专项规划，着重从产业、交通、管理等方面承接大岳阳城市功能，稳步推进城区公共服务、产城融合、生态宜居工程建设。继续拉通城区盲肠路、断头路，畅通城区交通微循环。配套完善大型货车停车场建设，多途径增加小车停车泊位，启动公交总站建设。继续推进临湘国际汽贸城、湘北国际商贸城、湘北风味美食城、金河汽车美容市场等专业市场建设。加快海绵城市建设，抓好城市防洪体系、地下综合管廊建设，加快城区绿地公园、小游园，以及景观节点建设，增加城市绿量，改善城市生态环境，提高市民生活质量。实施精细管理。坚持政府牵头、部门联动、全民参与，推进城市管理常态化、数字化、网格化、智能化。持续深入推进“六治四化”⑨，着力抓好环境卫生、绿化亮化、交通秩序、户外广告、建筑施工、商业经营等工作。加快背街小巷提质改造步伐，扎实推进智慧城市建设。持续加大禁建拆违力度，坚决打击违法违规建设行为。着力整治市域交通秩序，坚决遏制超限超载现象，大力治理交通拥堵，确保道路安全畅通。丰富城市内涵。坚持把践行社会主义核心价值观融入到城市建设与发展全过程。整合文化资源，扶持五尖山森林公园创建国家AAAA级旅游景区，打造长安河亲水景观，融景入城，借景升华，推进五尖山、长安河、文创园、城区融合发展，不断满足人民日益增长的美好生活需要，着力打造旅游名片、文化名片、城市名片。

四、坚持夯基础、创特色，建设秀美宜居新乡村。始终把解决好“三农”问题作为工作重中之重，坚持农业农村优先发展，大力实施乡村振兴战略。夯实村级集体经济基础。全面开展以土地为核心的资源清理，把荒山、荒沟、荒丘等资源，纳入集体资产管理，健全“三资”管理机制，探索土地股份化合作和扶贫项目集体运营模式，实现农村集体经济长久收益。巩固和完善农村基本经营制度，深化农村土地制度改革，完善承包土地“三权”分置制度，全面完成农村土地承包经营确权工作。坚持依法自愿有偿原则，建立健全土地流转机制，鼓励支持承包土地向专业大户、家庭农场、农民合作社流转，引导建设楠竹、茶叶、泡桐等特色产业原材料基地，引导白羊田等乡镇油茶基地提质升级，推动其他特色农业产业发展。因地制宜培育特色小镇。在打造好浮标特色小镇的同时，坚持高起点规划、高标准建设，推动茶旅、茶产融合，打造聂市茶乡小镇；扩大樱花栽种面积，加大民宿建设力度，打造詹桥樱花小镇；扶持种植大户，加强技能培训，推动艾草加工、艾灸、康养等业态发展，打造坦渡艾草小镇。融合文化、产业、风格等诸多元素，重点围绕污水治理、垃圾处理，以及旅游基础设施，推进桃林河流域特色小镇建设，努力打造精品工程，真正建设成为环境优美、设施齐全、内外协调、人与自然和谐共处的靓丽风景线。深入推进美丽乡村建设。坚持把规范村民建房作为突破口来抓，结合农村危（旧）房改造、易地扶贫搬迁等工作，按照“三个三”[10]总体要求，落实“五有三到场”[11]具体措施，守住“三个严禁”[12]工作底线，确保每个镇启动并实施2个集中连片建房点，推动规范村民建房实现由点及面、整域推进。推进殡葬改革，推动农村公墓建设，坚决遏制乱建坟墓和“活人墓”的现象。扎实开展“刹人情歪风、治婚丧陋习、树文明新风”行动，全面宣传造势，抓好示范带头，严格督导问责，确保党风政风与社风民风互促共进。按照“十无九禁六有”的要求，推进农村生活垃圾、黑臭水体综合治理，坚持全环节、全方位、全时段抓农村环境整治，努力建设“产业兴旺、生态宜居、乡风文明、治理有效、生活富裕”的新乡村。

五、坚持推改革、优环境，构建社会治理新格局。坚持问题导向，保持战略定力，坚决将改革进行到底，向改革要动力、要活力。深化重点领域改革。继续推进机构和行政体制改革，大力简政放权，转变政府职能。稳妥推进事业单位改革，促进政事分开、事企分开、管办分离。加快开放型经济发展，用足用够“开放十条”，引导项目、资金、信息、人才集中流入我市，形成“洼地”效益。推进商贸领域改革，抓好“引进来”“走出去”，建立外贸服务中心，为企业出口提供一体化服务。深化供销合作社综合改革，成立惠农服务中心6个、惠农服务社74个，确保惠农综合服务平台市、镇、村三级全覆盖，力争创建全国百强县级供销合作社。加快投融资体制改革，发挥投资对优化供给结构的关键性作用。加强财政体制改革，认真落实预算管理制度改革要求，尽快建立现代财政制度。强化金融体制改革，夯实投融资平台，增强金融服务实体经济能力。切实优化经济环境。牢固树立“环境出生产力、环境出竞争力”的开放理念，着力打造透明、高效、可预期的发展环境。落实公平准入，尽量减少许可事项、压缩审批事项、优化审批流程，打造便捷高效的政务环境。用足用好税收优惠政策，减轻企业税费压力，降低要素成本，让企业放下包袱、轻松前行。坚持零容忍、出重拳，严厉整治企业周边治安环境，规范涉企监管，加强产权保护，真正做到安商、亲商。推进信用体系建设，完善信用联合奖惩机制，严格兑现招商优惠政策，让投资者放心投资、安心发展。畅通社会投诉渠道，发挥“12345”热线、网上信访受理平台作用，做到有诉必应、有查必果、有责必问。打破人才身份壁垒，健全人才使用机制，构筑人才流动的“快车道”，让各类人才创造活力竞相迸发、聪明才智充分涌流。提升社会治理水平。巩固和继续深化环境保护综合整治，打响大气、水体、土壤污染防治攻坚战，全面落实河长制，着力解决突出环境问题，构建大环保工作格局，让“绿水青山就是金山银山”的理念深入人心。坚持把维护稳定第一责任落到实处，健全“大调解”“大接访”“大稳定”工作体系，有效解决人民群众的合理诉求。继续开展落实企业安全生产主体责任和安全监管执法年活动，严格落实重大事故隐患治理“一单四制”[13]，坚决防范和遏制重特大安全生产事故发生。健全公共突发事件应急体系，切实加强森林防火工作，抓好松材线虫病防治。提升市场物价监测调控能力，切实抓好食品药品监管，确保人民群众“舌尖上的安全”。推进平安临湘创建，进一步加强综治中心和网格化建设，持续推进禁毒工作社会化，严格落实国家公职人员涉毒预防制度，不断扩大禁毒工作成果，依法打击和惩治各类违法犯罪活动，保护人民的人身权、财产权、人格权，让临湘更加安定、更加祥和！

六、坚持办实事、惠民生，打造和谐幸福新临湘。顺应社会主要矛盾的变化，把“满足人民对美好生活的需要”作为政府工作的出发点和落脚点，让发展成果惠及于民。强力推进脱贫攻坚。始终把精准脱贫作为重大政治任务，有效落实“谁来扶”“怎么扶”“如何退”的各项硬措施。特别注重因村施策、分类指导，在通盘规划的基础上实行“一村一策”，抓好非贫困村贫困户的脱贫市级统筹，帮助薄弱村发挥比较优势，走出具有自身特色的富村强村路子；加大行业扶贫力度，扎实做好健康扶贫、教育扶贫等工作；强化兜底保障，健全部门、企业与薄弱村结对帮扶机制，引导社会力量参与，加大“输血”力度；提升基层干部谋划发展、推动工作的能力，积极探索村级集体经济发展壮大与富民增收的双赢路径，增强“造血”功能，提升自主脱贫内生动力，确保完成年度脱贫任务。加快发展社会事业。加快教育现代化，全面推进新高考制度改革。继续优化教育布局调整，稳步推进教体新城建设，在城区新建、改建2所小学，解决超大班额问题。抓好中小学食堂改造，落实义务教育学校标准化建设任务，统筹推进城乡义务教育一体化改革发展。加快文化体制改革，深入推进现代公共文化服务体系建设。深化医药卫生体制改革，加快人民医院、中医院整体搬迁工作。严格落实计划生育基本国策，确保卫计工作上台阶。深入开展全民健身、爱国卫生运动和移风易俗行动，让健康文明生活方式在湘北大地蔚然成风。认真办好民生实事。在完成省和岳阳市交办的实事基础上，我们将坚持量力而行，尽力而为的原则，办好八件实事：1.狠抓脱贫攻坚。完成3个贫困村退出、2500人脱贫和624人易地扶贫搬迁任务，完成忠防镇双港村、羊楼司镇明星村移民后扶整村推进项目。2.实施水利惠民。完成龙源水库饮用水渠“明改暗”，继续推进龙源水库除险加固工程、游港河汀畈段治理工程，完成10座小（2）型水库除险加固工程。3.完善城市功能。继续推进永昌东路、麦坡西路建设，启动立体停车场建设，完成1787套棚改安置工作，加快太阴庙、永昌东路棚改安置房项目工程建设。4.推进交通建设。加强农村公路管养工作。改造农村公路42公里、农村危桥28座，建设安保工程190公里，完成长忠公路建设，启动临港公路二期项目建设。5.强化社会治安。继续抓好雪亮工程，在全市207个监控前端点位建设376个摄像头、4个治安卡口。完成强制戒毒所和重症吸毒人员收治中心建设。6.优化公共服务。完成长塘中学、桃林中学等薄弱学校改造项目，完成黄盖卫生院建设，完成农村适龄妇女“两癌”免费检查和孕产妇产前免费筛查年度任务。7.深化社会治理。建好突发事件预警信息发布平台，完成气象三农服务年度项目建设，实现森林禁伐、减伐88万亩，完成112公里森林防火带建设，做好农村土地整治（血防）项目和土壤重金属治理工程项目。8.帮扶弱势群众。新增城镇就业人数5064人，新增养老服务床位300张，为弱势群体、困难群众提供法律帮助240件。

以上实事，请人大代表、政协委员和全市人民监督，我们将认真兑现承诺，坚决落实到位！

完成全年目标任务，必须加强政府自身建设。我们将坚决做到：持之以恒依法行政。坚持法无授权不可为、法定职责必须为，着力完善政府依法决策机制，扎实推进“七五”普法工作，切实加强规范性文件管理，深化行政执法体制改革，提升公正文明执法水平，打造法治政府。全面推进政府决策、执行、管理、服务、结果“五公开”，主动接受人大法律监督、政协民主监督，以及社会舆论监督，认真办理代表建议、委员提案，用法治思维解决问题，用法治手段维护稳定，把依法行政贯穿到政府工作的全过程，形成办事依法、遇事找法、解决问题用法、化解矛盾靠法的法治环境。持之以恒正风肃纪。扎实开展“不忘初心、牢记使命”主题教育活动，在党要管党、全面从严治党上更加自觉，在真抓实干、争先进位上更加自觉，在服务群众、为民造福上更加自觉。严格遵守政治纪律和政治规矩，自觉担牢党风廉政建设“两个责任”，坚决贯彻落实八项规定，狠抓经济责任审计，保持惩治腐败高压态势。聚焦重点领域，严肃查处侵害群众利益的不正之风和腐败问题，着力营造风清气正的政务环境，以政府的“清廉指数”提升人民的“满意指数”。持之以恒务实担当。作风建设永远在路上。各部门要与“庸政懒政”势不两立，切实把责任担当挺在前面，要有啃硬骨头的干劲，要有爬坡过坎的雄心，把每一项决策部署落到实处。政府班子成员要身体力行、以上率下，形成“头雁效应”，要迎着困难上、顶着压力干，遇事不推不拖不躲，真正把心思用到想干事上，把胆识体现在敢干事上，把功夫用到会干事上，把本领用到干成事上。要以纠正“四风”问题新表现为突破口，对那些搪塞责任、遇事上推下卸的部门单位不姑息、不迁就、不放过，下定决心把政府打造成人民群众信赖的高效政府！

各位代表，激情绘就蓝图，实干成就梦想。临湘人民对美好生活的向往，就是我们矢志不渝的奋斗目标！让我们紧密团结在以习近平同志为核心的党中央周围，在中共临湘市委的坚强领导下，锐意进取、埋头苦干，不忘初心、牢记使命，为全面建成小康社会不懈努力！为加快建设“精彩北大门、品质新临湘”奋勇前进！

注释：

①“一园四区”：临湘工业园，三湾工业区、滨江产业区、白云工业区、羊楼司工业区。

②“1+4+2”：以岳阳中心城区为核心圈，以经开区、南湖新区、云溪区、君山区为内圈，以临湘市、岳阳县为外圈的城市组团。

③“三个一批”：大病集中救治一批，慢病签约服务管理一批，重病兜底保障一批。

④“黄标车”：新车定型时排放水平低于国Ⅰ排放标准的汽油车和国Ⅲ排放标准的柴油车的统称。通常指尾气排放污染量大、浓度高、排放稳定性差的车辆。

⑤“四个十条”：岳阳市委、市政府就加快发展产业园区、金融业、非公有制经济、开放型经济分别出台十条实施意见。

⑥“工业八条”：对新落户的工业、农产品加工业项目，以及大型现代农业和旅游业项目，实行“一事一议”，在财税、用地等八个方面给予优惠政策。

⑦“一镇六区”：临湘浮标特色小镇，原料种植区、生产加工区、国际垂钓区、风情商业区、生态休闲区、教育生活区。

⑧“四园五区三基地”：竹木制品贸易园（中国竹艺城）、竹木家居创新创业园、竹类交易物流园、笋竹食品加工冷链物流园，竹林康养配套服务区、古韵竹林康养游憩区、山水竹林康养户外区、静修竹林康养疗养区、近水竹林康养垂钓区，楠竹丰产林基地、笋竹基地、科研实践基地。

⑨“六治四化”：治脏、治乱、治差、治堵、治违、治安，绿化、亮化、美化、净化。

⑩“三个三”：用3年时间建成300个集中建房点，每一个集中建房点必须在30栋以上，实现机构队伍、规范审批、按图建房三个100%全覆盖。

⑪“五有三到场”：有村庄规划、有审批手续、有示范图集、有施工管理、有奖罚措施，做到批前选址到场、开工放线砌基到场、竣工验收到场。

⑫“三个严禁”：严禁占用基本农田，严禁在有安全隐患的地方建房，严禁“一户多宅”建房。

⑬“一单四制”：形成重大事故隐患清单，并对每项重大事故隐患治理任务实行交办制、台账制、销号制、通报制管理。

中国人民政治协商会议
临湘市第九届委员会常务委员会工作报告

——在政协临湘市第九届委员会第二次会议上

廖祯祥

（2017年12月20日）

2017年工作回顾

市政协九届一次会议以来，在中共临湘市委的坚强领导下，政协常委会以习近平新时代中国特色社会主义思想为指导，敢于担当，忠诚奉献，工作更加贴近中心，更加富有成效，更加充满活力，呈现出市委重视、政府支持、政协主动、各界配合、社会认可的良好态势，为推动临湘经济发展、民生改善、社会和谐做出了重要贡献。

一、以忠诚履职为根本，努力打造创新政协

创新是事业发展的活力源泉。一年来，市政协以创新为引领，不断开创政协事业新局面。

*创新工作理念，明确履职方向。*市政协始终坚持与时俱进、开拓创新，按照“懂政协、会协商、善议政”的新要求，围绕岳阳市政协“打造书香、有为、活力、品质、智慧相得益彰”的政协组织新模式，不断转变观念，自觉破除“政协是二线”的思想，树立有为有位理念，以更加积极主动的精神状态，服务市委、市政府工作大局，大胆探索，大胆履职。理念的创新为临湘政协注入了无穷的生机和活力。

*创新工作制度，构建履职保障。*九届一次会议以来，市政协常委会协商通过了《常务委员会工作规则》《民主评议工作实施办法》《委员履职管理办法》等政协工作制度；建立健全了委员、活动小组、乡镇政协联络办管理细则；成立了政协联络工作委员会，完善了委员履职档案，坚持把政协工作纳入对乡镇和市直部门的目标考核。制度的出台和机构的设立，使政协工作有章可依，委员履职有规可循。

*创新工作方法，增强履职效果。*创办《临湘政协》《民声》两个专刊，及时报送市委、市政府和有关部门，反映政协组织、委员的意见建议和群众的呼声；积极探索协商方式创新，联合市委办、市政府办出台《2017年协商计划》，组织重点协商、专题协商、对口协商、界别协商和提案办理协商；改进提案工作，出台《提案工作暂行办法》，精减提案数量，提高提案质量，突出重点提案的示范作用；

拓宽民主监督途径，向全市政法系统各单位派出民主评议小组，就行政执法、公正履职开展民主监督。方法的创新，有效推动了工作进步。

二、以广泛协商为重点，努力打造担当政协

中共十九大提出“推动协商民主广泛、多层、制度化发展”。一年来，市政协充分发挥协商民主重要渠道和专门协商机构作用，为市委、市政府中心工作当参谋、打前站。

*围绕中心工作协商体现担当。*落实市委、市政府决策部署，为推进“五三三”工程和“2124”行动建言献策。深入调研，科学论证，开展“我市智慧旅游建设”重点协商，协商成果被提上市长办公会议研究，为市委推进全景临湘、全域旅游决策提供重要参考；汇聚智慧，把握市情，开展“开放崛起在临湘”专题协商，提出的诸多建设性意见，成为市政府制定我市开放型经济

发展策略的重要内容；依据实际，精准分析，开展“财政预决算”重点协商，市委、市政府听取协商意见，顶住重重压力，不断改善财政收入结构，财政预算执行情况更加科学。

聚焦改革任务协商体现担当。没有改革就没有持续发展，政协始终是改革的坚定支持者，促进发展的排头兵。组织“工业园区考核制度”重点协商，在赴汨罗、平江、望城、宁乡等地全面调研、了解政策、吃透精神的基础上，提出了完善园区产业发展方向、完善园区中长期发展规划和工作机制、完善优惠政策落地办法、完善园区绩效考核办法等合理化建议，得到市委主要领导的充分肯定，成为制定我市园区工作绩效考核的重要参考，协商成果转化为市委文件予以落实；组织“优化企业发展环境”专题协商，力促相关部门落实协商成果，及时解决企业反映的问题，所提意见建议得到岳阳市政协领导的高度重视，纳入岳阳政协专题调研报告。

关注热点问题协商体现担当。始终把群众最关注的焦点和热点问题作为协商重点，积极为群众鼓与呼，提高群众的幸福感和获得感。就“我市农贸市场建设管理”议题开展专题协商，促成市政府制定政策，由财政整合资金，加大对农贸市场标准化建设和改造的投入力度，力争三年内完成我市所有农贸市场的改造任务。市政府积极回应，将乡镇农贸市场提质改造纳入2018年政府民生实事项目。就“加快城市综合路网建设、推进城市提质扩容”议题开展专题协商，为城区“四纵六横”主干道路网建设，缓解城区交通拥堵，提升市民群众的幸福感和城市美誉度提供了智力支持。

三、以精彩发声为己任，努力打造智慧政协

“建诤言、献良策”是政协履行职能的第一要务。一年来，市政协始终围绕经济社会发展中的大事、要事、实事，用好“话语权”，发出“好声音”，通过多种履职途径，顺势而谋，适时而动。

参政建言见诚见智。发挥政协智库优势，关注发展重点，把握方向，找准问题，坦诚建言。先后就精准扶贫、城市综合路网建设、特色农产品开发、智慧旅游建设、规范村民建房、浮标小镇建设、黄盖湖综合治理、“三区”（港区、园区、城区）联动建设、破解小微企业融资难等课题开展调研、视察活动，形成了一批高质量的调研报告和视察报告，提出的意见建议得到了市委、市政府肯定和社会各界认同。

民主监督多点发力。高度重视民主监督的独特作用，采取视察、评议等方式实施民主监督。组织开展阳光招生、环境卫生整治、委员扶贫、人民法院公开庭审、森林防火带建设等12次监督视察活动，提出意见建议，促进工作发展。组织对全市政法系统开展民主评议，被评单位高度重视，密切配合，主动接受人民政协民主监督，5个被评单位一把手向政协常委会报告工作情况，政协常委和民主评议员现场提出整改意见26条。通过单位测评、群众测评和常委会专项测评，市司法局、市森林公安局被评为2017年度民主评议满意单位，市公安局、市人民法院、市人民检察院被评为基本满意单位。政协民主评议市委满意、市政府认可、被评单位接受，社会各界反响良好。

参与中心戮力同行。既领衔挂帅，又披甲出征；既当幕后参谋，又做一线尖兵。主席团队勇挑重担，主动参与重大项目建设。坚持“尽职尽责，不留遗憾，经得起时间检验”的工作标准，出金点子，下大气力，深度参与全市教育布局调整工作，新建的临湘市第六完全小学已于今年9月1日竣工开学，新的临湘一中也即将竣工搬迁；积极参与脱贫攻坚大会战、黄盖湖防汛、招商引资、交通建设、茶产业发展等民生工程，各项工程都顺利推进，取得了较好的成绩。

四、以关注民生为初心，努力打造责任政协

始终把保障和改善民生作为政协履行职能的根本出发点和落脚点。一年来，市政协发挥自身独特优势，努力维护人民群众最关心、最直接、最现实的利益问题。

助推民智见实效。提案是政协参政议政的重要渠道，也是委员所想、群众所盼的最真实写照，我们坚持“立案精准、督办有效、办理得力、效果满意”的工作要求，从严从实抓好“提、立、督、办”各个环节工作，全面提高提案办理成效。九届一次会议以来，共立案99件。其中，事关民生提案72件，提案办结率和委员满意率都实现新突破。关注群众身边最细微之处，国网临湘供电公司认真办理《改造城区电网》提案，投入资金2100多万元，新建改造城区变电站和输电线路，迁移桃园巷和兴农巷电杆，群众交口称赞。关注基层教育均衡发展，积极督办《加强农村师资力量》提案，市教体局加大招教力度，新增180名教师，安排到缺员较多的乡镇学校，提高了乡镇教师政治、经济待遇，教师队伍整体素质明显提升。

服务民生亮实招。主席团队成员和机关干部认真参与联点单位黄盖镇的各项建设，积极为基础设施建设筹资金，为地方经济发展想办法。特别是在精准扶贫上亮实招，市政协201名政协委员、10名岳阳市驻临湘的政协委员共同发力，积极参与精准扶贫活动，共结对联系228个贫困户。积极发动社会人士多渠道募集资金，用于产业扶贫和危房改建，为临湘的精准扶贫工作增添了亮丽色彩。

*社情民意报实情。*发挥社情民意信息“直通车”作用。制定《社情民意信息工作奖励办法》，开展社情民意信息业务培训，在政协各活动小组评选一名社情民意信息员，动员他们深入基层，深入群众，多渠道、多途径听取群众的意见和诉求。编发《民声》专刊11期，向各级党政负责人报送，所反映的问题大多得到答复或合理解决。通过省政协云平台报送委员微建议10余篇，“关于在城市三角坪地带建立农贸市场”的建议，引起省政协主要领导关注，李微微主席亲自批示，点赞该建议提得好、提得准。一年来，委员共反映社情民意信息50多件，上报省、岳阳市政协20多件，其中8件被省、岳阳市政协采用。

五、以最美形象为追求，努力打造有为政协

提升履职能力水平是政协的立信之本、立言之要、立行之基。一年来，市政协加强委员队伍和机关干部队伍建设，全面提升履职能力与水平，激发政协工作活力。

*政治理论学习持之以恒。*通过政协党组、主席会议、常委会议、委员集中培训等形式，认真学习、深刻领会中共十九大和习近平总书记系列重要讲话精神，准确把握习近平新时代中国特色社会主义思想和协商民主理论。设立政协书屋，坚持每周五“学习日”和“读书日”制度，每月轮流授课制度，主席会议成员分四批赴外地进行培训，专委会主任带头上党课，党员干部积极登录红星云平台开展学习，博学笃行，蔚然成风。

*委员队伍建设常抓不懈。*加强委员培训，通过会议、网络、省政协云平台对委员进行政治思想、政协理论、履职行为培训，使委员学有所获、学有所成。加强激励约束，完善委员履职考核考评方式和内容，实施不称职委员退出机制，开展优秀委员、优秀活动小组、优秀提案、“三个一”扶贫先进等评选表彰活动，委员队伍素质不断提升。加强履职引导，积极为委员创造履职机会，邀请委员参与调研、视察、协商、民主监督等活动，保证每名委员每年参加三次以上集中履职行动。

*联络联谊工作不断加强。*主动接受上级政协的工作指导，积极配合省政协和岳阳市政协来临调研视察。先后接待全国政协、省政协专题调研组，岳阳市政协徐新楚主席、黎四清副主席、秩励副主席、孔福建副主席等领导带队赴我市调研考察活动12次；配合岳阳市各专门委员会开展“开放型经济发展”“规范村民建房”“优化非公经济发展环境”等10余次专题调研；先后在省政协“政协主席走进红网”栏目、岳阳政协委员“三个一”精准扶贫推进会等重大活动中作先进典型发言，临湘政协工作在省、岳阳市政协得到充分的肯定和认可。加强与兄弟县市的交流学习，赴江西修水参加湘鄂赣毗邻县市区政协理论研讨会，不断丰富政协理论水平。

各位委员、各位同志，回顾一年走过的足迹，最让我们坚定的，是市委的坚强领导、市政府的倾力支持，还有各乡镇、各部门单位的积极配合，为我们做好政协工作提供了根本保障；最让我们珍视的，是各委员活动小组、乡镇联络办、工商联、无党派人士、各人民团体以及各族各界人士的踊跃参与，为我们做好政协工作形成了广泛支撑；最让我们铭心的，是在“2124”的征途中有委员的铿锵脚步，“四大会战”的战场中有委员的矫健身姿，在“三个一”扶贫的攻坚中有委员的温情援手，在防汛救灾的洪流中有委员的坚实臂膀，为我们做好政协工作注入了蓬勃力量；最让我们感动的，是省、岳阳市政协对我们的支持和关怀，赋予临湘政协更加宽广的履职平台和展示空间；是兄弟县市政协之间交流沟通，传经送宝，为我们做好政协工作提供了有益借鉴；最让我们温暖的，是历届老领导、老同志打下了良好基础，特别是老领导们不遗余力给予我们倾情关心、真情指导，为我们做好政协工作激发了前行动力。这里，我代表市政协常委会，对各个方面的关心支持、对全体委员的辛勤努力，表示衷心的感谢和崇高的敬意!

回首一年的工作，我们也清醒地看到，还存在一些差距和不足。主要是：协商成果的转化需进一步加强；服务、联络、管理委员的方式方法需进一步改进；委员主体作用的发挥还有探索空间，特别是委员界别作用还可充分挖掘；反映社情民意工作还需进一步加强等。真诚地希望各位委员、社会各界对政协工作提出宝贵意见建议，以利于在今后的工作中不断改进提高。

2018年工作任务

2018年，常委会工作的指导思想和总体要求是：高举习近平新时代中国特色社会主义思想伟大旗帜，深入贯彻落实中共十九大和十九届一中全会精神，在中共临湘市委的坚强领导下，围绕市委、市政府“创新引领、开放崛起”发展战略，切实发挥协调关系、汇聚力量、建言献策、服务大局的作用，为全市科学发展做出新的更大贡献。

一、提升政治协商高度，为实施科学决策加油给力

走进新时代，我们要积极探索创新，进一步发挥人民政协协商民主主渠道作用。

*制订好协商计划。*按照《中共中央关于加强人民政协协商民主建设的实施意见》要求，根据市委、市政府年度工作部署，按照“党政所需、人民所盼、政协所长”的选题方向，制定好《2018年度协商计划》，报请市委、市政府审议，下发文件予以实施。

*搭建好协商平台。*广泛开展“全体会议整体协商、常委会议专题协商、主席会议重点协商、各专委会对口协商、提案办理面商和界别协商”等协商活动，真正做到协商在决策之前，推动在决策之后，增强协商的实效性，让政协履职成果转化实现最大化。

*组织好协商活动。*按照协商计划，重点围绕人才兴市、财政预决算、全市重大工程建设项目、农村安全饮水、园林绿化管养等问题开展协商活动。组织委员开展长安河提质改造、长忠公路建设、棚户区改造建设、文创园建设、村级平台建设等工程开展专题视察，为协商打下坚实基础。

二、扩大民主监督广度，为落实民生实事使劲发力

奉献新作为，我们要践行为民宗旨，进一步弘扬人民政协为人民的真挚情怀。

*提高提案监督效果。*借助市委书记、市长领衔督办重点提案的东风，进一步提高提案办理协商实效。建立健全承办单位、提案者、政协组织三方沟通协商机制，加大办理协商力度，提高委员对提案办理落实的满意度。发挥政协界别活动小组在密切联系群众方面的优势作用，建立和完善第三季度开展提案办理情况视察的有效方法，真正让委员参与到提案的办理工作中来。

*创新民主监督形式。*按照新修订的《党内监督条例》，依照章程进行民主监督，遵循尽职而不越位、帮忙而不添乱、切实而不表面的原则，充分发挥小组派驻、视察活动、委员提案、大会发言等形式的民主监督作用，重点围绕“十三五”时期重要约束性指标、民生资金管理使用、脱贫攻坚、治理“雁过拔毛”式腐败等，开展具有监督性的履职活动。

*开展民主评议活动。*认真总结过来民主评议的成功经验，进一步优化民主评议工作方案，年度内对行政执法类五个单位，即市国土资源局、市商务粮食局、市规划局、市环保局、市食品药品工商质量监督管理局开展民主评议。在充分进行调查研究和了解情况的基础上，对部门单位的工作作风、行政执法、惠民政策落实和维护社会公平正义等方面开展民主监督，促进我市社会服务工作迈上新台阶。

三、注重参政议政深度，为推进中心工作献计出力

聚力新征程，我们要展现智力优势，进一步激发人民政协服务发展的强大能量。

*组织开展专题调研。*充分发挥政协联系广泛、智力密集的智囊优势，围绕经济和社会建设开展重点调研，向市委、市政府建有用之言、献务实之策、出实在之力。重点就“2124”目标任务、招商引资、工业园做大做强、脱贫攻坚、乡村旅游等课题开展专题调研，提出合理化意见建议。鼓励政协各委员活动小组发挥自身优势，围绕临湘发展的重要环节开展调研，提出有价值的意见和建议。

*积极反映社情民意。*以社情民意为载体，深入基层、深入群众，开展系列民生视察活动，通过《民声》刊物、《临湘政协》、省政协云平台等渠道反映群众的呼声要求。要组织委员积极参与扶贫帮困、捐资助学等社会公益活动，力行善举，多做益事，努力使改革发展的成果惠及更多的普通百姓，不断提高广大群众的幸福感和满意度。

*倾力参与中心工作。*按照市委统一分工，主席会议成员积极参与全市招商引资、交通重点建设、旅游开发、茶产业发展、乡村发展以及包项目、联乡镇、精准扶贫等工作。团结带领广大政协委员积极投身全市经济、社会建设。在这里，我要代表市政协常委会再次向全体委员发出强烈呼吁、作出明确要求，以实际行动助推我市扶贫攻坚战役，积极投身省、岳阳市政协助力扶贫攻坚的“三个一”行动中来。

四、加大自身建设力度，为发挥委员作用增添动力

展示新形象，我们要强化自身素质，进一步提升人民政协“四支队伍”履职实践的蓬勃活力。

*着力提高政治把握能力。*要组织委员学习贯彻习近平新时代中国特色社会主义思想。通过学习凝聚政治共识，始终把坚持中国共产党的领导作为根本原则，把坚持党的领导作为政协工作的根本指向，把高举爱国主义和社会主义旗帜作为政协工作的重要原则，把坚持团结民主作为政协工作的两大主题，牢固树立政治意识、大局意识、核心意识、看齐意识，不断增强道路自信、理论自信、制度自信、文化自信，自觉服从服务于“五位一体”总体布局和“四个全面”战略布局，确保政协事

业始终沿着正确的方向前进。

*着力提高调查研究能力。*坚持问题导向，精选课题，深入调研，努力使对策建议更加有的放矢、切中要害。着力提高联系群众能力，深入开展“走基层”活动，畅通各界群众利益诉求表达渠道，发挥好桥梁纽带作用。探索“市委出题、政协做题”的新模式，组织一批有能力、有见地、有思想的优秀政协委员围绕市委交办的课题，年度内开展一次有较大影响的调研活动，提交一份高质量的调研报告供市委、市政府参考决策。

*着力提高“四支队伍”履职能力。*要按照新时代政协工作要求，政协党组要坚决把牢方向、管好大局、保证落实，充分发挥在政协组织中的领导核心作用。政协常委会要带头讲政治、争做维护核心的表率，带头强学习、争做勤学善思的表率，带头重担当、争做忠诚履职的表率，带头促团结、争做凝心聚力的表率，带头树形象、争做务实廉洁的表率。政协委员要懂政协、会协商、善议政，守纪律、讲规矩、重品行，努力在本职岗位上建功立业，在政协工作中尽职尽责，在界别群众中示范引领。机关干部队伍要提升“开口能讲、提笔能写、动手能干”的本领，坚持用准用顺干部、配优配强班子、管严管实队伍，打造政治坚定、作风优良、学识丰富、业务熟练的高素质干部队伍。

各位委员，同志们，风正时济，自当扬帆起航、劈波斩浪；任重道远，更需不忘初心、继续前进。让我们紧密团结在以习近平同志为核心的党中央周围，高举新时代中国特色社会主义伟大旗帜，在中共临湘市委的坚强领导下，始终保持奋发有为的精神状态，同心同德，和衷共济，立足新起点，谋求新作为，推进政协事业全面发展进步，为建设“精彩北大门、品质新临湘”而努力奋斗！

大事记

1月

1日　全市首届“悦”读节暨新文书苑全民阅读活动日正式启动，由新文书苑全新打造的中国首家县级阅读体验文化交流书吧也于当日同时开业。该书吧营业面积3000多平方米，总投资800多万元，由中国顶级书店设计公司设计与装修。

△　国家卫计委公布“2015—2016年度群众满意乡镇卫生院”名单，临湘市羊楼司镇卫生院榜上有名。

△　湖南省市县2015年度财政管理绩效首次综合评价结果揭晓，临湘市被评为AA级，全省仅10个县（市）获此殊荣。

4日　坦渡镇被纳入2017年省际边界口子镇发展专项省预算投资计划，拟投1760万元，其中省预算安排资金390万元。

6日　全市浮标行业先进企业、个人和十佳优秀品牌受到表彰，首批入驻市浮标产业园的15家浮标企业获得市政府818.9万元的租金减免和项目奖补资金。

7日　第四届湖南省年鉴评奖揭晓，《临湘年鉴（2013）》荣获二等奖。

9日　市政府召开治理拖欠农民工工资企业约谈会。会议提出，对于1月13日前农民工工资保证金未缴清或拖欠农民工工资没有兑付的企业，相关部门必须采取工程强制停工措施；对19日前农民工工资保证金未缴清或拖欠农民工工资没有兑付的企业，一律采取强制停工措施，一律冻结相关手续审批，一律列入拖欠农民工工资企业“黑名单”。

12日　市委常委班子召开2016年度民主生活会，岳阳市委常委、市纪委书记李挚到会指导。

16日　岳阳市委常委、市纪委书记李挚率岳阳市考核组到临湘市，就2016年度综合绩效、党风廉洁建设“两个责任”工作进行考核，对市管领导班子和领导干部进行考评。

△　岳阳市委常委、市纪委书记李挚，岳阳市人大常委会副主任陈光荣等一行，到临湘市看望特困群众，慰问市光荣院孤残老复员军人，为他们送上新春祝福。

△　省委农村工作领导小组办公室公布湖南省2016年度美丽乡村建设工作先进单位考核评比结果，临湘市忠防镇双港村获评“湖南省美丽乡村建设示范村”。

17日　岳阳市县（市、区）政务公开、政务服务工作讲评暨工作部署会议在临湘市召开。岳阳市政府副巡视员苏耀辉等出席，各县（市、区）政务中心主任参加会议。

19日　省总工会副主席钟小汨一行到临湘市，看望慰问全国劳动模范李国武，岳阳市委常委、市纪委书记李挚，岳阳市总工会副主席彭慕侬，临湘市领导李美云、吴光文与市总工会负责人陪同。

△　岳阳市委政法委副书记、市综治办主任李伍华一行，在临湘市领导胥春华等陪同下，分别前往桃林、坦渡、黄盖等乡镇慰问受省、岳阳市表彰且生活困难的见义勇为人员。

△　由中宣部宣教局、中央新闻纪录电影制片厂联合举办的社会主义核心价值观主题微电影征集展示活动优秀作品发布仪式在北京举行，市文旅广新局创作拍摄的微电影《良心的守护》喜获三等奖。

△　临湖公路临湘段建设项目正式交工验收。临湖公路是岳阳市30年路网规划中的主要组成部分，也是岳阳市重点工程之一，临湖公路临湘段自107国道巴嘴坳至云溪区路口镇，全长7.64公里，按国家一级公路标准进行建设。

20日　国家体育总局社体中心副主任尹国臣，中国钓鱼运动协会市场部主任马英惠、竞赛部副主任钟宗庭一行到临湘市，就2017年在临湘市举办垂钓比赛工作进行调研。市领导李美云、胥春华、刘如乐，市政府副处级干部李炎岳等陪同。

△　岳阳市人民政府副市长黎作凤率岳阳市安全生产检查组，到临湘市督查春节期间安全生产工作，临湘市领导李美云、魏淑萍、凌晓明、邓可杰及相关部门单位负责人陪同。

2月

7日　市委、市政府召开“2124”行动推进会，全面贯彻落实岳阳市委书记、市人大常委会主任胡忠雄在临湘调研时讲话精神。市领导余岳雄、凌晓明、吴光文、李孟阳、孙少游、李垂利、彭海云、熊丽、张国辉、吕乐，市政府副处级干部李炎岳等出席。

8日　岳阳市人大常委会副主任李永丰率“创新引领在岳阳”调研组到临湘市调研，市领导魏新咏、彭海云陪同。此次活动重点围绕完善科技创新体系、提升现代产业体系、构建新型城镇体系等创新开展调研。

10日　岳阳市林业局党组书记方归农一行到临湘市督查森林防火工作。

14日　全市三级干部大会召开。市委书记李美云作以《干字当头，实字托底，加力加速打造“精彩北大门、品质新临湘”》为主题的讲话。市委副书记、市长魏淑萍主持会议，市领导余岳雄、魏新咏、廖祯祥、凌晓明、吴光文、李其报、易兴建、胥春华、李孟阳、樊伟、孙少游、周少华等出席。

△　国家林业局林改司司长刘拓率“开发性金融支持林业产业发展专项调研组”到临湘市，就现代林业楠竹综合产业园建设项目进行调研。省林业厅副巡视员桂小杰，岳阳市副市长李激扬，岳阳市林业局局长何祚云，临湘市领导李美云、魏淑萍、吴光文、李垂利、张国辉等陪同调研。

15日　西藏自治区山南地区桑日县委副书记、县长吾金率桑日县党政代表团及岳阳市第八批援藏工作队到临湘市考察交流。岳阳市委副秘书长孙志诚，临湘市委副书记、市长魏淑萍，全国道德模范李国武等陪同考察。

18日　来自上海、广州、深圳、山东等地近20位企业家组团到临湘市考察，在工业、旅游、水利、城市建设、城市管理数字化等多个领域寻求合作。市领导李美云、魏淑萍、凌晓明、李其报、孙少游、彭海云、熊丽、吕乐等陪同考察。

21日　岳阳市委常委、宣传部部长马娜一行到临湘调研宣传思想工作，市领导李美云、李孟阳、孙少游、熊丽、吕乐，市政府副处级干部李炎岳、全国道德模范李国武等陪同调研。

△　民革岳阳市委专职副主委陈立新率调研组到临湘市，调研“1+4+2”大岳阳城市圈建设工作，市委常委、统战部部长李其报陪同。

22日　岳阳市委常委、市纪委书记李挚深入临湘市白羊田镇西山村扶贫联系点，实地调研指导脱贫攻坚工作。

△　娄底市政协副主席、工商联主席李德仁一行，到临湘市开展新农村建设和“村企共建”考察。岳阳市政协副主席、市工商联主席刘晓英，临湘市委常委、统战部部长李其报，市政协副主席、工商联主席陈步龙等陪同。

23日　省住建厅世界遗产和风景名胜区研究中心主任张惠、省风景名胜协会秘书长刘英一行，实地考察临湘市龙窖山风景名胜区石屋和堆石墓群等遗址。

24号，由省政府新闻办公室主办，中国电视艺术家协会微视频（微电影）委员会湖南省分会、湖南电视台国际频道《世界看湖南》栏目组承办的首届新湖南微视频展播大赛，在长沙市国际会展中心举行颁奖典礼。市广播电视台创作的微视频《良心的守护》荣获最佳作品奖。

28日　市纪委十二届二次全会暨全市反腐败工作会议召开。市委书记李美云出席并作重要讲话，市委副书记、市长魏淑萍主持会议，余岳雄、魏新咏、廖祯祥等在家市级领导出席会议。

△　全市组织工作暨村（社区）“两委”换届动员会召开。市领导李美云、余岳雄、吴光文、张国辉等出席会议。

3月

3日　市工商联（总商会）第十二次会员代表大会召开，陈步龙当选为市工商联（总商会）第十二届主席（会长）。市领导李美云、余岳雄、凌晓明、吴光文、李其报、刘如乐等出席会议。

△ 沅陵县人民政府副县长龚宇率考察团到临湘市考察风力发电项目，副市长彭海云等陪同考察。

△ 市政协召开九届一次常委会议，市委副书记余岳雄，市政协主席廖祯祥，副主席李征雷、马榕、盛美华、陈步龙、刘伯凤等出席会议。

△ 全市庆祝“三八”暨最美创业女性表彰大会召开，市委常委、组织部部长吴光文主持，市政协主席廖祯祥致辞，市委副书记余岳雄讲话，市领导熊丽、马榕、盛美华等出席。

6—7日 岳阳市政协党组书记、主席徐新楚到临湘市调研精准扶贫、开放型经济发展等工作。岳阳市政协党组成员、秘书长张群望，岳阳市扶贫办主任李永胜，临湘市领导李美云、魏淑萍、余岳雄、廖祯祥、刘如乐、张国辉、李征雷及全国道德模范李国武等陪同调研。

7日 省军休办主任许勇才一行到临湘市调研军休工作。

9日 临湘市落实“2124”行动方案会审会召开，市领导李美云、魏淑萍、余岳雄、凌晓明、李其报、孙少游、彭海云、熊丽、张国辉、吕乐等出席。

△ 市委书记李美云、市委副书记余岳雄、市人大常委会主任魏新咏、市政协主席廖祯祥等领导，与市林业局及绿化委员会成员单位干部职工一道，前往五尖山国家森林公园市直单位义务植树基地鹰嘴山开展春季义务植树活动。

△ 岳阳市计生协会会长白尊贤一行到临湘市调研计生工作。临湘市领导李美云、魏淑萍、余岳雄、李垂利、熊丽等陪同。

△ 省水利厅副厅长甘明辉一行到临湘市督查防汛备汛工作。市领导魏淑萍、张国辉等陪同督查。

△ 由省人大法制委主任委员钟实、岳阳市人大常委会副主任陈光荣带领的省、市人大法制委调研组一行，到临湘市聂市镇实地调研文物保护与旅游开发工作。临湘市人大常委会主任魏新咏、副主任李垂利等陪同调研。

10日 市委书记李美云主持召开市委常委（扩大）会议，研究2017年棚改方案，部署迎接中央环保督察工作相关事宜。市领导魏淑萍、余岳雄、魏新咏、廖祯祥及全体在家市委常委出席，相关市人大常委会副主任、市政府副市长列席。

△ 岳阳市委常委、市委政法委书记王小中，率岳阳市多个部门单位负责人，到临湘市聂市镇官田村调研精准扶贫工作。市领导余岳雄、张国辉陪同调研。

△ 是临湘市全面推行“党员活动日+”制度的第一个活动日。市委办、市人大办、市政府办、市政协办、市委组织部、市委宣传部等机关单位党员在指定地点集合，参加支部“党员活动日”。市委书记李美云、市委副书记余岳雄、市人大常委会主任魏新咏、市政协主席廖祯祥等在家市级领导，以普通党员身份参加所在支部活动。全市916个党支部分别组织开展了形式多样、丰富多彩的活动。

13日 岳阳市人大常委会副主任陈光荣率“创新引领在岳阳”课题组一行到临湘市征求意见，临湘市领导魏淑萍、魏新咏、陈长英以及部分岳阳市人大代表参加座谈会。

△ 临湘市农村商业银行股份有限公司创立暨第一次股东大会召开。市领导李孟阳、刘如乐等出席。

△ 岳阳市基础教育暨中考改革研讨会在临湘市召开，临湘市政府副市长刘如乐出席。

14日 全市环境保护暨迎接中央环境督察工作动员会召开，市领导李美云、魏淑萍、余岳雄、凌晓明、王友华、彭海云、马榕等出席会议。

△ 全市城市管理、禁拆治违、棚户区改造暨安全生产工作大会召开，市领导李美云、魏淑萍、余岳雄、凌晓明、李孟阳、孙少游、周少华、王友华、吕乐、李征雷等及其他在家市级领导出席会议。

18日上午 由市美临文化旅游发展投资有限公司、岳阳市摄影家协会主办，市文旅广新局、詹桥镇人民政府、江南镇人民政府、市摄影家协会共同承办的“2017（首届）湖南临湘野樱花、油菜花摄影大赛”在白云湖广场隆重开幕，旅游卫视频道副总监黄越、岳阳市摄影家协会主席李敏、市人民政府副市长熊丽等出席开幕仪式。

18—19日 岳阳市委宣传部副部长、岳阳市作协主席彭东明率岳阳市作协会员一行到临湘市羊楼司镇调研采风，并宣布将与十三村食品有限公司联合开展“我与十三村香菇酱的故事”征文活动。

21日 岳阳市政协副主席秩励率“优化非公经济发展法治环境”重点课题调研监督组到临湘市调研，市政府、市政协相关领导陪同调研。

△ 市委书记李美云主持召开市委常委（扩大）会议，讨论市人民医院搬迁选址、“2124”行动方案等相关工作。魏淑萍、余岳雄、魏新咏、廖祯祥及全体在家

市委常委出席会议，分管相关工作的副市长及相关部门负责人列席会议。

22日　全市全域旅游发展大会召开。会议提出要大力实施“精彩北大门、品质新临湘”发展战略，加快建设浮标小镇、文化创意园、湘北大道、五尖山提质升级等一批重点旅游项目，着力把临湘打造成岳阳、咸宁等地市民旅游休闲首选地。力争到2020年，全市旅游业总收入达到100亿元，接待游客总数突破1000万人次，旅游业成为战略支柱产业。省旅游发展委员会党组副书记、副主任高扬先，岳阳市人民政府旅游外事侨务办公室副主任杨川勇，李美云、魏淑萍、余岳雄、魏新咏、廖祯祥等市级领导出席。市委副书记、市长魏淑萍主持会议，市委副书记余岳雄作全域旅游工作报告。

△　市委副书记、市长魏淑萍就如何发展全域旅游接受湖南经视、岳阳电视台等媒体专访。魏淑萍介绍了临湘丰富的旅游资源及今后三年临湘市全域旅游创建定位。

△　省旅游发展委员会党组副书记、副主任高扬先一行到临湘市调研旅游工作，副市长熊丽等陪同。

△　长安街道荆竹山村召开村党总支换届选举党员大会，成功选举产生第一届荆竹山村党总支部委员会委员、书记、副书记，由此拉开临湘市村（社区）“两委”换届选举工作序幕。岳阳市委组织部副部长任栩栩，临湘市领导李美云、凌晓明、吴光文、李孟阳、谭世彬，临湘市派驻长安街道换届工作指导督导和纪律监督组成员到场指导，各乡镇（街道）相关负责人到现场观摩学习。

24日　岳阳市2017年“四海揽才”招聘会在武汉市洪山体育馆举行。市委组织部与市人社局组织临湘市5家知名企业与4个事业单位参与现场招聘。

29日　市委书记李美云主持召开市委常委（扩大）会议，研究部署城建、政法、教育工作。市领导魏淑萍、余岳雄、魏新咏、廖祯祥及全体在家市委常委出席，分管相关工作的副市长列席会议。

△　市委副书记、市长魏淑萍主持召开市政府第四次常务会议，传达学习岳阳市“两办”《关于重申和严明有关作风纪律要求》的通知，研究审议并原则同意市教体局关于《临湘市全民健身实施计划（2016—2020年）》、市扶贫办关于《临湘市易地扶贫搬迁项目资金管理暂行办法》。市领导凌晓明、彭海云、刘如乐、张国辉、吕乐、李新宇、谭世彬等出席。

30日　省委非公有制经济组织和社会组织党工委办公室副主任宁勇华率省委第二巡回督查组到临湘市，专题督查村（社区）“两委”换届选举工作。市领导李美云、余岳雄、吴光文、易兴建、胥春华、孙少游等先后陪同。

△　平安临湘暨全市政法工作会议召开。市领导李美云、魏淑萍、余岳雄、廖祯祥、李其报、易兴建、胥春华、孙少游等出席，市委常委、政法委书记胥春华作主体工作报告，市委副书记、市长魏淑萍主持会议。

△　岳阳市环保督查组到临湘市，就临湘市落实岳阳市迎接中央环保督察有关工作情况进行督查。市领导李美云、魏淑萍、彭海云参加汇报会。

△　省安监局副局长朱崇洲率省安全生产督察组到临湘市督查非煤矿山安全监管工作。市委常委、常务副市长凌晓明等陪同。

△　市十七届人大常委会第二次会议对《临湘市城市总体规划（2016—2030）》（以下简称《总体规划》）进行审议。会议同意市政府所作的《关于临湘市城市总体规划（2016—2030）纲要编制情况的报告》，决定批准《总体规划》。

△　省投资暨重点建设工作会议在长沙召开。会议公布湖南省2017年首批230个重点建设项目名单，总投资29187.8亿元，年度计划投资4868.8亿元，临湘市黄盖湖防洪治理工程位列其中。

4月

5日　岳阳市水务局局长陈正文到临湘市检查指导防汛工作，市委副书记、市长魏淑萍及市政府办、市水务局负责人陪同。

△　岳阳市委常委、纪委书记李挚一行到临湘市暗访督导村（社区）“两委”换届选举工作。岳阳市委组织部副部长任栩栩陪同。

6日　财政部农业司司长、国务院农业综合改革办公室主任吴奇修率国家防总检查组到临湘市检查防汛抗旱工作。省水利厅厅长詹晓安，岳阳市委副书记、市长刘和生，临湘市领导李美云、魏淑萍、张国辉等陪同。

△　省政协常委、省供销合作联社副主任李云才到临湘市调研供销合作联社综合改革工作。市领导余岳雄、刘如乐等陪同。

△　市教育基金会召开理事会议，选举产生了市教育基金会第五届理事会。市领导余岳雄、刘如乐等出席。

△　岳阳市委党校校长王伊亮到临湘市调研党校工作，市委常委、组织部部长吴光文陪同调研。

7日　市人武部党委全体（扩大）会议召开。市委书记、市人武部党委第一书记李美云，市委常委、市人武部政委樊伟，市委常委、市委办主任孙少游等出席。

△　岳阳市政府副秘书长向科军一行到临湘市督查货运码头、非煤矿山整顿工作。市委常委、常务副市长凌晓明等陪同。

11日　岳阳市委组织部副部长、老干局局长刘腊干带领扶贫工作组到联点扶贫村——临湘市五里牌街道松峰村商议帮扶工作。临湘市领导李其报、李新宇及相关联点帮扶单位负责人陪同。

12日　岳阳市人大常委会副主任陈志莲率岳阳市人大《中华人民共和国产品质量法》执法检查组到临湘市开展执法检查。市领导魏淑萍、魏新咏、李垂利、刘如乐等陪同。

△　岳阳市委常委、纪委书记李挚带领岳阳市纪委班子成员一行，到临湘市白羊田镇西山村调研精准扶贫工作，并走访看望精准扶贫帮扶对象。市委常委、纪委书记易兴建等陪同。

13日　临湘市召开中心城区畜禽养殖退养工作推进会。市领导余岳雄、彭海云出席会议。

14日　省委常委、省委宣传部部长蔡振红一行到临湘市考察调研。岳阳市委书记、市人大常委会主任胡忠雄，市委常委、市委宣传部部长马娜，临湘市领导李美云、魏淑萍、李孟阳、孙少游，全国道德模范、湖南十三村食品有限公司总经理李国武等陪同调研。

△　湖北省孝感市文体新广局负责人一行，到临湘市考察绿色网吧运作模式。

18日　岳阳市副市长邱虹一行到临湘市调研洋溪湖水域环境综合治理工作。临湘市领导魏淑萍、张国辉等陪同调研。

19日　省财政厅文化旅游产业投资基金管理中心主任邓卫平一行到临湘市考察调研。市人大常委会主任魏新咏、副主任曹小光，市委副处级干部郑昌林以及相关部门负责人陪同调研。

△　临湘市正式在桃林镇全新花炮厂启动退出烟花爆竹生产企业涉药危险品处置工作。当日共安全销毁亮珠450公斤、药饼791饼、引线3万米。

20日上午　临湘市村（社区）“两委”换届选举在长安街道荆竹山村正式拉开序幕。岳阳市委组织部副部长任栩栩，临湘市领导吴光文、胥春华、张国辉等到场指导，临湘市各乡镇相关负责人现场观摩学习。

△　市政协召开九届二次常委会议，专题协商2017年财政预算（草案），部署政协系统党风廉政建设工作。市政协主席廖祯祥，副主席李征雷、马榕、陈步龙、刘伯凤出席会议。市领导凌晓明、易兴建应邀列席会议。

△　岳阳市督查组到临湘市督查“四大会战（即产业园区建设、交通建设、港口建设、脱贫攻坚）”工作情况。临湘市领导凌晓明、孙少游、彭海云和相关单位负责人陪同。

21日　市委书记李美云主持召开市委常委（扩大）会议，研究审议脱贫攻坚和全面建成小康等工作。市领导魏淑萍、余岳雄、魏新咏、廖祯祥及全体在家市委常委出席，市政府相关领导列席会议。

△上午　岳阳市政协副主席李平率调研组到临湘市调研食品安全工作。市政协副主席马榕等相关负责人陪同调研。

22日　荆州市副市长、公安局局长黄庭松率荆州市政府代表团，到临湘市考察交流警务工作。岳阳市公安局党委委员、纪委书记夏荣才，临湘市副市长、公安局局长邓可杰等陪同。

24日　中央第六环保督察组督察湖南省工作动员视频会议召开。临湘市领导李美云、孙少游、彭海云、张国辉、吕乐等在临湘分会场收听收看会议实况。

25日　省人大常委会原副主任、省关工委名誉主任沈瑞庭，省关工委副主任王四连一行到临湘市湖南十三村食品有限公司，调研民营企业关心下一代工作。临湘市领导李美云、魏新咏、吴光文、王友华和相关单位负责人陪同。

27日　省血防办督导组一行到临湘市督导春季血防工作，实地检查源潭镇、江南镇、黄盖湖镇血防工作开展情况，听取临湘市2017年血防工作汇报。副市长熊丽等陪同。

28日　岳阳市委常委、政法委书记王小中率岳阳市政法委、岳阳市扶贫办等部门单位负责人到聂市镇官田村调研精准扶贫工作。市领导魏淑萍、胥春华等陪同。

△　市十七届人大常委会第三次会议召开。会议决定任命谭世彬为临湘市人民政府副市长；听取市人民政府关于临湘市2017年财政预算编制情况的报告，审查和批准临湘市2017年财政预算方案；审议通过保建投等5个平台公司共计20个项目向银行贷款的议案。市人大常委会主任魏新咏，副主任王友华、陈长英、曹小光、李垂利及全体市人大常委会委员出席，市领导凌晓明、吴光

文、张国辉、谭世彬列席会议。

5月

3日　省发改委副主任汤兹率省政府最严格水资源考核组一行到临湘市对2016年度实行最严格水资源管理制度情况进行全面检查考核。岳阳市副市长喻昌、临湘市副市长张国辉与相关单位负责人陪同。

△　岳阳市老科协名誉会长罗传根、老科协会长包忠清一行到临湘市调研老科协工作。临湘市领导李美云、魏淑萍以及市老科协负责人陪同调研。

△　岳阳市文联党组书记、副主席钟辉一行到临湘市调研文联工作。临湘市委宣传部和市文联相关负责人陪同调研。

4日　省、岳阳市相继召开推进“两学一做”学习教育常态化制度化工作视频会议，李美云、魏淑萍、余岳雄、魏新咏、廖祯祥等在家市领导与各镇（街道）、各部门单位负责人参加视频会议。会议结束后，临湘市随即召开会议，安排部署推进“两学一做”学习教育常态化制度化工作。

5日　岳阳市环境突出问题督察组到临湘市督查中央及省交办的突出环境问题和信访案件整改落实情况。

8日　省老体协广场舞专委会主任夏松一行到临湘市，就如何引导、扶持、规范广场舞活动进行调研。临湘市老体协相关负责人陪同调研。

8—9日　由岳阳市总工会、岳阳市人力资源和社会保障局主办的岳阳市手工制茶技能大赛在华容县举行，临湘市永巨茶业公司选手陈中良凭借精湛的制茶技艺一举夺冠。

9日　岳阳市人大常委会党组书记、副主任，岳阳市交通建设大会战指挥长向伟雄到临湘市督查交通建设大会战工作。岳阳市副市长、交通建设大会战常务副指挥长杨昆，岳阳市交通局局长刘海波，临湘市领导李美云、魏淑萍、魏新咏、凌晓明、彭海云及相关部门负责人陪同。

△　市委书记李美云主持召开突出环境问题整治工作推进会，对全市突出环境问题整治工作进行再部署、再落实、再推动。市领导魏淑萍、凌晓明、彭海云、邓可杰等出席。

△　省安监局总工程师郑京杰到临湘市督查指导防汛备汛工作。

△下午　岳阳市委政法委副书记、综治办主任李伍华到临湘市羊楼司镇调研指导平安创建工作。市委常委、政法委书记胥春华等陪同。

11日　岳阳市环保督察组就临湘市办理中央环保督察组办理信访交办件工作情况进行专项督察。临湘市领导李美云、魏淑萍、彭海云等陪同督查。

△　冷水江市政协主席罗中秋一行到临湘市考察国家森林公园创建工作。市政协主席廖祯祥、副主席刘伯凤等陪同。

△　省农委巡视员钟正洪一行到临湘市督导农村土地承包经营权确权登记颁证工作。岳阳市农委、岳阳市经管局相关负责人陪同。

12日　湖南远大集团总裁张跃一行到临湘考察，并就投资合作事宜进行洽谈。市领导李美云、魏淑萍、凌晓明、孙少游等陪同考察。

16日　临湘市首个砖茶主题博物馆——临湘砖茶博物馆正式开馆。市领导魏淑萍、余岳雄、魏新咏、胥春华、张国辉、李征雷、盛美华、刘伯凤，省、岳阳市茶协领导，相关专家出席开馆仪式。

△　岳阳市委副秘书长任小娟带领督查组一行到临湘市督查全面小康建设工作。市领导余岳雄、孙少游陪同。

18日　水利部长江委督查组到临湘市督查河道采砂与砂石码头管理工作。省水利厅洞工局局长沈新平、岳阳市人民政府副市长唐文发、临湘市副市长张国辉及相关单位负责人陪同。

△　省老科协执行会长唐之享、副会长兼秘书长史小溪、副会长刘克利等一行到临湘市调研“三农”服务工作。岳阳市老科协第一会长赵协成、会长肖建华，临湘市领导魏淑萍、余岳雄以及市老科协负责人陪同。

△　省文化厅副厅长张帆、省文化厅非遗处处长陈友材等一行到临湘市调研非遗保护传承工作。岳阳市文广新局副局长何立夫，临湘市委常委、宣传部部长李孟阳等陪同。

△　全市村（居）民委员会换届选举大会召开。当天，全市共有109个村（社区）召开村（居）委员会换届选举大会，选举产生新一届村（居）委会班子。

19日　全市社会安全防控“三全（全员参加安全管理、全过程安全管理、全方位安全管理）”行动志愿活动启动仪式在市星河广场举行，市委书记李美云宣布全市社会安全防控“三全”行动正式启动，市领导余岳雄、胥春华、李孟阳、邓可杰，市人民法院院长张猛，市人民检察院检察长吴春生等出席。

△ 2017湖南临湘“中国旅游日”大众旅游T台秀暨2017湖南临湘野樱花油菜花摄影大赛颁奖仪式在五尖山国家森林公园举行，现场公布了此次大赛金质、银质、铜质及品质收藏作品获奖名单，市领导余岳雄、李孟阳、李垂利、熊丽等出席并为获奖选手颁奖。

22日 中南民族大学文学与新闻传播学院党委副书记、著名女书专家、瑶族著名学者李庆福教授一行来到羊楼司镇龙窖山村，为该村“中南民族大学中国女书暨古瑶研究基地”揭牌，并就龙窖山古瑶文化和龙窖山旅游开发与当地干群进行座谈交流。

22—24日 省委党校工商管理教研部调研组一行到临湘市开展为期3天的专题调研。市领导熊丽、李新宇，市委党校校长王精兵等陪同。

23日 岳阳市委书记、市人大常委会主任胡忠雄到临湘市督导精准扶贫和环保工作。岳阳市相关部门单位负责人及临湘市领导李美云、魏淑萍、孙少游、张国辉等陪同。

25日 市委书记李美云，市委副书记、市长魏淑萍率党政代表团，赴长沙市湖南远大集团、湖南和立东升实业集团有限公司考察洽谈项目合作事宜。市领导凌晓明、李孟阳、孙少游与市直相关部门单位负责人陪同。

△ 岳阳市政协副主席黎四清率岳阳市政协经科委、农业界委员到临湘市羊楼司镇调研美丽乡村建设工作，临湘市政协副主席刘伯凤、羊楼司镇党政负责人陪同调研。

26日 临湘农村商业银行正式挂牌。省农村信用社联合社副主任陈治文，岳阳市银监局局长易文，临湘市领导李美云、魏淑萍、魏新咏、凌晓明、李其报、易兴建、胥春华、李孟阳、樊伟、孙少游、邓可杰、刘伯凤，市人民检察院检察长张猛，市人民法院院长吴春生，市教育基金会副理事长李冬赐等出席。

27日 临湘市就岳阳港临湘港区和临湘汽贸大市场两大项目，正式与武汉港航发展集团有限公司、湖南和立东升控股集团签署合作框架协议。武汉港航发展集团有限公司党委书记、董事长谢宗孝，湖南和立东升控股集团董事长冯卫兵，华菱岳阳港总经理鄢志平，临湘市领导李美云、魏淑萍、余岳雄、魏新咏、凌晓明、李孟阳、孙少游、彭海云、李征雷等出席签约仪式。

△ 随着桃林镇月山村村委会选举结果的产生，临湘市161个村（社区）村（支）“两委”换届选举工作圆满完成，成为岳阳市第一个全面完成村（社区）“两委”换届工作的县（市）。

29日 由市委宣传部、团市委、市教体局、市文旅广新局主办，市青少年活动中心承办的第四届全市青少年才艺电视大赛声乐类总决赛在市影剧院落下帷幕。

31日 国家林业局科技发展中心、中国林科院调研组一行到临湘市，调研楠竹标准化建设和森林认证等工作。

6月

1日 岳阳市政协副主席、旅游外事办主任方争奇一行到临湘市调研全域旅游创建工作。

2日上午 市扶贫办首次对全市驻村帮扶队员手机安装大数据创新精准扶贫系统APP软件和GPS定位系统。

2—3日 国家林业局天然林保护办公室综合处处长徐鹏一行到临湘市调研天然林保护工作。

3日下午，市音乐家协会召开第五次代表大会，肖良波当选为市音乐家协会第五届理事会主席。

△ 临港公路横跨京广铁路的白云大桥拓宽工程正式竣工通车。

5日 国际灸法大会会长、世界艾草产业大会创始人纪凯，世界艾草产业大会执行秘书长刘佳文一行到临湘市考察商议艾草小镇建设合作事宜。

△ 岳阳市检疫检验局相关负责人到临湘市调研指导省级出口农产品质量安全示范区创建工作。

△ 市美术家协会召开第三次代表会议，陈晓声当选为市美术家协会第三届理事会主席。

6日 市人民医院肝胆外科对一例危重复杂肝胆管结石病患者成功实施经皮肝胆道镜碎石取石术（PTCS）。该项技术的成功开展标志着市人民医院肝胆管结石病的治疗技术跨入省先进行列。

△ 2017年度高考正式开考。临湘市2017年度高考报名人数为3130人，实际参考人数为2375人，其中理科1475人，文科749人，职高对口151人；高职院校提前单招录取755人。

△ 岳阳市政府副秘书长刘衡岳到临湘市督查治超和路域环境整治工作。

△ 省安监局副局长杨国庆率督察组到临湘市督查安全生产工作。

7日 岳阳市委常委、纪委书记李挚到临湘市公开接待信访群众。

△ 省总工会副主席周海斌一行到临湘市调研工会

财务工作。

△下午，省教育厅副厅长王建华一行到临湘市考察高考工作。

8日　市委书记李美云主持召开市委常委（扩大）会议，研究审议《临湘市在农村开展“刹人情歪风、治婚丧陋习、树文明新风”专项工作实施方案》及《临湘市教体新城政府与社会资本合作（PPP）模式框架协议》。

△上午　省有色金属管理局局长唐勇一行到桃矿调研。

9日　岳阳市副市长唐文发一行到临湘市督查防汛备汛工作。

△上午　全市创建省级出口食品农产品质量安全示范区动员会议召开。

△上午　市畜牧水产局组织开展长江水域鱼类人工增殖放流活动。

△　中国国际工程咨询公司农村经济部处长曲永会率评估专家团一行到临湘市，对国家黄盖湖综合治理项目工程进行现场查勘评估。

△　由市委统战部主办的“同心·创新创业大讲堂”活动正式启动。

△　市教育体育局与湖南农业大学正式签订教师培训协议。

△　临湘市首本林权类“不动产权证书”在市不动产登记中心颁发，詹桥镇观山村村民吴为象领到临湘市第一本林权类“不动产权证书”。

11日　市摄影家协会召开第五次代表会议，会议选举曾明亮为市摄影家协会主席。

12日　临湘市2017年重点民生实事工程——芙蓉中路道路工程正式开工建设。

13日　岳阳市人大常委会副主任、市总工会主席彭先政率岳阳市人大执法检查组一行，到临湘市督办食品安全法执法检查审议意见整改情况。

△　岳阳市委讲师团主任戴文慧带领督查组，到临湘市督查意识形态工作和中心组学习情况。

14日　岳阳市公安英模事迹报告团到临湘市开展“迎接十九大，忠诚保平安”公安英模事迹报告宣讲活动。

14—15日　省住建厅城市建设管理处调研员刘沁带领省住建厅调研组，调研指导临湘市创建省级园林城市工作。

15日　岳阳市政协副主席罗陆平率调研组一行，到临湘市调研临湘工业园区与岳阳临港新区抱团发展提案。

△　省政府发展研究中心财经处副处长左宏一行到临湘市调研扶贫项目资金使用监管工作。

16日　岳阳市政协副主席李平率督查组到临湘市督查省级现代公共文化服务体系示范区创建工作。

20日　市政府与浙江展诚建设集团股份有限公司签署临湘市教体新城项目建设合作框架协议。

△　省卫生计生委副巡视员陈卫红带领督查组一行到临湘市督查卫生计生重点工作。

△　岳阳市人大常委会副主任陈光荣率执法检查组，到临湘市检查《湖南省农村扶贫开发条例》贯彻执行情况。

△　湖北省赤壁市人大常委会副主任但锐金一行到临湘市考察农贸市场建设和管理工作。

21日　临湘市召开“刹人情歪风、治婚丧陋习、树文明新风”专项工作暨人口计生、农村规范建房工作推进会。

△　万里茶道国内段沿线八省文物部门和万里茶道联合申遗办联合行文，将申遗预备清单文本正式提交国家文物局。其中，临湘市聂市古镇和临湘塔（儒矶塔）列入湖南首批重点推荐申报遗产点。

22日　临湘市近万名志愿者、市民聚集在长安河畔，参加万人放流活动。

△　岳阳市人大常委会副主任陈光荣率岳阳市人大执法检查组一行，到临湘市就《湖南省农村扶贫开发条例》执法检查情况进行座谈。

△　市人民法院院长张猛首次以员额制法官身份，公开开庭审理由市人民检察院提起的一起公诉案。本次庭审通过中国法院网同步直播。

△20时到次日20时　临湘市普降大暴雨，局部地区特大暴雨。临湘市30个站点降雨超100毫米，26个站点降雨超150毫米，20个站点降雨超200毫米，特别是城南站降雨量高达337毫米，为有气象记录以来的极值。全市平均降雨量达169.1毫米。短时间强降雨导致山洪暴发，部分地区出现山体滑坡、公路被冲毁、农田被淹，城区部分低洼地段出现短时间积水情况。23日下午，市委书记李美云主持召开全市防汛会商会，部署当前防汛工作。

23—25日　“金叶众望杯”2017年全国垂钓俱乐部挑战赛（湖南临湘站）在临湘市浮标小镇游钓文化园举行，来自全国各地160家顶级垂钓俱乐部的480名垂钓高手同场竞技。河北煊龙队、香港汉坤钓具队、衡阳小老头敢死队、浙江凯森（吾胜）俱乐部队分获临湘站赛前四名，临湘站排位赛前十名选手将进入2017年总决赛。

24日上午　临湘市举行游钓文化园开园节暨招商项

目推介会。

△　岳阳市委常委、纪委书记李挚，岳阳市人大常委会副主任陈光荣到临湘市督查指导防汛抗灾工作。

△　岳阳市民政局局长任焱辉率工作组到临湘市查灾核灾，指导抗灾救灾工作。

25日　省交通运输厅运输处处长刘明进率检查组一行，到临湘市检查考核“四好农村路（建好、管好、护好、运营好）”示范市创建工作。

△　省住建厅督查组到临湘市督查城市防汛工作。

△　省教育厅党组成员、省委教育工委委员徐伟，省禁毒办专职副主任陈睿一行，到临湘市督导禁毒工作。

26日　由市禁毒委主办的“无毒青春、健康生活”主题禁毒第一季宣传活动在星河广场正式启动。全市26个禁毒委成员单位、长安、五里牌街道、户外运动协会、自行车协会、禁毒使者、禁毒公益企事业单位等5000余名志愿者参加活动。

△　省文化厅副厅长鄢福初率省政府督查组一行到临湘市督查省级现代公共文化服务体系示范区创建工作。

28日　临湘市文学艺术界联合会第四次代表大会召开。大会审议并原则通过市文联第三届委员会《工作报告》，审议并原则通过修改后的《临湘市文学艺术界联合会章程》，选举产生临湘市文联第四届委员会和主席团。

△　岳阳市委常委、纪委书记李挚走访慰问临湘市部分困难党员和优秀共产党员，并考察临湘市非公企业党建工作情况。

△　市委书记李美云，市委副书记、市长魏淑萍率团赴湖北省仙桃市、洪湖市考察学习招商引资、城建规划建设管理和农产品深加工等方面工作。

30日　岳阳市委书记、岳阳市人大常委会主任胡忠雄到临湘市督导防汛抗灾工作。

△　岳阳市委常委、纪委书记李挚到临湘市督查防汛抗灾工作。

△　省安全监督管理局副局长杨国庆一行到临湘市督查防汛工作。

△　市人武部组织民兵应急连干部和战士共60人，紧急奔赴湘阴县乔口镇支援该县防汛抗灾工作。

△　市十七届人大常委会第五次会议召开。会议审议有关人事任免等事项，审议并通过《关于批准调整临湘市烟花爆竹限放管理范围的决定》《关于市人民法院执行工作情况的审议意见》。

7月

1日　市防指决定自7月1日17时起，在全市范围内启动防汛Ⅱ级应急响应。

3日　岳阳市人大常委会副主任陈光荣、岳阳市政协副主席刘晓英到临湘市督查防汛抗灾工作。

4日　省农业委党组成员、省农机局局长王罗方一行前往临湘市督查农业救灾补损工作。

4—8日　市委书记李美云率招商考察团前往广东深圳、广州、肇庆等地，走访临湘籍乡友企业，开展上门招商、乡情招商。

5日　泰格林纸集团总经理叶蒙、湖南茂源林业有限责任公司董事长李锋一行，到临湘市考察艾草小镇项目建设项目。

△　岳阳市委组织部副部长任栩栩到临湘市督查指导村级综合服务平台建设工作。

△　岳阳市经信委主任许永一行到临湘市调研工业发展情况。

6日　副省长何报翔一行到临湘市督导防汛抗灾工作。岳阳市委副书记、市长刘和生，岳阳市经信委主任许永，临湘市领导魏淑萍、廖祯祥陪同。

△　国家防汛抗旱专员王磊一行到临湘市督导防汛抗灾工作。省水利厅副巡视员曹希，岳阳市水务局党组成员、工会主席毛再斌，临湘市领导廖祯祥、张国辉陪同。

△　岳阳市政协副主席、旅游外事办主任方争奇一行到临湘市督导灾后旅游景区安全工作。

△　岳阳市扫黄打非领导小组办公室主任、市文化市场综合执法局局长喻飞跃一行，到临湘市忠防镇、桃矿街道调研“扫黄打非”工作。

8日上午　岳阳市纪委副书记、监察局局长罗荣到临湘市督查防汛抗灾工作。

△　岳阳市人大常委会副主任陈光荣，岳阳市政协副主席、发改委主任刘晓英到临湘市督查水库防汛值守与地质灾害防治工作。

△　全市防汛会商暨抗灾救灾工作会召开。

△　长江委防办巡视员李峻率国家防总湖南工作组一行到临湘市督导防汛工作。

9日　临湘广东商会成立庆典暨临湘市招商项目推介大会在广东省东莞市万达文华大酒店举行。中国银行外部监事、十一届全国政协委员梅兴保，广东省发改委副主任吴维保，东莞市军分区参谋长杨志越，深圳市交通运输委员会党组成员、副主任曾岳雄，湖南省人民政府驻深办主任廖克勤，中央电视台高级编辑祖菊红，东莞市委原常委、军分区原司令员刘国辉，临湘市领导李美云、余岳雄、廖祯祥、凌晓明、李其报、孙少游、彭海云、陈步龙，市政府原副市长李冬赐，在粤临湘籍企业界精英、知名人士，十余家兄弟商会负责人出席。

12日　为助推临湘市名优特产品走进香港、打入国际市场，加快临湘市外向型经济发展，三湘集团副总裁聂晓光一行到临湘市就浮标、茶叶、酱菜等特色产业进行深入考察。

13日　临湘市人社局城乡居民医疗保险管理服务中心获“全国巾帼文明岗”称号。

△　岳阳市国土资源局局长胡辉一行到临湘市调研国土资源工作。

△　由桃矿街道与长沙医学院新青年团队共同举办的“党建引领、文化创新”文艺晚会在桃矿街道复兴广场欢乐上演。

13—15日　湖南经视《有什么好玩的》摄制组走进临湘市，深入五尖山森林公园迪士尼森林乐园丛林穿越项目、6501风景区、浮标特色小镇国际垂钓园、湖南省十三村食品有限公司古酱窖，通过旅行达人带领主持人提前体验的形式，规划推介临湘旅游线路。

16日　由市教体局和市文旅广新局联合创办的临湘花鼓戏小学员培训班在市职业中专开班，通过层层选拔的20名小学员正式接受训练。

17日　岳阳市委常委、政法委书记王小中率岳阳市委政法委机关、岳阳市扶贫办、岳阳市司法局、中国移动公司岳阳分公司等部门单位负责人，到临湘市聂市镇官田村督导精准扶贫和灾后重建工作。

19日　岳阳市委常委、宣传部部长马娜一行到临湘市调研创建省级现代公共文化服务体系示范区工作。

△　湖南十三村三国“食”文化产业园通景（文白至梅池）公路工程可行性研究报告通过岳阳市公路学会专家团评审。

20日　临湘市召开血防工作暨疫区封洲禁牧淘汰牛羊工作会议。省卫计委血防处处长李兴彪、岳阳市疾控中心主任黄岳四等出席。

△　原临湘茶厂9101青砖茶原创技术老专家虞均成、林睦华、昌智才、沈武治、黄爱芝、王建国、罗敏等齐聚临湘砖茶博物馆，纪念国家首批9101出口青砖茶研发成功26周年。

△　岳阳市扶贫办主任李永胜到临湘市詹桥镇沙团村调研扶贫工作。

21日上午　市政协召开九届三次常委会议，就加速城市综合路网建设，推进城市提质扩容进行专题协商。

22日　湖南省首届“惠临鱼乐杯”钓鱼比赛在临湘市国际垂钓文化园拉开帷幕。来自全国各地的300名钓手齐聚临湘市，展开为期两天的比赛。

24日下午　岳阳市委副书记、市长刘和生率岳阳市政府全体（扩大）会议与会人员，考察临湘市交通大会战各重点项目。

25日　岳阳市政府全体（扩大）会议在临湘市召开。

△　岳阳市出入境检验检疫局局长盛胜军一行，到临湘市调研创建省级出口食品农产品质量安全示范区工作。

26日　全市2017年上半年经济工作讲评会召开。会议传达省委、岳阳市委及岳阳市政府全会精神，总结点评上半年经济工作，部署下半年经济工作。

27—30日　2017年全国中学生田径锦标赛在山东省章丘中学举行，临湘二中学生屈璟获得女子甲组400米金牌，李维获得女子甲组铁饼金牌，钟叶获得女子甲组铁饼银牌，并获得女子甲组团体总分第4名。

28日　岳阳市委常委、市纪委书记李挚走访调研临湘市滨江产业园区民营企业。

△上午　全市旅游招商项目集中签约仪式在中发大酒店举行。临湘市分别与山隐悦界（北京）空间设计有限公司、湖南龙临湖旅游开发有限责任公司、武汉双寨沟生态农业科技发展有限公司、北京中体民兴商务服务有限公司签署雁南山隐居精品民宿、“龙临湖”风景区、“思缘”文化旅游示范区、华胥农耕文化主题公园4个项目合作框架协议。

△上午　岳阳市发改委党组成员、副主任刘光明率领督查组到临湘市督查洞庭湖生态经济区建设工作。

△　中国首位对联学硕士、中国楹联学会会长助理、湖南省楹联家协会常务副会长鲁晓川，应邀到临湘市新文书苑文化大讲堂，以《如何突破楹联创作瓶颈》为题开坛讲座。

31日　市政协组织部分驻临湘的省、岳阳市政协委员，专题视察临湘市浮标产业发展情况。

△　岳阳市政协副主席、旅游外事办主任方争奇一行到临湘市羊楼司镇，调研国家中医药健康旅游示范区

创建工作。

△　岳阳市纪委副书记任茂辉到临湘市督查白羊田镇西山村小学建设工作。

31日至8月1日　省住建厅规划处处长黄立率省专家组一行到临湘市，就《临湘市城市总体规划（2016—2030）》纲要进行评审。

是月，全国人民调解工作会议召开，临湘市聂市镇长源村支部书记、治保主任张明华获“全国模范人民调解员”荣誉称号。

8月

2日　司法部律师公证司副司长施汉生一行到临湘市调研公证体制改革工作。

△　世界艾草产业大会创始人、会长纪凯一行到临湘市考察艾草小镇项目。

3日　岳阳市总工会党组书记、常务副主席谭志兰一行，到临湘市考察“岳阳市十佳精准扶贫爱心大使”候选人——李国武。

△　省农委新农村建设处副调研员李建伟一行到临湘市，督查省级美丽乡村示范创建村工作。

4日　岳阳市棚改工作推进会议在临湘市召开。

△　岳阳市委组织部党员教育中心主任杨志红率岳阳市委基层党建工作督查组，到临湘市督查上半年基层党建工作。

5—7日　为助推临湘市钓具生产、竹木加工、高新技术设备制造等产业做大做强，市委书记李美云率队赴山东展开招商活动。

7日　岳阳市公安局交警支队科目二临湘分考场正式开考。

△　市长魏淑萍率招商小分队前往山东先达农化股份有限公司进行考察，并就该公司临湘投资项目进行对接洽谈。

8日　省出入境检验检疫局食品处处长何文斌一行到临湘市，调研出口食品农产品质量安全工作。

9日　岳阳市人大常委会副主任万岳斌到临湘市调研残疾人扶贫工作。

△　岳阳军分区国防动员处处长刘晓荡一行到临湘市督导征兵体检工作，看望慰问承担征兵体检任务的医务人员和临湘市应征青年。

△　市人民医院代表队在岳阳市卫生应急技能竞赛中，获突发事件紧急医学救援项目一等奖。

9—10日　岳阳市人大常委会副主任赵岳平一行到临湘市调研森林防火工作。

△　市委副书记余岳雄一行赴江西省瑞昌市、修水县考察学习矿山管理、城市建设管理工作。

10日　广东玛西尔电动科技有限公司总裁董中华一行到临湘市进行投资考察。

11日　国家林业局华东监测院副院长周琪一行，到临湘市核查天然林保护工作。

12日7时至12时30分　詹桥镇跳石村季岩组累计降雨255毫米，暴雨导致山洪暴发。该组后山出现大面积山体崩塌，并形成沙石流。该镇党员干部紧急动员转移群众125名。

13日　省水利厅建管处处长周柏林一行到临湘市督导防汛抗灾工作。

14日　岳阳市委常委、市纪委书记李挚一行到临湘市督导防汛抗灾工作。

17日　由西藏山南市委副书记、政协主席丁哲峰率山南市党政代表团一行到临湘市考察。

△　岳阳市全面小康建设工作督查组到临湘市督查工作。

△　水利部水资源司处长张鸿星率复查组到临湘市，开展长江入河排污口专项检查行动重点复查工作。

18日上午　岳阳市委常委、统战部部长熊炜到临湘市调研大统战工作格局构建和党外干部队伍建设等工作。

△　市人大常委会主任魏新咏率考察团赴江西省赣州市南康区考察学习。

20日　省人民政府驻深圳办事处主任廖克勤率深圳深水海纳集团董事长李海波、湖南和立东升控股集团执行总裁胡锷等企业家到临湘市考察。

21日　岳阳市委扶贫领域专项巡察组进驻临湘市，开展为期2个月的巡察工作。

22日　深圳华创智成文化旅游发展有限公司董事长、总裁高军一行到临湘考察旅游产业。

23日　岳阳市委常委、组织部部长王瑰曙率部分“投智岳阳”专家，到临湘市调研农村综合服务平台和特色小镇建设工作。

△　临湘汽贸城、湘北国际商贸城、临湘农产品交易物流中心、金河汽车美容市场、兴农巷综合农贸市场、五里社区农贸市场以及长安美食城七大专业市场项目集中开工建设。

△ 临湘市千年茶镇项目概念性规划设计比选评审会召开。

△ 岳阳市第六环保督查组一行到临湘市，就临湘市落实中央环保督察组反馈意见、信访交办件及省、岳阳市交办突出环境问题整改工作进行督查。

△ 34名在粤临湘籍企业家结伴返回家乡，开展“育才行动”，为临湘市37名品学兼优的贫困大学新生捐助37万元助学金。

24日 华容、临湘扶贫工作总队结对帮扶工作现场会在临湘市五里牌街道松峰村召开。

24—26日 市委常委、宣传部部长李孟阳率市创建省级园林城市领导小组办公室成员赴郴州市资兴市、株洲市醴陵市，考察学习当地创建园林城市先进经验和做法。

29日 岳阳市政府副市长杨昆到临湘市督查长江岸线非法砂石码头整治工作。

△ 全省县乡人大工作和建设推进会暨湖南省人大工作先进个人表彰大会在长沙召开，临湘市人大常委会主任魏新咏参会并作座谈发言。

30日 国家发改委正式批复黄盖湖防洪治理工程可行性研究报告。

31日 芙蓉中路实现全线贯通。

当月 由中央文明办主办、中国文明网承办的“我推荐、我评议身边好人”活动发布8月“中国好人榜”，临湘市小家庭餐饮公司总经理瞿园园入围“中国好人”（助人为乐）候选人。

9月

1日上午 云溪区人大常委会城环工委考察组一行到临湘市考察城市建设、环境保护及滨江工业园区管理工作。

△ 市委书记李美云主持召开市委常委（扩大）会议，研究有关人大工作。

△ 省纪委驻住建厅纪检组长、省住建厅党组成员胡知荣，省住建厅村镇处处长陈华，省建工集团副总经理谈毅一行，到临湘市调研建筑工程质量监督、小城镇建设等工作。

△ 岳阳市政协副主席黎四清率岳阳市政协调研组，到临湘市调研规范村民建房、建设美丽乡村工作。

4日 由岳阳市纪委、湖南民族职业学院等单位对口支援重建的白羊田镇西山村小学正式开学，岳阳市委常委、市纪委书记李挚，湖南民族职业学院党委书记李红、院长甘勇等为新西山村小学揭牌。

△ 省人防办副主任舒平一行到临湘市调研人民防空工作。

6日下午，省交通运输厅农村公路处处长陶景江一行到临湘市调研“四好农村路”示范创建工作。

8日，为全面落实中央环保督查整改工作要求，进一步改善黄盖湖水域生态环境，临湘市畜牧水产局与林业部门组织开展黄盖湖水域网箱集中清理行动。

10日 临湘市举办2017新兵入伍欢送仪式，为即将踏上保家卫国征程的首批45名临湘新兵送行。

11日 岳阳市副市长喻昌一行到临湘市调研美丽乡村示范片建设及黄盖湖“拆围”工作。

12日 岳阳市委组织部副部长任栩栩率督查组到临湘市，督查指导村级综合服务平台建设工作。

14日 省司法厅社区矫正局局长侯迁广到临湘市督查社区矫正工作。

15日 岳阳市村（社区）综合服务平台建设现场推进会在临湘市召开。

△ 北京三聚环保公司代表一行来到临湘市考察，在临湘市推广应用农作物秸秆生物质综合循环利用技术，建设农作物秸秆炭化还田项目。

20日 省长江岸线非法码头整治核查组组长、省交通运输厅副厅长肖文伟一行到临湘市督查长江岸线非法码头整治工作。

△ 参加全省农村集体经济发展业务培训班的村支部书记、村委会主任，到临湘市考察学习发展村级集体经济经验。

21日 长安河生态环境综合治理项目建设工作动员会召开。该项目南起白云湖公园入口处永安轩，北至京广铁路桥，东西两侧各至一线已建房屋。建设内容包括上层道路与下层滨水步道提质改造、长安阁和永安轩立面改造与修复翻新、绿化亮化、停车位等配套设施建设。

△ 衡阳县考察组到临湘市考察“全面建成小康社会”工作。

22日 市委常委（扩大）会议召开。会议审议了《临湘市承担行政职能事业单位改革方案的实施意见》和《关于深化市纪委派驻机构改革的实施意见》。

25日 临湘市举办中日钓具（浮标）展示经贸洽谈会。来自日本北海道的自然之源株式会社、民间钓鱼协会、莱澳路国际旅行株式会社高管一行与临湘市浮标产业界人士共商合作事宜。

26日　2017环球小姐中国区大赛湖南赛区总决赛暨颁奖典礼在临湘市国际垂钓中心举行。

△　岳阳市委常委、市纪委书记李挚到临湘市督查安全维稳工作。

△　岳阳市委宣传部副部长、市文明办主任章宏平一行到临湘市调研精神文明建设工作。

28日晚　央视一套《榜样》栏目推介临湘子弟、原临湘氮肥厂子弟、特级飞行员、38岁的南部战区空军某轰炸航空兵师飞行团团长刘锐的典型事迹。

△　农业部原副部长、中国休闲垂钓协会会长齐景发，北京碧海钓具公司总经理王祥法一行，到临湘市考察浮标产业发展情况。

△　金叶众望公司铁路专线正式开通运营。

△　临湘市在五尖山烈士纪念广场举行2017年烈士公祭仪式。

30日　黄盖湖防洪治理工程（湖南部分）开工仪式在聂市镇太阳湖垸王泥湾段举行。

△　黄盖湖防洪治理工程（湖南部分）开工仪式在聂市镇太阳湖垸王泥湾段举行。省水利厅副厅长罗毅君，岳阳市副市长、公安局局长唐文发，岳阳市水务局局长陈正文，临湘市领导李美云、魏淑萍、魏新咏、廖祯祥、孙少游、李垂利、邓可杰、张国辉、刘伯凤等出席开工仪式。

△　临湘市召开中央环保督查整改工作督战暨洞庭湖周边突出环境问题集中整治月行动部署会。

同月　省交通运输工作领导小组在全省通报临湘市等6个县（市、区）被命名为2016年度“四好农村路”省级示范县。

10月

1日　步长制药集团董事长助理杨弃一行到临湘市考察艾草小镇项目。

3日　市委书记李美云，市委副书记、市长魏淑萍前往黄盖湖省级自然保护区，督导矮围网围和网箱养殖、非法捕捞专项整改工作。

5日　2017气化湖南重点项目之一的“岳阳—巴陵—长岭—临湘天然气支线管道工程项目”临湘段，正式进场施工。

△　临湘市最后一座黏土砖厂长安街道劳教所砖被依法拆除。

6日　临湘市桃林籍乡友、上海大学材料科学与工程学院副院长、国家重点实验室教授、博士生导师钟庆东回乡考察，对接高新技术项目合作事宜。

9日　省妇联副主席卢妹香一行到临湘市督导妇联基层组织改革工作。

10日　岳阳市人大常委会副主任李永丰率调研组到临湘市，调研推进县、乡人大工作及乡镇人大代表之家建设情况。

△　省禁毒办副主任、省公安厅禁毒总队副总队长刘自力到临湘市督导禁毒工作。

11日　岳阳市委副书记李爱武一行到临湘市督导信访维稳工作。

△　湖南省2017年“百名最美扶贫人物”候选人面向社会公示，湖南省十三村食品有限公司总经理李国武入选。

12日　岳阳市政协主席、市脱贫攻坚大会战指挥长徐新楚一行到临湘市督查脱贫攻坚工作。

△　国家发改委外资司巡视员王建军一行到临湘市调研浮标特色小镇项目。

△　省安监局副局长杨国庆率省政府安全生产专项督查组到临湘市督查安全生产工作。

△　省安监局副局长杨国庆率省安委办督查组到临湘，重点督查重大事故隐患治理“一单四制”落实及烟花爆竹、危险化学品行业淘汰落后产能等项工作。

13日上午　市委书记李美云主持召开市委常委（扩大）会议，研究基层党建、招商引资和供销社综合改革等工作。

△　市政府与58农服公司正式签约“岳农”互联网综合服务平台项目，在岳阳市率先启动“岳农”互联网综合服务平台项目建设。

△　国家发改委外资司巡视员王建军一行考察临湘市法国开发署贷款湖南森林可持续经营项目。

△　省发改委投资处处长龚新平一行到临湘市调研重点项目建设情况。

14日　岳阳市交通运输局局长刘海波一行到临湘市调研“四好农村路”示范县（市）创建工作。

15日　市政府与国网湖南电动汽车服务有限公司正式签署合作协议，拟投入1.2亿元资金，购置120台电动大巴投入城区公交线路运营。

16日　省农开办调研员郭照光率省、岳阳市检查组，到临湘市检查验收2016年度农业综合开发项目的实施结果和财务管理情况。

17日　省重点办副主任胡建生一行到临湘市调研浮标特色小镇建设工作。

18日　中国共产党第十九次全国代表大会在北京人民大会堂开幕，临湘市各界干部群众通过各种方式收听收看会议实况。

△　羊楼司竹木家居创新创业园举行开工奠基仪式，8家乡友企业入驻竹木家居创新创业园。

19日　岳阳市委副秘书长黄岳山到临湘市调研落实“四个十条”和深化供销合作社综合改革工作情况。

△　岳阳第六环保督查组组长杨和平一行到临湘市督查黄盖湖省级自然保护区矮围网围和网箱养殖整治工作。

△　省林业厅巡视员隆义华一行到临湘市督查森林防火工作。

21日下午，随着黄盖湖五家叉水域最后一排水泥养殖铁网箱拆除到位，持续近一个月的黄盖湖水域网箱、围栏清除工作全面完成。

△　由垂钓传媒和乐视钓鱼频道共同主办的上海渔王2017“钓鱼冠军”乐视钓鱼争霸赛总决赛在临湘国际垂钓中心举行。

23日　岳阳市委副书记、市长刘和生到临湘市调研项目建设工作。

△　由市总工会、市工科局、市浮标协会联合举办的全市浮标制作“十大名匠”“五佳工匠”评选活动揭晓。

24日　岳阳市人大常委会副主任陈光荣走访联系驻临湘市岳阳市第八届人大代表。

25日　临湘市召开专题报告会，传达学习习近平在中共十九大会议上的重要讲话精神。

△　国家开发银行湖南省分行评审处副处长谢德勇与中央美术学院专家等一行到临湘考察指导工作。

△　市长魏淑萍主持召开市政府第十次常务会，听取“12345”热线工作情况汇报。

△　香港贸发局华中区代表周以磊到临湘市考察优质产业。

△　岳阳市商务粮食局副局长郑建华一行到临湘市督查粮食安全省长责任制落实工作。

△　千企千镇产业母基金集团首席投资官杜衡率集团领导一行4人，到临湘市工业园区考察投资项目。

28—29日　2017年中国钓鱼大师巡回赛临湘分站赛在市国际垂钓中心举行，中钓协副秘书长苏宝生等出席开幕式。

30日　岳阳市政府副秘书长陈文亮一行，到临湘市评估验收省级现代公共文化服务体系示范区创建工作。

11月

1日上午　由市科协、市教体局承办的中国流动科技馆临湘站巡展在市博物馆启动。

△　省血防所党委书记、所长罗志红率省卫计委督导组一行到临湘市督导省级财政补助的血防“四大工程”（家畜传染源控制、人传染源控制、钉螺控制、血防机构服务能力提升）项目建设及经费使用情况。

2日　在厦门召开的第二届中国休闲渔业高峰论坛暨全国休闲渔业品牌发布活动会上，临湘浮标特色小镇被农业部授予“全国休闲渔业示范基地”称号。

△　省高级人民法院副巡视员、司法警察总队总队长游湘频一行到临湘市复检验收市人民法院司法警察大队“五星级警队”建设工作。

△　首届中国青（米）砖茶十大收藏产品及著名青（米）砖茶收藏产品品牌评选活动在湖北省赤壁市举行。临湘砖茶博物馆收藏的2014年特制一号川字牌2千克青砖茶荣获首届中国十大最具收藏价值青砖茶称号。

3—5日　市委书记李美云率临湘市党政代表团赴江苏、上海、浙江等地进行招商考察、对接项目。

5日　由中国商业联合会、中国城市商业网点建设管理联合会、中国茶叶流通协会联合主办的第五届中国有机农产品展销会暨中国青（米）砖茶交易会在湖北省赤壁市落下帷幕，临湘市白石千车岭茶业有限公司生产的“天车岭”白石毛尖、白石绿茶荣获金奖。

6日　由市广播电视台倾力打造的移动互联网媒体平台——“品质临湘”手机台正式上线。

7日　临湘市与湖南农业大学签署教育发展框架协议，建立长期战略协作关系。

△　国家长江办取缔非法码头拆除成果核查组组长、国家发改委基础产业司副司长张春红一行到临湘市核查取缔非法码头工作。

8日　省第四届家具博览会暨首届林业博览会在浏阳市开幕，临湘市晨星竹业、鑫星竹业、巨匠木业、云峰竹木4家临湘本土竹木家具企业参展。

9日　岳阳市政协副主席、旅游外事侨务办主任方争奇一行到临湘市督导全域旅游创建工作。

△ 市政府召开第十一次常务会议，部署全市“河长制”工作。

△ 岳阳市委宣传部常务副部长许卫国一行到临湘市督查文化市场综合执法改革等项工作。

△ 岳阳市供销合作社综合改革小组一行到临湘调研深化供销合作社综合改革工作。

10日 市委书记李美云主持召开市委常委会议，研究部署深入宣传贯彻中共十九大精神等项工作。

△ 湖南盐业“百日会战”现场经验交流会在临湘市召开。

11日 市委书记李美云主持召开市人民医院整体搬迁医养结合PPP项目研讨会议。

13日 岳阳市委书记、市人大常委会主任胡忠雄深入临湘市桃林镇、坦渡镇，督导脱贫攻坚、基层党建等项工作。

△ 省检验检疫局副局长王新武一行到临湘市评估验收出口食品农产品质量安全示范区创建工作。

△ 长沙铁路公安处思想政治工作年会暨队伍正规化建设现场会在临湘市召开。

16日 中建信和地产副总经理王庆云、万鸿泰和集团有限公司副总裁毕贺成等到临湘进行投资考察。

△ 省工商行政管理局综治专项工作督查组到临湘市督查市场主体登记实名制落实等项工作。

17—18日 中国文教体育用品协会钓具专委会在临湘市召开第五届会员大会。中国文教体育用品协会理事长易晓俐、副理事长胡红江等出席。

20日 东莞市体育用品行业协会会长、广东普为特运动科技有限公司总经理杨盾率一批企业家到临湘市进行投资考察。

△ 湖南省经信委消费品工业处调研员刘志明到临湘市调研黑茶产业发展情况。

21日 省住建厅专家组到临湘市考查省级园林城市创建工作。

△ 以省水利厅质监总站副站长许明轩为组长的省政府第四督察组到临湘市督查生态环境治理工作。

21—23日 中鹤集团执行董事王安东率中鹤考察团一行到临湘市进行投资考察。

22日 岳阳市政协副主席孔福建一行到临湘市调研乡镇（街道）政协联络办建设工作。

△ 省委统战部民宗局处处长彭天忠一行到临湘市开展“下基层、摸实情、促学习”集中宣讲中共十九大精神活动。

△ 龙源水库除险加固项目取水塔过程开始动工建设，取水塔高50米，设计分三级抽水，施工期为3个月。

23日 岳阳市委副书记、市长刘和生到临湘市调研脱贫攻坚等工作。

△ 省文化厅党组书记、厅长禹新荣一行就临湘市创建省级现代公共文化服务体系示范区工作进行现场验收。

△ 岳阳市统计局党组书记、局长任欣欣率队到临湘市调研统计工作。

24日 省农委考核组一行到临湘市对羊楼司镇龙窖山村美丽乡村建设工作进行考核验收。

27日 浙江省安吉县少先队工作委员会一行到临湘市考察交流少先队工作。

28日 岳阳市委副秘书长、岳阳市小康办主任任小娟一行到临湘市督查全面小康建设工作。

△ 市舞蹈家协会召开第五次代表大会，张强当选为新一届市舞蹈家协会主席。

29日 省安监局副局长朱崇洲率省考核组到临湘市考核2017年度安全生产工作。

△ 岳阳市副市长邱虹到临湘市督查脱贫攻坚工作。

是月，临湘市羊楼司镇及该镇龙窖山村、梅池村分别入选湖南省第五批历史文化名镇、名村。

12月

1日 市十七届人大召开八次常委会议，就农村公路管理养护工作进行专题询问。

1—4日 中国自主教育第八届高峰论坛在湖北恩施市举行，临湘六中被授予“全国自主教育实验学校”称号。

5日 岳阳市委组织部副部长、岳阳市老干局局长刘腊干一行到临湘市调研老干部工作。

△ 临湘市2017年重点招商引资项目和重点建设项目——临湘国际汽贸城项目正式开工。

5—6日 岳阳市减灾救灾工作会议在临湘市召开。

7日 以辽宁省大连市卫生计生委中医处处长刘春明为组长的全国基层中医药工作先进单位创建评审专家组，到临湘市评估全国基层中医药工作先进单位创建工作。

8日　中央编办事业单位改革司副司长陈长生率评估验收组到临湘市，就承担行政职能事业单位改革试点工作进行评估验收。

13日　省卫计委体制改革处副调研员谢爱清率省健康扶贫考核组到临湘市考核工作。

△　为充分发挥好岳阳三荷机场的综合效益，发展航空物流产业，岳阳市政府副秘书长周金龙率中国邮政航空有限责任公司有关负责人一行，到临湘市考察航空物流市场。

14日　第六届岳阳市道德模范暨首届岳阳市文明家庭表彰大会召开，临湘市小家庭餐饮服务公司总经理瞿园园被授予第六届岳阳市道德模范（诚实守信模范）称号。

15日　省质监局组织召开专家审查会，就《临湘浮标》地方标准进行专家审查。

△　市工商联市场商会召开二届一次会员会议，陆术建当选为市场商会新一届理事会会长。

16日　省人大常委会副秘书长王刚率省2017年脱贫攻坚实地考核组进驻临湘市，就临湘市脱贫攻坚工作进行实地考核。

18日　湖南省发改委湘西开发处处长李学斌率省联席办考核组一行到临湘市，实地考核易地扶贫搬迁工作。

△　省交通运输厅党组书记、厅长周海兵一行到临湘市调研“四好农村路”创建工作。

△　中国北大荒产业集团控股有限公司集团总裁柯雄瀚到临湘市考察现代物流及农业产业园项目。

19日　政协临湘市第九届委员会第二次会议在市委报告厅隆重开幕。

20日　市十七届人大二次会议在市影剧院开幕。

△　岳阳市人大常委会研究室主任汤文彬一行到临湘市，就《岳阳市人大常委会工作报告》（征求意见稿）征求驻临岳阳市人大代表意见。

△　临湘广东商会商超行业分会在深圳市正式成立。

23日　在市十七届人大二次会议上，市委常委、市纪委书记叶罡全票当选为临湘市第一届监察委员会主任，并面对宪法庄严宣誓。

26日　岳阳市委常委、市纪委书记李挚到临湘市联点企业督察环保工作。

△　浙赣两省四县血防考察组一行到临湘市考察血防工作。

△　中惠旅集团战略投资部总经理曾社武、集团财务总监陈敏、中惠旅规划设计院院长向技军一行五人专程到临湘市考察6501景区和龙窖山省级风景名胜区，并商讨如何深度合作开发6501景区。

27日　临湘市首批“农村土地承包经营权证”颁发仪式在聂市镇举行。

（许德军）

临湘市概况

市情简介

【地理位置】 临湘市位于湖南省东北角，素称“湘北门户”，2017年市域面积1760平方公里，辖10个镇、4个街道，总人口54万人。境内“一江东流、两省交界、六线贯通”，拥有湖南四分之一的长江岸线优质资源，地处湖南、湖北交会处，京广铁路、蒙华铁路、京广高铁、京港澳高速、杭瑞高速、107国道6条“国字号”交通大动脉穿境而过，离即将通航的岳阳三荷机场仅20分钟车程，是全省15个交通节点县（市）之一。

【历史文化】 五代后唐清泰年间（934—936）置王朝场，北宋淳化五年（994年）升为王朝县，至道二年（996年）更名为临湘县。境内的黄盖湖为湖南省第二大湖，是赤壁之战的主战场，已列为国家级风景名胜区。龙窖山千家峒是300万名瑶族同胞的精神家园，堆石墓群属全国重点文物保护单位。五尖山国家森林公园、6501人工洞是国家AAA级旅游景区。嗡琴戏、白羊田天狮舞、十三村分别被列为国家级、省级非物质文化遗产。

【资源丰富　产业兴旺】 临湘是“国家全域旅游示范区”创建单位、中国浮标之乡、鱼米之乡、茶叶之乡、竹器之乡、艾草之乡、黑茶发源地，又是万里茶道南方起点之一。规划建设高新技术、钓具及休闲器材、现代物流、竹木家居、农产品加工、精细化工6个产业园区，重点培育发展钓具、楠竹、茶叶、艾草和智能制造等特色产业。其中，临湘浮标占全国80%的市场份额，打造的全国首个浮标特色小镇，已被列为“全国休闲渔业基地”“全国优选体育产业项目”“中国最具特色休闲垂钓产业园区”和全省“第一批产镇融合示范镇”“第三批湖湘文化风情小镇”“省级工业旅游示范点”。

综　述

【概况】 按照省委建设富饶美丽幸福新湖南和岳阳建设湖南发展新增长极的总体部署，结合临湘实际，确定“十三五”基本工作思路：围绕打造“精彩北大门、品质新临湘”，大力实施“五三三”工程（“五”即推进项目、产业、民生、环境、党建五大建设；第一个“三”即实施城区、园区、景区三区联动；第二个“三”即破解制约临湘发展的土地、资金、人才三大瓶颈。），不断加快全面建成小康社会进程。“精彩北大门”是品牌形象，临湘是湖南的北大门，树好品牌形象，有利于加快落实创新引领开放崛起战略。“品质新临湘”是发展定位，主要包括城乡品位、产业品牌、文化品格、生活品质4个内涵。

2017年，认真贯彻落实省委、省政府和岳阳市委、市政府的各项决策部署，全面推进各项工作落实，主要经济指标增幅均保持岳阳六县市第一方阵，城乡面貌明显改观，民生保障提质扩面，社会大局和谐稳定，党的建设纵深推进，干部队伍奋发昂扬，推动临湘迈向高质量发展轨道。先后承办岳阳市村（社区）综合服务平台建设推进会、岳阳市政府全会、岳阳市棚户区改造工作会3个现场会，荣获全国科普示范市、全国“平安农机”示范市、全国法治创建先进县市、全国基层中医药工作先进县市、中国休闲渔业旅游魅力城市，全省全面小康建设“十快进”县市、全省脱贫攻坚先进县市、全省抗洪抢险先进集体、省级园林城市、全省首批“四好农村路”示范县、省级现代公共文化服务体系示范区等称号；“放管服”改革、工业企业入规、特色小镇建设得到省政府通报表扬，烟花鞭炮生产企业退出、精准脱贫、减灾救灾、血防、食盐专营、四同创建等工作经验得到国家、省有关部门推介；连续两年被评为岳阳市综合绩效考评先进单位。

【综合经济】 2017年，全市完成地区生产总值256亿元，增幅7.5%；财政总收入9亿元，增幅17.1%，其中地方公共财政收入5.2亿元，增幅18.6%；固定资产投资224亿元，增幅15.9%；社会消费品零售总额75亿元，增幅10%；城乡居民收入分别达到26477元、14589元，增幅10%、9.2%。主要经济指标增幅保持岳阳市六县（市）第一方阵。

【重大产业项目建设】 2017年，临湘市深入开展“产业项目建设年”和“迎老乡、回故乡、建家乡”活动，全力推进“五个100”项目实施。坚持推行“书记抓园区、常委抓产业”，四大家齐上阵抓招商引资，坚持开展产业链招商，着力建链、延链、强链。引进乡友上市企业湖北瀛通通讯，投资20亿元建设岳阳电子产业园，量身建设标准化厂房26万平方米，签约电子信息产业链上下游企业12家。引进上海大学合作建设高新材料与绿色智能制造高新技术研究院，组建由50名尖端人才加盟的科研团队，产业孵化基地6月底可投入运行。中国竹艺城被省政府命名为“中国临湘·现代林业综合产业园”，竹木家居创新创业园签约企业22家，其中规模以上企业8家，物流企业2家，配套企业12家。浮标特色小镇生产加工区新增钓具包装企业21家，入驻企业达到48家，还有69家企业在排队入园，钓具产业链年产值突破30亿元。

【实施乡村振兴战略】 2017年，临湘市制订乡村振兴三年行动计划，着重抓产业振兴和生态振兴。产业振兴方面，充分发挥山水林田湖自然资源和农副产品资源优势，规划建设竹木家居、农产品加工专业园区，大力发展竹木加工、鲜笋加工、生态茶园、艾草康养、稻虾连作等地域特色产业。同时，以创建“国家全域旅游示范区”为契机，大力扶持发展创意农业、观光农业，在3月举办的油菜花·野樱花观光活动期间，核心景区农家乐天天爆满，户均创收4万元，群众家中的土特产销售一空。生态振兴方面，坚持抓3件具体工作：绿化。持续开展村房、水旁、路旁、屋旁“四旁”绿化，发动干部群众义务植树157万株。净化。实施垃圾处理整市推进，建立户分类、组保洁、村收运、镇集中、市转运处置工作机制。规范建房和“空心房”整治。遵循“宜耕则耕、宜建则建、宜绿则绿、宜水则水”和群众自愿的原则，把“空心房”整治与规范村民建房、防洪保安、发展乡村旅游相结合，共拆除“空心房”1.84万平方米，清理“空心村”8个，落实复垦复绿项目14个，为实施乡村振兴下好“先手棋”。

【推进三大攻坚战】 2017年，临湘市在防范化解重大风险上，严格落实省委、省政府“守住金融债务风险底线”的要求，压减政府投资项目20个，金额65.5亿元。在污染防治上，突出抓江水、湖水、河水、饮用水“四水”共治，城区空气质量达标率稳定在85%以上，地表水（含饮用水源）质量达标率由97.8%提升到100%。中央环保督察反馈意见6个问题和31个信访交办件已全部办结销号。在精准脱贫上，临湘市共有建档立卡贫困人口4530户、13267人，已脱贫2819户、8556人，未脱贫1711户、4711人，原有贫困村26个，已退出23个。安排专项资金3000万元，整合部门资金8000万元用于精准扶贫；654人易地扶贫搬迁工作全面启动，将集中安置到生活便捷、就业机会充分的集镇、园区等地段。

【回应群众所需所盼】 2017年，临湘市始终围绕提高人民群众生活品质，着力解决群众最盼、最急、最忧的问题。教育布局方面，春季开学前，正式投入使用新一中，完成六中、一小搬迁，启动新建城区2所完全小学的前期工作，城区大班额问题得到有效缓解。交通出行方面，春节前完成城中南路、芙蓉中路、麦坡东路、金太路通车，优化开通城市公交线路5条，投放新能源公交车80辆，正在开放城区街道沿线行政机关停车场、厕所，群众出行更加便捷。社会治安方面，深入开展扫黑除恶和打击整治突出犯罪专项斗争“冬春攻势”行动，刑事发案明显下降，未发生重大交通、火灾事故。信访秩序方面，着力抓实“两会”“两节”等重点时段安保工作，实现“四个不发生”“六个严防”和赴省进京非访“双零”目标。

【加强干部队伍建设】 2017年，临湘市坚持把政治建设摆在首要位置，不断加强党管意识形态工作，市委常委会组成人员带头深入联点单位开展微宣讲，到所属支部讲党课。编印中共十九大精神学习手册，全市党员干部人手一份，掀起学懂弄通做实习近平新时代中国特色社会主义思想和中共十九大精神的高潮。严格贯彻落实中央八项规定，对调查研究、文件会议、新闻报道、检查考核等方面均进行简化、合并。持续推进“治陋习、树新风”，指导全市161个村（社区）全部成立红白喜事理事会，还查处移风易俗工作中的“村霸”现象一起，进一步增强干部群众树立“婚事新办、丧事简办、其他不办”文明新风的思想自觉和行动自觉。妥善运用“四种形态”，开展诫勉谈话、提醒谈话71人，立案57起，教育绝大多数干部保持廉洁自律本色。干部队伍想事干事、团结共事的氛围日益浓厚，营造风清气正的良好政治生态。

国民经济和社会发展

【概况】 2017年，在市委、市政府的正确领导下，全市上下认真学习贯彻习近平新时代中国特色社会主义思想，坚持稳中求进工作总基调，围绕打造“精彩北大门、品质新临湘”发展目标，大力实施“2124”行动，坚持以供给侧结构性改革为重点，切实提高经济发展质量和效益，全市经济社会呈现良好发展态势。经初步核算，全市地区生产总值255.66亿元，比上年增长7.5%。其中，第一产业增加值32.81亿元，增长4.1%；第二产业增加值134.68亿元，增长7.0%；第三产业增加值88.17亿元，增长9.3%。

单位：亿元、%

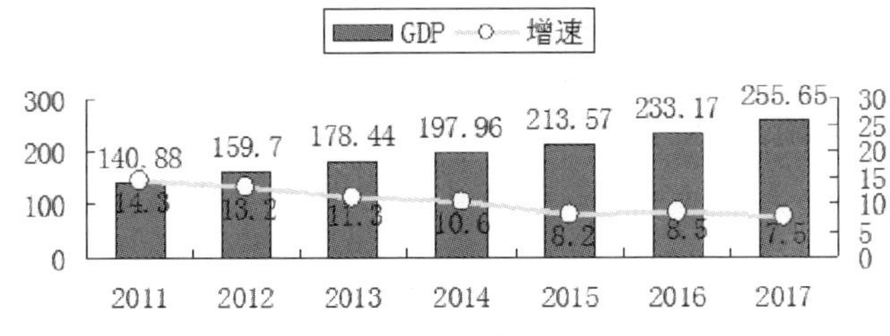

2011—2016年临湘市地区生产总值（GDP）情况图

全市三次产业结构比为12.8：52.7：34.5，其中第三产业占比较上年提高2.4个百分点。工业增加值占地区生产总值的比重为35.6%；高新技术产业增加值占地区生产总值的比重为19.2%。第一、二、三产业对经济增长的贡献率分别为7.1%、53.2%和39.7%。

【农业】 2017年，实现农林牧渔业总产值48.55亿元，同比增长4.9%。其中农业产值22.9亿元，同比增长13.3%；林业产值2.15亿元，同比增长0.3%；牧业产值14.73亿元，同比增长2.2%；渔业产值8.28亿元，同比增长13.9%；农林牧渔服务业产值0.49亿元，同比增长8%。

2017年，粮食种植面积5.87万公顷，薯类播种面积0.14万公顷，蔬菜种植面积1.03万公顷，油料播种面积1.41万公顷。

2017年粮食总产量32.11万吨，薯类产量0.64万吨，蔬菜产量29.82万吨，油料总产量2.34万吨。

【工业和建筑业】 2017年，临湘市规模工业企业达到152家，全市规模工业总产值完成475.92亿元，同比增长14.5%；完成规模工业增加值90.96亿元，同比增长7.6%；园区完成规模工业增加值64.9亿元，同比增长9%；园区规模工业增加值占规模工业增加值的比重达到71.4%。规模以上工业中，按经济类型分，股份制企业增长23%，非公有制企业增长15.2%，国有控股企业增长5%。按门类分，食品制造业增长65.9%，精制茶加工业增长12.8%，化学原料和化学制品制造业下降10.8%。全社会建筑业增加值6.38亿元，同比增长21.7%。

【固定资产投资和房地产开发】 2017年，临湘市固定资产投资完成223.6亿元，同比增长15.9%。其中，第一产业完成投资额36.74亿元，第二产业完成投资额95.78亿元，第三产业完成投资额91.08亿元。技改投资完成57.04亿元，新建及扩建完成38.74亿元，旅游投资完成6亿元。房地产开发投资9.2亿元，同比增长50%。实现商品房销售成交量3224套，商品房销售面积39.58万平方米，销售金额14.3亿元。

单位：亿元、%

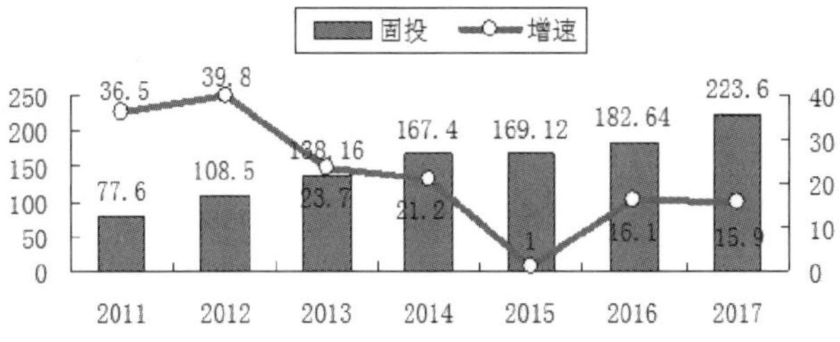

2011—2017年临湘市固定资产投资情况图

【国内贸易】 2017年，临湘市实现社会消费品零售总额74.7亿元，同比增长10.0%。按城乡分，城镇消费品零售额67.38亿元，同比增长9.8%；乡村消费品零售额7.32亿元，同比增长11.5%。按行业分，批发业零售额5.09亿元，增长9.4%；零售业零售额60.19亿元，增长11.6%；住宿业零售额4.41亿元，增长11.3%；餐饮业零售额5.01亿元，增长10.2%。

单位：亿元、%

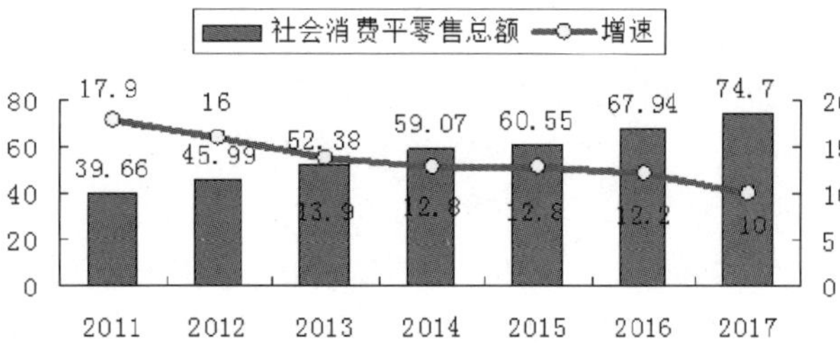

2011—2017年临湘市社会消费品零售总额图

【对外经济】 2017年，临湘市货物进出口总额2862万美元，比上年增长58.7%。其中，出口2631万美元，增长47.1%；进口231万美元，增长100%。按贸易方式分，一般贸易出口2536万美元，增长44.7%；加工贸易进出口95万美元，增长86%。按商品类别分，医药、农药、化工产品出口1428万美元，增长25%；茶叶产品出口180万美元，增长4.3%；服装、鞋出口1254万美元，增长155%。

【交通、邮电和旅游】 2017年，临湘市共有客车406辆、公交车69辆、出租车283辆、校车184辆，完成首批80辆新能源公交车购置和上户手续，公交站2.33公顷建设用地征拆结束。完成农村公路提质改造52公里、旅游公路50公里、边界路40公里、危桥改造36座、农村客运招呼站55个，建设标准化水沟761公里，实施危桥改造121座，完成9个乡镇交管站、10个工班标准化改造，县、乡、村道好路率分别达到95%、91%和79%。完成邮电业务总量10000万元，其中，邮政业务总量4450万元，电信业务总量5550万元。年末，全市移动电话用户305273户，宽带互联网用户71256户。全年共接待游客704万人次，同比增长31.96%；实现旅游收入61.29亿元，同比增长34.01%；创汇53.84万美元，同比增长32.5%。

【财政、金融、保险】 2017年，临湘市财政总收入9.02亿元，同比增长17.1%；地方公共财政收入5.19亿元，同比增长18.6%。年末，全市金融机构各项存款余额1593722万元，比年初增加259794万元，增长19.5%；

单位：万元

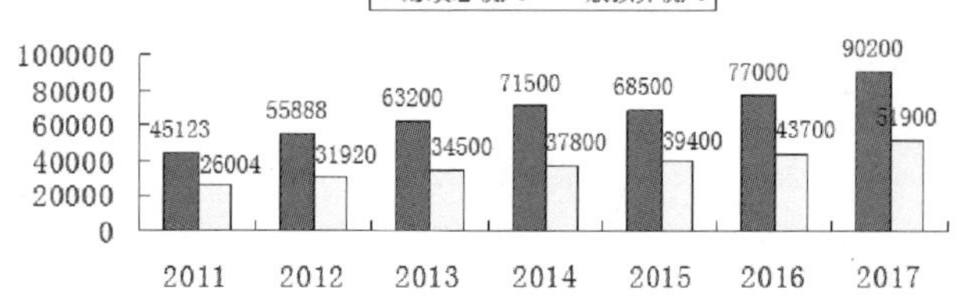

2011—2016年临湘市财政收入情况图

金融机构各项贷款余额942672万元，比年初增加279106万元，增长42%。保险公司原保险保费收入5.05亿元，比上年增长22%。其中，寿险保费收入2.57亿元，增长22.3%；健康险保费收入0.23亿元，增长15%；人身意外伤害险保费收入0.55亿元，增长10%；财产险保费收入1.7亿元，增长21%。原保险赔付支出0.87亿元，增长10%。

【教育和科学技术】 2017年，临湘市普通小学学校总数115所，在校小学生34651人，教职工2015人，其中，专任老师1989人。全市中学29所，在校学生24093人，初中在校生15693人，高中在校生8400人。全市普通初中和高中拥有教职工2129人，专任教师1983人。年末，全市有工程研究中心3个，专利申请量252件。其中，发明专利申请量45件。专利授权量130件，发明专利授权量6件。

【文化、卫生和体育】 2017年，临湘市文化事业实际支出2726.93万元。电视人口覆盖率99.8%，广播人口覆盖率99.8%，有线电视户数40650户。全市共有艺术表演团体2个，文化馆、乡镇文化场所14个，公共图书馆、博物馆2个，公共图书馆藏书册数20.22万册。全市共有医疗机构39个，拥有床位数2487张。共有卫生工作人员2705人，其中卫生技术人员2313人，主治医师以上人员161人。全市拥有体育场馆6座，体育场地185个，运动员80人，教练员10人。全年共举办市以上运动会2次，参加人数2.8万人次。全年参加省级以上运动会并获金牌数25枚，银牌数9枚，铜牌数6枚。

单位：元

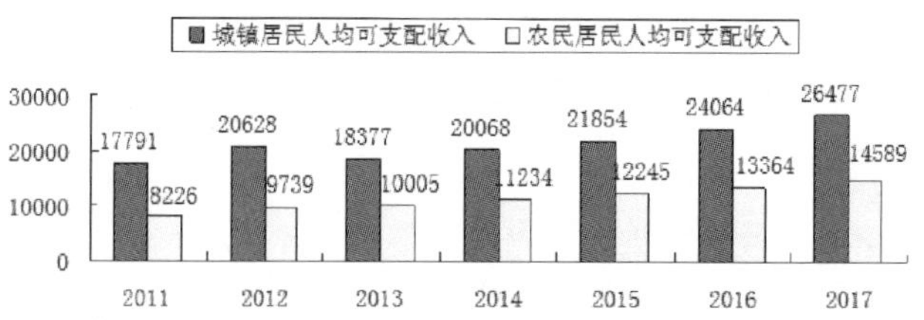

2011—2017年临湘市城乡居民生活水平对比图

【人口、人民生活和社会保障】 2017年，临湘市总人口54.09万人，比上年减少0.2万人，其中，非农人口15万人，农业人口39.09万人，户籍人口城镇化率27.73%。全市常住人口51.66万人，城镇人口26.7万人，农业人口24.96万人，常住人口城镇化率51.7%。出生人口6879人，出生率为12.69‰；死亡人数7280人。城镇居民人均可支配收入26477元，增长10%；农村居民人均可支配收入14589元，增长9.2%。新增城镇就业人员5064人。2017年共征缴养老保险基金1.58亿元，争取中央、省财政转移支付资金2.8亿元，及时发放离退休人员养老金5.31亿元，发放基本退休费和津贴补贴1.82亿元。全市职工医疗生育保险参保登录3.12万人，征缴基金9717万元。城乡居民医疗保险参保人数为42.44万人，征缴基金2.55亿元，其中个人缴费6365.84万元，政府补贴19097.5万元。参加失业保险职工人数20064人。2017年新增参保1076人，工伤保险基金收入1646.61万元。全市社会救济对象总人数38325人，优抚对象人数101684人。全市拥有光荣院3个、敬老院16个（农村），在院人数1235人，拥有养老床位数1285张。城镇建立各种社区服务设施47个，其中综合性社区服务中心16个。销售社会福利彩票4260万元，筹集福彩公益金682.89万元。

【资源、环境和安全生产】 2017年，临湘市已发现矿种35种，其中，能源矿产1种，金属矿产15种，非金属矿产18种，水气矿产1种。探明资源储量矿种7种，实施地质勘查项目10个，新发现大中型矿产地2处。完成资源整合的重点矿区4个、重要矿种5种。地质公园1个，地质遗迹保护区1个。实施市以上土地综合整治项目15个，整治土地0.18万公顷。

2017年，对中央第六环境保护督察组交办的31件信访办件全部办结销号，并责令整改企业18家，立案处罚17起，罚款金额64.25万元。立案侦查2起，行政拘留2人，约谈121人，问责24人。2017年，空气质量达标率85.2%，城镇污水处理率98%，农村污水处理率75%，地表水质达标率100%。

2017年，交通事故死亡人数5人，死亡率9.6%；亿元GDP生产安全事故死亡人数4人，死亡率1.56%；群体性食品安全事故年发生报告数为零。

注释：

1.本分目下数据为初步统计数。

2.生产总值、各产业增加值绝对数按现价计算，增长速度按可比价计算。

资料来源：

本分目中财政数据来自市财政局；电信业务量、移动电话用户数、固定电话用户数、互联网宽带用户数来自市电信公司、市移动公司、市联通公司；邮政业务量来自市邮政局；文化、艺术表演团体、博物馆、公共图书馆、文化馆、广播、电视、旅游数据来自市文旅广新局；金融数据来自人民银行临湘市支行；对外经济、保险业数据来自市商务粮食局；教育、体育数据来自市教育体育局；科技数据来自市工科局；卫生数据来自市卫计局；城镇新增就业、社会保障数据来自市人社局；社会福利数据来自市民政局；矿产数据来自市国土资源局；城镇污水处理、农村污水处理、空气质量、地表水质数据来自市环保局；安全生产数据来自市安监局；其他数据均来自市统计局。

中共临湘市委员会

综　述

【概况】 2017年，中共临湘市委辖48个基层党委，下设961个党支部（总支），共有党员26025人。临湘市紧紧围绕建设“一极三宜”江湖名城战略部署，主攻工业、旅游两大产业，做好“园、路、水、竹”四篇文章，强力推进“五三三”工程，实现社会经济又快又好发展；临湘市分别荣获“中国浮标之乡”“全国科技示范市”“全国平安农机示范市”“全国法治创建先进县市”等15项国家级荣誉称号。

临湘市委坚持以习近平新时代中国特色社会主义思想为指引，按照岳阳市委“一个目标”总揽、“两大战略”引领、“三条底线”筑牢、“四大会战”发力的总体要求，干字当头，全面推进各项工作落实，保持经济社会强劲发展态势。2017年完成地区生产总值256亿元，增幅7.5%；财政总收入9亿元，增幅17.1%，其中，地方公共财政收入5.2亿元，增幅18.6%；固定资产投资224亿元，增幅15.9%；社会消费品零售总额75亿元，增幅10%；城乡居民收入分别达到26477元、14589元，增幅10%、9.2%。主要经济指标增幅位于六县（市）第一方阵，一系列的工作走在岳阳乃至全省前列，分别荣获全国基层中医药工作先进县（市）和省级园林城市、全省首批“四好农村路”示范县、全省现代公共文化服务体系示范区4个荣誉称号，承办湖南盐业“百日会战”经验交流和岳阳市村（社区）综合服务平台建设、岳阳市政府全会、岳阳市棚户区改造工作4个现场会。

【从严管党治党】 2017年，牢固树立抓好党建是最大政绩理念，坚持聚焦主责主业，不断推动全面从严治党向纵深发展。一是主动树牢四个意识。始终把政治建设摆在首要位置，指导实践。自觉强化政治意识、大局意识、核心意识和看齐意识，保持思想上、行动上与中央、省委、岳阳市委高度一致，对上级党委作出的环保突出问题整治、安全生产、“四大会战”等重大决策部署，令行禁止，坚决抓落实。二是大力发扬担当精神。常委班子成员率先垂范，以身作则，对符合上级政策的事，对认准的事，坚持一个声音、一个步调，一抓到底。引导全市各级干部以勇于进取的精神、脚踏实地的作风、较真碰硬的锐气克服困难，全力抓工作落实。注重在项目建设一线、产业发展前沿、急难险重任务中考察识别干部，在全市上下营造做就做到最好、干就干到极致、走就走到前列的争先创优氛围。三是不断强化基层基础。坚持把村支部书记的配备摆到与乡镇党委委员同等重要的位置来推进。5月27日在各县（市、区）中率先全面完成村（居）“两委”换届选举，共消化村干部职数173人，调整“一大三低”党组织书记46人，村级组织班子进一步优化。筹集资金1.54亿元，在岳阳率先启动村级综合服务平台建设。四是持之以恒正风肃纪。不断扎牢不敢腐、不能腐、不想腐的制度笼子，以从严要求、管理体现对干部的关心爱护。大力推进治陋习树新风、国家公职人员涉砂涉矿涉炮违规经营、“雁过拔毛”式腐败等专项整治行动，全力支持纪检监察机关落实“三转”要求，依纪依法监督执纪问责，2017年立案查处各类违纪违法案件211起，切实维护党纪国法权威，帮助绝大多数干部守住廉洁自律底线。

【破解发展难题】 2017年，临湘市委以“四大会战”和大岳阳“1+4+2”城市组团建设为契机，深入开展攻坚行动，不断拉长制约临湘发展的短板。一是开展“四大会战”集中攻坚。园区协议征地145.49公顷，争取项目资金9750万元，利用投融资平台融资8亿元，开工建设标准厂房46万平方米。临湘工业园预计2017年完成规模工业总产值257.2亿元，规模工业增加值54.9亿元，占全市规模工业增加值的比重达到70.9%。强力推进境内长江岸线整治，取缔沿线非法码头和砂石堆场。包装推进道路建设项目18个，累计完成投资16.9亿元。临港一期、长桃公路、五尖山南门旅游公路、兆邦大道4个重点项目已竣工。提前完成农村公路146公里、安保工程201公里。二是开展招商引资项目建设攻坚。实行“书记抓园区、常委抓产业”，四大家领导齐抓招商引资项目建设。深入开展“迎老乡、回故乡、建家乡”活动，出台《招商引资优惠政策》《重大招商项目一事一议优惠政策（工业八条）》等系列方案。招商引资到位内资46.5亿元、外资3346万美元，新签约项目7个，新开工项目19个（5亿元以上2个、亿元以上10个），新投产项目37个。向上申报项目124个，争取各类政策性资金20.6亿元，开工建设重大项目72个，完成投资56亿元，占年度计划的107%。三是开展城乡规划建设管理攻坚。抓住大岳阳“1+4+2”城市组团建设机遇，加快推进临岳融城发展。整体提质改造107国道五尖山西入口至羊楼司中洲桥段，打造湘北第一景观大道。完成十大片区5236户棚改对象签约腾房。拉通城区断头路4条，提质改造背街小巷15条。总投资17亿元的汽贸城、商贸城等7个专业市场集中开工建设。启动总面积20平方公里的云湖新区建设。建立“六治四化”“五子登科”城市常态化管理机制，组织大规模拆违行动30余次，拆除各类违法建设3.5万平方米，建成各类小公园、小游园21个。四是开展深化改革重点任务攻坚。深入贯彻落实岳阳市“四个十条”，全力推进产镇融合改革、供销社综合改革、行政事业单位试点改革、监察体制改革等重点改革事项。在产镇融合改革中，打造全国首个浮标特色小镇，成功举办“2017CAA全国垂钓俱乐部挑战赛”“中国钓具专委会年会”等15场重大节会赛事，浮标小镇已列入“全国休闲渔业基地”全省“第一批产镇融合示范镇”“第二批湖湘文化风情小镇”“省级工业旅游示范点”（岳阳市唯一一家）。

【践行为民宗旨】 2017年，临湘市委牢牢把握人民群众对美好生活的向往，着力构建共建共治共享的社会治理格局，稳步提高人民群众生活品质。一是抓精准扶贫小康建设。积极探索“党委政府主导、能人带领、社会参与、党建助推”四位一体的工作模式，切实凝聚精准扶贫合力。完成26个贫困村的安全饮水工程。实现贫困村光伏产业全覆盖。完成易地扶贫搬迁和危房改造578户。2017年退出贫困村23个，脱贫建档立卡贫困人口2385人。不断压实全面小康建设工作责任，加强小康短板指标攻坚，小康整体实现程度将达到97.5%，比2016年的91.2%提升6.3个百分点。二是抓安全生产环境保护。采取“加压驱动、激励带动、依法推动、多方联动”的办法，强力推进烟花爆竹生产企业清零行动，4月21日，33家烟花爆竹生产企业全部退出转型，提前两个多月完成省定退出任务，工作经验得到省安委会推介和岳阳市委书记胡忠雄表扬肯定。全面整改中央环保督察交办的突出问题，停产整顿非煤矿山52家，关闭黏土砖厂33家，退养城区、湖区畜禽养殖户124户，拆除黄盖湖围网围栏642.4公顷、网箱6800口，全市66条河流、9个湖泊、3个中型水库及长江临湘段全部实行“河长制”管理。三是抓民生实事工程办理。办成省、岳阳和本级民生实事28项。顺利整合城乡居民医保，持续提高城乡低保标准，发放各项社保资金9.6亿元、民政资金1.65亿元，新增城镇就业5064人，新增农村劳动力转移就业5526人。完成新一中、三中、六完小建设，完成社会福利中心主体工程，全市所有的行政村都建成了村级文化活动中心。四是抓社会治安综合治理。大力推进平安创建，民调排名全省第38位、岳阳六县（市）第1位。深入开展“千案攻坚”“积案清零”专项行动，对排查出的138个突出问题和197名重点人员，均采取“五包一”措施进行矛盾化解和人员稳控，并由书记、市长带头包案处置信访难题，成功化解3个信访积案，实现中共十九大特护期零进京上访。

（陈耀红）

市委办公室工作

【概况】 2017年，中共湘临市委办公室下设秘书科、政研中心、综合信息科、督查室、机要科、后勤服务中心、机关工会，归口管理史志办、档案局、接待处。全市办公室系统紧贴市委、市政府中心工作，全面加强业务建设、制度建设、能力建设和作风建设，各项工作取得新成绩。临湘市“三零”工作荣获岳阳市先进，接待、史志工作被评为全省先进。

【秘书工作】 一是编排周活动预安排。为协调好全市的重大活动，确保市委、市人大、市政府、市政协领导各项活动有序开展。每周一对四大家的主要活动进行汇总和预安排，为市领导和部门在活动安排上提供预告指南。实行周活动预安排制度后，2017年共拼盘合并召开会议12次，减少26场次的会议。二是编印《接待工作模块化服务手册》。三是建立信息交流微信群。极大地提高工作效率，确保各项工作不延误。

公文办理。2017年，共印发各类文件81个，较上年减少43个，减少率达35%；向岳阳市委报送备案规范性文件26个，报备率、及时率均达100%。另外，文印室管理规范，营收15.73万元，成本支出6.58万元，净利润9.15万元。

会务组织。2017年，承办各类大小会务成数倍增长，是往年的3倍，共承办会务300多场次的。特别是成功承办岳阳市政府全体（扩大）会议、岳阳市村（社区）综合服务平台建设现场推进会，得到与会领导的好评。

活动筹备。2017年，共牵头组织各类活动30余次，主要组织市党政代表团赴郴州市桂阳县、湖北省洪湖市等大型外出考察活动。

来客接待。2017年，共接待各级领导和客商800余人次，主要接待岳阳市委书记胡忠雄到临湘市调研、岳阳市“四大会战”项目建设流动现场会、全国垂钓俱乐部大赛（临湘站）等重大活动。

来文来电。2017年，共接到来文116个，来电65个，按照要求做到来有登记、去有记录、查有存档，没有出现一起延办漏办的情况，全部按照要求及时处理到位。

【督查工作】 2017年，紧扣市委常委会、书记办公会、专题会议和其他重要会议确定的工作重点开展督促检查，确保重点工作落实到位。先后对三级干部大会精神贯彻落实、城市建设管理、森林防火、“四大会战”和“2124”行动推进落实、重大会议会风、脱贫攻坚、防汛抗灾、中央环保督察组信访交办件办理和突出环境问题整改、招商引资、全域环境整治、工业园区建设、重点项目建设、道路交通安全、创建省级园林城市等工作开展专项督查24次，编印督查通报12期，有力促进工作落实。针对市委重大决策部署贯彻落实中的难点，开展督查调研，深入一线采取听汇报、查资料、看现场、访群众等方式全面掌握一手资料，通过认真分析，找出影响工作推进落实的症结，提出科学合理、操作性强的工作建议。2017年，督查室分别就新一中建设项目、全国垂钓俱乐部挑战赛暨临湘游钓文化园开园活动筹备、作风建设及浮标小镇建设等统筹推进难度较大的工作进行督查调研，形成督查呈阅件4期，为领导决策提供参考。督查室会同相关单位赴汨罗、平江、望城、宁乡四地就产业园区发展情况进行学习考察，着重调研如何对产业园区开展综合绩效考评，形成高质量的调研报告，得到市委主要领导充分肯定，并采纳关于调整临湘市产业园区综合绩效考评模式的建议，出台工业园区综合绩效考评办法。坚持问题导向，狠抓督查问题的解决落实。先后对工业园区基础建设、棚户区改造、工业园入园项目建设、“四大会战”项目建设、桃林河流域特色小镇建设等重点工作推进过程中存在的问题，下发督办函25份，明确督办内容、责任领导、责任单位和人员、办理要求及完成时限等，实行跟踪督查，直到问题有效解决。在督查工作中，充分挖掘特色亮点，及时总结经验，在树立正面典型引领工作开展的同时，注重抓反面典型，督查情况在一定范围内予以通报，督查结果纳入年度综合绩效考评内容。年初，市委、市政府组织召开全市办公室宣传统战工作会议，督查室对违反会议纪律的单位，以督查通报形式在全市通报批评；对在桃园巷提质保畅工程、羊楼司省际公安检查站项目征拆、长江岸线非法码头集中整治工作中推进迅速、成效显著的相关单位专题通报表彰；对作风建设督查中发现的问题责令立即整改。正反典型两手抓，保证督查效果，增强督查工作权威性和执行力。对各级领导批示件，坚持扎实做好转批、交办、督办、审核、回复等工作，实行严格规范办理，做到事事有着落，件件有回音。全面掌握各个环节的办理情况，督促和指导承办单位严格按照办理要求认真办理，规范回复，对不合格的回复件坚决打回重办，保证办结质量，确保民生关注的重点、难点问题得到及时有效解决。共承办各级领导批示61件，其中，本级批示54件，上级批示7件，未出现任何纰漏。为使综合绩效考评真正成为引领发展的“指挥棒”、工作落实的“助推器”，进一步解放思想、创新观念，在认真解读岳阳市综合绩效考评文件的基础上，广泛征求乡镇（街道）和部门单位意见，结合实际，进一步优化考评体系。围绕推进“五三三”工程、打造“精彩北大门、品质新临湘”目标，细化、量化考核指标。具体从考评对象、考评内容及分值设置、结果分类、结果运用、取消一类单位资格情形等方面进行调整，使考评方案逐步完善，科学规范、便于操作。结合工作实际，将5家投融资平台公司和工业园从经济管理系列中分离出来，有针对性地增设主要经济指标、基础设施建设指标等考评指标，实行单独考核，在一定程度上突出其主要职能，调度其工作积极性。督查室先后牵头接待岳阳市开展的依法下放产业园区行政许可审批权限专项督查，市委常委会召开情况和市委中心组学习情况督查，“四大会战”督查，交通建设大会战专项督查，岳阳市委、市政府重点工作督查，安全生产督查，脱贫攻坚大会战督查等活动10批次，针对督查范围广，参与人员多，接待任务重的实际，积极主动对接，及时做好各方协调，制定接待方案，编印接待指南，密切配合上级督查组开展工作，得到各级领导充分肯定。先后组织督查室全体干部集中学习《岳阳市委常委会议决定事项落实情况督查制度》、中共中央《关于加强新形势下党的督促检查工作的意见》及岳阳市委督查室关于打造“四个品牌”的实施细则等文件和业务知识，有力提升干部业务工作水平。同时，着力加强督查工作的规范化管理，严格落实督查业务规范流程。参照岳阳市委督查室的作法，制定《落实市委常委会议决定事项督查制度》并实施；启动并实行党委督促检查工作申报审批制度，明确凡由市委督查室牵头开展的工作督查，必须先填报《中共临湘市委督促检查工作申报审批表》，经审核批准后方可实施，此举有效规范督查工作开展。

【政策研究】 2017年，市委政策研究中心集中精力抓文稿服务，围绕临湘市委中心工作和主要领导关注的重点工作，起草各类文稿360篇，编印《市委通报》5期、《临湘工作动态》3期。在岳阳市级党报党刊上发表署名文章13篇次，省级党报党刊上发表署名文章4篇，其中，《关于烟花爆竹生产企业退出工作情况的报告》及时汇报临湘工作，临湘经验得到岳阳市委主要领导批示表扬，署名文章《“四位一体”聚力攻坚》，在11月17日《湖南日报》第6版刊发，文稿数量、服务质量同步提升。认真学习市委主要领导坚忍不拔、勤勉务实、顶真碰硬的三种精神，推行三个工作法，努力克服人手少、材料多的困难：①牵头负责法，周一或周五分配文稿任务，重大文稿分块负责，一般文稿指明一名干部起草初稿、收集修改意见、事后整理归档，全程负责，让每一名干部都担当主力、主笔，独当一面。②三轮审稿法，把每一名干部的主观能动性贯穿到审稿的每一个环节，第一轮由初稿起草责任人负责对数据和事实把关，存在疑问的地方，与相关部门单位逐一核实；第二轮由三名干部集中修改，“挑刺”找问题，字字推敲打磨；第三轮由室主任审稿，组织“通读”“默读”，完成校对后送相关领导审定。三是争取主动。一方面，不断强化“一叶知秋”的超前服务意识。认真领会市委意图，关注主要领导的关注，关注干部群众的关注，不断提高文稿服务的预见性、前瞻性，围绕全市中心和重点工作，及时敏锐地捕捉信息、研判信息，深入调研浮标特色小镇、楠竹产业、“1+4+2”大岳阳城市圈建设、精准扶贫、安全生产等工作，形成专题调研材料10余篇，为领导决策提供建议参考。其中，《竹笋初生黄犊角》在《城市经济论坛》第4期刊发，《小浮标引领大融合》在《新湘评论》第21期刊发。

【小康建设】 2017年，完成上级下达的全面小康建设目标任务，在市小康办的推动下，4月21日，市委书记李美云主持召开市委常委会，专题研究小康工作，明确由副书记具体负责全面小康工作。5月2日，市长魏淑萍主持召开市政府常务会研究小康工作，对每一位市级领导的目标任务进一步进行细化分解。5月24日，市委书记李美云主持召开全市全面小康建设推进会，对临湘市2017年全面小康建设进行全面动员、部署，提出明确要求。要求29个牵头单位“一把手”向市全面小康建设领导小组递交工作“责任状”，制发《临湘市2017年度全面建成小康社会工作目标考评办法》《临湘市全面小康建设“短板”、难点指标攻坚方案》《临湘市下半年全面小康建设短板指标攻坚方案》《临湘市“市有县无”指标攻坚方案》4个文件，进一步压实责任、分解任务、明确举措。同时，将金融机构贷款、人均储蓄存款、企业入规、老年人养老床位数指标完成任务分别下达到相关市直部门单位、镇（街道）。为全面突破“短板”指标，主要做到：领导调度勤。先后请书记、市长以及其他10位市级领导先后开展工作调度28次，市委常委、市委办公室主任孙少游，市委办公室副主任李阳先后调度临湘市“短板”指标、“市有县无”指标10次。特别是在企业入规工作方面，2017年完成企业入规44家。工作得到岳阳市领导的充分肯定。跟踪督查严。市委副书记余岳雄先后约谈5个单位的“一把手”。市委常委、市委办公室主任孙少游带队，对7个“市有县无”指标的牵头单位开展专项督查。市委办公室副主任李阳带队先后两次对“短板”指标开展督查。市委督查室牵头，对全市13个镇（街道）、19个重要市直牵头单位开展一次全面督查，对9个镇（街道）、市直责任单位在全市进行通报批评。函询次数多。10月下旬，向6名市级领导送达由书记批示的督办函。先后3次向19个市直单位下发督办函近30份。通过以上举措，“短板”指标提升明显：在2016年没有达标的11指标中，7个指标达到100%，4个指标的平均增幅在7.8以上。其中，城乡居民收入指标的增幅分别排岳阳六县（市）一、二位，人均储蓄存款指标排岳阳六县（市）第二位，城镇化率指标达到年度目标值。市小康办通过深入调研，就全市建安税征缴工作，提交《关于进一步强化对外地企业在临湘市承建项目建安税征缴工作的情况汇报》，工作引起市委、市政府主要领导的重视。2017年，市政府已出台相关文件。据测算，此举每年可为临湘市新增4000多万元的税收。抓监测。市小康办坚持每季度末对指标完成情况进行分析汇总，及时将情况向市委、市政府主要领导及其他市级领导汇报。省小康办出台新的考核文件后，市小康办及时将相关情况进行对比分析，分别向市委、市政府领导进行汇报。强化对金融机构存、贷款、空气质量达标率，单位GDP能耗等推进难度大、动态性强、牵涉面广的监测，切实防止数据反弹。抓指导。小康办2017年下发文字通知28个。要求各牵头单位、镇（街道）每月定期上报情况。针对其中反映的困难和问题，及时进行调度、指导和培训。特别是在业务培训方面，先后5次牵头组织服务业、商贸业、教育教学、建筑业等方面的培训，承办人员的业务能力明显提升。为迎接省小康办的达标验收，对各镇（街道）、市直责任单位的阵地建设、基础台账资料准备工作进行指导培训。下发《关于进一步加强与岳阳市直部门开展工作对接的通知》。要求各牵头单位每个季度末必须到上级部门进行对接，将“对接情况反馈表”由单位“一把手”签字后送小康办。小康办定期进行抽查回访。先后有书记、市长等7位市级领导到上级部门开展对接，工作取得4个突破：省小康办同意将岳阳市级财政收入纳入县市区统计范围；省环保厅同意将临湘市的6—9月的空气数据不纳入2017年统计范围，同意将临湘市空气质量监测点进行调整；从6月开始，临湘市的工业用电量指标增幅由负变正。

【深化改革】 2017年，改革办多次深入基层，认真调研，收集信息资料，开展公共文化服务体系示范区创建、农业供给侧结构性改革等调研6次，其中调研报告《强化三大保障　创建省级公共文化示范区》在第15期《省委改革简报》刊发，《临湘市竹产业供给侧改革的调查与思考》在岳阳市委改革办《改革调研》第1期刊发，《临湘市以村（社区）综合服务平台为载体创新基层党建》在岳阳市委改革办《改革简报》第15期刊发，《“四个十条”开启两大改革加速模式》在岳阳市委改革办《改革简报》第25期刊发，深化供销合作社综合改革工作经验《融合社村　整合资源　聚合效益》在岳阳市委改革办《改革简报》第27期刊发。同时，积极配合岳阳市改革办完成“浮标特色小镇（产镇融合）”特色改革项目、供销合作社综合改革、落实“四个十条”、改革工作机制运行情况专项督查和调研6次。岳阳市改革工作任务下达后，改革办对照要求尽早谋篇布局，广泛征求意见、充分研究讨论，几易其稿，制定《中共临湘市委全面深化改革领导小组2017年工作要点》，将改革任务划分为九大类29项共129条，明确43个主要责任单位牵头落实，并下发《关于进一步明确和规范改革事项提请审议、文件备案、重要情况报告范围和流程的通知》，强调各改革专项小组和改革责任单位要按通知流程和要求主动进行报备。同时，制定《临湘市2017年度全面深化改革工作任务倒排表》和《临湘市2017年度全面深化改革综合绩效考评细则》，确保各项改革任务全面落实。每月按时收集各责任单位的改革工作信息，及时整理市委书记、市长及主要市级领导在改革工作中的重要指示精神、工作调度信息，按照改革类别整理成册，形成书面汇报材料报送至岳阳市改革办。组织涉改单位召开联络员碰头会，对改革任务倒排情况实行动态监测，将情况监测表定期上报岳阳市委改革办，确保上下沟通协调顺畅。在做好信息报送的基础上，通过“品质新临湘”APP，全面、系统、实时发布各类改革政策文件、典型案例和动态信息，不断强化改革宣传工作，让老百姓知晓、参与、监督改革。改革办坚持每月不少于一次的常规督察，实时公示改革任务推进情况。全年，共开展专项督察7次，公示全市改革任务推进动态信息12次，协调专项小组召开农村改革、司法体制和社会体制改革、党的制度建设及纪律检查体制改革等调度会4次。10月，根据工作安排，结合三季度的工作督查，改革办对全市所有改革责任单位进行一次全面系统的督促指导，针对每个单位的改革任务作具体工作要求，明确改革目标，统一规范资料报送要求。12月上旬，主任李阳带队，改革办对32家主要责任单位改革推进和年终绩效考评相关资料要求进行全面督察，对收集资料不规范，该出台文件未出台，改革任务未完成的相关责任单位的资料进行逐条逐项的查阅、分析、探讨，并提出指导意见。通过工作督察，该出台未出台的文件均及时出台到位，不完善的资料均按要求进行补充。2017年，129条改革任务均按上级要求圆满完成任务，改革工作在中央、省级刊物和媒体上宣传和发布的改革内容考核加分成绩显著。坚持把推动“两学一做”教育与改革工作深度融合，积极参加党风廉政教育活动。坚持“红星云”的阅读和学习进一步提升政治素养。3月24日，习近平总书记主持召开中央全面深化改革领导小组第三十三次会议并发表重要讲话。4月21日，改革办按照上级要求下发通知把会议精神贯彻落实到位，提高政治站位，增强政治自觉。5月底，组织深入学习贯彻湖南省委全面深化改革领导小组第十八次会议精神。7月17日，牵头组织全市所有党政机关和镇（街道）观看《改革进行到底》专题影片，并在银盛百货、绿化广场等人口密集区设置6个观影点，先后组织市民群众7.6万人集中观看，在提升自身水平的同时，还广泛宣传全面深化改革工作。9月，由市委办副主任李阳带队，组织改革办及相关单位负责人到瑞安市考察学习供销联社改革先进经验，通过考察学习，开阔视野，学到先进经验，增长见识，为临湘市后期深化改革工作推进提供技术支撑。

【机要保密】 2017年，强化机要密码管理，确保安全可靠。根据新时代工作任务要求，进一步加强机要密码管理，强化人防物防技防，确保绝对安全可靠。一是严格设备管理。按上级密码通信机房规范化建设要求，进一步夯实密码通信基础设施建设，积极稳妥做好密码设备更新换代的前期准备工作，健全应急密码通信系统及密码安全防护体系。切实强化密码设备管理，坚持做到周检、月检、季检相结合。4月25日，配合岳阳市委机要局顺利完成密码装备密钥更换工作；6月30日，对密码设备进行双人账物核查，确保密码、密码设备、涉密存储介质登记规范、双重管理，密码通信设备专盘专机专用，确保在安全的前提下密码设备工作状态良好。二是规范文电办理。年初对2016年度的文件电报按要求、依程序分别送交到岳阳市委办秘书科和临湘市档案局，密级文电按制度进行清退和归档。同时，根据当前机要保密的工作任务和要求，进一步健全相关办文办电制度，使文电办理及保密工作做到行有规章、办有依据、查有准则，努力做到制度化、规范化、科学化管理。明密文件电报专人办理，始终把“精、准、细、严、优”的标准落实到工作中的每一个具体任务、每一个工作环节和每一个业务流程，确保文电收发运行有序，文电处理灵活有效，文电管理安全可靠。全年，收发电报、办理文件资料6600多份。

强化机要通信服务，确保优质高效。按照市委办公室“三服务”与打造“四个品牌”要求，努力在本职岗位上提升服务水平与质量。一是推进内网建设。年初，根据上级关于党政内网机房建设的新要求，投入近10万元，将党政内网与政务外网物理隔离开，为党政内网的建成投入使用打下坚实基础。8月初，投入近5万元购置党政内网所需的机柜及其他相关设备，并在8月22日配合省、市技术人员将县级终端汇集结点安装到位，连接开通省、市到临湘的主干网络。二是优化通信服务。认真做好党委视频会议系统的协调服务工作，每次视频会议前积极与相关部委对接、与上级联调，会中专人坚守机房提供技术保障服务，为市委中心工作及纪委、组织部、政法委等部门提供会议优质服务11次。同时，继续做好内部工作专网和市、乡计算机加密通信系统的维护和文件传输工作，为6个单位更新电子公文交换系统的加密狗，60次上门到单位进行系统维护，96次在网上进行远程诊断服务，顺利发送本级文件166份，转发上级文件18份。

强化保密宣传教育，确保意识提高。2017年，省委出台《实施办法》，围绕这两个文件精神的贯彻落实，多渠道、多层次、多方式开展保密学习宣传教育活动，着力提高各级干群保密常识，提升保密意识。一是开展宣传教育。投入近5万元购买《计算机安全保密普及知识读本》《党政干部和涉密人员保密常识必知必答》《保密宣传教育多媒体展示片》《保密技术防范常识》《手机使用安全保密须知》《互联网计算机使用安全保密须知》等读本、挂图、光盘及保密笔记本，免费发放到相关单位，并组织相关人员开展多项学习教育活动。在党校春、秋两期主体班与市人社局新进国家工作人员培训班上都开设保密教育课，进一步提高全市各级党政干部依法行政水平和保密法制意识。二是学习业务刊物。机要保密业务刊物担负着广泛普及机要保密知识和技能的重任，是机要保密学习教育的重要园地，是做好机要保密业务工作的必备刊物。积极做好《保密工作》《湖南保密》等杂志学刊用刊工作，充分发挥保密短信宣传平台、“保密观”微信平台以及警示教育片的宣传教育作用。不定期组织学习讨论，交流心得体会，并积极撰写投稿，2017年投稿5篇，刊发采用3篇简讯，在一定程度上一定范围内正面宣传推介临湘的机要保密工作。同时，积极参与办公室的各项学习教育活动，努力提升自身综合素质。

强化保密监管检查，确保万无一失。始终坚持常监督、勤检查、促落实，对保密工作保持全方位、多手段、严要求、高压力的监管，确保万无一失。一是参与高考保密。认真贯彻落实省、市高考学考会议和临办发电文件精神，严格按照市委、市政府的安排部署及市招生委员会要求，全程参与。考前，会同教育部门对高考试卷保密室和考点进行认真细致的检查；考试期间，全程参与考点保密监督和试卷保密工作，严格履行自己的保密责任，杜绝高考失泄密事件，确保2017年临湘市高考学考的安全顺利。二是开展保密检查。针对“三大管理”，开展四次监管检查活动。年初与年末，按常规对全市乡镇（街道）、市直部门单位及部分文印店开展随机抽查监管活动。5月下旬至7月下旬，根据《湖南省保密局关于开展全省保密检查的通知》文件精神和岳阳市国家保密局的统一安排，重点针对省保密局规定的26项检查内容，在全市集中开展保密自查自评与抽样检查活动。9月上旬，对市检察院进行专题监管检查。在这些检查过程中，坚持查管结合、查改结合、查处结合、查教结合，做到以查促防、以查促教、以查促管，对检查中发现的极个别问题，现场进行批评教育和整改纠正，及时消除安全隐患，达到预期目的。

【综合信息】 一是做好常规信息报送。为进一步加强和改进新形势下党委信息工作，年初，印发《关于进一步加强党委信息报送工作的通知》。2017年共收集、处理基层上报信息400多条，通过内外网上报200多条，履行信息值班和报送职能。二是做好紧急信息处理。为积极做好重要紧急信息报送工作，组织各镇（街道）和信息报送重点单位办公室主任，召开加强紧急信息报送工作片会，并印发《关于进一步加强重要紧急信息报送工作的通知》。妥善处理12起突发紧急事件，确保紧急信息报送安全、不出事。三是做好亮点信息宣传。按照岳阳市委办公室和临湘市委指示要求，报送临湘工作亮点，《每周汇报》采用16篇，《领导参阅》采用1篇，积极宣传临湘工作。四是做好预约调研。严格按照省委、岳阳市委拟定的课题进行调研，并将调研结果及时上报省、市。2017年，共上报预约材料26篇，顺利完成省、市的约稿。五是做好联络协调。对上，由于2017年岳阳市委办综调室、信息科负责人频繁变动，再加上信息科人员也有变动，主动上门与对口科室进行4次对接，加强工作的衔接和协调。对下，与公安、安监、环保、建设等重点部门加强沟通联系，并选调了2名信息员进行跟班学习。六是做好中心工作服务。在做好信息服务上级的同时，积极参与市委中心工作服务。认真落实领导指示要求，参与三级干部会、重要领导接待、重大节会活动举办等服务工作。

【行政事务】 2017年，在机关大楼方面，装修完成会务接待室，解决开会议题多时四楼走廊办公室人满为患现象。在机关大院方面，协调电力公司增容，新增变压器一台，专供办公楼使用，确保用电正常运行。在安全方面，禁止快递、外卖人员进入院内，驱逐贴发广告人员，清除违章广告，加强夜间巡逻力度，杜绝安全隐患。在绿化方面，及时修剪，和园林绿化对接，更换秋季死去的草皮，补栽各类树木花草200多株。

2017年，财务核算2014年10月以来的养老保险和职业年金，核算养老保险金职业年金的扣缴，将财务发放干部工资，津补贴银行卡调整发卡银行，统一管理。接待工作是行政科的又一重要内容，多次参与市委办重大活动。另有专人参与羊楼司镇明星村帮扶、金鸡社区美丽乡村建设、综治民调等。

【政工人事】 2017年，进一步规范市委办干部人事档案及劳资等多方面资料，干部职工信息从无到有，从不完整到精细规范。具体办理多名转干、工作调动等事宜。协助机关财务办理2014—2016年市委办干部职工社保核算、异动人员资料报送以及2016年之后的社保缴费等相关资料的整理、报送工作。协助机关财务完成市委办干部职工的住房公积金的收缴工作。基层党建。一是落实党员学习教育制度。按照“两学一做”学习教育常态化制度化相关要求，市委办各支部每月组织一次党员集体学习，事先确定主题，学习做到有时间、有地点、有内容、有笔记、有效果，积极创建“学习型党支部”。二是健全党支部“三会一课”制度。各支委会会议每月不少于1次，每季度召开一次党员大会，党总支书记及支部书记讲党课，有效强化全体干部职工的理想信念。三是党风廉政建设再上新台阶。结合市委办工作实际，切实落实好党风廉政建设工作任务，各党支部牢固树立责任意识，坚持将党建工作和中心工作一起谋划、一起部署、一起考核，把每个环节的党建工作抓具体、抓深入，有效防止“一手硬、一手软”的现象。

工会工作。2017年，按要求完成上级部署的各项工作任务，组织开展丰富多彩的文体娱乐活动。活跃机关文化生活，增强全体干部职工的思想素质，密切党群、干群关系，增强机关凝聚力、向心力和战斗力，有效推动机关精神文明建设。同时，协助完成工会医疗保险购买工作，2017年为机关多名干部职工办理保险报销手续，有效保障干部职工的个人利益。

老干工作。2017年，与老干支部密切联系，积极发挥服务、管理、宣传的桥梁纽带作用，同时，组织开展丰富多彩的活动，如重阳节组织市委办全体离退休老干部进行座谈，宣传各项政策、理论，得到各位老同志的一致好评。

（李文粲）

纪检监察工作

【概况】 2017，临湘市纪委监察委共有干部88人，其中机关干部55人，派驻纪检组工作人员33人；班子成员

12人，内设办公室、组织部、党风政风监督室、信访室、案管室、审理室、第一纪检监察室、第二纪检监察室、第三纪检监察室、第四纪检监察室、第五纪检监察室、第六纪检监察室、第七纪检监察室13个科室。临湘市纪委监察委全面贯彻落实中共十九大精神，完成监察体制改革试点工作任务，为全市各项工作开展提供坚强有力的纪律保障。

【反腐倡廉】 2017年，临湘市纪委实现巡察全覆盖，完善监督网络。完成巡察办、巡察组的组建工作。首轮交叉巡察共开展个别座谈188人次，受理来信来电来访58批次，立行立改问题43个，发现问题线索106个，已立案13人，党纪处理13人，诫勉谈话7人，收缴清退资金202万元。第二轮交叉巡察工作结束，临湘市将开展13轮巡察，完成对全市13个镇（街道）党（工）委、76个市直单位和市管企业党组织的巡察，实现巡察全覆盖。完成派驻机构改革，整合执纪力量。按照中央、省和岳阳市关于派驻机构改革的有关文件，临湘市下发《关于深化临湘市派驻机构改革的实施意见》，对全市61个市直（公务员）单位、9个市直事业单位纪检监察干部情况进行摸底，撤销55个市直正科级以上单位纪检监察机构，设立13个派驻纪检组机构，积极推进县、乡一体化建设，将全市13个乡镇（街道）划分为4个片区，设驻点乡镇，定期联合办公，明确由4个非业务部室主任担任片长，开展4个片区的交叉督查和联合办信办访工作。所有乡镇均按要求建设标准谈话室，各片区累计分流信访27件，开展联合办访18件，转立案3起，有效整合乡镇纪检监察力量，极大提升基层监督执纪水平。推进监察体制改革，强化试点成果。根据中央、省、岳阳市深化监察体制改革试点工作有关精神，成立临湘市深化监察体制改革试点工作领导小组，起草《临湘市深化监察体制改革试点工作小组办公室各工作组组成人员及职责分工》《临湘市深化监察体制改革试点工作实施细则》。完成涉改部门的机构、编制摸底及人员转隶工作，从检察院划转编制16个，实际转隶11人。12月23日，临湘市十七届人大二次全会选举产生岳阳市首个县级监委会主任并任命监委会班子成员。

【监督执纪】 2017年，临湘市纪委大力加强监督检查，确保政令畅通。重点围绕环保督查、项目建设、村（社区）“两委”换届等纪律执行情况进行专项监督检查。查处中央环保督察组信访交办件1个，给予党纪立案1人。查处临湘市原市政管理处综合楼、液化气站、原农机公司资产处置中不作为乱作为行为，立案追责7人。紧盯村（社区）“两委”换届纪律，成立12个换届工作纪律监督组和3个专项巡回督察组，确保督导和督察工作覆盖到所有镇村。建立换届问题信访快查快处通道，查处2起违反换届纪律案，立案4人，诫勉谈话2人。围绕扶贫领域宣传、落实上级脱贫攻坚政策不到位、搞变通等七大问题开展扶贫领域专项巡察，对扶贫资金流向进行“全面扫描”，共走访贫困户722户，查阅各类账目资料1300余册，发现问题线索76个。认真开展扶贫领域监督执纪，牵头对2014年以来专项扶贫资金、危改专项资金、以工代赈项目资金等进行全面梳理，并对资金落实、使用情况逐一核实。共立案查处扶贫领域案件21起，特别是查处桃林镇月山村欧湘平侵吞孤儿补助案，立案追责3人，《湖南日报》《三湘风纪》等省级媒体对此案进行专题报道。深入开展清理国家公职人员违规参与涉矿等经营性活动专项整治，组织开展公开承诺活动，10名参与者主动退出，立案查处市水务局原水政执法大队长黄志刚严重违纪问题，给予其开除党籍、开除公职处分，对其涉嫌违法犯罪问题移送司法机关处理。组织开展国家公职人员参与烟花爆竹经营专项整治活动，36名国家公职人员和村（社区）干部主动退出烟花爆竹生产经营，“三湘风纪”微信平台对此项工作进行重点报道。扎实开展违规征订教辅材料专项整治，重点查处市教育系统违规收受新华书店回扣问题，涉及全市中小学校42所，涉案金额达972.52万元，已对4名校长立案审查。此项工作在岳阳市纪委专项工作推进会上作重点推介。认真开展“吃空饷”问题专项治理，责令返岗140余人，核销编制72人，停发工资85人，追缴工资380多万元。

【纪律审查】 2017年，临湘市纪委充分运用“四种形态”，提升审查实效。全年共受理各类信访举报401件，已办结322件；立案查处各类违纪违法案件211起，其中自办案件77起。坚持关口前移，充分发挥约谈的提醒警示作用，共谈话函询、提醒谈话、诫勉谈话108起，党内轻处分警告、严重警告132起。开除党籍26人，开除公职12人，移送司法机关3人。提升反腐合力，严格执行问题线索移送制度，反腐协调小组成员单位共向市纪委移送案件线索50起，市纪委向司法机关移送问题线索4起。进一步严格谈话取证审批、被谈话人交接等程序要求，消除“走读式”谈话安全隐患。按照整改要求，对监控室、谈话室进行重新改造，并派专人负责谈话点安全工作。下发《临湘市执纪审查医疗服务快速协调机制》，建立执纪审查医疗服务“绿色通道”，确保执纪审查“零事故”。大力惩治群众身边腐败，深化基层治理。开展农村信访举报集中办理专项行动，重点解决农村信访举报总量大、越级访、重复访多的问题，截至2017年共受理农村信访99件，累计实行带件下访14件、领导包案34件、提级办理26件、公开听证2件、合力初核22件。认真落实领导包案化解信访积案工作要求，19件农村疑难信访全部包案到委局班子成员，现已了结17件，其中转立案1起，6位信访人签订息访、息诉承诺书。16件到岳阳市纪委的重复访案件全部包案到乡镇党委和政府班子成员，现已了结12件，其中转立案4起。深化“微腐败”整治，开展“雁过拔毛”式腐败问题“回头看”，对全市13家镇（街道）和24家职能单位“雁过拔毛”式专项整治工作开展情况进行专项督查，截至2017年已立案查处“雁过拔毛”式腐败问题48起。稳步推进“互联网+监督”平台建设工作，督促相关部门编制民生资金目录106项，共核查上报收入2620笔，涉及金额1.12亿元；支出7083笔，涉及金额1亿元。对工作任务重的相关市直单位和试点乡镇开展3次督查，下发专题通报1期。

【整治“四风”】 2017年，临湘市委共开展作风建设督查4次，专项检查2次。查处“四风”类案件93起、93人，其中打牌赌博案41起、41人，涉毒案20起、20人，公款送礼案7起、7人，中餐饮酒案5起、5人。深入开展“刹人情歪风、治婚丧陋习、树文明新风”专项整治工作，制作专题动漫宣教片，将光碟下发到全市161个行政村，并在电视台、户外LED显示屏、微信平台等主流媒介播出，累计受众达20万人次。在城区棚改项目的挡板及人流相对集中地域的围墙上，以漫画形式印制反腐倡廉、树新风公益广告，群众反响很好。加强动态监管，开展精准劝导，在乡镇一级对当前生育、新房建设、年满60岁等可能操办宴席等相关人员摸底，按区域下发到各个村组，组织红白喜事理事会、文明新风劝导、和谐互助“三支队伍”，开展全域巡查劝导、上门劝导，湖南卫视对此进行专门报道。聚焦殡葬改革，全面启动农村公益性墓地建设，全市范围内已建成5处，在建13处。针对党员干部明确提出的“九个不准”，查处违规请客7起，累计全市近400余名党员和国家公职人员自动放弃“升学宴”“生日宴”“乔迁宴”办理；引导群众规范操办婚丧喜庆事宜1448场次；成功制止操办非婚丧类喜庆事宜1670起，为群众节约各类人情开支1亿多元。

【自身建设】 2017年，临湘市委将打造学习型机关作为建设目标，确立机关“每月一学”学习制度。按照学习计划集中学习《监督执纪工作规则（试行）》、监督执纪“十不准”等党纪党规。扎实推进“两学一做”教育常态化制度化，通过党员活动日到韶山开展红色教育，认真开展中共十九大精神、“四种精神”等专题学习讨论等活动。组织机关干部观看《打铁还需自身硬》《迷失》《决不饶恕》等宣传教育片，极大增强全市纪检监察干部勤政廉政意识。按照刀刃向内的要求，将规范监督执纪权力作为重点，重新修订印发集体议事、财务管理等6项制度，进一步规范干部队伍管理。加强干部八小时以外监督，将6月定为“家访月”，全体班子成员深入机关干部家中开展家访活动。强化内部整改，根据岳阳市纪委内部巡察反馈意见，制定出台整改方案，要求立即整改的问题全部整改到位，对巡察中发现的问题立案处理1人。

（彭　艳）

巡察工作

【概况】 2017年4月11日，中共临湘市委办公室根据《中国共产党党内监督条例》《中国共产党巡视工作条例》和中央、湖南省委、岳阳市委有关规定和要求，下发《关于成立市委巡察工作领导小组的通知》，成立以市委常委、纪委书记为组长，市委常委、组织部部长为副组长，市纪委常务副书记、监委会主任，市委组织部常务副部长，市纪委常委为成员的巡察工作领导小组，下设办公室，由巡察领导小组成员、纪委常委李强华负责办公室日常工作。7月27日，中共临湘市委机构编制委员会下发《关于设立中共临湘市委巡察工作领导小组办公室的通知》，正式成立中共临湘市委巡察工作领导小组办公室（简称巡察办），作为市委巡察工作领导小组的日常办事机构，被列入为党委工作机构序列，设在临湘市纪委，机构规格为正科级，核定领导职数为主任1人，副主任1人；7月31日，经临湘市委研究任命李强华为巡察办主任，马兰为巡察办副主任。10月23日，市委常委会研究成立2个市委巡察组（组长为正科级），合并到巡察办办公。同时发文任命陆朝辉为市委第一巡察组组长，敖雪霏为副组长；丁光明为市委第二巡察组组长，方超雄副组长。并确定临湘市巡察机构编制9名（巡察办5名，巡察组4名）。

市委巡察办认真贯彻落实中央、省、市巡视巡察工作要求，发挥巡视巡察在党内监督的“利剑”作用，改进巡察工作，把被巡察党组织党内政治生态情况作为重点内容，加强对领导干部落实党的路线方针政策，坚持党管干部原则、选人用人等情况巡察监督。突出政治巡察，聚焦“一个中心”，围绕“四个着力”，紧扣“六大纪律”，严查“三大问题”，盯住重点人、重点事、重点问题，把侵占挪用、克扣强占等侵害群众利益的突出问题作为监督的重点，结合治理“雁过拔毛”式腐败和纠“四风”“治陋习、树新风”专项整治，紧紧围绕市委公职人员涉砂经营、涉烟花爆竹和非煤矿山经营的清理，烟花爆竹企业退出和市委其他中心工作开展巡察。切实增强巡察发现和推动解决问题能力，使得巡察震慑遏制治本战略作用有效提升，全面从严治党利剑作用充分发挥。

【健全规章】 2017年，临湘市委为进一步提高巡察工作制度化、规范化、科学化水平，细化巡察内容和方式方法，合理确定巡察顺序，科学分配巡察任务，结合临湘市巡察工作实际，建立《市委巡察工作流程》《市委巡察工作领导小组职责》《市委巡察办职能职责》《选配巡察工作人员条件》《市委巡察组工作方式》《市委巡察组组长主要职责》《巡察工作人员工作纪律》《市委巡察干部队伍建设管理办法》《市委巡察信访工作暂行办法》等一系列管理制度，做到有规章可循，有制度可依，有力保障巡察工作的有序开展 。

【工作规划】 2017年，临湘市委为确保一届任期内对市委管理的党组织的巡察全覆盖，体现党内监督没有禁区、没有例外的鲜明立场，积极组织制订市委巡察工作五年规划，出台《2017—2021年市委巡察工作规划》，计划在该届市委任期内，开展13轮巡察，完成对全市13个镇（街道）党（工）委、76个市直单位和市管企业党组织的巡察，实现巡察全覆盖。

【巡察工作】 2017年，共开展三轮巡察工作，其中，例行巡察两轮，扶贫领域专项巡察一轮。5—6月完成对市国土局、市房产局、市农业局、市残联4个单位的第一轮交叉巡察，座谈188人次，受理来电来访58批次，立行立改问题43个，发现问题线索106个。已办理线索11个，立案13人，党纪处理10人，诫勉谈话7人，清收资金33.38万元。8月9日至9月15日，完成扶贫领域专项巡察，对有扶贫村的12个镇（街道）（桃矿街道除外）以及配有扶贫资金的保建投、发改局、民政局、住建局、交通局、扶贫办等市直单位进行35天巡察，走访贫困户722家，发现问题线索100个。向市纪委等部门移交问题线索67个。11月3日完成对市民政局、市环保局、长安街道、市工业园管委会4个单位的巡察。为按要求做好巡察人才储备，经市委主要领导同意后，由市纪委、市委组织部联合下发《中共临湘市委巡察工作人才库管理办法（试行）》。建成熟悉党建、财务、法律、文秘、工程预算等专业的220名成员的巡察人才库。其中组长分库10人，副组长分库20人。

【思想教育】 2017年，临湘市委为更便于巡视巡察工作的学习和开展，与市纪委于9月一起印制《两准则四条例学习读本》《关于新形势下党内政治生活的若干准则》《中国共产党廉洁自律准则》《中国共产党党内监督条例》、新修订的《中国共产党巡视工作条例》《中国共产党问责条例》《中国共产党纪律处分条例》，并广泛开展宣传学习。中共十九大召开后，又将学习中共十九大会议精神作为重中之重，并要求全体巡察人员参加“红星云”网络学习，把中共十九大精神作为巡察工作的基本遵循准则。

【党建工作】 2017年，临湘市委为进一步加强巡察期间党员管理，增强巡察队伍的凝聚力、战斗力和创造力，完成好各项巡察任务，每一轮巡察都成立了临时党支部，隶属市直机关工委，并由市直机关工委发函进行正式批复。临时党支部严格按照“两学一做”常态化教育要求，采取集体学习、个人自学、交流座谈方式加强政治学习。针对巡察组党员的临时性，注重由党支部书记与党员逐一谈心谈话，及时关注党员的思想动态，关心党员的工作、生活情况，帮助解决实际困难、卸下思想包袱，并督促全体党员带头严格落实中央八项规定精神，严守政治纪律和政治规矩，依规依纪开展巡察工作。

（马　兰）

组织工作

【概况】 2017年，临湘市委组织部在市委的正确领导和岳阳市组织部的精心指导下，全市组织系统围绕中心、服务大局、履职尽责、务实创新，各项组织工作取得较好成效，受到上级组织部门和市委的充分肯定，赢得社会各界和干部群众的广泛好评。

【基层党建】 2017年，临湘市委组织部继续深入推进“两学一做”学习教育常态化制度化。明确26项具体措施，结合中央《意见》指出的党员、党委（党组）、党支部要重点查找解决的19个突出问题，每季度对学习教育情况开展一次督查，督促各单位学习教育融入日常、抓在经常，认真组织排查整改，全市各级党组织共排查整改问题1600余个，全市党员共排查整改问题1.2万余个，有效推动学习教育常态化制度化。

完成村（居）“两委”换届选举：加强分析研判，实行“一村一策”；严肃资格审查，取消76名不符合条件人选资格；强化业务指导，创新工作方法，“六个一”（编制一套选举流程图，列出一张日程安排表，编印一套换届工具书，培训一批业务骨干，发放一份漫画宣传手册，制作一部动漫宣传片）工作方法受到省、市督导组充分肯定，被省级媒体宣传报道。5月中旬，在岳阳市各县市中率先完成161个村（居）换届选举工作，全市共消化村干部173人，35岁以下年轻干部比上届增加105人，村级班子结构明显优化，并在岳阳市村（居）换届选举工作推进会上作经验介绍。

统筹推进村级服务平台建设：作为岳阳市先试先行单位，按照“便民利民”的总目标和主动推进、点面并进、全程促进、服务跟进的总要求，落实“面促点、点带面”“五统一、五强化”等建设措施，形成以“书记挂帅指挥、市长筹资保障、组织部长靠前调度、常委联点示范、项目指挥部督导落实”的工作格局。共整合资金1.54亿元，全力打造集党务服务、村务服务、政务服务、商务服务、社会服务于一体的村级综合服务平台，形成基本型、标准型、示范型三种建设模式，并因地制宜做到与村庄规划、学校建设、规范建房、产镇融合、美丽乡村建设融合发展，被誉为“临湘模式”并在全市推广，临湘的建设经验和推进成效，受到岳阳市委、市政府充分肯定。11月初，临湘市161个村（社区）综合服务平台全部建成投入使用，先后接待市内外参观学习69批次。

抓党建促脱贫攻坚：一是筑牢脱贫攻坚战斗堡垒。组织全体村（居）“两委”班子成员进行集中培训，提升基层党组织书记抓脱贫攻坚能力。落实基层基本保障，全市村级组织运转经费达到村均15.7万元，村级组织服务群众专项经费全部达到2万元标准。二是注重发挥党员作用。结合“两学一做”学习教育，推动广大党员在脱贫攻坚中当先锋，组织1200多名党员领导干部与贫困户结对帮扶，通过“党员+合作社+农户”等方式，引领全市农村党员领办创办带富项目60多个，帮助400多名贫困群众实现增收。三是派强管好驻村工作队伍。从市直机关选派26名干部担任贫困村、软弱涣散村党组织“第一书记”，选派60多名干部驻村开展帮扶工作。制定市派驻村帮扶工作队管理办法，严格对驻村帮扶干部管理考核，落实不合格“召回”制度，2017年共召回“第一书记”2人。

推行“党员活动日+”制度。率先在岳阳市推行“党员活动日+”制度，印发《关于在全市基层党组织建立党员活动日制度的通知》，要求全市各基层党支部按照“1+6”活动模式（“1”即每次活动确定1个主题；“6”即“交纳党费”“学习教育”“民主议事”“组织生活”“服务群众”“文体活动”6种活动类型），每月固定在10日组织党员围绕6个方面内容开展党内活动，为岳阳市推行“主题党日”活动提供参考模版。通过落实“党员活动日+”制度，党员组织生活进一步规范，党性意识和规矩意识明显提升，党支部的凝聚力战斗力明显增强。

开展“党支部建设年”活动：一是实施“智慧党建”工程。率先完成1327个基层党组织、26808名党员信息入库工作，完成全市党员信息库建设。全面启用“临湘数字党建工作平台”和微信公众号，实现各类信息数据及时上传，有效激活基层党建“神经末梢”。率先启动“岳农”互联网平台，累计为群众提供政务服务1200余人次，发布信息数130余条，在岳阳各县（市、区）中排名第一。加大“红星云”宣传力度，明确学习目标，建立奖惩机制，实行每周通报制度，排名进入全省前4名。二是实行党员积分管理。建立农村（社区）党员积分管理考核体系，加强党员日常行为考核，积分情况作为民主评议党员的重要依据。三是抓好“两新”组织建设。借鉴乡镇（街道）党（工）委书记抓党建工作述职评议考核模式，率先开展“两新”组织党组织书记集中述党建，公开晒成绩，推动党建责任在“两新”组织落地生根。落实“百日攻坚”行动，新成立非公企业和社会组织党组织132个，居岳阳各县（市、区）前列。四是整顿软弱涣散党支部。结合村“两委”换届、扶贫攻坚、结对帮扶等工作，严格落实“五个一”工作措施，对全市13个软弱涣散村（社区）党组织进行重点整顿，效果明显。五是强化党员教育管理。全年发展256名新党员，对972名村（居）“两委”干部进行全员培训，轮训农村无职党员9000多人。组织党代表、党支部书记、领导干部等1000多名党务工作者进行集中学习中共十九大精神。

【干部使用、培养、监管】 2017年，以好的导向选用干部。让一批长期在基层一线、默默奉献的干部得到提拔重用。共调整干部7批次、334人，126名实干型干部得到提拔重用，其中7名任副科10年以上的干部得到提拔重用，在全市树立一种“不让老实人吃亏，不让实干者吃亏，不让扎根基层的干部吃亏”的良好用人导向。让一批优秀年轻干部得到培养锻炼。将培养提拔重用年轻干部作为抓干部队伍建设的重点，共提拔重用80后干部18人，其中87后干部3人。全市35岁以下的科级干部达到36人，进一步调优干部队伍结构。让一批无为的干部让位。少数干部因不胜任现职，被免职或交流至其他单位任职，着力让不想为、不勤为、不作为的干部“让位”，先后有11名干部因身体、工作状况、现实表现等原因被免职，真正实现能者上、庸者下。

注重能力培养，轮岗锻炼一批。对在同一单位同一领导岗位任职多年的领导干部进行有计划、分批次的交流。交流科级干部63人次，极大地调动干部积极性。坚持分类指导，集中储备一批。分层次、分类别储备年轻干部，强化年轻干部培养。2017年，全市储备年轻干部259人，30岁以下223人，其中4名优秀年轻干部纳入岳阳市首批重点培养选调生名单。加大乡镇公务员的招录力度，充实乡镇干部力量，2017年招录22名乡镇公务员，全部安排在党建、扶贫等工作一线进行培养，并为每一名新录公务员配备一名带教导师。强化素质提升，教育培训一批。组织举办党校主体培训班两期，安排100名35岁以下年轻干部进行调训；举办复旦大学经济管理、浙江大学美丽乡村建设、井冈山市党校等异地专题培训（党性锻炼）班次4期，培训干部206人；选派1名干部赴岳阳市挂职锻炼。

干部纪律监管。注重运用审计监督成果，实施经责审计项目16个，协助完成2名省管领导和53名市管干部个人有关事项报告工作。认真开展领导干部因私出国（境）证照和身份证件清理，完成922名副科以上领导干部的相关信息收集、上报，收回护照（港澳台通行证）356本进行集中统一保管。严格落实干部选任“凡提四必”，坚决不让有疑点、有硬伤的干部蒙混过关，全年共开展干部人事档案任前审核7批次126人，暂缓任用2人。探索试行市管干部任用全程纪实制度，对干部选拔任用5个环节进行全面准确纪实。采取交流回避、免去兼职、转任非领导职务等多种措施，多途径消化超职数配备干部95人，整改基数内的“消超”任务已全面完成。

【推进“人才兴市”战略】 2017年，市委组织部把人才队伍建设作为服务发展的重要举措来抓，深入推进“人才兴市”战略。一是优化政策保障。有效利用财政安排的人才工作专项经费，制定人才发展10年规划、创新创业奖扶政策、柔性引才实施办法、乡土人才激励措施，规划产业发展项目10个，提供高端人才创业岗位20个。二是强化人才储备。在岳阳市各县（市、区）中率先完成“人才信息库”的建设，入库人才近17000人。组织多个事业单位参加岳阳市“四海揽才”活动，上半年成功招录急需的专业技术人员20人，下半年成功吸引57名高学历人才积极报名应聘，通过带编带岗招聘专业技术人才371人。三是细化培养措施。选派28名优秀企业家参加中国人民大学和浙江大学企业家高级研修班学习。推荐120名年轻农民、党员、村后备干部报名参加“农民大学生”培养计划。

【问责处理】 2017年，临湘市委组织部聚焦全市“五三三工程”“2124”行动以及信访维稳、环境保护、防汛抗灾、计划生育、基层党建、重点工程建设等中心和底线工作，督促不为、问责乱为。共问责处理38人，其中，书面检讨1人，诫勉谈话31人，通报批评3人，免职3人，受到问责处理的副科以上干部11人，以问责倒逼干部干事创业。

【其他工作】 2017年，临湘市委组织部加强组工文化建设，领导带头讲党课，开展“党员活动日”“学习十九大精神”“学习岳阳四种精神”等专题活动，强化宗旨意识、大局意识、服务意识。明晰科室职能、干部岗位、业务流程，健全部务会会议议题申报、每周工作安排，规范机关工作运行。积极配合重点项目建设做好涉公帮扶，督促70多名涉公人员做通其亲属思想工作，带头进行拆迁，加快项目实施。组织18名部机关领导干部参与贫困户一对一结对帮扶。每月10日晚，轮流选派4名干部配合长安社区进行社区治安巡逻。选派机关干部参与重点工程建设、驻村扶贫、防汛抗灾等中心工作，以组工干部的实际行动服务全市重点工作。

（李云海）

宣传工作

【概况】 2017年，中共临湘市委宣传部（简称市宣传部）机构设置包括理论教育、政工职评、文明办、网管中心、办公室5个科室及新闻中心、“手机报”两个事业机构，行政编制10个，事业编制9个。市宣传部牢牢把握“两个巩固”的根本任务，坚持胸怀大局、把握大势、着眼大事，按照中央、省市委宣传工作会议精神和市委要求，紧扣全市发展大局谋划，各项工作有序推进，取得较好成效。

【理论学习】 2017年，市委宣传部为加强理论学习：1.建章立制，确保学习有效果。落实党委中心组学习制度，制定和下发市委中心学习组学习计划、学习宣传贯彻中共十九大精神的文件等。市委中心组学习7次12天，共9个学习专题，其中，省委视频集中学习2堂，领导讲课2堂，外请专家教授讲课3堂，共发放13套书、28000余册。局乡级中心组学习共388堂次。2.突出主题，确保学习有方向。结合“两学一做”和学习宣传中共十九大精神的要求，采取组织市委宣讲团、专家授课、会议座谈、观看专题片等多种形式，进学校、社区、村、组，共宣讲155堂次。3.丰富载体，确保学习有互动。市领导带头到多个单位宣讲中共十九大精神，市委宣传部部长李孟阳在岳阳市委组织的“千名书记讲党课”决赛中，荣获三等奖。团市委书记罗成英《一个亲切的称呼》在参加岳阳市微宣讲比赛中，赢得第二名。

【意识形态】 2017年，市委宣传部加强对意识形态的掌控。明确职责，种好“责任田”。市委常委会两次专题研究宣传工作和意识形态工作，出台会议纪要和《关于落实党委（党组）意识形态工作责任制实施方案》，将意识形态工作纳入目标管理考评体系，把意识形态工作纳入党建工作责任制，将意识形态工作纳入干部考核。突出重点，管好“主阵地”。一是管好新闻舆论阵地。认真落实新闻通气会、新闻“三审”、新闻从业人员管理等制度。二是管好文艺出版阵地。深入开展“扫黄”“打非”工作。加强对各类文艺和出版机构的管理，开展了网吧、音像、图书、演出、娱乐市场、校园周边环境专项清理整顿。三是管好宗教思想阵地。加强对宗教思想传播的管理，促进各类宗教与社会主义相适应。四是管好学校思想阵地。五是管好社科理论阵地。加强对社科类社会组织的管理，确保正确的政治方向和学术导向。加强监管，掌控舆论“主动权”。建立健全网络监管体系，及时引导网络舆情。组建网络文明传播志愿者队伍，全市已明确网络文明传播志愿者106人，第一时间收集广大干部群众对各种热点、难点问题的反映，及时进行互动交流，积极正面引导，化解群众疑虑和防止炒作。

【新闻宣传】 2017年，利用现代传媒平台，加大了新闻宣传力度。对外宣传再上台阶。共向岳阳市级以上媒体发表稿件665篇（条），市电视台向上级电视台供稿142条，市电台向上级电台供稿100条。其中《人民日报》1条，中央电视台2条，中央广播电台1条，新华网22条，人民网20条，《湖南日报》头条1个、市州头条6个，省人民广播电台16条，《岳阳日报》头条12个，湖南卫视、湖南经视20条，岳阳电视台120条，岳阳市广播电台83条。对内宣传再加力度。一是电视台节目常办常新。开设《项目建设进行时》《刹歪风　治陋习　树新风》《喜迎十九大　谈五年变化》系列等专栏。共编播电视新闻节目300余期，播出新闻2400余条。电视台开通临湘手机台，有力地传递正能量。二是临湘电台及临湘新闻网多点开花。共播（刊）出稿件3600条，《岳阳日报》《临湘新闻》共出刊26期，发稿312篇。三是临湘手机报受众追捧。共出报252期，播出稿件1700多条，成为市民了解全市工作的重要平台和渠道。涉临舆情监管有力。制定《关于涉临负面舆情处置工作问责办法》，进一步加强舆情源头管理。充分发挥临湘政府网、《岳阳日报·临湘周刊》、临湘手机报、电视APP等网络平台作用，加强网上舆情监控和疏导。加强网评员队伍的管理和信息互通，及时引导网上舆情。在新华网、人民网、中国文明网、湖南红网等网站上屏显正面新闻稿件190余篇，临湘新闻网（红网临湘市分站）、官方微博“美丽临湘”每天更新微博3条以上。

【文明创建】 2017年，市委宣传部以创建全国文明城市为目标，重点开展“三大攻坚行动”，城市软、硬环境不断优化，对城区大街小巷进行整治和绿化，市民生产生活更舒适。以创建省级卫生城市和园林城市为抓手，开展城区环境卫生整治、城市绿化行动。省文明城市、省卫生城市顺利通过复查，省园林城市创建工作成效显著，荣获省园林城市称号。围绕社会主义核心价值观、中国梦、讲文明树新风、志愿服务、移风易俗等内容，在市媒体开设专题专栏，投放公益广告，公益宣传深入人心。进一步深化“我推荐我评议身边好人”活动，临湘市方国栋入选为湖南省8月好人榜。大力创建省级金融安全区，开展“百城万店诚信守信经营”活动，范瞿园园当选岳阳市第六届道德模范（诚实守信）。在湖南省志愿者服务网和“文明岳阳”微信公众平台发表志愿者活动150余条。扎实开展“三关爱”志愿服务活动，全市共有1万多名志愿者参与义务献血、义务植树、义务巡逻、文明劝导、扶贫帮困等志愿服务活动。积极开展全市文明单位创建工作，认真开展临湘市第三届道德模范评选活动。积极推进移风易俗工作。多次召开专题会，研究“刹人情歪风、治婚丧陋习、树文明新风”专项工作。广泛开展“学习和争做美德少年”“网上祭英烈”“做一个有道德的人”“我们的节日”等活动，开展文化市场和校园周边环境整治大行动，为未成年人营造秩序良好、内容健康、服务文明的网络文化环境。大力推进乡村学校少年宫建设和管理工作。

【文化事业】 2017年，市委宣传部大力推进创建省公共文化服务体系示范区。继续加强公共文化服务体系示范区建设，成功创建成为省级公共文化服务体系示范区。继续推进“五项创新”惠民活动。建成爱心图书室15个、公益阅读吧2个，建成文化分馆4个、图书分馆5个。全市13个镇（街道）全部建有综合文化站、文化礼堂、中心文化广场。全市161个村（社区）有村级文化活动中心，建有农家书屋和文化信息资源共享基层服务点，实现广播电视村村通。加强宣传文化队伍建设。召开临湘市文学艺术界联合会第四次代表大会，选举产生新一届文联委员会和主席团。各协会也相继进行换届选举，成立党支部，加强党对文艺工作的领导。为促进大众文化活动繁荣，先后举办元旦、春节、元宵系列文艺晚会，开展“欢乐潇湘、幸福临湘”系列文艺活动、第四届草根文化艺术节、红红火火过大年送春联等活动，举办“全民阅读、全民旅游，书香临湘”征文比赛、“野樱岭”摄影比赛活动；戏曲《将相和》荣获省“三湘蒲公英”少儿才艺大赛获金奖，开展“非遗进校园”“公益艺术培训进校园”“文艺辅导进村组”等活动。共举办“临湘大讲堂”40场、“一元剧场”演出40场、各类展览60场，开展“三下乡”“临湘好声音”“送戏下乡”公益电影放映活动，每年送戏下乡180场，送电影下乡3300余场，送书进村5万多册。大力推动文化产业发展。文化产业规模上企业排查统计工作顺利完成，水密码企业成功获得省文化产业补助金50万元。大力加强非遗挖掘保护力度。完成辖区内文化遗产的普查登记工作。成立“剪纸艺术传承培训基地”，省级非遗项目——白羊田天狮舞获得省文化综合发展专项资金20万元；做好“万里茶道”申遗工作。

（曹宏梁）

统战工作

【概况】 2017年9月，中共临湘市委统一战线工作部（简称市委统战部）。按照岳阳市委有关精神，完成“1+4”大统战工作格局构建后，市工商联和统战部集中办公，市民宗局、市侨联、市台办与统战部合署办公，部机关内含4个职能科室，共有在职在岗人员18人，设统战系统机关党支部1个，共有党员27人。以习近平新时代中国特色社会主义思想为引领，认真落实省、市统战部长会议精神，紧紧围绕全市改革发展稳定大局，广泛凝聚共识，多方汇聚合力，取得明显成效。临湘市共获得省、市级8项奖项表彰，居各县（市、区）之首。其中十三村酱文化博览园被授予省级“同心项目”称号，获得奖励资金12万元；十三村“凝心聚力‘十三五’行动”示范基地项目和新文书苑项目被授予岳阳市级“同心项目”称号；“同心创新创业大讲堂”荣获岳阳市统战工作实践创新成果奖；统战信息工作荣获岳阳市先进单位和先进个人称号；统战理论调研工作荣获岳阳市先进单位称号和优秀成果奖。

【组织建设】 2017年，市民宗局与统战部合署办公，为保证其政府机构的行政执法主体资格，列政府机构序列；单列归国华侨联合会，明确正科级群团组织；同时理顺统战部内设机构，确保统战系统单位设置到位。2017年，6名统战干部得到提拔重用，形成统战部1正4副班子配备，另外配备了民宗局副局长、侨联副主席2个副科级领导职数，新增工作人员4人，统战系统人员数达22人。将统战部、工商联、民宗局、侨联、台办集中在市委办公楼一楼集中办公，同时拨付专项工作经费40万元用于大统战办公场所整体改造修缮，集中办公场所焕然一新。

【思想建设】 2017年，市委统战部下发《关于全市统一战线认真学习宣传贯彻中共十九大精神的通知》，要求统战干部和统战成员原原本本、原汁原味自行学习大会报告。并制定《全市统一战线开展中共十九大精神宣讲活动方案》，深入到各领域党外代表人士中去，把中共十九大精神讲透讲活。在全市党外代表人士中开展以“学系列讲话、学优良传统、助力新湖南”为主题的“两学一助”学习教育。全年共组织党外代表人士集中学习5次，开展讨论3次，参加网上社院学习200多人次，撰写心得体会、调研报告100多篇，进一步筑牢统一战线团结奋斗的共同思想政治基础。搭建市委常委和党外代表人士互动交流的平台，市委领导通过走访座谈等形式，与党外人士谈心、交心，及时了解他们的思想动态、工作生活情况，帮助解决实际困难20多件。

【亮点工作】 2017年，市委统战部积极引导非公经济组织121家，结对21个贫困村260户贫困户，为3个贫困村建起“同心果园”；16户无房户和危房户住进援建新房；建成27个光伏电站，使1200多个贫困户沾“光”；解决380多名贫困人口就业问题；帮助190多名贫困学子实现就学梦，李国武被评为全省百名“最美扶贫人”。临湘市统一战线投入精准扶贫资金达7300多万元，帮助1768人脱贫，该项工作在湖南卫视、华声在线和《岳阳日报》等媒体上先后6次报道。开展统一战线招商引资活动，7月，成功举办广东省临湘商会成立庆典暨招商项目推介大会，共签约22个投资意向协议，总投资36亿元。临湘市总商会副会长姚丙炎招商引资6亿元建设的湘北国际商城已全面动工，可直接提供社会就业岗位8000个；开展“迎老乡、回故乡、建家乡”活动，长沙乡友企业和利东升投资5亿元建设的湘北汽贸城已动工建设。创建“同心·十三村酱文化博览园”，作为非公经济人士、党外代表人士现场教学基地和服务“三农”的载体，引导统战成员更好地参与到凝心聚力“十三五”行动中来。以同心·创新创业大讲堂为载体，引导非公企业自主创新，引领广大民众自行创业。全年成功举办活动4期，受众1000多人次，得到社会各界的广泛赞誉和省委统战部领导的高度评价。结合市委分工，将城市建设管理作为统一战线助力“四大会战”的主战场，全面参与湘北大道、棚户改造、征地拆迁等重大项目方案起草、报建审批、督查督办等协调工作，2017年组织召开项目协调会达60余次，牵头项目均有序推进，得到市委领导好评。

【主动作为】 2017年，市委统战部加强党外代表人士队伍建设。在全市范围内开展党外代表人士调查摸底工作，建立完善10类党外代表人士信息库，建立党外代表人士规范档案1137人次，出台《临湘市党外代表人士分级分类管理办法》，进一步规范党外代表人士日常管理行为。选派11名党外代表人士参加省、岳阳市各类培训班学习；新提拔重用党外正科实职4名、党外副科实职4名，严格程序完成省、岳阳市党外人大代表和政协委员3人的推荐考察工作，调整增补本级政协委员14人。做好非公经济领域统战工作。对中央相关精神及岳阳市委“非公十条”进行了传达学习，按照“四个一”行动要求，主动深入企业，面对面、点对点把脉问诊，为企业协调解决热点、难点问题，针对“弹簧门”等不公平待遇，形成专题调研报告呈送主要领导批示，为非公经济发展创造良好环境。在非公经济人士中开展以“守法诚信、坚定信心”为重点的理想信念教育实践活动，临湘市工商联荣获全国“五好”县级工商联称号。扎实做好民族宗教工作。6月，全市59处宗教活动场所开展一次全面督查，制定整改措施和下步工作打算。2017年共牵头处理桃林东湖庙历史遗留问题等矛盾纠纷10余起，确保宗教领域的和谐稳定。认真落实民族工作优惠政策，及时为10名少数民族学生办理高考加分手续，共为3家边销茶企业减免贷款贴息20余万元；加强流动少数民族人员管理，妥善处理清真餐厅经营纠纷事件，确保民族领域团结和谐。切实加强新的社会阶层人士统战工作。对全市民营企业和外资企业管理技术人员、中介组织和社会组织从业人员、自由职业人员和新媒体从业人员等群体开展拉网式普查，确定新的社会阶层代表人士101人，并建卡立档。加大新的社会阶层代表人士安排的力度，共有7名新社会阶层代表人士当选各级人大代表，其中，岳阳市人大代表2人，5人担任市政协委员。稳步推进港澳台及海外统战工作。全面收录华人华侨、侨眷侨属、台胞台属、外资企业、涉外婚姻等海外统战资源，新增涉侨人员150多人。认真开展走访慰问活动，走访重点侨胞侨属、台胞台属30多人，并送去慰问金和物资1万多元。认真受理涉外人员来信来访，2017年共接待来信来访5件11人次，主要涉及政策咨询、纠纷、房屋拆迁、低保等方面问题，做到来信来访回复率100%。

（李　翔）

机构编制工作

【概况】 2017年，临湘市委机构编制委员会办公室（简称市编办）是市委机构编制委员会的常设办事机构，既是市委的工作机构，又是市政府的工作机构。主要负责全市机构编制及机关行政、事业单位登记管理工作。市编办充分把握机构编制科学发展方向，突出服务发展，加强机构编制管理与创新，充分发挥职能作用，全面完成该年度各项目标工作任务。

【机构改革】 2017年，市编办圆满完成改革试点工作。作为湖南省承担行政职能事业单位改革试点县（市）之一，按照中央、省、市有关改革试点文件精神，积极作为、主动担当，精心制定改革试点方案，全面开展行政职能清理，大力推进改革试点工作，12月8日，顺利通过中央编办对临湘改革试点的评估验收。全力助推纪检派驻与巡察制度改革。设立市委巡察办、市委第一巡察组、市委第二巡察组和13个纪检派驻机构，并从市直行政单位调剂52名行政编制到市委巡察机构和市纪委派驻机构，盘活机构编制存量，切实充实纪检监察队伍力量，为推动临湘市实现派驻纪检机构全覆盖提供体制机制保障。积极推进司法体制改革。按照上级司法体制改革有关文件精神，市编办立足本职，主动作为，科学合理调优机构编制，积极推进临湘市司法体制改革。在机构设置上，将原临湘市公证处撤销，设立湖南省临湘市公证处；在编制配备上，全市市直行政机关行政编制按10%进行精简的情况下，对政法系统定编予以倾斜，启用编制予以支持。大力推进行政许可标准化工作。会同市政府法制办、政务中心、市工商质量食品药品监督管理局抽调人员组成工作组集中办公，对各单位的标准化资料进行全面审核。共完成全市27家涉改单位207项行政许可事项服务指南、审批流程、审批流程图169套。经标准化改革后，全市行政许可事项办理流程均提速40%以上。细致梳理权力清单目录。按照上级有关文件精神，对照湖南省行政许可标准目录库，对临湘市的行政许可目录库进行重新核定，基本实现“同一事项、同一名称、同一编码、同一标准”的目标。全力开展减证便民行动。制定下发《关于开展全市减证便民专项行动的通知》，并成立专门工作组负责该项工作，对各种证明进行全面的摸底。集中清理涉及人民群众生产生活的“奇葩证明”“循环证明”等各类不合理证明，有效解决群众办事难的问题。认真抓好工业园区权力下放工作。配合市工业园区管委会积极做好审批事项的承接工作，在机构和人员编制总数不变的情况下，对工业园的职能配置、机构设置和人员编制进行科学调整。授权临湘市工业园区管委会实施市级行政审批事项13项，市直相关部门单位在临湘工业园区派驻工作人员全程代办、限时办结的市级行政审批事项18项。强力推进“互联网+政务服务”。会同市政府办网络科、市政务中心强力推进“互联网+政务服务”工作。完成行政许可事项和公共服务事项的目录清单导入工作，导入行政许可事项152项、政务服务事项28项。

【机构编制管理】 2017年，市编办严格控制机构数量。严格按“撤一建一、总量控制”的原则办理机构设立和升格。批准新设立股级机构5个，岳阳市批复临湘市设立、升格副科以上机构22个，共增加全市副科以上领导职数31名。严格控制编制总量。岳阳市编办批复临湘市用编计划350名，临湘市实际办理新列编347名，跨系统调整人员、编内调整人员坚持做到合规合程序，没有出现一起超编进人和违规进人，按2012年基数，实现编制“只减不增”的目标。收回闲置空余编制。结合承担行政职能事业单位改革试点工作，共收回事业编制227名，减少在编人员近400人。加强机构编制源头管控。建立健全由组织、编办、人社、财政等部门组成的机构编制控编减编工作协调机制。完善机构编制实名制管理。选派专人负责机构编制实名制建设的管理与信息录入，进一步完善实名制数据库内容，整合相关信息资源，实现机构编制管理与财政预算管理、国库集中支付和工资统发数据共享、动态调整。大力开展机构编制督查。抽调4名精干力量会同市纪委、组织、人社、财政等部门对全市行政事业单位“吃空饷”人员情况进行督查。共清理出“吃空饷”人员170人，并全部停发其财政统发工资。11月，配合市纪委对全市市直单位进行为期半个月的综合督查，对4个机构编制管理方面存在问题的单位下发整改通知，要求所在单位对照问题认真整改，并将整改情况书面报告市纪委和编办。

【事业单位登记管理】 2017年，市编办严格规范登记管理，共办理事业单位设立登记48家，变更登记130家，注销登记81家，并对全市382家事业单位法人年度报告进行公示，接受群众监督，进一步畅通监督举报投诉渠道。认真开展实地核查。对事业单位办理设立登记、变更登记、注销登记进行实地核查。并按要求于11月6—9日对8家事业单位开展公示信息抽查工作。有序推进社会信用体系建设。积极开展机关、编办直接管理机构编制的群众团体和事业单位法人统一社会信用代码制度改革“三证合一”证书换发工作，全市党政群机关统一社会信用代码赋码91家，存量代码转换91家，信息纠错1条。继续抓好事业单位法定代表人离任审计。对67家变更法定代表人单位的原法人代表全部进行离任审计，通过离任审计，进一步加强事业单位法人事中事后监管。开展事业单位法人履职评估。选取2个系统的10家事业单位作为评估对象，通过单位自评、主管部门评估、公众代表评估、相关部门评估、评估办综合评估等程序，对事业单位依法履职情况、年度目标任务完成情况、公共服务效能和便民服务情况等内容进行评估。推进行政事业单位中文域名注册和标识加挂工作。对全市352个行政事业单位进行中文域名注册，并将中文域名注册工作经费纳入市财政专项拨款，进一步提高党政机关、事业单位网站开办和标识规范管理水平。

【自身建设】 2017年，市编办。以开展“两学一做”学习教育为主线，通过专题组织学、红星云网上学等多种形式，开展经常性的学习教育活动。认真学习贯彻中央、省、市编办视频会议精神，抓好思想教育，有效提高全办人员的思想认识，增强责任意识、阵地意识。认真抓好党规党纪及相关工作纪律的贯彻执行，坚持领导班子率先垂范，严格执行相关要求，主动接受监督，规范权力运行，保持党员良好形象。制定《调研信息工作制度》，要求全办人员人人动笔，个个出力，并对调研信息工作实行奖励制度和“一票否决制”。全年共向上级刊物报送调研信息24篇，在省编办组织的“不忘初心，牢记使命”征文活动中获奖1篇。按照市委、市政府安排部署，积极参与脱贫攻坚工作。明确班子成员负责对4户贫困户实行一对一帮扶，并选派两人驻村工作，参与支部建设。

（阎　炯）

党校工作

【概况】 2017年，中共临湘市委党校（简称市委党校）内设办公室、教研科、行政事务室、社会培训科4个科室，是中共临湘市对党员和党员干部进行培训、教育的学校。其任务是，通过有计划地培训，提高学员利用马克思主义立场、观点、方法观察和处理问题的能力；结合新的形势，提高学员的政治思想观念和科学文化水平，增强党性，进一步发挥先锋模范作用。市委党校贯彻全国、全省、岳阳市党校工作会议精神，对照《2017年中共临湘市委党校工作要点》抓落实，忠诚履职、积极作为，各项工作稳步推进。

【干部培训】 2017年，市委党校举办学制一个月的春季科级干部培训班和秋季青年干部调训班，集中培训各级干部近100人，圆满完成市委下达的主体班干部培训任务。拓宽社会培训范围。大力拓展培训渠道，结合党校掌握的各类培训资源，积极与部门单位联动，大规模轮训机关乡镇党员干部。开展部门培训29场（次），培训人数达5000人。

【教学改革】 2017年，市委党校突出精细管理，开展常态化晒课、评课活动。7个新课题全部经历2轮晒课程序。积极组建精品课库，市委党校22个课题参与评选，4个课题被评为优质课并入选精品课库。创新办学模式。在探索、总结主体班既往办学模式的基础上，进一步完善“五个一”的党校主体班培训模式。先后组织春、秋两季主体班学员共100余人到井冈山市委党校（干部教育学院）全国红色教育基地开展党性锻炼专题教育，在做好结合文章、加强学员的党性修养、增强学员的党性锻炼方面取得良好效果。强化教学质量评估。在学员评教“一课一评”的基础上，进一步具体指标体系，加强评估结果的运用，促进党校教学水平和质量的提升。市委党校对所有教学专题进行一次全面的教学质量评估，满意率达到97%以上。

【科研】 2017年，市委党校组织教员围绕基层党建、民生实事、村（社区）换届、特色产业发展等重点课题到市直单位和乡镇开展调研活动。多措并举提升科研水平。积极走协作化之路，全体教研人员以紧密协作的团队精神搞科研；积极参与岳阳市委党校课题研究，参加省市党校系统理论研讨。市委党校1篇论文获湖南省委党校建设研究会理论研讨会二等奖，2篇论文获岳阳市党校行政学院系统理论研讨会一等奖、4篇二等奖，5篇文章发表在省、岳阳市级刊物。年初，学校对《优秀科研成果奖励办法》等科研管理制度进行修改完善，形成鼓励出人才、出成果、出精品的党校科研管理机制和精益求精的浓厚学术氛围。

【基层宣讲】 2017年，市委党校深度转变宣讲观念，实现由“被动等请”向“主动推介”的转变，把问需调研和送教上门有机结合起来。不断丰富宣讲内容，围绕全市工作中心开发特色专题，满足不同部门和行业的个性化需求。广度覆盖宣讲对象，全年共组织骨干教师先后深入部门单位、乡镇、企业、社区、学校、扶贫村和社会组织开展理论宣讲39场次，受众超过5000人。

（方伟利）

档案工作

【概况】 2017年，市档案局主管全市行政区域内档案事业、监督和指导全市档案工作。市档案局和档案馆实行两块牌子、一个机构、局馆合一的工作模式；下设办公室、管理股、法规业务股3个股室，现有全额事业编制11人。临湘市档案馆拥有全宗150个，馆藏档案及资料18万多卷（册）。被评为2017年度湖南省档案宣传先进集体。

【资源体系】 2017年，市档案局继续做好到期档案依法移交，移交进馆档案有市委统战部等12家单位。加大特色档案征集工作，走访临湘市周边，拜访民间收藏名家，商量藏品进馆事宜。征集方言、族谱及文艺作品等100多卷。加大民生档案建设。婚姻档案和1973年阶级成分表都是档案入馆的重点，鼓励各单位的民生档案优先入馆，共接收档案156卷（册）。突出重点工程、重大活动和重要事件档案的监督指导、登记、归档进馆。

【利用体系】 2017年，市档案局实施“服务先行”理念，开展“先锋先行”“党员示范岗”等活动。热情接待查档群众。全年共接待查档群众3300多人（次），查阅档案5000余卷（册），为群众办理退休、办理户籍、落实公民年龄等民生问题排忧解难。不断提高服务质量。坚持“为党管史，为国守史，为民服务”，以优质的服务，热情接待群众，群众满意率高达100%。

【安全体系】 2017年，市档案局为确保档案安全万无一失，开展消防专业知识讲座，针对市档案局的工作特点，市消防大队进行消防知识宣传讲座及演示。市消防大队对市档案局消防设施进行全面检查，特别是有些消防设施标识不清、消防设施摆放不合理等，下达整改通知书，市档案局严格按照要求整改达标。并坚持24小时值班制度，全局干部进行轮流值班，确保档案安全无死角。

【法治工作】 2017年，市档案局在行业内报刊、网络新媒体上共计发表文章10多篇。副局长李忠茂撰写论文《查处档案违法行为的实践与思考》的获湖南省档案学会第二十五次档案学术论文评选二等奖。在行业外宣传多措并举。5月底，组织全市市直单位和乡镇参加“宝葫芦”全国档案知识竞赛。“6·9”国际档案日，组织巡游车在市区和周边乡镇进行巡回宣传。在岳阳市、临湘市两级政府相关网站积极投稿，发表档案信息动态。利用档案信息手机报宣传档案相关法律法规。2017年，市档案局被省档案局评为“全省档案宣传工作先进集体”，副局长李忠茂被评为“全省档案宣传工作先进个人”。加强档案行政执法工作力度，采取点面结合，对全市各个单位进行全面的档案执法检查，对违法情节严重的单位进行立案调查，共立案查处25家单位，行政罚款10余万元。

【业务指导】 2017年，市档案局全员参与行业内培训，提升自身业务能力。局长潘和林在10月参加全省档案局（馆）长培训暨档案馆工作会；工会主席余行参加10月在南京举行的全国省级档案局（馆）长培训；业务股股长郑辉红参加5月的湖南省业务骨干人员培训，还组织临湘市林业局、交通局等单位档案员参加湖南省档案人员继续培训；11月，管理股股长鲁燕参加在海南举行的全国档案信息资源开发利用与档案编研培训班。业务指导全覆盖，由纪检组长李付翔带队，对全市各单位逐一进行业务指导；特别是基础较为薄弱的10多家单位，通过档案员一对一业务知识辅导，全面提升被指导单位业务水平。

【其他工作】 2017年，市档案局把“两学一做”落到实处。四个专题讨论不走过场；坚持党组书记讲党课不动摇；活动内容形式多样，采取自测题、心得演讲等方式获得党员干部好评。扶贫工作显真效。全局9名工作人员中，有5名帮扶干部，扶贫队员对每一名的帮扶对象情况了如指掌，工作开展扎实到位。综治工作名列前茅。市档案局在2017年上半年全市综治民调排名第9。入户走访深入民心，政策宣传落到实处，老百姓认知度大大提高。治安巡逻不掉队，局长带领全体干部积极参与长安社区治安巡逻。

（谢文锴）

党史、地方志工作

【概况】 2017年，市史志办是市委正科级事业参公单位，现有干部职工8人，肩负着全市修志编史的重要任务。市史志办按照“长精神、出精品、求精干”的工作思路，推进党史方志业务工作，取得较好成效。市史志办领导班子被评为全市优秀领导班子，工会工作被评为全市先进单位，业务工作被评为岳阳市先进单位。

【志鉴编写】 2017年，市史志办先后完成4次党史资料外调，走访临湘籍梅楚波、汤吉贵等岳阳市老领导和烈士见证人李学初等老干部，核实重要史料。向在北京、长沙等外地乡友去函查询史料。多次到相关单位查考材料。《中国共产党临湘历史》第一卷（1921—1949）、第二卷（1950—1978）已完成临湘跨度五十七年党史正本的初稿编修任务，45万字。第三卷（1978—2021）已开始构建目录框架。《临湘年鉴（2017）》顺利编印出版。为提高年鉴编纂质量，在具体操作过程中，市史志办统一规范单位概况、常设性条目、大事条目、表格和图片的设置和编排。在组稿、编稿过程中，做到集思广益、精益求精。《乡镇简志》修订进展顺利。《乡镇简志》是2015年根据省政府通知精神开始编纂，至2017年是第三个年头。全书15万字，经过两轮修改和充实，已按要求、按程序上报省、市相关部门复审。2016年12月，中国名镇志文化工程——《聂市镇志》编纂推进有序。省地方志委员会将临湘市聂市镇纳入中国名镇志申报计划（岳阳市仅3个乡镇入选），要求组织开展编纂工作。退休干部、岳阳市地方志办公室原主任何培金根据已掌握的相关素材，完成40多万字的志稿，已呈报省、市走评审程序。

【地情史料】 2017年，市史志办将临湘境内有一定传播价值、收藏价值的党史、地名、风土人情、历史人物方面的研究成果，以“解读临湘历史、挖掘临湘人文、展示临湘魅力、服务临湘发展”为宗旨，汇编成党史宣教刊物《临湘风云》。全书共设置“往事追忆”“党史百年”“古今人物”“知名乡友”“业务知识”等十多个栏目，第一期5.3万字，内容丰富，可读性强，有一定的收藏价值。参与临湘“中国浮标之乡”宣传，有多篇文章入选《临湘浮标民间故事集成》。市史志办还结合民调工作，开展“喜迎十九大，党史宣教进社区”活动，将党史资料带进南华社区金桥大市场一些主要店铺，受到群众欢迎。9月，市史志办被评为全省党史系统“以史铸魂”平台建设组织工作先进单位。史志网站建设形成特色。临湘史志网站开设十多个专栏，包括史志信息、临湘年鉴、历史大事、文史博览、业务园地等，着力突出临湘地方特色，力求把史志网站打造成社会公众了解临湘的重要平台、对外宣传的重要窗口。党史方志资料有效推介。市史志办先后有《一代廉吏于成龙与临湘驿站》《百年沧桑临湘塔》《李白诗载临湘两地名》《从两份史料看清末民初临湘茶业规模》《名震湘鄂西的“谷花洲”暴动》等20多篇文稿，在中国共产党历史网、中红网、百年湘潮网、《湘潮》《文史博览》《湖南工人报》《岳阳日报》等媒体上发表、刊载，起到较好地宣传推介作用。

【机关文化】 2017年6月，市史志办以办公室整体搬迁为契机，投入7万多元，按照工作职能布置新办公场所，改善办公条件。设立会议室，改变多年来干部挤在主任办公室开会的历史。以“直笔著史，修志问道”为主题，打造机关文化走廊，机关面貌焕然一新。特别是把停滞多年的档案工作重启，建起档案室，得到相关领导和档案执法督查的高度评价。以制度建设促行为规范。通过完善一系列机关管理制度，规范干部行为。以能力建设促素质提升。市史志办把每周一上午固定为干部集中学习时间，把学习与工作实际挂钩，把学习与提升干部素质挂钩。同时，积极向党史联络组老领导学习。先后两次召开党史联络座谈会，评审党史正本，讨论团队建设等问题，加强内部管理，提升干部素质。

【党建活动】 2017年，市史志办以党建工作为龙头，推进干部队伍建设，扩大社会影响。党建阵地高标准建设。启动党建服务平台维护工作，告别因干部相互推诿扯皮而无人管的历史。落实党建活动经费，布置党员活动室和学习场地。党建活动高频率开展。落实“党建活动日+”，以每月10日的党员活动日为契机，结合史志工作实际，以史料挖掘、党性教育等为主题，开展一系列活动，先后到壁山陈文桓烈士墓前重温入党誓词，到谷花洲革命暴动纪念碑前接受党性教育等，通过党建活动凝聚人心、活跃气氛，取得较好社会反响。党建任务高效率落实。市史志办根据党建工作要求，疏理党建工作任务，制定全年党建工作目标，安排专人落实党建工作，严格按制度管理党员。市史志办还积极参与中心工作，组织党员到双联点羊楼司金鸡社区慰问困难党员，落实帮困资金近万元。根据全市二、三季度党建工作考核的分类排名情况来看，市史志办党建工作进步很快，排名上升到靠前位置，受到临湘市委组织部高度评价，在全市“书记述党建工作会”上点名表扬。

（陈小明）

老干部工作

【概况】 2017年，中共临湘市委老干部局（简称市老干局）是市委的职能部门，担负着管理服务全市离休干部和副处级以上退休干部的重要职责。市老干局独立编制机构2个，其中，老干部局属行政编制机构，老干活动中心属事业编制机构，独立核算机构1个。市老干局围绕全市工作大局，不断提高老干部工作水平，进一步凝聚和发挥老干部服务经济社会发展的正能量，为全市经济社会跨越发展做出新的贡献。

【落实党建责任】 历年市委都将老干部工作纳入目标管理考核范围，在全市考核分值占5分。2017年，市委组织部明确将离退休干部党建纳入市委党务考核范围，并将老干支部书记培训纳入到市委党校的培训计划。1月，市委研究成立离退休老干党工委。重大节日，市领导带头走访慰问老干部已成常态，市中心工作充分尊重老干部意见。市委、市政府领导先后3次到老干局开展调研，特别是省、市相关文件出台后，市委、市政府领导总是第一时间关注并作出批示，为老干工作解决问题。

【思想教育】 2017年5月，市老干局在6个涉老协会中成立离退休干部党支部，在老年大学设立2个临时党支部，加挂老干部党校牌子。切实做到离退休干部活动到哪里，组织就覆盖到哪里，确保所有离退休干部党员都在党工委的领导下接受党组织的管理、教育和服务。临湘市离退休干部党支部由2016年的69个增长至现在的87个，增长率1.3%，党组织覆盖率达100%。6月30日，在老干部党校召开支部书记建党96周年座谈会，11月底，举办老干部支部书记培训。继续推进示范性党支部建设，市林业、工信等一批单位老干支部递交创建申请书，市国税局还申报全省示范性党支部，市商务粮食局顺利通过岳阳市粮食局的验收授牌，老干部支部建设呈现出整体优化的趋势。积极组织老干部政治学习，把中共十九大报告、习近平总书记讲话精神送学上门，促进老干部与时俱进，保持与党中央、地方党委一致。市老干局集中组织老干部深入学习《中国共产党章程》《中国共产党纪律处分条例》以及习近平总书记系列重要讲话精神，中央、省、市《关于进一步加强和改进离退休干部工作的意见》，中共十九大报告和老干部先进事迹23场，参学老干部达到870人次，送学上门达262人次，发放中共十九大报告学习资料共1200多份，用常态化的学习，促进老干部思想常新。

【服务管理】 2017年，市老干局在党纪党规教育中筑牢思想。组织市老干局机关干部学习党纪条规15次，上党课4次，撰写学习心得17篇，全局干部上红星网学习积分平均在400分以上。开展党员活动日13次，使学习研讨和工作责任落实无缝对接。重新核定遗孀身份69个，规范资金发放途径，全面落实59名离休干部的经济待遇，老干部待遇落实上实现三个“突破”：一是在老干部生活待遇落实上更规范、更阳光。老干部的所有费用统一实行打卡发放，并按月及时到位。二是在服务老干部上更人性、更细腻。在老干部的医疗费实行实报实销的基础上，改革离休干部体检制度，即适当增加体检费，增加体检项目，同时，由老干部自主选择就近体检医院，优化体检行程，老干部较满意。三是在对特困老干部上更务实、更深入。制度进一步完善、帮扶面进一步扩大、帮扶力度进一步加大，特困老干部帮扶资金达10余万元，2017年特护提标正在进行中。在“六型”机关创建中增强作风。市老干局机关作风明显加强。坚决执行“刹人情歪风、树文明新风”的精神指导，2017年，精准扶贫、文明创建、综治维稳工作均受到市委、市政府通报表彰。2017年，民调排在机关单位第4位。在开展工作调研中提升水平。市老干局党员活动常态化制度化开展，积极开展2个课题的调查研讨，即如何在新媒体时代引领老干部正确发声和积极发挥党建引领作用，促进老干工作水平提升研讨。

【开展活动】 2017年，市老干局以老干部支部为核心，传播好声音。各老干部支部围绕党工委的主题工作，彰显堡垒活力。先后组织开展老干部老党员讲党史、上党课84堂，增强教育的亲切感，提高教育的针对性。通过开展46场次“两学一做”互巡互检活动，进一步落实习近平总书记系列重要讲话精神，让老干部党员把“四讲四有”的合格党员标准固化为日常行动。在“全国垂钓俱乐部挑战赛暨临湘游钓文化园开园节”活动中，城区单位50多个老干部支部借风乘势，开展“点赞新临湘、喜迎十九大”——我来为你当向导活动，成为临湘主旋律和好声音的传播者。以老干部党员为主体，传递正能量。广大老干部党员围绕离退休干部党工委指挥棒，结合“两学一做”活动要求，勇当传家风、转作风、树新风的模范者。城区老干部党员根据党工委的建议，以近为便，参与所属老干支部走访谈心、看望老朋友等活动，共参与看望75人次住院老干部，走访135人次离退休老干部及遗孀，参与5位老干部善后服务。以老年组织为平台，彰显党建特色。在老年组织中建立党支部后，党建实效得到进一步显现。本着就近就地、凝聚正能量的原则，组织老干部开展书画、摄影展览、广场舞大赛、登山等文体活动20多场次，进一步丰富离退休干部党员的精神文化生活，宣扬社会主义核心价值观，营造和谐稳定的社会氛围。老年保协联合局机关支部，邀请30名医疗专家下到扶贫点横铺梓山开展义诊，为800多名群众送去温暖，为脱贫攻坚助力。老年大学班级临时党支部的建立，为教学管理增添有生力量。老年书协举办“点赞新变化、喜迎十九大”书画长廊展。关工委在全市中小学生中普遍开展历史、党史、国史教育，为革命历史和光荣传统薪火相传不遗余力。

【作风建设】 2017年，市老干局以加强思想引领，坚持思想教育从严、干部管理从严、作风要求从严、制度执行从严，为促进老干部工作转型发展提供坚强组织保证。深入学习贯彻习近平总书记系列重要讲话精神及中共十九大报告，落实“党要管党、从严治党”责任，坚持“八个带头、八个自觉”，从严从实抓好局领导班子自身建设。班子成员之间，坚持大事讲原则，小事讲风格，团结讲真诚。对班子的每名成员既充分信任，放手、放权、放心，让他们独挡一面开展工作，各司其职，各尽其责，各展其才。对单位同事给予关心帮助和支持，明确要求和目标，帮助他们解决困难和问题，通过优化激励机制充分调动工作积极性，努力营造团结实干的团队精神。机关干部的作风得到加强，执行力明显提高。

（卜梅蓉）

接待工作

【概况】 2017年，中共临湘市委临湘市政府接待处（简称市委市政府接待处）是临湘市委、市人民政府的组成部门，主要负责临湘市委、市人民政府、市人大、市政协等单位的重大接待工作，管理全市集中管理的公务用车和市主要领导安排的其他工作。现有在编人员5人，其中市委办编制1人，接待处编制4人；实有劳务派遣人员47人，其中公车平台30人，会务中心2人，机关食堂15人。2017年，市委市政府接待处落实中央关于改进工作作风，围绕全市经济社会发展大局，不断创新接待理念，提升接待水平，坚持热情周到、文明节俭、规范有序的工作宗旨，较好地做好了全年接待工作。

【争先创优】 2017年，市委市政府接待处落实中央关于改进工作作风，围绕全市经济社会发展大局，不断创新接待理念，提升接待水平，树立接待品牌，努力促进接待工作上水平、争一流、做贡献。坚持以严谨细致的工作作风、热情认真的工作态度顺利完成142场会务服务，均做到接待零差错、零失误。切实为各级领导到临湘联系考察工作提供优质服务，充分展示临湘接待工作的窗口形象，受到各级领导和来宾一致好评。

【后勤保障】 不断挖掘和开发具有乡土风格的菜品，由专人亲自采购原材料，先后将源潭无激素黄鳝、桃林丰锅、羊楼司葛粉、龙窖山竹笋、江南粉蒸菜等100多个有地方特色的绿色、健康食品引入餐桌，精心选取当地优质果蔬穿插安排，既严格控制接待成本，又让客人品尝临湘的独特风味，达到宣传临湘、推介临湘的效果。同时，在机关食堂的管理运营上，坚持工作日提供早、中、晚三餐就餐服务，为机关干部职工安心工作提供保障。

【特色工作】 2017年，接待处将地方经济发展的特色亮点进行分类归类，优化组合，制定出不同的接待线路，满足不同接待对象的需求，注重将地方人文景观、特色文化融入到接待工作中，将6501风景区、银沙滩库区工程、五尖山国家森林公园、五仙山红色乐园、江南梅池、十三村生产基地等作为接待项目，让客人在“看得舒心幸福”“玩得留恋开心”的同时，感受临湘的历史文化底蕴，使每一位来临的领导和客商留下深刻印象。

（任雯琼）

临湘市人民代表大会

综　述

【概况】　2017年，临湘市人大常委会在市委的坚强领导下，认真贯彻落实中共十八届三中、四中、五中、六中全会和中共十九大精神，围绕全市工作大局，依法履职，较好地发挥地方国家权力机关的作用。2017年共召开常委会议9次、主任会议16次、工作会议20次，听取和审议“一府两院”工作报告12项，开展执法检查7次、视察14次、专题调研15次，圆满完成市十七届人大一次会议确定的各项目标任务，为推进经济社会发展和民主法治建设做出积极贡献。

重要会议

【市十七届人大二次会议】　2017年12月21日，临湘市第十七届人民代表大会第二次会议召开。会议依次通过《关于政府工作报告的决议》《关于人大常委会工作报告的决议》《关于法院工作报告的决议》《关于检察院工作报告的决议》；通过《关于临湘市2017年财政预算执行及2018年财政预算草案的报告》和《关于临湘市2017年国民经济和社会发展计划执行情况和2018年国民经济和社会发展计划草案》的决议；通过《关于设立临湘市第十七届人民代表大会财经委员会的决定》。

【市十七届人大常委会会议】　2017年3月30日上午，市十七届人大常委会第一次会议召开。市人大常委会主任魏新咏，副主任王友华、陈长英、曹小光、李垂利和全体人大常委会委员出席会议。市委副书记、市长魏淑萍，市委常委、组织部部长吴光文，市人民法院院长张猛，市人民检察院检察长吴春生等列席会议。

会议听取和审议《临湘市人大常委会2017年工作要点》，通过市十七届人大常委会代表资格审查委员会成员名单，表决任命市人民政府副市长李新宇等26名国家工作人员。

会议要求，2017年人大常委会工作要深入贯彻落实中央和省市关于加强人大工作和建设系列新要求，紧扣市十二次党代会和市十七届人大一次会议确定的目标任务，突出重点，开拓创新，真抓实干，促进依法治市，促进经济社会协调发展，促进民生持续改善。

3月30日下午，市十七届人大常委会第二次会议召开。会议听取市人民政府副市长吕乐关于《临湘市城市总体规划（2016—2030）》（简称《总体规化》）编制情况汇报。市规划局、国土局等相关单位负责人列席会议。

会议认为，新一轮《总体规划》指导思想明确、规划内容翔实、布局基本合理，符合临湘市2017年的实际和长远发展的需要，具有前瞻性、科学性和可操作性。对优化临湘市城市结构、改善城市环境、促进城市可持续发展、有着重要的指导作用。会议同意市政府所作的《关于临湘市城市总体规划（2016—2030）纲要编制情况的报告》，决定批准《总体规划》。

会议还提出具体审议意见，要求市人民政府根据经济和社会发展的需要，进一步优化方案，依法报批备案，特别是要严格执行规划，不得擅自变更，维护规划的严肃性和权威性。

4月28日，市十七届人大常委会第三次会议召开。市人大常委会主任魏新咏，副主任王友华、陈长英、曹小光、李垂利和全体人大常委会委员出席会议。市领导凌晓明、吴光文、张国辉、谭世彬列席会议。

会议决定任命谭世彬为临湘市人民政府副市长；听取市人民政府关于临湘市2017年财政预算编制情况的报

告，审查和批准临湘市2017年财政预算方案；审议通过保建投等5家平台公司共计20个项目向银行贷款的议案；还听取和审议市人民政府关于《中华人民共和国残疾人保障法》贯彻实施情况的汇报，并就加大残疾人就业保障力度、确保康复服务机构正常运行、落实社会保障政策和措施、筹建残疾人特殊教育学校等方面形成审议意见。

6月9日上午，市十七届人大常委会第四次会议召开。市人大常委会主任魏新咏，副主任王友华、陈长英、曹小光、李垂利和全体人大常委会委员出席会议。市纪委相关人员列席会议。

会议由市人大常委会主任魏新咏主持。会议同意接受谢继川辞去本届人大代表职务，以投票表决的方式通过《临湘市人大常委会关于接受谢继川辞去临湘市第十七届人民代表大会代表职务的决定》。

6月30日上午，市十七届人大常委会第五次会议召开。市人大常委会主任魏新咏，副主任王友华、陈长英、曹小光、李垂利等出席，市政府副市长吕乐、市人民法院院长张猛、市人民检察院检察长吴春生等列席会议。

会议首先对有关人事任免进行审议。经审议，会议决定免去方炎柏市人大常委会城乡建设和环境资源工作委员会主任职务，免去方虹市人大常委会选举任免联络工作委员会副主任职务，免去梁新检桃矿街道人大联络处副主任职务。

会议以投票表决的方式，决定任命沈洪波为市人民检察院副检察长，钟临辉为市人民法院忠防法庭庭长，方虹为市人大常委会城乡建设和环境资源工作委员会副主任。

魏新咏为新任命人员分别颁发任命书。在与会人员的见证下，新任命人员向宪法进行庄严宣誓。

会议审议并许可对市十七届人大代表吕国强采取刑事强制措施的决定，审议并通过《关于批准调整临湘市烟花爆竹限放管理范围的决定》《关于市人民法院执行工作情况的审议意见》。

会议认为，将城区限放范围调整延伸到浮标特色小镇周边，即南至三湾工业园南端大岭口村三湾组桃矿铁路（含牛行山脉），符合临湘市2017年实际和长远发展的需要，对改善城市环境，促进城市可持续发展，提升城市整体形象有着重要作用。市人民政府及相关职能部门要认真落实《关于批准调整临湘市烟花爆竹限放管理范围的决定》要求，加大宣传力度，确保限放工作真正落到实处。

8月28日下午，市十七届人大常委会第六次会议召开。市人大常委会主任魏新咏，副主任王友华、陈长英、曹小光、李垂利，副主任候选人余浩及全体常委委员出席会议。市委常委、常务副市长凌晓明，市直相关部门单位负责人列席会议。

会议听取和审议《关于2016年财政决算和2017年上半年财政预算执行情况的报告》《关于2016年度市级预算执行和其他财政收支的审计工作报告》《临湘市2017年上半年国民经济和社会发展计划执行情况的报告》以及市人大财经工委所作的相关审查报告，表决通过《临湘市人大常委会关于批准2016年财政决算的决定》，依法任命黄晓为市工业和科技信息化局局长。

会议认为：2016年市级财政决算草案反映的实际预算执行情况较好，市人民政府及其财政部门认真贯彻落实相关决策部署，切实加强征收征管，努力优化支出结构，着力民生改善，财政预算执行情况良好，财政运行总体平稳。

会议要求，市政府及财政部门要继续坚持科学理财，加强收入征管，着力增收节支，深化供给侧结构性改革，不断改进预算执行，保障民生及重点支出，圆满完成市十七届人大一次会议确定的目标任务。

10月31日上午，市十七届人大常委会第七次会议召开。市人大常委会主任魏新咏，副主任王友华、陈长英、曹小光、李垂利，副主任候选人余浩及全体常委委员出席会议。市人民政府副市长彭海云、熊丽及市直相关部门单位负责人列席会议。

会议听取和审议《临湘市环境保护工作情况汇报》《全域旅游基础设施建设情况汇报》，与会委员认真进行审议发言，对环境保护工作提出“环保监管与治理并重”“着重提高全民环保意识”等建议；对旅游基础设施建设提出“加强旅游设施硬件规划”“加大旅游活动的投入”等建议。会议表决通过《关于环境保护法贯彻实施情况的审议意见》《关于临湘市旅游基础设施建设情况的审议意见》及《临湘市十七届人大代表补选方案》。同时，会议还决定任命临湘市人大常委会城乡建设和环境资源保护工作委员会主任、市五里牌街道人大联络处副主任等职。

12月1日上午，市十七届人大常委会第八次会议召开。市人大常委会主任魏新咏，副主任王友华、陈长英、曹小光、李垂利，副主任候选人余浩及全体常委委员出席会议。市委常委、常务副市长凌晓明，副市长彭海云、熊丽，市直相关部门单位负责人、人大主席及12名基层人大代表列席会议。

会议专题询问村组公路管理养护工作，采取一问一答的形式进行，部分市人大常委会委员、基层人大代表分别围绕村组公路管养工作中群众普遍关注的热点、难点问题向市政府分管副市长、相关职能部门负责人现场发问。针对委员、代表提出的问题，市政府及相关部门负责人从容应对，耐心解答，体现诚意，展示能力，展现水平，询问取得预期效果。

会议听取和审议《临湘市疾病预防控制工作情况汇报》和《关于临湘市疾病预防控制工作的调查报告》；表决通过《关于临湘市疾病预防控制工作的审议意见（草案）》和《临湘市人民政府关于提请审议临湘市芙蓉路和工业园、西正街和北环路片区棚改项目纳入财政预算和中长期预算规划的议案》；会议同意接受部分岳阳市、临湘市人大代表辞去代表职务。

12月12日，市十七届人大常委会第九次会议召开。市人大常委会主任魏新咏，副主任王友华、陈长英、曹小光、李垂利，市人大常委会党组成员余浩等出席。市委副书记、市长魏淑萍，副市长、市公安局局长邓可杰，市人民法院院长张猛、市人民检察院检察长吴春生以及市直相关部门单位负责人列席会议。会议由市人大常委会副主任王友华主持。

会议审议通过关于召开临湘市第十七届人民代表大会第二次会议的决定，会议审议《临湘市人民政府工作报告（草案）》。还就进一步完善《政府工作报告（草案）》提出修改意见。要求各职能部门负责人在即将召开的市十七届人大二次会议上，虚心听取市人大代表意见，并将其落实到2018年各项工作之中。

会议审议通过《临湘市人民代表大会常务委员会工作报告（草案）》，听取临湘市规范性文件备案审查情况的汇报，审议通过《关于预算审查前听取人大代表和社会各界意见建议的若干规定》，会议还表决通过有关人事任免事项。

12月23日下午，市十七届人大常委会第十次会议召开。市人大常委会主任魏新咏，副主任王友华、陈长英、曹小光、李垂利、余浩及全体常委委员出席会议。市委常委、组织部部长易兴建，市委常委、纪委书记、监察委员会主任叶罡列席会议。会议由市人大常委会副主任王友华主持。

会议以投票表决的方式，通过临湘市监察委员会副主任、委员的任命。此次会前，市人大常委会已组织拟任命对象进行任前法律考试，成绩合格。

魏新咏为新任命人员分别颁发任命书。在与会人员的见证下，新任的国家工作人员向宪法进行庄严宣誓。

（万云霞）

常委会工作

【决议决定】 2017年，召开主任会议16次、常委会会议9次，听取和审议2016年财政决算和政府财政收支审计情况报告，批准2016年财政决算。提出增强预算刚性约束、提高预决算透明度、加大审计发现问题整改力度的建议。听取和审议2017年财政预算编制方案、政府2017年上半年国民经济和社会发展计划及财政预算执行情况的报告。支持政府适度举债发展，作出融资发债决定7个，批准政府融资近30亿元。继续抓好《规范性文件备案审查条例》的贯彻落实，报备政府规范性文件、通告、会议纪要113份，报备率100%，备案审查工作逐步走向制度化、规范化、常态化，提升法治建设水平。

【支持中心工作】 2017年，市人大常委会积极响应市委号召，支持政府工作，投身重点工程建设，常委会机关先后派出12名班子成员和副科以上干部到征拆、建设一线，在5个指挥部中，既当指挥员，又当战斗员。在全市脱贫攻坚行动中，引领驻临湘的省、市、县、乡四级人大代表260多人，积极参加“脱贫攻坚”行动，开展“我为脱贫攻坚作贡献”系列竞赛活动，对口帮扶困难群众320户、918人，落实帮扶措施400多条。情系基层，动员机关，协调各方，筹措资金300多万元，帮助联点乡镇、双联单位解决具体问题28个。

【民生热点】 2017年，市人大常委会在新一中搬迁时间问题上，常委会组织全体常委委员，亲临建设现场，深入调查研究，广泛听取群众意见，针对配套工程尚在建设、绿化工作任务很重、环保要求难以达标的实际问题，向市委、市政府提出暂缓搬迁的建议，得到充分采纳。针对市图书馆工作要求高、历史遗留问题多、经费紧张的现实情况，常委会建议财政加大支持力度，并从机关经费中挤出4万元，帮助解决燃眉之急。

【关爱弱势群体】 2017年，市人大常委会建议适度提高市商务粮食局、市计生协会、市精神病医院、市工科局等弱势部门的经费预算，力促预算公平。重视计划生育失独家庭的关爱工作。组织部分人大代表，深入到原针织厂、制线厂等7家破产企业，摸实情，出实招，督促相关部门，面对现实，克服困难，抢抓国家政策机遇，加快改制进度，解决下岗职工后顾之忧。挤出办工经费5万余元，救助因病、因灾致贫的社会弱势群体70多人次。

【关注来信来访】 2017年，常委会受理群众来信来访58件，交办38件，转办20件，办结35件，做到件件有回音。詹桥镇沙团村群众反映该村与岳阳县毛田镇，山水相连，来往密切，因资金短缺，公路年久失修，安全隐患大，影响通行。人大常委会高度重视，现场调研，组织公路局等单位筹措资金20多万元，硬化路面1.8公里。

【人事任免】 2017年，坚持党管干部与人大常委会依法任免有机统一，进一步规范任免工作程序。对任命对象，依法组织任前调查，严格任前法律知识考试，任命通过后，一律向宪法庄严宣誓，强化宪法意识和法治精神。2017年共依法任免国家工作人员58人次，接受临湘市本级人大代表辞职6人。坚持任后监督，注重任命对象外部信息收集，认真听取纪检、公安、计生等部门意见，对触犯刑律、违纪违规的3名岳阳市、临湘市人大代表，根据市委意见，坚决依法劝其辞去法律职务。

【依法监督】 2017年，市人大常委会加强司法监督，维护司法公正。集中视察市公安局看守所、拘留所和禁毒工作，督促公安部门加强监所管理，加大毒品犯罪的打击力度，创建良好社会环境。深入实施《临湘市人大常委会司法监督工作办法》，对公、检、法、司重要案件呈报备案和例案信息报送工作进行专项检查，对取保候审、不予逮捕、免于刑事处罚、社区矫正等案件进行重点监督，促进司法公正。专题调研市人民法院执行工作，破解人民群众反映强烈的执行难问题，督促市人民法院加强案件甄别，加大执行力度，执行工作有明显成效。璧山牲猪退养案执行、润天酒店租赁合同案执行，影响较大，反响较好，维护人民群众合法权益和司法权威。加强执法监督，促进依法行政。开展《中华人民共和国环境保护法》（简称《环境保护法》）执法检查，督促市政府借助环境保护部门检查的契机，加大宣传力度，加强生态环境保护，提升环保执法能力，健全部门配合机制。开展《中华人民共和国残疾人保障法》执法检查，全面了解临湘市残疾人的基本情况、生存生活现状及保障工作。建议市政府加大残保金收缴力度，逐年增加精神病医院的财政投入。专题询问村组公路管养问题，要求市政府及相关部门厘清责任，明确职责，整合资源，形成合力，确保乡村道路监管有机构，执法有人员，养护有资金，考核有机制。

【代表工作】 2017年，市人大常委会，充分发挥镇（街道）“代表之家”联系群众、收集社情民意的纽带作用，完善代表履职管理，建立省、市、县、镇四级代表履职档案869份，在42名岳阳市人大代表中开展履职考评。借助村级便民服务中心达标建设契机，做好村级代表工作平台建设试点，推广代表履职平台向基层延伸，实现镇、街道、村社区人大代表联系选民“零距离”。创新代表活动方式。一是组织代表“看”。深入基层一线，实地察看，看城市建设、看村镇变化、看产业发展、看环境治理，增强代表的感性认识。二是邀请代表“听”。先后安排各级代表列席常委会议5次、23人，旁听法院庭审4次、82人，参与审议专项工作12次、46人，提高代表履职水平。三是逼着代表“想”。围绕“岳临融城发展”“边界乡镇建设”“规范村民建房”“稻田养虾”等12个课题开展调研，督促代表主动思考，参与调研代表64人，形成调研报告12份，供各级领导参考决策。关心代表生产生活。专题调研中发矿业、吉祥嘉年华等5家企业，就发展方向、资源利用、人才培养等问题，提出相关建议意见9条。支持代表做大做强自身产业，牵线搭桥，协调解决九峰油茶等3家企业项目支持4个。对于生活困难、身患病痛的22名市、县人大代表，常委会做到看望上门，情暖于心。突出代表议案办理。采取大会交办、电话催办、上门督办的方式，紧盯目标不放手。79件代表建议案，回复78件，办结34件，代表满意率达97.4%。《关于将精神病患者进行特殊救助的建议》被省刊《人民之友》作为县、区人大工作经验登载。忠防代表小组马志龙提出的《关于联通詹桥至忠防公路的建议案》，市政府高度重视，常务副市长凌晓明现场办公，市交通局等单位积极作为，筹措资金600多万元，5个月内完成桥梁架设和道路硬化。

【自身建设】 2017年，市人大常委会抓培训学习，提高素质。组织机关干部职工集中学习4次，观看反腐倡廉和中共十九大开幕式等系列专题片6次，撰写心得体会文章150余篇。组织机关干部职工到羊楼司、忠防、江南、长安街道等单位，访贫问苦，扶贫帮困，亲身感受普通百姓生活的艰辛和不易，提高干部职工的政治素养和道德情怀。

抓舆论宣传，树立形象。充分利用临湘电视台、临湘人大网、“临湘人大”微信公众号、临湘手机报、QQ、微信群及上级刊物等媒介，宣传人大工作。2017年报送、采用各类信息280多条，向省刊《人民之友》、《岳阳人大导刊》、《岳阳人大理论研究》、岳阳人大网等上级人大刊物投稿60多篇，其中经验论文15篇，获奖5篇。

抓制度建设，转变作风。切实加强机关管理，结合反“四风”要求，进一步细化和完善人大机关《财务管理制度》《公共财物管理制度》《干部职工考勤制度》《食堂就餐制度》《干部学习制度》等，规范干部行为，转变干部作风，提高工作效率。

抓机关改造，美化环境。积极响应市委“增绿透绿、靓城美城”的号召，投资80多万元，升级改造机关后院，按海绵城市的设计标准，增加绿化面积1300多平方米，新建生态停车位60多个，向市民开放，美化机关环境，方便人民群众。

（李　露）

办公室工作

【服务会议】 2017年，市人大共召开常委会议7次、主任会议6次、其他工作会议22次。每次会议坚持做到通知到位、资料到位、茶水供应到位、宣传报道到位，服务周全、优质、高效。

【组织活动】 2017年，市人大办组织人大代表开展视察、调研、执法检查等活动是人大常委会的主要工作形式。常委会开展司法监督、结对扶贫、防汛抗旱、美丽乡村建设、精神病专科医院、财经工作等调研、视察活动14次，对《中华人民共和国农产品质量安全法》《环境保护法》等法律法规开展执法检7次。围绕这些活动的开展，人大办与各委室，做到超前谋划，提前协调，精心组织。5月组织的省、市、县三级人大代表视察精神病专科医院的活动，人大办与联工委、教科文卫工委认真策划，提前踩点，确保整个活动井然有序、实效明显。

【提高办文质量】 2017年，市人大办共发文66件，形成审议意见22条。按照“规范、准确、及时、合法”的原则，进一步加强机关办文工作。注重调查报告、审议意见、信息材料的发布，材料做到字斟句酌，精益求精，评价成绩客观公正，查找问题实事求是，提出建议切实可行，充分体现常委会的集体意志。人大办负责人大系统文稿的采集编辑，并将优秀稿件向上级人大推介，选送到《人大导刊》《人民之友》等报刊刊登。人大办关于精神病专科医院建议案督办的经验材料先后被《人大导刊》《人民之友》采用，聂市镇人大主席孙学清撰写的调研论文被收录进《2017岳阳人大理论研究》一书，人大办在临湘手机报上的稿件获得岳阳人大好新闻评选“新媒体”类别三等奖。人大办向上累计报送通讯、经验材料、论文等35篇，通过岳阳人大网站发布9篇，《人大导刊》刊载3篇，《人民之友》刊载1篇。

【改善办公条件】 2017年，市人大办淘汰破旧办公设备，更换委、室的办公电脑9台；积极协调，争取领导重视，做好办公楼屋顶200多平的隔热防渗、机关后院下水道、停车位、生态停车场的改造，机关面貌焕然一新。

【做好常规宣传】 2017年，市人大办及时编发常委会公报，充分利用临湘市电视台、临湘公众网、临湘手机报及上级人大网络平台等媒体宣传临湘市人大工作的一些新做法、新举措及人大战线的一些优秀人物，扩大影响。特别是对2017年“我为脱贫攻坚争贡献”系列竞赛活动的开展进行跟踪报道，利用QQ、微信群快捷、及时的优势，收集工作情况，从中筛选出较典型、有影响力的活动，及时、准确地进行宣传报道。2017年共报送各类信息材料120多篇，采用60多篇。

【新建传播平台】 2017年，市人大办从政府网络科接手临湘人大网后，在各委、室的大力支持下，严格执行网站信息采集和审核发布制度，以人大新闻报道为重点，以信息公开目录为基础，做好栏目策划、内容组织、信息采集、审核发布和日常维护等工作。网站8个栏目共计发布信息168条，点击量较同期增加170%。借助临湘手机报平台进行工作宣传，累计投稿49篇，采用49篇，采用率高达100%。创新信息传播方式，以临湘市人大办公室为主体，率先创办“临湘市人大常委会”微信公众号，自8月底开办以来，至10月底关注用户达143人，公众号后台接收稿件63篇，推送文字信息15条、图片信息58条。公众号信息发布安全、快捷，范围广、影响大。

【完善内部管理】 2017年，市人大办公室主动作为，向兄弟县市、周边县市学习，取长补短，进一步完善《临湘市人大常委会议事规则》《司法监督工作办法》《工作评议办法》《机关事物管理办法》等工作制度，力促议事更规范，管理更严实，决策更高效。特别是对机关财务管理制度，进一步进行完善，从经手、审核、入账等多个方面进行细化和明了，财务管理更加规划。

【加强党风建设】 2017年，市人大办结合“两学一做”教育活动，联系机关实际，抓党风廉政建设和纪律作风建设。坚持机关学习制度，采取集中领学、专题讨论、个人自学、辅导讲座等多种方式，学理论、学法律、学规矩。主任会议成员带头讲党课4场次，机关干部撰写心得体会文章30篇。开民主生活会4次，查摆带共性的问题5个。主任魏新咏、副主任王友华到挂点的江南镇村讲党课，与群众面对面交流，增进与人民群众的联系、沟通和理解，通过系列活动的开展，机关干部素质明显提升，集体荣誉感明显增强，精神面貌焕然一新。

【改进办事作风】 2017年，市人大办积极参与结对扶贫和白沙洲“双联”工作。组织各帮扶单位到江南镇、围城社区、白沙洲召开工作会议6次，明确各单位帮扶任务。抓作风建设，要求机关干部自觉遵守工作制度，严格遵守作息时间，按时上下班，严禁上网购物、打游戏、聊天、串岗等，并不定期地对机关执行上班纪律、工作纪律情况进行监督检查，发现问题及时纠正。密切与群众的联系，坚持有访必接，有信必回，畅通群众诉求渠道，信访办受理群众来信来访件，回复率100%，办结率100%，做到件件有落实，事事有回音。

【协调上下关系】 2017年，市人大办加强上级人大常委会机关沟通联系，理顺关系，主动寻求工作指导。配合岳阳市人大相关工委开展《中华人民共和国产品质量法》《扶贫工作条例》等各类执法检查活动4次，每一次都做到精心组织，热情接待，注重细节，确保满意。积极与“一府两院”联系沟通，在相互支持与配合中共同推进工作。特别是在一些重大活动的开展上，主动沟通、主动对接，提前向市委汇报，向政府通报，确保不撞车，必要时主动修改活动方案，确保活动实效。对于政府组成部门，力促和谐。如在政府融资审议上，办公室在接到政府议案后，及时呈送到主任会议成员案头，确保及时审议，在行文上，从速从快。邀请乡镇人大主席列席会议，召开座谈会，组织外出学习，促进乡镇人大工作者熟悉业务、依法履职，共同推进全市人大工作的深入开展。努力为代表在闭会期间履职提供各方面的服务和保障。积极参与岳阳市代表的调研活动，举办人大系统干部学习培训2期，与组织部门协调推荐干部外出学习深造10人次。

（李　露）

农工委工作

【概况】 2017年响应倡议，开展代表“我为脱贫攻坚争贡献”系列竞赛活动；组织“农田水利基础设施建设和使用情况”调研；开展企业改制工作视察；开展三湘农产品质量安全行；配合岳阳市农业委工作，开展《湖南省扶贫开发条例》执法检查和森林防火工作评议；承办村道管养专题询问。

（李　露）

财经工委工作

【规范预算审查监督】 2017年，在开展年度常规预算编制调研工作的同时，不断规范审查工作。2月中旬至3月下旬，先后走访调研20多个部门单位，对2016年度专项资金，政府性基金安排情况进行细化审查，并收集各部门单位建议意见。针对审查过程中存在的相关问题，与市财政局进行专题研究，就严格预算执行，加强绩效管理，提高资金的使用效益，并报告主任会议、常委会。

【加强预决算执行监督】 2017年，严格保障预算执行。到资金规模较大以及与群众生活密切相关的部门单位开展2016年度财政决算和2017年上半年预算执行及经济运行情况调研，对决算和预算执行中反映的问题进行认真剖析，并提出改进措施及建议。严格审查预算调整。认真核对是否符合国家有关法律政策规定，重点审查增加支出预算是否有收入来源，以保证调整后的预算得以顺利实施。

【完善审计整改监督】 2017年初，会同市审计局制定同级审计工作方案，确定审计工作重点，并密切关注审计进度，助推工作发展。同时，为推进审计查出问题整改落实，提出整改要求，并开展重点督查。

【开展专项调研】 2017年，针对群众比较关心和代表建议集中反映的热点问题，重点开展对融资平台公司债务情况调研。就临湘市融资平台公司的基本情况、主要实效、存在问题、发展建议，提交市人大常委会主任会议审议，通过审议督促政府及相关部门单位，依法加强对融资平台公司的监管。

【其他工作】 2017年，全力配合上级调研；认真督促建议办理。在建议督办工作中，通过分类指导、重点督查、代表回访、整理疏导等方式，积极与市财政局等重点承办单位联系，有针对性地提出建议，促进代表建议顺利办理。

（李　露）

教科文卫工委工作

【执法检查】 2017年，配合岳阳市人大开展《中华人民共和国产品质量法》执法检查。4月，由岳阳市人大常委会副主任陈志莲带队，岳阳市财经委员会牵头，到临湘市开展执法检查，重点检查兆邦、金叶众望等企业。配合岳阳市人大开展《中华人民共和国食品安全法》（简称《食品安全法》）执法检查审议意见整改落实情况的督查。6月，岳阳市人大常委会副主任、市总工会主席彭先政带队，岳阳市教科文卫委员会牵头到临湘市督办《食品安全法》执法检查审议意见的整改落实情况。

【工作视察】 2017年3月，视察全市档案工作，根据档案局新建办公楼的实际情况，建议市财政为其增加10多万元工作经费。3月，视察临湘市计生协会工作。就“特别扶助金和生育关怀基金”等问题，要求相关部门按标准兑现，建议市财政为临湘市的计生失独家庭增加30万元困难救济金。5月，视察市精神病专科医院。市精神病医院的建成是市人大常委会主任会议成员领衔督办代表议案的一项重要成果，是市政府办理代表议案改善民生的一项实事工程。常委会一直关注关心该院的建设，组织3位省、市人大代表以及市计生协会共为该院捐赠慰问金7万元。6月，视察临湘市文化产业发展工作。组织机关干部到市新文书苑参观学习，鼓励其走专业化、产业化发展之路；从机关经费中安排4万元支持市图书馆建设。8月，视察市新一中整体搬迁项目的进展情况。针对配套工程尚在建设、环保要求难以达标的实际问题，向市委、市政府提出暂缓搬迁新校区的建议，得到充分采纳和广大市民的称赞。

【专题调研】 2017年8月，对全市旅游基础设施建设情况进行调研，在10月市十七届人大常委会第七次会议上进行审议。10月，对全市疾控工作进行调研，在12月市十七届人大常委会第八次会议上进行审议。

【服务群众】 2017年5月，在羊楼司镇开展“三湘农民健康行（农民健康教育周）”活动启动仪式，组织卫计系统专家10多人为400多名已婚育龄妇女及群众免费义诊，发放药品3万多元。11月，慰问桃林镇10户因病致贫群众，每户1000元。

（李　露）

城环工委工作

【组织视察调研活动】 2017年2月，会同财经工委对重点工程和平台公司运作情况进行视察。6月中旬，组织人大常委会及部分常委会委员视察调研临湘市城市建设工作，观看白云湖（浮标特色小镇）、云湖路、芙蓉中路、城中南路、湘北大道、市住建局、海绵示范机关。11月中旬，组织三级代表就全市环境保护工作进行视察。

【专项检查执法活动】 2017年，围绕人民群众关注的热点、难点问题，3月中旬，组织开展《城市规划区内控违拆违工作管理办法》实施情况专项检查。6月，组织部分委员就临湘市调整烟花爆竹限放管理范围进行调查，将城区限放范围调整延伸到浮标特色小镇周边，即“南至工业园三湾敬老院”。9月上旬，开展《中华人民共和国环境保护法》在临湘市贯彻实施情况的执法检查，走访23个相关单位和街道，通过调查座谈、现场察看、现场查看资料等方式，对临湘市环境保护工作进行全方位检查，成效显著，但仍存在一些隐患问题。

【配合调研视察】 2017年9月中旬，积极配合岳阳市城环工委主任万方平一行就中央环境督查组反馈有关突出环保问题整改工作调研。配合接待湖北省赤壁市人大常委会副主任但金锐一行赴临湘市调研集贸市场管理，云溪区人大常委会副主任刘开平一行到临湘市考察学习滨江工业园管理模式企业建设及城市建设情况，促进双方相互了解学习，沟通交流的良好目的。

（李　露）

联工委工作

【加强代表工作】 2017年，注重代表学习培训，提高代表素质。积极组织活动，为代表履职提供服务。组织4次共37名代表旁听法院庭审。将岳阳市代表分成4个代表小组开展活动，9月，组织4个小组分别就如何解决群众信访不信法、乡村公路建设和管理、规范村民建房、如何加强羊楼司边界镇建设、如何加强对中小企业发展、稻田养虾产业的发展前景、法律服务市场的管理、如何做好临岳融城发展8个方面的问题进行专题调研，并分别写出专题报告。11月中下旬，组织三级代表对临湘市环境保护工作进行集中视察。加强乡镇“代表之家”平台工作情况督查，全面建立四级代表履职档卡。

【人事任免】 2017年3月，在换届后政府工作部门集中任命时，对26名任命对象进行任前全面座谈调查和考试，实行全闭卷考试，全封闭阅卷。

【代表建议案督查】 2017年，共收到代表建议案78件，其中，十七届人大一次会议代表建议77件，闭会期间1件。2月中旬向政府交办后，5月，率各建议案领衔代表对所有办理情况进行督查。9月，又进行电话督查，各单位高度重视、认真负责。到10月底，所有建议案已全部办结，代表满意率达98%。

（李　露）

内司工委工作

【司法监督】 2017年，内司工委着重抓好公、检、法、司重要案件呈报备案和类案信息报送工作，对取保候审、不予逮捕、免予刑事处罚、社区矫正等案件进行重点监督。2017年，公、检、法、司明确专人及主管领导，各单位报送信息准确及时，全年报送各类案件信息443件次，辖区内没有发生重大案件；组织人大常委会组成人员对市公安局看守所、拘留所、禁毒工作进行视察，督促公安局加强监所管理和公正执法，同时，代表岳阳市人大内司委开展《中华人民共和国禁毒法》执法检查，对桃林镇、白羊田镇、教育体育局、卫生局、文广旅新闻局、公安局等单位禁毒工作进行检查，详细了解临湘市禁毒工作取得哪些成绩，还存在哪些问题，对今后的工作提出意见建议，加大对毒品犯罪的打击力度，为人民营造良好的生活环境；对法院执行工作进行专题调研。5月下旬，内司工委组织对市人民法院近三年来的执行工作情况进行专题调研，总结临湘市执行工作的成绩，指出存在问题，对今后执行工作提出意见建议。市人大常委会对法院执行工作进行审议并形成审议意见。市法院领导高度重视，组织开展“执行工作百日攻坚”“执行款集中兑付”“零点行动”、设置黑名单、严厉打击拒执罪等一系列执行工作专项行动。截至10月底，共收案1235件，结案984件，结案率79.68%，收案标的1.57亿元，实际执行0.85亿元，实际执行率48.5%，采取强制措施拘留115人次；对人民陪审员履职情况进行专题调研。8月，采取召开座谈会、发放调查表、个别谈心谈话、自我工作总结等方式方法对临湘75名人民陪审员履职情况进行全面调查，人大常委会罢免一名有违法行为的人民陪审员，督促法院办一期陪审员培训班，健全陪审员管理制度，全面提升陪审员综合素质；对临湘法律服务市场管理问题进行专题调研。走访公安、检察、法院、司法局及律师事务所，听取各方面的意见，并同司法局主要领导就规范法律服务市场交换意见建议。

【关注民生】 2017年，内司工委组织开展《中华人民共和国残疾人保障法》（以下简称《残疾人保障法》）执法检查。3月中旬，内司工委组织开展贯彻落实《残疾人保障法》的执法检查，对临湘市残疾人的基本情况、生存生活状况，残疾人保障工作存在的主要问题进行调研，将调研报告提交市人大常委会进行审议，形成审议意见，就残保金收缴、特殊教育学校建立、精神病医院后续管理等问题跟踪督促政府进行整改。组织人大常委会主任会议成员视察民政部门五院合一建设项目、精神病医院、殡仪馆等民生实事工程，听取民政工作情况汇报，对人民群众关注的热点问题进行讨论。之后，市人大常委会对精神病医院的困难高度重视，组织相关单位深入医院进行捐款，并督促财政部门在2018年预算中增加年初预算，保证精神病医院的正常运转，维护弱势群体合法权益。开展乡村行政优化调整和市直机构改革的调查。9月，内司工委组织开展乡村行政优化调整和市直机构改革的调查，形成调查报告并向主任会议汇报，重点对村主职干部的待遇问题进行关注。

【接待信访】 2017年，接待信访群众100多人次，积极协调法院等部门为群众排优解难，认真化解矛盾纠纷，稳定群众情绪。

（李　露）

机关工会工作

【健全组织机构】 配备组织、经审和女工专干，在市总工会注册法人资格，刻3个公章：工会章、财务章、经费审查章，在银行开设专门账户，保证工会日常工作正常开展。

【服务群众】 2017年3月5日，34名工会会员前往岳阳市第一人民医院体检中心进行体检。5月10日，组织工会会员进行登药姑山活动，5月11日，参加大众运动会登五尖山活动。

【企业双联帮扶】 2017年5月24日上午，市人大常委会主任魏新咏率机关工会会员到市畜牧水产局召开白沙洲“双联”帮扶工作联席会。

（李　露）

临湘市人民政府

综　述

【概况】 2017年，临湘市地区生产总值、固定资产投资、规模工业增加值、社会消费品零售总额、公共财政预算收入分别达到251亿元、210亿元、88亿元、75.4亿元、8.47亿元，同比分别增长7.5%、16%、7.5%、11%、10%；城乡居民收入分别达到26470元、14567元，同比分别增长9.6%、9%。

【经济社会发展】 2017年，市政府立足经济社会发展实际，着力打基础、练内功、谋长远，推动工作出成果、见成效。一是扎实推进项目攻坚。全年累计开工建设重大项目72个，完成投资56亿元，占年度计划的107%；到位内资46.2亿元，同比增长54.3%；到位外资3000万美元；向上申报项目124个，争取各类政策性资金20.6亿元。钓具服装产业园入驻企业27家，开工建设标准化厂房46万平方米，滨江工业园区比德生化二期、福尔程化工、宇恒二期、柳化岳阳中成、如虹制药、湖南蓝彬和吉象化工7个化工朝阳项目已开工建设。完成黄盖湖防洪治理工程4处堤垸标准化改造，临湘国际汽贸城、湘北国际商贸城、湘北风味美食城、金河汽车美容市场、长安文化创意园等项目已开工建设，教体新城、交通路网工程、人民医院整体搬迁等项目正在做前期工作。二是不断优化产业结构。东泰饲料机械等3家企业跻身省级高新技术企业行列，环宇药业成功申报省级企业技术中心，如虹制药列入制造强省项目库，全市高新技术企业达到9家。环宇药业与赛托生物、人福药业2家上市公司签订合作协议，临湘市与武汉港发集团签订战略合作框架协议。17个浮标品牌获评湖南省著名商标、湖南省名牌，中国竹艺城、竹类交易物流园开园，笋竹食品加工冷链物流园完成主体工程，现代林业（楠竹）综合产业园建设稳步推进。完成全域旅游游客接待中心、五尖山南门公路、南门公园等基础设施主体工程建设，打造江南油菜花、詹桥野樱花等乡村旅游产品。三是着力统筹城乡发展。湘北大道提质改造打造城市景观。法治公园、西入口公园等8处绿地公园拓展了城市绿色空间。拉通7条城市断头路、盲肠路，长桃、坦定公路，羊楼司铁路跨线桥，临港公路一期改扩建工程全面竣工。城中南路、芙蓉中路、麦坡东路、金太路建成通车，新发巷等15条背街小巷完成提质改造，打造同德巷文化创意示范小区。完成十大棚户片区5236户的签约，新增绿地面积70万平方米，提质改造25万平方米，城区绿化覆盖率达到35%。完成规范村民建房集中建房点2个，开工4个，规划15个，建成供销惠农服务点45个。划定永久性基本农田47万亩，引导农民流转土地23万亩，发展家庭农场606家，注册登记农民专业合作社368家，临湘市被评为省家庭农场示范市。

【民生实事办理】 2017年，市政府以人民日益增长的美好生活需要为导向，认真办好民生实事，让发展成果惠及于民。一是民生质量持续改善。办成省、岳阳市和本级民生实事28项，发放各项社保资金9.6亿元、民政资金1.65亿元，新增城镇就业5064人，新增农村劳动力转移就业5526人，社会福利中心完成主体建筑。全面落实6项减税政策，切实优化税收环境。财政投入资金2600万元，整合资金5000万元，88家驻村帮扶单位投入资金2907万元，大力推进脱贫攻坚，贫困村基础设施不断完善。同时，产业、教育等行业扶贫扎实推进，全市有23个贫困村顺利退出，2385名贫困人口脱贫。二是社会事业全面进步。协调发展社会事业，义务教育合格学校建设顺利完成，高考二本以上上线突破1100人，创近5年来新高。80%的行政村建有村级文化活动中心，课本剧《将相和》获全省金奖，成功探索出现代公共文化服务体系建设临湘模式。城建、交通、棚改、文化、盐业以及村级综合服务平台建设等多项工作走在省市前列，省、岳阳市接连在临湘市召开现场经验交流会。国际垂钓中心高标准建设，成功举办全国垂钓俱乐部挑战赛等12场国家级赛事活动。承办湘鄂赣边区第十六届老年运动会。成功创建省园林城市、省“四好”农村公路示范市，临湘浮标特色小镇被列入全国休闲渔业示范基地和湖湘文化风情小镇。三是综合治理不断加强。关闭黏土砖厂33家，退养城区畜禽养殖户93户、黄盖湖等禁养区养殖户31户，拆除黄盖湖围网围栏642.4公顷、网箱6800个，停产整顿非煤矿山52家，整体退出烟花爆竹企业33家，全面取缔境内长江岸线非法码头和砂石堆场，烟花爆竹企业退出工作经验在全省推介。烟花爆竹企业涉药危险品全部销毁，矿山企业进入规范化管理轨道，安全生产工作名列岳阳第一，被评为全省安全生产先进单位。黄标车淘汰在岳阳市率先全面完成，园区初期雨水收集池和污水处理提质工程即将竣工。扎实开展信访问题源头治理和信访积案清零专项行动，全市刑事发案率同比下降12.23%，临湘市民调在全省128个县（市、区）排第38位，在岳阳6县（市）排第1位。

【改进工作作风】 2017年，市政府牢固树立执政为民意识，加快建设法治政府、创新政府、廉洁政府。一是进一步转变工作作风。坚持以改进作风为根本、以转变职能为核心、以创新治理为抓手，认真执行、维护民主集中制，对重大问题、重大事项决策，做到发扬民主、集体讨论、会议决定，确保决策科学，经得起历史和群众检验。对“三重一大”，始终坚持酝酿不充分不上会，形不成统一意见不公开，未经过专家论证不实施，有力防止侵害公众和群众利益现象的发生。严格落实依法行政，承办人大议案、代表建议案、政协委员提案共181件，满意率达到96.6%。二是进一步规范政府职能。转变政府职能，深化简政放权，创新监管方式，增强政府公信力和执行力，建设人民满意的服务型政府。全面深化九大领域、29项、129个条目改革，承担行政职能事业改革、干部人事制度改革、司法体制和工作机制改革有序推进。政府信息公开、依申请公开制度逐步完善，行政审批逐步推行“零审批”“多评合一”模式，“先照后证”、注册资本认缴制等商事制度全面实施，市场准入环境不断改善，创新创业热情深度激发，新增企业335家、个体户2872户，同比分别增长17.5%和83.6%。161个村级综合服务平台全面推进，“互联网+政务服务”延伸至村（社区），电子政务窗口办结满意率达到96%，“12345”热线工单办结率达99.8%。三是进一步加强廉洁自律。为巩固拓展落实中央八项规定精神成果，继续整治“四风”问题，坚决反对特权思想和特权现象。重点强化政治纪律和组织纪律，带动廉洁纪律、群众纪律、工作纪律、生活纪律严起来。坚持开展批评和自我批评，坚持惩前毖后、治病救人，运用监督执纪“四种形态”，抓早抓小、防微杜渐。深入开展政府系列党风廉政建设，扎实推进“两学一做”学习教育常态化制度化，认真学习宣传贯彻中共十九大精神，持续推进作风建设，扎实开展涉砂、涉矿、涉炮等6个专项清理行动，严肃查处违纪违法行为，立案211起，查处科级干部23人，移送司法机关3人。

（余忠辉）

重要会议

【市长办公会议】 2017年1月12日，市委常委、常务副市长凌晓明主持召开第一次市长办公会议，专题研究市国有林场改革职工提前退休等遗留问题。

1月9日上午，市委常委、常务副市长凌晓明在市政府七楼会议室主持召开第二次市长办公会议，专题研究桃园巷提质保畅工程工作。

1月3日，副市长彭海云在临湘工业园区管委会主持召开第三次市长办公会议，专题研究原儒溪镇征地拆迁等遗留问题。

1月18日，市委副书记、市长魏淑萍主持召开第四次市长办公会议，研究全市治超工作、新一中还建安置小区容积率调整及兴平游泳馆房地产转让协议遗留问题。

2月17日，市委副书记、市长魏淑萍主持召开第五次市长办公会议，研究广商豪苑和金沙商务广场建设、夏家棚改项目有关问题。

2月16日，市委常委、常务副市长凌晓明主持召开第六次市长办公会议，专题研究新殡仪馆相关遗留问题。

2月7日，市委常委、常务副市长凌晓明主持召开第七次市长办公会议，专题研究消防安全工作。

2月23日，市委常委、常务副市长凌晓明主持召开第八次市长办公会议，研究清水塘片区旧城改造项目。

3月21日，副市长张国辉主持召开第九次市长办公会议，研究临湘市黄盖湖大堤整治拆迁安置点建设和临湘市重大水利项目建设的工作。

4月12日，市委常委、常务副市长凌晓明主持召开第十次市长办公会议，专题研究羊楼司公安检查站建设工作。

4月10日，市委副书记、市长魏淑萍主持召开第十一次市长办公会议，专题研究禁毒工作。

4月1日，市委常委、常务副市长凌晓明主持召开第十二次市长办公会议，研究农村综合服务平台建设工作。

4月19日，市委副书记、市长魏淑萍主持召开第十三次市长办公会议，专题研究芙蓉中路建设问题。

4月14日，市委副书记、市长魏淑萍主持召开第十四次市长办公会议，研究黄盖湖堤垸建设拆迁安置点建设、病死畜禽无害化处理和规模养殖场粪污综合处理项目相关问题。

4月7日，市委常委、常务副市长凌晓明主持召开第十五次市长办公会议，研究迎宾绿地公园、湘北大道、临湘大道项目建设问题。

4月27日，市委常委、常务副市长凌晓明在市公安局主持召开第十六次市长办公会议，专题研究龙虾养殖灾害事件的深度调查与核灾救灾推进工作。

2月20日，市委常委、常务副市长凌晓明主持召开第十七次市长办公会议，听取临湘市兴临建设投资有限公司（以下简称兴临公司）关于临湘市农村环境设施（污水处理）建设项目工作的情况汇报。

3月1日，市委常委、常务副市长凌晓明主持召开第十八次市长办公会议，听取临湘市兴城置业有限公司（以下简称“兴城公司”）关于临湘市农村环境设施（垃圾处理）建设项目工作的情况汇报。

3月7日，市委常委、常务副市长凌晓明主持召开第十九次市长办公会议，听取临湘市保障性安居工程建设投资有限公司（以下简称保建投公司）关于临湘市2017年棚户区（城中村）改造项目之工业园片区、向阳路片区、工信局针织厂纺纱厂片区的工作情况汇报。

2月25日，市委常委、常务副市长凌晓明主持召开第二十次市长办公会议，研究羊楼司镇龙源河流域水系治理项目有关工作。

4月9日，市委常委、常务副市长凌晓明主持召开第二十一次市长办公会议，研究临湘市羊楼司竹类交易物流园建设项目有关工作。

4月11日，市委常委、常务副市长凌晓明主持召开第二十二次市长办公会议，研究临湘现代林业楠竹综合产业园建设项目有关工作。

4月15日，市委常委、常务副市长凌晓明主持召开第二十三次市长办公会议，研究梦里瑶乡·龙窖山旅游设施建设项目有关工作。

4月13日，市委常委、常务副市长凌晓明主持召开第二十四次市长办公会议，研究临湘市羊楼司镇竹器旅游特色小镇建设项目有关工作。

4月28日，市委常委、常务副市长凌晓明主持召开第二十五次市长办公会议，专题研究市人民医院整体搬迁工作。

4月6日上午，市政府副市长吕乐在五里牌街道办事处四楼会议室召开第二十六次会议，专题研究五里村自产自销菜摊零售市场和农用车停车场建设问题。

4月5日，市委常委、常务副市长凌晓明主持召开第二十七次市长办公会议，研究岳阳惠临公司贷款项目启动政府购买服务程序。

4月28日，市委副书记、市长魏淑萍主持召开第二十八次市长办公会议，专题研究聂市镇脱贫攻坚、防汛抗旱、中央环保督察迎检、党建和村（居）“两委”换届选举工作。

4月12日，市委常委、常务副市长凌晓明主持召开第二十九次市长办公会议，专题研究教体新城建设项目融资工作。

3月7日上午，市政府副市长李新宇在五里牌街道办事处松峰村会议室主持召开第三十次市长办公会议，专题研究松峰村精准扶贫工作。

3月13日，市委常委、常务副市长凌晓明在市政府四楼会议室主持召开第三十一次市长办公会议，专题研究五里牌街道荷花小区房产办证遗留问题。

4月27日下午，市委常委、常务副市长凌晓明主持召开第三十二次市长办公会议，专题研究社会口项目推进工作。

5月5日，市委常委、常务副市长凌晓明主持召开第三十三次市长办公会议，研究原计生服务站的收储、市农发行拆迁还建临时办公和市人民医院建设指挥部办公问题。现将会议主要精神纪要如下：

5月27日，市委常委、常务副市长凌晓明主持召开第三十四次市长办公会议，研究城中南路、永昌东路及路中农机局地块旧城改造项目。

5月19日下午，市政府副市长彭海云在市交通运输局会议室主持召开第三十五次市长办公会议，专题研究长忠公路建设有关问题。

5月18日上午，市政府副市长吕乐在五里牌街道办事处四楼会议室主持召开第三十六次市长办公会议，研究永昌东路、麦坡路、纱厂路及三路交汇转盘建设有关问题。

5月18日，市委副书记、市长魏淑萍主持召开第三十七次市长办公会议，审议《临湘汽车贸易大市场投资建设框架协议》《岳阳港临湘港区项目建设战略框架协议》《临湘市教体新城政府与社会资本合作（PPP）模式框架协议》，研究海螺水泥公司有关问题。

4月6日，副市长刘如乐在教体局主持召开第三十八次办公会议，研究全市校车管理工作。

5月22日，市委副书记、市长魏淑萍主持召开第三十九次市长办公会议，专题研究治超工作。

5月22日，市委副书记、市长魏淑萍主持召开第四十次市长办公会议，研究全市异地扶贫搬迁、黄盖垸防洪治理工程有关工作。

5月12日，市委副书记、市长魏淑萍主持召开第四十一次市长办公会议，研究全市机关事业养老保险制度改革工作。

6月30日，市委副书记、市长魏淑萍主持召开第四十二次市长办公会议，专题研究地质灾害处置工作。

7月5日上午，市委常委、常务副市长凌晓明主持召开第四十三次市长办公会议，专题研究抗洪救灾应急贷款申报有关问题。

7月2日，市委常委、常务副市长凌晓明主持召开第四十四次市长办公会议，专题研究临湘工业园区36万m2标准化厂房项目建设相关工作。

6月22日，市政府副市长刘如乐主持召开第四十五次市长办公会议，专题研究五环时代全民健身中心建设有关问题。

6月9日，市政府副市长吕乐在市政府四楼小会议室主持召开第四十六次市长办公会议，研究湘北大道五里加油站征收工作和金河汽车洗车美容市场建设有关问题。

6月29日，市政府副市长刘如乐主持召开第四十七次市长办公会议，专题研究市机关幼儿园整体搬迁项目相关问题。

6月15日，市政府副市长彭海云主持召开第四十八次市长办公会议，专题研究纺纱厂棚改项目基础建设调整工作。

6月26日，市委副书记、市长魏淑萍主持召开第四十九次市长办公会议，传达学习《岳阳市脱贫攻坚“三走访三签字”工作实施方案》文件精神和岳阳市民族宗教工作会议精神，听取江南、黄盖小龙虾死亡事故、信访工作和王志君信访问题情况汇报，审议《临湘市人民医院整体搬迁PPP向合作意向协议书》。

7月3日，市委副书记、市长魏淑萍在市水务局会议室主持召开第五十次市长办公会议，专题研究华银置业有限公司（简称华银公司）遗留问题。

7月20日，市委副书记、市长魏淑萍主持召开第五十一次市长办公会议，专题研究违法违规举债融资问题清理整改工作。

6月21日下午，市政府副市长吕乐主持召开第五十二次市长办公会议，专题研究建新北路片区棚改工作。

7月10日，副市长张国辉主持召开第五十三次市长办公会议，研究一事一议财政奖补美丽乡村试点工作。

6月26日，市委副书记、市长魏淑萍主持召开第五十四次市长办公会议，专题研究粘土砖厂关闭取缔有关问题。

7月4日上午，市政府副市长彭海云在市交通运输局会议室主持召开第五十五次市长办公会议，专题研究省道208线长安至忠防公路三湾工业园段线型重新调整工作。

7月13日，市委常委、常务副市长凌晓明主持召开第五十六次市长办公会议，研究新一中项目建设、教育资源管理及淘汰黄标车等问题。

8月2日，市政府副市长吕乐主持召开第五十七次市长办公会议，专题研究地税局拆墙透绿工作。

8月2日，市政府副市长吕乐主持召开第五十八次市长办公会议，专题研究云升路（原纱厂路）项目建设。

8月17日，副市长刘如乐主持召开第五十九次市长办公会议，专题研究全市学校安全工作。

8月4日，副市长熊丽主持召开第六十次市长办公会议，研究美临文化旅游发展公司资源资产注入及雁南山隐居民宿项目建设工作。

7月21日，市委常委、常务副市长凌晓明主持召开第六十一次办公会议，研究金叶公司铁路专用线工程建设、兆邦公司不动产登记、海螺公司与周边村组协调问题。

8月21日，市委副书记、市长魏淑萍主持召开第六十二次市长办公会议，专题研究长江岸线整治工作。

8月25日下午，市委常委、常务副市长凌晓明主持召开第六十三次市长办公会议，专题研究棚改安置房建设项目发行棚改收益债券工作。

7月3日，市委常委、常务副市长凌晓明主持召开第六十四次市长办公会议，专题研究浮标特色小镇建设及有关问题。

8月8日，市委常委、常务副市长凌晓明主持召开第六十五次市长办公会议，研究调整桃矿养老服务中心等项目建设。

8月28日，市委常委、常务副市长凌晓明主持召开第六十六次市长办公会议，专题研究地质灾害隐患处置问题。

9月11日，市政府常务副市长凌晓明主持召开第六十七次市长办公会议，研究全市易地扶贫搬迁工程有关工作。

9月19日，市委副书记、市长魏淑萍现场督战后主持召开第六十八次市长办公会议，专题研究铁山北干渠饮用水源保护工作。

9月7日，市委常委、常务副市长凌晓明主持召开第六十九次市长办公会议，研究工程项目税费协控联管与发行专项债券工作。

9月12日，市委常委、常务副市长凌晓明主持召开第七十次办公会议，专题研究迎宾公园游客接待中心建设工程变更问题。

9月18日，市委副书记、市长魏淑萍现场督战后，主持召开第七十一次市长办公会议，专题研究黄盖湖拆违工作。

7月27日下午，市政府副市长吕乐主持召开第七十二次市长办公会，专题研究长安夜宵市场建设有关工作。

9月4日下午，市委常委、常务副市长凌晓明在长安街道办事处主持召开第七十三次办公会议，专题研究海螺扩界征拆工作。

9月6日，市委常委、市政府常务副市长凌晓明在市政府四楼会议室主持召开第七十四次市长办公会议，专题研究人民防空工作。

9月20日下午，市委常委、常务副市长凌晓明在市政府主持召开第七十五次市长办公会议，专题研究针织厂棚改安置问题。

10月16日，市委副书记、市长魏淑萍在龙源水库饮用水水源保护地现场督战后主持召开第七十六次市长办公会议，专题研究龙源水库饮用水水源地环境保护和整治工作。

10月12日，副市长彭海云在市政府四楼小会议室主持召开第七十七次市长办公会议，专题研究药菇山风电项目有关问题。

9月14日，市委常委、常务副市长凌晓明主持召开第七十八次市长办公会议，研究迎接生活垃圾无害化处理场项目专项审计及推进河湖沿岸垃圾治理项目建设工作。

10月11日，市委常委、常务副市长凌晓明主持召开第七十九次市长办公会议，专题研究2018年度临湘市芙蓉路、工业园、西正街和北环路棚户区（城中村）改造项目工作。

8月14日，市政府副市长张国辉主持召开第八十次市长办公会议，研究全市易地扶贫搬迁工程有关工作。

10月11日，市委常委、常务副市长凌晓明主持召开第八十一次市长办公会议，专题审定《临湘海螺水泥有限责任公司灰山石灰石矿安全条件论证报告》。

9月28日，市委副书记、市长魏淑萍主持召开第八十二次市长办公会议，审议《关于切实做好招商引资工作的意见》《临湘市2018年度招商引资工作经费管理办法》《临湘市药菇山风电项目开发协议》，研究湘北大道及中心城区绿化苗木政府采购项目设计方案调整、长江经济带“共抓大保护”突出问题整改有关工作和财富广场项目有关问题。

9月26日，市人民政府副市长张国辉在五里牌街道办事处楠木村主持召开第八十三次市长办公会议，专题研究楠木村软弱涣散整顿工作。

10月10日，市委常委、常务副市长凌晓明主持召开第八十四次市长办公会议，研究湘北大道及中心城区绿化提质工程变更、新增问题与市国有苗圃“双联帮扶”工作。

10月21日，市委副书记、市长魏淑萍现场督战五家垅强拆行动后主持召开第八十五次市长办公会议，专题研究黄盖湖拆违工作。

8月9日，副市长熊丽主持召开第八十六次市长办公会议，研究市妇幼保健院整体搬迁项目中变更及增加工程部分纳入财政结算的遗留问题。

6月20日下午，副市长吕乐在市城乡规划局会议室主持召开第八十七次市长办公会议，专题研究同德巷文化创意小区建设问题。

9月30日上午，市政府副市长吕乐在惠临公司主持召开第八十八次市长办公会议，研究洗车市场、夜宵市场建设有关问题。

10月28日，市委副书记、市长魏淑萍主持召开第八十九次市长办公会议，研究2017年省政府重点工作落实情况督查迎检、易地扶贫搬迁和健康扶贫工作。

9月21日，市委常委、常务副市长凌晓明主持召开第九十次市长办公会议，研究黄盖湖堤垸建设拆迁安置点问题、临湖一期等项目工程变更问题、长忠公路忠防接线问题、城市路网PPP方案审定等事项。

10月16日，市委常委、常务副市长凌晓明主持召开第九十一次市长办公会议，研究临湘农产品批发物流园项目建设。

10月27日，市委副书记、市长魏淑萍现场督战后主持召开第九十二次市长办公会议，研究城中南路提质改造、新一中、临湘汽贸城、湘北国际商贸城等项目建设有关问题。

10月12日，市委常委、常务副市长凌晓明主持召开第九十三次市长办公会议，专题研究三湾园区土地清理回购税收清缴工作。

11月9日，市委副书记、市长魏淑萍主持召开第九十四次市长办公会议，研究《湖南省临湘市矿产资源总体规划（2016—2020）》，及南通路桥工程有限公司信访遗留问题。

11月8日，市委副书记、市长魏淑萍主持召开第九十五次市长办公会议，专题研究卫计相关工作。

10月31日，根据〔2017〕第84次市长办公会议精神，副市长彭海云主持召开第九十六次市长办公会议，研究铁山北干渠和龙源水库集中式饮用水水源地保护工作。

10月8日，市委常委、常务副市长凌晓明主持召开第九十七次市长办公会议，研究市北正街片区汽车总站棚改项目建设有关问题。

11月2日下午，市委常委、常务副市长凌晓明主持召开第九十八次市长办公会议，研究107国道临湘管理所拆迁还建有关问题。

11月7日上午，市政府副市长吕乐在五里牌街道办事处四楼会议室召开第九十九次市长办公会议，专题研究五里牌街道办事处涂沈巷道路提质改造相关问题。

10月31日，市政府副市长熊丽主持召开第一百次市长办公会议，专题研究临湘市龙窖山堆石墓群保护规划评审工作。

12月1日，副市长熊丽主持召开第一百零一次市长办公会议，专题研究白羊田镇新建卫生院工作。

11月20日，市政府副市长张国辉主持召开第一百零二次市长办公会议，研究2017年全市易地扶贫搬迁迎省检工作。

11月14日上午，市政府副市长吕乐主持召开第一百零三次市长办公会议，专题研究芙蓉片区（芙蓉中路）棚改工作。

12月4日下午，市委常委、常务副市长凌晓明主持召开第一百零四次市长办公会议，专题研究专业市场建设相关问题。

11月29日，市委常委、常务副市长凌晓明主持召开第一百零五次市长办公会议，研究汽贸市场供地、城南卫生院社会停车场建设、桃源巷棚改二期暨春节临时停车场建设等问题。

12月7日，市委常委、常务副市长凌晓明主持召开第一百零六次市长办公会议，研究教体新城项目土地征收工作。

12月4日，市委常委、常务副市长凌晓明主持召开第一百零七次市长办公会议，研究启动桃矿“三供一业”项目事宜。

12月20日，市委常委、常务副市长凌晓明主持召开第一百零八次市长办公会议，专题研究退役士兵安置工作。

12月19日，市委副书记、市长魏淑萍主持召开第一百零九次市长办公会议，传达学习《中共中央办公厅印发习近平总书记关于进一步纠正“四风”、加强作风建设重要批示的通知》和《省委办公厅关于学习贯彻习近平总书记重要批示精神集中精力做好岁末年初各项工作的通知》，研究中国石化集团资产经营管理有限公司长岭分公司长岭小区供水分离移交、临湘大道白改黑工程等项目建设，以及烟花爆竹领域安全生产有关工作。

12月14日上午，市政府副市长吕乐在市规划局主持召开第一百一十次市长办公会议，专题研究北环路片区民兴路地块棚改工作。

12月22日，市委常委、常务副市长凌晓明主持召开第一百一十一次市长办公会议，专题研究城市公交改革工作。

12月22日，市委常委、常务副市长凌晓明主持召开第一百一十二次办公会议，研究龙源水库一级保护区内房屋征拆工作。

（谢朝辉）

市政府办公室工作

【概况】 2017年，市政府办始终紧紧围绕“五个坚持”，严格按照临湘市委、市政府的部署安排，认真落实岳阳市政府办工作要求，立足“三为”服务，大力推进学习型、规范化机关建设，确保办公室各项工作规范运行、高效开展，实现领导满意、部门满意、群众满意、自己满意“四个满意”。

【党建工作】 2017年，市政府办为抓实抓活党建工作，加强干部政治教育和党性锤炼，着力打造了一支讲政治、讲忠诚、讲规矩、讲奉献的办公室工作队伍。在教育保障上不惜成本。制定自学、讲学、研学，考理论、考业务，述学情“三学两考一述”学习制度，开展

“红星云”学、比、评活动，开展赴望城、韶山学习等“党员活动日+”基层党建活动12次，投入党建经费40万元以上，党员干部政治觉悟和思想素质明显提升。在队伍管理上不留情面。积极开展“争一流、勇担当、做贡献”主题活动，完善绩效管理考核，严格实行量化考核、奖优罚劣，推动党员干部敬业奉献、创先争优。政府办党建、扶贫等多项工作获得临湘市先进，市政府门户网站顺利通过省检，应急工作代表岳阳市接受省级基层应急管理规范化建设示范单位创建验收。在干部关爱上不容懈怠。进一步完善谈心谈话制度，办公室主任坚持每季度与全办所有党员干部“一对一”谈心谈话1次，全办累计开展上下之间、相互之间谈心谈话200余次。

【政务服务】 2017年，严格推行办公室工作流程化管理，致力于打造“工作标准”、细化“操作工序”，不断提升政务服务规范化、专业化水平。紧贴大局参谋辅政。统筹抓好精文简会和规范办文办会工作，建立健全文件审核把关制度，实行封闭运行、办公室全程代办，提高办文质量，确保文电运行安全，办文周期由4—5天压缩到3天；推动出台会议制度，明确规定会议议题调研、论证、审核、把关等程序，降低决策成本、提高决策效率。针对环保治理、全域旅游、项目建设、招商引资等重点工作，先后开展调研活动20多次，撰写调研材料6篇，为领导参谋决策和相关工作推进发挥积极作用。锁定责任跟踪督办。整合各科室督查职能，建立大督查体系，集中精力抓好各项政令执行和责任落实。围绕中央环保督察整改落实、烟花爆竹企业整市退出、脱贫攻坚、“四大会战”等重点工作，制定年度督查方案，定期开展专项督查行动，先后印发督查通报26期，下发督办函45次。明确专门科室归口督办领导批示件办理工作，先后督办87件次，所有批示件全部督办到位。把准脉搏精准协调。直面中心、重点工作及民生热点、难点问题，科学预判、主动介入、精准协调。持续开展不满意工单“清零”行动，热线工单办结率达99.8%。严格实行班子成员轮班接访和科室干部首问负责，接待信访群众1000多人次，处理群众来电800多个。受理行政复议案件7件，参与协调化解项目征拆、公交改革等多个重大矛盾纠纷。协调开展禁拆治违、棚户区改造、土地征收“三大攻坚”，棚户区改造工作在岳阳名列前茅。

【廉政建设】 2017年，市政府办三是守规则，培育廉洁品格。严格落实党风廉政建设“一岗双责”，切实扎紧制度的篱笆，提高管理的效能，着力打造廉洁机关。坚持严格管人。制定完善党风廉政建设系列规章制度，细化每个科室、每个岗位的责任和要求，全部都签字背书、承诺践行，筑牢反腐倡廉的思想防线和行为底线。坚持科学理财。严格实行办公室财务党组监管、逐级审批、预算管理，成立办公室财务评审工作小组，对办公室和各科室财务账目、1000元以上的单笔支出进行集中评审，发票和账单报销必须经具体经手人、科室长、分管副主任签字后方能进入财务审批流程，有效规范财务纪律，压缩支出规模。坚持民主议事。进一步修订完善“三重一大”集体决策实施意见，所有涉及“三重一大”事项，都召开办党组会议集体讨论决定，邀请派驻纪检组全程参会。2017年，政府办共召开主任会议12次，派驻纪检组长提出意见5条，确保办公室科学决策、民主决策、依法决策。

（陈　凌）

信访工作

【概况】 2017年，临湘市信访局（简称市信访局）现有干部11人，其中，行政编制7人，事业编制4人，领导职数一正两副，设有办公室、办信室、人民来访接待中心3个业务股室，并承担市委群众工作部、联席办以及网信、复查复核、协调督查等，负责全市信访工作。市信访局以深入开展信访工作“责任落实年”活动为载体，以“强基础、抓重点、创特色、促落实”为目标，聚焦“信访问题源头治理”“信访积案清零”“重点领域突出信访问题”“信访行为依法规范”四个专项行动，加强信访工作责任制落实和责任追究，不断提升信访工作科学化、规范化、法治化水平，全力推动信访问题依法及时就地化解，切实维护群众合法权益、确保社会大局和谐稳定。全年，临湘市本级共受理群众来信来访773批2085人（件）次，集访26批505人次，批次和人次均下降6个以上百分点。到岳阳上访114批277人次，集访11批129人，赴省上访61批143人次，批次人次同比也有所下降。在2017年全国“两会”、北京“一带一路”峰会特护期间，均未发生一起信访极端事件；中共十九大特护期间实现“零进京上访”目标。群众依法上访、网上信访的意识有大幅度提高，越级访同比下降15%左右，网信占比50%以上。2017年，临湘市在岳阳市信访工作量化目标月考核中排名一直靠前，年终被评为临湘市优秀领导班子。同时，临湘市信访信息化建设、网上信访、信访宣传等多项工作均居岳阳市前列，多次受到岳阳市信访局通报表扬。

【基础建设】 2017年，市信访局对市人民来访接待中心进行简单改造，实行功能分区，高标准规划和布置群众来访接待场所，优化信访环境。同时，全市镇、街道基本形成“由党（工委）副书记负责，党政副职分管，1名信访干部，1名电脑操作员”的组织机构，市直各单位基本设置信访室，配信访员，安排分管领导。特别是信访信息系统建设方面，全市13个镇、街道、29个市直单位联通信访信息系统，开通政府网站网上信访通道及市长信箱、微信公众号等投诉平台，形成“信、访、网、电”的立体信访模式。同时，还建成视频信访系统，有力推进领导接访工作。

【责任落实】 2017年，市信访局以联席会议为核心，调度、指导、协调全市信访维稳工作，召开信访联席会议5次，研究处理信访问题17个，一批复杂疑难信访问题得到妥善处理。市政府常务会议4次专题听取信访工作情况汇报，专题研究信访问题4个。全年，共有17名市级领导到人民来访接待中心接待群众89批、723人次，包案139件，化解125件。

【源头治理】 2017年，市信访局根据《岳阳市“信访问题源头治理”专项行动工作方案》要求，严格落实矛盾纠纷排查、信访预警信息报送、领导坐班接访等工作任务，从源头上预防和减少矛盾纠纷。大力推进“三无”乡镇（街道）创建活动，推动信访工作重心下移、关口前移，将信访矛盾化解在基层，处理在萌芽状态。全年，各镇（街道）市直各部门排查矛盾纠纷500余个，报送信访预警信息150多条，将近90%的矛盾纠纷在基层得到化解，未发生到市以上上访。

【积案化解】 2017年，市信访局按照省、市的统一部署，开展“积案清零”专项行动。省、市交办的4个案件已经成功化解2件、稳控1个，1个“三跨三分离（跨地区、跨部门、跨行业；人事分离、人户分离、人事户分离）”积案也上报到岳阳市联席办调度处理。临湘市本级自查的13个信访积案，化解7个。

【专项行动】 2017年，临湘市制定《重点领域突出信访问题治理专项行动实施方案》，由市领导牵头，成立11个专项工作小组，对涉众型金融、土地征用、环境保护、军队退役人员、房地产开发建设等系列问题开展集中治理，推动重点领域突出信访问题及时化解，建立健全治理重点领域突出信访问题的长效工作机制，实现减存量、控增量的目标。全年共排查梳理3个重点领域信访问题23个，全部向责任单位、责任领导进行交办。2017年12月份，财富广场、白云湖拆迁还建等一批重点信访问题已得到妥善处理。

（丁　洁）

政务服务中心工作

【概况】 2017年，临湘市政务服务中心为正科级参公事业单位，直属市政府管理。中心内设综合股、业务股、督查股、网络股4个临时股室，负责组织、指导、协调、监督全市各级行政机关政务公开政务服务工作。政务服务中心现有办公场地近3000平方米，建有局域网、宽带网和专线网，网络系统功能基本齐全。中心设有不动产登记管理中心、建设工程项目联合审批验收一票制收费、房地产税费一体化管理等部门办事窗口36个。有管理人员13人，窗口工作人员150余人。进厅项目共300余项，实行“一门受理、集中办理、统一收费、限时办结”，优质、高效为群众、法人和其他社会组织服务。大厅各窗口共收件88400件，办结87516件，办结率达99%，群众满意率达96%。建设工程联合审批累计办结项目28个，确保联合审批验收“一票制”收费工作规范有序推进。进厅项目税费入库17926.4万元，超额完成全年任务1926.4万元。按照房地产税收一体化管理办法，房地产一体化税收8738.8万元。完成161个村级综合服务平台建设，乡镇便民服务中心建设与村（社区）便民服务点建设覆盖率达100%。

【基层党建】 2017年，市政务服务中心党支部按照“主题突出、特色鲜明、措施实在、成效明显”的要求，紧密联系中心工作实际，围绕服务企业，服务群众，提高效率，提升水平，积极制定党建工作实施方案，完善党建工作公开承诺书，努力探索党员发挥先锋模范作用的新途径，组织广大党员在窗口服务工作中争先进、作表率，为打造便民、高效、廉洁、规范的政务服务平台做出贡献。一是深入开展基层党支部建立“党员活动日+”制度。二是继续开展“两学一做”活动，打造作风过硬的党员干部队伍。三是加强思想建设，打造学习型党支部，全面提升素质。四是加强组织建设，打造坚强的战斗堡垒。五是加强反腐倡廉和制度建设，打造廉洁型党支部。

【政务公开】 2017年，市政务服务中心从运行模式、服务行为、环境设施、日常管理、投诉受理等方面发力，全面抓好窗口管理工作。进一步完善大厅日常管理制度和窗口工作相关考评制度，举办“三查三创（一查服务意识、二查服务效果、三查工作作风；创最佳服务态度、创最佳办事效率、创最佳服务质量）”主题活动，工作人员的作风意识、服务意识和创优意识得到加强。同时，实行首席代表负责制，并定期或不定期地邀请纪委机关查岗，进一步改进作风，提升大厅服务能力。中心大厅窗口共收件88400件，办结87516件，办结率超过99%，群众满意率达96%。窗口人员工作作风和服务态度得到有效转变，工作效率得到明显提升。二是征管审批得到完善。积极配合税务、财政等部门开展税费征管，进一步加大厅外执收查处力度，杜绝审批权力“体外循环”，确保收费公正公平。截至12月底，进厅项目税费完成17926.4万元，超额完成全年任务1926.4万元。按照房地产税收一体化管理办法，房地产一体化税收8738.8万元。9月，由编办牵头成立行政审批标准化审改组，对全市所有行政、事业单位项目进行标准化清理。同时，全面落实联审联办联席会议制度，加大厅内督促检查力度，确保各服务窗口行政审批项目集中办理，进一步规范项目联合审批行为。累计办结建设工程联合审批项目28个，确保联合审批验收“一票制”收费工作规范有序推进。三是夯实基础阵地。配合市组织部完成村级综合服务平台建设，全市村级综合服务平台建设任务161个。其中85个新建任务，76个改建任务，新建与改建已全部完成并投入使用。同时，还编列村级政务服务告知事项清单（共34项）、办理事项清单（共39项，其中即办件6项，代办件28项，协办件5项）；编制39个项目办事指南；完善村级便民服务机制，制定7项制度；制定村（社区）便民服务中心建设要求（十有标准）。

【信息公开】 2017年，市政务服务中心根据上级相关文件要求和市政府信息公开工作会议精神以及《政府重点领域信息公开任务分解》，对政府及部门单位的权力清单和责任清单进行疏理，并编制行政职权目录和权力运行流程图，面向社会公布。同时，在重点领域信息公开不断向“深水区”迈进。在财政预决算及“三公”经费信息公开上，临湘市已有76家部门单位财政预决算和“三公”经费预决算信息都公开到位。39个部门单位权力清单，包括相关文件、通知事项、16个部门行政转报，43个部门单位责任清单已全部公开到位。

【电子政务】 2017年，市政务服务中心为进一步巩固和推进电子政务系统的应用，强化审批事项动态管理和审批流程全过程跟踪监督，网上办件效率和服务水平得到进一步提升。启动“互联网+政务服务”一体化平台建设。2017年，市政法委“网格化+12345”平台与市纪委“互联网+监督”平台建设进展顺利，市电子政务外网延伸到村（社区）建设任务基本完成。同时，加强政府门户网站建设和内容保障工作，巩固和推进电子政务系统的应用，推动不同层级、不同部门之间的网络互联互通、信息共享和业务协同，基本实现集约化管理，进一步提升政务公开、咨询服务、网上办事等功能，切实方便群众获取信息。

（卢　樱）

民族　宗教工作

【概况】 2017年，临湘市人民政府民族宗教事务局（简称市民宗局）深入贯彻落实国家、省、岳阳市民族宗教工作会议和临湘市统战工作会议精神，以宗教“中国化”方向为目标，坚持“学政策、强责任、严管理、重实干、促和谐”工作理念，强基固本，创先争优，以高度的政治责任感和使命感，加强和创新民族宗教事务管理，以创建和谐寺观教堂为抓手，积极引导宗教与社会相适应，发挥少数民族、宗教界人士和信教群众为全市经济社会又好又快发展做出积极贡献。

【夯实基础】 2017年5月，市民宗局组织全市宗教领导小组相关人员100多人，学习习近平主席在全国宗教工作会议上的讲话。市民宗局与统战部合署办公后，所有工作人员全部是新手，在政策业务不熟的情况下，市民宗局将学习政策、钻研业务摆在首要位置。10月17日，市民宗局邀请市政府办常务副主任、民宗局原局长李宗才，在市委党校2017秋季主体班上作《画大“同心圆”，建设“新临湘”》的宗教理论政策宣讲课。在中共十九大召开时，局全体干部观看会议直播视频，参加市委统战部专题学习中共十九大精神会议，每个人都撰写心得体会。11月21日，局组织全体干部，参加岳阳市民宗局组织的学习贯彻中共十九大精神、新的《宗教事务条例》培训。同时，迅速组织佛教、道教、基督教协会，学习贯彻中共十九大会议精神，学习新的《宗教事务条例》；分别参与佛教、道教、基督教协会组织的会议，在会上，指导宗教团体责任人、教职人员学习中共十九大会议精神、新的《宗教事务条例》，受益宗教人士126人。通过学习，提升干部的政治理论水平和科学文化素质，增强为群众服务的本领和能力；提高宗教团体组织、协调、业务指导、和谐创建能力，强化教职人员遵纪守法、服从管理的思想意识。为构建和谐寺观教堂、固定处所，夯实坚实的基础。首先，做好定编定岗工作。按照大统战格局，市民宗局定编5人，由市委统战部副部长兼局长，主持全面工作；由市政府市长秘书兼任副局长，协管民族工作；从政府办抽调3名工作能力较强的工作人员，分别担任民宗办主任、民族股股长、局办公室主任、宗教股股长、法制股股长。通过合理定编定岗，单位公信力、凝聚力、战斗力切实增强。同时，构建三级管理网络两级责任制。为强化工作责任，建立市（县）、镇（街道办事处）、村三级管理网络；全力落实两级责任制，明确镇党委书记为责任人，镇（街道办事处）一名统战委员，专职负责管理宗教工作。村以村支书为责任人。形成网络管理、责任追究全覆盖。其次，发挥宗教团体作用。按照新的《宗教事务条例》，调动宗教团体积极性，发挥对宗教团体的桥梁纽带作用，要求全市宗教团体，经常性组织教职人员，参加学习培训，学习贯彻党的路线、方针、政策，学习新的《宗教事务条例》，充分发挥宗教团体的业务指导、工作联络、矛盾协调等服务作用，为促进和谐寺观教堂发挥积极作用。一方面，加强宗教活动场所制度管理。要求所有宗教场所，必须建立责任管理、安全管理、财务管理等制度。对于责任不明、制度不全、管理混乱的宗教活动场所，责令迅速整改。特别是对于宗教场所聚会活动，要求按场面大小、参与信众数量、安全防范措施等情况，必须报送市局备案，同时，派人到现场进行指导、督查，对私自聚会、管理不严、隐患突出的宗教活动场所，迅速整治，严厉打击，决不手软。另一方面，加强市民宗局内部管理。为确保工作快捷、管理高效，进行为期近2个月的调研，充分掌握管理人员、教职人员、信众信徒、合法活动场所、地下活动场所、活动聚会时间等情况，建立场所台账、人员台账、活动台账、地下场所台账、纠纷调处台账、上级文件台账、来访接待登记台账等，使工作管理得到加强、工作效率得到提高。同时，推行行政许可标准化。通过运用标准化原理、方法和技术，以行政许可标准化促进行政许可规范化，不断优化审批流程、减少审批环节、优化审批服务、提升审批效率，约束行政权力，杜绝权力寻租，规范自由裁量权，推进行政许可可预期、可操作、可验证、可考核、可监督，使标准体系配套更加协调，办事提供服务更加优良。根据国家、湖南省宗教局的统一安排部署，岳阳市民宗局召开的学习贯彻十九大会议精神会议，在培训学习会议上，岳阳市民宗局领导对赋码工作任务，进行一系列操作讲解。市民宗局以学习中共十九大精神为契机，迅速组织道教、佛教、基督教3个协会的场所负责人和宗教教职人员，学习新的《宗教事务条例》，着重对赋码工作进行快速传达，明确报送程序、时间要求、信息数据审核等工作要求。通过半个月的工作，完成信息采集、教职人员认定、场所负责人更换等棘手难题，调处相关矛盾纠纷，报送准确基础信息，为配合全国性赋码工作尽职尽责。市民宗局坚持以和谐寺观教堂建设为抓手，上山下湖，不惧艰难，摸清全市59个合法场所、30多个未登记场所的基本情况，接触100多名宗教教职人员。特别是对全市59个宗教活动场所，多次进行消防、安全、卫生防疫、矛盾纠纷等安全隐患排查，发现问题，及时整改。其中，包括道教教职人员在湖北非法活动问题、东岳府法人纠纷问题、基督教城南聚会点土地纠纷问题、基督教内部矛盾纠纷问题等。

【强化管理】 2017年，市民宗局按照习近平主席提出的“交往交流交融”指导思想，做好少数民族的管理与服务工作。一是优质服务，做好民族相关事务。服务民品企业。加强对民品企业的服务、管理和指导，组织4家边销茶企业，做好贷款贴息项目申报资料，及时向人民银行、财政局等部门申报，2017年共为4家边销茶企业，减免贷款贴息20余万元，免增值税近百万元。为少数民族学生加分。认真落实少数民族优惠政策，为少数民族学生高考加分，共为市一中、二中10名高考学子办理高考加分手续，得到少数民族家长的好评。保护民族特色村寨。为加快临湘市龙窖山瑶族特色村寨建设，3月，向省里申报项目计划；10月，省已拨付5万元资金到梅池村。11月底，按照申报程序，再次向省里申报项目建设资金，用于民族特色村寨保护。二是疏堵结合，管理流动少数民族占道经营。为规范管理，会同市城管大队、国安大队，组成工作组，协调处理少数民族占道经营问题，通过协调相关部门，已达成一致意见，待夜宵市场建成后，为少数民族商贩安排2个门面，用于经营烧烤业务，解决他们的实际生活困难。三是积极主动，化解少数民族信访纠纷。9月下旬，在京珠高速桃林服务区，经营清真餐厅的宁夏籍回民马晓云，找到市宗教局，反映其被浙江嘉宏公司欺骗后反而成为被告的经济纠纷案，要求市民宗局为其维权。接到诉求后，市民宗局迅速向市委统战部、政法委领导汇报，与法院的主管副院长、司法局领导、当事人律师等进行多次沟通，在民宗局进行多次协调，已达成初步意见，稳定当事人及其家属的情绪。

（李　强）

安全生产监督管理

【概况】　2017年，临湘市安全生产监督管理（简称市安监局），在省、岳阳市的精心指导和市委、市政府的高度重视下，安全生产工作以“落实企业安全生产主体责任年”为抓手，持续开展安全生产大检查、重大事故隐患治理“一单四制”等，强力推进烟花爆竹企业转型退出等专项整治，促进了全市安全生产形势持续稳定好转，安全生产考核名列岳阳各县（市、区）第一，被评为全省安全生产先进单位。

【严守红线】　2017年，市委、市政府把安全生产工作纳入重点议事日程。市安监局起草出台《临湘市安全生产监督管理职责规定》制度，为工作开展提供了强有力的制度遵循。进一步健全市级领导带队检查安全生产制度，细化乡镇干部包片、包厂、包责的“三包”责任制，市财政预算工作经费6万元，保障安全监管工作顺利开展。抽调市级领导和部门单位党员干部、属地乡镇干部组成10个工作组，派驻到烟花爆竹生产企业，联企包干负责，按期交账。

【把握界线】　2017年，市安监局充分利用电视、网络、横幅、标语各种宣传媒介，深入开展安全生产“七进（进企业、进校园、进机关、进社区、进农村、进家庭、进公共场所）”宣传活动。以市、镇、村干部和企业负责人为主要对象，每周发送安全生产短信2000条。组织开展“安全生产咨询日”活动，接受群众咨询500余人次。指导湖南国发精细、岳阳富安等企业开展事故应急救援演练，24家企业完善应急预案，对15家重点企业实行24小时实时监控和语音对讲，设立举报电话，一经查实给予500—5000元奖励，有效防止企业违法生产行为。编印《安全生产法律法规文件选编》5000册，培训党政干部、企业管理人员等6100人次，特种作业人员313人，督促作业人员体检4652人，干群安全意识、防范能力明显提升。

【筑牢防线】　2017年，市安监局下达执法文书656份，立案18起，处罚143.7万元。发挥市委办协调督促作用，督促市委会成员单位积极履职。聘请省矿山设计院专家对富安公司等企业排查隐患110处，投入1646万元整改到位。聘请省、市专家排查危化企业事故隐患132处，责令停产停业5家，立案查处4家。协调交通、国土等部门制定了详细的行政执法工作计划，深入重点领域、重点地段、重点场所开展“四不两直（不发通知、不打招呼、不听汇报、不用陪同接待、直奔基层、直插现场）”督查。查处违规经营行为132起，关闭零售点113家，收缴烟花爆竹28796个，有效规范烟花爆竹经营秩序。

【布好战线】　2017年，临湘市33家烟花爆竹生产企业存在较大安全隐患，被省安委会挂牌督办。市委、市政府痛下决心，引导企业全面退出。公安、安监牵头，历时5个月零3天、2248次的涉药危险品销毁，共销毁亮珠370.796吨、引线1.1亿米、内筒1.6亿发、军工硝1.26吨、军工粉15.66吨等。拆除涉药工房3100余栋、60平方米以下工房210栋，没有发生任何事故。国家安监总局、省安监局书面推广临湘市烟花爆竹转型退出工作经验。整改京广高铁沿线16处安全隐患，完成岳阳市2处挂牌督办隐患整改任务。以安监部门为主，临湘市政府抽调国土、公安、住建、交通等部门组建“打非”队伍，拘留违法人员17人，收缴价值80万元的烟花爆竹，取缔非法采矿点17处，扣押挖掘机等机械47台，取得了很好的震慑警示作用。交通、国土等部门持续开展了12项专项整治行动。

【责任落实】　2017年，市安监局认真贯彻落实《中共中央国务院关于推进安全生产领域改革发展的意见》，以健全隐患自查自改月报制和从业人员安全培训为手段，突出全面落实企业安全生产主体责任。综合运用年度考核、警示约谈、“黄牌警告”等手段，促进“党政同责、一岗双责、齐抓共管”。

【隐患排查】　2017年，市安监局以重大事故隐患“一单四制”为重点，健全定人、定期督查，责任跟踪负责等隐患排查制度，落实公共安全隐患整改资金和举报隐患奖励，从源头上防范和减少事故的发生。

【专项整治】　2017年，市安监局突出危险化学品、非煤矿山、道路交通等行业（领域），以“打非治违百日行动”为抓手，按照标准高、数量多、质量好要求，严格落实“四个一律”措施，全面强化监管执法，深入开展“打非治违”专项行动。

【宣传教育】　2017年，市安监局加强企业主要负责人、安全管理人员、特种作业人员法定安全教育培训。以“安全生产月”活动为重点，举办党政干部责任落实专题培训班，开展危化企业应急救援演练，营造浓厚安全生产氛围。

【严格执法】 2017年，市安监局加强和规范安监队伍建设，推进乡镇安监站监管能力建设。以“严格、规范、公平、公正”为原则，创新执法积分制，促进安全监管执法规范化、常态化、制度化，推进智慧安监建设，创新安全生产诚信机制，提高科技为安全生产工作服务的水平和能力。

（叶　彬）

扶贫工作

【概况】 2017年，市扶贫办立足“识贫、扶贫、脱贫”任务，落实硬措施、打响脱贫攻坚大会战，23个贫困村顺利退出，2389个贫困人口脱贫，全市贫困面大大缩小，贫困程度大大降低。

【三级责任】 2017年，市扶贫办由市委书记、市长亲自抓脱贫攻坚，坚持一月一调度，主动参加“三走访、三签字”活动，对26个贫困村进行走访调研。实行市级领导脱贫攻坚“一岗双责”，既对联点乡镇贫困村的脱贫负责，又对分管领域内完成脱贫任务负责。制定《临湘市脱贫攻坚大会战工作方案》，明确23个贫困村“摘帽”，年度脱贫2377人任务，细化产业发展、就业培训、社会扶贫等十大脱贫攻坚行动的时间表和路线图，财政专项扶贫资金由2016年的550万元增加到3000万元，整合资金由2016年的905.6万元增加到5000万元。驻村帮扶单位增加到74个。全面开展“第一书记”、帮扶队员培训考核。将脱贫攻坚业绩作为重要衡量标准。明确村支“两委”对该村脱贫攻坚负第一责，任协助开展驻村工作，充分发挥帮带作用。

【三条红线】 2017年，市扶贫办认真开展“回头看、回头查、回头帮”行动，对贫困户重新进行一轮精准识别，经全面甄别清理，剔除不符合条件对象3501户9759人，新纳入贫困人口414户2219人。制定《临湘市扶贫办财政扶贫资金管理办法》，20万元以上的项目由市财政、市纪委、市扶贫办和项目村统一组织招投标，并通过公告公示后组织实施。组织市财政、市审计、市经管、市扶贫办等部门对全市各乡镇、村和各部门单位的扶贫资金进行全面审计，杜绝侵吞、挤占、挪用扶贫资金和“雁过拔毛”式腐败现象。所有驻村干部均脱产帮扶，采用手机APP签到管理模式，并将扶贫单位的帮扶成效纳入年终目标管理考核。密集督查巡察帮扶工作情况。共约谈帮扶不力的部门单位负责人5人、村支书记4人。

【三大资源】 2017年，市扶贫办发放扶贫贷款4200万元，提前超额完成总任务。加快推进易地扶贫搬迁和危房改造工作，全年易地搬迁和危房改造578户。着力培育壮大钓具、楠竹、茶叶、艾草等特色产业，拉伸产业链条，促进一、二、三产业融合发展，吸纳贫困户就业1500人。实现26个贫困村光伏扶贫产业全覆盖，光伏扶贫电站装机总容量2047千瓦，总投资1620万元。全年可发电238万千瓦时，收益255万元，可带动2455个贫困人口脱贫。凝聚社会扶贫力量，各级人大代表、政协委员对贫困户“把脉问诊”带头帮扶。全市73个非公经济单位共募集社会资金1600多万元，为贫困村和贫困户解决一批实际困难。

（沈　鹏）

移民工作

【概况】 2017年，市移民局原属于财政局二级机构，2009年升格，2010年单列为正科级行政支持类事业单位。2017年内设4个股室，在职在岗工作人员14人。市移民工作在上级移民部门的精心指导和市委、市政府的坚强领导下，紧紧围绕全面建设小康社会战略布局，深入贯彻落实大中型水库移民扶持政策，开拓进取，克难奋进，较好地完成了全年工作任务。

【扶贫攻坚】 2017年，一是完善贫困移民人口信息库。在深入细致工作的基础上，将贫困移民全部纳入建档立卡范围，对贫困移民实行动态管理，做到应进则进、应扶尽扶，扎实做好贫困移民人口精准识别工作。二是编制水库移民脱贫攻坚方案。在深入调查研究的基础上，结合贫困移民的意愿和需求，会同发改、财政、扶贫等部门，编制临湘市水库移民脱贫攻坚方案，并纳入临湘市大中型水库移后期扶持“十三五”规划。三是通过“五个一批”确保脱贫。1.易地搬迁脱贫，全市易地搬迁脱贫项目——避险解困工作正在强力推进中，1140

名避险解困对象已基本落实到位，已完成易地搬迁人口454人。2.发展生产扶贫。在重点贫困移民村安排项目资金40万元进行产业开发，其中羊楼司镇明星村楠竹低改17万元，新屋村蔬菜基地6万元，詹桥镇壁山村茶叶种植10万元，忠防镇马家洞油茶种植5万元，帮助移民发展产业脱贫。3.项目资金扶贫。在全市26个扶贫村安排项目资金186万元，其中重点贫困移民村詹桥镇壁山村安排资金新建60千瓦光伏电站20万元，安全引水工程27万元；水泉村安全引水工程18万元，忠防马家洞村公路建设24万元，羊楼司明星村修复水毁工程18万元，聂市镇官田村河道治理6万元，在桃林镇治水村公路建设5万元，帮助他们改善生产生活条件脱贫创造条件。4.开展教育培训脱贫。在贫困移民村羊楼司新屋村、忠防镇马家洞村开展两期实用技术培训，安排培训经费资金8万元，培训移民230人次。5.社会保障兜底脱贫。安排社会救助资金4.26万元，继续对移民独生子女或纯两女户困难家庭子女考取大学的给予一次性2000~3000元奖励，对移民有三级以上计划生育手术并发症人员、移民独生子女有三级以上伤残或者死亡的家庭，每人给予1000元的扶持。全年共启动扶贫项目13个，计划投入564万元，完成任务1024人。

【整村推进】 2017年，市粮食局根据临湘市重点移民村人口、收入、资源、现有基础设施和经济发展水平、急需解决的主要问题及制约发展的主要因素、需要提升的主要内容、拟扶持的重点项目，确定羊楼司镇龙窑山村、忠防镇雁峰村2个村为整村推进示范村。将移民后扶规划项目和年度计划项目，突出安排在整村推进示范村，用于移民产业开发、避险解困、扶贫攻坚、和美丽乡村（家园）建设等民生项目，整村规划、因村制宜、补齐短板。2017年分别在羊楼司镇龙窑山村和忠防镇雁峰村安排项目资金各60万元，用于产业开发、避险解困、扶贫攻坚和美丽乡村等项目建设。投入25万元支持忠防镇双港村省级美丽示范村建设，投入10万元支持聂市镇三河村新农村建设。

【避险解困】 2017年，临湘市作为第三批大中型水库移民避险解困试点县（市）和省、岳阳市确定为重点民生实事项目，为完成2017年1140人的2280万元避险解困任务，积极主动开展各项工作。政府成立临湘市库区特困移民避险解困工作领导小组，由分管副市长任组长，市移民局和市直关主要负责人为成员。领导小组下设办公室，负责协调避险解困的具体事宜，办公室设市移民局，由市移民局长兼任办公室主任。各相关镇（街道办事处）也成立相应的工作领导小组。4月始，市、乡镇、重点移民村相继召开专题会议，层层宣传发动，在政策宣传上要求做到不漏一户、不丢一人，让每名移民知晓。根据省、市文件和会议精神，在深入调查研究广泛征取相关职能部门意见的基础上，制定《临湘市大中型水库移民避险解困试点工作实施方案》，并经市政府同意下发文件到乡镇和市直单位。方案中对避险解困试点对象、安置方式、补助标准及发放方式都作明确规定。采取先申请、后公示，报乡镇、市移民部门审核后再公示等程序和方法，最后初步确定临湘市428户、1140名避险解困对象，其中，地质灾害点移民234户、653人，生存环境恶劣移民194户、487人。安置方式除羊楼司镇601灾后安置点为集中安置点外，其他的以在该镇、该村分散安置为主，已确定安置点216个，动工建房72户。五是制定实施方案。在原有工作的基础上，在省移民局湘怡公司支持协助下，重新制定《临湘市大中型水库移民避险解困试点实施方案》。该方案在10月12日已通过岳阳移民局组织的专家评审。

【产业开发】 2017年，市移民局为适应农业供给侧结构性改革新要求，依托库区资源禀赋和产业基础，大力推进移民产业建设，按照省局要求，确保到县项目资金中20%以上用于发展主导产业和特色产业上。在楠竹、水产养殖、茶叶、油茶、蔬菜、水果等多个移民产业项目上，投入开发资金138万元，其中在羊楼司镇龙窑山村安排项目资金20万元，低改楠竹133.33公顷；在忠防镇马家洞村、雁峰村、忠防社区安排项目资金15万元，低改油茶100公顷；在聂市镇黄盖村安排项目资金20万元，发展水产养殖13.33公顷；在坦渡镇韩桥村湖乡水产养殖合作社安排项目资金20万元，发展特种水产养殖20公顷；在桃林镇白石村安排项目资金20万元，低改茶叶66.67公顷；在羊楼司镇新屋村安排资金6万元，种植蔬菜6.67公顷。在忠防镇沙坪村安排资金5万元，种植药材3.33公顷。

【移民培训】 2017年，市移民局按照省、市对移民培训工作的要求，坚持以提高移民综合素质、促进移民就业增收为目标，不断加大移民培训力度，着力提升移民就业创业能力和创收增收能力。围绕楠竹、水产、油茶、茶叶和畜牧养殖等产业，分别在羊楼司镇新屋村、龙窑山村、坦渡镇韩桥村、聂市镇三和村、忠防镇双港村、马家洞村举办6期移民实用技术培训班，培训移民

550人次。在临湘市职业中专和岳阳儿所职业院校开展职业教育培训，培训移民31人次。全年共培训移民581人次，超额完成培训任务。

【资金管理】 2017年，市移民局坚持计划跟着规划走、项目跟着计划走、资金跟着项目走，紧紧围绕移民后扶“十三五”规划选项目、编计划，防止规划计划“两张皮”现象。从2月中旬开始，围绕临湘市库区和移民安置区的发展要求和市委、市政府2017年的工作部署，局班子成员就深入到重点移民村组开展调研，部署2017年的后扶资金项目计划工作，到10月下旬止，全市已安排：600元以内项目21个，资金268.26万元；600元以上项目110个，资金778万元，避险解困节余项目28个，资金571万元，共计1617.26万元，并通过省、市移民部门的审批。为切实加强移民项目管理，确保工程项目取得实效，临湘市全面推行预算精细化管理，严格落实县级报账制，加强项目资金监管。针对6月27—29日岳阳市移民局对临湘市移民局2015—2016年度水库移民资金内审提出的整改内容和要求，市移民局高度重视，成立以局长为组长、班子成员为副组长的整改工作领导小组，通过自查自纠下镇进村督查督办，逐一严格按要求进行整改。推行“阳光行动”。坚持和完善移民资金项目公告公示制度，资金安排和项目实施一律做到“村上墙”“县上网”，自觉接受移民群众和社会各界监督。从第三季度始，20万元以上的项目由市移民局、市财政局组成联合验收小组进行行验收，20万元以下的由局分管领导和相关股室负责人组成验收小组进行验收，验收合格的及时拨付项目资金。至10月底，已验收项目27个，结算资金124万元。五是加强扶贫领域监督执纪问责。通过推进“五个一批（发展生产脱贫一批、易地搬迁脱贫一批、生态补偿脱贫一批、发展教育脱贫一批、社会保障兜底一批）”，重点查处扶贫领域政策落实不到位问题、“两个责任（主体责任、监督责任）”落实不力问题、扶贫资金使用管理中的违纪问题、“四风（形式主义、官僚主义、享乐主义、奢靡之风）”问题，确保移民资金使用安全高效。

（李淑芬）

民政工作

【概况】 2017年，市民政局现有干部职工135人，下设8个股室和13个二级机构，担负着社会救助、救灾救济、优抚安置、社会福利事业发展、基层政权建设、社会组织管理、殡葬改革、婚姻登记、福利彩票发行等民生保障和社会事务管理工作，服务城乡低保、农村五保、重点优抚、精简退职、投诚起义、孤儿等主要民政对象32000多人。在市委、市政府的正确领导和上级民政部门的精心指导下，全市民政系统坚守底线、担当实干、奋发作为，积极投身“五化”民政建设，各项工作取得了新成效。福彩发行、抗灾救灾等多项工作得到省、市表扬推介，荣获市委、市政府授予的推进“五三三”工程综合绩效考评一类单位、优秀领导班子及平安创建、为民办实事等8个先进单位称号。

【争资立项】 2017年，市民政局共争取各项民生资金1.5亿元，募集和定向接收慈善款物200余万元，增幅比例位居岳阳市六县（市）前列。市老年公寓、儿童福利院、军休服务中心等多个项目在省、市获得立项。

【项目建设】 2017年，火化殡仪馆全面建成并投入运营。社会福利中心主体工程基本完工，进入室内装修和景观绿化等附属工程扫尾冲刺阶段。

【抗灾救灾】 2017年，市移民局高效应对“6·23”“6·30”两次强降雨洪涝灾害，争取省厅下拨救灾资金总量排名岳阳市第一，帮助81户因灾倒房和108户严重损房户重建和修复住房。承办岳阳市减灾救灾和灾后重建工作现场会，临湘市作灾后重建工作典型发言。通过逐级推荐、积极争取，临湘市五里牌街道办事处花桥村社区和江南镇江南村，分别被评为全国和全省“综合减灾示范社区”。

【精准救助】 2017年，市民政局共救助城乡低保、特困供养、大病患者、孤儿、精简退职、投诚起义人员及其他困难群众28万人次，累计发放各类民生资金1.2亿多元。全面实现农村低保与国家扶贫标准“两线合一”。农村低保和兜底脱贫对象专项清理整顿工作圆满完成，共清退不符合保障条件的农村低保对象4535户、7737人，减幅达62%；精准认定社会保障兜底脱贫对象401户、1004人，人户比达2.1。城乡低保对象月人均补差分别达300元和140元。特困供养对象的生活费、护理费标准同步递增。行业扶贫、驻村扶贫及健康扶贫工作卓有成效，顺利通过上级检查验收。

【优抚安置】 2017年，市民政局组织开展军队退役人员大走访，“八一”、烈士公祭日和春节慰问活动。优抚补助足额发放，关爱解困工作有效实施。大力推进“阳光安置”，符合政府安排工作条件的退役士兵全部安置到位，安置遗留问题实现“清零”目标。创新军休管理服务，军休干部“两个待遇”全面落实。建立与市维稳办、信访局及各镇（办事处）信息互通机制，全市涉军群体基本保持稳定。特别是在2017年10月中共十九大和2017年全国“两会”特护期间，临湘市无一名涉军对象赴省进京上访，受到各级领导充分肯定。

【公共服务】 2017年，市民政局牵头负责的小康监测指标巩固提升。临湘市基本养老服务补贴覆盖率、城乡居民依法自治达标率、每千老年人养老床位数、每万人口拥有社会组织数、城乡社区综合服务设施覆盖率、基层民主参选率6项指标均达到100%，在岳阳市六县（市）中排名首位。村（居）同步换届圆满完成，全市161个村（居）委会一次性选举成功率达96%，未出现一起因换届选举操作程序不当引起的上访事件。启动村（居）务公开“亮栏行动”，城乡社区综合服务设施实现全覆盖。如期如质完成第二批行业协会商会与行政机关脱钩的改革任务。创新社会组织发展，以新文书苑为依托，建成省级标准化社会组织孵化基地一个，吸引5家公益性社会组织入驻孵化基地，为促进临湘市社会组织健康持续发展搭建平台。第二次全国地名普查工作顺利通过上级检查验收，受到省地名普查领导小组的通报表扬。全面完成与湖北洪湖、通城、赤壁三地的行政区域界线联检任务。养老院服务质量专项行动扎实开展，按县级100%的比例完成自清自查，并形成问题清单和整改方案。通过积极整改，完善长效机制，进一步提升养老院的服务管理水平。

（余　琪）

人力资源和社会保障

【概况】 2017年，临湘市人力资源和社会保障局（简称市人社局）全共有编制210名，实有干部职工270人，其中在岗人员196人，退休、退线人员74人，局班子成员7人。局机关内设办公室、政工股、计划财务股等21个股室，下属9个副科级事业单位（就业服务中心、企业养老保险所、职工医保中心、工伤保险中心、城乡居民养老保险中心、机关事业养老保险所、人力资源服务中心、劳动保障监察大队、劳动人事争议仲裁院）、4个正股级事业单位（城乡居民医保中心、信息网络管理中心、档案管理中心、企业退休职工管理服务中心）。市人社局紧紧围绕市委、市政府的重点工作和中心任务，按照“五三三”工程部署，扎实推进“2124”行动，全面做好人力资源和社会保障各项工作。2017年共征缴基金5.22亿元，发放（支付）各项社保待遇11.28亿元，争取上级转移支付资金4.87亿元。全市城镇新增就业人数5064人，下岗失业人员再就业3042人，援助就业困难对象1001人，新增农村劳动力转移就业5483人，新增贫困农村劳动力转移就业448人，城镇零就业家庭动态就业援助100%，发放创业担保贷款2040万元。参加工伤保险的企业职工有452家、42627人，新增工伤保险参保人员1076人，工伤保险基金收入1646.61万元。

【人社领域改革】 2017年，市人社局深入推进基本医疗保险跨省异地就医全国联网和费用直接结算工作，全面启动城乡居民医保全国联网结算，完成异地安置及转诊人员跨省结算备案71人，其中，异地安置人员52人，转院转诊19人。开展生育保险与职工基本医疗保险合并实施改革试点工作，8月1日，完成职工医保与生育保险业务合并、基金征缴合并、基金账户合并。加快城乡医疗保险制度的整合和政策衔接，完成城乡居民医保整合工作，成立城乡居民医保经办机构，做好制度整合和政策衔接。临湘市城乡居民住院补偿48.34万人次，共产生住院医疗费用4.99亿元，其中基金补偿报销2.37亿元。推进医保支付方式改革，实行按总额、按项目和按病种支付的支付方式，对阑尾炎等112个病种实行按病种付费。

【创新创业服务】 2017年，市人社局进一步完善创新创业服务平台，出台《临湘市扶持创新创业专项资金使用管理暂行办法》，根据暂行办法开展创业帮扶工作，先后拨付创业扶持资金20余万元。通过开展“四海揽才”招聘、“三支一扶”招募等活动，先后引进各类人才331人。联合临湘市妇联举办“最美创业女性”表彰大会，联合临湘市委统战部、工商联等举办“同心·创新创业”大讲堂，并邀请全国道德模范李国武进行创业分享。加强创新创业培训，结合龙窖山旅游开发，举办两期旅游导向领域创业培训班。全年共计举办各类创业培训班9期，共培训270人次，新增创业担保贷款2040万元，大大激发临湘市创业热情。

【精准扶贫对接就业】 2017年，市人社局出台《临湘市劳务协作脱贫工作实施方案》，对建档立卡人员贫困信息和辖区内企业空岗信息开展全面摸排，对有劳动能力和就业意愿至今未脱贫的人员，逐个上门走访进行精准跟踪，根据其意愿精准实施技能培训和就业援助服务，实现贫困人员就近就业和外出转移就业。与广东东莞市易事特集团、广东生益科技等多家企业达成劳务合作协议。开展临湘市2017年“就业扶贫送温暖”暨“黄盖湖区域渔民就业”专场招聘会，共组织蓝思科技、中国平安等28家企业入场招聘，提供就业岗位752个，进场求职2500余人次，406人与用工企业达成就业意向。开办创业致富带头人、贫困家庭“两后生”和贫困人员技能培训班8期，培训贫困人员295人。

【机关事业养老保险】 2017年，市人社局共完成215家行政事业单位的信息采集，对1.24万名在职人员、4561名退休人员进行信息录入，共征缴基金1.64亿元，发放基本退休费和津补贴1.82亿元，办理163名死亡人员审批，拨付丧葬费和抚恤金1246万元，离退休人员养老金足额发放。同时，将三类事业单位中在2014年10月1日前按事业办理退休的1029人转移到企业养老保险发放退休金，工资标准按事业标准执行，为临湘市财政节省机关事业养老保险待遇资金4012万元。

【劳动关系】 2017年，市人社局出台《加强治理拖欠农民工工资问题的实施细则》，切实加大监察仲裁力度，在全市开展“清理整顿人力资源市场秩序”专项行动，检查各类用人单位27家。开展工资集体协商工作，共有305家单位进行工资集体协商，集体协议签订率100%。共处理劳动监察日常投诉122件，涉及农民工928人，“12345”服务热线投诉276起，涉及劳动者372人，共为农民工追讨工资1175万元，劳动仲裁立案138件，案外处理126起，依法不予受理12起，整个立案过程规范有序，没有发生一起上访事件。

【所获荣誉】 2017年，市人社局被评为全国巾帼文明岗（中华全国妇女联合会颁发）；湖南省城乡居保经办管理服务工作优秀单位；湖南省仲裁办案先进单位（湖南省人社厅颁发）；岳阳市人社系统综合绩效考核优秀单位；岳阳市完成2016年“恶意欠薪”民生实事任务先进单位；临湘市全面推进“五三三”工程综合绩效考评一类单位；临湘市优秀领导班子；临湘市党风廉政建设先进单位；临湘市平安创建先进单位；临湘市基层党建先进单位；临湘市人口和计划生育综合治理先进单位；临湘市脱贫攻坚先进单位；社保资金项目（临湘市立项争资奖励项目）；临湘市联手帮扶企业先进单位。

（沈华军）

政协临湘市委员会

综 述

【概况】 2017年，市政协在中共临湘市委的坚强领导下，以习近平新时代中国特色社会主义思想为指导，敢于担当，忠诚奉献，工作更加贴近中心，更加富有成效，更加充满活力，呈现出市委重视、政府支持、政协主动、各界配合、社会认可的良好态势，为推动临湘经济发展、民生改善、社会和谐做出重要贡献。

【工作制度不断完善】 以制度建设为抓手，全面推进政协工作。组织出台《常务委员会工作规则》《民主评议工作实施办法》《委员履职管理办法》等政协工作制度；建立健全了委员、活动小组、乡镇政协联络办管理细则；成立了政协联络工作委员会，完善了委员履职档案，坚持把政协工作纳入对乡镇和市直部门的目标考核。制度的出台和机构的设立，使政协工作有章可依，委员履职有规可循。

【政治协商增强力度】 争取市委、市政府的重视，对市委、市政府的各项中心工作、行动建言献策，协同市委、市政府两办出台2017年度政治协商计划，扩大了协商的覆盖面，增强了协商的针对性，重大事项“三在前”的政治协商原则真正得到有效的落实。不断丰富政协委员大会咨政发言形式和内容，提高了咨证问政水平。

【民主监督突出公信度】 开展了以政法系统民主评议为重点的民主监督活动。2017年9月，对政法系统五个单位的工作进行监督评议，扩大了测评范围，纳入了社会面评价指标，扩大民主评议的参与面，提高了民主评议的可信度。另外，常委会还加强了提案督办，在主席会议成员领办重点提案的基础上，加强了同承办单位的面对面协商督办，有效提高了提案的办结率。临湘市政协在九届六次常委会上对各单位提案办理情况进行了满意度测评，同时将测评结果在新闻媒体公示，做到了民主监督与社会舆论监督相结合。

【参政议政提升高度】 准确把握全市工作大局，及时抓住市委、市政府决策急需，人民群众普遍关心的问题，组织委员深入调研，及时向市委、市政府提供切实可行的意见建议。2017年组织委员开展了开放崛起在临湘、智慧旅游建设、农产品市场建管、精准扶贫、规范村民建房、优化非公经济发展环境6个专题调研，组织三级委员开展黄盖湖综合治理、交通建设、新一中建设、城区提质扩容等5个视察，调研和视察成果都引起了市委、市政府高度重视，并得到了较好的转化。

【委员管理注重精度】 进一步做细、做实委员年度履职档案，对委员实行精细化管理。就政协委员年度撰写提案，精准扶贫、调研视察、社情民意反映，界别活动参加，实事办理和岗位建功十个方面，实行个人汇报、小组上报、专委会核实，对各界别委员实行一人一档，一年一汇总考核管理。

【联络联谊工作不断加强】 主动接受上级政协的工作指导，积极配合省政协和岳阳市政协到临湘调研视察。先后接待全国政协、省政协专题调研组，岳阳市政协主席徐新楚，副主席黎四清、秧励、孔福建等领导带队赴临湘市调研考察活动8次；配合岳阳市各专门委员会开展“开放型经济发展”“规范村民建房”“优化非公经济发展环境”等10余次专题调研；先后在省政协“政协主席走进红网”、岳阳政协委员“三个一”精准扶贫推进会等重大活动中作先进典型发言，临湘市政协工作在省、岳阳市政协得到充分的肯定和认可。加强与兄弟县、市的交流学习，赴江西修水参加湘鄂赣毗邻县（市、区）政协理论研讨会，不断丰富政协理论水平。

重要会议

【政协临湘市九届一次常委会议】 2017年3月3日上午，政协临湘市九届一次常委会在市委学术报告厅一楼会议室召开。市政协主席廖祯祥，副主席李征雷、马榕、盛美华、陈步龙、刘伯凤和全体政协常委出席会议。市委副书记余岳雄应邀出席会议。政协各工作组组长，镇（办事处）政协联络办主任、政协全体机关干部列席本次会议。李征雷主持会议。会议由程威生传达学习省、岳阳市政协全会，市委三级干部会议精神。

会议研究审议并协商通过《2017年政协工作要点》（草案）和本届委员会各专门委员会组成人员建议名单（草案）。讨论并协商通过《政协第九届委员会常委会工作规则》（草案）以及相关工作管理、实施规则和办法（草案）。通报本届市政协班子分工，政协办公室、各专门委员会工作职责。

4月20日上午，政协临湘市九届二次常委会在市委学术报告厅一楼会议室召开。市政协主席廖祯祥，副主席李征雷、马榕、盛美华、陈步龙、刘伯凤和全体政协常委出席会议。市委常委、市人民政府常务副市长凌晓明，市委常委、市纪委书记易兴建应邀出席会议。市审计局局长梅筠，市财政局局长吴天星，政协各界别活动小组组长、镇（办事处）联络办主任等应邀列席会议。会议由马榕主持。

会议协商审议临湘市2016年度财政预算执行情况和2017年财政预算编制（草案）。原则通过《政协临湘市委员会关于2017年财政预算编制（草案）的协商意见》。还就市政协系统党风廉政建设工作进行部署。

7月21日上午，政协临湘市九届三次常委会在市委学术报告厅一楼会议室召开。市政协主席廖祯祥，副主席李征雷、马榕、盛美华、陈步龙、刘伯凤和全体政协常委出席会议。市委常委、市委政法委书记胥春华，市人民政府副市长、市公安局局长邓可杰，市人民政府副市长吕乐，市人民法院院长张猛，市人民检察院检察长吴春生应邀出席会议。市司法局局长陈小良，市森林公安局局长姚沫华，市政协各活动小组组长、各乡镇（办事处）负责政协工作领导等应邀列席会议。会议由刘伯凤主持。

会议安排部署临湘市政协2017年度民主评议工作有关事项。协商讨论并通过《关于加速城市综合路网建设，推进城市提质扩容情况的调研报告》。通报市政协2017年上半年部分重点工作、2017年度提案督办情况和委员履职情况。根据《中国人民政治协商会议章程》（以下简称《政协章程》）和《政协临湘市第九届委员会委员履职管理办法（试行）》规定，一致同意向鹏、贺健两人辞去九届市政协委员资格，表决同意撤销陈鹤林九届市政协委员资格。

8月11日，政协临湘市第九届常务委员会第四次会议召开。市政协主席廖祯祥，副主席李征雷、马榕、盛美华、陈步龙、刘伯凤和全体政协常委出席会议。市政协各活动小组组长、各乡镇（办事处）负责政协工作领导等应邀列席会议。

会议协商通过了届中委员增补，同意方小玲、钟建新、黄庆斌、李会文、李建军、聂卫国、陶忠、张滔明8人任政协临湘市第九届委员会委员。

会议按照《政协章程》规定，一致赞成免去方平政协临湘市第九届委员会文教卫体委副主任，方小玲任政协临湘市第九届委员会法制群团人力资源委员会主任，陈宏学任政协临湘市第九届委员会经济科技委员会副主任。会议传达学习省、岳阳市政协会议精神。组织集中收看省政协宣传中心与红网联合摄制的大型节目——《政协主席走进红网》。

10月31日上午，政协临湘市九届五次常委会在市委学术报告厅一楼会议室召开。市政协主席廖祯祥，副主席李征雷、马榕、盛美华、陈步龙、刘伯凤和全体政协常委出席会议。市委常委、市委政法委书记胥春华，市人民政府副市长刘如乐，市人民政府副市长、市公安局局长邓可杰，市人民政府副市长熊丽，市人民法院院长张猛，市人民检察院检察长吴春生应邀出席会议。市司法局局长陈小良，市森林公安局局长姚沫华，市商务粮食局局长周少林，市文旅广新局局长陆如勇，市场管理中心主任李红宇，市公安局、市人民法院、市人民检察院、市司法局、市森林公安局5个被评议单位班子成员，市政协各活动小组组长、各乡镇（办事处）政协联络办主任和负责政协工作领导，民主评议小组成员等应邀列席会议。会议由马榕主持。

会议分别听取市公安局、市人民法院、市人民检察院、市司法局、市森林公安局5个被评单位的工作情况汇报和五个评议组的评议报告；全体政协常委会组成人员和民主评议员本着“实事求是、客观公正”的原则，对5个被评单位在政治立场、工作实绩、自身建设等方面情况进行投票表决。综合单位测评、群众测评和大会测评结果，市司法局和市森林公安局获评满意单位，市公安局、市人民法院和市人民检察院获评基本满意单位。

会议听取并审议通过《关于临湘市智慧旅游建设情况的调研报告》（草案）和《关于临湘市农贸市场建设和管理情况的调研报告》（草案）。会议传达学习中共十九大会议精神。

12月15日上午，政协临湘市九届六次常委会在市政协四楼常委会议室召开。市政协主席廖祯祥，副主席李征雷、马榕、盛美华、陈步龙、刘伯凤和全体政协常委出席会议。市委常委、统战部部长李其报，市政府副市长熊丽应邀出席会议。市教育体育局局长朱琼波、市文旅广新局长陆如勇、市住建局长李伟峰参加会议。会议由市政协主席廖祯祥主持。

会议听取市政府、市教体局、市文旅广新局、市住建局2017年度政协提案办理工作情况汇报，评议2017年度政协提案办理工作。协商通过届中辞免、增补市政协委员。协商通过届中辞免、增补常委建议名单。协商讨论市政协九届二次会议有关报告、常委会工作报告（征求意见稿）、提案工作报告（征求意见稿）、大会日程、议程（草案）、大会建议案（草案）。

【政协临湘市九届二次全会】 2017年12月19—22日，中国人民政治协商会议临湘市第九届委员会第二次会议，在市委学术报告厅召开。

会议听取、讨论并赞同魏淑萍市长所作的政府工作报告，讨论并赞同市人民法院、市人民检察院工作报告以及其他报告。会议审议批准廖祯祥主席代表市政协第九届委员会常务委员会所作的工作报告，审议批准李征雷副主席代表市政协第九届委员会常务委员会所作的提案工作情况报告，大会还补选了第九届市政协常委。

会议指出，2018年是全面建成小康社会决胜阶段的关键之年，更是临湘人力实施“创新引领、开放崛起”战略，强力推进“四大会战”，全面落实“四个十条”，推进结构性改革的攻坚之年。做好2017年的各项工作，会议坚持紧扣中心、服务大局，聚焦党政关心、群众关切，围绕实施人才兴市战略、推进临湘城市建设、加强环境保护力度、助推全民招商、全面建成小康社会等重大问题，以及事关人民群众切身利益的具体问题，进行广泛深入的协商，提出许多意见建议。

要求全市各级政协组织和广大政协委员，要认真贯彻落实中共十九大、十九届一中全会精神和2018年市委经济工作会议精神，把握团结和民主两大主题，主动适应经济发展新常态，以服务临湘发展为主线，以助推招商引资为重点，以更加契合党政中心、更加体现民生民心、更加彰显政协特色为目标，要忠实履行专门协商机构职责，认真组织政协协商；要着力促进履职成果转化运用，持续加强民主监督；要切实调动委员履职积极性，广泛开展参政议政；要充分发挥联系广泛的独特优势，努力汇聚发展力量；要进一步加强自身建设，不断激发政协工作活力、提高政协工作水平。

深入推进政协协商民主建设，积极帮助市委、市政府多做一些促进改革发展的具体工作，多做一些提升群众幸福感、增加社会温暖度的具体事情，为推进“精彩北大门、品质新临湘”建设、全面建成小康社会而努力奋斗。

（曹湘杰）

政协办公室工作

【概况】 2017年，市政协办公室严格执行常规工作相关制度规定，着力规范工作程序、落实各环节责任，进一步提高办文、办会、办事等各项常规工作成效。一是材料、公文办理更规范。共执笔提草各种会议讲话、总结、汇报、典型发言、调研报告、视察报告、协商意见、政协常委工作报告、各项决议、全会建议案、各次会议的主持词等文稿40多种，共34多万字。严格文件的拟稿、审核、签发、登记、校对、印制、分发和档案归卷、保密等程序，落实公文办理和档案管理各环节责任人，进一步提高文件的时效性、严谨性和档案的系统性、安全性，办理各类文件、函件26件，未出现明显错漏，档案齐备、安全，确保办文工作准确、规范、安全、高效。二是会务组织更严谨。大型会议设立专门组织筹备机构，中、小型会议严格按程序实施，每个会议都制定方案、明确分工、落实责任到人。做到会议流程清晰、组织规范、程序严谨、成果转化及时。截至12月底，成功组织1次全会、7次常委会、6次主席会、12次党组会、20余次机关干部会、1次民主评议会、1次提案测评会和政协工作小组、联络办主任座谈会等会议，编辑、整理出50条协商意见、建议报送市委、市政府及相关部门，多条意见、建议得到市委、市政府主要领导的高度重视，促进相关工作的发展。三是后勤保障更有力。实行财务公务卡消费制度、公务开支经费预算审核制度，规范经手、证明和经费审批程序，促进机关经费使用规范、安全、节约。严格执行《临湘市公务接待管理办法》，加强接待工作细节的衔接配合，先后接待来宾20余批次，做到既有礼有节符合规范又很好地服务中心工作，得到广泛好评，保证工作顺利开展。四是人事老干工作更用心。完善机关干部考核、考察的信息档案，确保人事管理、学习、考察安排、推荐工作符合规定，有利工作。用心做好离退休老干部工作，支持他们开展有益身心的活动，组织他们到工业园区、教育布局调整现场、岳阳各县（市、区）等地考察学习，积极为他们排忧解难，鼓励和支持他们发挥余热多做有益国家、有益社会的事。五是宣传信息工作更加强。进一步明确了临湘市政协宣传信息工作的新思路和新举措。加强与市委宣传部、市政府网络科、市广播电视台等新闻媒体的联系和合作，及时做好重要会议、活动的宣传报道，对临湘政协的重要工作、重要文件、理论研究、提案工作、视察调研活动等内容进行网上公示。配合市政协各专门委员会在《人民政协报》《湘声报》《岳阳日报》等重要报刊上做好政协宣传，协同文教卫体委做好《临湘政协》《民声》等内部刊物和简报的编撰和送达，切实提高政协工作影响力。

【协调参与】 2017年，市政协办公室全面参与市政协重点工作，充分发挥协调、枢纽作用，确保各项工作顺利开展。一是协调开展好调研视察。配合各专委会细化方案、协调人员、安排后勤；积极参与实地调研视察和报告撰写，加强报告的规范性审核；主动加强与市委、市政府及相关部门的沟通衔接，完善情况落实反馈机制，确保报告报送及时，领导批示反馈及时，意见建议落实及时。2017年来，参与开放崛起、精准扶贫、城市综合路网建设、特色农产品开发、智慧旅游建设、规范村民建房、浮标小镇建设、黄盖湖综合治理、“三区”（港区、园区、城区）联动建设、破解小微企业融资难等课题开展调研、视察活动，形成一批高质量的调研报告和视察报告，提出的意见建议得到市委、市政府肯定和社会各界认同。先后接待全国政协、省政协专题调研组，岳阳市政协有关领导带队赴临湘市调研考察活动8次；配合岳阳市各专门委员会开展“开放型经济发展”“规范村民建房”“优化非公经济发展环境”等10余次专题调研；先后在省政协“政协主席走进红网”、岳阳政协委员“三个一”精准扶贫推进会等重大活动中作先进典型发言，临湘政协工作在省、岳阳市政协得到充分的肯定和认可。二是组织好各项重大活动。发挥重大活动组织工作程序规范、协调功能突出的特点，围绕活动的目标要求，早谋划、强统筹、细安排，抓住方案制定、后勤保障、信息传达、文稿拟定等重要环节，统一指挥协调，加强联系衔接，同心协力把工作做细做实。一年来，认真筹备组织市政协全体会议、常委会议、活动小组工作会议等重大会议活动。三是加强学习开展党建活动。一年来，严格落实市纪委和市委组织部的要求，从严抓党建，认真开展党建活动，坚决落实中央八项规定，大力整治“四风”，努力锻造风清气正的政协队伍。积极探索协商为民的路径，改进工作作风，拉近政协与各界别群众的距离，使政协工作更加自信、自为和自觉。同时，认真组织市政协一班人和广大委员，深入学习中共十九大会议精神，学习习近平总书记系列重要讲话精神，学习人民政协理论和统一战线理论，不断加深对中央治国理政新思想新要求的理解，增强做好人民政协工作的责任感和自觉性。先后举办3期委员培训班，坚持每季度主席上党课和专题讲座活动，就党和国家大政方针、世情国情市情、人民政协理论等专题集中辅导，进一步拓宽工作视野和思路，明确履职方向和重点。

【机关建设】 2017年，市政协办公室以打造“五个政协”和贯彻“一线工作法”为契机，着力加强政协机关干部思想、组织、作风、制度等方面的建设，不断提高办公室工作的科学化水平。一是强化思想作风建设。组织机关干部职工深入学习习近平总书记系列重要讲话精神，全面贯彻落实中央、省委、岳阳市委和临湘市委党风廉政建设各项重大部署，市政协机关党风政风进一步夯实，提高业务素养，强化宗旨意识、奉献精神，以及求真务实、团结干事、勤政廉政的作风，形成争创先进、争做优秀的良好氛围。二是加强本职能力建设。按照市政协党组和主席会议的要求，调整充实办公室各科工作人员，进一步优化办公室工作队伍设置，增强工作活力。三是加强制度规范化建设。完善《财务管理制度》《机关工作人员考勤制度》《机关工作廉政制度》等，促进办公室工作的制度化、规范化和程序化。四是加强团结协作。大力提倡团结互助的精神，积极构筑团结协作工作机制，引导大家增强团体意识，多做相互搭台之事，把每项工作都作为团体事务来协作推进、共担责任，并把增进团结纳入工作考核的重要内容，积极帮助办公室工作人员解决生活中的困难，形成同舟共济、团结干事、奋发进取的良好氛围。

（曹湘杰）

提案委工作

【提案征集】 2017年，在两会期间，提案委共收集政协委员提案141件，经审查，立案99件，99件立案提案在30个承办单位的共同努力下，全部按时办复完毕。提案所提建议意见已解决或基本解决的67件，占立案总数的68%；委员反馈的“征询意见表”满意率达94.9%。

【提案督查】 2017年政协九届二次会议闭幕后，提案委及时对所有提案进行整理、审查、立案，3月，召开提案交办大会，由30个单位承办，从中确立10件重点提案，交由有关单位承办。

【提案服务】 2017年，加强与市政府工作对接，经常保持与政府提案办的沟通，联合政府提案办对重点提案进行多轮督查。积极为委员知情明政创造条件，邀请有关委员开展视察、调研活动，为委员搭建知情明政平台。加大对提案办理工作的宣传，大力宣传政协委员提案办理的实效，为提案的办理营造良好的氛围。

【中心工作】 2017年，积极参与各委办组织的调研、视察活动。做好承办单位提案评议，撰写全会提案报告。

（曹湘杰）

法制群团人力资源环境委工作

【调研活动】 2017年4月，配合省、市政协开展“优化非公经济发展法治环境”调研活动，岳阳市政协副主席秩励带领岳阳市部分政协委员到临湘开展“优化非公经济发展法治环境”调研，积极配合和支持，并撰写调研报告。6月，法制群团人力资源委员会组织开展“城市路网建设”调研，并向市政府提出协商意见。

【民主评议】 2017年6—9月，对临湘市政法系统的公安局、检察院、法院、司法局、森林公安局5个单位开展民主评议活动；由市政协正、副主席带队，组成调查组对5个单位进行调查和评议，共评出满意单位2个，基本满意单位3个。

【界别小组活动】 2017年，组织群团组和社会组的政协委员对“城市园林绿化管护”“植树造林”“法院的听庭和评庭”“棚改”等进行考察和指导活动。

（曹湘杰）

经科委工作

【组织预算协商】 2017年4月初，经科委对2017年财政预算（草案）进行认真审查，形成审查报告。4月20日，综合常委们提出的合理化意见和建议，形成《关于2017年财政预算（草案）的协商意见》，提交九届二次常委会协商通过，就进一步做好2017年财政预算工作，提出要注重培植财源、要规范预算公开、要及时拨付项目资金、要高效安全使用资金、要强化政府债务监管等建议。

【开展专题考察】 2017年5月18日，牵头组织部分三级政协委员对黄盖湖防洪治理工程实施情况进行专题考察，并召开座谈会，充分肯定工程实施的效果与意义，指出实施过程还存在的协调沟通不够到位、设计方案不够完善、工程监管有待加强等问题。提出要加强沟通协调、要掌控工程质量与进度、要突出生态保护、要注重产业融合等意见和建议。7月31日，牵头组织临湘市部分省、市、县三级政协委员对浮标产业发展情况进行专题视察，召开视察座谈会。会议指出，浮标产业发展过程中还存在产业发展模式有待精准、行业竞争行为有待规范、自主创新力度有待加大、平台服务有待完善等问题。建议要发挥市场主导作用、要规范行业竞争行为、要鼓励企业自主创新、要完善服务平台建设，促进临湘市浮标产业健康有序发展。

【进行重点调研】 2017年2月10日至3月10日，配合岳阳市政协开展“开放崛起在岳阳”调研活动，摸清临湘市开放型经济发展现状，分析临湘市开放型经济存在的突出问题，明确临湘市开放型经济发展目标任务，提出临湘市开放型经济发展的建议，为岳阳市调研提供较为翔实的基础性资料。6月下旬，市政协副主席刘伯凤带队赴汨罗、平江、望城、宁乡等地，就当地党委、政府如何支持工业园区发展及如何对工业园区进行绩效考核等内容开展调研。学习先进地区的工作经验，针对临湘园区发展实际，提出完善园区产业发展方向、完善园区中长期发展规划和工作机制、完善优惠政策落地办法、完善园区绩效考核办法等合理化建议，形成《2017年度工业园区综合绩效考评计分办法（送审稿）》，并最终由市委研究通过，较好得实现成果转化。8月下旬至9月，配合岳阳市政协开展“规范村民建房建设美丽乡村”专题调研，成立专题调研组，采取实地察看、查看资料、座谈交流等方式，深入农业局等8个相关单位进行调研，并与岳阳市政协调研组共同召开调研座谈会，找准目前推进规范村民建房工作中存在的突出问题，寻求破解制约因素的对策。9月下旬开始，对临湘市城乡农贸市场建设和管理情况进行专题调研，深入临湘市城区和各乡镇（街道办事处）农贸市场及相关部门单位进行走访调研，较为全面地了解全市城乡农贸市场建设和管理的基本概况，指出农贸市场建管过程中存在的规划有待完善、布局不尽合理、基础设施比较薄弱、管理难度较大等突出问题。提出在今后的工作中要注重合理规划，适度布局农贸市场、加大投入，推进农贸市场建设改造、严格执法，加大马路市场整治力度、协调联动，提高农贸市场管理水平等合理化意见和建议。

（曹湘杰）

联络委工作

【参与委员协商推荐任免】 2017年，主要承办九届一次至二次会议期间政协委员离任后的协商推荐和任免事项，配合市委组织部、市委统战部开展政协常委会组成人员选举和免职调整工作。期内辞免委员10人，增补委员14人；调整常委2人，增补常委6人。

【组建委员履职管理系统】 2017年，起草《政协临湘市第九届委员会委员管理办法》，建立委员小组活动及委员履职档案，将委员小组活动及委员履职情况依照管理办法纳入档案管理。协助各专委会做好委员考核和履职记录，并在年终和年末对委员履职情况进行通报。

【开展“三个一”扶贫活动】 2017年，起草《临湘市政协委员“三个一”扶贫活动方案》倡导全市195名政协委员对248户贫困户开展对口帮扶。建立委员扶贫信息网和委员扶贫档案。向岳阳市政协推介胡晓珊、瞿园园两个典型在委员履职会上发言。

【组织履职量化考核】 2017年，起草《临湘市政协委员活动小组工作考核办法》《政协临湘市委员会委员履职考核方案》。将委员小组活动和委员履职情况实行量化考核。负责协调省、岳阳市驻临湘政协委员的相关活动及年终考评数据的收集、整理、上报工作。

【指导、推动乡镇政协工作】 2017年，组织开展政协委员履职走访服务、联系走访工作，指导政协委员做好联系界别群众工作。

【联点工作】 2017年，负责政协联点黄盖镇，参与黄盖镇防汛及新农村建设工作。负责与市委统战部、区各民主党派、有关人民团体和界别的联络协调工作。

（曹湘杰）

文教卫体委工作

【委员小组活动】 2017年，组织医卫、教育界委员分别就临湘市中医药事业发展、公共卫生事业建设、教育布局调整等工作进行视察调研，出台调研报告，并就相关主题同政府相关部门进行界别专题协商，取得一定成效。

【反映社情民意】 2017年3月，组织各界别组长、乡镇（办事处）政协联络办主任及部分政协委员就社情民意信息的撰写进行集中培训。不定期编发社情民意信息专刊《民声》，反映的民情信息，得到市政府相关主管领导的重视，纳入重要工作内容加以解决。积极向岳阳市政协报送社情民意信息。

【专题调研】 2017年，组织专题调研组，就临湘市智慧旅游建设情况进行深入调研，市政协九届五次常委会智慧旅游建设专题调查报告进行充分协商，形成专门协商意见报送市政府，推动相关工作有效开展。配合岳阳市政协完成医药安全、教育扶贫等相关专题视察调研。

【书香政协建设】 2017年，为做好机关阅览室的布置，配齐阅读桌椅，归集阅览刊物、书报，确定管理人员，制订落实学习计划，推动机关学习经常化。编辑出版《临湘政协》第8期、第9期，进行《黄盖与湖——黄盖湖民俗与民间故事集》的资料收集与文字编纂，计划于2018年出版。

（曹湘杰）

社会团体

临湘市总工会

【概况】 2017年，临湘市总工会现有机关干部、职工36人，在岗干部、职工24人，党组成员3人，其中党组书记、常务副主席1人，党组成员2人。在市委、市政府的正确领导和大力支持下，全市各基层工会紧紧围绕市委、市政府工作大局，主动服务科学发展，竭诚服务职工群众，加强基层基础工作，工会工作实现新提升。获评为岳阳市工会工作红旗单位，临湘市推进“五三三”综合绩效考核一类单位、临湘市优秀领导班子。

【提升素质】 2017年，临湘市各基层工会充分发挥“大学校”作用，深入开展“中国梦·劳动美”主题教育实践活动，积极培育和践行社会主义核心价值观。通过演讲、读书月、工会大讲堂等形式，组织职工认真学习中共十九大精神特别是习近平总书记关于工人阶级和工会工作的重要论述，牢牢把握正确的政治方向，进一步在职工群众中形成促改革、谋创新、求发展的强大气场。通过推介评选“五一”劳动奖章，选树企业首席员工、金牌工人和技术能手，形成广大职工比技术、比创新、比贡献的浓厚氛围。大力开展职工技能培训活动，开展技能培训2000余人次，为企业发展提供强大智力支持和人才保障。积极组织参加岳阳市总工会“书香岳阳、为您读书”活动，市环保局选手获二等奖。发挥俱乐部、职工活动中心的阵地作用，举办职工运动会、乒乓球比赛、文艺展演，开展送演出、送书刊、送电影等送文化活动，丰富职工群众的精神文化生活。

【激励创业】 2017年，临湘市各基层工会紧紧围绕全市经济发展大局，以“劳动创造新临湘，职工喜迎十九大”为主题，以“工人先锋号”创建为载体，以浮标产业园开园、举办全国钓鱼比赛为契机，开展一系列企业增效、党政满意、职工乐意的劳动竞赛。在金叶肥料公司、海螺水泥公司、临湖大道等国有工业企业和重点工程项目开展比科学管理、比技术创新、比工程质量、创优质工程为主要内容的“三比一创”劳动竞赛活动；在兆邦陶瓷、十三村等非公企业开展以创优质量、创高效益、创低能耗、创新技术为主要内容的“四创”劳动竞赛活动；在供水、供气、通信、交通、餐饮、卫生等服务型窗口行业开展以创优质服务、创优良秩序、创优美环境为主要内容的“创三优”优质服务竞赛。全市108个企事业单位1.3万余人次参加多种形式的劳动竞赛、技术比武和岗位练兵等活动，提出合理化建议430余条，实现职工技术成果110余项，增创经济效益1480余万元。争创岳阳市级工人先锋号1个，池海浮标李建明、公路局李胜祥被评为岳阳市巴陵工匠；联合浮标协会评选表彰浮标制作“最美工匠”；积极选送能工巧匠参加岳阳市各类比赛，陈中良、沈和平分别代表岳阳参加省手工制茶、手工竹艺竞赛决赛并获得好名次。加强职工安全教育培训，强化安全班组创建，深入开展“安康杯”竞赛，促进企业安全卫生状况持续改善。大力弘扬工人阶级伟大品格和劳模精神，召开劳模何洞村扶贫发展座谈会，举办“劳模先进事迹巡回演讲”，开展“寻找我身边”的工匠活动，并将3名有代表性的、工作有建树的工匠，制作劳模电视专题片在临湘电视台专题播放，全方位、多角度展示劳模风采。

【构建和谐】 2017年，临湘市各基层工会积极履行职责，把推进工资集体协商工作作为维护稳定的政治责任、实现职工体面劳动的重要工作来抓。应签工资集体协议362家，已签362家，签订率100%；全面加强工会民主管理工作，实现已建会的国有企业及其控股企业、事业单位普遍建立厂务公开、职代会制度，已建会的100人以上非公企业单独建制率动态保持在85%以上；女职工专项集体合同在行政事业单位建制率达100%，企业签订率达到88%以上。维权方法进一步创新，借助市法律援助中心资源开展职工法律援助，加强与法院、人社、信访等部门合作，积极开展职工诉求和中彩金法律援助服务，参与劳动仲裁个案和安全生产事故处理6起，依法调处劳资纠纷15起，为35名职工审议劳动争议案件，上报中彩金案件260个，远超岳阳市总下达任务数，较好地维护职工合法权益。

【精准帮扶】 2017年，临湘市总工会坚持重心下移，创新职工服务载体，竭诚服务广大职工群众。全面启动实施工会“互联网+”职工服务体系建设，切实打通服务职工“最后一公里”，职工维权帮扶中心转型升级基本完成，共建立各类帮扶站点70多个。积极推动“双联”帮扶工作，70个参联市直单位为困难企业、职工办实事135件，帮扶款物总值达80多万元。推进工会精准帮扶工作，主动服务全面建成小康社会的发展目标，成立以党组书记梅良为组长，党组成员王华山为副组长的精准扶贫工作领导小组；党组成员王华山、干部李伟雄常驻扶贫点何洞村，投入扶贫资金13万元，硬化进村公路、做好产业扶贫、结对帮扶等工作，得到各级领导好评。全国劳模李国武被评为岳阳市总工会精准扶贫爱心大使，十三村被岳阳市总工会授予一户一产业工人培养工程示范基地称号。主动参与全市应急工作，向受洪涝灾害乡镇和工业园区企业捐赠价值30余万元的棉被、衣服、矿泉水、方便面等物资。着力实施普惠服务，联合人社、妇联开展春风行动，为1100多名农民工找到工作岗位；组织基层工会为1万名职工购买职工医疗互助，共为1009人报销住院医疗费64万多元；坚持开展“送温暖”活动，2017年共筹集送温暖资金30多万元，慰问困难职工300多人；为30多名困难职工子女捐助学金，唱响工会春送岗位、夏送清凉、金秋助学、冬送温暖的“四季歌”。

【自身建设】 2017年，临湘市各基层工会以“两学一做”制度化、常态化学习教育活动为契机，着力加强制度建设，着力推进管理规范化，着力培育工会文化，着力转变工作作风，工会干部的责任意识和服务意识进一步增强。坚持“党建带动工建、工建服务党建”，大力开展集中建会行动，突出非公企业、小微企业工会组建，突出农民工、劳务派遣工、新生代和新社会组织职工入会。新组建基层工会组织63个，新增会员3760人，其中农民工会员2100人，女职工组织同步组建率达90%以上。切实增强基层工会活力，企业工会主席按同级副职选配制度得到坚持，基层工会主席直选产生比例得到提高，8名职业化工会工作者充实到企业工会、协会工会，工会干部队伍建设不断加强。广泛开展职工之家、职工小家和会员评家创建活动，全市新增岳阳市级模范职工之家3个，基层工会活力不断增强。认真贯彻《企业工会工作条例》，深入开展工作规范化建设、达标升级和“三亮”（工会组织亮牌子、工会干部亮身份、工会工作亮特色）活动，工会工作基础不断夯实。全面推进工会经费地税代收工作，加强工会经费审查审计和资产监管。2017年共对73家基层工会开展经费审查审计，以审督收工会经费65万元，工会实力显著增强。工会调研、统计、党风廉政建设、党建、信访、文明创建、综合治理等各项工作取得长足的发展。

（李祥勇）

共青团临湘市委员会

【概况】 2017年，中国共产主义青年团临湘市委员会（简称共青团）共有机关干部4人，设有办公室、青年发展与希望工程部两个部门。认真贯彻落实团中央、团省委和团市委的各项工作部署，扎实推进共青团改革工作，坚持问题导向，聚焦青年民生，突出改革主线，强化从严治团，团结带领全市团员青年充分发挥生力军和突击队的作用，在加强青少年思想政治引领、协助党委政府服务中心工作、强化自身建设等方面取得新突破。

【党建带团建】 2017年，临湘市委对共青团工作的领导进一步加强。年初，由市委书记李美云主持召开市委常委会，听取2016年度共青团工作汇报，并把党的群团工作纳入到党建工作的考核范围，列入党建述职内容。4月，召开“党建带团建”工作联席会，专题研究共青团工作。7月，市委副书记、市长魏淑萍专题调研群团工作。借助村支“两委”换届稳步推进自身建设。上半年正逢临湘市村（居）“两委”换届，各乡镇（街道）基层团组织积极作为，一批年纪轻、素质高、致富能力强的村干部充实到村团支部班子中去。持续开展“共青团与人大代表、政协委员面对面”活动。5月24日，邀请部分市人大代表、政协委员调研共青团工作和青年创业工作，并承诺通过人大、政协等制度化渠道代表和反应临湘市创业青年的普遍诉求、维护其发展权利。结合工作特色确保党建工作再上新台阶。2017年，建好党建工作室，规范台账建立，配备专职党建工作人员，结合团委工作特色落实“党员活动日+”制度，着力推进“两学一做”学习教育、“四种精神”专题学习讨论等重点工作，确保党建工作再上新台阶。扎实推进非公团建工作。借助市委组织部门在非公企业抓党建的契机全面加强对非公企业团建工作的领导，新录入湖南省一叶舟钓具有限公司、湖南省砚池文化艺术传播有限公司等非公有制企业19家。

【思想教育】 2017年，共青团积极开展“一学一做”集中学习，全市共组织活动场次16场，参与人数216人，撰写心得体会57篇。各中小学校也组织开展“不忘初心跟党走”“十八岁成人礼仪式”“我向习爷爷说句心里话”等主题团日、队日活动。9月，组织全市50名团干参加为期一个月的党校党性教育专题培训，并赴井冈山红色革命根据地进行异地培训。11月，组织全市共青团系统干部集中学习中共十九大精神，进一步提升临湘市团干的政治站位。二是青年引领作用不断加强。“五四”期间，组织召开“五四”表彰暨青年座谈会，表彰一批爱岗敬业、文明服务、无私奉献的青年先进集体和个人。7月，共推荐42个个人节目和3个集体节目参加第八届湖南省少儿才艺大赛总决赛，集体项目取得少儿一组一等奖、幼儿组三等奖，个人项目取得金奖3枚、银奖7枚、铜奖11枚的佳绩。三是新媒体平台影响力不断加深。2017年，共青团临湘市委微信公众号通过与粉丝量高达15万的“临湘生活网”的深度合作，使临湘共青团工作在全市得到积极宣传和有效推广。微信平台共推送信息29期，刊发稿件72篇，《岳阳日报》刊登稿件11篇。为认真做好“1+100”和青年之声工作，8月共青团临湘市委召开专题工作推进会，每个月都对积分情况进行实时通报，确保“1+100”工作持续领先。四是共青团和少先队改革工作成效不断突显。临湘市大部分中小学根据学校实际制定《共青团改革方案》和《少先队改革方案》，以全面提升先进性为主要目标，着力推进中小学共青团和少先队组织创新和工作创新。

【传播正能量】 2017年6月底，临湘市遭遇特大暴雨灾害，积极组织临湘市基层团干投入抗洪救灾行动，涌现一批像围城社区团委书记周明一样的先进典型；在全国垂钓俱乐部挑战赛暨国际垂钓文化园开园节活动期间，圆满完成200名青年志愿者的嘉宾接待、礼品分装、舞台布置及赛事服务等工作。3月，开展以“学习雷锋见行动，共建品质新临湘”为主题的志愿服务月活动16场，活动参与人数达12000人次。9月，组织100名志愿者积极开展文明劝导志愿者行动，为临湘市创建省级文明城市做出贡献。10月，青年创业者协会开展“关爱老人，孝行天下”重阳活动，为聂市镇敬老院85位老人送去节日的祝福和问候。团市委组织青年创业者们赴浙江安吉考察学习竹产业电商平台，为临湘市竹产业发展提供新想法、新思路。另外，每月举行“临湘青年创业者经验分享会”，为青年创业者们提供一个激发创业热情，传播正能量的交流平台。

【扶贫助学】 2017年，共青团结对帮扶2户建档立卡贫困户，共支出扶贫资金8万元，结对的2户贫困户完成脱贫摘帽。同时，还开展各类扶贫活动共计8场，为90多位贫困学子争取到助学金40万元，爱心帮扶物质5万余元。争取到安婕好化妆品有限公司16000元的爱心礼包和“2017NBA关怀行动儿童节活动”项目。还争取到希望小学援建项目2所，援助资金67万元；开展以“关爱孤儿，爱心助学”为主题的大型捐赠活动，活动现场共募集爱心企业捐款27万元。向上级积极争取到“芙蓉学子”“希望工程救灾助学”“和顺石油”等助学项目，共计10万余元。在做好本单位的扶贫任务外，还积极发动各种社会力量参与到扶贫浪潮中来，如临湘市华园小家庭的瞿园园2017年专门结对帮扶两名贫困高中生，一直帮助其完成学业。临湘新文书苑在“六一”儿童节为长塘镇中学的60名贫困学子送去价值3万元的学习用品。

【特色工作】 2017年共青团积极开展青少年禁毒宣传活动。“五四”青年节，组织全市200多名优秀青年代表开展禁毒签名活动。“六一”儿童节，组织开展“禁毒宣传进校园活动”，700多名中小学生听取禁毒知识专家讲座，参观禁毒知识展览，发放宣传资料和禁毒宣传礼品700余份。“6·26”国际禁毒日，组织200余名青年志愿者参与临湘市禁毒宣传健步走活动和“禁毒进社区”活动，发放宣传资料3000余份，走访商户170余户。积极开展青少年普法宣传活动，联合市人民法院，在全市各中小学配备法制副校长，设立法治教育基地10个，将法制教育列入教学大纲，使学生每学期至少开展4次法制教育。5月27日和12月4日，结合国家宪法日等重要时段，开展送普法知识下乡活动，为群众提供法律咨询解答。为全面落实“讲文明、树新风、治陋习”工作，成立20支青年志愿宣讲队，通过进酒店饭店、入社区街道，宣讲文明新风，让“讲文明、树新风、治陋习”理念家喻户晓，深入人心。

【成绩与荣誉】　2017年，共青团被评为临湘市2017年度文明创建与“三大攻坚”行动先进单位，共青团被评为临湘市2017年度综治工作优秀单位，共青团被评为2017年度岳阳共青团工作先进单位，共青团临湘市教育体育局委员会被评为2017年度岳阳先进基层团组织，共青团临湘市卫生和计划生育委员会被评为2017年度岳阳先进基层团组织，共青团临湘市第一中学委员会被评为2017年度岳阳先进基层团组织。

（杜　娟）

临湘市妇女联合会

【概况】　2017年，临湘市妇女联合会（简称市妇联）在市委、市政府的正确领导和上级妇联的精心指导下，深入学习实践科学发展观，坚持一手抓发展、一手抓维权，切实履行职能，围绕中心，服务大局，服务妇女，服务基层，维护妇女儿童合法权益，团结带领广大妇女为加快临湘市全面小康社会建设做出积极贡献。

【基层妇联改革】　2017年，市妇联全面完成基层妇联组织改革工作，全市共选出镇、村妇联执委2740人，高质量地完成村级“会改联”工作，建立健全镇村妇女代表大会制度。

【“平安家庭”创建】　2017年，市妇联以家庭平安促进社会稳定，以家庭文明促进社会和谐，通过开展“平安家庭”示范户的评选活动，引导全市广大妇女和妇女组织积极争创先进典型，树立平安家庭建设典范，以典型示范辐射带动广大家庭践行家庭美德，以家庭文明促进社会文明。

【禁毒宣传】　2017年，市妇联开展“无毒青春、健康生活”禁毒主题宣传活动。组织巾帼志愿者进社区、进广场宣传禁毒知识，深入到戒毒所、特殊学校，并进行沟通、帮扶和服务，让他们真正感受社会大家庭的温暖。

【妇女保健】　2017年，市妇联开展农村妇女“两癌”免费检查，发放“贫困母亲两癌救助”公益金49万元，确保符合条件的贫困母亲都得到救助。

【关爱活动】　2017年，市妇联在市第五小成立首个关爱留守儿童“知心屋”。邀请国家二级心理咨询师魏翠芳担任心理辅导老师。“知心屋”的运行，让孩子们在这里敞开心灵窗口，启迪智慧人生，使他们开心地学习，快乐地成长。举办“母亲邮包”发放仪式。开展“爱在金秋　助学圆梦”活动。举行爱心奶粉发放仪式。开展法律知识宣讲。

【发展规划】　2017年，市妇联经过安排部署、调查研究、征求意见、审核确认4个阶段，充分听取意见、广泛汇集智慧，并经市人民政府审批同意后，颁布实施《2016—2020年临湘市妇女儿童发展规划》。

【就业指导和法律咨询】　2017年，市妇联参与组织“春风送岗位”行动，及时下发用工信息，帮助妇女同胞达成用工意向。派专人为下岗失业女职工、返乡女农民工讲解促进就业法、劳动合同法等相关法律、政策，积极引导女性就业。

【妇女维权维稳】　2017年，市妇联共接待妇女群众来信来电来访109件，对妇女群众的来信来访坚持做到“事事有着落，件件有回音”，特别是做好特护期部分农村老村妇女主任要求解决养老保险问题的息访稳控工作。

（童　琼）

临湘市科学技术协会

【概况】　2017年，临湘市科协在市委、市政府的正确领导和上级科协的有力指导下，深入学习中共十八届五中、六中全会和习近平总书记系列重要讲话精神，全面贯彻落实全国“科技三会”和全省“科技两会”精神，扎实开展“两学一做”学习教育，紧紧围绕市委、市政府中心工作，认真履行“四服务一加强”工作职责，团结协作，真抓实干，充分发挥班子的整体效能，班子战斗力得到不断增强，为建设“精彩北大门、品质新临湘”做出积极贡献，在岳阳市科协系统综合绩效考核中排名第一，被岳阳市科协授予“2017年度县市区科协绩效考核优胜单位”荣誉称号。

【科普服务】　2017年，临湘市科协实施基层科普行动计划。临湘市黄盖湖优质稻协会获湖南省科普益民计划项目奖补资金10万元。五尖山国家森林公园、湖南十三村禁烟馆被评为湖南省省级科普教育基地。新培育发展市级农村科技示范户100户、社区科普示范家庭28户。在科普项目资金的支持下，全市科普设施进一步完善，科普服务能力明显提升。移民科技培训继续进行，充分发挥科协农函大的资源优势，主动与临湘市移民局联系全年开展9期水库移民实用技术培训班，培训移民631人。就业和实用技术培训稳步推进。各镇办事处科协、各学会相继组织农民工就业和实用技术培训，全年共组织各类培训班100多次，培训农民12000多人次，培训城镇劳动者3万多人次。科普信息化建设。一是实施“互联网+科普”行动，推广和运用好“科普中国”“科普湖南”“科普岳阳”平台资源并着力打造“临湘科普”品牌。“临湘科普”微信平台每天发布4条来自“中国科普”“湖南科普”“岳阳科普”的优质科普信息，关注人数已达7万人，二是强化科普合作，与电视台、电台合办《科普大篷车》节目和“手机报”。三是加强科协网站建设，不断完善、更新、充实网页内容。四是科普E站应用落地，建有两个科普E站。科普E站是依托大数据，云技术手段，洞察和感知公众科普需求，定向、精准推送科普信息的科普方式。

【科普活动】 2017年5月12日，是全国减灾防灾日，临湘市科协与有关单位分4个集中点组织开展防灾减灾宣传活动。6月13日，食品安全周主场活动在市政府广场启动。9月22日，2017年临湘市全国科普日主场活动在金河社区举行。通过系列“主题活动”，大力宣传“创新、协调、绿色、开放、共享”的发展理念，激发全社会的创新热情和创造活力，破除愚昧思想，促进全民科学素质跨越提升，厚植创新驱动发展的良好沃土，助力以人为核心的新型城镇化发展。

【青少年科技教育】 2017年，市科协继续开展“周六课堂”青少年科技教育活动；组织参加第39届全省青少年科技创新大赛，共上报89件作品，20件作品入围；组织参加岳阳市第18届青少年模型竞赛，实验小学任怡慧作品“直升飞机”获三等奖，市七中唐鑫作品“猛龙飞机”获二等奖，另外还获得一个优秀组织奖和一个辅导员奖；组织流动科技馆参展活动，城区各学校均认真组织中国流动科技馆参展活动，参展学生2万多人，收集学生观后感8千多篇。

【其他工作】 2017年，市科协严格按照市委、市委组织部的要求，认真完成每一个规定动作，做到部署早、制度全、行动快、内容实。建立学习制度，认真组织学习党章和习近平总书记系列讲话精神，学习上级会议精神及《中国共产党廉洁自律条例》《中国共产党纪律处分准则》，专题学习“刹人情歪风，治婚丧陋习，树文明新风”“李大元先进事迹”“四种精神”和中共十九大报告等。全年组织5次学习讨论，共撰写学习心得20多篇。落实“三会一课”制度，做到每月召开一次支部会，每季度召开一次党员会，按时召开组织生活会和民主生活会。建立“党员活动日+”制度，每月定期组织一次党员集中活动。“红星云”学习自觉化，市科协在职党员关注率百分之百，平均学习积分超过700分。认真开展扶贫工作。成立扶贫工作领导小组，制定实施方案，确定姜尧驻桃林镇旧李村帮扶，对4户帮扶对象全部责任到人。全年共资助旧李村扶贫资金5万元，看望物质约5000多元，至12月3户脱贫对象已按期脱贫。积极参与综治民调工作。综治民调、平安创建事关社会和谐稳定，市科协严格按照政法委工作要求，认真落实综治民调各项工作任务，成立机构，制定方案，多次召开会议强调、动员、宣传综治民调工作；组织全体干部3次到飞跃社区开展民调工作，取得良好效果；参加社区巡逻活动和普法考试，2017年民调工作全市排名第六。

（谌军利）

临湘市工商业联合会

【概况】 2017年，临湘市工商业联合会（简称市工商联）在市委、市政府的坚强领导和岳阳市工商联的指导下，扎实推进各项工作，被评为全国“五好”县级工商联。

【加强非公党建】 2017年，市工商联为采取有效措施激发党员队伍活力，进一步增强战斗力，将每月的10日确定为“党员活动日”。组织60名入党积极分子，参加党校培训，根据从严发展党员的要求标准，发展15名中共预备党员，17名预备党员如期转正。4月21日，组织党员参加爱国主义国防教育；8月1日，组织工商联联合党总支、十三村等8家非公党（委）总支，开展“八一”慰问活动；9月30日慰问袁龙威等15名特困党员；12月10日上午，在统战部会议室，8名非公党（委）总支书记通过“一述一问一评”的方式进行很好的述职。

【信息工作】 2017年10月，市工商联为加强信息工作，拓宽和畅通信息渠道。建立临湘市工商联微信公众号，每周推送一次信息。并把好的典型案例在省、市相关报刊杂志上发表，例如《华声在线》上刊登《扶的精准，帮在细处》等3篇文章，《岳阳晚报》刊登《临湘脱贫攻坚"异军突起"》1篇文章，岳阳市统战部《关于加强固体废弃物和垃圾处置相关建议》《关于当前脱贫攻坚工作的几点建议》2篇文章，《岳阳商会》等相关报刊上共采用30多条，更好地宣传非公有制经济形象。

【组织建设】 2017年12月，市工商联，共有会员395个（其中非公企业会员292个，团体会员7个，个人会员96人），比2016年同期会员数增长12%。二是做好换届工作。3月2日召开临湘市第十二届第一次会员代表大会，选举产生执行委员85人、常委41人，兼职副主席7名和兼职副会长9人。市委书记李美云出席会议并作重要讲话。三是规范会员管理。3月，修订完善《执行委员会委员履职试行办法》，建立考评机制，对于一些履职能力不合格的执委实行退出机制。1名常委和9名执委因企业经营不善、不参加集体活动、违法犯罪等不适合继续任职而免职除名，让一些社会反响好的企业进入工商联。将执委按7个工作小组划分，由兼职副主席任组长、兼职副会长任副组长，每个工作小组每年都要制订工作计划，开展活动不能少于2次，充分调动班子成员中兼职人员的积极性。四是异地商会组建。市工商联根据域外非公经济代表人士摸底调查情况，积极组建异地商会。经过认真筹划、精心指导，广东省临湘商会于7月9日举行成立大会，选举深圳市金田投资发展有限公司董事长陈小平为会长，会员238人。

【教育引导】 2017年，市工商联积极开展"四信"教育，"四信"教育是由中央统战部发起，工商联负责的一项重要活动。市工商联积极组织非公有制经济代表人士开展增强对中国特色社会主义的信念，对党和政府的信任、对企业发展的信心，对社会的信誉的"四信"教育活动，促进非公有制经济健康发展，引导非公有制经济人士健康成长。10月8日上午，市工商联要求会员企业组织员工一起观看中国共产党第十九次全国代表大会开幕会并进行讨论，中层骨干都要撰写学习心得体会。10月30日，又组织工商联干部和非公有制经济代表人士集中学习中共十九大精神，结合工商联工作对中共十九大报告主要精神进行传达，主要是以下几个方面：中共十九次全国代表大会简介及重要意义，习近平总书记中共十九大报告主要精神，深刻领会中共十九大关于支持民营经济发展的重要论述。组织工商联党外副主席、副会长开展学习习近平系列讲话精神、学优良传统、助力新湖南建设的"两学一助"活动。市工商联将中共中央、国务院印发的《关于营造企业家健康成长环境，弘扬优秀企业家精神更好发挥企业家作用的意见》以及岳阳"非公经济十条"等重要文件精神，汇编成册，印发学习。组织非公经济人士参加武汉大学学习班，一共有10名企业负责人和高管报名参加。2017年9月，市工商联在广电局七楼组织为期二天的全市非公经济人士培训，主要培训内容是企业如何个性化、差异化、精细化与服务，培训人数达180人。6月，市工商联印发"同心·创新创业大讲堂"实施方案，每两个月举办一期"同心·创新创业大讲堂"分享活动，已成功分享四期，分享人数共达1000人以上。每期都会邀请知名的成功创新创业人士分享交流。

【精准扶贫】 2017年，市工商联对精准扶贫工作高度重视，早安排、积极倡议、早动员，创新举措、早施策。明确班子制定"万企帮万村"精准扶贫方案。确立由陈步龙任组长、胡华望任副组长、汪郁为成员的领导班子。3月30日，组织召开精准扶贫工作推进会，会上，市工商联要求民营企业和非公经济人士要积极行动，认真谋划将精准扶贫工作作为一项政治任务来落实。对民营企业及非公经济人士参与精准扶贫的典型事例，注重与省、市报刊、电视台等新闻媒体衔接，适时宣传报道，引导企业更好的开展扶贫工作。副主席、湖南省十三村食品有限公司总策划人李国武荣获湖南省"最美扶贫人"称号；副主席、湖南国发精细科技有限公司总经理胡晓珊荣获湖南省政协系统"最美扶贫人"称号。由副主席汪郁主管，按时上报各类数据和信息资料。自精准扶贫工作开展后，共有73家非公企业对21个贫困村的501名贫困对象，采取"发展生产、产业带动、解决就业、修桥铺路、易地搬迁、捐资助学和资金帮扶"等多种形式的精准扶贫。凡泰公司先后为贫困家庭解决劳动就业120人，扶贫款100多万元。岳阳亿利达公司拿出130多万元设立精准扶贫基金，用于板桥等村危房改造，为贫困户统一设计建房图纸。已有12户贫困户住上该公司援建的新房。家乐米业有限公司投入资金520万元以"公司+基地+农户"的模式，吸纳周边35家贫困户生态散养土鸡，为贫困户年均增收23万元以上，还有湖南省十三村食品有限公司、湖南国发精细科技有限公司等企业都积极参与精准扶贫，全市非公经济人士参与帮助资金达3000多万元。

【招商引资】 2017年，市工商联开展“迎老乡、回故乡、建家乡”的活动，引导一批有实力、懂技术、会经营的域外乡友回乡投资兴业。长沙乡友企业和力东升投资5亿元建设的湘北汽贸城已动工建设。采取“一个会员一帮友，一个商会一批商”的形式，推进以商招商。7月，正式举办广东省临湘商会成立庆典暨招商项目推介大会，共签22个投资意向协议，总投资36亿元。副会长、临湘市宏基实业有限公司董事长姚炳炎招商引资6亿元建设的湘北国际城已全面动工，可直接提供社会就业岗位8000个。

【服务中心工作】 2017年，市工商联积极参与“城市文明创建”，根据市委统一安排，坚持开展访民情活动。积极动员，组织非公经济人士围绕临湘发展大局，在经济建设、环保民生事业等方面建言献策。并要求指导非公经济代表人士人大代表、政协委员撰写议案、提案，全年共递交《关于北环路与北正街连通的建议》等议案18件和《发展现代港区物流》等提案26件。政协工商组作为优秀组，在市政协全会上作典型发言。9月，市工商联开展临湘市房地产摸底调查，对全市20多家房地产公司和建设公司进行调查走访，撰写《临湘市房地产发展现状》，为市委、市政府在非公经济领域加强房地产工作建净言、献良言。组织非公企业和非公有制经济代表人士开展公益事业，优先扶助独生子女家庭和农村计划生育两女户，在引导非公有制企业积极创造就业岗位时重点推荐，优先安置计划生育家庭人员就业，做好非公有制经济人士生育情况登记，备案工作。在非公有制经济代表人士的政治安排和人大代表、政协委员的推荐工作和本系统各类评先评优表彰活动时，进行计生审查。计划生育和社会综合治理工作落实到位，台账管理规范，上传资料及时。

（汪　郁）

临湘市文学艺术界联合会

【概况】 2017年，临湘市文学艺术界联合会（简称市文联）下设作家、楹联、诗词、书法、美术、舞蹈、音乐、摄影、戏剧、民间艺术、民俗摄影11个专业协会。2017年，市文联在市委、市政府的正确领导和市委宣传部的精心指导下，认真贯彻执行党的文艺路线方针政策，齐心协力促进文艺事业发展，取得新进步。

【换届工作】 2017年6月28日，临湘市文学艺术界联合会召开第四次代表大会，市委常委会议组成人员全部出席会议开幕式，岳阳市文联和兄弟县（市、区）文联主要负责人应邀出席会议，市委书记李美云在会上讲话，对文艺工作给予充分肯定，并提出新的更高要求。该次会议共有136名正式代表、32名特邀代表和近60名嘉宾，顺利完成10多项议程，全票通过《第三届文联委员会工作报告》和《市文联章程》，选举产生新一届文联委员会和主席团。会议还下发《临湘市优秀文艺作品扶持补助办法》《关于大力支持文艺工作发展繁荣的若干意见》《关于加强市文联团体会员单位管理工作的若干意见》等重要文件，表彰6部优秀文艺作品和20名优秀文艺工作者，明确2个联络活动基地和8个创作采风基地，极大地鼓舞全市文艺工作者。同时，在市委宣传部的精心指导下，4—6月，临湘市音乐协会、美术协会、摄影协会、作家协会、舞蹈协会和戏剧协会相继完成换届任务，选举产生新的理事会成员和主席团成员，进一步规范并充实各协会章程，初步达到推陈出新、继往开来、团结战斗、再创新高的协会换届工作目标。

【文艺活动】 2017年春节前，市书法协会认真开展送春联活动，将1200多副春联送给环卫工人和建筑工人，得到社会各界一致好评。文代会期间，市舞蹈协会牵头组织“农商银行杯”联谊晚会，10家文艺协会都准备精彩节目，市委、市政府主管领导和文代会代表共100多人现场观看演出，给予较高评价。端午节和中秋节期间，市民间文艺协会先后举办“传统嗡琴戏走进临湘光荣院和桃矿金鑫社区”公益巡演活动，深受中老年人欢迎；暑假和国庆节期间，市文联组织作家协会、楹联协会、诗词协会负责人开展城区7个小游园园名和楹联活动征集活动，共征集到园名20个、楹联50副，为市委、市政府决策提供参考。此外，市舞蹈协会、市音乐协会积极组织队伍，精心排练表演节目，参与社区禁毒公益活动；市作家协会与新文书苑联合举办“全民阅读、全天旅游，书香临湘”征文比赛，市摄影协会举办“新文书苑杯”图虫摄影沙龙首届摄影作品展；市楹联协会配合开展征集旅游广告词、市联活动，共收到稿件3000余件。特别是市音乐协会，精心举办一场较高艺术水准的美临音乐会，给人们留下深刻印象。

【能力培养】 2017年，市摄影协会邀请岳阳市摄影家协会原主席杨一九为会员们现场授课，还推荐3位会员到岳阳湖光摄影学院学习摄影专业知识；市作家协会与新文书苑联合邀请郁雨君、常新港等名家到临湘举办文学讲座，并选送4名会员参加岳阳市作家协会举办的2017年度文学创作培训班；市楹联协会邀请中国首位对联学硕士、中国楹联学会会长助理、湖南省楹联家协会常务副主席鲁晓川到临湘新文书苑文化大讲堂，以《如何突破楹联创作瓶颈》为题开坛讲座；市书法协会组织会员学习习近平总书记在全国文艺工作座谈会上的讲话，并坚持常年集中练习；市美术协会邀请临湘市在京的著名水彩画家黄有维在新文书苑讲座，提升临湘市创作水平；市民间文艺协会、市戏剧协会积极培养嗡琴戏传承人，从基础教起，为保护临湘唯一的国家级非遗文化项目，作出积极努力。

【创作参赛】 2017年，市楹联协会会员作品在全国大赛中，获得“大众组百优春联奖”。市作家协会会员2017年共出版文学作品5部，在报刊发表小说、散文、诗歌70多篇；市音乐协会会员在唱响江湖名城2017年岳阳新人新歌大赛中，分别获银奖和优秀奖。市摄影协会在“诗画野樱岭，醉美临湘情”2017首届临湘野樱花摄影大赛，取得两银、两铜的好成绩，在“《华夏地理》汨罗长乐摄影节”的大赛中，获得优秀奖，在“天下洞庭·端午源头”国际（岳阳）摄影大展中，3人获奖；市书法协会会员作品入选湖南省第六届新人新作展，并获湖南省“喜迎十九大”“平安银行杯”书法作品优秀奖；市舞蹈协会组队赴岳阳参加全国体舞公开赛，8人获奖。市戏剧协会精准扶贫题材现代小戏《晕鸡》在市影剧院成功首演，戏曲课本剧《将相和》参加湖南省“三湘蒲公英”少儿才艺大赛并获金奖。市美术协会会员将临湘市传统手工业产品浮漂与国画融为一体，被市委、市政府作为礼物馈赠给到临湘客商；市间文艺协会创作的临湘大鼓作品《美临湘》，在临湘市第四届草根文化艺术节演出活动中得到一致好评。

【艺术传承】 2017年，市民间文艺协会整理嗡琴戏剧目集成丛书2册，挖掘整理《花棍舞》，传承临湘大鼓，整理排演2部传统戏曲《雪梅教子》《平贵回窑》；市戏剧协会在全市民间剧团和青年爱好者中，筛选出8名演员参加第二期和第三期“青年戏剧演员培训”，筛选10名小演员和10名青年演员，开办“临湘花鼓戏小演员培训班”；市音乐协会在开展抢救性搜集临湘山歌、劳动号子以及寻访传承人上，取得丰硕的成果；市美术协会组织市一中、市二中、市五中美术专业生采风写生，提升现场创作、描绘造型、布局构图、色彩调配技巧。

【党建工作】 2017年，市文联和协会组织对照《非公经济组织和社会组织党建“百日攻坚行动”的实施方案》，在市委组织部、市委宣传部和“两新”工委的指导下，全面开启党组织集中组建工作，先后召开动员会议和跟进会议10多次，征求意见20多次，提出建议方案30多个，至2017年12月全市11个文艺协会全面成立党组织，其中，市舞蹈协会和市诗词学会成立党总支，各下设5个党支部，其他7个协会单独成立党支部，1个协会与文联成立联合党支部。值得一提的是，市舞蹈协会、市民间文艺协会党组织阵地建设，接受市委“两新”工委的检查验收，得到各级领导的充分肯定。市书法协会党支部牵头承办的“翰墨初心·讴歌十九大，逐梦新征程”书法作品展，被列为市委学习中共十九大和习近平新时代中国特色社会主义思想“天天见，天天新，天天深”系列活动之一，先后在市委学术报告厅、市国际垂钓中心和新文书苑巡展，观展人数突破5万人次，受到党员群众普遍好评。市文联行业党委经过自下而上、自上而下的多次酝酿，初步提出候选人，作出党建工作规划，建立党建阵地，本次会议之后将正式成立并发挥作用。尤其是市文联党组，在市委的亲切关怀下，在市委组织部、市委宣传部的精心协调下，配齐党组成员，并出台《中共临湘市文联党组工作规则》。至此，临湘市文联系统党建工作全覆盖、党对文艺工作的全面领导两大工作目标，得到实现。

（曾晓虎）

中国国际贸易促进委员会临湘市委员会

【概况】 2017年，中国国际贸易促进委员会临湘市委员会（中国国际商会临湘商会，简称临湘市贸促会），根据全市机构改革方案，于2016年单列。临湘市委、市政府高度重视招商引资工作，将其作为“一号工程、一把手工程”来抓。9月，临湘市委、市政府在市贸促会设立临湘市产业招商引资指挥部办公室，针对临湘区位、交通、资源、产业特点，分别成立高新技术、钓具及休闲运动器材、港航物流、竹木家居、农产品加工、精细化工、文化旅游七大产业招商指挥部，开展分线招商活动，并进一步完善招商引资信息研判、项目评审、协调联动、重大项目跟踪等机制。市贸促会先后在全市组织开展“招商引资年”“产业招商月”“招商引资百日攻坚”“第一个季度招商引资工作讲评会”等活动；举办重大招商项目集中签约仪式、临湘市游钓文化园开园暨招商项目推介会、临湘市旅游招商项目集中签约仪式、广东省湖南临湘商会成立庆典暨湖南省临湘市招商项目推介大会、中日钓具（浮标）展示经贸洽谈会、中国文教体育用品协会钓具专委会第五届会员大会、竹木家居创新创业园签订入园意向协议等重要招商活动；派出40多批次招商小分队，分赴贵州、山东、浙江、上海、广州、深圳、中山、东莞等地，对竹木家居、钓具、电商、服装、新型材料、高新电子科技等100余家相关企业进行项目考察对接；组织市环宇药业公司、湖南十三村食品公司、临湘茶业公司、湖南三湘四水茶业公司、水密码钓具公司、柳岸钓具等企业，参加2017年美国华中商务峰会、第六届中国（广州）国际食品食材展览会、阿斯塔纳世博会、2017香港国际茶叶及美食展、2017中国（满洲里）国际贸易与投资博览会、2017中阿博览会、第七届中国（贵州）国际酒类博览会暨国际会展经济发展峰会、湖南省第八届湘博会、2017湖南（郴州）国际五金工具暨锻铸造产业博览会等国内外经贸节会活动。全市实际利用内资46.456亿元人民币，同比增长41%；实际利用外资3000万美元，同比增长11%，超额完成2017年任务。临湘市贸促会被评为2017年度岳阳市贸促系统先进单位、临湘市2017年度“双联”和困难职工帮扶先进单位、临湘市2017年度综治工作先进单位。

【优化投资环境】 2017年，临湘市贸促会为配合和推进全市招商工作，市委、市政府先后出台《2018年度招商引资工作实施方案》《关于2017年新增财税任务、立项争资任务、招商引资任务分解的通知》《2017年度招商引资考核办法》《关于调整市招商引资工作领导小组的通知》《招商引资优惠政策》《重大招商项目的一事一议优惠政策（工业八条）》等系列方案、政策和办法，为吸引招商企业到临湘洽谈、落地提供有力政策保障。临湘市贸促会作为服务企业的责任单位，在加强协调促进政策落地的同时，为企业量身制定一系列宣传视频、画册、项目PPT等图文资料，为外地商客了解临湘、喜欢临湘、投资临湘提供“保姆式”服务，深受大家好评。

【招商引资】 2017年，临湘市贸促会为强化招商引资宣传工作，一方面加强信息的收集，建立全市招商引资工作微信群和七大产业指挥部微信群，即时上传招商动态；该会安排一名班子成员和工作人员专门联系七大产业指挥部，负责招商信息的收集和汇总。另一方面，加强宣传和推荐，编辑出台第一期《临湘招商》简报；同时坚持每日向岳阳市产业招商月手机报、岳阳市投资促进事务局网站、临湘市政府网、临湘市贸促会网站、临湘市贸促会微信、临湘手机报、“品质临湘”微信平台等平台报送招商信息动态，实现工作常态化。通过大力宣传，全市2017年逐渐形成人人知晓招商、关心招商、参与招商的浓厚氛围。

【乡友投资】 2017年，省、岳阳市“引老乡、回故乡、建家乡”主题招商活动开展以来，临湘市贸促会着手实行以乡招商，与多地商会、协会取得联系，并成立广东省湖南临湘商会，筹备成立湖州临湘商会。湖南临湘商会成立大会上，临湘市签订万盏光电、永志诚电子线材等22个返乡项目，总投资额达30亿元以上。在山东淄博市竹木家居协会的支持下，临湘市贸促会与周村区22家乡友企业进行友好会商，8家企业代表签订框架协议。

【项目对接】 2017年，临湘市贸促会借鉴湖北洪湖、监利的经验做法，广辟招商门路，七大产业指挥部分别制订外出招商计划，并由市级领导带队，派出多路招商小分队，赶赴贵、鲁、浙、沪、粤等省市与相关企业、协会等进行对接。市贸促会先后通过上门招商方式与100多家意向企业进行项目考察。同时，该会积极挖掘利用各种资源，邀请全国各地98批450多人次客商到临湘进行考察，对接洽谈项目100余个，为推动临湘市产业招商奠定良好基础。

【项目督促】 2017年，临湘市贸促会按照《2017年度招商引资工作实施意见》及年初的督查考核方案，坚持一月一调度，多次与招商责任单位和信息报送责任单位进行询问督促，主动到企业了解项目进展，督促责任单位上报招商引资数据及资料，全力倒逼招商任务。组织召开第一个季度招商引资工作讲评会，以“高位推进、高层督促”来增强全市责任单位的责任感和紧迫感。线上工作，临湘市贸促会精准服务企业，对文创园、汽贸大市场、国际商贸城、华能风电等重点招商项目及七大重点主攻产业相关企业，实行一名班子成员和一名中层股干挂点跟踪对接制度，有效推进项目建设。

【协调服务】 2017年，临湘市贸促会积极响应湖南省中国国际商会的工作号召，在长沙参加湖南国际商会第五次会员代表大会暨“迎着太阳奔跑”主题论坛活动。同时，对已落地的招商引资企业也实行后续服务工作。

先后深入挂点帮扶企业明冠钓具，协调服务30多次，对企业人员、资金等方面存在的问题，与相关部门进行沟通协调，并把职责范围内不能解决的上报市级领导督办；组织十三村食品、湖南三湘四水茶业两家企业参加“湘品进港”“岳品进港”活动，着力推介临湘市特色农产品企业进军香港市场。特别是对湖南和立东升、汽贸城等项目，市贸促会从员工社保、医保、养老保险及项目落地手续等方面进行全程协调服务。

（周　洁）

临湘市残疾人联合会

【概况】 2017年，临湘市残疾人联合会（简称市残联）认真履行“代表、服务、管理”职能，开展残疾人教育、就业、康复、维权和扶贫工作，团结激励残疾人自尊、自信、自强、自立，全市残疾人生存状况不断改善，幸福感和获得感明显提升，为推动全市经济发展、社会和谐做出积极贡献。临湘市获得“湖南省残疾人状况监测工作先进单位”“湖南省贫困残疾人家庭无障碍改造工作先进单位”“湖南省残疾人康复工作先进单位”称号。

【保障体系】 2017年，市残联全面实施残疾人城乡居民医疗保险个人缴费减免政策，做到应保尽保，城乡全覆盖。这是继贫困残疾人城乡居民养老保险个人缴费由财政代缴、全面实施贫困残疾人“两项补贴”制度后又一特惠政策，是对临湘市残疾人社会保障体系的进一步完善。全市有3690名重度残疾人享受每年150元/人个人缴费全免，有3412名三、四级残疾人对象个人缴费减半缴纳，减免资金80.94万元。有1.15万名残疾人享受特殊生活补贴和重度残疾人护理补贴，2017年发放资金660余万元。有1856名重度残疾人享受新农保个人缴费100元财政代缴，代缴金额18.56万元。

【康复服务】 2017年，市残联认真实施贫困残疾儿童抢救性康复项目，共筛查残疾儿童对象84人，确定年度受助对象62人，其中0~6岁项目中，省政府实事项目20人，岳阳市项目37人，7~17岁项目选送5人，完成2017年任务的100%。继续实施成年人康复扶助。市残疾人康复服务中心共康复扶助肢体类残疾人、度过急性期的外伤或中风患者23人，另有40名肢体残疾人得到免费康复训练。长安社区和桃矿社区康复服务站提供免费康复服务训练200余人次。免费发放轮椅189台、拐杖3付、坐便椅2台、盲杖33根。为12名低视力学生每人免费配发价值1000元的低视力眼镜。积极争取“魏基成基金”，为听力障碍残疾人捐赠总价值1.35万元助听器45台。为市妇幼保健院争取价值1.5万元的儿童轮椅10台，为桃林镇骆坪村4岁残疾儿童汪方圆免费申请1.7万元的脑瘫矫治手术，大大减轻家庭经济负担，为易钊成、龚俊峰2名听力残疾儿童申请价值2.4万元的助听器。投入10万元，在江南镇开展残疾人辅助器具服务分站试点工作，免费发放辅具80余件。努力拓展残疾人康复服务渠道。依托市精神病专科医院，采取“残联援建、机构管理”的模式，建立临湘市精神残疾人农疗基地。基地位于市精神病专科医院东南侧围墙外，占地0.93公顷，分为种植区和养殖区，建有鱼塘、瓜棚和鸡舍等。通过引导状况稳定的精神残疾人走出病房，从事力所能及的劳动，巩固康复效果，共服务300余人次。为加强康复服务平台建设，出台《临湘市人民政府办公室关于转发〈岳阳市残疾人精准康复服务细则〉的通知》，协调市人社、卫计、扶贫等部门，确保残疾人精准康复服务落到实处。创建残疾人精准康复管理系统，加强系统管理员和康复协调员的管理，完成精准康复对象信息录入1685人，发放精准康复服务手册1219本。

【就业教育】 2017年，市残联持续开展按比例安排残疾人就业年审工作，共年审298家单位，根据按比例安排残疾人就业的政策，新增就业13人。还与有关单位协调，集中安排就业28人，分散安排就业194人。共有10名盲人取得盲人保健按摩初级技师证书，14名盲人取得中、高级技师证书，新增盲人就业10人。全市6~14岁持证残疾人儿童326人中，已入学268人。推荐2名残疾人学生到省特教学校就读。依托乡镇教育资源，在桃林镇残联办举办一期20人的青壮年扫盲班，收到良好脱盲效果。发放2016年度残疾人高中生和贫困残疾人家庭子女高中生助学金1.02万元，为20名高中阶段学生申请2017年助学款2.84万元；发放2016年度残疾人大学生和贫困残疾人家庭子女大学生助学款3.4万元，为16名大学阶段学生申请2017年助学款4.65万元。在詹桥镇沙团村实施“连千村帮万户”工程，通过结对帮扶和因户施策，共帮扶10户残疾人家庭脱贫。完成残疾人居家托养100人，按每人每年600元标准，共打卡发放资金6万元。残疾人“阳光增收”项目，采取委托培训的方式，在汨罗大荆省级培训基地开展为期5天的种养殖技术培训，培训90人，按照“1+1”的培训要求，委托五里农业综合服务站和第三方供货机构共发放残疾人所需种养殖生产资料9万元。积极配合住建部门开展建档立卡残疾人危房户无房户存量核查，核定存量中有527户残疾人家庭办理了第二代残疾人证。为临湘市残疾人就业示范基地欣荣矿产品有限公司申请省级贷款贴息10万余元，基地被岳阳市残联授牌认定为岳阳市级残疾人就业示范基地。

【信访维权】 2017年，市残联为切实做好残疾人信访维权工作，残疾人信访维权工作无小事，真心实意为残疾人帮困解难，切实维护残疾人的合法权益，接待残疾人来信来访298件次，其中涉及辅助器具及康复需求64人，劳动就业21人，生活救助97人，政策咨询105人，就学9人，法律救助2人。全市无残疾人进京、赴省、到市个人或集体上访事件发生。认真做好贫困残疾人家庭无障碍改造工作。按上级分配的30户贫困残疾人家庭无障碍改造任务，全部按照个性化和人性化要求，9月底完成全部工作任务，10月初，顺利通过省、市残联现场验收，得到上级、受惠对象和当地干群的好评。及时做好残疾人机动轮椅车燃油补贴发放工作。全市共有享受残疾人燃油补贴对象238人，6.188万元补贴资金于12月底前打卡发放到位。规范做好残疾人证核发工作。按照“公平、公正、公开”的原则，2017年共核发残疾人证1460本，没有发生一起因残疾人证办理而引发的信访事件。

【扶贫帮困】 2017年，出台《2017年度临湘市贫困残疾人精准扶贫方案》，明确指导思想和工作任务，做到组织上有保障，措施上有方案，时间上有规定，责任上有压力，确保全市残疾人行业扶贫落到实处。在残联精准扶贫联点村詹桥镇沙团村，联系脱贫户9户。残联党组多次组织党员干部进村入户走访，实行“一对一帮扶”，明确一名干部脱产驻村帮扶，年度各项投入资金33.671万元。投入16万元为20户贫困户开展贫困残疾人家庭无障碍改造。针对沙团村需要办证的残疾人多，特别是精神、智力残疾人不方便办证等特殊情况，组织医疗机构上门为34名对象免费办理残疾人证，并垫付交通、伙食以及残疾鉴定等费用1.6万元。组织有条件的残疾人对象免费参加种养殖业技术培训26人。发放贫困残疾人居家安养费0.66万元。驻村干部通过微信“轻松筹”平台，为贫困户李乐龙筹得医疗费2.158万元。

【其他工作】 为做好2017年的残疾人信息数据动态更新工作，市残联党组多次召开专题会议进行研究和部署，并在人力和财力上进行倾斜。按照省残联规定的时间节点积极推进工作开展，组织精干力量对信息数据进行比对和录入，圆满完成全部工作任务，为科学制定残疾人相关政策提供详尽的一手资料。同时严格按照《关于印发〈岳阳市残疾人联合会关于地方残疾人联合会换届工作的实施意见〉的通知》精神要求，推举产生临湘出席岳阳市残联六大会代表共11名，其中特邀代表2人，正式代表9人（含福利企业代表1人）。

（王伟夫）

军　事

临湘市人民武装部

【概况】 2017年，临湘市人民武装部（简称市人武部）在岳阳军分区党委领导下，认真贯彻上级会议精神，坚决维护核心，围绕实现职能转变，着眼发展凝魂聚气开拓创新，民兵预备役工作和人武部全面建设得到强势推进。征兵工作、国防教育、民兵管理方面，在湖南省教育频道、《国防教育周刊》上报道。围绕学习贯彻中共十九大精神，抓好本级和民兵两个层面的学习。本级制订学习计划，召开党委会、党员大会学习讲话精神，每人制订自学计划，制作板报、横幅、宣传挂图，使中共十九大学习氛围更加浓厚，为每名党员购买学习书籍、笔记本；民兵层面，利用展开民兵训练的时机，集中组织观看习近平总书记报告，组织民兵畅谈感受，并及时印发宣传小册子，组织民兵走村串户进行解读。并先后开展"坚决维护习主席核心地位""适应新体制、履行新使命、担当新使命"等专题教育，引导全体干部职工深刻领会习近平主席、中央军委有关改革强军的战略思想，积极适应军队改革要求，以实际行动接受考验。进行党员数据汇总录入，为对接地方党员系统做好充分准备。

【军事能力建设】 2017年一季度，在军分区指导下，针对临湘实际，对森林防火、抢险救灾、维护社会稳定等战备方案进行重点修订，方案的可操作性大大增强；按照军分区的部署要求，抓紧抓好现役干部在职训练和整组备案研究作业考核。年终，两名主官接受省军区考核，成绩优异；当年本级组织民兵训练4期，共310人，参加岳阳军分区组织的舟桥演练1期，通过一年来各种实战条件下的训练，民兵的思想素质、出动能力得到实践检验，队员的业务技能、战斗精神得到极大锻炼，成为一支随时出动完成急难险重任务的突击力量。5月12日晚11时，长塘镇发生重大险情，接到请求支援的电话后，市人武部迅速出动民兵20人、冲锋舟2艘，成功解救被山洪围困的两名老人，受到村民的高度赞扬；7月，湘北地区普降暴雨，按照岳阳军分区命令，出动民兵72人参加湘阴岭北地区抗洪抢险，连续奋战7天，为岳阳抗洪抢险保卫战的胜利做出突出贡献，受到军分区的高度评价，张滔明被省军区评为先进个人，救灾行动先后被央视7套、湖南卫视等多家媒体报道。年底组织参加分区基层武装部长集训，取得优异成绩；两人排名进入前十，其中江南镇李亚男干事取得第一的好成绩。

【国防动员工作】 2017年，按照改革部署，落实人员定编，机关在人少事多的情况下，保证工作不断线，完成各项任务。调整国防动员机构，组织国动委召开会议，调整国防动员委员会成员，明确任务，组织国防动员潜力调查和数据录入，共计录入2017年度数据1.4万条数据。

【兵员征集】 2017年，针对征兵工作的新形势、新任务，市人武部高度重视，积极落实政策，坚持标准，做好协调，圆满完成上级赋予的征集任务，市政府把征兵工作作为一项主要工作来抓，明确将征兵工作列入各级党政领导的重要议事日程，常务副市长凌晓明先后4次亲自督导征兵工作。拿出专项资金，政府采购在人民医院专门设置体检中心，既规范征兵体检站设置，同时人民医院体检中心规格大大提高，方便广大市民进行体检。征兵开始前，市人武部在传统宣传手段的基础上，充分发挥现代传媒的作用，利用城区电子显示屏、微信公众号、手机报、电视等手段进行广泛宣传，使宣传达到全方位、全覆盖、无盲区。征兵工作中，聘请人大代表、政协委员、退伍老兵、热心群众各个层面人员做廉洁征兵监督员，广泛公布监督员电话，耐心解答各种疑难问题，对征兵工作起到全时段、无死角的监督。

【国防教育工作】 2017年，市人武部为加强全民国防教育观念，坚持重点教育带动普及教育，突出抓领导干部、青少年学生和民兵预备役人员的国防教育工作，推动国防教育全民化。深入调研临湘市开展全民国防教育存在的实际困难和问题，在市委、市政府关心下，10月16日，召开全民国防教育委员会扩大会议，会上重新调整全民国防教育委员会成员，明确乡镇国防教育专职干事，系统总结国防教育工作经验，对新年度工作进行部署，市委宣传部部长李孟阳就国防教育工作提出具体要求。临湘市教育体育局被评为岳阳市国防教育先进单位。市人武部高度重视2017年的学生军训工作，组织教练员队伍集训15天，规范教案，统一指挥动作、内务秩序、文明用语，为圆满完成军训工作打下良好基础；共组织3600余人10天的军训，进行队列、内务评比、爱国主义教育等课目的训练，培养广大中学生的爱国热情和国防意识。

【双拥共建工作】 2017年，市人武部在参与地方抢险救灾的同时，在地方经济建设上，积极出谋划策，在扶贫攻坚、“双带双促”、涉军维稳方面想方设法解决问题，促进和谐。涉军维稳方面，临湘近年没有发生严重的群体性事件，为临湘改革、发展、稳定创造良好环境，2017年共处理4起涉军维权纠纷，并就军人家庭拆迁补偿问题到国防科大进行协调，取得较好效果。扶贫攻坚方面，市人武部每年积极对接一个村的扶贫工作，每名干部都联系一户，积极走访，为贫困家庭送温暖，宣传党的好政策。在“双带双促”方面，市人武部积极给退伍老兵提供政策咨询，鼓励他们回家乡创业，带动家乡父老发家致富，扩大就业岗位需求，近年来先后有4家企业受到岳阳市表彰。

【安全稳定工作】 2017年，市人武部坚持把安全工作纳入党委工作议事日程，作为党委会必议的内容，坚持每月一次安全形势分析，做到查找有情况、分析有结果、解决有措施。把事故堵在源头上，把隐患灭在苗头上。中共十九大前后，落实百日安全活动，营造氛围，强化安全观念，以人、车、枪、弹、密、网络、营院等为主要重点，始终抓好“三个严禁”“六个管住”“十个严防”等制度落实。在民兵管理上，购置床架、内务柜，制作鞋架，统一内务，民兵回家由家长接送，参照连队一日生活制度，进行日检查、周讲评、月评比活动，促进民兵安心人武部工作的自觉性。在枪弹管理上，做到双人双锁，枪弹分离，干部每天都对枪支进行检查登记，部长、政委每周检查一次，组织民兵每周五对枪支进行擦拭保养。严格车辆动用申报、派遣手续，没有经过部长、政委批准的车辆不允许出营门，因公办事离开临湘向军分区值班室申报用车。为迎接安全检查，积极做好营院监控网络的改造升级准备。

【综合保障能力】 2017年，由于发展水平受限，资金相对较紧张，一班人统一认识，树立过紧日子的思想，各项开支在岳阳市各个县（市、区）中都是较少的，因严格执行年度预算，2017年结余10万元。同时对各种开支进行规范，不仅节省了开支而且还加强了基础设施建设、2017年对营院绿化进行补充，新建大车棚和私家车停车棚，力争把有限的经费用到刀刃上。

【民兵整组】 2017年1月4日，市委常委、常务副市长凌晓明，市人武部政委樊伟，分别就2017年市民兵调整改革讲话。会议强调，此次民兵调整改革将会有4个新的变化，即调整新的规模结构、拓展新的使命任务、发展新的力量布局、树立新的建设管理要求。并对民兵整组目标任务、标准、以及整组的方法步骤，进行全面详细的部署安排。

【后勤系统改革】 2017年3月16—27日，市人武部坚决贯彻改革部署要求，把握关键环节，严密组织实施，令行禁止完成后勤系统各项改革任务，从三方面着手进行：抓好保障机构调整；设置完善干休所后勤保障；助力推进职工队伍管理改革。

【人武部党委全会】 2017年4月7日，市人武部召开度党委全体（扩大）会议。市委书记李美云、市人武部政治委员樊伟、市委办主任孙少游以及临湘市各市直单位领导、各基层武装部部长、民兵应急连部分单位领导共50余人出席会议。会议回顾总结2016年度全市党管武装工作，研究部署2017年度武装工作。

【开展工商联爱国主义国防教育日活动】 2017年4月15日，正值全民国家安全教育日期间，市人武部政委樊伟、市委统战部常务副部长胡华望、临湘市工商联领导班子成员以及非公有制经济党总支书记积极响应国家号召，到临湘市人武部参与爱国主义国防教育活动。

【开展征兵宣传】 2017年5月9日，为切实开展好2017年征兵宣传工作，激发广大适龄青年的参军热情，临湘市人武部积极与市内各高中取得联系，在校内设置征兵宣传窗、宣传海报，还向同学们发放征兵宣传手册，吸引众多学生前来咨询，并详细解答同学们关于征集条件、征集流程、优待政策等方面的问题。

【救援被困群众】 2017年6月23日，由于突发强降暴雨，导致临湘市长塘镇托坝社区游巷河村两名群众被困。市人武部主动出动民兵18人、冲锋舟2艘，连夜紧急赶往事发地进行救援。突出做好老干部医疗保障工作，落实干部年度全员全项目体检，做好大病统筹经费申报和伤病残退评定，维护官兵职工健康利益。

【组织服务保障】 2017年7月9—15日，市人武部积极响应官兵职工关切优化改进服务，接续推动综合保障效益稳步提升。按要求落实人员增资调整，组织换发新式军车号牌和驾驶证，为专武干部和民兵发放新式服装。

【新兵役前训练】 2017年9月5—8日，为进一步提高兵员质量，确保新兵尽快适应部队生活，市人武部首次组织全市预定新兵开展役前训练。此次训练为期三天，训练主要包括体能训练、队列训练、政治教育，同时注重对新兵内务管理、军容风纪、礼节礼貌等素质的培养。

【民兵安全警戒训练】 2017年10月25日至11月3日，市人武部组织民兵安全警戒分队进行为期10天的集中训练。此次民兵训练内容以安全警戒科目为主，重点了解和掌握警戒器材的使用，熟练掌握警棍、盾牌的操作和使用、熟练掌握第三套擒敌拳，学习《安全警戒与防卫》方案等。

【开展精准扶贫活动】 2017年12月13日，市人武部部长郑斌及坦渡镇领导一行到坦渡镇桐梓铺社区走访精准扶贫结对帮扶联系户。在走访过程中，郑斌一行与结对帮扶对象促膝交谈，详细了解他们的家庭生活现状、身体健康状况、孩子就学情况，倾听他们的愿望、生产计划和目前遇到的困难。同时对脱贫攻坚、环境卫生整治和居委会办公条件改善提出具体的建议并给予帮助。

【组织民兵营连长集训】 2017年12月26日，按照岳阳市武装部年度工作安排，市人武部组织全市161个村、社区民兵营营长参加2017年度民兵营连长集训。本次集训由市人武部在市民兵训练基地集中组织训练，训练内容为民兵思想政治教育、政策法规、队列动作、体能训练等。

【先进表彰】 2017年6月23日晚11时，受连日的强降雨影响，临湘市长塘托坝社区游港河中孤岛出现险情，有群众被困岛上。市人武部迅速集结民兵应急连战士，由市人武部政工科干事张滔明带队，出动人员18人、冲锋舟2艘、车辆3台，凌晨1时16分到达事发地域展开救援。经过1个多小时的紧张搜救后，成功将老人夫妇解救出来。7月2日12时，湘江流域柳林江湘阴沙田垸段全线告急，出现多处险情。市人武部接到岳阳市防指和临湘市委、市政府的命令，紧急驰援湘阴抗洪一线，出动人员51人。在5天的抗洪救灾斗争中，张滔明始终坚守在抗洪第一线，带领民兵战士共构筑子堤200余米，扛沙包4万余个。他始终把人民群众的生命财产安全放在首位，哪里有险情就战斗在哪里，临危不惧，冲锋在前，连续奋战30多个小时未曾合眼，成功抵御洪峰肆虐。用实际行动，弘扬“万众一心，众志成城；不怕牺牲、顽强拼搏；坚忍不拔、敢于胜利”的抗洪精神。张滔明被省军区评为抗洪救灾先进个人。市人武部后勤科科长黄建成被省军区评为军事训练先进个人。

（李　妮）

武装警察

【概况】 2017年，中国人民武装警察部队湖南总队岳阳支队执勤二大队临湘中队（简称临湘中队），正连职单位，隶属于武警岳阳支队，由武警岳阳支队管辖。临湘中队位于长安西路公安局大院内，主要担负临湘市看守所看守勤务和驻地维稳任务、反恐处突、抢险救灾等任务。临湘中队按照“抓班子带队伍、抓中心保稳定、抓规范促落实、抓内涵厚底蕴”的工作思路，突出经常性基础性工作落实重点。在总队、支队党委和临湘市委、市政府的正确指导和亲切关怀下，坚持高标准严要求，致力于把临湘中队打造成为维护社会稳定的拳头部队，圆满完成临湘市“两会”、“江南大漠”国际音乐节等安全保卫任务。完成多批次公审公判、武装押解任务，有效维护社会稳定，协助市公安局开展武装巡逻，确保临湘人民生命财产安全。曾多次被岳阳市委、市政府，临湘市人民政府评为“园林式单位”“维稳先进单位”，并多次被湖南总队评为“基层建设先进中队”。

【反恐应急】 2017年，临湘中队为适应反恐处突的需要，在武警上级业务部门的指导下，精心挑选10名官兵，于2014年年初组建反恐应急班，并配备侦查、防化、狙击、突击等新式装备，加强反恐应急班的专业训练，为保卫平安临湘增添铁拳力量。

【党建工作】 2017年，临湘中队深入开展党的群众路线教育实践活动，按照岳阳支队统一部署，及时制订计划，统一进行思想鼓动，认真学习相关理论，实事求是地撰写对照检查材料，达到预期目的。特别是临湘中队承诺为官兵8件实事，按质按量如期完成。临湘中队党支部从抓党员干部的学习入手，严格落实党日活动制度，统一学习的时间、内容，坚持干部周六半天学习为主，以个人自学、党支部不定时进行抽查、讲评为辅。支部定期讲评中队党员干部，肯定成绩充分，指出问题清晰，指明方向客观，促进党员干部工作责任心和能力有效提升。落实党员每月汇报思想制度，在外人员根据情况不定时汇报，确保党员工作、生活在支部视野范围内。两个群众性组织作用明显，团支部和武警委员会组织健全，遇人员变化调整及时，落实党支部决策坚决有力，执行相应制度不打折扣，各项活动在支部的指导下开展得有声有色。特别是针对2017年支部班子调节以及新调入调出幅度大的实际，能够及时调整班子成员，健全组织并发挥作用。决定重大事情民主公正。在涉及官兵切身利益的问题上，临湘中队严格按“名额、条件、程序、结果”四公开进行实施，全年发展士官党员2人，参加总队培训1人、预提指挥士官集训2人。

【政治教育】 2017年，临湘中队在“传承红色基因 担当强军重任”主题教育的牵引下，结合任务和官兵思想实际，有效开展密切内外关系、“四反”、安全工作、形势任务、战备、法纪、保密、管装爱装、卫生常识和上级统一开展的专题教育，配合活动丰富多彩，有效引导官兵思想，为各项工作的顺利开展和任务完成奠定扎实的思想基础。临湘中队立足现有实际，在营区西侧建设大理石材质的“军旅诗词”文化墙，在障碍训练场一线建设“好兵漫画墙”。特别是依据现有条件，对荣誉室进行重新装修改建。还新建广播室，让战士们充分发挥主观能动性，为战士提供一个战士自己口才和自信心的舞台。

【军事训练】 2017年，临湘中队依据《军事训练大纲》和支队相关计划，半年军事训练内容全、质量有提高。先后3批34人参加支队勤训轮换。在单兵专业和分业训练科目普训的基础上，结合当地敌社情和任务实际，按照“管用多训、急用先训”的原则，内容上重点突出社会面防控、追逃制逃、设卡堵截、哨兵防袭击、示范作业、两官编组作业等，人员上突出干部、士官、应急班，把握个别训练素质低的战士，做好重点帮扶，为任务的完成提供坚强支撑。在总部半年军事考核中，临湘中队代表湖南总队执勤中队参加总部半年军事考核，取得优秀的成绩，受到总部、总队首长高度赞扬。同时，参加支队军事训练比武，取得第四名。

【执勤处突】 2017年，临湘中队坚持每月支部议勤，突出重大节日、敏感时期、气候变换、兵员补退等重要时机，重点分析形势，查找薄弱环节、制定改进措施、明确责任、分工负责、堵塞工作漏洞。突出在执行重大临时性勤务前，对所有执勤人员和重要岗位工作人员进行政审，每周进行勤务值班编班，按“四全”要求落实，每天安排干部查勤，重点突出23时30分至次日5时和12时至14时两个时间段，坚持每天晚点名讲评当天执勤情况，纠正倾向性问题。开展“六同”活动，围绕目标安全查找存在的问题并商讨解决办法；结合每月双争评比实施“优秀哨兵、红旗哨位”评比，给予适当物资奖励，提高哨兵执勤积极性。

【从严治军】 2017年，临湘中队认真贯彻条令条例，牢固树立科学发展、安全发展理念，盯住正规化建设用劲，临湘中队秩序正规、纪律严明，安全稳定。首先，学法规，明纪律，正规秩序。条令条例和规章制度是开展工作的基本依据，结合“条令条例学习年”活动，临湘中队认真组织全体人员学习条令法规知识，参加岳阳支队条令法规知识竞赛，每周进行条令条例理论考核，持续用条令条例规范官兵的言行举止、穿衣戴帽，保持正规的战备、训练、工作和生活秩序。5月，组织士官专项教育整顿，学理论、照镜子、借教训，深刻查找共性和个性的问题，经观察，士官队伍的行动有明显改观。坚持从点滴开始，从细微处着手，注重课余时间、八小时外和节假日的管理，严格人员请销假制度，在外人员跟踪管理制度，在时间、人员上不留死角。教育干部骨干学习管理方法，坚持以身作则、率先垂范，依法带兵、文明带兵，关心战士、爱护战士，主动帮助解决实际困难。

（李 力）

人民防空

【概况】 2017年，临湘市人民防空办公室（简称市人防办）现有工作人员18人，设主任1人，副主任1人，党组成员2人，工会主席1人。内设综合股、法规股、工程维护管理股、指挥通讯股（内设通信指挥站）、人事股、财务股。市人防办坚持以“发展大融合、能力大提升”为目标，全面贯彻落实中共十八届三中、四中、五中、六中，中共十九大和习近平总书记系列重要讲话精神，各项工作保持良好的发展态势，取得新成效，并被岳阳市人防办评为“2017年度人防工作先进单位”。

【人防工程】 2017年，市人防办大力推进“结建”工程建设。对已开工项目，督促进度，把关质量；对未开工项目，加强协调，督促落实开工前的各项准备工作；对未办理审批手续的项目，做好服务，帮助办理有关报建手续。根据《湖南省人民防空办公室关于全面规范早期人防工程普查建档工作的通知》要求，对4处早期人防工程进行全方位测量、评估、建档；对在建工程进行安全巡查、建立档案，排除安全隐患，并将维护管理责任落实到人。

【应急保障】 2017年，市人防办根据省人防办《关于做好人防警报使用频率调整有关事项的通知》要求，耗资20多万元，对城区范围内已安装的11台电声警报器和1台中枢控制器进行频率更换，确保设备完好率与鸣响率“双百”达标，保证“11·1”警报试鸣圆满成功。严格按照国家人防办颁布的《人民防空训练规定》和《人民防空训练与考核大纲》，组织和参与各项人防训练，全面提升应战应急能力。“3·27”“9·18”，在市一中进行防空警报试鸣，组织学生开展紧急疏散演练；积极参与全省2017年（岳阳片区）人防组织指挥演练、岳阳市人防办组织的机动指挥通信系统跨区训练。

【行政执法】 2017年，市人防办成立行政执法工作队，对城区范围内私人建房进行4次全面清查，处理3个私人联建项目，追缴易地建设费11.7万元。按照市政府的统一安排，制定人防行政许可标准化实施方案，编制人防行政审批事项情况表、人防行政审批流程图以及人防行政许可服务指南，规范行政审批权力运行。4月，省人防办法规处对临湘市2015—2017年人防行政执法进行全面稽查，指出6个问题，针对这些问题，召开市长办公会议，对相关事项形成会议纪要，在11月省人防办对稽查问题整改回头看中，省办领导对整改情况给予充分肯定。

【宣传教育】 2017年，市人防办结合“5·12”防灾减灾日、“11·1”防空警报试鸣日等有利时机，积极组织在社区、汽车站等人口集中地大张旗鼓地开展宣传活动。在电视台、政府门户网站开设人防专栏和专页；在湖南国防教育网、湖南人防网、湖南红网等媒体发表宣传报道12篇；在政府广场候车亭、影剧院设立人防宣传专栏；在市一中开展人防知识进课堂活动，赠送600本《公众防空防灾应急手册》。

（李泓龙）

法 治

政法委及综治

【概况】 2017年，中共临湘市委政法委员会有干部15人，主要职责是检查政法部门执行党的方针政策和法律法规情况，组织协调指导维护社会稳定工作，支持和监督政法各部门依法行使职权，研究协调有争议的重大、疑难案件查处，掌握分析全市社会治安综合治理工作情况，研究制定相应的工作措施并督促其落实，承办见义勇为基金会及护路护线工作领导小组办公室的日常工作，负责有关防范和处理邪教组织问题的调查研究，分析形势、总结工作经验等，协助市委及市委组织部管理政法部门的领导班子和干部队伍，组织政法系统干部素质教育和短期轮训，协助市纪委、监察机关组织查处政法系统干警违纪违法问题，完成市委、市政府和岳阳市政法委、省委政法委和相关领导交办的其他事项。

【维护稳定】 2017年，市政法委按照“分类归口处理”的原则，采取预防、处置、善后的办法，有效化解征地拆迁、涉军、医患、交通等集访21批385人次，较2016年同期批次减少8.5%，人数下降6.9%，特别是在中共十九大等特殊时间段，启动高级别维稳机制，实现零进京、零非访的“双零”工作目标。全市各级调解组织按照“联得动，调得好，化得了”的工作思路，严格落实矛盾纠纷登记、督办、销号制度，调处各类矛盾纠纷6131起，调处成功率99%。深入开展反邪教斗争，严格落实“三帮一”帮教责任制，强化巡逻防控，全年未发生一起反宣案，黄盖镇合兴村、坦渡镇农胜村、五里牌街道鸿鹤社区荣获全省无邪教创建示范村称号。

【服务经济】 2017年，全市政法综治维稳部门牢固树立保障发展、服务发展的理念，自觉投入“四大会战”和“2124”行动主战场，一手抓源头整治，一手抓打击查处，严厉打击一批“三违三强”违法犯罪，查处行政案件16起，刑事案件16起，逮捕2人，刑事拘留10人，行政处罚29人。以抓铁有痕、踏石留印的韧劲，强力推进烟花爆竹生产企业退出清零，全市33家烟花爆竹生产企业已全部退出，转型发展，退出工作得到岳阳市委主要领导的充分肯定。

【平安创建】 2017年，全市深入开展平安创建“红袖章”工作，“红袖章”平安志愿者发展到5万余人，“红袖章”遍布全市各行各业，《“红袖章”之歌》广泛传唱，《临湘“红袖章”在行动》专题宣传片在岳阳市委政法工作大会上推广，涌现出一批省、岳阳市见义勇为先进典型。市综治委统一印制30万张带有回执联的“平安创建走访联系卡”，全市各单位干部职工持卡精准走访宣传，基本上实现“不缺村、不漏户、不少人”的工作目标。2017年，临湘市省民调得分88.68分，比省平均分高1.54分，在岳阳市参与全省民调考核的10个县（市、区）中排第4位，在6县（市）中排第1位。开展“平安商铺”“平安车队”“平安驾驶员”等“十大平安”创建活动，采取微信大众投票的方式进行，极大地提升群众参与的积极性，聂市镇、市房产局、五里牌街道金河社区、市二中、市中医医院、兆邦陶瓷、五尖山公园荣获岳阳市“十大平安”系列创建示范单位荣誉称号。

【增强基础】 2017年，市政法委牢固树立“互联网+”的理念，投入3000多万元用于综治中心、网格化、“雪亮工程”等政法综治基础项目建设，新建市、乡镇（街道）、村（社区）三级综治中心175个，配备网格员337

人，安装电子摄像头1300多个。积极开展农村普法宣传教育，投入60多万元，新建法治文化主题公园。出台《临湘市肇事肇祸严重精神障碍患者监护和救助救治管理办法》，通过排查、鉴定、申报、审批，落实三级以上严重精神障碍患者监护管理“以奖代补”政策。

【素质教育】 2017年，市政法委在岳阳市10县（市、区）中率先开展党委政法委纪律作风督查巡查，岳阳市政法委对临湘市的做法予以推广。在政法系统举办为期2天的学习贯彻中共十九大会议精神培训班，政法各家还分别组织一系列的教育活动，收到很好的教育效果。市公安局荣获全省第二届公安机关微改革微创新项目金奖和岳阳市公安机关绩效评估先进单位称号。市人民法院被授予湖南省法院系统青年法学研究基地。市人民检察院荣获全省检察服务大厅“建设示范院”称号，肖娜妮（市检察院公诉科副科长）、余勤（市检察院政治部副主任）分别荣获全省“十佳公诉人”和“刑事申诉检察业务能手”称号。市司法局荣获全国人民调解宣传工作先进集体称号，陈琼娥（司法局）荣获全国第五届法律援助先进个人称号，张明华（聂市镇长源村支部书记）被评为“全国模范人民调解员”，李秋丙（羊楼司镇中州社区）被评为全省百名优秀“农村法律明白人”。市森林公安局被授予全省森林公安机关2017年度执法质量综合考核优秀单位称号，局长姚沫华获全国优秀人民警察称号。

（苏栋华）

公　安

【概况】 2017年，临湘市公安局有民警职工368人（含岳阳交警2人，岳阳市局挂职领导1人），其中，民警362人（女民警53人，男民警309人）。全局共有二级机构38个，其中，正科级机构1个，副科级机构11个，正股级机构26个；三级机构26个，其中，副科级机构1个，正股级机构25个。市公安局围绕市委、市政府“精彩北大门、品质新临湘”工作目标，按照省公安厅“两加强两提升”工作部署，全力服务保障园区建设、交通建设、港口建设和脱贫攻坚“四大会战”，持续开展“春雷行动”、“三打击一整治”及安保维稳“冬春攻势”等专项行动，扎实推进全市“五三三”工程建设和“2124”行动，公安工作和队伍建设得到有效推进和发展，人民群众安全感、满意度有明显提升，全市刑事、治安发案率与2016年同期相比分别下降7.6%和3.27%，刑事案件破案率与2016年同期相比上升4.87%。综治民调全省排名第38位，与2016年51位相比上升13个名次。

【维护稳定】 2017年，市公安局以健全完善派出所为基础，国保大队为主力，指挥中心、政工、网安、信访为渠道的情况信息机制建设，围绕“两会”、“两节”、香港回归20周年、建军90周年、“一带一路”高峰论坛、国庆等敏感时节，及时删除、封堵有害信息并把不稳定因素和信息反馈到指挥中心，指挥中心组织对各类信息在第一时间进行综合研判调度，上报到市委、市政府和上级公安机关。特别是中共十九大期间，全警围绕“四个不发生”“六个严防”和非访“双零”总目标，以政治安全、反恐防暴、社会稳定、公共安全“四大保卫战”为总任务，以大排查、大研判、大管控、大演练“四大举措”为总抓手，每天一研判、每天一调度，切实加大重点单位、重点场所、重点部位、重点人员及涉枪、涉爆、涉危排查和管控力度，做到苗头发现早、情况掌握准、信息上报快。全局及时收集上报各类内幕性、预警性情报信息1200余条，编发公安要情130余期、公安简报22期，删除各类有害信息2658条，舆情导控1305条，综合研判48次，编辑情报周刊29期，为领导参谋决策提供强有力的情报支撑。同时，大力加强国保支撑力量建设，建立专案侦查机制，充分利用派出所情报信息、阵地控制等渠道，有力打击邪教组织现行破坏活动。2017年共收集各类预警性、行动性情报信息131条，编辑维稳信息刊物20余期，立维稳专案2起。为不断完善突发事件应急预案，组建以巡特警为主要力量，治安、刑侦、国保、网安等警种为后备力量的应急处突队伍，确保在处置群体性突发事件中能“拉得出、用得上、处置得了”。市公安局妥善处置涉军、“善心汇”“E租宝”、棚改、烟花爆竹企业退出等群体集访事件5起，打击处理堵门，堵路、阻工闹事挑头人员3名。并以“大情报”为依托，健全完善指挥调度、快速反应机制，按照严之又严、细之又细、实之又实的安保要求，全力确保各类维稳安保万无一失。截至12月20日，市公安局圆满完成全国“高考”“学考（学业水平考试）”、全国垂钓俱乐部挑战赛、岳阳市政府全会和半年工作讲评会等各项重大活动和上级领导过境临湘、到临湘考察调研安保任务21次。

【中心工作】 2017年，市公安局围绕全市深入开展项目建设年、招商引资年、全域旅游创建年、脱贫攻坚年“四个年”活动，强化组织领导，先后召开局党委会、局长办公会专题研究服务保障“四大会战”工作，认真落实《市纪委监察局服务保障“四大会战”工作监督执纪问责方案》和《岳阳市公安机关服务保障“四大会战”七项举措》，并将服务保障“四大会战”纳入年度绩效考评重点内容强力推进。充分发挥公安工作职能，重点加强“三违三强”打击整治，一手抓打击，一手抓矛盾排查化解工作，及时将问题和不稳定因素解决在基层、消除在萌芽状态，为临湘经济发展提供强有力的警务保障。当年，全局共出动警力1000余人次，维护全市重点项目工程建设和重大活动现场应急处置7次。同时，按照市委政法委部署要求，市公安局把开展民警大走访作为提升民调警调和“两学一做”学习教育活动的重要内容来抓，创新走访形式，有效提升群众满意率。全局各单位民警共走访300余户居民、12家实有单位，发放《湖南省2017年综治民调调查问卷》500份，收集群众意见32条，解决问题5个。首先是做实“亲情户”走访。按照民警走访10户“亲情户”、协警走访5户“亲情户”的要求，全局367名民警、360名协警争取5470户民警亲友的理解和支持，正确引导他们做好综治民调调查问答，再通过他们广泛带动、影响、辐射周围群众，推动促进全市民调、警调提升。其次，做牢案件当事人回访。各执法办案单位对所立刑事案件进行回头看，对未破刑事案件责任到单位、落实到人，由分管局领导或所队负责人上门做好解释说明，定期通报案件办理进展情况，取得当事人的理解和谅解。再次做优窗口单位服务。交警、治安、人口等窗口单位及21个派出所户政窗口以省公安厅“一优化三服务”工作方针为引领，强化落实省厅30项便民利民举措，真正让“数据多跑腿、群众少跑路”，树立良好窗口形象，赢得办事群众的好口碑。最后是做好“110”接处警回访。指挥中心及各派出所不定期对报警当事人进行回访，对处警和纠纷调处不满意对象及时上门走访，消除顾虑，化解矛盾，让群众真正感受到公安机关的公平与公正，真正感受到党和政府的关怀与温暖。

【打击违法犯罪】 2017年，市公安局始终保持严打高压态势，持续推进“五打五整治”专项行动，切实把打击的锋芒对准农村宗族势力、黑恶势力犯罪、侵财犯罪、非法传销及网络诈骗和“黄赌毒”犯罪，着力整治“三违”“三强”。深入开展“春雷行动”“三打击一整治”和安保维稳“冬春攻势”等多种专项行动，定期开展堵关设卡、集中清查和追逃行动，创新“大案同步、小案按需”工作机制，有力地打击各类违法犯罪。深挖恶势力犯罪团伙2个，掌握犯罪团伙成员22人，判决并经省厅认定的黑恶势力人员20人，10人以上犯罪团伙1个，侦办村霸、宗族恶势力和黑恶团伙案件12起，起诉15人；发生命案2起，侦破2起，命案侦破率100%。2017年共破获各类刑事案件343起，刑事拘留415人，逮捕259人，起诉594人，查处行政案件1483起，行政拘留1660人，强制戒毒151人，抓获逃犯137人。

【创造发展环境】 2017年为加强和改进公安行政管理，着力在服务群众、服务大局、服务经济社会发展上倾力倾为、尽职尽责。及时办理岳阳市人大代表建议案1起、政协委员提案2起，回复“12345”公众服务热线和市长信箱357件，做到件件有着落、事事有回音。一是全面优化重点工程建设环境。全面实行“挂点联系、分片包干”领导负责制，在三湾工业园、儒溪化工园、兆邦集团、海螺水泥等园区和大型企业设立警务室，向蒙华铁路等重点工程派驻精干警力，维护治安秩序，切实为全市重点工程项目建设保驾护航。全年破获涉企刑事案件7起，查处扰乱企业生产秩序案件23起，打击处理违法犯罪嫌疑人42人，调处化解涉企矛盾纠纷235起。二是深化户籍制度改革。人口与出入境管理部门通过抓窗口服务、推行便民利民举措，扎实开展户口登记专项清理整顿工作，强力推进户籍制度改革，全面落实居住证制度。采取上门办理居住证、身份证等形式，兑现为民服务承诺，提升窗口形象。2017年共办理户口准许迁入972人，人口信息补录989人，居民身份证异地受理125人，受理居民身份证挂失申报2588人次；清理公安部疑似重复户口368个，死亡未注销户口人员9214人，无相片人员信息691人，录入“一标三实”信息31002条，其中实有人口信息14251条，实有单位信息448条，实有房屋信息7995条，实体信息2055条，办理二代身份证34827个、出国境证件20929个、居住证205个。三是大力加强安全生产监督管理。牢固树立“安全责任重如泰山”理念，切实狠抓源头治理和隐患排查整治，有效防止道路交通、火灾及涉危涉爆事故的发生。交警部门持续开展交通安全隐患大排查大整治专项行动，推行一周一例会、一周一调度、一周一讲评“三个一”工作机制，强力整治“两客一危一校”及“黄标车”等重点车辆和“三驾”（酒驾、醉驾、毒驾）、“三乱”（乱停车、乱变道、乱用灯光）、“两闯”（闯红灯、闯禁区）、“三无”

（无牌、无证、无资质）等违法行为，有效遏制较大交通事故的发生。2017年，全市共发生一般以上交通事故2697起，死亡36人，伤1319人，直接经济损失399.53万元，非现场查纠各类交通违法行为161835起，现场处罚13021起，其中涉牌涉证285起，酒（毒）驾279起，超载236起，客、校车超员28起，行政拘留276人，刑事拘留33人。治安部门始终把安全生产监管作为公安行政管理的重要抓手，严格规范火工品、危化品的购买、运输、储存等行政许可审批，不断强化涉危涉爆企业和非煤矿山安全隐患的排查和整治。持续开展“缉枪治爆”和“打非治违”专项行动，多次深入涉危涉爆企业开展安全大检查，强化烟花爆竹企业各个环节的监管，着力狠抓全市26家烟花爆竹生产企业安全有序退出和余药销毁，确保临湘市境内不打响、不炸响。2017年共对烟花爆竹、非煤矿山和危化企业安全检查200多家次，组织对26家退出烟花爆竹的生产企业销毁余药989次，其中，销毁烟花药饼989041饼、鞭炮药饼2920饼、亮珠350.062吨、引线6540.356万米、军工粉20.265吨、军工硝925公斤、引药7.8吨。在“缉枪治爆”专项行动中，依法刑事拘留15人、行政拘留28人。消防部门以“清剿火患”战役为契机，强化消防宣传、联动执法、灭火演练，先后组织开展商（市）场、宾旅馆、易燃易爆、人员密集场所、高层建筑等多个消防安全专项整治行动，有效预防重特大火灾事故的发生。2017年，全市共发生火灾31起，死亡2人，直接财产损失95.6万元，出动警力939人次，抢救被困人员26人，疏散被困人员57人，抢救财产价值3800万元。开展安全隐患检查2088家，发现火灾隐患4183处，责令整改4033处，下发责令改正通知书89份，依法责令“三停”单位22家，依法行政拘留7人。

【执法建设】 2017年，市公安局建立完善了刑事案件统一入口、统一审核、统一出口“三统一”工作机制，进一步提升刑事办案质量，严格执法监督管理，强力推进民警执法办案积分考评机制，确保各个执法环节明确规范。一是突出执法质量奖惩兑现。对全局接处警、办理行政案件、刑事案件全面实行网上考评，严格实行一周一巡查、一月一通报、一月一讲评制度，将半年、年终考评结果作为衡量各单位主要负责人工作绩效的重要内容，严格兑现奖惩。二是突出案件层级制度监督。出台执法责任问责制度，明确“谁主管谁负责、谁审批谁负责、谁审核谁负责、谁办案谁负责”的原则，建立“五级四查”工作机制，对每一起案件均实行案件主办人、法制员、单位领导、法制部门、局领导把关，并在日常执法活动中实行法制员每日必查、所队领导每周检查、法制部门每月评查、分管局领导每季度抽查，从而保证案件办理的质量。三是突出执法办案检查督导。对警综平台、电子证据、办案区监控等系统内录入的数据信息，通过警情巡查、电话回访、抽卷检查等方式，常态化开展研判分析和督促整改，确保执法数据真实准确。加强执法办案单位随机检查，不打招呼、不定期、不定点到辖区派出所开展突击临检，重点检查各项管理措施的落实情况，强化对聚众性犯罪案件、典型行政案件等办结案卷的检查，对检查发现问题拒不整改的，在局内网予以通报，并在执法质量考评中予以扣分。法制大队会同指挥中心、督察等部门，对执法办案单位接处警、人员审查、案件办理等在处警情、在办案件开展督促检查4次，并将检查情况在全局公安内网上予以通报。

【强化管理】 2017年，市公安局先后组织全局民警扎实开展“迎接十九大，深化四讲”“迎接十九大，忠诚保平安”和“两学一做”学习教育活动，充分利用机关大院电子显示屏、宣传橱窗、板报、横幅等多种形式，将学教活动内容上屏上墙。围绕推进“两学一做”学习教育常态化制度化的学习，践行“平江起义”精神，组织民警通过“红星云”微信平台开展扎实学习，汲取红色养料，补足精神理想之钙。结合中共十九大安保维稳工作，组织举行“迎接十九大，忠诚保平安”主题演讲比赛、英模巡回报告会活动，新年、国庆升国旗、重温入党、入警誓词，中共十九大安保维稳攻坚决战誓师等系列教育活动，并在维稳处突和案件侦破、防汛救灾和中共十九大安保维稳等工作中开展战时表彰、一线表彰活动，有效增强全局民警的政治意识、大局意识、核心意识和看齐意识，促进作风的转变和思想政治素质的提升。2017年共组织民警开展学习讨论78场次，建立“四讲”专栏3期、“迎接十九大、忠诚保平安”活动专栏2期、贯彻中共十九大精神学习专栏1期。二是强化基层党建工作。充分发挥基层党组织的战斗堡垒作用，要求各党支部以学习教育专题活动为载体，努力提升党建工作质量，先后完善党员管理、“三会一课”、中心组学习、帮扶教育、谈心谈话和走访慰问等工作机制。5月23日下午，专门组织举办局直20个室、队、所、站党支部书记、内勤参加的党建工作培训班，邀请市直机关工委副书记专题授课；11月下旬，参加市委组织的支部书记培训班，从强化主业意识、突出规矩规范、抓住工作重点、做好结合文章、落实基本保障5个方面，对基层党支部党建工作进行全面、系统、细致地讲解和阐述，就公安机关各基层党支部如何做好各类、各环节党建工作提出颇具指导性、针对性和操作性的工作要求，有效提升各党支部的党建工作能力和水平。三是民警教育培训。年初制定《临湘市公安局民警基本功训练和警务实战技能练兵活动实施方案》，突出以体能、射击训练考核，执法办案，现场勘查、讯问、大案侦办，重点人员管控，“三实”信息采集，“一标三实”等内容为重点，按照“干什么、学什么”“缺什么、补什么”培训要求，强化民警业务能力、实战能力训练和考核，同时还加强辅警人员岗位业务培训和实战技能训练，确保适应性、技能性、专业性等综合素质的提高。全年共组织民警轮训轮值450人次，业务知识培训17期、950人次。四是落实从优待警政策。完善公安政治工作信息系统和辅警信息系统数据，圆满完成2017年度警力统计、警衔统计和工资调整审批工作；对符合职务职级并行政策的民警进行摸底，落实民警的警衔津贴、工资、晋升、福利政策。9月，市公安局就一线执法勤务机构警员职务套改政策的延续执行，专门到平江、湘阴等地进行学习考察，争取市委、市政府主要领导重视，协调组织、人事部门参照执行，促成市公安局延续警员职务套改政策的继续实施，为150名符合套改要求的民警解决一级警员、四级警长、三级警长待遇。同时加强民警职业健康保护，组织民警每年一次体检，设立民警心理咨询活动室，建立民警身心健康档案；为全体在职民（辅）警购买附加意外伤害医疗、疾病住院医疗补充保险；对获得在职研究生学历、取得高级执法资格证的民警，落实《公安机关人民警察荣誉仪式规范（试行）》，年内举行退休民警荣誉退休仪式1次，纪念公安英烈仪式2次；对因公负伤的1名民警、因病住院的3名民警共计发放慰问金3500元；对18名特困民警、5位英烈家属进行慰问，发放慰问金19000元。同时，积极协调争取省、岳阳市公安民警基金会救助金14.4万元，对2名患重大疾病的在职和退休民警进行救助。使民警切实感受到组织的关爱和温暖，增强归属感和荣誉感。

【夯实基础】 2017年，市公安局按照全省公安检查站建设任务要求，市公安局党委高度重视，切实把羊楼司公安检查站建设作为临湘市公安工作基础建设重点工程，通过专家多处勘测、反复调研和综合考量，已确定选址羊楼司镇天诚竹业和羊楼司加油站，作为羊楼司公安检查站新建、羊楼司派出所和交警大队三中队迁建，3个单位合建一处的建设用地。规划选址、施工图审、工程预算等前期工作全面完成，已进入财政评审、挂网招标阶段。根据2016年12月29日市长办公会议纪要精神，市公安局迅速启动临湘市强制隔离戒毒所和临湘市特殊人群收治中心合并建设工作，成立专门班子，确定戒毒所建设地址。2017年，完成该项目建设地勘、项目平面图及施工图设计，已经进入报请发改委核准项目建设规模阶段。三是全面落实警务机制改革工作。根据省厅、岳阳市局“4+X”警务机制改革工作部署，结合临湘市实际，制定完善警务机制改革方案，着力夯实指挥情报中心、侦查实战中心、治安防控中心和新闻舆情中心工作阵地，在加快建设羊楼司公安检查站的基础上，创新推动边界警务协作中心建设。2017年，四大中心挂牌运行，机制和工作制度进一步规范完善，硬件设施升级改造得到有序推进。四是全力做好平安城市三期工程建设。根据《临湘市人民政府办公室关于认真做好2017年省、岳阳市重点民生实事工作的通知》文件要求，临湘市在平安城市二期工程基础上新增社会治安视频监控摄像头300个建设任务，局领导高度重视，多次听取平安三期工程建设工作情况汇报，并加强指导和督办，得到市委、市政府主要领导的重视，将平安城市建设纳入市政府绩效评估考核内容强力推进。城区安装摄像头数据采集、点位勘验等工作全面完成，相关工作有序开展。五是大力加强社会面治安防控。不断完善城区“巡逻防控、卡口堵控、科技防控”社会治安防控体系三张防控网，健全完善社会面巡防机制，重点抓好建强巡防专业队伍，规范巡防勤务模式，加强巡防战术运用，落实巡防保障措施。在重大节日、敏感节点期间，先后启动一、二级巡逻防控，完善武装巡逻常态化。由联点的分管领导牵头负责，分片区不定期开展堵关设卡、集中清查等专项行动，将治安巡逻防控范围延伸到城区每个小区和城乡接合部、城中村等地段，构筑全方位、全天候立体防控网络，挤压违法犯罪空间，确保市民安居乐业。2017年来，通过巡逻防控，破获各类刑事案件12起，查处治安案件35起，现场抓获违法犯罪嫌疑人19人，制止因纠纷引起的斗殴12起，受理群众救助25人次。

【内部督察】 2017年，市公安局以纪律作风建设和执法执勤监督为抓手，强化各所队值班备勤、窗口服务、派出所领导住所和执法办案过程全程监督，采取现场督察、专项督察和网上督察等形式，推动全局各项中心工作的落实。2017年共开展各类督察629次，出动警力1872人次，编发督察通报27期，受理群众来访162人，禁闭5人，停止执行职务3人。二是专项督察、确保上级任务圆满完成。中共十九大特护期间，为确保省厅“四个不发生”“六个严防”工作目标，市公安局成立中共十九大安保维稳指挥部和中共十九大安保维稳督察组，副市长、市公安局局长邓可杰任指挥长，纪委书记沈家文任督察组长，指挥中心、政工、纪委、督察大队及各牵头单位为成员，做到早调度、晚汇总，每天一小结、每天一上报，紧盯不落实的事和不落实的人进行督导，彻底改变不落实、不务实的老作风、坏习惯。采取“局长交办函”“局长督办令”“任务交办书”的方式，层层分解，压实责任，确保全市公安机关中共十九大安保维稳工作任务的落实，赢得了省厅、岳阳市局及市委、市政府主要领导的充分肯定。特护期间，出动督察警力300人次，检查公安基层、所队50次，社会单位和重点场所、部位175个，发现各类问题隐患并整改68个，通报批评单位9个、通报批评责任领导9人、民警4人，告诫约谈7人，责令检查1人，停止执行职务1人，禁闭5人。

（方小勇）

森林公安

【概况】 2017年，临湘市森林公安局与临湘市森林防火指挥部办公室合署办公，实行一套人马、二块牌子的管理体制。2011年4月8日，单位机构升格为正科级行政机构，2012年11月成立党组。市森林公安局是一支具有刑事、行政双重执法权限，兼有武装性质，专门保护森林和野生动物资源安全、维护林区社会秩序稳定的执法力量，同时肩负着全市森林防火日常工作。设路中、路南、路北3个森林派出所，内设综合办公室、法制办、消防股、司法鉴定中心4个股室，现有工作人员43人，其中森林公安民警29人（定编30人），森林防火编制人员5人，协警9人。

【队伍建设】 2017年，市森林公安局坚持科学带警，教育培警，规范管警，纪律束警，队伍建设持续实现“零”违纪违规事件记录。市森林公安综合工作连续荣获岳阳市森林公安工作先进单位称号，排名第一。单位被临湘市委、市政府评为平安创建先进单位。姚沫华被公安部授予“全国优秀人民警察”荣誉称号，游泽松荣立国家林业局森林公安局个人二等功一次，黄岳军荣记岳阳市人民政府个人二等功一次，相继有13个集体和39人次分别被各级各部门记功、嘉奖、奖励和评先。

【打击处置】 2017年，市森林公安局进一步强化职责职能，资源保护重拳出击，野保工作敢于亮剑，林地案件持续发力，火案打击快步紧跟，专项行动务实开展，执法质量持续向好，确保打击处置整体铺开。共办理各类林业案件112起。通过三类案件查处，收缴、放生野生动物50万多只（条、头），罚没款金额58万元；开展候鸟保护宣传活动5次，野生动物经营场所清理整治6次，化解林区各类矛盾纠纷19起。单位被省森林公安局评为“全省执法质量综合考评优秀单位”。10月30日下午3时，在临湘市与湖北赤壁交界处发生的特大非法猎捕、收购、出售野生鸟类案引起各级各部门的高度关注。案发后，上级党委、政府和林业主管部门领导高度重视下，在市委、市政府的正确领导下，市森林公安局快速反应，组成专案组，全力以赴开展侦查和缉拿外逃犯罪嫌疑人。专案组民警们往返奔波于湖北、河南、广东、广西、贵州等地调查取证，抓捕嫌犯，侦查破案，连续作战半年多，行程数万里，尽显忠诚本色和责任担当。经调查掌握，涉嫌该案的团伙成员及参与非法狩猎、收购的人员已达60余人，对其中51人采取措施，已到案犯罪嫌疑人40人，其中移送起诉33人，逮捕在押4人，取保候审36人，网上追逃11人，其他猎捕、收购人员仍在调查追捕之中。确保了案件的顺利、高效侦破，相关案件正在有力进行中。2017年以来，相继有中央电视台、湖南卫视、湖南经视、湖南广播电台等多家媒体报道案件的侦破情况。

【森林防火】 2016—2017年，防火期，临湘市森林防火工作阶段性效果十分明显，全市无一起较大及以上森林火灾事故发生。市政府、市林业局（市防火办）再次双获岳阳市森林防火工作先进单位称号并排名第一。为充分肯定和推介临湘市森林防火工作阶段性成绩和内务规范化管理经验，岳阳市2017年春季森林防火工作会议在临湘市羊楼司镇隆重召开。临湘市先后两次代表岳阳市森防批分别迎接岳阳市人大评议市林业局森林防火工作和省森防指对岳阳市森防指森林防火工作督查，并获充分肯定和好评。

【基础建设】 2017年，市森林公安局牵头全市森林防火带建设，建成森林防火带487公里，栽植木荷树苗300

多万株。范围涉及全市重点省、市（县、区）及乡界。最大化地将连片山林网格化，最大程度地避免火烧连营事故发生，工作受到省、岳阳市的充分肯定和推介。加强森林火险治理建设，在五尖山国家森林公园的积极配合下，建成市级森林消防营房。此外，在市林业局的大力支持下，路南及路中两个无房派出所建设全面竣工。至12月，市森林公安局属3个派出所办公用房问题全部解决到位。

（游泽松）

消 防

【概况】 2017年，临湘市消防工作按照中央、省、岳阳市的统一部署，认真贯彻新《中华人民共和国消防法》和落实《湖南省消防安全责任制实施办法》《湖南省农村消防安全管理若干规定》确定的目标和任务，大力改革训练方法和加大消防执法力度，不断提高部队灭火救援和全社会抗御火灾的整体能力，有效地遏制重、特大火灾事故的发生，为全市政治稳定和经济发展创造良好的消防安全环境，实现连续35年未发生重、特大火灾事故的目标。

【灭火救援】 2017年，消防部队共接警出动157次，出动警力2198人次，扑救火灾56起，参加社会抢险救援21次，抢救被困群众110人，参加重大活动执勤17次，为国家、集体和群众挽回经济损失2800多万元。

【监督执法】 2017年，消防部门狠抓消防监督执法检查，消除一大批火灾隐患，查处一批违法违规单位或个人，极大地震慑消防违法行为。共检查单位或场所2762家，下发责令限期改正通知书2495份，下发行政处罚决定书47份，责令“三停”36家，依法查封104处，行政拘留9人。

【专项整治】 2017年，消防部门持续开展6个消防安全专项治理活动，即劳动密集型企业消防安全排查整治、夏季消防检查、公众聚集场所、“三合一”场所、高层和地下建筑、易燃可燃装修材料。在专项整治行动中，共发现火灾隐患6168处，督促整改到位6049处，提出整改意见2495条，查封104家。

【宣传教育】 2017年，消防部门全力开展消防宣传教育，特别注重在重要节日、重大活动中的宣传效果，采取出动宣传车、悬挂宣传横幅、张贴宣传标语、发放宣传资料、组织人员参加消防知识培训等，由于活动的纵深开展，消防宣传教育取得显著成效。与此同时，发挥在新闻媒体中的宣传教育优势，全力抓好宣传报道的社会影响。全市在中央、省、市级新闻媒体共发表反映临湘市消防工作的典型材料达30多篇。

【基础设施建设】 2017年，在城区主街道共安装消火栓35个，城区大、小街道及居民集中区共有消火栓283个。消防装备建设又添“新军”，临湘市采取由政府担保、分期付款的方式，2年时间内共投资200万元为消防部队购置消防装备。通过全市上下的努力，消防安全“网格化”管理工作有序推进，已形成市、镇、村、组四级消防安全“网格化”管理格局。为把创建工作落到实处，抓出成效，临湘市以政府发文方式，要求各镇、各社区居委会、社会各单位全力做好微型消防站建设工作，充分发挥社会微型消防站在扑救初起火灾中的一线作用。

（曾宪富）

交通管理

【概况】 2017年，临湘市公安局交警大队（简称临湘交警大队）在岗民警69人，内设办公室、车管所、驾管股、法制（秩序）室、事故调处股、行装股、处罚办7个职能股（室），下设城西、城东、羊楼司、桃林、源潭、白云、公路巡警和设施管理8个中队。大队驻地位于107国道1437千米+100米处，占地面积30余亩，办公楼建筑面积3200平米。

【队伍建设】 2017年，湖南省公安厅交警总队在全省公安交警系统开展“创建优秀团队活动”。临湘交警大队以此为契机，实施“三带”举措，增强队伍活力。一是以党建带创优，党建与创优工作相结合，同步运作，同步推进。二是以优势带创优，挖掘优势资源，利用优秀文化人才，组织开展征文比赛活动，并汇集成书编纂《临湘公安交警三十年》。此次活动中，有4篇作品分别荣获上级征文比赛二、三等奖。三是以典型带创优，总结推介杨光辉、罗红林、廖加良3个基层一线典型，杨光辉被省交警总队评为“中共十九大安保维稳工作成绩突出个人”，并被省厅交警总队评为全省文明交通护学先进个人；罗红林、廖加良被推荐报记三等功。

【交通监管】 2017年，临湘交警大队主要做“四大”工作，呈现“三大”亮点。“四大”工作：一是春运保畅工作圆满完成。为期40天的春运，全大队出动警力3200人次，疏导分流车辆1500台次，排查整改安全隐患60处，检查客运车辆2000多台次，纠处交通违法行为643处，处置各类交通事故60多起，实现无长时间交通拥堵、无重大事故、无车辆滞留、无涉交群闹事件和负面舆情的目标。二是专项整治持续推进。先后大力度开展集中打击重点交通违法行为“百日会战”，货车非法改装专项整治，全市两、三轮摩托车专项整治，公安交警系统“三个不发生”创建活动，路面防控战严管统一行动，预防重特大道路交通事故专项整治行动，工程运输车辆交通安全专项整治，拖拉机联合整治行动8个专项整治，同时进行全域性交通安全隐患排查整改。交通执法的力度和强度均属前所未有。三是源头管理力度强劲。会同市教体局、交通局深入辖区中小学校、危化品生产运输企业、客运企业开展3次大规模的安全检查，分5次组织校车、危货运输车、客运车驾驶人进行集中教育；组织专门力量对全市企事业单位、学校、社区、二手车交易市场、停车场场所等进行重点摸排，基本澄清假（套）牌车、报废车、黄标车等违法车辆的存量，为开展针对性的整治提供现实可靠依据。四是交通安保万无一失。元旦、春节、清明、端午、中秋等传统节假日和“五一”“十一”等长假以及重要会议、重大活动，严密部署，精心安排，全警动员，全力以赴。2017年圆满完成高考、学考、全省垂钓俱乐部挑战赛、岳阳市政府全会、全省农村集体经济发展现场会、“健康运动、快乐垂钓”万人放流活动、“环球小组”湖南赛区总决赛、省级园林城市考核等152次重大活动的交通安保工作，做到百无一漏，万无一失，得到市委、市政府领导和活动参与人员的一致点赞。“三大”亮点：一是下功夫、较真劲、见实效，推动城区保畅再入新境；二是中共十九大期间特护安保凯歌高奏；三是淘汰黄标车的“淘黄”工作破冰前行。

【其他工作】 2017年8月，临湘交警大队主要领导调整后，新任领导对城区保畅通工作高度重视，接力奋进，适时推行“四点三加三提”城区交通大管控模式。“四点”，就是清堵点、保重点、攻难点、出亮点；“三加”，就是高峰加平峰、定责加定律、督查加讲评；“三提”，就是提高见警率、提高管事率、提高满意率。8月，按照上级公安机关要求，启动羊楼司省际交通安全执法站，更新配备警示灯、锥筒等执法装备，配置10名警力昼夜轮班值守，确保道路交通安全畅通。10月，通过临湘市道路安全交通委员会这一有力平台，充分发挥农村交通安全体系的作用，协调全市10镇3街道建立21个交通安全劝导站，动员65名村组干部和退休老干部、老党员作为交通安全劝导员，把守市、乡、村道要道口，重点劝导面包车超员、农用车违法载人等交通违法行为。

（陆三星）

检　察

【概况】 2017年，临湘市人民检察院（简称市检察院）内设办公室、行装科、反贪局、渎侦局、政治部、控申科、民行科、办公室、案管中心、预防科、技术科、监所科、侦查监督科、公诉科14个股室，另还有一个后勤保障服务中心（由6个事业编组成）。

【服务中心大局】 2017年，市检察院紧紧围绕全市经济发展主线，践行司法为民宗旨，始终把检察工作放在全市工作大局中谋划和推进，全力促发展、惠民生。

一是全力服务经济发展。坚持依法办案与服务发展相结合，切实做到查办案件和规范司法并重，坚决避免执法不当影响经济发展。开展优化经济发展环境专项监督活动，从严从快查办重大项目建设、专项资金管理、项目决策审批等领域的职务犯罪6人。认真开展“三违三强”专项整治，依法批捕强揽工程、强买强卖等破坏重点工程犯罪13人，起诉9人，依法查办非法采砂、工程招投标领域职务犯罪5人，努力为全市非公企业健康发展营造公平公正的法治化营商环境。

二是依法保障民生民利。积极发挥检察职能作用，服务和保障脱贫攻坚工作，立案查处截留套取侵吞贫困群众救命钱的职务犯罪案件3人。扎实推进羊楼司镇三港村驻村扶贫工作，结对帮扶4户12人，筹集资金20余万元，解决部分村民安全饮水等问题，引进光伏发电项目，预计年产效益7万元，帮助特困户张岳梅、周成林两户解决就业、就医问题。积极践行绿色发展理念，持续开展打击破坏环境资源专项监督行动，立案督促履职21

件，发出检察建议21份；加大对破坏环境资源犯罪的惩治力度，批准逮捕滥采滥捕、污染环境等犯罪案件3件9人，提起公诉5件12人。在市食品药品工商质量监督管理局、市环保局设立检察联络室，推动行政执法和刑事司法有效衔接。

三是积极参与社会治理。加强对社会治安重点地区、重点部位、重点人群的依法整治，结合办案分析研判刑事犯罪的规律、特点和趋势，提出建制补漏的检察建议6件。做好特殊人群挽救帮教工作，完善信访工作机制，排查调处矛盾纠纷和不稳定因素，开展法治宣传和民调大走访，提升群众安全感。加强未成年人司法保护，依法附条件不起诉4人，广泛开展“法治进校园”巡讲活动，选派6名检察官担任中小学法制副校长，设立法治教育基地10个，覆盖学生3万余人。健全以检察宣传为重点的检察官以案释法机制，公开宣告检察决定51件，宣传法律知识，弘扬法治精神，促进提高社会治理法治化水平。

【职务犯罪侦查】 2017年，市检察院共立案侦查职务犯罪案件16件18人，其中，贪污贿赂案件11件、13人，渎职侵权案件5件、5人，侦查终结10件、10人，比较典型的有：市检察院交办的湖南省职业外贸学院原党委书记、院长屈某系列受贿案，汨罗市原市委书记白某系列受贿、滥用职权案，岳阳市三荷机场征地拆迁中胡某、陈某挪用公款系列案件。在辖区范围内，立案查办长江流域非法采砂系列贪污贿赂案件，开展惩治民政救助领域“雁过拔毛”式腐败问题，重点查办贪污孤儿基本生活费案件。全面加强职务犯罪预防工作。结合办案开展个案预防3件，发出检察建议5份，举行预防职务犯罪法制讲座6场次，5000多名干部、群众及学生受到教育。

【刑事检察】 2017年，市检察院案件管理中心共受理侦监案件264件、338人，公诉案件361件、447人。批准逮捕各类刑事案件262件、343人，提起公诉284件、362人。对主观恶性小、犯罪情节轻微的依法从宽处理，减少社会对立面，决定不批准逮捕83人，不起诉50人。落实涉法涉诉信访工作机制改革措施，强化检察长接访、下访、巡访和首问责任制，拓宽群众诉求表达渠道，引导当事人依法维权，共接待群众来信来访38件、42人次。

【诉讼监督】 2017年，市检察院加强对刑事立案活动的监督，依法监督侦查机关立案4件。加强“两法衔接”工作，监督行政机关移送刑事案件2件。加强对刑事侦查活动的监督，发出纠正违法通知书15份，追加逮捕17人，追加起诉10人。加强对刑事审判活动的监督，提出抗诉1件，检察建议2件。加强对刑事执行监管活动监督，开展羁押必要性审查案件34件，书面提出变更强制措施建议34人，开展社区服刑人员脱管漏管专项检察活动2次，提出纠违21件。加强对民事行政诉讼活动的监督，办理各类民行案件33件，其中，不服生效裁判监督1件，执行监督4件，督促履职26件，公益诉讼立案审查2件。

【队伍建设】 2017年，市检察院坚持正规化、专业化、职业化方向，全面加强检察队伍建设，不断提升检察机关司法公信力。

一是抓好作风建设和业务培训。深入推进“两学一做”学习教育常态化、制度化，大力开展理想信念教育。持之以恒抓作风建设，坚持问题导向，防止作风问题反弹。严格履行党风廉政建设主体责任和监督责任，正确运用“四种形态”，共核查举报线索5件。重视业务培训，通过选送学习、邀请专家讲座、庭审观摩等形式，提升业务技能，累计培训人员达382人次。积极参加各项业务竞赛，先后5人在中央、省、市业务竞赛中获奖，1人获高检院控告举报检察理论研究征文三等奖，1人获全省“十佳公诉人”称号，1人获全省“刑事申诉检察业务能手”称号，2人获岳阳市“十佳公诉人”称号，临湘公诉队伍在岳阳市公诉团体辩论赛获团体第一名。

二是积极推进司法体制改革。按照“员额检察官+检察官助理+书记员”的改革模式，全面厘清三类人员界限，员额检察官22人，检察辅助人员30人，司法行政人员13人，招录书记员18人。坚决拥护和配合国家监察体制改革，在市委的统一领导下，配合完成职务犯罪侦防部门机构、职能、人员转隶，做好案件结案、线索清理和移交工作。深入细致开展思想政治工作，严明政治纪律、组织纪律，确保在转隶期间队伍思想稳定，各项工作有序衔接。

三是不断夯实基础设施建设。有效整合案管、控申、预防等部门工作区域，实现分散、封闭向开放、透明模式转变，完成检察服务大厅升级改造，获得“全省检察服务大厅建设示范院”荣誉称号。改造机关大院2000平方米附属绿地，高标准完成100米通透式围墙建设；加大检察文化硬件建设投入，设置电子宣传栏，打造涵盖社会主义核心价值观、“两学一做”、廉政文化、文明创建内容的百米“文化长廊”，获评岳阳市级“园林式单位”。

【检务公开】 2017年，市检察机关深入开展大走访、举报宣传活动，广泛宣传检察职能；加强门户网站、微信平台建设，及时公开检察工作信息；加强与新闻媒体的联络沟通，主动回应社会关切；认真落实人民监督员制度。大力推进案件信息公开工作，全年公开程序性信息625条，发布重要案件信息5条，公开法律文书320份，让检察权在阳光下运行。

（何路标）

法　院

【概况】 2017年，市人民法院共受理各类案件4818件，审执结4136件，结案率85.84%，收结案率比2016年分别上升29.02%、26.48%，在岳阳市审判质效考核中排名较2016年上升六名。2017年度，湖南省高级人民法院青年法学应用研究基地在临湘法院落户，市法院司法警察大队成功晋级全省五星级警队。临湘法院被评为岳阳市文明标兵单位，桃林法庭、忠防法庭被岳阳中院评为标准化法庭，市法院机关安保部门被评为岳阳市法院系统安保工作先进单位。市法院监察室主任李国良被省高级人民法院评为2013—2017年全省法院先进个人。

全面推进司法改革，优化审执运行机制。完成司法人员分类管理，优化一线审判队伍，遴选出30名员额法官，配备19名法官助理、2名司法技术人员、11名司法警察、18名行政人员、5名事业编工作人员。实现员额法官与司法辅助人员的有效配置。厘清司法责任清单，对市法院领导、市法院庭长、市法院员额法官、法官助理等不同岗位的权责予以明确，明晰审判权、审判监督权、审判管理权之间的界限。将原由院庭长行使的裁判文书签发权还权于法官，实行谁主审、谁裁判、谁签发、谁负责。创新案件分流机制，实行随机轮号统一分案制度。

丰富活动载体，强化司法能力建设。精心谋划培养专家型、精英型法官，选派15人次到北京大学、国家法官学院湖南分院学习。邀请岳阳党校、岳阳中院的专家学者开展业务知识讲座、案件质量讲评7场次，组织全院干警参加视频培训37场次，全力提高法官办案能力和办案水平。严格执行发改案件院长约谈制度，查清发改原因，倒逼法官主动学习，不断提升审判能力。组织开展干警业务知识竞赛活动，组织干警子女举行暑期大手牵小手关爱文艺晚会，组建青年干警为主力的院篮球队、舞蹈队。组织全体员额法官系列工作人员向宪法宣誓，全方位营造职业荣誉感、努力工作的良好氛围。

坚持从严治院，打造干净廉洁队伍。严格管理队伍，常态化开展“雁过拔毛”式腐败整治活动，立足抓早抓小，院纪检监察室开展专项督查9次。建立廉政谈话机制，每季度找中层干部廉政谈话不少于1次，将“咬耳”“扯袖”作为工作常态。全额保障办案经费，严禁向当事人收取除诉讼费以外的费用，对违规收费的举报，以零容忍态度追责问责。对出现的问题旗帜鲜明，不遮掩、不护短。对2名履行监督管理责任不力的副院长、2名中层干部、3名干警点名通报批评，责令1名工作失职的庭长辞职，对1名收受他人财物的人民陪审员报人大常委会免职，对3名尽责不到位的聘用人员予以辞退。

【审判执行】 2017年，市法院把维护社会稳定置于刑事审判工作的首位，全年审结刑事案件309件、389人，其中被判处五年以上刑罚的16人。严厉打击危害公共安全的犯罪56件、62人，开展打击危险驾驶专项行动，召开新闻发布会，邀请教育系统校车责任主体、校车司机100余人旁听张某某超载驾驶校车案，增强群众出行安全感。从严惩处黄赌毒犯罪案件56件、69人，其中，贩卖毒品的李某某、李某某等人被判处15年有期徒刑，净化了社会风气。竭力保障发展环境，判处寻衅滋事、聚众斗殴等严重扰乱社会秩序的犯罪19件、33人，严惩游某、万某某等涉恶团伙6案、15人。审慎审理涉众型经济犯罪，集中力量审结涉案资金达3.75亿元、受害群众200余人的非法吸收公众存款、非法集资5案、7人，对博翰公司法定代表人李某某以非法吸收公众存款罪判处有期徒刑九年。继续保持对故意伤害、“两抢一盗”等侵犯公民人身权利、财产权利犯罪的打击力度，审结案件129件，判处罪犯164人，全力构筑平安临湘的坚强防线。推行刑事和解制度，实行“审赔结人、先赔后判”，有105名被告人赔偿受害人经济损失800余万元，56名受害人与被告人达成刑事和解，减少社会对立面和不稳定因素。

受理各类民商事案件2846件，审结2454件，结案标的额3.3亿元，平均审理期限53.6天，比2016年缩短35.27%。积极推行家事审判改革，坚持以情入法、调解优先的原则，审结婚姻家庭、赡养继承纠纷案件798件，调撤率达67.42%，家事审判工作在最高法院调研时作为经验介绍，如源潭法庭审理的袁某夫妇诉其3个儿子赡养纠纷一案。高度重视民生福祉，高效审理交通事故、人身损害赔偿、劳动争议等案件293件，审理的刘某等6名农民工跨国务工讨薪案被上级通报表扬。巡回审理“三农”纠纷案件，忠防法庭在詹桥镇余湾村审理的一起农村土地排除妨害纠纷案，消除农民对农村土地法律知识的误区，被作为农村法制宣传样本进行推介。着力维护交易稳定，依法审理买卖合同、民间借贷等经济纠纷案件559件，弘扬诚信美德。

认真贯彻实施新修订的行政诉讼法，降低行政案件受理门槛，审结行政诉讼案件24件，行政相对人胜诉及撤诉率达62.5%，依法保护行政相对人的合法权益。建立行政争议事前指导制度，对涉及房屋拆迁、违法占地、运政管理等可能引发行政诉讼的纠纷，提供法律咨询和指导，事前指导的32件行政争议，无一起提起诉讼。安排专人指导对冯某的房屋依法拆除，挽回国有资产流失，消除困扰城市建设多年的向阳路“拦路虎”，极大地改善了临湘的征拆环境。将司法监督“前置”，主动上门到多个行政部门指导其自行纠正行政违法行为，为市文旅广新局、市交通运输局、市公路局等多部门行政执法人员开展法制讲座，避免因行政执法错误影响工作进度及政府形象。审查行政非诉执行案件132件，裁定准予执行131件，支持依法行政。

2017年是最高人民法院提出“基本解决执行难”的攻坚之年，临湘法院多措并举着力攻克执行难。通过失信黑名单、临湘手机报、法院“一网两微”到老赖房前屋后张贴失信公告等方式，将1238名失信被执行人曝光。创新执行方法，灵活运用夜间突击、雨天抓捕、饭点执行等错峰执行手段，开展涉民生案件集中执行、涉金融案件专项执行等活动15次。强化执行手段，对115名“老赖”采取搜查、司法拘留等强制措施，仅拘留人数一项就超过过去六年的总和。依法严厉打击所谓的“名人”“能人”，对拒不履行生效法律文书义务的临湘某公司罚款10万元，对拒不履行协助义务的某路桥公司罚款50万元，将拒不履行法院判决、裁定的罪犯移送公安机关侦办4件、4人。加强执行联动，联合三大通信公司，为“老赖”定制失信彩铃，其中，多名老赖在被定制失信彩铃后履行了义务。顺利执结中央环保督察组交办的环保处罚案，团湾水库环境污染问题得到彻底解决。共执结案件1171件，执行到位标的额达1.4亿元，让“老赖”不敢赖、不能赖、赖不掉的社会局面逐步形成。

【基层基础】 2017年，市法院秉承“司法为民便民利民”的工作理念，依托基层人民法庭和基层组织，构建诉调对接、巡回审判、普法教育“三位一体”的矛盾纠纷多元化解机制，争取源潭法庭的重建项目。诉讼服务中心的标准化建设项目，为群众提供更加便捷的司法服务。加快建设办公自动化、档案电子化，加快“智慧法院”建设。完善案件繁简分流机制，提高审判效率，实现简案快审、繁案精审，提升人民群众的满意度和获得感。

【评先创优】 2017年，最高法院为周建伟、黄建湘、余晓鹏、沈顺舟、仇仁根颁发法院工作三十年荣誉奖彰；省高院授予临湘法院湖南省法院系统青年法学研究基地称号；省高院晋升临湘法院司法警察大队为五星警队；省高院授予李国良2013—2017年全省法院系统先进个人称号；岳阳中院授予桃林法庭、忠防法庭标准化法庭称号；岳阳中院授予临湘法院全岳阳市法院系统安保工作先进单位称号；临湘法院篮球队获岳阳市法院系统第二届“天平杯”篮球比赛第三名；临湘法院女子舞蹈队获临湘市委宣传部组织的“农商银行杯”舞蹈比赛第一名。

（刘 辉）

司法行政

【概况】 2017年，临湘市司法局负责主管全市司法行政工作，承担着人民调解、法制宣传、法律援助、法律服务、司法公证、社区矫正和刑释解教人员的安置帮教工作等职责。内设6个股室和3个其他机构（临湘市公证处、临湘市法律援助中心、临湘市社区矫正领导管理服务中心），下辖13个司法所，行业管理2个律师事务所和2个法律服务所，并在全市组建人民调解组织456个。按照“突出一个中心，赢得两个满意，完成三大工程，提升六个能力”的思路，以细化量化考核项目为重点，以争先创优为目标，不断提升临湘市司法行政工作在社会管理和经济发展中的参与度，提升工作水平。2017年获得“全国人民调解宣传工作先进单位”“临湘市平安创建先进单位”等荣誉称号。

【人民调解】 2017年，全市调解组织共调处纠纷6131起，其中，各级调解组织共处置非正常死亡事件113件；防止群体性械斗85起，防止群体性上访106起，防止因纠纷引起的民转刑案件118起，全市没有发生一起民转刑案件，最大限度地减少不和谐因素。对114个村、33个居委会的人民调解委员会进行加强和升级。

【法律援助】 2017年，全市法律援助办案任务230件，完成316件，已超额完成任务86件，帮助困难群众挽回损失1500多万元。市法律援助中心主任被评为全国法律援助工作先进个人。

【公共法律服务】 2017年，争取市委、市政府重视，将原市司法局218平方米的临街门面，作为公共法律服务中心的场所，共投入35万元进行整体装修，5月1日投入运行。整合法律援助、公证服务、法制宣传、司法鉴定、人民调解和志愿者服务等多项司法行政资源，集成电话热线、如法网、法律服务实体大厅等多种服务方式，确保群众拔通一个电话，登录一个网站，走进一个大门，即能享受“一站式”法律服务，解决“一揽子”疑问。共接受群众来电来访1700余人次。

【普法宣传】 2017年，市司法局组织国家公务员网上学法培训，修满100学分。学时完成率达100%。2月10日，与市电视台开办《做法律明白人以案释法》专栏，收集案例9件，录制播出律师讲座2次。5月7日，启动农村普法宣传月活动，组织法律宣传咨询工作队巡回全市13个乡镇，开展农村普法咨询活动。7月10日，又在市电视台都市频道微信公众号开通“普法之窗”。还开通“平安临湘”微信公众号。在步步高大厦顶楼设置大型普法公益宣传电子显示屏。先后组织禁毒进社区文艺节目，巡回到13个乡镇（街道）进行演出。8月，选址107国道三角坪建设法治文化主题公园，共投入60多万元，面积11000多平方米，2017年已投入使用。9月又组织开展青少年法治宣传教育周活动。9月25日始，临湘市组织4500多名公职人员进行网上学法考试。参考率达100%，及格率达98%。全年共报送法治信息256条。

【社区矫正】 2017年，全市共接收社区矫正人员1092人，解矫817人，现在矫275人，其中，缓刑245人，假释23人，暂予监外执行7人。进行社区矫正对象调查评估164人。开展68次不定期的集中点名整训，实行军事化整训、规范化着装、常态化教育。共警告57人次，收监3人。

（李　克）

城乡建设·环境保护

住房和城乡建设管理

【概况】　2017年，住建系统存有劳务人事关系登记的干部、职工共计1579人，其中，在岗1243人，离退休36人，下属二级机构共12个，分别是市容环境卫生管理局（副科）、市政工程管理中心（副科）、城市管理综合执法大队（副科）、聂市古镇建设保护管理中心（副科）、建筑工程质量监督管理站（含材料检测中心）、园林绿化管理中心、路灯管理所、烟花爆竹限放管理执法大队（含燃气办、用水办）、污水净化中心长河管理中心、星河广场管理中心、自来水公司（企业）、振字公司（企业）。

2017年是临湘市城市建设大投入、高品质、快发展的一年。坚持以项目为先、项目为重、项目为大，重点突出湘北大道、景观亮化、绿化提质、立面改造、路网连通、专业市场、停车场配套等20多个影响城市品质、关乎民生改善的实事工程，改善民生，美化环境，舒畅交通，拉动经济，提升品质，着力打造一个个群众满意的精品工程。7月，岳阳市交通大会战暨城建项目建设现场会、岳阳市政府全体（扩大）会议在临湘召开，岳阳市委领导对临湘的城建工作给予高度评价。

提升城市环卫品质，创建示范街道，规范广告管理，推行文明施工，加速立体布绿，让城市面貌更靓丽；规范门店经营，坚守文明执法，推行志愿劝导，做好创建者、维护者、管理者、监督者，城市秩序更有序；加速城市基础设施完善，做到执勤管理在一线，解决问题在一线，考核评估在一线，确保管护无盲区，城市呵护更到位。城市管理工作在2017年11月省级文明城市现场测评工作和省卫生城市复检工作中，得到省专家组好评。

开展拆墙透绿、城乡三年绿化行动及海绵城市建设，打造10多家海绵生态园林机关，建成迎宾绿地公园、东西入口公园、法治公园等一大批绿地游园，城区绿地总面积达492万平方米，人居环境质量大幅提升。

【精品工程】　2017年，湘北大道提质改造，城市夜景亮化，绿地游园建设，芙蓉中路、金大路建成。城中南路、北路峻工通车。10多条背街小巷提质改造。麦坡西路、永昌东路、向阳北路、纱厂路等多条断头道路实现贯通。桃园巷、城南卫生院、政府北门、人民医院、住建局南侧等7个停车场，增加停车位1000个。

【提升城市颜值】　2017年，为提升城市环卫品质，实行全天候保洁管理；清除视觉污染，创建“文明示范街”、店面LOGO示范街；加速城区立体布绿，见缝插绿，拆墙透绿，沿路扩绿和植绿补绿；加强建筑工地安全文明施工管理，无缝覆盖、围挡施工、定时降尘、定期清渣，管住城区渣土扬尘源头。清理广告“牛皮癣”近10万立方米，拆除大型违规广告98处，清理各类招牌、横幅、违规灯箱6000多处。

【规范城市秩序】　2017年，按照市容提质的新要求、新标准、新常态，全力整治占道经营、乱停乱靠、乱丢乱倒、损绿毁绿等城市乱象推行文明执法，文明用语；推行志愿者服务，热忱劝导，开展”百日攻坚”等整治行动26次，取缔违规沙场6个，整治出店经营3000多次，劝离游商游贩8000多人次。

【细化城市服务】　2017年，为加速城市基础设施的完善，做到执勤管理在一线，解决问题在一线，考核评估在一线，确保无死角、无盲区。城区路灯完好率达

100%；治理城区黑臭水体，疏浚排水管网2.1万米，更换水网盖板700块；标划交通标线2.7万平方米，修复破损路面0.3万平方米，修复交通护栏1500多米。

【创建省级园林城市】 2017年，严格按照《湖南省园林城市标准》相关要求，积极组织开展创建园林城市行动，城市园林绿化工作成效明显。建成区绿地总面积为492.54万平方米，绿地率为31.69%；绿化覆盖面积为547.75万平方米，绿化覆盖率35.24%；公园绿地面积为112.03万平方米，城市人均公园绿地面积7.73平方米。成功创建省级园林城市。

（王　飞）

城乡规划

【概况】 2017年，临湘市城乡规划局有干部职工161人，拥有专业技术人员12人，其中，注册规划师2人，副教授级高级工程师1人，工程师9人。按照“三定方案”规定，内设办公室、建设用地规划管理股、建设工程规划管理股、综合管理股、规划编制股、财务审计股、法规股、乡镇规划管理股8个股室，下辖禁违执法大队、规划信息中心、规划勘察设计院3个二级机构。参与编制的《临湘市“多规合一”发展规划》荣获湖南省优秀规划设计三等奖。

【健全城乡规划体系】 2017年，市规划局按照全市“2124”行动要求，认真落实城乡规划编制工作职责，完成《临湘市城市总体规划（2016—2030）》方案，并通过市规委会及岳阳市政府审查，报省政府审批；完成中心城区26平方公里控详规划招投标，选定设计单位，完成46平方公里1∶500地形测量、河西片区控详规划初步方案及河东片区基础资料收集工作，实现城区控规“全覆盖”；启动城区停车场规划、商业网点布局规划、云湖新区规划、海绵城市规划等编制工作，其中海绵城市规划方案正在报批，云湖新区概念规划已编制完成；组织召开羊楼司、桃林、江南、聂市、白羊田、长塘、詹桥、坦渡、忠防9个镇的镇（乡）域村镇布局规划工作部署会，将规划工作任务进行交派，羊楼司镇、聂市镇、桃林镇已完成镇（乡）域村镇布局规划初步方案。同时，对市委、市政府临时交办的任务，不打折扣，认真组织落实，全年按照拆墙透绿工作要求，已完成36个单位的规划设计方案，其中，项目完工21个，拆除实体围墙367平方米，增辟公共绿化面积1634平方米，为全市景观提质和创园工作提供强力支撑。

【服务项目建设】 2017年，市规划局紧紧围绕市委、市政府中心工作，认真贯彻落实“项目为大为重为先”的工作理念，始终将优质服务贯穿于项目规划选址、编制、审批全过程。对市政府确定的96个重大项目建设，创新工作举措，在全局成立重大项目办理工作领导小组，明确重大项目建设从受理到办结全部由股（室）长负责；建立周例会制，每周一召开一次项目建设内部碰头会，对重大项目审批工作中疑难问题共同会诊、共同担当，确保项目建设问题在单位内部得到解决；以优质高效服务推动重大项目建设；坚持依法行政，严格执行“三会”制审查制度，杜绝违规审批行为。协助市政府组织召开规划委员会5次，共依法审查项目修建性详细规划方案22个；参与项目规划选址45次；出具项目用地红线图26份；出具项目规划设计条件5份；出具项目初步选址意见21份；办理项目建设用地规划许可证7个，建设工程规划许可证4个；办理私房建设用地规划许可证45户，建设工程规划许可证23户。

【违建治理】 2017年，市规划局按照“新增违法建设为零、存量违法建设逐步清零”的总目标，集中力量、打攻坚战，以重点突破带动全局工作。一方面，认真落实监管职责，全面加强公、私建项目批后管理，实施片区责任制管理，做到早发现、早控制、早处理，全年实现违规建设行为零发生。另一方面，围绕重大项目建设，先后多次开展拆违还绿、拆违还景、拆违提质和拆违腾地等系列整治攻坚行动，对所有违法建设不分时间先后、不分区域地段、不分大小建筑，一视同仁、一拆到底，不留余地、不留死角、不留后患。特别是对主要领导交办的湘北大道、向阳路、民心路等城市主要道路两侧的历史存量违法建设拆除工作，不打折扣，采取超常规手段，严格按照“零补偿”要求依法依规予以拆除。全市查处各类违法建设158户，查处面积约7970平方米，即查即拆7970平方米，组织较大规模拆违攻坚行动32余次，拆除各类违法建设360处（例），拆除面积52765平方米，其中拆除新增违法建设151处（例）15234平方米，存量违法建设209处（例）37531平方米。下达行政处罚决定书31份、合法性认定书120份，下发督办函24份、协办函12份，向岳阳市禁违办报送信息21条。先后针对湘北大道提质改造、南太路立面改造等项目违法建设约谈14人，其中，科级干部3人。同时，市公安、市司法等部门积极配合工作，先后治安拘留抗法人员3人。禁拆治违工作的强力开展，有效保障项目用地需求，确保一批重大项目得到快速推进。

（涂昌猛）

房地产业

【概况】 2017年，临湘市房地产管理局（简称市房管局）现有干部职工179人，内设股室、二级机构25个。主要职责是代表市政府履行管理全市房地产工作职能，负责全市住宅建设和旧城改造、住房保障管理、房地产行业市场管理、房屋权属登记管理、物业管理、房屋征拆管理、房屋安全管理、白蚁预防管理、房地产行政执法、中介服务管理等。

【保障房建设】 2017年，市房管局重点实施年度计划任务棚户区改造3490户（均为货币化安置）、公租房48套，争取中央、省保障性安居工程补助资金8214.8万元，公积金增值收益396万元，与市发改局共同争取配套资金554万元。7月24日，岳阳市交通大会战暨城建项目建设现场会、8月4日，岳阳市棚改工作推进会连续在临湘市现场召开。上报2018年棚改计划1787套，分为4个片区实施，包括临湘市工业园片区棚改105户，临湘市西正街片区棚改620户，临湘市芙蓉路片区棚改762户，临湘市北环路片区棚改300户。

【市场稳控】 2017年，临湘市现有房地产开发企业29家，其中，三级资质5家，四级资质20家，暂定级资质4家。全市有投资开发项目且在建企业19家，保障性棚改项目企业2家，已拿地暂未开工企业3家，暂无开发项目企业5家。临湘市房地产开发市场整体保持良性驱动、稳健推进的态势。截至年底，已为19个开发项目办理预售许可证，总预售面积196178.92平方米，其中住宅1430套、179802.71平方米，商铺348套、16376.2平方米。全市在房地产市场价量齐升的同时，存量房去化周期由2016年的15个月降低为9个月，缩短了6个月。房产部门依法监控开发项目预售款资金总额28.35亿元，其中已拨付预售款27.21亿元，预售款监控剩余资金1.14亿元；监管在建开发企业项目资金余额1150万元；归集物业维修资金2504.5万元，总计归集物业维修资金9868.1万元。

【招商引资】 2017年10月27日，全市招商大会召开，市房管局迅速行动，组建专职招商工作组，广开门路，全力以赴开展招商工作。10月底，与深圳瑞琦户外用品公司就投资1.5亿元的国际顶尖渔具进驻三湾工业园进行多轮对接，并将招商资料报送钓具产业园；11月初，就大成帝苑烂尾楼项目的重新启动与广东远顺公司进行沟通与对接，并形成完整的招商资料，报市领导和贸促会，项目在进一步洽谈和前期债务司法处置中；同月，与湖南信泰置业就临湘宾馆地段投资5亿元、建成五星级旅游酒店及深合服务设施进行沟通对接，正在进行市场调查和前期财务评估，相关资料已报至文旅招商指挥部；12月，与国投基金和江苏如皋昌华化工在滨江产业园投资2亿元生产再生塑料项目和年产2万吨三氯氧磷、3万吨三氯化磷及1万吨亚磷酸项目进行反复对接协商，该项目投资人员已到滨江产业园进行实地考察，正与产业园就项目选址进行洽谈。

【行政执法】 2017年，市房管局在执行上级政令上，行动迅速，态度坚决，每项工作均较好地完成。市房管局牵头组织对桃园巷违章建筑的依法拆除。农历正月十六组织200余人的队伍，全局上下共同努力，在短短一天时间里完成全部57户、近2000平方米的拆除任务，得到市委的充分肯定和表彰。

【中心工作】 2017年5月，完成市房管局大楼维修，积极响应全市绿化工作任务，在大楼外墙面种植绿色植物，并进行定期养护，提高临湘市绿化率、美化环境。美丽乡村建设、“双联”“联手帮扶企业”等工作投入帮扶资金近15万元。

【机关党建】 2017年，市房管局为充分发挥党支部的战斗堡垒作用、党支部书记的示范带头作用和党员的先锋模范作用，市房管局率先推行党员积分制考核工作。制定严格的评分细则和奖惩规定，按照“月评、季审、半年小结、年终总结”的程序进行，考核评分结果与评先评优直接挂钩，与局年终目标管理考核相结合。全面发动党员参与“红星云”学习。为切实落实好市委关于“红星云”学习的部署要求，促进党员学习积极性，市房管局在全局共产党员中推行“红星云”学习激励机制，即实行“红星云”学习积分奖励制度。定在年底（12月31日）前进行“红星云”学习积分奖励，分4个等级，分别给予数额不等的奖励，并确定学习积分不满300分者为学习不及格党员，一律取消各类评先评优资格。截至2017年年底，市房管局全部在职党员全部参与“红星云”学习，平均积分已超1500分，有3位党员刊发心得体会六篇。

【荣誉】 2017年，市房管局为临湘市争得湖南省2017年棚户区改造工作先进县（市）称号，获得临湘市综合绩效考评一类单位、优秀领导班子，棚改工作、美丽乡村建设帮扶、“双联”和困难职工帮扶、文明创建与城市管理“三大攻坚”行动、为民办实事、信访工作、部门决算编报工作、退役士兵安置工作、政务中心优质服务窗口等先进单位荣誉，白蚁所荣获湖南省白蚁行业先进单位称号。

（王　飞）

住房公积金管理

【概况】 2017年，临湘市住房公积金管理中心主要负责临湘市辖区范围内党政机关、人民团体、国有企事业单位、城镇集体企业、外商投资企业、城镇私营企业及其他城镇企业、事业单位在职职工的住房公积金的归集、使用、管理。市公积金管理中心围绕年初市中心工作会议精神，按照确定的工作目标，努力开拓创新，突出重点，坚持以人为本，打造和谐公积金，提高创新发展和防范风险的能力，坚持健全制度与狠抓落实，圆满完成归集额、个贷率、逾期率等各项指标。

【经济指标】 2017年，归集额为21986.43万元，占年计划17500万元的125.64%，比2016年同期的18873.52万元增加3112.91万元，增幅为16.49%。新增开户人数1481人，新增开户20个单位。2.住房公积金贷款：2017年度共发放政策性抵押贷款505笔，金额15736万元，保持贷款逾期率为零，保证资金安全。3.住房公积金提取：办理政策性支取2722笔、10876.51万元，比2016年同期的8400.3万元增加2476.21万元，增幅为29.48%。

【优质服务】 2017年，重新梳理住房公积金办理所有业务的资料和流程，把可要可不要的资料一律清除，可要可不要的复印件一律不要，不必要的程序一律删除。所有公积金业务都把清理后的资料和程序编印出来，放于前台，让前来办事的人员不仅可以听，还可以拍，更可以带走，确保让办事人员少跑冤枉路。在业务大厅增设饮水机、休息椅、填表台、老花镜等多项便民设施，基本保障办事人员的各项需要。因各方面原因不能一次办结的业务，采取预约服务方式，使客户尽可能地提高办事效率。对一些特殊客户，如大病在床、行动不便的人，在预约基础上上门服务。

（李贤璋）

岳阳惠临投资发展有限公司

【概况】 岳阳惠临投资发展有限公司的前身为临湘市城市建设投资开发有限责任公司，成立于2003年6月，注册资本6667万元。2005年，公司加挂临湘市城市建设投资管理中心牌子，业务管理从市建设局转到市财政局。2013年8月，由临湘市政府和岳阳市国资委共同出资组建新的融资平台，并更名为岳阳惠临投资发展有限公司（简称惠临公司），公司成功转型改制，实现资产重组优化，活力明显增强。公司内部下辖9个部门、3家参股公司、5家全资公司。

公司经营范围是城市建设投融资、土地储备开发、城市基础设施投资建设、国家开发项目投资的管理、临湘市人民政府授权管理的其他业务。至年底，公司总资产136.88亿元，总负债44.69亿元，净资产75.7亿元，资本运作和利润规模实现快速增长，公司得到壮大发展，已成为岳阳市级平台公司、主体信用AA评级平台公司。公司被评为全市2017年度全域旅游、平安创建、文明创建与城市管理“三大攻坚”行动、部门决算编报工作先进单位，被人民银行评为经济监测工作先进单位。

【融资工作】 2017年，融资工作是平台公司开展各项工作的前提和基础，破解融资难题、拓宽融资渠道是公司工作的重中之重。国家严控制平台公司融资，平台公司融资走入低谷陷入寒冬，公司融资工作逆势求为，在艰难前行中寻求突破，全年累计融资到位资金32.2亿元，比2016年增加10.02亿元，同比增长45%。全年上缴税费1600万元，上缴财政3000万元，公司投融资经营基本实现收支平衡。

【项目建设】 2017年，公司紧密对接“四大会战”投资需求，深入开展项目建设年活动。实施工程项目16个，总投资8.95亿元，完成投资5.74亿元。其中已竣工项目7个，续建项目9个。其中总投资1.6亿元的临湘国际垂钓中心项目，高起点规划、高标准设计、高品质建设、高效率运营成为临湘城区最耀眼的亮点，被列入全国休闲渔业示范基地和湖湘文化风情小镇。全长1912米、总投资3700万元的金叶众望铁路专用线工程，破解支线铁路建设中的诸多难题，如期交付使用，为新投产的金叶众望公司有效降低物流成本，为企业申报IPO（首次公开募股）增添力量。总投资9300万元的长安河综合治理工程，建成以游钓文化为主题的生态轴线景观，在提升群众幸福指数的同时，极大地挖掘和丰富长安河自身的历史文化内涵，形成临湘山、湖、河、江融为一体的全域旅游新载体。总投资1.5亿元的农村综合服务平台建设工程，实现服务群众“零距离”，成为岳阳市基层党建工作样板。2017年开工实施芙蓉中路、永昌东路、城中南路等市政基础设施工程，原桃矿重金属污染渣土安全处置、水厂水库连通、城乡供水一体化等民生实事工程，五尖山游步道、三湾美丽乡村、小猫钓鱼民俗村等旅游基础设施建设工程，投资领域覆盖城乡，资金规模大幅增长，建管体系规范有序，2017年项目建设保持质量与安全管理零事故。

【土地经营】 2017年，土地经营开发是公司职能工作中的重要一环。依法依规开展土地经营活动，积极协调征地拆迁过程中的矛盾纠纷，处理遗留问题，维护社会大局的和谐稳定，为临湘城市建设提供优质的土地资源。共收储土地107.29公顷，报批土地46.26公顷，重点开展政府授权实施的城市综合体、汽车贸易市场、羊楼司公安边检站、“五大路”工程建设、文化创意园、城南卫生院、隐溪谷旅游度假酒店7个项目的征地拆迁工作，共拆除房屋340户，面积6万多平方米，兑付征拆资金3.74亿元。

【内部管理】 2017年，公司按照“科学合理、运作规范、监管严格”的要求，努力提升公司及下属子公司的经营能力和管理水平，初步完成城市建设管理职能由政府行为向企业行为的转变，重点加强内部管理和队伍建设，努力在优服务、强管理、促学习、抓作风上充分发挥职能，展现作为。紧紧围绕“五个倡导”和“一个目标”要求，进一步完善内部规章制度，理顺工作机制，全面加强绩效管理，确定责任权限，制定考核细则，把员工工作业绩与绩效薪酬挂钩，做到压力传导到人，进度考核到周，办结时限到月，确保各项工作有力有序开展。公司以社会主义核心价值观作为企业文化建设的重要指导，全面加强重要岗位和关键环节的日常监管，不断创新人才培养模式，与湖南理工学院合作办学，举办员工综合素质提升班，聘请教授在周末集中授课，计划用两年时间开设15门课程，员工学业成绩作为晋级考核的重要依据，地方政府融资平台与高校教育资源共享开创岳阳市先河。

【中心工作】 2017年，公司加强党建引领、突出政治领先，从严要求党员干部，深入开展“两学一做”学习教育，公开承诺遵守中央八项规定、抵制“六大陋习”，严格按照“三个办法”管严管实队伍。勇于承担社会责任，积极传播正能量，参与城市文明创建、综治维稳、精准扶贫等中心工作，按照规定动作强化责任、奉献爱心、服务社会。公司把扶贫工作作为政治任务来抓，公司高管人员与扶贫联点村组贫困户一对一结对帮扶，想办法，订计划，定方案，引导贫困户重拾生活信心，为贫困户送去种子家禽、衣食钱粮，帮助他们发展生产，改善生活，早日走出困境。为扶贫联点贫困户捐资捐物累计10多万元。2017年，通过结对帮扶，联点扶贫村组29个贫困户已脱贫22户，精准扶贫工作取得显著成绩。

（刘　为）

临湘市永安教育建设投资有限公司

【概况】 临湘市永安教育建设投资有限公司于2014年4月由临湘市国资局全额出资正式确定设立，注册资金1亿元，主要负责教育建设项目的资金筹措、投资建设和管理以及处置教育布局调整的资产和国有教育资源。公司内设综合人事部、财务融资部、工程项目部、投资发展部、资产经营与管理部、商务合约部6个部室，现有工作人员25人。2017年，公司主要承建新一中、六小、三中、薄弱学校改造项目，启动教体新城PPP项目。

【建设项目】 2017年，公司投资近4.6亿元完成新建面积近9.4万平方米，维修房屋等约5000平方米，建成4个田径运动场近3万平方米，征收房屋80栋、厂矿企业6家，征收土地13.33多公顷。

临湘市一中整体搬迁建设项目　临湘市一中整体搬迁建设项目东邻向阳路，南抵107国道，西抵桃矿铁路，北靠芙蓉西路，总用地面积18.87公顷，总建筑面积

12.5万平米，总投资3.8亿元。2015年10月开工建设一期工程，包含教学楼3栋，学生宿舍6栋，综合楼、食堂和学生超市各1栋，2017年建设二期工程包含图书馆、体育馆、田径场、附属工程等建筑及配套设施建设。各类设备设施配备齐全，符合国家示范性高中的建设标准，2018年2月投入使用。

临湘市六完小建设项目　按照2013年市委、市政府作出的教育布局调整决策，城乡小学重新规划改建成第六完全小学。市六小位于临湘市五里牌街道办事处向阳居委会芳草坪组，占地3.62公顷，新建1栋教学楼、1栋学生宿舍、1栋食堂和1个地下车库等建筑及配套设施建设，总建筑面积19709.61平方米，设计42个教学班，可容纳学生2000人，总投资5600万元。2016年9月开始启动项目建设，2017年9月投入使用。

临湘市三中建设项目　根据临常文件精神，新征用地1.13公顷，将城南中学扩容提质建成一所可容纳近2000名学生的临湘市新三中。新增2栋教学楼、1栋综合楼、1栋食堂、1栋学生宿舍等建筑，配套附属学校田径场、围墙、门楼等设施，总投资3000万元，2016年5月启动主体工程建设，2017年9月投入使用。

教体新城PPP项目　项目选址临湘大道南侧，南太路西侧，峡山路北侧，兆邦大道东侧，总用地约130.33公顷，总投资12.87亿元，总建筑面积45.6万平方米。已经成立教体新城建设指挥部，召开概念性规划方案选定评比专家审查会、初步规划设计方案讨论会、环境评价专家评审会、规划委员会，办理项目可研报告和批复、规划环境影响报告书的审查意见，完成70%以上的深化设计。已征拆房屋72栋、面积约1.7万平方米，兑付征拆款约1.3亿元。PPP项目已入财政部PPP库，并在2018年3月底完成审核，确立为正式实施项目。通过公开招标的方式，确立中标单位为江苏扬建集团。

薄弱学校改造建设项目　为落实三级干部会议精神，公司投资近1000万元对3所学校进行标准化建设。2017年8月，完成长塘中学运动场的建设及围墙厕所的维修改造；11月，完成实验学校综合楼建设；12月，完成七中食堂建设。

【开发融资】　2017年为确保工程建设顺利进行，共向各银行申报融资项目6个，申报额度12.1亿元，到位2.25亿元。争取到上级项目资金5693万元。其中以临湘市五里社区健身活动中心为载体，向国家体育总局申请本级公益金800万元；以临湘市公共体育场田径跑道和足球场为载体，争取中央预算内资金360万元；以向阳路、峡山片区棚改争取配套基础设施建设资金1700万元、征拆配套资金2577万元；以桃林、职高公租房争取奖补资金170万元；新一中水电气配套经费86万元。

【安全生产】　2017年，公司成立安全领导小组，制定安全工作计划，建立安全责任制，层层签订责任状，每个建设项目都建立施工安全台账，认真开展安全施工宣传，定期进行隐患排查和整改。由于安全施工工作做到工作有部署、宣传有阵地、管理有制度、预防有举措、检查有落实，没有发生一起安全责任事故。

（钟丽敏）

保建投公司

【概况】　保建投公司成立于2013年7月，注册资本7000万元，下属子公司兴城置业有限公司成立于2013年12月，注册资本1000万元；临湘市扶贫开发投资有限公司，成立于2016年7月，注册资本800万元。2017年公司员工含子公司共有26人，其中班子成员4人，中层骨干6人，工程技术管理人员8人。公司下设综合人事、财务、工程、开发融资、合约、协调和销售部6个部室。公司总资产58.06亿元，其中流动资产28.92亿元，固定资产7525万元。总负债32.44亿元，债权总额7.56亿元。相比2016年，公司总收入增加4780万元，融资增加19.41亿元，项目投资增加2.37亿元，为临湘市重点项目建设提供有力保障，给临湘市经济发展注入新活力。2017年，认真学习贯彻中共十九大精神，紧紧围绕打造“精彩北大门、品质新临湘”发展战略，深入开展“两学一做”教育实践活动，积极发挥平台公司应有的作用，共实施棚改安置房计划4611套，其中实物安置1052套、货币安置3559套。大力推进8个民生实事项目建设，其中5个棚改安置房建设项目（就业局地块、石咀、白云湖、太阴庙、永昌东路），3个农民集中安置点（詹桥、羊楼司、黄盖）。公司总资产58.05亿元，总负债32.44亿元，公司经营管理运行良好。在2017年度推进“五三三”工程综合绩效考评中被评为一类单位。

【项目建设】　2017年，在项目建设管理上，建立项目管理责任制，严格实施项目建设安全、质量、进度管理与考核，确保项目建设又好又快推进。共实施8个民生实事建设项目，已竣工5个，其中棚改项目5个。市就业局地块棚改房共132套，总投资约3000万元，已竣工并投入使用。石咀01、02地块棚改房共156套，总投资约2720万元，已竣工并投入使用。白云湖棚改安置房共52套，总投资752万元，已竣工。太阴庙棚改安置房共604套，总投资约2.29亿元，正在进行地下室基础施工。永昌东路棚改安置房共135套，总投资约4500万元，正在进行基础施工。农民集中安置点3个：詹桥易地扶贫集中安置点共安置80户、282人，总投资1206万元，已竣工并投入使用。羊楼司易地扶贫集中安置点共安置27户、113人，总投资556万元，已竣工并投入使用。黄盖湖拆迁安置点约安置300户，总投资1.69亿元，公司负责资金筹措，现已支付1.49亿元。广坪安置点已完成主体工程，天鹅安置点正在进行主体工程施工。

【融资拓展】 2017年，市委、市政府规定公司融资任务为20亿元。为此，公司做了大量的工作，紧跟国家金融政策调整步伐，及时调整工作思路和部署，实行无假日，举全公司之力围绕融资项目开展工作。已融资到位资金19.41亿元。其中以2017年棚户区（城中村）改造项目向国开行申贷到账8.64亿元，向农发行申贷到账2.4亿元，向光大银行申贷到账2亿元，向华融湘江银申贷到账3亿元；以村镇污水处理项目向长沙银行申贷并到账3亿元；以易地扶贫搬迁项目向湖南省扶贫开发总公司申请中央预算内补助资金264.6万元，长期政策性贷款1729万元，地方债券资金1768万元，共计到账3861.6万元。

【脱贫攻坚】 2017年，公司抓好詹桥、羊楼司两个易地扶贫集中安置点建设。共争取扶贫专项贷款和上级政策性资金共计9182.9万元，落实集中安置137户、485人，分散安置373户、1378人。另外，五里街道松峰村常年派驻一名党员，落实结对帮扶2户，扶持扶贫点基础设施建设、光伏产业、安全饮水、太阳能路灯、危房改造等共计20多万元。帮扶五里楠木村基层党组织建设资金10万元。

【党建工作】 2017年，按照市委组织部和市直机关工委的统一要求，迅速完善党组织建设，成立公司党支部，共有党员11人，支部成员5人，配备专职党建工作人员2人。将党建活动经费列入预算，投入2万元做好阵地建设。研究制定公司党建工作重点和工作计划，先后3次召开专题会议传达部署党建工作，组织集中学习4次，召开专题讨论会4次。做到“两学一做”学习教育制度化、常态化，组织党员集中学习中共十九大等重要会议精神，学习“刹人情歪风，治婚丧陋习，树文明新风”等规定，学习优秀党员李大元典型事迹，组织观看反腐倡廉警示教育片。支部书记围绕“四种精神”、中共十九大报告授党课2次。坚持党组织生活制度，认真落实“三会一课”，积极开展党员活动日活动，组织全体党员赴扶贫点帮助贫困户开展义务劳动，节日送去物资和慰问金等，让困难群众感受到政府的温暖和关怀。公司党员“红星云”手机平台登录注册率达到100%，学习积分均达700分以上。

【管理效能】 2017年，保健投公司把财务管理当作企业管理的核心，对于公司机关财务管理，强化内部审批、审核机制，完善物品采购，行政费用、差旅费、招待费等一系列的公司内部监控管理制度，大力压缩非生产性支出。对于经营财务管理，严格按市政府相关文件和纪检、财政、审计部门的具体要求执行，实行建设项目独立核算，资金拨付实行严格的报批程序。严格按市纪委相关工作要求，认真开展“纠四风、治陋习”“刹人情歪风、治婚丧陋习、树文明新风”以及“雁过拔毛”式腐败问题等专项整治活动，严格落实扶贫领域监督执纪问责、国家公职人员违规参与涉砂涉矿等经营性活动、领导干部违规参与金融领域活动谋取私利行为、“吃空饷”等问题的查处。严格落实一岗双责，按“两个责任”的具体要求管好队伍。大力推进“互联网+监督活动”，组织签订和张贴承诺书，签订项目建设廉政责任状，禁止接受中介组织、投标人、工程承包人等不正当宴请，严禁收受红包礼金。

（向浩然）

资源和环境保护

【概况】 2017年，临湘市环境保护局下辖1个副科级事业单位，共有14个机关股室和二级机构；在职在岗人员共92人；有4个党支部，共有党员75人。在市委、市政府的坚强领导下，在市人大、市政协的监督下，全局干部职工忠诚履职、认真工作，积极践行“绿水青山就是金山银山”的理念，扎实落实中央环保督察整改，强力推进大气、水、土壤污染防治，解决一批突出环境问题，市域环境质量得到明显改善。

【项目审批】 2017年，市环境保护局严把环境准入关，共受理、审批建设项目17个。严把项目验收关，共办理38家企业环保竣工验收。

【环境监察】 2017年，共出动785车次对辖区内企业进行检查680次，制作现场检查文书490份，其中，随机抽查企业74家，出动监察人员528人。开展环境安全隐患排查治理专项行动。以涉重金属、涉危险废物、涉危险化学品企业以及饮用水源地、工业园区、尾矿库企业、污水处理厂、垃圾填埋场等为排查重点，在全市全面开展企事业单位环境安全隐患排查治理工作，共排查出工业企业38家、垃圾填埋场1家、尾矿库2家、工业园1家。纳污坑塘专项行动。处置原新合砖厂坑塘含酚废水约3000吨。重点行业环境保护专项执法行动。对临湘市铁路沿线、洋垃圾、散乱污企业进行专项整治工作，重点对污染防治设施运行和污染物稳定达标排放情况进行现场检查。开展饮用水源地安全专项行动。扎实开展临湘市集中式饮用水源地龙源水库、龙源水库南干渠、铁山水库北干渠的排查和整治。信访纠纷调处。共受理环境污染投诉、来信来访308件，办结率100%。人大、政协提（议）案1件；“12345”热线投诉119件；岳阳红网网上投诉3起；信访系统投诉5起；“12369”热线投诉11件；湖南省微信平台投诉4件，均及时进行调处和办结。严厉打击违法行为。先后开展“零点行动”“突击行动”“静音行动”和“暴雨行动”等环保专项行动11次，共出动环境执法人员649余人次，排查企业323家次，发现有问题的企业263家，发出责改决定263份，立案28家，关闭违法企业8家，行政拘留2人，刑事拘留1人，有效地维护临湘市生态环境安全。

【环境监测】 2017年，共发出各种监测报告321份，获取各种有效监测数据27587个。

【污染防治】 2017年，市环境保护局开展大气污染防治攻坚。完成燃煤小锅炉淘汰任务和工业挥发性有机废气治理项目；完成全市45家加油站油气回收治理系统；完成黄标车淘汰任务722台；城区12家餐饮业安装油烟净化系统。水污染防治工作。已完成临湘市城市污水管网工程；已完成詹桥镇周焱春生猪养殖场和羊楼司镇师新生猪养殖场畜禽养殖污染治理整治项目；关闭城区范围93家生猪养殖场和乡镇范围500头以上的生猪养殖场18家。临湘市农村环境综合整治项目已竣工验收。饮用水源保护。完成4个万人、11个千人以上集中式饮用水水源划分报告的编制工作，通过专家评审。土壤污染防治工作。先后对42个工业污染源，主要涉及化工、陶瓷、采矿、制药等行业进行详细调查，对全市96户存栏为500头以上的畜禽养殖户的治理设施、污染物排放去向进行调查，对1个正规垃圾填埋场和12个非正规垃圾填埋场垃圾处理情况进行调查，结合调查情况，编制临湘市土壤污染源、污染地块调查报告，全面分析临湘市土壤污染的现状、存在的问题以及相关工作建议，为土壤污染防治工作的开展打下良好基础。

【项目治理】 2017年，市环境保护局争取中央和省级环保专项治理项目2个，分别是临湘市忠防镇新建周边土壤治理工程和临湘市原氨基化学品厂周边土壤治理修复工程，共争取环保专项资金2600万元。

【重点工作】 2017年，办理迅速。临湘市共收到中央第六环境保护督察组信访交办件31件，已办结销号31件。办理期间责令整改企业18家，立案处罚17起，罚款金额64.25万元。立案侦查2起，行政拘留2人，约谈121人，问责24人。共收到中央环保督察反馈件8件，已全部完成整改。特别是强力推进洞庭湖突出环境问题集中整治。洞庭湖突出环境问题集中整治月行动开展以来，涉及临湘市有6项整治任务，已全部完成整改。拟定一系列工作实施方案、整改方案和问责办法，将临湘市存在的17大类、35项环境问题，和中央环保督察反馈意见，交办到各镇（街道）和市直相关部门，形成配合做好中央环保督察的良好工作联络机制，明确整治要求和整治时限，强化环境问题整治工作责任，实行时间倒排，任务倒逼，确保环境保护长效。

【荣誉】 2017年，被中共湖南省委法治湖南建设领导小组办公室评为“全省依法办事示范窗口单位”。荣获岳阳市环保系统“行政处罚案卷评查二等奖”。

（邱　景）

气　象

【概况】 2017年，临湘市气象局内含3个职能科室，共有在职在岗人员10人。党支部共有党员10人（含退休）。先后被评为“岳阳市气象系统目标管理综合绩效考核优秀单位”“临湘市森林防火工作先进单位”，获得“湖南省气象部门第二届基层党组织建设示范点”称号。

【气候状况】 2017年，年平均气温为17.9℃，比历年年平均气温偏高1.1℃，年极端最高气温为40.6℃（7月27日），年极端最低气温为-2.8℃（12月18日）；年总降水量为1881.5毫米，比历年平均降水量偏多299.0毫米；年总日照时数为1430.4小时，比历年平均日照时数偏少132.2小时。

2017年气温显著偏高，降水显著偏多，日照偏少。年内整体气温偏高，夏季高温来势汹汹，出现多段高温热害天气；降水量偏多，时空差异明显，汛期暴雨过程频繁、重叠度高、极端性强，突发天气致灾严重，尤其是“6月23日”“7月10日”和“8月12日”等强降水过程，局部暴雨强度大，致使临湘市受灾严重。2017年，临湘市经历最暖暖冬，严寒多年未出现；夏季长，秋偏短；夏季，6月出现低温期，后期高温热害时段多。总体来看，年内灾害损失比较重，农业经济及家庭财产损失大，2017年度临湘市气候年景属偏差年景。

【气象服务】 2017年，临湘市多次遭受强降水侵袭，气象灾害不断发生，先后启动气象灾害应急预案Ⅲ级以上应急响应命令8次，全市达到暴雨量级的降水过程有5次。全年共发布气象预报产品197期，直接向市委、市政府领导汇报10次，接受电视台采访8次，发布各类气象预警预报信息60多万条。

【气象灾害防御体系建设】 2017年，气象灾害防御工作纳入市委、市政府2017年度乡镇（街道）推进“五三三”工程综合绩效考评中。全年对临湘市37个区域自动气象站共进行9次全面巡查，升级站点15个，改造骨干站2个。近百次的临时维护维修，确保数据上传及时无误，在整个汛期为决策服务提供重要依据。

【防雷减灾】 2017年，防雷安全工作纳入市政府安全生产考核内容。依法履行社会管理职能，对全市易燃易爆场所和工矿企业进行防雷装置安全检查检测，全年共检查单位90余家，出具防雷检测报告书120份。采取多种形式广泛开展防雷减灾知识宣传，社会各界的防雷安全意识明显提升。

（张驰成）

国土资源管理

【概况】 2017年，临湘市国土资源局是临湘市政府组成部门，主要职责是负责全市范围内的土地、矿产资源管理秩序，优化配置国土资源，规范国土资源权属管理，承担全市耕地保护的责任，及时提供全市土地利用各种数据，承担节约集约利用土地资源的责任，规范土地、矿业权和测绘市场秩序，依法管理土地、矿业权的审批登记发证和转让审批登记，依法实施地质勘察和矿产资源储量管理，承担地质环境保护及地灾预防和治理，负责监督全市测绘等工作。

【保障用地】 2017年，市国土资源局上报省人民政府用地52宗、68公顷，批回用地41宗、41.26公顷，保障临湘市滨江产业园、城市综合体、长忠公路等重点工程以及民生实事用地。启动征地拆迁项目21个，总面积约149.73公顷，为儒溪高新技术产业园、羊楼司公路检查站、黄盖湖防洪治理工程项目等重点项目拆除房屋284栋，面积37.1万平方米。

【土地市场】 2017年，办理土地供应306宗，面积65.0140公顷，成交价1.93亿元，其中，协议出让296宗，面积7.84公顷，成交价3104.56万元；通过招、拍、挂供地3宗，面积9.38公顷，总成交价1.6亿元。划拨供应7宗，面积47.79公顷。依法清理出闲置土地29宗，面积35.47公顷，其中城市规划范围内闲置土地7.6公顷，督缴闲置费及罚没款118.5万元。

【保护耕地】 2017年，划定永久基本农田31437.96公顷，完成规划下达任务的113.26%。制定《临湘市耕地保护责任目标考核办法》，市、镇、村、组四级层层签订责任状2753份。投入资金21万元，修建高标永久基本农田保护牌12个。总投资1260多万元，完成耕地开发项目4个，新增耕地76公顷，其中水田53.2公顷。

【执法监察】 2017年，共立案42宗，其中矿产案件7宗，土地案件35宗，移送公安机关2宗，申请市法院强制执行12宗，结案35宗，结案率为85%，收缴罚没款150余万元。开展非法采沙集中整治行动，出动执法车辆100多台次，制止非法盗采行为22起，扣押挖机、铲车、小车、货车16台，其中立案10起，拘留7人。

【地灾防治】 2017年，组织地质灾害防治知识培训3次，出动宣传车辆12台，发放宣传手册800多份，设立安全警示牌49个。汛期发生地质灾害72处，其中，山体滑坡69处，泥石流1处，地面开裂2处，倒塌房屋105间，转移群众786人，未发生一例人员伤亡情况。向省厅提交詹桥镇季岩泥石流治理工程申请，完成羊楼司药菇山区汤家、柳坪泥石流地质灾害治理项目主体工程。

【服务民生】 2017年，不动产登记中心共计受理现场业务咨询24612次，电话咨询6231次。发放不动产登记证书1748本，其中，换证52本，首次登记296本，转移登记1227本，变更登记159本，遗失登记14本。发放不动产登记证明760份，其中，抵押首次登记376份，预购商品预告登记192份，抵押预告登记192份。受理群众来信（来电）来访10件，承办信访复查、复核11件，化解信访积案1件，结案率100%，没有出现信访和复查复核引起的行政复议与司法诉讼事项。获2017年度全省国土资源信访工作“先进集体”称号。

（刘　云）

生态能源服务中心

【概况】 2017年，临湘市生态能源服务中心属副科级公益一类事业单位，隶属农业局，内设机构有办公室、业务股。临湘市生态能源服务中心坚持把农村沼气工程建设与使用安全作为一项重要工作常抓不懈，大力发展大中型农村沼气建设与应用，紧抓沼气生产与使用安全，积极立项争资，为临湘市农村生态能源发展做出突出贡献。

【大中型沼气项目工程建设】 2017年，做好湖南天种兴农养殖有限公司大型沼气项目工程后续配套工程建设和验收工作。该项目2016年下半年开始新建，总投资423万元，其中国家投资150万元。为打造成临湘市大型沼气项目的样板工程，在资金使用和建设质量方面严格把关，资金按照工程进度分阶段拨付，质量按照设计图纸和参数对照落实。在2016年主体工程基本完工后，2017年主要完善配套工程。3月，报请岳阳市农委和发改委组织进行验收。从临湘市已建的3个大型沼气项目工程来看，湖南天种兴农养殖有限公司的大型沼气项目工程是进展最顺利，布局最合理，工程质量标准最高的大型沼气项目，成为临湘市大中型沼气项目的优质样板工程。启动恒红养猪场大型沼气项目工程的承建工作。该项目计划下达后，迅速组织专业人员开展项目的勘察、设计、组织招投标等工作，11月底，正式开工兴建，工程建设按照要求和进度有条不紊地进行。

【沼气综合利用】 2017年，做好“三沼”的综合利用，是畜禽粪便资源化利用和种养平衡发展的有效有段。临湘市在岳阳市牛角海种养科技有限公司开展大型沼气工程综合利用试点，利用沼气发电，沼渣作复合肥的原材料，沼液作上等有机肥进行滴灌，取得初步成效。充分利用省生态能源补助项目资金，在江南牛湖村开展“三沼”的综合利用，利用沼液作为有机肥种菜种水稻，获得当地老百姓认可。在这些示范项目的带动下，江南恒红养猪场、长塘石田养猪场也开展“三沼”综合利用，走种养平衡发展之路。至2017年年底，全市共发展“沼+蔬菜”66.67公顷、“沼+林”66.67公顷，“沼+稻”40公顷、“沼+果”6.67公顷、“沼+油茶”666.67公顷，既取得良好经济效益，又解决农业面源污染问题。

【沼气工程建设和使用安全】 2017年，按照省、市工作的要求，把农村沼气工程建设与使用安全作为一项重要工作常抓不懈。年初，成立农村生态能源安全生产领导小组，市农业局一把手任组长，分管领导为副组长，对临湘市沼气生产与使用安全负起责任。4月和8月，先后两次组织人员对全市农村沼气项目生产和使用进行全方位督查，在对大型沼气工程进行安全督查中，发现博特利大中型沼气池工程运行存在二次污染问题。发函责令博特利种猪场尽快修好沼气发电机，利用沼气发电；全面整修氧化塘，硬化水沟，加盖等，并在三个月期限内整改到位。6月，连日暴雨，许多农村沼气用户的沼气设施受损严重。为此，组织专门人员对各乡镇沼气受灾情况进行摸底排查，共有53户户用沼气池设施出现不同程度的损毁，无法正常使用。当即派服务网点技术员按区域上门进行维修，恢复使用。11月，组织全市技术员和乡镇安全办主任以及大型沼气工程业主以及联户沼气池业主进行安全生产培训，发放《安全须知》和帖图15000张，制作横幅46条。全市沼气用户的安全意识得到进一步的加强。

【立项争资】 2017年，国家、省、市对农村生态能源投资项目逐步减少。在省一级争得10万元的示范项目3个，争得国家投资的大型沼气项目1个，总投资120万元，4个项目总投资150万元。

【党建工作】 2017年，市生态能源服务中心共有8名党员，属农业局机关支部第五党小组。在做好本职工作的同时，按照机关支部的要求，除每月参加机关支部组织的党员学习活动外，党小组按照“两学一做”的要求，组织大家学党章党规和系列讲话，做合格党员。全体党员抄写一遍《中国共产党章程》和《中国共产党纪律处分条例》，学习习近平等国家领导人的讲话以及中共十八大、十九大精神，每名党员共写出心得体会4篇，建立生态能源服务中心党员微信群，注册“红星云”学习，既完成党建工作的规定，又提高党员的党性，增强党员责任感。

（蒋　演）

水文水资源

【概况】 临湘市水文水资源局于2016年4月1日正式挂牌成立，主要职能是做好监测资料分析、水情预测预报、水资源管理服务、农村安全饮水监督等业务工作，并及时将服务产品和成果呈报市委、市政府。

【水文测验】 2017年，市水文水资源局在全面做好辖区内2个水文站、13个水位站、9个雨量站、13个山洪灾害监测站点的维护保养工作的基础上，依托现有各类设备对全市2017年的雨情、水情、特殊天气气候状况进行日常、应急的监测。

【地方防汛】 2017年，市水文水资源局在汛期及特殊情况下，根据现有设备的监测、分析结果，发布雨水情等特殊情况的预警预报，为防汛调度提供信息、技术支撑。

【排污监测】 2017年，市水文水资源局认真做好临湘境内6个市级水功能区及主要排污口的水质监测，特别是龙源水库和黄盖湖水质检测工作。

【饮用水水源监测】 2017年，为做好临湘境内农村饮用水水源地的水质的水质监测工作。根据岳阳市水文水资源勘测局的工作安排，对全市境内的各类站网的建设进行具体实施，进一步完善水资源监测站点的规划布局。对龙源水库水质监测站（国控点）的建设开展督建工作。

（任　夏）

财政·税务

财 政

【概况】 2017年，市财政局在市委、市政府的坚强领导下，在上级部门的关心指导下，认真贯彻落实全市打造“精彩北大门，品质新临湘”战略部署，充分发挥财政职能，服务经济发展，高度关注民生，深化改革创新，强化财政监管，改进工作作风，提升理财水平，有力地促进经济社会健康发展。

【财政收入】 2017年，市财政局认真落实结构性减税政策，在防止税源流失方面下大力气，着力抓好税源监控，科学分析税源变化，提高税收征管效率，保持财政收入平稳增长的良好态势。共完成公共财政预算收入9.02亿元，同比增加1.32亿元，增长17.1%，增幅在岳阳县（市）中排名第二，地方公共财政预算收入完成5.19亿元，增长18.6%。公共财政预算收入中，税收收入完成7.25亿元，税财比80.39%，收入质量在全省123个县（市）中名列前茅，得到省财政厅的高度认可。分部门来看，国税完成4.72亿元，增长36.3%；地税完成2.72亿元，增长31%；财政完成1.58亿元，增长16.1%。

【财政支出】 2017年，完成一般公共预算支出33.8亿元，同比增长13.8%。其中八项基本支出达到22.97亿元，与上年同比增长15.4%，民生领域的支出达到历史新高。遗留问题妥善解决。财政部门敢于担当、不畏艰难、顾全大局，共向省财政争取增加均衡性转移支付1000余万元，有效解决临湘市黄盖镇原农垦企业农牧工养老保险缴费问题，以及原桃矿等企业退休退养人员医保资金等遗留问题，维护7819名企业人员的利益，同时也维护临湘市社会和谐稳定。2017年，通过多渠道筹资17万元建立明星村“食用菌大棚生产基地”，投入资金60万元引进国家扶贫光伏发电项目，先后投入产业发展扶持资金20万元，用于贫困户学习养殖技术和就业培训等，为每户贫困户量身打造“一户一案”的脱贫方案。同时，依据明星村依山傍水、中草药资源丰富的特点，组织当地有实力的人士，组建药菇山旅游发展有限公司，该公司已挂牌运营，已购进游船4艘用于水库旅游观光。向上级各部门大力推介，积极申报“国家旅游精准扶贫村”和临湘市“全域旅游扶贫重点村”，着力打造中药产业和康养旅游产业经济。进行多轮集中走访，为他们送去生活、发展所需。通过努力，明星村的贫困户从原有的15户、61人降到2017年12月的6户、27人，《岳阳日报》对临湘市财政局精准扶贫工作进行报道，省财政部、省财政厅先后在新闻网站中对临湘市扶贫工作经验进行推介。在省脱贫攻坚专项检查中，市财政局的一卡通资金发放、扶贫资金公开公示、扶贫资金专项检查3个方面共25分获得满分通过。明星村的集体经济得到持续壮士大，村民生活水平得到不断提升，村容村貌得到大幅改观。

【财政改革】 2017年，全面完成国库集中支付电子化管理改革，取消纸质凭证和单据流转，依据电子指令办理资金支付及清算，是省123个县（市）中第二个按照要求全面完成改革任务的县（市）。同时，设立容灾备份机房，将局机关中心机房的数据以秒同步实时备份。提前4个多月启动2018年的部门预算编制工作，既采用省财政厅统一安排的部门预算软件编制预算，又落实财政预算编制各类改革。2018年财政预算编制草案于2月9日在人大常委会上获得全票通过，这是连续两年的预算编制草案都获得全票通过，在临湘和岳阳各县（市、区）中都是史无前例。2017年，将城镇居民基本医疗保险基金和新农合基金合并为城乡居民基本医疗保险基金，纳入社会保障基金财政专户统一管理。按照标准统一、资源共享、数据集中、服务延伸的要求，整合城镇居民基本医疗保险和新农合管理信息系统，建立覆盖城乡的医疗保险信息网络，建立起统一的居民参保人员数据库。按统一后的新政策组织城乡居民参保缴费，按统一新政策享受待遇，保证政策连续性和整合工作平稳过渡。

【资金风险防控】 2017年，在市委成立“互联网+监督”领导小组以后，市财政局迅速成立“互联网+监督”工作领导小组，下设数据采集梳理组、数据汇总协调组、工作督查组、平台运营维护组4个小组，涉及17个部门、106个项目、7.18亿元，民生资金信息量100.3万条，做到一分不留、一项不少地全面公开，采取倒逼机制，确保“互联网+监督”11月14日正式上线运行。市财政局对临湘市违法违规举债融资问题进行清理整改，全面完成债务置换，既缓解当期财政偿债的支出压力，降低政府债务成本，又维护社会大局稳定。市财政局2017年度的金融债务工作被评为全省先进单位。财政部门作为PPP项目的牵头单位，同时又是主要服务部门，通过抓宣传、抓示范、抓服务、抓监管，主动与上级、与相关部门、与咨询机构对接，加速项目落地，确保项目规范运行。临湘市已纳入财政部PPP综合信息平台，包括实施和拟实施的PPP项目共7个，总投资56.6亿元。所有PPP项目财政支出责任占一般公共预算支出年度最高比例为6.98%，实现临湘市PPP项目审慎发展、规范发展、有序发展。四是规范平台公司管理。以2017年融资政策全面收紧为契机，全面加强平台公司管理，为平台公司转型升级打好基础。深入开展调查，相继开展平台公司人员、资产、债务三项详细的摸底调查，为市委、市政府决策提供第一手翔实的资料，也得到市委、市政府主要领导的高度重视，决定把平台公司纳入市直单位同等地位实行“五三三”工程绩效考评。

【省级表彰】

2017年，市财政局在全省财政支农政策培训中获一等奖；被评为全省农业开发工作先进单位、全省金融与债务管理工作先进单位、全省预算执行分析工作先进单位、全省财政监督检查工作先进单位、全省财政综合工作优秀单位、全省脱贫攻坚先进单位、全省固定资产投资决算报表编报工作先进单位、获全省预算编制一等奖、获全省财政管理绩效综合评价二等奖、全省绩效管理工作二等奖、长安、忠防财政所被评为省星级财政所。

（王　祺）

国家税务

【概况】 2017年，临湘市国家税务局有在职干部职工97人，离退休43人，是主管全市中央税收、中央与地方共享税征收的职能部门，承担全市6600余家企业和个体工商户的国税征管工作，下设稽查局、桃林税务分局2个二级机构和14个内设科室。全局上下在岳阳市局和临湘市委、市政府的正确领导下，围绕“夯实基础、提质增效”的工作主题，紧盯目标，聚力实干，锐意进取，圆满完成各项税收工作任务。临湘市国税局办税服务厅获岳阳市“联合办税先进单位”称号；临湘市国税局荣获岳阳市国税系统“绩效考核先进单位”，岳阳市“国地合作县级示范区”，岳阳市全面推开营改增工作“先进区县单位”，临湘市委、市政府“五三三”工程综合绩效考评一类单位、作风建设先进单位、社会管理综合治理先进单位等多项荣誉称号。

【税收收入】 2017年，市国税局加强税收分析调度，按月召开收入分析例会，按季召开组织收入调度推进会，明确目标任务，细化组织收入措施，增强组织收入的针对性和紧迫感。各税源管理单位合理划分管理岗位，明确税管员工作职责，加强日常管理和定期下户巡查，及时掌握税源变化情况。全面清理建筑工程项目信息，加强建安房地产税收管理平台运用，畅通多部门涉税信息报送机制，推动建筑、房地产税收协控联管，实现税收入库12036万元。运用第三方涉税信息平台，开展医药、不动产租赁、房地产信息、驾考培训等多个行业的专项清理，加强漏管户清理，查补漏缴税收，实现税收入库1400万元。开展增值税发票专项检查，启动委托代扣代收代征税款和虚开虚抵两项专项整治，对信用社改制的稽查结案，稽查入库1794万元。组织各项税收收入5.1亿元，其中完成政府税收收入4.7亿元，同比增收1.03亿元，增长27.8%，税收收入创历史新高。

【税收改革】 2017年，完成实名认证7165户，实名办税步入正常轨道。认真落实商事制度改革，实行“多证合一”“一照一码”登记工作，优化纳税人信息补录、信息传递、清税注销等管理与服务流程，共完成842户次的新办证登记和变更登记。持续深化国地税合作，同步开展户籍信息清理、定税、征收，联合开展税收宣传、税务稽查、风险管理，协同开展建筑房地产行业税收征管，且经验和做法被省、市局《国税通讯》推介，被评为2017年岳阳市国地税合作示范区。全面落实各项减税政策，在抓好政策宣传的同时，对“营改增”行业税负上升的纳税人走访和座谈，开展“营改增”政策大辅导，举办8期纳税人学习培训班，针对小微企业、高新技术企业的纳税人提供个性化服务，采取“一对一”或上门辅导，确保纳税人享受税收优惠政策。2017年为95396户次纳税人减免税2.2亿元，其中征前减免2.13亿元，退库减免727万元。

【征管质效】 2017年，市国税局以推行实名办税为契机，联合地税局完成3567户各类纳税人户籍信息的清理工作，确保国地税“金三系统”户籍基础信息基本一致。加强国地税风险管理团队专业化建设，定期归集风险信息，组织国地税税源管理单位集中办公，实施交叉评估和管评分离，共完成风险应对任务117起，风险管理组织入库3581万元，风险分析识别准确率和应对完成率均为100%，风险管理成效贡献率稳居全市前列。加强发票管理工作，积极推广增值税发票管理新系统，注销税控机存量户275户，推行新系统191户；筛选商场、药店、餐饮和住宿行业的风险纳税人60户开展发票专项检查，责令47户违规用票纳税人限期整改，对2户纳税人予以罚款或收缴发票。同时，加强发票新系统数据风险分析和风险应对，对9家疑点企业移送稽查，查补税款近279万元。紧盯严查增值税专用发票虚开虚抵和出口骗税，通过风险排查，及时发现临湘市祥宝瑞生物科技有限公司虚假从事玫瑰花茶生产加工行为，并对其虚开增值税专用发票的行为立案查处，有效防范虚开虚抵风险。加强所得税管理，实行核定征收户38户，组织税收收入172万元；加强融资平台管理，入库所得税600万元。充分运用所得税自主分析平台，提高企业所得税汇算清缴质量，628家企业汇缴面达到100%，盈利面提升至45.14%，通过汇缴纳税调整、补缴所得税共1421.2万元。

【纳税服务】 2017年7月中旬，启动办税服务大厅升级改造，大厅面积增加三分之一，办税窗口增加到12个，2名国地税业务骨干担任咨询辅导工作，4名正式干部加强内控管理，2名导税员提供全过程导税服务，自助办税功能不断优化。坚持利用“周二夜校”“晚间课堂”对大厅人员培训，不定期组织“夜考”，提升业务能力。按照“一站式”服务要求，规范涉税文书资料流转程序，保证资料有序高效传递。不断完善各项管理制度，建立办税服务厅岗责体系，实行国地税办税人员统一考核，切实提升服务质效。持续推行“便民春风”行动，开展“4·12”纳税服务日、“青年文明号开放周”“问需求、优服务、促改革”等一系列活动，深入企业宣传税收优惠政策，了解发展诉求，为企业排忧解难；全年举办8期纳税人学校培训班，对1600余人次纳税人进行政策业务辅导，发放各类税收宣传资料5000余份，走访纳税人1300户次，现场答复咨询480个，征求意见建议230余条，及时回应纳税人需求和关切。在第三方纳税人满意度测评中排全市前列，并荣获岳阳市“联合办税先进单位”称号。

【干部队伍建设】 2017年，市国税局开展以“传承三风·擦亮三员”为主题、“两学一做”学习实践、“党员活动日”“学廉思行”、科长谈家税、道德讲堂等一系列活动，强化干部的“三员”身份意识，提升干部职工的责任感、使命感，激发干事创业的热情。调整干部岗位激活力，提拔2名中层正职、4名副职，完成两轮轮岗换岗。加强干部教育培训工作，坚持“走出去”拓视野，在5月、8月，分两批组织50多名干部赴湖南大学学习培训；积极“请进来”强能力，充分利用“每月课堂”邀请行业专家、老师传授政策理论、法律法规、税收业务等知识，有效提升干部职工的综合素质。重视业务学考竞赛，危浩代表岳阳市局参加全省纳税服务类业务大比武并荣获团体第2名、个人第4名的优异成绩；同时，集中组织全局50岁以下的干部开展综合业务大比武，对考试中的先进个人给予通报表彰；鼓励干部报考“三师”，王潇通过司法考试，危浩、王潇、王旭3人通过税务师部分科目考试，全局干部学考竞赛氛围浓厚。

【党风建设】 2017年，市国税局坚持落实“纵合横通强党建”的工作思路和要求，制定党建工作规划，党组专题听取党建、党风廉政建设工作汇报，压实党建工作责任；完成机关党委会、支部委员会换届选举，选优配强班子，推进支部标准化建设；抓好“两学一做”常态化制度化，动员党员干部订阅关注“红星云”，利用“红星党校”看、听、学，提高党建理论知识水平；按月下发党建工作任务清单，开展“税村”“税企”“缴纳特殊党费保护湿地”等特色党员活动日，夯实党建工作基础。持续加强党风廉政建设，以党组书记上廉政党课的方式，组织全员集中学习“两准则三条列”；按季开展“纪检日”活动，让干部职工学典型案例吸取教训、治陋习树文明新风作表率，切实增强干部的党纪意识。加大作风纪律督查力度，每月开展4次以上税风税纪督查，对上班着装、考勤、会风会纪等作风纪律问题通报34人次。严肃认真对待市局巡察工作，积极制定问题整改方案，对照问题清单实行“挂销号”处理，确保问题整改有实效。扎实开展廉政执法监察，对个体停歇业户实地检查13户，深入开展砖瓦行业的税管员税票开具专项检查，组织开展重大节日纠“四风”专项行动，针对公职人员违规生产经营烟花爆竹、违规参与治砂经营等行为开展12次专项清理，确保干部队伍风清气正。

【行政效能】 2017年，市国税局在规范内部管理，重新修订《公务接待管理办法》等20项管理制度时，进一步规范政府采购、公务接待、财务管理，落实养老保险和医疗保险缴费、绩效奖金等制度规定，切实保障干部职工待遇；加强网络安全管理和保密工作，发布县（区）动态信息61条，公开涉税事项158余项，进一步规范政府信息公开工作。同时，加强督查督办、办文办会、档案保密和人事劳资工作；关心老干部工作，倾情走访慰问，大力创建省级“示范性离退休干部党支部”；积极推进税收法治基地建设，工作成效显著；加强机关后勤管理，服务保障水平不断提高。用活数字人事。实行工作任务“周提醒、月通报”制度，形成撰写工作记实、自拟任务、推送任务的良好氛围；开展“晒记实·比工作”评比竞赛活动，评选表彰9名工作扎实、记实优良的干部，促使干部向善向上。加强绩效管理。严格落实季度绩效讲评制度，完善考核奖惩办法，将组织绩效与个人绩效挂钩，强化考核结果运用，切实发挥绩效管理“指挥棒”的激励约束作用。加强绩效沟通，在全市系统亮点工作评比中，传承“三风”·擦亮“三员”主题文化活动获得一类亮点工作项目。市国税局获“2017年度全岳阳市国税系统绩效管理先进单位”称号。

（吴海峰）

地方税务

【概况】 2017年，临湘市地方税务局现内设9个科室，下辖4个税务分局、3个直属机构（办税服务中心、稽查局、信息中心）。现有干部职工99人，其中在职干部81人、退休干部18人，负责全市725家企业、131家非企业单位、3054户个体工商户的地方税收征管，面对收入形势和计划任务的重重压力，市地方税务局全面克服“营改增”带来的不利影响，主动作为，迎难而上，打赢收入攻坚战的硬仗，累计入库各项收入2.84亿元，实现27.34%的增长，且收入质量佳，为服务地方经济发展积极贡献地税力量。突破行政事业单位个人所得税全员全额申报、房地产建安行业税收联管、僵尸企业欠税清缴等多方面的重点难点，在征管转型的道路上迈出坚实步伐。荣获“湖南省文明标兵单位”荣誉称号，该局四分局荣获“湖南省地税系统基层党支部标准化建设示范点”荣誉称号。获临湘市2017年度综合绩效考评、党风廉政建设、综治工作、脱贫攻坚、“双联”帮扶5项工作的一类单位或先进单位荣誉称号。

【税务征收】 2017年，在经济增速放缓、主体税种缺失、减税政策扩围、收入目标调高等多重考验下，全局上下齐心、勇于担当，切实加强收入分析、预测、调度、考核和清欠、挖潜、堵漏等保收促收工作，圆满完成年度收入任务。累计入库各项收入2.84亿元，占总收入计划2.58亿元的110.23%，同比增长（剔除营业税基数）27.34%，实现中央、省、县本级三级全面超额完成任务。国地合作不断深化，明确重点合作事项44项，联合进行数据清理，国地税数据同步率为98.79%，在岳阳市排名第二。做好个体户联管工作，起征点个体户国地税同步定税率为93.56%入库个体税收362万元。与市国税局一同被评为“岳阳市国地税合作示范区”。基础管理不断规范，严格实行依法征收、依法减免、依法惩治偷逃税违法行为，全年共对1074户纳税人加收滞纳金798万元，对17户纳税人给予行政处罚4万元。扎实落实税收优惠政策，共计减免（征前减免）各项税金6340万元。共受理通过核准类减免12户次，“房土”两税困难减免82.33万元。制度机制更健全，制定下发市地税局机关公务接待管理制度、公务车辆管理办法及办文、办会、办事工作规范等相关办法，为畅通内部运转提供基本保障。工作重点更突出，将下半年重点工作分为28项，分别明确责任单位、责任人及完成时间，严格纳入绩效考核，建立动态管理台账。执行落实更有力，对重点工作进行督查督办并下发督查通报，各项重点工作按照序时进度稳步推进。绩效管理更规范，坚持目标引领、问题导向，针对考核中的扣分事项，深刻查摆工作中的不足并及时整改。财务纪律更严明，严格审核审批重大费用开支，进步压缩行政运行成本和“三公”经费支出；配合总局做好执法督察工作，全面自查并认真整改。知识和人员结构得以优化，以提升综合能力为重点，委托湖南大学举办全员知识培训，提升队伍凝聚力和战斗力；以征管业务基础、党纪条规知识为主要内容，组织开展全员综合能力测试，达到“以考促学、以考促工”的效果；按照“年轻干部优先、获得各类各级荣誉的优先、在各类各级竞赛中取得名次的优先、近两年绩效考核优秀的优先”等原则选拔7名中层副职干部，着力优化人员结构。廉政和作风建设得以加强，扎实开展干部违规涉矿涉砂、经营性活动、违规操办婚丧喜庆情况自查清理活动。完善领导干部廉政档案，明确14名兼职纪检监察员。开展作风纪律督查12次，实行按季通报制度，通报处理违纪人员8人次，给予经济处罚1500元。激励和激活举措得以推行，对全体在职党员按照“局长谈中层正职、党组成员谈分管部门和联点单位其他干部”的模式开展“一对一”谈心谈话活动，全面了解党员干部所思所想所惑；召开青年干部座谈会，明确“定好位、练好功、履好职、修好身、守好廉”的管理要求；开展演讲比赛、登山比赛、义务献血、长跑运动会等丰富多彩的工青团妇活动，按要求落实大病救助、特困帮扶等相关工作；顺利完成公车改革、津补贴补发、退休干部养老保险等工作。

【税务管理】 2017年，市地方税务局为强化全员全额个人所得税管理时。提请市政府下发相关文件2个，开展针对性专项培训和专项清理，对全市行政事业单位进行集中专业化管理。共征收个人所得税3476万元，增长23.4%。加大破产企业税款清缴力度。又针对工业园区部分破产企业欠税额较大和市政府计划实施回购等情况，积极争取市政府重视，采取相关措施确保欠税在回购支付款环节“归仓”入库。已征收3家企业253万元税款，“死税”逐步变为“活税”。共清缴欠税3800余万元，其中营业税1382万元。发挥稽查评估作用。完成重点评估任务98户次，入库地方各税费410万元；通过稽查查补入库税款1153.2万元，同比增长57.5%。风险管理有力推进。积极开展本级风险识别和应对，通过风险推送管理入库欠税1243万元，风险管理税收贡献率达到4.97%，排名岳阳市地税系统第二。对内，优化硬件条件。稳步推进办公楼和院落维修工作，12月底，全面完成办公楼维修改造工作，进一步改善办公条件，亮化机关院落。同时，深植“竹品税范”文化底蕴，开辟文化展示平台，机关建设焕然一新。对外，优化纳税服务。涉税流程日趋规范。认真做好信用等级评定活动，对516家企业进行纳税信用等级评定；严格落实“一窗一人”办税制度，全面推行“实名制”办税，不断完善内控制度。联合国税局举行第26个税收宣传月活动，开通“临湘税务”微信公众号，税收宣传扎实到位，荣获全市系统2017年税收宣传工作先进单位称号。纳税人满意度稳步提升。持续拓展国地税联合办税范围和形式纳税人满意度在全省系统排名第30名，在全市系统中排名第2名。办税服务中心顶住压力，在深入推进国地税合作、优化纳税服务方面措施有力，地税局与国税局一同被评为“岳阳市联合办税先进单位”。

（洪长虹）

矿产资源税费征收与管理

【概况】 2017年，临湘市矿产资源税费征收综合管理局主要负责全市矿产资源税费集中征收管理工作。有编制25人，工作人员76人（其中48人为从国土、林业、公安等涉矿部门抽调），内设征管、结算等5个股室，在矿区设置8个服务所。先后投资近千万元，在全市矿区和矿产企业设立100多个税控网点，并对两千多台运矿车辆，装备税控设施设备，全面采用先进的矿业综合管理系统，实行刷卡缴费。

【税费征管】 2017年，面对政策紧缩、需求放缓、资源不优，全市矿产行业形势总体上呈现下滑趋势等现实困境，适时调整征管政策，力保税费任务完成。一是加强源头控税。对零散矿山和服务所不能覆盖的矿山企业管理，主动上门与企业对接。对横铺金家山等14家无法过站刷卡且断续生产的企业，核定其税额，实行“用票+稽查”的方式，保障应收尽收。二是加紧在产企业征收。积极协同国、地税对在产企业实行账目查核，特别是加强对监管难度较大、偷逃风险高的企业稽查稽核，实行从严从重打击。三是加快清欠力度。加强对富安矿业等相关企业和零散矿业的清欠力度，及时跟进相关制度设计，在结算体制上，变半年结算为按月结算，确保税收均衡入库。全年完成矿产资源税费3120万元，其中非税收入1480万元，较好地完成市政府下达的非税目标任务。

【应急平台】 2017年，应急指挥中心对各类电话接听及时、信息反馈迅速、应急处理处置高效，实现信息互通、资源共享，发现高矿种冒充低矿种“以好充次”过站刷卡585车，报稽查异常车辆220台次，指挥设备维修120台，有效地提高出警处警应急能力。

【执法稽查】 2017年，按照年初绩效考核方案，严格考核进度，确保在重要时段、重要路段24小时值守到位。在处理处罚上，敢于“亮剑”，3个稽查小组开展多轮联合行动，集中对相关企业的偷逃税费行为进行整治，实行顶格处罚，对乱挖乱采的企业进行了有效监管，并及时向政府和相关部门反馈问题信息。执法稽查大队对偷逃税企业、运矿司机处罚款36万多元，补缴税收28万多元，有效堵塞征收的“跑、冒、滴、漏”。

【内部管理】 2017年，在机关效能建设上，严格按照"一支笔审批"原则，抓好"三公"经费审批，公务接待限定标准，一律食堂就餐。公车使用实行租车方式，规范填写报告单，按月申报，仅此两项可节约经费近8万元。在站所管理上，依据车流量大小和企业生产实际，合理调配人员安排。优先保障北山、大界等重点服务所人员配置，对一些已经停产、车流量小的矿域，考虑站所逐步撤销合并，裁减和抽调聘用人员，把主要精力投入到对重点企业和重点站所的管理上来，节约征收成本。

【中心工作】 2017年，市委、市政府出台有关政策，鼓励鞭炮、砖瓦窑企业关停退市。积极配合相关职能部门，专门抽调一名人员参与到该项工作中，保障任务完成。同时，在矿产行业整合、矿山环境治理等工作上，给予大力支持，为国地税、国土、安监、公安等部门及时提供相关企业数据资料，献言献策，为有关决策提供可靠依据。专门确立一名专员驻村对接，规定每月班子成员和党员必须下村走访一次。对联系点长安街道办事处板桥村的3户贫困户进行精准帮扶，通过入户走访，主动对接，为每户购子猪2头，配送饲料1000元，3户对象户共出栏生猪6头，收入18360元，户均6120元。另外还每户送慰问金1000元、物质1500元。突出党支部建设，将"三会一课""党员集中活动日"等以制度形式确立，保障党建学习活动内容丰富，形式多样。10月，组织全体党员赴湖北省洪湖市参观学习湘鄂西苏区革命烈士陵园，缅怀革命先烈，重温入党誓词，有力促进支部的凝聚力和战斗力。按照年初各股室签订的《党风廉政建设承诺书》，把牢"一岗双责"责任要求，紧盯作风建设不放松，除会议上多次传达学习廉政纪律外，通过手机短信提醒、微信宣传，观看《永远在路上》《巡视利剑》《反腐枪声》电视电影，特别是节假期间发布廉政信息提示等多种形式，保持征管上下风清气正的党纪党风。主动与联系点长安街道办事处金河社区对接，将机关全体干部职工分为6个小组，由局班子成员带队，对500户民调群众进行再入户走访，加强民调宣传，化解问题矛盾。在下半年群众满意度综合评比中，征管局获得全市第14名。文明创建活动安排专人值守，保障资金，确保任务完成。全体机关干部都参与到周末卫生大扫除活动中，及时出台实施方案，实行奖优罚劣，收到较好效果。

（陈　智）

综合经济管理

发展和改革

【概况】 2017年，临湘市发展和改革局是市委、市政府管理全市国民经济和社会发展计划的综合宏观调控部门，又是基层经济建设的指导和服务部门。代表市委、市政府管理以工代赈、信息产业管理、经济体制改革、易地扶贫搬迁、对口扶贫等多项全市性的工作，肩负着发展市域经济和加强市场物价监管的重大任务。有内设机构10个，分别是办公室、财务室、党建办、投资股、农财股、社会股、稽查办、审批办（招投标办）、价格股、优化办；二级机构3个，分别是价格监督检查所、节能监察中心（环资、能源办）、认证中心。

【服务经济】 2017年，市发展和改革局坚持以科学发展观统领经济社会发展全局，紧紧围绕实现更好更快发展和构建和谐临湘两大任务，结合“十三五”规划发改局迅速启动浮标特色小镇PPP规划、现代物流产业专项规划（2017—2020年）、资源枯竭产业转型规划、返乡农民创业试点等专项规划的编制工作。切实加强经济运行分析，研究破解热点、难点问题，并提出对策措施，努力做到科学监测，强化分析，并认真撰写《每月固定资产投资情况分析》《2017年全市经济运行情况分析》《季度小康指标分析》等材料，适时提出宏观调控政策建议，为市委、市政府领导的科学决策做好参谋助手。全市各项主要经济指标运行良好。人均地区生产总值完成2.29万元，国民生产总值251亿元，增长7.5%，其中，第一产业增加值25.1亿元，第二产业增加值143.07亿元，第三产业增加值82.83亿元，三次产业结构比为10：57：33。完成固定资产投资223亿元，同比增长16%。实现社会消费品零售总额71.7亿元，同比增长10.7%。城镇居民和农村居民人均可支配收入分别达到26470元、14567元，同比增长9.6%、9%。3.积极谋划，向上争资争项。市发改局积极申报，做好项目的储备工作，为争取国家投资做好万全准备。市发改局完成保障性安居工程基础设施、口子镇、浮标小镇、桃矿独立工矿区、源潭河水环境治理等项目的申报工作。全市共向上争资22.65亿元，同比增长20%，占2017年计划任务的110%。保障性住房基础设施4833万元，桃矿独立工矿区养老服务中心项目1800万元，桃矿独立工矿区污水处理设施1880万元，农村综合服务平台省预算内资金500万元，坦渡口子镇项目390万元，湘北大道提质升级投融资创新模式1000万元，应急救灾补助资金540万元等。2017年，临湘市共规划重点建设项目96个，总投资163.6亿元，年度计划完成投资50.8亿元。截至12月，全市累计开工建设重大项目72个，完成投资56亿元，占年度计划的107%。纳入省重点项目2个：黄盖湖防洪治理工程，已完成黄盖垸、中山湖垸、杨花咀垸和冶湖渍堤4处堤垸建设，完成太阳湖垸、上马蹄湖垸和下马蹄湖垸基础工程和开工准备以及太阳湖垸和葛家垸拆迁；浮标特色小镇土方施工正在有序推进，小猫钓鱼乐园项目、水果市场、洗矿厂、敬老院征拆工作正在进行。纳入岳阳市“双百工程”在建项目9个，其中，城区绿化提质改造已完工；湘北大道提质改造工程完成工程总量96%；长忠公路完成工程量的80%；黄盖湖防洪治理、浮标特色小镇正在实施和推进中，新一中整体搬迁项目、长安文化创意园、制线厂片区太阴庙棚改、宇恒二期等项目均有序推进。认真执行投资项目管理的相关办法，严格按照相关程序办事。为优化行政审批事项，在单设审批办主任进一步充实审批工作力量的同时，将项目立项、投资计划、节能、招投标等审批事项统一归口审批管理。避免一个项目审批需要找多个股室受理，极限压缩审批时间。审批办共受理及办理企业备案、核准、政府投资审批项目138个，完成投资253.49亿元，其中办理立项可研批复项目80个，总投资208.6亿元；办理核准企业项目1个，总投资9722万元；办理备案企业项目57个，总投资43.92亿元。办理固定资产投资年度计划34个，总投资7.93亿元。核准招投标项目77个，总投资43.52亿元。

【稳定物价】 2017年，市发展和改革局加强市场价格监管力度，确保价格总水平的基本稳定。大力开展宣传活动。市发改局组织人员深入到超市、车站、农贸市场及液化汽站等经营场所，大力开展价格法律政策的宣传，发放《关于加强春节期间市价格监管的提醒告诫函》500多张，在农村客运车辆上张贴梯形票价表，引导经营者诚信经营，保持价格自律。同时，在临湘电视台、临湘公众信息网等新闻媒体上进行宣传。认真履职，加强执法。不仅加强对市场价格的日常监管，还在元旦、春节、清明、端午、“五一”、中秋、国庆等重大节假日和重大活动期间，成立应急小队，加强市场价格监管和票价检查。检查大小超市、集贸市场30多家，检查乡镇客运车辆、城市公交及出租车100余台次，答复价格咨询60人次，受理价格举报43件，查处客运票价投诉19起，现场清退多收票价款2000多元，罚款1000元，较好地遏制乱涨价、乱收费等价格违法行为，维护节日期间市场价格的基本稳定。积极发挥价格职能作用，为地方经济发展服务。一是开展教育收费检查工作。全年共检查单位20个，立案检查单位18个。二是以降低实体经济企业成本为目的，认真开展涉企收费检查和电力价格专项检查。6月，市发改局开展涉企收费检查工作，涉企收费检查涉及房产局、规划局、国土局、住建局、食品药品质量监督管理局、林业局等部门和单位，主要问题是取消项目继续收费、提高标准收费、扩大范围收费等。此项检查立案调查工作已基本完成，由市局统一处理。[illegible]收费检查的同时，积极配合岳[illegible]价监局对国网湖南省电力公司临湘供电分公司正在进行检查，此项检查正在进行中。认真受理各类价格鉴定认证553件，鉴定总金额2010万元。营造公平竞争的市场环境，推进公平竞争审查制度的实施。国务院《关于在市场体系建设中建立公平竞争审查制度的意见》文件出台后，特别是2017年3月中旬岳阳市发改委组织召开全市公平竞争审查制度推进会后，检查局积极向党组、市政府请示汇报，建立公平竞争审查联席会议制度，以政府名义下发《临湘市关于在市场体系建中建立公平竞争审查制度的通知》，明确公平竞争的原则、范围、方式、标准和工作要求，此项工作已正式启动。畅通举报渠道。认真受理，快速处理“12358”价格举报平台及“12345”公众热线投诉举报。截至12月7日，已检查立案处理落实的违法案件21件，实施经济制裁144.15亿元，其中，退还用户52亿元，没收违法所得3[illegible].64亿元，罚款52.50亿元，共上缴财政92.15亿元；截至11月底共受理完成“12345”“12358”价格投诉举报29[illegible]件，退还消费者不合理收费近1万余元，罚款1000元。做到受理、落实、答复、回访率100%，得到举报人充分肯定。

【作风建设】 2017年，创新管理制度，确保政令畅通。创新对局党员干部的评议机制，采取“1+5+5+N”的评比模式，即一个先锋、五个标兵、五个模范、N个先进的评比模式来民主评议。同时进一步完善财务、机关考勤、档案管理、请假等各项规章制度，抓好干部职工管理，确保政令畅通。全年，市发改局各项工作目标均按时间节点稳步推进中。日常管理进一步规范。一是公文处理零差错。严格按照《党政机关公文处理工作条例》要求，精简、规范公文办理，每一件文件出台都必须由综合法规股对文件的行文、内容、格式及法律法规方面严格把关，规范公文运行程序，确保各类文件收发及时、登记细致、[illegible]阅规范，2017年来共办理发文294个，收到上级来文426个，真正做到公文收发零差错。严格“三公”经费管理，实行公务卡消费制度，凡公务开支没[illegible]制卡消费一律不给予报销，真正做到严格执行相关规定不走样，厉行节约、开支透明、管理公开。为进一步加强干部队伍作风建设，市发改局制定机关考勤制度和机关工作人员绩效考评制度，进一步明晰管理职责、完善制度，抓好干部职工管理。凡工作时间外出，必须到办公室登记，由主管领导审批。

【其他工作】 2017年，推进“两学一做”学习教育常态化制度化。建立“党员活动日+”制度，增强党员队伍活力。深入开展“支部建设年”活动。积极创新“互联网+党建”，用好用活“临湘数字党建工作平台”。根据市委、市政府烟花爆竹行业取缔及后续监管工作整体部署，市发改局价格认证中心安排专人负责。对临湘市26家烟花爆竹生产企业各种规格的引线、亮珠等成本价格进行认定。市发改局参与烟花爆竹半成品销毁清理，共计销毁亮珠340余吨、引线1000多万米，含药内筒1100万发。精准扶贫识别到位，专门安排一名干部在聂市镇红士村开展扶贫工作，同时建立“一对一”结对帮扶计划，开展5次以上集中帮扶活动。安排项目资金20万元用于光伏产业帮扶及“公司+农户”的养鸡模式，直接投入现金5万元用于教育助学、养殖等。易地扶贫搬迁工作进展顺利，全年实施易地扶贫搬迁建档立卡贫困户148

户、589人，采取集中安置和分散自建两种方式进行。人大、政协提议案办理方面，共承办市人大十七届一次会议代表建议案1件，为《关于加大财政对詹桥边界口子镇集镇建设支持力度的建议》，完成答复文件，并与代表见面，见面率为100%，从代表们反馈情况来看，满意率100%。其他3件协办建议均与承办责任单位取得联系，并积极配合协办单位进行办理中。其他如计划生育、“双联”工作、新农村建设、企业帮扶、综治等工作均按规定动作有序开展。

（余　良）

审计工作

【概况】 2017年，市审计局内设办公室、经责室（副科级事业单位）、财金股、行审股、农水股、经贸股、基建投资股、法制股8个股室。全局共有在岗干部28人，设一个支部，有党员31人（含离退休人员）。在市委、市政府的坚强领导下，以中共十九大精神为指导，深入贯彻学习习近平总书记系列讲话，围绕中心，服务大局，着力在推动职责履行、强化队伍建设等方面下功夫，为促进临湘经济发展、民生改善发挥好审计“免疫系统”功能和建设性作用。累计组织实施审计项目49个，审计查出违纪违规资金6315万元，管理不规范资金5932万元，投资审计核减投资额1265万元。提交审计报告（专报）42篇，提出审计建议3条；对外发布审计信息10期12篇，省厅、市局采用审计信息32篇（次）。

【政治操守】 2017年，市审计局班子成员始终把自觉遵守党的政治纪律为开展一切工作的基本准则，坚定不移地在政治上、思想上、行动上与党中央保持高度一致，坚持学习，不断提高政治思想素质作。主要做到“三个认真”：一是认真学习中共十九大精神和习近平总书记系列讲话，不断加强党性修养，努力提高政治素质，旗帜鲜明地拥护党中央的决策部署，政治上时刻保持头脑清醒；二是认真执行中央、省、市“八九九”规定，进一步强化班子成员的组织观念、法纪意识，班子自身建设得到加强，工作作风切实转变，每一位班子成员都能做到讲原则、守纪律、顾大局；三是认真贯彻党的路线、方针、政策，扎实开展“两学一做”学习教育活动制度化、常态化，准确把握市委、市政府的重要会议精神，深刻领会领导的讲话内涵，并及时传达，认真落实。市审计局班子成员循规蹈矩，忠诚履职，没有一人出现违法、违纪、违规的现象。

【依法审计】 财政审计。2017年，市审计局以当好公共财政“卫士”为切入点，在本级预算执行审计中，把握财政资金的流向，突出预算管理和资金分配审计。在审计内容上，重点关注政府性债务、财政资金的存量和增量，审查财政资金安排、分配、使用环节存在的问题。同时延伸审计了市财政局、教育体育局、电视台、羊楼司镇4个部门单位的预算执行情况。审计中，重点关注部门预算执行的真实性、合法性，非税收入收缴的及时性、完整性，认真审查政府采购、国库集中支付、结余资金管理、资产管理等制度的执行情况。

税收征管审计。对全市税务登记信息情况进行审计调查，发现723家工商登记企业未进行税务信息登记，造成企业法人税务登记信息不全、税源管控不到位、存在税款流失的重大隐患。通过对地税局提出“健全企业法人信息登记，加强税源管控，有效防止税款流失”的审计建议，市地税局积极采纳，认真研究对策，按各税务分局管辖区域对辖区内的企业进行全面排查，对无证经营的企业督促办理证照登记，对僵尸企业进行清理，对信息登记不健全的企业补登相关信息。

经济责任审计。在做好离任干部任期经济责任审计的基础上，探索任期内轮审制度，积极推进经济责任审计监督全覆盖。审计重点反映被审计单位在重大经济决策、执行财经政策、国有资产管理、工程项目建设等方面存在的问题，结合部门行业特点有针对性地提出审计建议，进一步加强经济责任审计结果的运用。2017年共完成经济责任审计项目18个。

基建投资审计。坚持工程造价与基建财务审计并重，对立项、招投标、资金拨付和使用、监理等环节进行跟踪审计监督，努力提高政府投资绩效。2017年累计实施小（2）型病险水库除险加固工程等15个政府投资项目，总送审额2.55亿元，核减工程造价款1265万元。同时针对近年来投资审计中工程审定价超估算价问题多发的情况，从体制、机制和管理层面分析问题成因，提出针对性意见和建议，进一步加强对建设单位的指导，促进建设单位加强送审资料把关，促进被审计单位提升管理水平。

【队伍建设】 2017年，市审计局把干部作风建设作为提升审计服务质量的重点来抓，要求干部严格做到“三不”。一是以学习强素质，做到审计不出差错。坚持抓好干部业务知识、法律法规和政治理论学习，努力提高审计人员的思想素质和业务水平，确保审计不出差错。二是以考核促业务，做到审计不走过场。改变过去以审计收缴为目的的工作思路，把考核重点放在审计质量、问题揭露和审计整改上，在全局开展“以审计质量论能手，以问题揭露论英雄，以审计整改论成败”的考核竞赛活动，促使审计人员创新审计方法，自觉查深查透，杜绝审计走过场的现象。三是以制度优服务，做到审计不损形象。一是坚持送审制。2017年的审计项目基本上都是送审，做到少上门、不打扰。二是实行回访制。我们不定期对被审单位进行回访，对审计人员在审计工作中的业务能力、服务质量和廉洁自律三方面情况进行调查了解，深化审计一线人员的思想作风和行业风气的监督、检查和考核，促使审计人员自觉接受纪律约束。以干部自学为抓手，通过集中学习、参加培训、专题讨论等方式，着力审计干部综合素质提升。主要是抓“三学”：一是积极送学。为加强对审计干部的教育和管理，在不定期组织业务人员集中学习的同时，抓住省厅、市局组织的学习培训机会，积极派送干部参加各类业务培训。二是限令促学。督促业务人员加强自学，鼓励参加审计专业职称、资格方面考试，要求凡45岁以下的审计干部未获得中、高级职称的必须报考中、高级职称，以促进审计干部的锻炼、进步和成长。三是重金奖学。凡通过自学晋级中、高级职称的，所有学习费用全额报销，并对获得高级职称的干部给予1万元的奖励。坚持抓党风廉政建设促审计工作发展的思路，对外推行“阳光审计”“文明审计”，主动接受社会的监督；对内坚持法纪政纪教育，突出审计权力行使、审计工作纪律执行等重点环节，时刻紧绷廉洁自律这根弦，始终把清正廉洁作为审计工作的生命线，既注重查腐、反腐，更注重拒腐、防腐。定期组织学习《中国共产党廉洁自律准则》《审计人员十不准》，做到警钟长鸣。为真正使审计干部做到自身净、自身正、自身硬，认真落实党风廉政建设责任制，一是改“现场审”为“送审”；二是采取股室向分管领导签订责任状，分管领导向局党组签订责任状，强化约束机制。审计干部无一例举报、信访，没有一人受过任何处分，实现审计干部“零违纪、零错案、零上访、零事故”的四零目标。

【增强党性观念】 2017年，市审计局坚持以“围绕审计抓党建，抓好党建促审计”的工作思路，深入开展创先争优为重点，打造学习型党组织为主线，增强党组织创造力、凝聚力、战斗力为着力点，充分发挥机关党组织的战斗堡垒作用和党员的先锋模范作用，努力增强党组织的生机与活力。一是以中共十九大精神为核心，围绕“四种精神”认真开展“两学一做”制度化常态化学习教育活动和“治陋习、树新风”专项整治工作。二是以“三会一课”为载体抓党员队伍建设，规范党员管理。在党员管理方面，督促党员自觉履行党员义务，正确行使党员权利，严格党的组织生活；在思想作风、工作作风、生活作风等方面广泛交流意见，认真开展党员干部民主评议活动。三是以“精准扶贫”为契机积极开展“关爱他人、关爱社会、关爱自然”志愿服务活动，组织党员干部到扶贫点慰问困难家庭。四是以“党员活动日”为抓手加强组织建设，支部凝聚力不断增强。为抓好组织建设，坚持每月召开一次支委会，每季度召开一次党员大会，研究布置机关党建工作，落实相关工作任务；每半年召开一次党员民主生活会，开展批评与自我批评，检查交流自己在思想上、工作上和学习中的经验体会，查找问题，发扬成绩。

（余良松）

统计工作

【概况】 2017年，临湘市统计局设办公室、业务一室、业务二室、法规股、农调队、城调队、信息中心、民调中心、小康监测中心9个职能股室，肩负着全市国民经济和社会发展情况的全面调查统计，有农业、工业、商贸、服务业、投资、建筑、劳资、人口、社会、核算、综合、农调、城调、民调14项专业统计。共有在岗在职人员22人。

【统计服务】 2017年，市统计局对全市总体发展目标和要求，积极主动加强统计监测预警，认真仔细分析研究，加强对热点难点问题的跟踪调查，密切关注主要敏感指标的速度升降、结构变动、位次变化及目标任务完成情况，密切关注苗头性、突发性和系统性问题，为市委、市政府提供及时可靠的统计预警服务。加强与各指标监管部门的沟通联系，定期组织召开部门统计运行监测和评估联席会议，及时通报各项数据的运行情况，对存在的问题，共同协商解决，形成抓落实的合力，提前做好预防工作。提高统计分析信息质量。全年撰写《统计分析》33期，发放《临湘经济动态》600多本，上报政务信息60余篇，多方面、多层次、多角度反映全市经济发展情况和统计工作实际，为领导决策提供重要依据。

【小康建设】 2017年，市统计局不断加强与省统计局、岳阳市统计局的汇报工作，加强对市直各有关部门的业务指导，夯实统计监测基础。重点加强对小康指标的数据分析，评估小康建设面临的短板和差距，撰写小康指标分析调研报告，为市领导科学决策提供重要参考。多次申请召开小康建设和经济工作专题会议，针对小康建设和经济发展过程中存在的短板指标、难点问题，讨论提出可行性的意见和建议。

【申报工作】 2017年，市统计局为切实做好“四上”单位月度、年度审批工作，局领导高度重视，主动协调，不断加强对责任单位的业务指导。同时，与工商、税务、工信、工业园等相关部门做好信息共享，通过各个部门的职责权限，对符合申报条件的单位进行排查、汇总、调研和组织上报，并审核申报单位的各种资料，保证申报企业及时入库。组织专业人员认真细致地核实各项审核资料，确保每个审批单位符合要求，法人单位基本情况表和月、季度相关报表的指标要填写规范、表间逻辑关系正确无误、开业成立时间与相关证照相符、公章清晰等，所有资料符合要求后方可进入审批程序申报，确保“四上”申报能一次性通过。为提高企业和统计员的申报积极性，出台完善“四上”单位申报奖惩措施，助推“四上”申报。同时，不断加大对“四上”单位申报工作重要性的宣传，争取企业的理解和配合，提高企业申报“四上”的积极性；大力宣传政府优惠扶持政策，增强企业申报“四上”的意愿，保障“四上”单位申报有序开展，受到省统计局好评。

【建档立卡】 2017年，市统计局成立企业一套表调查单位建档立卡工作领导小组，由党组书记、局长亲自牵头抓总，普查中心负责组织、协调，各相关股室共同参与，齐抓共管，形成合力。通过分专业类别与企业负责人进行座谈，实地查看企业（单位）生产经营情况，查阅2016年年报资料、相关证照、入库审查资料等方式，摸清全市260个建档立卡对象底子，对异常调查单位的提出整改要求。积极为每个建档立卡对象建立电子台账，并按文件精神标注出每个对象的具体要求。同时根据建档立卡电子台账的标注，搜集相关资料、打印封面，并按专业代码分专业类别编写档案编号，制作总目录和分专业档案目录以便于查找。精心组织专业人员深入企业一线，扎实开展清查核查工作，要求各专业人员查清查实每一户企业信息的准确性，并认真填写清查核查情况表，进行建档立卡，确保核查工作高质量完成。由一套表调查单位建档立卡工作领导小组对“一套表”调查单位建档立卡工作进行督促检查，对检查中发现的问题及时给予指出纠正，并结合实际工作深入分析，提出解决办法和措施，确保“一套表”调查单位建档立卡工作取得实效。

【农业普查】 2017年，市委、市政府高度重视农业普查工作，迅速安排，多次由分管领导到联点镇（街道）指导普查员的入户登记工作，督促统计各镇（街道）的工作进度。分组深入一线对全市各镇（街道）入户登记工作进行督查跟踪，确定专业人员对三农普进行数据核实改错工作，指导村、镇数据报表和审核录入工作，确保数据采集工作顺利进行。

【样本轮换】 2017年，市统计局要求各镇（街道）统计员高度重视本次抽样调查工作，集中精力，统筹安排，分工合作，及时更新，确保有效开展工作。为保证数据质量，要求抽样工作开展过程中要严格按照样本轮换工作实施方案及细则，规范工作流程，准确把握数据来源，细致区分数据类别，保障数据真实有效。安排专门人员赴镇（街道）实地了解样本轮换情况，与社区沟通、与居民座谈，指导调查员填写基础报表，为轮换工作的有序进行打下坚实基础。

（盛世龙）

食品药品工商质量监督管理

【概况】 市食品药品工商质量监督管理局内设17个机关股室、10个直属单位、10个基层所，在编在岗223人。2017年，在市委、市政府和上级业务主管部门的坚强领导下，以服务发展为主线，以食品药品工商质量监管为主责，加强总体谋划。突出工作重点，把握关键节点，以高度的责任感和使命感，真抓实干，攻坚克难，各项工作成绩突出。被湖南省消费者委员会评为全省消委系统宣传工作先进单位，被岳阳市工商局评为红旗单位，被岳阳市食品药品监督管理局评为稽查先进，被临湘市委、市政府评为领导班子综治工作、文明创建与城市管理“三大攻坚”行动和全域环境整治先进单位。

【助力发展】 2017年，围绕营造宽松便捷的市场准入环境，全面落实商事制度改革，新设企业较同期增长15.7%，新设个体户较同期增长61.5%。以迎接中央环保督察为契机。全力配合实施环保攻坚，清理整顿无照经营主体40户，下达停用、整改指令11份，约谈2家重大安全隐患企业，依法取缔4家无资质经营主体。积极履行质量强市领导小组办公室职责，推动实施商标品牌战略，助力产业、产品向价值链中高端跃进。申报注册商标380件、省著名商标7件、地理证明商标1件。贯彻扶贫工作要求，全力以赴推进扶贫攻坚，协助聂市镇马垅村成功实现脱贫摘帽。围绕打造“中国浮标之乡”，拉伸全市钓具产业链，助力黄金眼等9个品牌获评湖南省名牌，助力“临湘浮标”地方标准顺利通过省专家组审查，立案查处13家违法经营主体，没收、销毁假冒伪劣浮标5.2万支，妥善解决209宗投诉举报，全市浮标产业步入快速发展通道。

【安全监管】 2017年，累计核发“食品经营许可证”559件，办理小餐饮许可证260件，办理药品医疗器械经营许可8件、备案6件，行业准入把关严格。开展食品药品抽查检验12大类483批次，合格率均为100%，全市食品药品抽检整体情况良好。报告药品不良反应487例、医疗器械不良反应174例、药物滥用不良反应269例、化妆品不良反应65例，报告率居岳阳县（市、区）前列。围绕“四品一械”，部署开展扫雷、护苗、护老、清网、药品流通五大稽查集群战役，查办违法案件198宗，涉案金额178万元，罚没款300余万元。移送的蒋凯南非法经营案，被公安局刑事立案侦查。围绕特种设备安全部署开展11项专项行动，检查相关单位127家设备554台（件），立案查处5家，关停2家。对发现重大安全隐患的海螺水泥公司、发达陶瓷公司等企业进行督查督办。

【市场监管】 2017年，规范全市12家直销企业经营活动，立案查处福建珍菌堂生物科技有限公司传销案，罚没入库25万元，开启临湘市立案查处传销案件的先例。组织对320台加油机、260台出租车计价器以及全市集贸市场“公平秤”3个重点民生领域进行计量检定，检定率达100%，有效遏制计量违法行为。全面加强年报公示工作，企业年报率达94.43%，个体工商户年报率达98.91%，农民专业合作社年报率达99.09%，年报率居岳阳市工商系统第二名。加强消费投诉处理，受理咨询1312人次，投诉329起，举报17起，检举6件，转办154件，全部依法依规处理到位，为消费者挽回经济损失53.27万元。

【自身建设】 2017年，深入学习党的创新理论和中共十九大精神，全面落实从严治党要求，扎实推进支部建设年活动，丰富党员集中活动日内容，高标准建成党员活动室，机关党建工作水平明显提升。坚持严管就是厚爱，支持配合市纪委驻局纪检组开展执纪监督工作，深入开展“刹人情歪风、治婚丧陋习、树文明新风”等专项整治，开展公职人员参与涉沙、涉矿、涉烟花爆竹经营排查，通报违反考勤制度的具体单位具体人，机关“慵懒散”现象有明显好转。以迎接岳阳市人大《中华人民共和国食品安全法》执法检查、岳阳市政协《中华人民共和国产品质量法》执法调研为契机，落实“行刑衔接”要求，完善职权划分，整合执法程序，规范执法行动，行政执法水平和办案效率全面提高。着眼事业长远发展，突出好干部标准，拓宽选人用人视野，统筹加强中层骨干的使用、锻炼、培养，干部职工的晋升通道和出路更加广阔。

【荣誉奖项】

2017年1月，湖南药菇山泉饮品有限公司：药菇山泉商标被湖南省工商局认定为湖南省著名商标；临湘市君乐大米加工厂：兴君乐商标被湖南省工商局认定为湖南省著名商标；临湘市晨星竹业有限公司：林郷商标被湖南省工商局认定为湖南省著名商标；湖南水密码钓具有限公司：水密码商标被湖南省工商局认定为湖南省著名商标；湖南海鳌鱼具有限公司：神羽商标被湖南省工商局认定为湖南省著名商标；湖南省池海浮标钓具有限公司：标王商标被湖南省工商局认定为湖南省著名商标；湖南省如虹制药有限公司：如虹商标被湖南省工商局认定为湖南省著名商标。

2月，湖南省池海浮标钓具有限公司生产的黄金眼、标王牌浮标被湖南省质量技术监督局评为2016年湖南省名牌产品企业；湖南省名门钓具有限公司生产的名门之秀、快之钓牌浮标被湖南省质量技术监督局评为2016年湖南省名牌产品企业；湖南海鳌鱼具有限公司生产的刘海哥、神羽、标行天下牌浮标被湖南省质量技术监督局评为2016年湖南省名牌产品企业；湖南天江钓具有限公司生产的夜战王牌浮标被湖南省质量技术监督局评为2016年湖南省名牌产品企业；湖南天野钓具有限公司生产的天野、将心、红标坊、天野匠心浮标获评2016年湖南省名牌产品企业；湖南名冠钓具有限公司生产的名冠、夜神牌浮标被湖南省质量技术监督局评为2016年湖南省名牌产品企业；湖南水密码钓具有限公司生产的水密码、福东海牌浮标被湖南省质量技术监督局评为2016年湖南省名牌产品企业；

8月，市食品药品工商质量监督管理局被湖南省消费者委员会评为全省消委系统宣传工作先进单位。

（叶恒波）

工　业

综　述

【概况】　2017年，临湘市工业和科技信息化局下辖7个正股级事业单位，内含10个职能科室，全系统共有干部职工117人，其中在职53人，退休64人。党委下设3个党支部，共有党员93人。具有墙改、电力、专利、信息4项执法职能。临湘市工业和科技信息化局坚持以项目建设为抓手，着力培育企业发展壮大，促进全市工业经济健康发展。至年底，全市共有规模工业企业152家，其中高新技术企业9家（金叶众望、国发精细、环宇药业、比德生化、远瑞模具、如虹制药、东祥油脂、东泰饲料机械、一叶舟钓具），2017年度税金过1000万元的企业5家（海螺水泥、兆邦陶瓷、金叶众望、富安矿业、凡泰矿业）。

【经济指标】　2017年，新增规模工业企业30家（总量达到152家），排岳阳市第一；实现规模工业增加值91亿元，同比增长7.6%，排岳阳市第二。完成工业投资95.8亿元，同比增长5.4%，排岳阳六县市第二；技改投资54.3亿元，同比增长4.2%，排岳阳六县市第一。工业实缴税金2.33亿元，同比增长10.4%。工业用电量5.98亿千瓦时，同比增长5.33%；园区规模工业增加值占全市规模工业增加值比重达到71.4%；移动宽带用户普及率达53.31%，固定家庭宽带用户普及率达57.94%，该两项信息化指标在岳阳六县市排名第二；新增高新技术企业2家，高新技术产业增加值占GDP比重达到20.02%。科技创新各项考核指标在岳阳六县市综合排名第一。

【服务工作】　2017年，共引导企业申报转型升级、制造强省、节能、科技、信息化、特色县域经济等各类项目21个，争取项目资金5474万元，较2016年增长50%。利用好特色县域经济项目支持平台建设的有利因素，组建中小企业“助保贷”融资平台，发放贷款480万元。同时，大胆探索，引入财政、人社的贴息资金，与农商行、建行签订合作协议，降低企业融资成本，理顺融资机制。根据省、市经信委要各县（市、区）加强服务体系建设和推进扶持中小企业活动的相关要求，多次到省、市经信委对接，邀请专家初步制定临湘市中小企业公共服务平台（云平台）建设方案，拟选址建设一个集信息服务、融资担保、人才培训等八大功能于一体的中小企业窗口（云平台）服务平台，建设计划纳入省经信委2018年窗口服务平台建设规划，现已制定初步方案，拟请求市政府审议通过后启动建设。作为帮扶牵头单位，带头落实帮扶措施。先后深入企业50余次，为海螺水泥、兆邦陶瓷、凡泰矿业解决炮震炮损、错峰生产、矿界划定等难点问题。特别是为协调海螺错峰生产问题，及时到省经信委协调，将海螺错峰生产的时间从80天降为30天，避免企业减少产值7500万元以上。督促帮扶部门为企业解决困难和问题62个，销号率达95%以上。

【环保整改】　2017年，在岳阳六县（市）中率先开展黏土砖厂关闭拆除工作，顶住砖厂老板多次到岳阳、省政府集访的压力，与乡镇齐心协力，7月，吸取湘阴县“地条钢”拆除工作被查处的教训，接受市委、市政府临时交办的工作任务，立马对“地条钢”关闭拆除工作进行“回头看”，按照中央对“地条钢”企业“四个彻底拆除”的要求，在一周内将2家“地条钢”企业、3家疑似“地条钢”企业关闭拆除到位，完成领导交办的任务。10月1日，将33家砖厂全部拆除到位，关停拆除工作在岳阳地区取得一定的示范效应。

【改制工作】　2017年，临湘市17家国有工业企业从

2006年到2014年全部改制完毕，职工身份置换8000多人，已全部移交社区管理，各项遗留问题已接近扫尾阶段；另外，临湘市二轻系统有集体企业11家，共有干部职工1068人。已基本完成针织厂、服装厂、制线厂、科技实验厂4家企业改制，共置换职工678人。现还有轻纺物质公司、富湘皮件厂等7家集体企业，待改制资金到位后逐年完成改制任务。

【棚改工作】 2017年，为解决好改制企业职工住房困难问题，按市政府要求启动3个棚改项目建设。其中，纺纱厂棚改项目（含织布厂安置点）总投资为1.169亿元，建房532套，建成后可安置纺纱厂、织布厂、二水泥厂、华湘蛋粉厂等企业的棚户和拆迁户，完成投资5700万元，1~6号五栋楼主体工程有望在10月封顶竣工；针织厂棚改项目2月组建项目部，在2个月内完成113户和附属工棚的拆迁工作，拆除进度在全市十大征拆项目中排第一位，起到较好的示范作用，完成土地勘探、土地权属确定等前期准备工作；纺纱厂小区道路（云升路）建设已在施工之中。

【综合治理】 2017年，结合深化改革，为市委、市政府起草出台《支持发展非公有制经济的实施意见》。针对移动、电信、联通、电力等上管公司理难以管理的问题，认真履行行业管理部门职责，根据小康工作、国务院大督查的相关要求，多次组织移动、电信等公司一把手进行调度，明确各单位的工作职责，理顺行业管理职能，促进相关工作落实。结合机构改革成立综合执法大队，增强局执法职能。积极参与全市的工业项目招商和项目建设，为全市产业布局出谋划策，认真履行职能，发挥工业主力军的作用。

（曹 洲）

钓具（浮标）产业发展

【概况】 2017年，全市浮标生产企业780家，电商主体269家，产业链条生产总值突破20亿元，从业人员3万多人，占有国内市场80%的份额，产品远销东南亚、欧美20多个国家和地区。浮标特色小镇列入湖南省“第一批产镇融合示范镇”，被评为“全国休闲渔业示范基地”“第三批湖湘风情文化旅游小镇”“省级工业旅游示范点”。2016年7月，中国轻工联合会授予临湘市“中国浮标之乡”称号。

市委、政府围绕打造“中国浮标之乡”，建设“中国钓具第一市”“中国游钓旅游第一城”和“中南部钓具装备集散地”的目标，按照“政府引领、企业主导、龙头带动、集群发展”的产业化思路，大力实施产业、产城、产文融合战略，唱响“漫步江湖、游钓临湘”品牌，大力促进钓具（浮标）产业的健康发展。一是建设“一镇三区”。生产区集群化。在三湾生产区布局1000亩钓具（浮标）产业园，建成20万平方米钓具（浮标）生产厂房，入驻企业100家。街市区特色化。在长安古街区规划用地450亩，建设16万平米集会展、电商、浮标博物馆、鱼类科普馆和浮标研发、检测、论坛、游乐服务平台。游钓区大众化。建设国际垂钓中心和小猫钓鱼乐园，设计有竞技比赛、亲子垂钓、休闲康养。打造20万亩长江沿线湿地公园。二是延伸“一链三业”。激活第一产业。培植钓具（浮标）生产原材料基地，在路南山区发展芭茅种植533.33公顷，湖区栽种泡桐木133.33公顷。发展第二产业。以浮标为龙头，实施钓竿、钓线、钓饵、钓箱、智能浮标、材料包装等钓具全产业发展，创建“临湘浮标”品牌，制订浮标生产行业标准和地方联盟标准。壮大第三产业。以钓具（浮标）特色产业、原材料加工、机械制造和电商物流、教育培训、游钓休闲、健身康养、宾馆餐饮及运输物流等三产服务业全面发展。三是打造“一色三品”文化品牌。挖掘临湘千年古镇群和浮标地域文化，传唱湘君文化和三国黄盖水乡故事。专题片《临湘浮标》、歌伴舞《浮标尖尖》、画册《中国浮标之乡》、《临湘浮标民间文学集成》等系列文化精品集中展示临湘市独特的水乡文化和渔猎文化。打游钓品牌。打造“漫步江湖、游钓临湘”品牌，充分利用“一江两湖三河四库”优质资源，坚持钓具生产与垂钓休闲齐步走。依托“河湖连通”工程，打造涓田湖、白云湖、黄盖湖、团湾水库四个大型游钓基地。每年举办中国浮标文化节，开展浮标文化周活动，形成展览、展销、展会一体化和区域化特色。打造垂钓赛事品牌，广聚游钓人气，吸引人群来临湘游钓。

（刘亚军）

工业园区管理

【概况】 湖南临湘工业园区是经国务院备案的省级开发区，2017年，下辖三湾园区和滨江产业区，其中三湾工业园于2003年8月开园，实际开发面积3.2平方公里；滨江产业区于2007年8月开园，远景规划面积20.6平方公里，2017年省发改委批准的规划面积8.76平方公里，已开发3.22平方公里。该产业区已纳入湖南岳阳绿色化工产业园规划建设范围，被列为岳阳市沿江经济带、湖南省新型工业化产业示范基地、化工新材料特色县域经济重点县，岳阳电子信息产业园、中国农药工业协会生命科技工业产业园。全园已入驻企业96家，其中三湾园区71家，滨江产业区25家；新入园项目17个，其中滨江产业区5个，三湾园区12个。临湘市目标管理分值排在一类。岳阳市10个园区考核，前进了4个名次。岳阳流动现场会，得到地市领导的好评。产业项目建设工作在岳阳市园区排名第五，标准化厂房建设排名第四。获临湘市"2124行动"、"四大会战"、综治工作和计划生育工作4个单项"先进单位"称号。

【经济指标】 2017年，完成规模工业总产值297.2亿元，完成规模工业增加值64.9亿元，占全市规模工业增加值的比重达到71.4%；园区高新技术产业增加值完成50.48亿元，技工贸总收入330.2亿元，固定资产投资40.2亿元，完成税收2.16亿元。

【基础设施】 2017年，新开工10个基础设施项目，总投资9.707亿元。标准化厂房PPP项目。占地27.73公顷，总投资约7.227亿元，建筑总面积36万平方米，路、管、汽都已到位，其中滨江产业区的高新技术创业园，建筑总面积26万平方米，占地20.06公顷，投资4.87亿元，建28栋厂房及办公楼等相关配套设施；三湾园区二期标准化厂房，建筑总面积10万平方米，占地7.67公顷，投资约2.36亿元，建设15栋标准化厂房，主要是配套钓具（浮标）服装、休闲运动器材产业园建设。标准厂房PPP项目建设，8月，启动项目报批的各项手续，11月，进场施工，预计2018年5月竣工投入使用。按照省纪委督查中央环保组回访的要求，总投资1.3亿元的两个中央环保督查项目，自7月底启动，发扬跑表计时、挂图作战的精神，办理各项手续只用2个月时间，全部竣工投产。

其他设施项目。按计划完成三湾绿化提质改造项目，完成滨江公墓山建设项目，12月，施工滨江精细化工区纬八路建设项目、旗杆安置小区二期建设项目；完成滨江产业区总规和核心城市设计，重新编制修建性详规，完成滨江20.61平方公里区域总体概念性规划、核心区规划、控制性详规编制工作；实现80公顷土地征收；完成三湾标准化厂房7.67公顷、滨江标准化厂房26.67公顷、滨江项目用地20.67公顷和船形山土地6.67公顷4个项目共66.67公顷土地平整。

【产业项目】 2017年，总投资15.7亿元的8个产业项目正快速推进。其中，投资1.2亿元的福尔程化工已投入试生产；投资1亿元的比德二期主体工程已完工进行设备安装；投资5.2亿元的柳化岳阳中成、投资3.5亿元的宇恒二期、投资2亿元的蓝彬科技、投资9000万元的如虹制药均已开工建设；投资1亿元的裕昌再生资源项目、投资9000万元的吉象化工，各项前期工作进展顺利。招商引资共签约项目35个，签约投资额50.61亿元。其中1亿元以上项目19个，5亿元以上项目2个。钓具（浮标）休闲运动器材产业园总投资8.7亿元的23家浮标企业签约，51家钓具企业正在申请入园；总投资20亿元的岳阳表面处理循环经济产业电镀中心建设项目，第一期投资5亿元，落户高新技术创业区，带动意向投资32亿元的21家企业，申请落户高新技术创业园，产业涉及电子电器、机械加工、建筑装饰、汽车、环保等行业。

【争资融资】 2017年，融资、争资到位3.18亿元。从华融湘江银行、国开行、保建投、光大银行和华夏银行融资2.49亿元；从特色县域经济、长江经济带污染治理工程、株洲清水塘产业转移和棚改等方面，争资6940万元。园区发展靠边平台公司，平台公司越做越强，才能推动园区发展。

【队伍建设】 2017年，市工业园区成立三湾工作部和园区综合执法大队，采取选调、四海揽才、招聘和返聘等方式，充实队伍力量10人，配齐班子和人员，缓解专业人员紧缺的压力。在2017年下半年的10个基础项目建设、8个新入园项目的攻坚战中，显现实干担当和敢作敢为的拚搏精神。制定考评考核体系。对园区企业实行严格目标管理考核，运用现代管理模式，对园区各部室实行定编定岗，定人定责，对全园中层骨干采取全员竞聘上岗办法，量化各项工作，按绩效发放工资，不吃大锅饭，严明岗位纪律，激发创新潜能。制定项目监督管理体系。为管理好、保护好干部，让园区所有的合同、项目和账目，经得起历史的检验，实行项目联审联批的制度体系，建立以纪委书记任组长的项目全程介入监督的制度体系。

【基层党建】 2017年，市工业园区为健全组织机构和责任制度，成立园区企业党委，配备专职副书记和专职党务干部2人，在21个企业的219名党员中，成立28个支部，派出4名党务指导员，下到企业指导企业党建工作。

落实“书记抓、抓书记”的党建工作责任制，园区党工委书记，为园区党建工作第一责任人，园区纪工委书记，为园区党建工作监督责任人，其他党工委成员，为联点支部的直接责任人。开展学习教育和党组织活动。落实年初园区专题研究的党建工作，开展园区“两学一做”教育专题讨论4次，每月开展1次“党员活动日”活动，全年召开支部生活会6次。以“学习中共十九大精神”为题，请理论专家讲两次党课，全体党员参加红星云学习的热情不断高涨。按规定，建立党工委、党支部和党员个人的问题清单制，针对工作中存在的“四风”突出问题，制定整改措施，突出即知即改，整改清单问题20条。

【土地清理回购和征收】 2017年，三湾园区在创园之初的招商过程中，对入园的企业放宽条件，导致少数耗能高、污染严重、无税收的企业入园后，占有园区部分土地，根据三湾园区转型升级现实需要，园区要用66.67公顷土地作为钓具产业园基地。但是土地清理阻力重重，涉及到原始企业9家，出租企业11家，土地总面积62公顷。因背景复杂，利益交织，多年想回购一直未成功，2017年下半年，园区党工委在相关部门配合下，园区干部干字当头，较真碰硬，采取多种办法。不迷信征拆和评估公司，对企业提供的数据和现场实物，多次实地清点核实，确保成本降低；实行承租户和出租户分离，和原承租户直接谈判签约；园区的律师全程介入；实行部门联动，收集负面清单。运用这些得当的方法和过硬的措施，在公开、公正、公平的前提下，终于攻克堡垒，三个月依法顺利回购8家企业，回购土地124公顷。

【服务企业】 2017年，针对园区微小企业普遍存在融资难、融资贵的突出问题，利用助保贷平台，为符合条件企业发展提供资金帮助，为企业牵线搭桥，排忧解难。2017年园区安排139万元资金，解决周边群众合理诉求43个，及时化解和调处各类矛盾纠纷48起，调处率为100%，成功处置伤亡事件4起，防止群体性械斗2起，防止群体性上访事件3起。

【园区招商】 2017年10月23日下午，千企千镇产业母基金集团首席投资官杜衡等领导一行到园区投资考察，意向投资100亿元，主要建设港口物流，另投资50亿元，建设植物电泳液环保电池。

（陆文军　谢清望）

农 业

种植业

【概况】 2017年，临湘市农业局是临湘市人民政府的组阁局，设站股室21个、二级机构6个，共有在编在岗人员176人。市农业局以中央一号文件为指针，认真贯彻落实中央、省、岳阳市农村工作会议精神，以农业供给侧结构性改革为主线，努力实现农产品稳量、提质、增效，农村环境日渐净化、绿化、美化，农民收入持续较快增长。农村生态能源建设等工作均跻身全省先进行列，聂市镇、黄盖镇被评为岳阳市粮食生产先进乡镇，创建“省级美丽乡村”1个，“岳阳市美丽乡村”3个，市本级美丽集镇7个、美丽屋场30个。

【农业产业】 2017年，全市粮食总播种面积7.12万公顷，总产43万吨，分别比上年增长9.2%、9.5%。高档优质稻播种面积1.53万公顷，比上年增加1.04万公顷。共培育发展种粮大户1460户，6.67万公顷以上的大户396户，66.67公顷以上的大户8户，升级大规模种粮大户3户。流转土地总面积1.45万公顷。油菜播种面积2.13万公顷，双低杂交油菜种植比例达96%。经济作物总面积2.67万公顷，总产值18.2亿元，茶园总面积0.55万公顷，茶叶产量1.5万吨，产值8亿元。蔬菜播种面积1.04万公顷，总产42万吨，产值7.8亿元，增长9.8%。食用菌播种面积50万平方米，总产2200吨，增长10%。棉花、苎麻、水果、果用瓜平稳发展。现有规模以上农产品加工企业46家（2017年新入规10家），完成加工产值133亿元，增长13.4%，与农业产值比达268%。十三村龙窖腐乳、龙窖酱菜获国家地理标志保护产品称号，“洞庭”“十三村”商标获国家驰名商标称号。十三村公司产品获中国中部（国际）农博会金奖，“胡子哥”山茶油、“梦田”葡萄已被农业部认定为绿色食品，新创建省级农产品著名商标8个。

【美丽乡村建设】 2017年，市农业局在路南6个镇（街道）全面铺开“特色小镇”建设工程，对集镇街道所有房屋进行立面改造“穿衣戴帽”，对集镇街道路面“白改黑”；配齐环卫基础设施，共建垃圾池9637个，添置垃圾池（桶）35638个，购置垃圾清运车辆396台、农村垃圾压缩中转站7个、无害化垃圾焚烧炉4个，使卫生设施遍布全市每个村庄；规范村民建房，及时发现和制止各类违法建房行为92起，开展违章建筑拆除行动3次，规范村民建房1176户，建成集中建房点8个，竣工331户。各镇（办事处）设立村民规范建房“一站式”审批窗口。

【农业安全生产】 2017年，抽检农产品8091个，合格率99.8%，茶叶、水果、大米合格率100%；农业部、省、市农产品例行监测5次，合格率100%。市域内没有发生重大的中毒事件和农产品质量安全事故，成功创建“省级出口食品农产品（茶叶）质量安全示范区”。农作物病虫害有效防控。组织农作物病虫防治11.08万公顷次，挽回谷物损失1.7万吨、蔬菜损失855.2吨、茶叶损失519.3吨。完成水稻、茶叶、蔬菜等农作物统防统治面积1.53万公顷。建设绿色防控示范基地5个，示范带动农作物绿色防控面积0.15万公顷，农药实际使用量比上年减少8.9%，病虫害总损失率控制在5%以下，单个病虫损失率3%以下。农资市场整顿有力。重点检查未按要求备案、应当包装而没有包装、没有使用说明或者标签内容不符合规定的种子；重点查处无证生产经营、制售含有未登记成分的假农药、非法生产经营禁用农药，生物农药添加化学成分等坑农害农的违法行为，共立案查处种子案件6起。开展农药市场专项执法检查行动，发现问题35起，立案查处经营过期农药、假农药案4起。

【农业发展保障】　2017年，在坦渡镇实施高标准农田建设333.33公顷，项目于11月开工建设。实施农业技术推广。实施农业部绿色高产高效创建项目，分别在江南、聂市、坦度创办水旱轮作“优质稻+油菜”“优质稻+马铃薯”“优质稻+绿肥”示范基地，带动0.67万公顷优质高效粮食生产；实施湘米优化工程，完成13万亩优质稻推广种植。积极引进一批优良的水稻新品种，分别在临湘市江南镇办6.67公顷再生稻示范基地、聂市镇办6.67公顷“水稻+龙虾”示范基地、坦渡镇办6.67公顷新品种示范基地。通过基地的影响，“水稻+龙虾”面积已扩大到0.2万公顷以上。在桃林镇汤桥村开展5个新品种对比试验项目，通过农药、化肥使用的试验示范，推广低毒、高效的农药，为临湘市发展特色有机质农业和现代农业提供科研技术支持。提升耕地地力。2017年在黄盖镇建立666.67公顷水稻测土配方施肥核心示范区。全市测土配方施肥面积达到5.8万公顷，其中，水稻4.53万公顷，油菜0.8万公顷，棉花0.13万公顷，蔬菜0.33万公顷。测土配方施肥取得平均每亩节本增收30元的良好效果。临湘市绿肥播种面积已达到0.33万公顷，比2016年增加666.67公顷，增加幅度25%。农民种植绿肥的积极性大大提高，全市绿肥生产形势大好。在全市推广深翻耕面积666.67公顷、水稻秸秆还田技术2.67万公顷。规范开展农业保险。16个保险品种共签单保费3556.8万元，从投保—勘察—理赔规范操作，实现公开、公平、公正。截至12月底，赔款打卡到户2578.35万元，大灾之年对稳定农民收入、分担农业风险取到重大作用。特色农业保险共签单保费收入315.833万元，理赔到位265.85万元。

（姚湘北）

农村经营管理

【概况】　2017年临湘市农村经营管理局（简称市经管局）为承担行政职能的正科级全额事业单位，负责组织、指导和协调全市农村经营管理工作。有干部职工21人（在职14人，退休备案管理1人，退休6人），其中班子成员4人。局机关设办公室、农村土地承包股、农民合作经济组织指导股、维监办和农村集体经济审计站5个内部股室。在市委、市政府的坚强领导下，以维护社会稳定和加快农村经济发展为重点，突出抓好减负惠农政策落实、农村土地承包管理、农村集体“三资”管理和农民合作社指导等工作，取得较好效果。

【农村减负惠农政策监管】　2017年初，市经管局严格按照省、市两级维监办的工作要求，拟订工作要点、考核细则和《雁过拔毛式腐败问题专项整治实施方案》，建立健全惠农补贴和涉农收费监管工作的长效机制，各涉农部门和乡镇（办事处）都签订减负惠农工作责任状，确保农民权益得到充分保障，确保减负惠农政策全面落到实处，“雁过拔毛”式腐败问题专项整治工作取得实效。全市张贴宣传标语共计1000余条，出动宣传车10余台，制作宣传栏400多个，力求让减负惠农政策做到家喻户晓。市经管局通过访民情，排查出长安中心五里小学存在学校开学收费无收据乱收资料费等问题，市维监办迅速组成调查小组，就排查出的所有问题进行调查核实，市纪委对此事高度重视，通过调查五里小学存在的2017年春季开学学校收费部分项目无收费收据问题、违背学生意愿捐款、教辅资料等4个问题基本调查核实清楚，将调查情况向纪委移交并提出具体处理意见。全年共接待群众来访18起，共查处涉农案件3起，清退违纪违规资金16.8万元，收缴违规资金2.2万元，提出单位整改建议意见21条。

【农村土地承包经营权确权】　2017年，临湘市已完成有确权任务的11个镇（街道）、138个村（社区）、3344个村民小组、84538户农户、40.26万个地块、3.45万公顷面积的调查摸底，外业指界工作，内业整理，第一、二轮公示工作，12月8日，在聂市镇红士村启动首批证书颁发仪式，全面颁证2个村，启动全面颁证4个村。市经管局始终坚持进度要服从质量，确保人口信息、地块信息准确无误，签字率达100%。在调查摸底阶段，组织技术公司业务人员逐村逐组现场指导，同时，每个月开展一次督查暗访，召开调度会、情况碰头会，会商问题，部署工作。已基本完成的镇村组，认真组织开展回头看，查漏补缺，借春节外出务工人员返乡之机，组织镇村组干部与技术人员逐村逐组逐户上门进行公示，并完善资料收集，补齐代签手续，真正做到不漏组、不漏户、不漏人、不漏地、不漏项。

【新型农业经营主体】　2017年，乡镇合并以后，市经管局重新指导镇（街道）全面成立市（镇）农村土地流转服务中心，规范合同签订与鉴证，共引导农民流转土地1.26万公顷，创建多个规模经营的土地流转示范点。指导新注册成立农民专业合作社30家，全市农民合作社总量达到368家，家庭农场606家。按照省委、省政府的要求，扎实做好临湘市新型农业经营主体示范标杆建设，举办一期新型农业经营主体培训班，临湘市被评为省级家庭农场示范县（市），有省级示范社4家、岳阳市级示范家庭农场35家。

【农村集体“三资”管理】 2017年，村级合并后，为做好财务清理与审计工作，先后3次召开经管站长专题会议，部署财务清查和经责审计工作，并组织经管站长两次参加全市村居换届专题会议。联合市委组织部、市民政局、市财政局、市审计局等部门印发文件对有关工作进行明确。全市13个镇、办事处，161个村（居委会）按要求完成清查审计工作，并将清查审计结果进行公示，资料装订成册，为换届工作打下坚实基础。继村（居）换届财务清查和审计工作后，市农村审计站重点对6个村的信访进行了审计。桃林镇钟杨村审计已经结束，支部书记张某因村级套取国家民政资金，受到党内严重警告处分。桃林镇旧李村审计已基本结束，支部书记卢某某因村级套取国家民政资金、村干部违规发放工资和补助以及村干部挥霍浪费集体资金问题线索，已移送纪检监察部门处理，白羊田镇云山村，桃林镇苎麻村、横铺村，聂市镇黄盖村4个村信访调查审结完毕。

【农村集体产权制度改革】 2017年，市经管局将产权制度改革纳入2017年农经管理工作要点。全省农村经营管理暨农村集体产权制度改革培训工作会议后，召开全体干部职工会议，对全省会议精神进行传达学习，并在全市经管站长会议上进行传达动员，临湘市已经作好改革前的一系列准备工作。

（姚湘北）

畜牧水产

【概况】 2017年，临湘市畜牧水产局是全市养殖业主管部门。在编人员308人，干部职工2800余人，机关内设5个股室，下设15个二级机构，包括白沙洲畜牧良种场、种猪种鸡场、中山湖渔场、新建渔场、横河堤养殖场和临赤黄盖湖渔政管理站6个财务独立单位。市畜牧水产局紧紧围绕“安全运行保民生、提升品质创品牌、壮大产业抓龙头、拓展市场创效益”的工作思路，扎实工作。全市实现全年出栏生猪85万头、牛3.2万头、羊4.8万只，出笼家禽315万羽，生产水产品总量4.8万吨，养殖业产值24亿元。

【坚守行业底线】 2017年，市畜牧水产局在春、秋两季动物强制免疫，严格执行“季防月补”制度。强制免疫密度达到100%，畜禽免疫抗体抽检合格率在80%以上。强化动物卫生监督执法，实现上市动物产品合格率100%，不合格动物产品无害化处理率100%。以畜禽水产品质量安全监管示范县创建为契机，养殖投入品、产地检疫、“瘦肉精”同步抽检为抓手，建立监管机制，健全监管网络，组织专项整治，规范生产行为。“瘦肉精”同步抽检合格率达100%，农产品质量安全检验检测中心建设竣工，建成质量安全监管省级示范县。6月6日，顺利将屠宰监管职能移交并正常开展工作。继续开展“扫雷行动”自2016年5月至2017年4月，重点整治小型屠宰场（点），打击私屠滥宰，落实屠宰环节无害化处理，完成对1个定点屠宰场和9个镇、办事处屠宰点的全面整治。保持长江春季禁渔力度，联合湖北方面开展清江禁渔行动，实施人工放流2000余万尾；重拳打击非法捕捞，坚持“四个结合”（联合检查与分散检查相结合、水上检查与陆上检查相结合、渔区检查与市场检查相结合、白天检查与晚上检查相结合），多部门协作，电、毒、炸非法捕捞行为得到有效遏制；安全生产稳步推进，全面签订渔业安全生产责任状，持续加大安全宣传检查力度，完成渔政“三证合一”登船检验。完成洞庭湖区水环境整治前期工作，全市1461家畜禽规模养殖场及黄盖湖等11个湖泊、水库围栏围网养殖情况全部摸底建档。全市养殖业“三区划分”方案和“洞庭湖区临湘市畜禽养殖环境治理专项行动”实施方案正在完善，整治工作有序推进。

【打造特色产业】 2017年，为打造临湘畜牧水产特色产业，力促传统产业升级转型，养殖产业创新示范建设取得新突破。建立黄盖镇广坪—双洲—合兴—天鹅、坦渡镇河田和江南镇土箕湖3个千亩以上的稻（莲）虾连作示范基地。

培育本地土特品种，在乘风大雀嘴建立土猪选育基地，采用熟食育肥，打造“云尚土鸡养殖园”电子商务平台，电商销售本地土鸡。

2017年着手筹建江南村养蛙基地，面积2公顷，并通过合作社捆绑方式带动周边生产发展。祥龙特色水产产业园以黄鳝为主，兼容龙虾、牛蛙、鲌鱼、黄颡等品种，面积达到40公顷。以土鸡散养为主的林下养殖模式被广泛认可，肉、蛋两用，效益良好，加上精准扶贫方面的投入（家乐米业—白羊田镇2万羽）。农户散养稳定、专业大户增加明显。

在全市大力推广优质牧草，共种植优质牧草0.43万公顷。引导农户从事草食动物养殖，全市有出栏50头以上养牛户89户，出栏300只以上养羊户20户。积极开展洞庭湖区养殖环境整治专项行动。从4月1日开始历时50天，完成对全市1461家规模畜禽养殖场的摸底调查建档（包括栏舍面积测定、现场绘图、GPS定位和全景照片等内容），掌握真实准确的第一手资料。

【创新服务管理】 2017年，坚持思想教育与业务培训并举，开展集中学习、外请内联上党课30余堂。组织实地调研监利、潜江、洪湖、澧县、华容等一批养殖特色产业园，外请省市专家就草食动物发展、动物防疫、水产养殖等进行培训指导。争取市环保局、能源局、农机局相关项目和政策支持，整合生猪调出大县奖励资金，突出干湿分离和沼气处理，完成42家生猪规模场的粪污综合治理。着重推广了种草养畜和稻虾连作两项技术，培育示范户200多户，培训3000多人次，实现产业规模壮大、生产效益提升、发展速度加快工作目标。新增湘莲种植保险0.1万公顷、甲鱼保险66.67公顷，肥猪保险增加6万头。

【落实政令政策】 2017年，按照中央"一进两访"与"精准扶贫"要求，加大对帮扶对象的扶持力度。局机关对口帮扶长安板桥（花园）村，派出李旭芬任"第一书记"，5名局班子成员重点结对帮5户特困户，每户赠送鸡种150~200羽，并配送饲料，至年底，已达到上市规格，预计户均增收1.5万元以上。牢固树立"守土有责"意识，把群众与信访工作纳入重要议事日程，做到阅批来信、接待来访、听取汇报、及时处理。全局系统始终围绕"提升行政效率、提升落实到位率、提升群众满意率"主题，强化干部作风建设，以"安全运行保民生、创建品牌提品质、壮大产业抓龙头、拓展市场创效益"为目标，全力做好养殖产业升级转型与社会稳定工作。

（谭小毛）

农业机械管理

【概况】 2017年，临湘市农机化工作按照农业供给侧结构性改革和发展"精细农业"的要求，以调整优化农机装备结构布局，提高农机化作业水平，增强农业综合生产能力为主要任务，突出重点，狠抓难点，在夯实农业发展基础，改善农业发展条件，提升农业装备水平，推进现代农业发展中实现又好又快发展，促进农业增效、农民增收和农村经济发展。荣获全省油菜生产机械化工作先进单位称号，江南镇被评为全省"平安农机"示范乡镇。

【农机购置补贴】 2017年，发放农机购置补贴资金442.54万元，申报各类补贴机具226台（套），惠及农户105户，其中，补贴大中型拖拉机35台，收割机50台，粮食烘干机30台，履带式旋耕机22台，耕整地及其他机械89台。拉动农民投入自筹资金1423.4238万元。项目实施过程中，严格按照项目资金绩效考核办法，加强农机购置补贴廉政风险防控机制建设，实行定期核查制度，严格责任追究机制，实行入户抽查常态化，邀请纪委、财政等部门参与监管，加强工作人员业务培训和廉政教育，严格按照操作流程办事，保障农机购置补贴政策规范实施。

【农机示范推广】 2017年，全市共推广共推广中央创新产品——履带式旋耕机22台，省先进适用奖补农机产品水稻机插秧精量施肥机3台，粮食（油菜籽）烘干机机30台及无人植保飞机6架；完成水稻机耕积5.42万公顷，机插面积1.4万公顷，机收面积5.51万公顷；完成油菜机械直播面积0.45万公顷，机收面积0.62万公顷；完成机械植保面积2.45万公顷；完成粮油烘干12.3万吨，农业生产薄弱环节机械化水平得到明显提升。

【农机合作社建设】 2017年，全市在工商注册登记的农机合作社达35家，其中临湘市路南和临湘市羊楼司镇石壁2家农机专业合作社被评选为2017年"湖南省现代农机合社"，临湘市勇军农机专业合作被评为2017年省级示范社，临湘市兆丰农机合作社评为全国农机合作示范社。全市农机合作社现有社员526人，入社机械650台（套），农机资产总额8500多万元，通过积极开展本地作业、跨区作业、订单服务、租赁服务、承包服务、"耕、种、收一条龙服务"和代耕代种"保姆式"全托管服务等，有效满足广大种粮农民的需要，在农业生产中发挥主力军作用。

【农机安全生产】 2017年，以开展"平安农机"创建为抓手，在开展日常巡查监管的基础上，开展农机安全生产大宣传、大排查、大整治活动，推进农机集中检审、农机安全生产大检查、变型拖拉机专项整治等工作，联合交警、安监、交通、城管等部门开展联勤执法，严肃查处农机违法违章行为，有效保障农机作业安全。全年共新训拖拉机驾驶员78人，新办驾驶证86个，注册登记119台，审验各类农业机械581台，发展农机安全互助会员545人，筹集保费25.1万元，理赔事故13起11万元。

【农机科教培训】 2017年，依托农机化学校、农机生产企业和国家新型职业农民农机人才培训项目，共开展拖拉机、联合收割机驾驶员培训3期，农机新机具新技术现场演示培训6期及新型职业农民技能培训等17期，培训各类农机实用人才1128人次，为广大农村输送大量懂技术、有技能、会经营的新型职业农民。

（肖新宇）

林　业

【概况】 2017年，临湘市林业局下辖正科级行政单位1个、正科级事业单位1个，局有内设股室8个、二级事业单位20个，全系统共有在职在岗人员845人。党委下设10个支部，共有党员338人。全市林业系统深入学习贯彻中共十九大精神，全面落实省厅、市局和市委、市政府工作部署，强力推进生态林业和民生林业建设，全面完成各项工作目标任务。全市森林覆盖率达到56.79%；活立木蓄积量达261.37万立方米，同比增长4.02%；林业总投入达2.9亿元，增长8.7%；林业总产值达66.9亿元，增长15%，实现“十三五”良好开局。林业宣传与生态文化建设、林业系统“六五”普法工作获评省厅先进单位，林业工作综合绩效考评分别获评岳阳市局先进单位和临湘市委市政府红旗单位。

【城乡造林绿化】 2017年，市林业局以项目造林为重点，突出抓好造林基地建设，完成人工造林0.15万公顷，占计划任务的110%，建立6.67公顷以上造林基地16个，造林质量顺利通过省、市检查验收。义务植树活动深入开展。“联村建绿”推进全民义务植树，完成义务植树158万株，占计划任务的105.3%，建立义务植树基地95个，尽责率92%以上。城乡绿化三年行动全力推进。在城区街道、公园和背街小巷栽植绿化乔木2.4万株；完成京港澳高速城区可视范围内和湘北大道段绿化，铁新线、最江线、临鸭线临湘至海螺段绿化，启动京港澳临湘互通绿化和临湖路森林大道绿化方案编制工作；结合新农村建设，稳步推进羊楼司镇、詹桥镇、桃林镇和桃矿街道4个“森林小镇”和6个“绿色村庄”建设，为全市城乡绿化、新农村建设提供苗木和资金330万元；在中心城区完成休闲绿地公园建设3000多平方米。

【资源管护】 2017年，市林业局落实保护发展森林资源目标责任制，稳步推进森林禁伐减伐三年行动和公益林管护，严格实行林木限额采伐管理，采伐量仅占年限额的30%。全面完成全市天然商品林区划界定工作，建立县级国有和集体（个人）天然商品林数据库，并顺利通过国家检查验收。规范林政管理，对办证点实行网上日常监控，依规办理木材运输证326宗，报告登记木材许可证109本。林地管理严格规范。建立矿山复采部门联审制度，严格征占用林地审核审批管理，办理建设项目、临时征占用林地22宗，审批面积73.4公顷。同时，配合市政府关闭烟花爆竹企业33家、矿山开采企业63家和黏土砖生产企业32家。资源保护更加有力。落实地方政府林业有害生物防治目标双向考核问责制度。严格按技术规程开展松材线虫病普查和除治，林业有害生物防治“五率”指标均达上级考核要求。加强野保行政审批和禁猎工作，按程序办理驯养繁殖证4份、经营许可证3份，发布全市禁猎通告。严格实行野生动植物疫源疫病监测日报制度，疫源疫病监测上报率为100%。严厉打击各类破坏森林资源的违法犯罪行为，依法依规办理各类行政案件192起，行政处罚208人次。森林火险严密防控。落实森林防火目标责任制，切实抓好宣传教育、火源管控、隐患排查、预报预警、防火演练和值班值守等工作。2017年，森林防火形势整体稳定，仅发生一般性森林火灾2起，过火面积3.75公顷，未发生一起重特大森林火灾、民房被烧毁以及人员伤亡等事故。环保整治成效显著。结合中央环保督察工作要求，联合相关责任部门，强力推进黄盖湖自然保护区专项整治，在规定时间内关停工矿企业3家，关闭禽类养殖场10户，拆除迷魂阵3069部、竹蒿23万余根，拆除围栏642.4公顷、网箱6800个。加强保护区巡查执法、日常监测和保护宣传等常规工作，未发生一起破坏湿地及湿地野生动植物重大案件。

【林业改革】 2017年，集体林权制度改革不断深化。林地纠错确权100余宗；受理林地流转4宗，流转面积180.67公顷；协助林权抵押贷款1宗，贷款金额500多万元；全面推进森林保险，全市3.54万公顷公益林、5.87万公顷商品林全部投保。责任权力清单全面梳理。为加快部门职能转变，全面推进林业依法行政，进一步梳理出林业部门职责16项、具体工作事项63项、与相关部门的职责边界13项、事中事后监督13项，公共服务事项14项，行政许可15项、行政处罚92项、行政强制9项、行政征收6项、行政确认7项、行政给付5项。林业服务能力持续提升。完成全市各类林业技术鉴定、作业设计和征占用林地可行性报告137份，完成林地调查和项目检查验收2.37万公顷，完成全市林地生态红线区划界定和林地变更调查工作，顺利提交多规合一成果，并编制全市2016—2025年森林防火总体规划。全部完成对外承接的广东阳春、台山两市的森林资源二类调查和海南陵水、琼海两县（市）的林地变更调查任务。

【绿色产业】 2017年，市林业局大力推进“2124”竹产业发展行动，建成示范基地5个，面积300公顷，新修建竹林道30公里，鸿鹤岭楠竹基地被定为省级楠竹标准化示范基地；争取市财政安排竹产业发展专项资金300万元，建立竹产业电商平台，培育当地鲜笋示范加工企业4家，发展地方特色竹餐饮5家，引进竹康养企业1家，新增省级著名商标1个；争取省财政厅现代林业产业园资金1000万元，协助羊楼司镇全面完成中国竹艺城一期项目建设，成功签约经营加工户146家，完成竹类交易物流园征地12.73公顷，新增竹类加工园厂房建设土地26.67公顷，开展规划设计和标准厂房建设工作。另外，竹子博览园、竹产品研发中心等项目正在积极推进。林地经济效益不断提升。出台《临湘市林地经济效益倍增（2017—2021年）实施方案》，细化林地效益倍增考核指标，林地经济效益同比增长12.54%，实现年度倍增目标任务。采用“专业合作社+基地+农户”模式，大力推行林下特色种养殖，发展林下经济面积186.67公顷，培育林下经济典型示范点4家。森林旅游不断加快。稳步推进五尖国家森林公园国家AAAA级旅游景区创建，完成东门至南门、东门至迪士尼乐园旅游公路和康养游步道硬化，铺设大型停车场2个，增设景观台6座，新建旅游环保公共厕所6座、垃圾中转站1个、垃圾收集点4个。完善景区路灯系统、安全设施和监控设备建设，增添安全护栏15公里、安全警示牌30块、视频监控点25个。启动南门旅游综合服务区建设，已进入招投标程序。累计接待游客90多万人次，旅游收入同比增长26%。

【服务保障】 2017年，市林业局严格各项惠农资金的使用和管理，退耕还林和生态公益林补助资金全部通过“一卡通”打卡发放到位，发放资金1421.44万元，惠及林农5.05万人，实现打卡发放率和群众满意率100%。扶贫帮扶精准有力。结合全市26个贫困村实际，补助退耕还林、生态公益林和天然林保护项目面积近1.4万公顷，资金341.51万元，其中补助贫困家庭1056户，资金34.86万元；完成植树造林180公顷，实施封山育林22.53公顷，涉及贫困家庭63户；发展特色林产业7.33公顷，发展林下经济333.33公顷，其中林业大户、合作社、加工企业和龙头企业结对帮扶贫困家庭60户、182人；选聘46名贫困户成员为公益林护林员，平均每人发放护林工资3000元，累计为贫困家庭增加年收入近14万元。为精准扶贫点羊楼司镇三港村投入扶贫资金53.2万元，其“三子”素质扶贫先进经验在全市推广；为帮扶企业、“双联”单位争取资金62万元，为企业融资500万元。文明创建、综治维稳扎实开展。建立领导带队值班制，完成2017年文明交通劝导、周末大扫除、义务献血等文明创建相关规定动作。深入联点责任区开展群众满意度调查走访及平安创建宣传，走访群众1058户，群众满意度全市排名27位，提升10位。共受理山林权属纠纷86起，调处82起，受理信访4件、市“12345”公众热线督办件21件，答复率、满意率均达100%。安全生产、计生服务有效落实。落实安全生产责任制，制定考核细则，层层签订责任状，建立排查整治工作台账，全年无一起安全生产事故发生。认真落实计生政策宣传、经费保障和流动人口管理等工作，符合政策生育率、统计准确率、流动人口管理到位率均达100%。基础保障提质升级。投入资金600多万元，高标准打造局机关院内生态停车场、大型固定宣传窗及文化石围墙改造，完成机关办公楼立面改造、绿化带及亮化工程建设。如质如期完成市级森林防火指挥大楼、路南森林公安派出所办公楼建设任务。

【干部队伍建设】 2017年，市林业局重点部署和推进“两学一做”学习教育，组织学习《中国共产党章程》、中共十九大报告等系列文件，落实“三会一课”“一会五评”和“党员活动日+”制度，开展支部书记党建述职和党员红色教育实践等活动，按上级要求指导局属9个支部完成换届选举，发展入党对象5人，转正预备党员2人。党风廉政建设切实加强。落实党风廉政建设“两个责任”，做到每项工作有责任领导、有具体负责人，形成齐抓共管工作格局。扎实开展作风建设季度督查与不定期抽查，并下发工作督查通报。深入推进“雁过拔毛”式腐败、公职人员“涉矿”“吃空饷”等问题专项整治，严肃执纪问责，工作作风有效转变。队伍建设调优配强。新提拔优秀中层骨干6人，调整中层骨干岗位6人，通过公开招考选拔社会优秀人才3人，选派技术骨干参加培训60余人，激发干事创业活力。

（方学军）

水　利

【概况】 2017年，临湘市水利系统现有干部职工626人，机关内设9个职能股室，下设龙源水库、忠防水库、团湾水库、龙源供水公司、铁山咀电排站、江堤管理委员会、宏建水利水电工程公司、鸭栏电排站8个二级机构，兼负着全市防汛抗旱、水利建设、水法贯彻等社会职能。

【水利项目】 2017年，市水利局争取各类项目资金近11亿元。总投资10.6亿元的黄盖湖防洪治理项目正式落地；龙源水库等11座中小型水库除险加固进展顺利；农村安全饮水建设主体工程基本完工，解决詹桥等11个镇、办事处8.52万名农村饮水不安全问题；完成源潭河新长源河段、洋溪湖撇洪渠杨桥段、油港河许畈段、忠港河汀畈段共计21.64公里河流治理；聂市农田水利项目县建设、詹桥镇沙团港生态清洁小流域和三界村桔园水土流失综合治理也相继完工；疏浚各类沟渠72条、138.43公里。2017年度共投入资金4.6亿元，建成各类水利工程3105处，圆满完成各项目标任务。

【防汛抗洪】 2017年6月22日，在强降雨发生前，市领导紧急指令各骨干山塘、小型水库腾库待蓄。6月25日，市防指根据气象预测，调度各类水库腾库待蓄，达到预期目标。提前将城区白云湖水位降至最低水位，在城区两轮强降雨总量接近600毫米的前提下，没有发生城市内涝。6月23日下午，黄盖湖内垸水位接近起排水位之前，市防指果断指令铁山咀电排提前开机，空湖待蓄，确保两轮特大暴雨没有发生内涝；强降雨发生当晚，市领导紧急指令各镇防指，提前将长塘等13个镇、街道办地处水库下游、地质灾害隐患点的群众共计7822人转移至安全地带，避免人员伤亡。临湘市遭受频繁的5轮暴雨灾害袭击和长江超警戒洪水双重严峻考验，在市委、市政府的科学部署下，细化责任，强化预警，主动作为，科学处险，全力抗灾，未雨绸缪主动防御、科学调度积极应对、落实责任强化担当，最大限度降低灾害损失，实现零伤亡，取得防汛救灾的全面胜利，获全省防汛救灾先进集体荣誉称号。

【推行“河长制”】 2017年，市水利局按照全省推行河湖库长制工作的总体要求，市水利局加强力量，在河湖库拆违、打击非法采砂、水源地保护、非法码头整治等工作上都取得很好的成效。确定《临湘市河湖名录》，安装“河长制”公示牌，相继制定《临湘市河长制市级河长会议制度》《信息共享制度》《工作督办制度》《工作考核办法》及《河湖、水库日常监管巡查制度》等制度。长江岸线整治工作有序进行，所有的非法码头和砂石堆场已经全部拆除并进行复绿，恢复长江岸线的原貌。开展专项行动、联合执法共计30余次，共计处理非法停靠船只9艘，抓获非法装运、转运船只3艘，抓获非法采砂船只5艘。

【党风廉政建设】 2017年，市水利局党组主动适应从严治党新常态，落实管党治党新要求，秉持“防大汛抗大旱”的工作理念抓党风廉政建设，坚持主责主抓，确保力度均衡。紧紧抓住主体责任“牛鼻子”，严格履行“一岗双责”，做到业务工作与党风廉政建设工作同研究、同部署、同检查、同落实。严格执行民主集中制，落实民主生活会制度、班子成员双重组织生活会、党务政务双公开等制度，建立问题意见整改清单。坚持教育引导，筑牢思想防线。建立健全“两学一做”长效机制，全面深入学习中共十九大精神和习近平新时代中国特色社会主义思想。

（阎　炜）

商贸服务业

商务·粮食

【概况】 2017年，在市委、市政府的正确领导和上级主管部门的大力支持下，市商务粮食局坚持以“六个创新”统领全局，转作风、抓项目、强管理，力推商务、粮食、金融“三驾马车”加速前行，较好地完成市委、市政府交办的各项工作任务，实现临湘市商务、粮食、金融事业又好又快发展。市商务粮食局省商务厅，评为“2017年市场秩序工作先进单位”“2017年商务综合行政执法优秀队伍”“全省商务（外贸）工作先进单位”“全省商务信息服务工作先进单位”“全省商务系统市场运行监测工作先进单位”；被岳阳评为“岳阳市示范性离退休干部党支部”荣誉称号，再生资源管理工作也被通报表扬。

【立项争资】 2017年，申报立项争资项目22个，落地项目15个，到位项目资金1101万元。成功创建“省级出口食品农产品质量安全示范区”，为临湘市食品农产品出口增添一块金字招牌。完成江南、占桥2个农贸市场改造，投入建设资金460万元。屠宰场建设进展顺利，完成主体工程的70%，预计2018年3月可以完工。农产品批发市场建设确定项目选址和建设业主，正在筹备前期工作。为项目申报早筹划、早准备、早落实，2017年各线正在筹备2018年项目申报工作。

【服务工作】 2017年，有环宇药业、国发精细等9家企业产生外贸实绩，完成外贸进出口2862万美元，同比增长58.7%；完成高新技术和机电产品出口占比55%。引导和支持浮标、竹制品、艾叶等特色产品延长产业链条，支持企业走出国门，已有5家浮标企业与日商对接，其中水密码已收到定金，成为临湘市第一家直接出口的浮标企业。

【监督管理】 2017年，实现社会消费品零售总额74.7亿元，同比增长10%。新建10个村级电商服务站，畅通农特产品上行网销渠道，全市2017年已发展电商企业160余家、各类网店1000多家，从业人员超过6000人，预计2017年临湘市浮标、茶叶等特色农产品网上交易额达到6亿元，同比增长38%，拉动社会消费7个百分点以上。完成46座加油站“油气回收”整改工程，达到环保验收要求。商务粮食执法工作上，也积极作为、频频发力，为广大市民营造安全放心的消费环境。

【稳定市场】 2017年，全市收购早中晚稻2.6万吨，其中地方储备粮4000吨。由于准备充分，粮食收储做到有人收粮、有钱收粮、有仓收粮，没有出现农民“卖粮难”和“打白条”现象。为提升临湘市粮贸企业的竞争实力，成功申报粮食产后服务体系工程项目，到位项目资金350万元，带动4家粮贸企业投入技改资金近2000万元，链接效应较为明显。

【创建融资】 2017年，“省级金融安全示范区”创建工作进入“快车道”，各项创建指标已全部完成。11月28日，通过省级部门的验收。另外通过多方努力，中国银行已将临湘市新设村镇银行纳入2018年计划，并向中国银监会呈报《关于2018年发起设立12家村镇银行计划的请示》。12月31日，全市银行金融机构本外币各项存款余额159.40亿元，同比增长19.48%，存款比年初增长25.98亿元；各项贷款余额94.27亿元，同比增长42.06%，贷款比年初增加27.91亿元，贷存比达到59.14%。支持贷款向农业农村倾斜，向14个农民专业合作社发放贷款875万元，向45家养殖户发放贷款248.6万元；设立26个金融精准扶贫站，完成7876户贫困户建档立卡，评级授信金额3.1亿元，发放扶贫贷款6700万元。“省级出口食品农产品质量安全示范区”创建工作已全面完成，

【党建工作】 2017年，市商务粮食局全面推动党建工作责任制的落实，形成党组书记负总责、分管领导具体抓、一级抓一级、层层抓落实的工作机制。推动“两学一做”常态化、制度化，7月，与市人大机关党支部联合举办党员活动日，8月，组织系统内老、青、少干部职工举办“喜迎十九大文艺会演”等，通过不同的方式开展学习教育，取得十分良好的效果。“红星云”学习也争先恐后，分数高的党员已达2500多分，进入全省3000名，少的党员也有五六百分。另外，严格落实厉行节约八项要求，实现经费支出指标全面压缩，“三公”经费支出比2016年明显下降。全系统干部职工做到自律自警，洁身自爱，没有发生一起违纪违规问题，树立商务粮食金融部门廉洁自律、务实高效、勤政为民的良好形象。

（李振钦）

商业总公司

【概况】 2017年，临湘市商业总公司下属6家二级机构，内含6个职能科室，全系统在册人员271人，离退休职工694人。党委下设7个党支部，共有党员201人。商业总公司以市委三级干部会议精神为指引，团结带领全系统干部职工，强班子、保政令、抓主业、谋发展，各项工作取得一定成绩。

【经济运行】 2017年，各企业以资产经营为核心，克服实体经济下行困难，保持门店收入稳中有增，顺利完成年初工作目标。2017年，门店租赁收入达到490万元，合同资金到位率100%，同比2016年增长6.3%。2017年，共定点屠宰生猪3.8万头，分流各类税费50万元，无害化处理不合格生猪120头，全市“放心肉”平稳供应，经济和社会效益明显。同时，克服诸多困难，全力推进新屠宰场项目建设。该项目占地面积20亩，总投资3000万元，至12月，基础性工程全部完工，屠宰机械和污水处理设备招标同步完成，主体建筑工程完成80%，实现项目投资2000万元。在养老金、管理费、工资福利待遇增长的大前提下，内抓管理、外争资金，保障各项经费支出到位，年内没有形成新的包袱，企业正常运转。全系统对外争资204万元，其中，长安商厦双联争资14.5万元，利用亲情、人脉争资8万元；商贸公司双联争资21.5万元；湘北肉联厂行业政策争资160万元。

【政令执行】 2017年，市商业总公司认真落实市政府关于城市管理与集中整治方案，全力推进友华百货通道拆违。市商业总公司成立专项工作小组，党政领导亲自抓，确定强制拆除和协商拆除两套方案。坚持多点发力，多措并举，8月底，成功协商拆除餐馆，恢复通道通行。另外，狠抓文明创建，银盛百货、友华商城两个窗口单位对标整改落实，投入资金1万多元进行商场落水管和无障碍通道改造，确保迎检顺利过关。委派一名班子骨干常驻忠防镇马家洞村专抓帮扶，每月研究一次扶贫工作，多次组织干部职工开展走访慰问。资助该村帮扶资金5万元，利用政策向外争资11万元，困难户慰问金8000元，争取村级平台建设项目一个，安置劳动力转移就业3人，5名“一对一”特困对象成功脱贫。同时加大与其他参扶单位协调，先后投入资金160万元帮助该村“窄改宽”硬化路面6公里，实施小叶坡水库整险项目，完成村民饮水工程改造，贫困村面貌大为改观。2017年，按照政府新规划要求，积极配合做好相关工作。一方面是加强原拆迁住户和经营户沟通协调，保障大局稳定；另一方面着力排查摸底。对新纳入拆迁范围的5栋、56户职工，分门入户调查并做好思想工作，完成户主家庭成员、层次面积装修等具体信息的登记造册，为市重点项目实施作好前期准备。

【稳定大局】 2017年，市商业总公司与下属企业，企业与经营户个人逐级签订安全生产责任状，层层压实责任；坚持日常逐月排查和重点时段督查双管齐下，防范未然；突出特殊领域专项整治工作，确保实效。投入资金3万多元，排查整改安全隐患15个，整改老化电路线路210米，更换更新消防灭火器6个，消除高危安全隐患3处。其中友华公司投入资金6万元，对百货商店陈旧屋顶全面翻新，清理年久生锈的大型户外广告牌。长安商厦利用夜晚时间组织吊车和专业人员，拆除视明眼睛店户外广告牌，督促早教中心更换临街幕墙玻璃，及时消除安全隐患。信访维稳坚强有力。明确企业主职是第一责任人，坚持就地解决与说服解释相结合，起好矛盾化解的“润滑剂”“稳压器”作用。商业总公司系统共接访处访30余次，调解矛盾纠纷20余起，有效化解群访3次。特别是中共十九大期间，围绕“四不发生”“六个严防”目标，加大不稳定因素排查化解力度，对市重点信访人员落实“四对一”包案责任，实行24小时动向

关注，未出现一起群访和越级上访行为，保障重大政治活动期间一方稳定。三是平安创建亮点纷呈。民调走访扎实开展。党委成员挂点负责，机关和下属企业分组落实，2017年共入户走访960户、1347人，发放宣传资料1000余份，解决职工群众反应强烈的问题8个。禁毒工作常抓不懈。组织干部职工观看禁毒影片《纸飞机》，与全体在职党员干部签订禁毒承诺书。“红袖章”工程有力推进。在职人员“红袖章”志愿者网上注册率100%，先后组织义务植树、无偿献血、社区巡逻、文明劝导、环境清扫等志愿者服务活动126次，干部职工以服务促和谐的主动性不断增强。

【重点工作】 2017年，“两学一做”扎实开展。以支部为单位，围绕《中国共产党廉洁自律准则》《中国共产党纪律处分条例》、传承“四种精神”开展学习讨论。组织全体党员集中收看中共十九大开幕式，聘请市讲师团老师专题解读中共十九大报告，党员“四个意识”“四个自信”明显增强；智慧党建全面推进。全系统7个支部全国党员管理系统、临湘数字党建系统、红星网等信息平台安装到位，在职党员“红星云”手机平台注册、学习率达100%，基层党建数字化水平有效提高；党员活动扎实开展。各支部围绕项目建设、扶贫帮困、上级重点精神解读等内容开展主题党日活动，党员干部积极参与，基层党组织凝聚力向心力进一步提升，年内发展基层党员2人。组织干部职工观看《决不饶恕》《反腐枪声》等专题影片。开展吃空饷、领导干违规参与金融领域活动谋利、公职人员参与涉砂涉矿专项清理，落实“零报告”制度。特别是重点推进“刹人情歪风，治婚丧陋习、树文明新风”工作，在职人员100%签订承诺书，移风易俗的新观念逐步形成。进一步加大公车运行、来客接待、财务支出等方面的管理力度，机关“三公”经费较2016年整体下降15%。坚守廉政规定。严格执行民主集中制，认真落实一把手末位表态、主要负责人“四个不直管”、领导干部重大事项报告制度，形成班子团结共事，遵章守纪的浓厚氛围；夯实干部队伍。新设立商业总公司机关老干支部，选优配强支部班子。通过职代会形式，选举产生商业总公司第七届工会联合委员会，为工作开展注入新的活力；加快机关建设，机关增设派驻纪检组办公室，投入资金进行维修改造，办公场地面貌焕然一新；推进活动开展，系统内在岗职工参加全市登山比赛，安排机关在职和退休干部进行全身体检，有力维护干部职工身心健康。

（杨　瓒）

市场建设管理

【概况】 2017年，临湘市市场建设管理中心是2000年工商体制改革时成立的一家正科级公益类事业单位，内设股室4个、二级机构9个，有干部职工201人。在临湘城区有5个自有市场（临湘大市场、长安农贸市场、长河大市场、金桥建材市场、五里牌农贸市场）和2个租赁市场（金河农贸市场、花桥路农贸市场），共有门面摊位3000多个，从业人员4000余人，年成交额近5亿元。市场建设管理中心以党建和党风廉政建设工作为抓手，强化班子队伍建设，狠抓市场安全管理，优化市场服务和管理。2017年税费任务完成，较好地完成市委、市政府交办的各项工作。荣获岳阳市防汛救灾先进单位称号。

【队伍建设】 2017年，开展集中学习15次；召开2017年度中心党委班子民主生活会，组织支部书记述职述廉工作评议大会。开展专题讨论6次、班子成员和各支部书记讲党课12次、培训党员和支部书记4次，举办“立足本职作贡献，喜迎十九大”主题征文演讲比赛。设置党建办，配备2名专干，调整所属的个协总支和8个支部班子，推荐一名中层骨干进中心班子，完成市场中心第三届工会换届选举工作，选优配齐二级机构班子成员，发展3名新党员，各市场支部划分市场安全、文明创建、综治民调工作党员责任区，设立党员示范服务窗口6个，党员文明经营示范点11个，56名党员亮明身份带头在市场内排查市场隐患、主动保洁，经营户党员义务参与市场卫生大扫除、禁烟和防汛值班工作。强化工作作风、业务、二级机构财务督查，规范中心机关和各股所签到刷卡，开展公职人员参与涉沙、涉矿、涉爆经营活动的自清自查。6月加大“刹人情歪风、治婚丧陋习、树文明新风”治理，完成市纪委派驻工作对接。

【安全维稳】 2017年，更新完善市场中心安全制度、预案和档案，对所辖市场组织18批次安全培训、考核和3次消防演练，严格落实日巡查、周排查、联合排查和每月督查机制，全年巡排查380次，共整改安全隐患520处；投入27.2万元重点整改大市场钢结构、各市场配电间和私拉乱接等安全隐患，六大市场配备灭火器158个，消防标志40个，呼吸器10个，新增安防监控摄像头18个，监控摄像头已达87个；加强农产品质量安全检测和不合格食品清理，顺利迎接省级食品安全工作和省爱卫办灭蟑C级达标现场检查；积极处理“12345”热线投诉和各类矛盾纠纷26起，所属市场无一起安全稳定事故。

【市场环境】 2017年，市场卫生、秩序实行划片分区、门前“三包”责任制，坚持月评分、季考核、奖优罚劣，纠正经营户的随意行为，干部职工基本坚持自己动手保洁劝导，市场内外长效化管理机制逐步形成。加强春节期间各市场外围和大市场福桥路的秩序管理，整治六大市场周边和永发巷的占道经营行为，取得明显效果，中心机关和各市场所认真开展周末卫生大扫除和交通文明劝导，临湘电视台、微信平台给予正面宣传。赤壁、湘阴等地客人多次到临湘市场参观学习，所属市场顺利迎接“岳阳市美丽县城”检查验收。

【税费工作】 2017年，7月，长河大市场组织开展长河市场建材品牌促销会；5月、10月，金桥建材大市场组织开展两次建材展销会；9月底，稳妥接管花桥路农贸市场；共筹集资金120余万元，新增500千伏安空调专变，完成大市场五、六厅的中央空调安装，市场经营环境大幅改善。2017年来，通过勤征细管、创收争资等，顺利完成2017年税费任务，年增长3.8%。

【农批物流园项目】 2017年，已完成农批物流园项目选址、可研、立项、环评；国土、规划初步用地意见；项目概念设计方案。11月，临湘市政府召开该项目建设协调会，已形成〔2017〕第九十九次会议纪要，明确融资，建设业主单位和运营模式。

【中心工作】 2017年，开展大走访和扶贫帮困，在水泉村委派“第一书记”，共捐助帮扶资金21万元。严格计生管理，确保流动人口合同签订率达100%，孕检率100%；特别是在2017年的防汛工作中，市场管理中心值守的冶湖撇洪渠南干渠是全市唯一超警戒水位堤段，各股所第一时间响应，发动工作人员到防汛点连续值守16天，确保安全渡汛。同时按规定完成市委、市政府下达的专业市场调研、植树、社区巡逻、义务献血等工作。

（曾光建）

供销合作联社

【概况】 2017年，临湘市供销合作联社属参照公务员法管理的事业单位，设立理事会、监事会、党委三套组织机构，实行理事会主任负责制。内设政工人事股、财务计统股、业务指导股、法纪保卫股（加挂审计、综治、信访室牌子）、联合工会（加挂计生办牌子）、办公室6个股室，共有在职在岗人员27人。党委下设5个党支部，共有党员127人。临湘市供销联社在岳阳市社的指导与支持下，在临湘市委、市政府的坚强领导下，贯彻落实湘发和岳发文件精神，以基层党建为抓手，以安全稳定为基础，扎实推进综合改革示范市创建工作，较好地完成2017年工作目标。全系统共完成销售总额4.91亿元，较上年增长22.18%，其中，消费品零售额完成29791万元，商品购进总额5.14亿元，商品市场交易额1.26亿元，净利润269万元，较上年增长64.02%；年末资产总额为1.92亿元，所有者权益5949万元，超额完成年初预定的经济目标任务。

【综合改革】 2017年，根据岳阳市创建湖南省深化供销合作社综合改革示范市工作部署，制定出台《临湘市深化供销合作社综合改革实施意见》，配套出台《岳阳市创建湖南省深化供销合作社综合改革示范市临湘市实施方案》。

一是搭建镇级组织平台。在聂市、黄盖、羊楼司、长塘、白羊田5个镇，把镇供销合作社建成融市场经营主体、为农服务载体、合作经济联合组织为一体，经营性服务与公益性服务相结合的新型基层供销合作社。在已建成的52个农民专业合作社基础上，自下而上成立聂市、羊楼司、黄盖、长塘4个镇级农合联和1个市级农合联；相应建成羊楼司、聂市、黄盖、长塘4个镇级惠农服务中心，主要开展农资、农机、土地流转、农技培训等服务，农机作业面积11.33万公顷，统防统治面积8万多公顷，农产品销售额达9760万元。

二是建设村级综合服务社。把村级惠农综合服务社纳入全市村（社区）综合服务平台建设方案统一规划，全市新建村级惠农综合服务社22个，由村支“两委”、农民专业合作社负责人为主进行管理，全力为农民提供农资供应、农技咨询、农产品进城、工业品入户、代收代缴、电商、物流配送、技能培训等综合服务。在惠农综合服务社建设过程中做到“四个坚持”：坚持党建引领、社村合建，夯实惠农服务基础；坚持为农使命、党群合心，压实惠农服务责任；坚持资源共享、农户合力，做实惠农服务链条；坚持联动共赢、部门合作，落实惠农服务举措。

三是拓展为农服务渠道。打造农村电商平台。以龙窖山电子商务有限公司为龙头，建立多家农村电商平台，大力推广蔬菜、粮油、竹器等特色农产品，通过线上展示推介、线下配送上门服务。全年共建好羊楼司、桃林、坦渡、聂市4个镇电子商务站、21个村级电子商务点。建实土地托管平台。以建好的农合联和惠农服务中心为桥梁，整合生产服务资源，在聂市、黄盖、羊楼司、坦渡、桃林、长塘、白羊田、五里等镇（街道）的30多个行政村，开展大田托管、统防统治、收割一条龙等农业社会化服务，土地托管面积达到0.33万公顷。做强农资商品供应。以农资公司为龙头，以全市45家农资加盟店为依托，积极开展农资冬储和供应，稳定农资市场，拓展服务内容。共销售各类肥料、农药9650万元。其中销售众望复合肥515吨，销售额110多万元，超额完成岳阳市社下达的任务。抓实防汛物资储备。按要求组织储备防汛物资，合计金额50多万元。

四是发展茶叶产业。通过市政府常务会议将茶叶职能从农业划归市供销联社，出台《关于扶持茶叶产业化发展的实施意见》，明确分解2017年茶园基地建设任务和岳阳市黄茶生产任务。共新建和改造茶园基地304.67公顷，生产各类茶叶11900多吨，年产值达到1.3亿元。编撰《万里茶道临湘茶》专著，鼓励支持茶企参加博览会，拓展临湘茶叶的销售市场。5月20日，永巨茶业“洞庭青砖”参展2017年第十四届上海国际茶业博览会，在上海市设立“洞庭青砖”专卖店；三湘四水茶业有限公司生产的“三湘四水”黑茶9月8日在湖南省第九届茶业博览会上，被评为全省“十大黑茶品牌金奖产品”。

【基层党建】 2017年，市供销合作联社党委以“迎接十九大，做合格党员，创合格支部”为抓手，深入开展“支部建设年”活动，促进党支部发挥主体作用，以基层党建引领供销合作社改革发展。一是定期开展集中学习讨论。每月组织机关和基层支部全体在职党员，集中学习党章党规、习近平总书记系列重要讲话精神、《中国共产党廉洁自律准则》《中国共产党纪律处分条例》、中共十九大报告，开展“四种”精神专题学习讨论。127名党员开通了微信党建平台和“红星云”学习平台，人均学习积分600分以上。二是落实“党员活动日+”制度。每月10日开展党员活动，围绕“主题学习、民主议事、组织生活、服务群众、精准扶贫”等多个主题，全年，4个支部共开展活动46场，使“党员活动日”成为常态、落到实处。三是健全基层党建阵地。4个支部分别召开支部党员大会4次、支部委员会12次，各类会议活动、学习讨论资料及时汇编成册，上传到数字党建工作平台。按月开展党支部和党员积分管理考核活动，制定考核评分制度，建立党员考核台账。

【党风廉政建设】 2017年，市供销合作联社党委不断完善党风廉政建设责任制，严格落实主体责任和监督责任，党委书记切实履行“一岗双责”。党委班子签订《党风廉政建设工作责任书》和《“两禁”责任书》，召开关于廉政建设、作风建设专题会议，层层分解党风廉政建设责任。开展“公款送礼、收受礼品礼金”专题民主生活会，签订《领导干部抵制红包礼金承诺书》，增强廉洁自律的自觉性，形成风清气正的良好氛围。严格执行“三重一大”集体讨论决定制度。在综合改革推进过程中，镇基层社、惠农服务中心和村级惠农综合服务社的选址、建设方案、资金使用等重大问题，一律召开党委会议讨论研究，确定方案后启动建设。2017年任用3名机关干部、新调入2名职工等事项，全部通过党委会研究决定。市社党委严守纪律规矩，严格规范公务接待，杜绝公款吃喝。机关全体干部职工严格遵守《临湘市“刹人情况歪风、治婚丧陋习、树文明新风”暂行规定》，对婚丧宴请、涉砂涉矿等事项进行自清自查，全系统无一例违规宴请，无一人参与涉砂涉矿、烟花爆竹等违规经营。

【安全生产】 2017年，市供销合作联社党委市供销合作联社党委严格落实安全生产主体责任和“一岗双责”，每月召开安全生产工作专题会议，加强安全、消防宣传教育，7月，省湘安消防公益服务中心宣教科教官为全系统干部职工进行一期消防安全知识专题讲座。市社与各企业、门店经营业主共签订安全责任书记61份，全系统办理财产保险538万元，保费16150元。制定《安全生产大检查工作方案》《重大事故隐患治理“一单四制”制度贯彻落实工作方案》，着力加强安全隐患排查整改，全系统共进行集中安全隐患排查27次，限期整改隐患3处。对市直企业、基层社进行电源线路改造，添置干粉灭火器、消防水带、水枪，完善标牌标识，建立新微型消防站2处，安装监控系统，整改费用19万元。

【综治维稳】 2017年，市供销合作联社党委在中共十九大期间，对系统退休职工中的重点人员，由联社机关分管领导带队，信访办主任、综治办主任、企业法人和企业安全专干组成5人值班组，实施24小时监控，严防死守，全年未出现到岳阳市、赴省进京非正常越级上访现象。4—10月，市供销合作联社在桃园巷区域居民开展民调大走访，着力做好平安创建知识宣传讲解，悬挂民调宣传横幅6条，入户面对面交谈沟通600多户次，发放宣传资料800多份，填写“平安创建走访联系卡”460多份，收集民众意见建议10多条。

【中心工作】 2017年初，市供销合作联社党委班子与扶贫组到桃林镇治水村入户调查，详细了解9户贫困户的家庭状况，登记造册，建立结对帮扶关系。通过与贫困户面对面分析致贫原因，提出产业帮扶、政策帮扶、项目帮扶、技术帮扶、培训帮扶5个主要帮扶措施。组织全系统在职党员捐款2万多元，深入治水村开展党员活动日精准扶贫活动，对贫困家庭进行走访和慰问。年底，帮扶对象顺利脱贫。严格落实周末大扫除制度，每周党委班子带队清扫责任区路面；每月10日和21日，在三角坪红绿灯路口认真做好文明交通劝导工作；各企业严格做好文明劝导、门前“三包”、入店经营、规范服务等工作；积极参加全市登山比赛和义务献血活动。

【内部管理】 2017年，市供销合作联社党委为进一步完善机关管理制度，全面推动各项工作标准化、制度化、规范化、程序化。严格开展机关作风督查，对各股室干部职工上下班考勤、在岗履职、遵章守纪等情况进行突击检查，工作秩序井然，无上班时间玩电脑游戏和上网看电影、电视的现象，为综合改革工作提供作风保障。重新修订预算管理制度、支出管理制度等多项财务管理制度，向财政部门递交单位内部控制手册。门店管理规范，租赁合同签订率100%，合同履行率100%。工会为全系统女职工购买特定器官防癌保险及职工补充医疗保险，为身患重大疾病的特困职工组织捐款。组织老干部健康体检，开展老年人健康养生知识讲座、钓鱼比赛、参观伟人故里韶山和花明楼等活动，丰富老干部的退休生活。签订计生工作《责任状》，常住人口台账规范，符合政策生育率、统计准确率、避孕措施落实率、三查到位率、流动人口管理到位率等多项考核指标均达到100%。

（高运轩）

石油供应

【概况】 2017年，临湘石油分公司现有职工29人，中共党员18人。在营加油站13座。面对新形势、新格局、新任务、新困难，上下通力合作，充分发挥班子的核心作用，强化员工队伍责任心，以市场和客户为中心，以扩销增量为重心，以凝心聚力为抓手，确保安全，在市场环境异常复杂、竞争异常激烈的大环境下开展抢占市场份额的拉锯战，主要工作取得一定成效。

【主要经济指标】 2017年，临湘石油分公司完成轻油销售总量2.3万吨，完成年度目标任务2.99万吨的77%；零售完成1.6万吨，完成年度目标任务2.2万吨的73.1%；直批销售7002吨，完成年度目标任务8000吨的87.5%。2.实现非油收入800.4万元，较2016年同期的542.6万元增加257.8万元，增幅48%。3.IC卡充值额实现2956万元，日均沉淀资金2033万元，IC持卡消费比35.42%。4.油品累计综合损耗率为0.18%，全年首次控制在定额损溢范围内。5.上缴国地两税378万元，各类规费57万元，为民办实事3万元。按照国家碧水蓝天计划，市委、市政府美化亮化及临湖一期道路提质改造安排部署，向省、市公司争取到位资金530万元进行油气回收改造和技改、隐患整改工作。

【扩销增量】 2017年，相比其他县（市）临湘地域狭小、人口较少，成品油零售市场异常活跃、竞争异常激烈且市场秩序较为混乱，加之油品差价进一步增大且油品资源来源较多，在利润空间较大的前提下，各系统外加油站加大营销费用投入（如加油送礼、充值返现、增加自动洗车设施等），社会小额配送车也由2016年的38台左右增加到现在的70台左右，对市场冲击非常大，对临湘石油分公司保全原有市场份额都提出严重挑战。面对新形势、新格局、新任务、新困难：一是统一思想认识，树立保市场、保客户、保饭碗的思想意识，层层进行宣传发动，明确上级下达的目标任务和考核办法没有任何价钱可讲，尽最大努力消除畏难情绪和抵制心理带来的负面影响，只有千方百计想办法完成目标任务才是唯一正确的选择，从而形成上下信息沟通有无，齐抓经营，全员拓市场、扩用户、增销量的良好氛围，尽最大限度保全现有客户、挽回流失客户；二是将轻油、非油等目标任务层层分解到各站及个人，让人人明确自己的任务目标，而后分头抓落实，紧盯目标任务抓进度（每旬每月通报任务完成进度并与个人核对确认完成数据），并严格兑现考核（公司日常坚持奖罚分明并将年终二次分配逐年拉大差距），使经营工作由原来的坐、等、靠向群策群力、主动出击方向转变，零售下滑幅度得到一定控制，非油销售按年度目标任务进度按时完成。

【管理工作】 2017年，分管班子成员坚持经常性下站指导、督促、检查，与站长、员工就当前经营工作存在的困难、现状进行交流谈心，使员工队伍“以客户为中心”的服务、营销意识有了较大转变。针对非油任务压力大、门店销售情况不理想的现状，经常开展针对性较强的现场说、教，帮助理货、要货、陈列，做好服务和保障，帮助解决实际困难，提出“向我看齐”的口号，使销售量和质同比增长较快。坚决落实油品数质量损耗考核和旬盘制度。及时准确地传达、落实上级关于数质量管理的要求与措施，并结合本单位实际，认真组织各站管理人员寻找数质量管理过程中的薄弱环节并开展讨论，使公司综合损耗率力争2017年控制在定额损耗范围内。始终坚持“一岗双责，谁主管、谁负责”的原则，认真开展“我为安全作诊断”活动，严格遵守各项安全生产制度和操作规程，凡是有悖于安全的人和事，从不轻易放过，做到周有检查、月有讲评，并适时开展安全教育、分站组织开展全员参与的消防实战演练或模拟演练并留存现场照片以备检查，从而提高大家的安全防患意识和实战技能，并按要求及时录入安全信息管理系统；抽调专人强化团山、羊楼司、乘风、横铺加油站等站安全隐患整改、油气回收等施工现场的安全监管；对安全隐患做到及时发现、及时报告、及时整改，不留死角、不留后患，将有限的维修资金用到刀刃上，实现全年安全事故为零的目标。

【网络发展】 2017年，临湘石油分公司新增横铺加油站站点，2018年1月开业。另外，还签入了“他有我营”的城东加油站。加强汇报和协调力度，按照临湘石油分公司意图与政府协调做好油库泵房政府征收拆迁还建工作，原则上已同意将城区麦坡路加油站由临湘石油分公司承建。按照临湘石油分公司意见，做好飞跃加油站拆迁协调工作，拿出比较完善的方案，抓住有利时机，在配合临湘市政府的建设得到政府的支持下，另外新增2~3个城区要点建设新的加油站网点。按照临湘石油分公司要求密切关注“十三五”网点规划布局和城市道路发展布局，及时积极向地方政府及上级公司汇报，本着守土有则的原则，抓好本区域范围里的网络布点工作。

（李 勇）

烟草专卖

【概况】 2017年，市烟草局（分公司）是一家集烟草专卖行政管理和卷烟业务经营于一体的国有企业。现有在岗干部职工51人，党员35人，内设6个股室。先后获得全国烟草系统优秀县级局（分公司）、省级园林式单位、省级模范职工之家、岳阳市廉政文化教育基地等荣誉称号，连续三届保持省级文明单位称号，连续5年被市政府授予“双联工作先进单位”称号。

在市委、市政府和市烟草局的正确领导下，坚持“稳中求进”，坚定信心，迎难而上，积极作为，进一步稳定好销量、管理好市场、服务好客户、带领好队伍，企业发展持续稳定。卷烟营销提质，全年共销售卷烟2.3万箱，实现销售收入6.44亿元，单箱均价2.83万元。专卖管理提质，全年共查获各类涉烟违法案件209起，涉案案值140.45万元，其中5万元以上案件9起；共查获各类违法卷烟323.88万支；实现罚没金额总计19.64万元；并成功破获2起互联网售假国标网络案。

【营销网建】 2017年，市烟草局牢牢牵住卷烟营销这个“牛鼻子”，多次开展市场调研，了解卷烟销售行情，品牌沙龙、新品推介会、品牌感恩会、互动交流多点宣贯，拓展市场发展空间；借助客户培训、座谈、微信群交流，引导零售户分享销售经验，提升经营能力和盈利水平；全面实行明码标价，条、包一价，切实规范市场经营秩序。

【专卖管理】 2017年，市烟草局继续保持打假破网高压态势，针对物流寄递环节涉烟案件的新情况、新方式，布线撒网，登记造册，并联合邮政和公安部门开展突击联合检查，严厉打击互联网售假，全年共查处物流寄递环节案件103起，查处各类违法卷烟76.9万支，案值46.46万元。持续开展卷烟打假、市场联合整治等专项行动，有效遏制各类涉烟违法犯罪行为的发生。

【基础管理】 2017年，市烟草局完善职工活动阵地，征文演讲、博文诵读、道德讲堂、羽毛球赛等文体活动欣欣向荣，较好地展示临烟人的风采风貌。修订完善绩效考核，拉开差距，奖罚分明，营造人人想事、谋事、抢事干的工作氛围。定期开展重点部位安全检查，召开重点人员专题安全会议，防微杜渐，全年未发生一起安全事故，确保大局稳定。

【基层党建】 2017年，市烟草局坚持全面从严治党，认真落实“两个责任”，制定党建责任清单，签订责任书，一级抓一级，层层抓落实，确保党建工作与业务工作齐头并进；借助“党员活动日+”“红星云”等，认真学习贯彻中共十八届六中、七中全会和中共十九大精神，深刻学习领会习近平新时代中国特色社会主义思想，进一步深化党性思想教育；严格落实中央八项规定精神，坚持抓常抓细抓长，严防“四风”问题、不良风气反弹回潮；继续深入开展精准扶贫，与忠防镇马家洞村开展结对帮扶，派驻1名专职人员常驻扶贫点，打通服务群众“最后一公里”，产业扶贫，捐赠扶贫，并积极参与金秋助学、企业双联、抗洪救灾、无偿献血等社会公益活动，累计捐资41万元。

（廖芳娜）

盐 业

【概况】 2017年，在国家盐业体制改革的过渡期中，临湘分公司在省、市公司和临湘市委、市政府的正确领导下，紧紧围绕“四保”（保利润、保市场、保客户、保工资）工作思路，全面贯彻落实中共十八届六中、中共十九大精神，努力树信心，抓销售，强管理，严内控，确保“两个全覆盖”（雪天品牌全覆盖，外省盐零覆盖），全年共购进各类盐2446吨，占年计划1680吨的145.6%；销售各类盐2084.5吨，完成年计划1680吨的124%，其中销售小包盐1861吨，完成年计划1480吨的125.74%；完成非盐利润1.24万元；完成物业收入6.1万元；上缴国家税收20.93万元；实现利润扭亏37.42万元。

【业务管理】 2017年，市临湘分公司抓紧食盐终端网络，采取市场化细分思维，坚持“分解大户、服务中户、占领小户”的策略，从小客户做起，配送直达终端。将终端网点划分为“普通客户、陈列客户、直销客户”三大类。对于优质客户加挂“食盐放心店”的招牌，增强优质客户门店的信誉，提升对其他客户的吸引力。并且把农贸市场、餐饮、学校等特通渠道纳入直供点，合理优化配送线路，客户可以享受24小时内送货上门服务，直插终端抢占市场，尽可能地掌握市场份额。另外，通过加强陈列、维护和回访率，承若对于保质期3个月前的盐产品可以免费兑换，消除客户的后顾之忧，进一步融洽客户之间的感情。

【盐政管理】 2017年，市临湘分公司主动联系食品药品工商质量监督管理局，按照国家最新盐改政策的要求，每季度定期开展市场检查不放松；利用多年积累的品牌信誉和客情关系，联合经销商共同抵制手续不全的食盐进入市场。积极宣传国务院最新发布实施的《食盐专营办法》，做到人人皆知，家喻户晓。通过宣传，震慑了涉盐不法行为，进一步确保临湘市食盐安全和盐业市场的稳定。

（汪律行）

交通·邮政·通信

交通运输

【概况】 2017年，临湘市交通运输局下辖4个副科级事业单位和11个股级事业单位，内含8个职能科室，全系统共有在职在岗人员1009人。党委下设12个党支部，共有党员302人。

【项目建设】 2017年，市交通运输局全年累计投入资金5.7亿元，新建、续建交通工程项目185个，各项建设任务圆满完成。一是打通交通路网。临岳高速、临湖一期全线竣工，临港一期、长桃公路、五尖山南门旅游公路如期通车，长忠公路征地拆迁、路基开挖等基建工作稳步推进，羊楼司公跨桥桩基、厢梁等关键性工程顺利完成，兆邦大道提质改造工程进度过半。农村公路提质改造76公里，安保工程建成100公里，危桥改造完工35座，建成农村客运招呼站68座。交通基础设施的改善，特别是临岳高速、临湖公路、长桃公路、临港一期等主干道路的建设，打通城乡大动脉。二是拆除旧站门面。龙鑫公司通过采取层层动员、上门协商、断水断电、适当补偿、协助转产等多种强力措施，15天时间之内稳妥完成所有门面拆除任务，有力支持湘北大道建设，为沿线征拆起到带头示范作用，而且消除交通堵点。三是启运汽车西站。深入商户、群众、司乘人员开展宣传发动，完善停车棚、安检台、洗车台、侯车室、进出站通道、客车停靠站、公交换乘站等基础设施，通过50多天日以继夜的辛苦工作，闲置13年之久，历经四届市委、市政府和局党委均未能启运的长安汽车站成功全面启运。全市418台班线客车不再途经城区，全部迁入长安汽车站发班，从根本上解决城区交通拥堵。

【增资融资】 2017年，市交通运输局累计争取项目计划资金2.04亿元：长忠公路、临湖三期项目进入国省干线计划，争取补助资金1亿元；争取农村公路资金1100万元；五尖山、大云山、龙窖山、6501、十三村酱博园等旅游公路共60公里进入国省项目计划，可争取资金7000万元，计划里程和争资额度居全省首位；争取安保工程784万元、危桥改造1400万元、农村客运招呼站136万元，交通发展后劲显著增强。同时，充分发挥交建投平台功能，积极融资，先后与农发行、建行、农行、华融湘江银行等达成贷款意向，其中农发行贷款项目为县乡公路路网建设一、二期工程，贷款额度10亿元，利息5.15%，期限18年；建行贷款项目为城市路网提质改造工程，贷款额度4.5亿元，利息5.22%，期限15年；农行贷款项目为长忠公路，贷款额度1.4亿元，利息5.655%，期限12年；华融湘江银行贷款项目为岳阳市交通重点项目，贷款额度5亿元，利息5.655%，期限10年以上。以上贷款总额20.9亿元。现已到账8700万元，农行1.4亿元贷款已到位，建行4.5亿元年内放贷。

【交通行业市场管理】 2017年，市交通运输局深入开展市场调查，积极组织、科学调度，全市投入408台客车、28艘客船参运。同时，准备10辆客车作为应急运力。城市公交方面：公司每天安排10辆机动车辆，针对中心城区1路、2路、3路、4路，在客流高峰期加密班次，确保高峰期乘客不滞留。出色完成春运、“五一”、“十一”、暑运、军运等重大运输任务，全年共安全运送旅客1201万人次，实现客运周转量26.2万人/公里；运送货物1520万吨，实现货运周转量7801万吨/公里。共捣毁“黑车”窝点5处，屏蔽商务车热线8条，铲除商务车队5家，查扣非法违法营运车辆117台，其中，商务车20台，奥托车50台，三轮电动车24台，违规出租车22台，中巴车1台。商务车热线已无法打通或无人接单，奥托车、摩托车公然排队揽客的现象基本绝迹。深入开展水陆交通安全、工程建设质量专项检查，从严整治各种安全隐患，工程建设质量合格率100%、优良率92%，无一起质量安全事故；水运安全事故率为零，道路运输未发生一起重大以上安全生产责任事故。建立超限超载整治长效机制，采取定点检查和上路巡查相结合方式，从严查处货车超限超载运输；加大路政巡查力度，严禁乱堆乱放、乱搭乱建、违章建设，有力地保障路产路权。加强农村公路养护，规划内农村公路管养率100%，县、乡、村道好路率分别达到93%、85%和76%，居省、市前列。加强长江岸线巡查，重拳整治违规占用长江岸线、私建、扩建码头以及非法采砂、渡运行为，长江岸线资源开发管理得到加强。

【其他工作】 2017年，市交通运输局强化计生管理工作职责，建立健全计生台账，加强信息摸排和群众走访，落实计生两查和预防措施，未发生一例违反计划生育案例。深入开展“三提升”主题竞赛活动，积极承办代表建议、委员提案，认真做好市长信箱、“12345”政务工单和热线电话办理，热情接待群众来信来访，坚持上门入户、访贫问苦，畅通干群联络渠道，及时掌握社情民意，加强社会综治维稳和隐患排查，有效化解各种社会矛盾，保持交通运输工作大局稳定。市交通运输局联合工会一班人多次深入江顺蔬菜产销合作社进行调研，了解企业发展情况，帮助企业新建加工车间，加强企业用地手续办理协调，千方百计拓宽企业产、加、销渠道，促进企业发展。多方筹集资金，完成龙鑫公司双联帮扶任务。四是深入推进文明创建。继续开展“五城同创”，加强文明创健，积极参与公共文化服务体系示范区创建工作，组织干部职工积极参加义务献血、卫生大扫除、文明交通劝导等社会公益活动，加强干部职工科学素质建设和专业技能培训，干部职工队伍素质和社会形象得到提升。

【立项争资】 2017年，累计争资2.38亿元。其中，长忠公路、临湖三期进入国省干线计划，争资7500万元；农村公路争资2600万元；争取五尖山等旅游公路计划50.2公里，可争资5022万元，计划里程和争资额度居全省首位；争取安保工程201公里3592.9万元，危桥改造35座4957万元。特别是2017年来，交通部门抢抓“十三五”规划中期调整机遇，计划股、公路所牵头，组织交管站，白天跑外业，晚上赶内业，成功争取自然村农村公路计划557公里，新增桥梁入库474座，可分别争取国、省补助资金4456万元和2.6亿元，工作力度和立项争资成效均排岳阳第一。

【创先争优】 2017年，全省开展“四好农村路”示范市（县）创建，积极推进示范乡镇、示范村和示范路创建，成为全市创建活动的榜样。在全市共同努力下，临湘农村路网进一步提质升级，管养体制、机制进一步健全，农村公路管养成效进一步提升，成功创建全省首批“四好农村路”示范市（县），争取省、岳阳市奖补资金400万元。省交通厅厅长周海兵为此专程到临湘开展为期1天的专题调研，拟定2017年3—4月，在临湘召开全省“四好农村路”创建工作现场会，并决定申报临湘为全国“四好农村路”示范市（县），届时部、厅将再对临湘各奖1000万元。

【融资兑付】 2017年，面对融资政策紧缩、融资难度加大的不利局面，临湘市兴路交通建设投资有限公司充分发挥平台功能，紧盯政策动向，加强业务对接，积极构筑银企合作平台，实现银行授信4.7亿元（其中建设银行4亿元，华融湘江银行0.5亿元，光大银行0.2亿元），到位资金3.56亿元。借力债券、PPP模式，拓宽融资渠道，与广州证券达成10亿元的债券发行意向。得益于争资融资工作扎实有效，至年底，交通部门累计完成工程兑付4.8亿元，没有拖欠民工工资。

【主体建设】 2017年，临港一期、长桃公路、五尖山南门公路、兆邦大道等多个项目提前规划建设，竣工通车。长忠公路完成全线桥涵及15公里油面铺张，基本贯通；麦坡西路完成1.4公里路基工程和长安桥主体工程建设；五尖山南门广场主体工程竣工；羊定公路完成定湖至坦渡段7公里改造建设；桃甘线完成桃林至长塘10公里改建。临港二期、文龙旅游公路、路口至新球公路、107国道东移工程、G4坦渡互通、临港铁路等多个项目前期工作进展顺利。全年共完成农村公路52公里、危桥改造35座、安保工程201公里、客运招呼站40座，农村交通基础设施进一步改善。特别是长忠公路的建成通车，从根本上缓解路南片区的交通拥堵。8月，岳阳交通建设大会战现场会在临湘召开；在岳阳交通运输工作会议上临湘作典型发言。

【治超治限】 2017年，长江岸线非法码头整治和公交改革等工作利益冲突大、社会干扰多。在困难和压力面前，交通部门强力出招，成功破解这些积重难返的老大难问题。一是整好治超这个“烂摊子”。根据市委、市政府安排，4月始，治超工作调整回归到交通部门牵头。交通部门积极争取市委、市政府主要领导重视，治超工作由市长挂帅，实现领导高位推动。坚决整合交通、公路、交警执法队伍，人员混合编组、统一调配、定期换防。建立长效机制，采用堵关设卡、流动巡查相结合，形成覆盖全市域的治超监管网络。对超限超载一律实行“零容忍”、顶格处罚，始终保持对超限超载的高压整治态势。仅8个月时间，共处罚没款780万元，全市公路超载超限率稳控在0.2%以内。临湘治超工作成为全省的标杆，被湖南电视台、红网、湖南经视等主流媒体宣传推介。二是治理非法码头。临湘境域长江沿线共有16家非法码头。其中，规模大的资产高达几千万元，规模小的也有几百万元。非法码头经营人员形形色色，社会关系盘根错节，利益冲突特别大。交通部门联合水利局，在加强宣传劝导的同时，果断采取强力措施，铲断违法码头、堆场进出通道，断绝码头用水用电，责令码头货物限时“清零”。通过半年时间，全面关停取缔境内长江岸线非法码头，完成植被复绿，顺利通过中央环保督察组验收。同时取缔“战神”汽修厂，完成中央环保整治销号。长江岸线非法码头和汽修厂整治涉及金额高达上亿元，但政府没有补偿一分钱，全市没有出现一次群访闹访，得到中央、省、市各级充分肯定。三是打赢公交改革这场“阻击战”。交通部门顶住重重压力，依法提前终止69台公交车特许经营权。为加快旧车回购，交通部门采取领导带头领责、干部包车分责、强力调度问责等多种措施，有效破解车主抱团结伙的“铁桶阵”，通过16个日夜连续攻坚，全面完成69台旧车、237个车主的回购协议签订。2月1日，80台新能源车全面正式营运。

【运输市场管理】 2017年，交通部门牢固树立底线意识，切实加强行业监管，行业大局稳定有序。一是质量安全滴水不漏。层层压实安全生产管理职责，建立健全覆盖工程建设、水陆交通、客货运输、站场码头等全领域的安全管理规章制度，切实加强安全生产宣传教育，深入推进安全生产“大排查，大管控，大整治”和“隐患清零”行动，关停危货企业1家，完成“僵尸船”清理，排查各类安全隐患237处，未发生一起工程质量和水陆安全责任事故。二是运输市场井然有序。加强运输市场经营监管，及时调处经营纠纷。特别是公交改革，因1路、2路、4路公交线路优化调整，与云溪、长炼、王禾等乡镇班线部份重叠。运管部门提前介入，正向引导，较好化解经营纠纷。运管部门、龙鑫公司加强运力组织调度，圆满完成春运、“五一”、“十一”、军运等重大运输任务。运管、公交、打非办等单位克服取证难、维稳难、说情风等诸多压力，长效整治“非法营运”，取缔3家商务车队，确保运输市场稳定。三是路产路权保障有力。借力市人大农村公路专询，建立农村公路两侧建设交通前置审批机制，成功控制农村公路两侧违建源头。深入开展农村公路路域环境整治，加大路政巡查、清障力度，从严查处破损公路及附属设施行为，有力保障农村公路路产路权。

【队伍建设】 2017年，交通部门始终把基层党建作为事关交通运输事业发展的核心工作来抓。积极搭建学习平台，通过专家授课、书记讲党课、参观红色教育基地、“红星云”等多种方式，深入学习贯彻中共十九大精神，学党章、条例和讲话，扎实推进“两学一做”教育常态化、制度化，引导党员干部践行“四种精神”，坚定“四个意识”，全面加强基层党建和干部管理，党组织的战斗堡垒作用和党员干部的先锋模范作用不断加强。积极搭建平台，加强干部职工教育培训，提升干部职工队伍素质。深入推进人事制度改革，坚持正确选人用人导向，为干部职工成长创造公平、公正的环境。严格落实干部职工年度考核，奖优罚劣，充分调动干部职工积极性，引导和激励干部职工干事创业。严格落实“两个主体责任”，切实加强党风廉政建设和机关作风建设，健全完善各项规章制度，坚持用制度管人、管事、管财、管物。深入开展“反四风”、“雁过拔毛”式腐败问题专项整治。市纪委派驻局纪检组牵头，不定期开展党风廉政建设明查暗访，加大重点岗位、关键环节、重大事项的监督检查力度，积极开展政风行风评议，自觉接受社会和群众监督，坚持反腐“零容忍”，从严查处各种违规违纪行为。人大、政协、老干部、民族宗教、应急、深化改革、机构编制、国防、统战、宣传、依法行政、政务公开、档案、史志、科普、工会、妇女、共青团、残联美丽乡村建设以及市委、市政府交办的其他各项工作任务均圆满完成，得到上级充分肯定。

【成绩荣誉】 2017年，市交通运输局荣获岳阳市交通运输工作先进单位、岳阳交通大会战先进单位称号，全市综合绩效考评经济管理类第一名，并荣获优秀领导班子、基层党建、文明创建与城市管理“三大攻坚”、安全生产、脱贫攻坚、全域旅游先进单位等多项荣誉称号；市交建投被评为为民办实事先进单位，长忠公路被评为立项争资奖励项目。

（金　勇）

公路建设

【概况】 2017年，临湘市公路建设和养护中心现有干部职工185人，其中在职职工136人（机关编制29人、养护管理所编制107人）、退休职工49人，中共党员83人。中心机关设有办公室、财务股、政工股、工务股、机务安全股、工会6个股室，下设路桥施工队、桃林公路站、乘风公路站3个二级机构。负责境内3条省道（S301大道线、S201铁新线、S208最江线）和5条县道（X089长桃线、X105桃甘线、X031奇长线、X016乘横线、X018和北线）共计184.86公里公路管养工作，其中，管养省道104.8公里（占总里程的56.3%），县道80.06公里；管养公路桥梁30座，其中，大桥4座、457延长米；中桥7座、359延长米；小桥19座、407.25延长米。

【机构编制改革】 2017年，市公路管理局根据中共岳阳市委机构编制委员会《关于印发〈岳阳市承担行政职能事业单位改革试点方案的实施意见〉的通知》文件精神，9月1日，更名为临湘市公路建设和养护中心，为岳阳市公路建设和养护中心所属正科级事业单位。其承担的行政许可职能划入岳阳市交通运输局，承担的行政执法职能划入岳阳市交通运输综合执法支队。

【公路养护】 2017年，根据省、市公路主管部门工作部署，全力做好公路日常性、季节性和预防性养护。按照“三全六率七无（全面养护、全季节养护、全周期养护；路面破损率、路基破损率、水沟畅通率、非法占路率、路面清洁率、绿化及设施完好率；水泥路面接缝无渗水、砼及沥青路面无坑槽、路肩无反坡、边沟无积水、路基无缺口、设施无缺损、施工路段无弃养）”养护标准，共挖整高路肩2.08万平方米，开挖填埋水沟450米，水沟清理6.5万米，疏通淤塞涵洞12道，挖补及调补油面5828.26平方米。按期完成管养各线水毁保畅工作，修复水毁挡土墙488.29立方米，水沟修复2111.3米，清除塌方5041立方米，确保公路安全通畅。借全省“四好农村公路”现场会在临湘市召开契机，争取市政府投资4000万元，完成县道和北线桐梓铺至定湖段8公里路面提质改造，积极配合市政府完成X089线长安至桃林快速通道、羊楼司公跨铁桥改建工程，配合推进桃甘线和奇长线公路提质改造工程。争取上级计划资金200万元，完善县018和北线、县089长桃甘线、县105桃甘线公路安全生命防护工程，新安装钢护栏3498米，各类标志标牌353块。按照每年重点改造一条县道的计划，自筹资金35万元完成县016乘横线中修挖补工程。自2017年5月1日起正式接养省201铁新线铁山嘴至儒矶段35.475公里、省301线横铺段10公里公路，高标准完成省301线横铺段4公里标准化路肩水沟建设。2017年度管养公路技术状况评定优良路率为48.94%，管养线路路况水平进一步提升。

【路政管理】 2017年，对新接管的省201、省301线路完成产权登记，并联合云溪区路政大队，对跨区管养的省301线开展专项整治行动，清除大部分影响公路通行的路障和非公路标牌，沿线路容路貌和路域环境有较大改善。加大执法力度，及时快速查处县016乘横线黄盖湖内垸堤防工程污染公路案件，提前介入长桃线、奇长线改建项目路政管理，办理华润天燃气埋设管线路政许可1件。加大路域环境治理力度，扎实开展非标清除行动，清除非公路标志及违建围墙120多处，管养线路路容路貌进一步改善。

【公路治超】 2017年，按照“政府主导、部门联动、齐抓共管、长效治理”治超工作方针，持续推进治超工作精准化、常态化。全力落实治超责任，桃林超限检测站检测车辆5.81万台次，处罚车辆705台次，卸载货物5837吨。路地联合治超成效明显，自2017年8月15日起，桃林超限检测站在杭瑞高速大界、忠防、詹桥等高速收费站开展联合治超行动，建立24小时全天候联动机制，实现超限车辆信息共享，案件移交无缝对接，在第一时间依法进行协同查处，堵住了违法车辆进出的漏洞，各收费站出入口超限率显著下降，已完全控制在目标率之内，联合实战成效明显。加强源头治超，积极深入矿山企业，发放宣传资料5000余份，积极宣传治理超限超载工作法律法规，收到良好的宣传教育效果。

表1　临湘市公路管理局先进集体、个人一览表

获奖单位/个人	颁奖名称	颁奖单位
临湘市公路局桃林公路站	湖南省公路系统2017年度十佳养护站	湖南省公路局
临湘市公路局桃林超限检测站	岳阳市“工人先锋号”	岳阳市总工会
李胜祥	湖南省交通运输行业“十佳公路养护工”	湖南省交通运输厅
李胜祥	岳阳市2017年度巴陵工匠选拔计划人选	中共岳阳市委人才工作领导小组

（付　聪）

邮　政

【概况】　2017年，中国邮政集团公司湖南省临湘市分公司（简称临湘市邮政分公司）认真贯彻落实中共十九大和十八届三中、四中、五中、六中、七中全会精神，按照省、市邮政公司第十九次工作会总体工作要求和中央、省、市委经济工作会议精神，主动融入新常态，全面开启临湘邮政转型提质发展新局面，为建设幸福临湘邮政和地方经济建设做出积极贡献，各项工作实现了新突破。全市邮政实现业务收入5101.1万元，完成计划的97.95%，同比增幅8%。荣获岳阳市投递工作“先进单位”、绩效考评B档“先进单位”、平安工程“先进单位”和临湘市工会工作“先进单位”等荣誉称号。

【重点业务】　2017年，市邮政分公司积极开展“新百亿”工程，以“两行”走访活动贯穿始终，重点谋划夯实代理金融基础工作。重点围绕邮储余额“二季度不淡季、三季度不蕴育、四季度不冲刺”核心目标，扎实开展夯基础、强体系、建模式破题工作。截至2017年12月31日，全市储蓄规模达到21.79亿元，2017年新增3.41亿元；辖内储蓄市场占有率由2016年年底的17.98%上升到18.54%，上升0.56个百分点，新增市场份额达到22.04%，取得新突破。进一步加强宣传，利用综合服务平台资源充分发挥优势，加大协议客户开发力度，全力抢占寄递类市场。结合大走访活动，通过发放宣传折页、电视台播放宣传片、进口快递包裹粘贴宣传单等多种方式，重点向客户推荐“省内次日递”“区内当日递”“城区限时递”等服务承诺，扩大邮政快递包裹品牌知名度。全年累计完成小包5.5万件，业务收入33.5万元；邮速整合后E标业务量收分别完成1062152件，收入53.316万元。进一步强化文化产业核心竞争力，打造邮政文化品牌。积极服务校园市场，开展集邮、报刊等文创类产品联合进校园活动。发挥“湘讯通”品牌优势，密切结合政务市场工作职能和需求，全面宣传惠民政策信息。集邮专业以新邮预订、项目营销、品鉴会、定向邮品开发等为抓手，同时积极拓展集邮网厅、邮三湘等线上渠道。2017年，报刊大收订实现进机流转额561万元，完成计划102%；积极配合市委相关部门，全面完成党报党刊发行工作。

农村电商工作通过建优渠道、线上线下结合，取得较大进步，全年累计建成综合服务平台站点490个，在乘风村、横铺村已建立2个村级邮乐购中心支店的基础上，2017年在羊楼司、占桥、白羊田支局建立3个乡镇级邮乐购中心支店；完成白羊田、占桥、源潭3个支局仓储建设。累计完成批销额1251.65万元，完成计划的125.16%；分销版块累计完成收入240.7万元，完成进度109.41%，收入在岳阳全区排名第2。

【管理工作】　2017年，市邮政分公司加强财务精细化管理，以“零基预算”为切入点，加强全面预算管理，有效激发企业生产活力；严肃财经纪律，规范业务管理，加强营销费等重点费用的规范使用和管控，全年行政性费用支出明显下降。优化人力资源管理，加大人员优化力度，有效控制用工总量；鼓励员工参与职业技能培训、考试和在职大专、本科学历教育，办各类培训班20多个，全员素质进一步提升。强化服务质量管理，积极开展送教下基层、“对标学标，督学纠错”等教育培训活动，不断完善服务质量管控机制，提高管理质量和效率，通信服务质量管理工作得到省、市邮管局以及省、市公司多个专项检查组肯定和表扬。机要通信连续24年无失密丢损事故和延误差错。提升安防管理水平，以“平安工程”为目标的防控体系，通过人防、物防、技防三合一，有效的防范各类案件和事故的发生。按照综合治理和平安建设工作要求，排查隐患和专项整治，确保企业平稳。

【党建工作】　2017年，市邮政分公司坚持把落实党建工作责任制作为各项工作的“牛鼻子”来抓，制定与完善从严治党相关制度，进一步落实全面从严治党主体责任。创新开展“两学一做”学习教育，强化作风转变；开展形式多样的廉政宣传和纪律规矩教育活动，强化党

员干部遵规守纪意识。层层签订责任书，传导压力，落实责任，领导干部“一岗双责”得到较好落实，一年来临湘邮政没有发生党员领导干部违规违纪案件。按照市委、市政府工作部署，积极开展精准扶贫工作，对聂市镇红士村11户预脱贫户进行驻村帮扶，帮扶资金2.5万元，在端午、中秋、春节等传统节日期间，为贫困户送上大米、面条、食用油等生活物资，并为他们购买鸡、鸭等家禽各100只进行产业帮扶。

【能力建设】 2017年，市邮政分公司进一步加大网点改扩建和自助设备布放力度，布放CRS（共同申报准则即统一报告标准）存取款机20台，完成桃林支局的原址改扩建工作以及全市部分网点的装修工作。进一步加大对运能提升及网点生产、安防设备设施的投入。着力改善办公、生产场所及职工生活条件，完成分公司大院的提质改造和办公楼的改造，对电视电话会议室进行全面升级，继续加大对农村网点职工小家建设及设备设施的投入，从支局到机关整体形象大大提升，基础能力明显增强。增强投递和网运能力，新增网运PDA（快递跟踪扫描记录仪）、揽投PDA（快递跟踪扫描记录仪）、热敏打印等基础设备，邮运、投递车辆（汽车、电动三轮车）20台，伸缩皮带机1台，实现邮件内部处理不落地，提高邮件处理速度。

【民生关爱】 2017年，市邮政分公司持续推进“关爱员工”工程，邮政农村支局小家提质，实现“拎包入住”；进一步完善帮扶救助体系，切实解决职工的实际困难和后顾之忧，元旦、春节期间，共计慰问困难职工11人，慰问金额4900元；关爱身心健康，组织员工进行身体健康普查。创新开展各项竞赛、活动，积极组织参与岳阳市公司举行的大合唱、气排球比赛等一系列活动来丰富职工文化生活，推进企业文化建设；大力开展“青年文明号”“文明示范窗口”“工人先锋号”“爱心邮路”等文明创建活动，进一步增强企业凝聚力。坚持开展“彩虹包裹”等公益活动，得到地方党委政府充分肯定，有效提升临湘邮政形象与地位。

（彭琳琳）

电　信

【概况】 2017年，中国电信股份有限公司临湘分公司（简称临湘电信）地址位于临湘市长安西路19号，于2004年5月28日在临湘市市场和质量监督管理局注册成立。临湘电信全体员工紧紧围绕“决战格局、提升份额”做文章，以精确管理为基础，以电信业务为核心，大力发展光速宽带及转型业务，兼顾存量保有，进行超前思考和部署，积极主动应对竞争，在业务经营道路上积极拼搏，取得了较好的经营效果，圆满地完成各项生产经营任务。

【经营指标】 2017年，临湘电信收入计划4979万元，截至12月完成5555万元，累计完成率111.59%，与2016年相比增幅21.23%。C网发展完成情况：净增18259户，完成年计划193%。宽带发展完成情况：截至12月累计宽带全年净增5856户，完成年计划178%。ITV（互动电视）发展完成情况：截至12月，ITV累计净增9297户，完成年计划127%。

【网络运营指标】 2017年，临湘电信把固网装维及网络质量类投诉率（含重点督办单）控制在15/万用户以内，IVR（互动式语音应答）自动回访满意率93%，装维工单两小时及时预约率/履约率98%，宽带用户月障碍修复超时限工单量小于10张，宽带障碍发生率小于3%。“六项服务承诺”指标整体达标，但装维规范动作和按单施工方面仍然需要加强，九级地址、OBD资源清理稽核及“七个一”、“六项服务承诺”、投诉管控等工作完成有欠缺。

【网络设备】 2017年，临湘电信新增3G补盲基站4个、4G基站1.8G20个，新开通城市800M32个、农村800M补盲基站26个。全年退网DSLAM（数字用户线路接入复用器）6台、端口6095个，ONU（光网络单元）设备数536台、端口1643个，楼道交换机41台、端口335个。

【管控指示】 2017年，临湘分公司目标管理考核KPI（关键绩效指标）排名第1位。电信党建、综治、安全生产等工作受到上级主管部门肯定，主抓安全生产的沈建新被评为先进个人。被省公司评为先进基层党支部。

【主要工作】 2017年，临湘全面启动划小承包，城市营业部、农村支局、政企分部执行分收入类承包、商客执行责任制承包、渠道分部发展类承包。除商客是责任制承包不能分成，收入类单位超产分成率100%。划小承包成分调动员工责任性、积极性。

2017年临湘电信执行岳阳市分公司的千店工程、千户计划，月度规模及重点产品的发展均在岳阳市排名第一、第二。如红5月劳动竞赛，规模三大产品综合完成率134%，排岳阳市第一名；国庆、中秋双节促销，规模产品综合完成率171.61%，排岳阳市第一名。千村攻坚农村圈地营销9月完成率179.47%（第一名），10月完成率163.87%（第二名），11月完成率109%（岳阳市第四名）。黄盖支局盛塘村圈地营销发展业务量116户，创岳阳市单场扫村营销业务量新高。

【网络运行维护】 2017年，临湘电信充分挖掘装维员工潜能，努力打造装维精品窗口，聚焦光网装维服务能力。在全面实行计件工资基础上，围绕提升宽带网络维护和服务品质，全面实行光网宽带、ITV“六项服务承诺”标准，体现考核数据说话，营造多劳多得，奖勤罚懒的工作氛围，引入装维小CEO承包责任制，以考核评分为依据，加强互助协作和随销能力。积极组织培训，自行组织现场培训达到100多人次，2人获得内训师资格，80%以上装维经理取得智慧家庭工程师。全年装机完成工单量43133张（比2017年增长约4000张），月平均3594.4张，装维员38人，每月人均94.6张，障碍单方面，全年发生10000号障碍单11918张（比2017年下降367张），月平均993张，每月人平均26张。2017年，临湘网络运行正常，有线网络指标平稳，无线网运行良好，网运综合评估保持在全市前列。进一步优化城域网结构，完成BAS（宽带接入服务器）、MSE（服务边缘）设备升级及热备份，出口带宽可达100G。完成26台OLT流量及安全整治，进一步优化OLT布局和流量分流，支撑光网业务拓展。故障方面主要是电源和光缆引起的设备中断事故较多，电源主要是大面积停电较多、发电不及时、发电机维修不及时、启动电瓶维护不当，光缆中断主要是市政施工、建房、打鸟和杆路状况不好等因素。4G基站设备运行部稳定，备板备件不足，引起故障超时较多。大客户故障处理189次、设备故障268次。

【管理与服务】 2017年，临湘电信为规范企业规章制度，上班采用触模指纹签到，绩效考评逐月通报，对上班、开会迟到者通报批评，并严格逐月兑现。对情节严重者调离管理岗位，下到生产一线工作。按市纪检监察要求抓好党风廉政建设，特别是“两个责任”和“一岗双责”落实。组织开展党风廉政建设承诺书，及省、市组织的“雁过拨毛”“反四风”两个专项行动，并按省公司要求进行“四项行动”专项整治。在公司范围内开展以下5项常见行为重点整治：一是凡领导亲朋严禁参与企业各项工程施工；二是严控招待费；三是严控公车使用；四是严禁规定外的请客送礼；五是杜绝领导干部收受红包礼品。3.抓安全生产，确保人身和企业财产安全。电信企业面对点多、线长、面广的电信通信市场和通信设施采取以下措施：一是对内采取设备的勤修善养，机房防火、防盗、防鼠措施确保通信畅通；二是对外采取护线，护缆宣传；三是全面核查三线交越和超低空整治；四是要求驾驶员车不掉漆、人不掉皮和严禁酒后开车的安全驾驶纪律；五是对外勤及高空作业人员有一整套的安全防范和考核措施。

（王高全）

移　动

【概况】 2017年，临湘分公司下设3个部室、2个中心、5个营业部。现有正式员工63人，招聘员工6人，党支部共有党员27人。按照年初确定的总体工作思路和目标，坚定信心、奋勇拼搏。在全体员工的共同努力下，至年底，4G客户达到14.4万户，4G客户渗透率达到66.7%，期末通话客户份额67.91%。网络工作方面，加快网络能力建设，持续保持网络质量领先。共有2G基站245个、4G宏站484个、室分45个；武广高铁专网（时分同步的码分多址技术）TD100个，（频分双工）FDD65个，GSM（全球通）71个；直放站40个。共有汇聚机房25个，本地网线路4530.74KM，传输干线225KM，光交70个，管道38KM。共有有线家庭宽带小区449个，覆盖用户数14.5万户，端口总数6.3万个。综合工作方面，持续开展精神文明建设工作，进一步加强党建工作，提升管理效能。党支部被评为2017年度岳阳移动先进基层党支部，临湘市移动分公司申报2016年度省级文明单位顺利通过验收，3月，获评2016届湖南省省级文明单位。

【党建领航】 2017年，临湘市移动分公司党支部以支部标准化建设为主线，以推进“两学一做”专题教育常态化制度化为手段，全面贯彻落实中共十九大会议精神。一是加强班子建设，发挥党支部的领导核心作用。严格落实“三会一课”制度，坚持每月召开支委会，每月开展一次党课学习，定期组织召开党员大会、组织生活会。二是深入落实党建工作责任制，制定临湘市移动分公司党支部2017年度党建工作责任清单，加强“六好党支部”建设，在日常工作中，班子成员以身作则，做到带头参加学习、遵守规章制度、开展扶贫帮扶工作。三是加强思想建设，制定《临湘分公司常态化制度化推进“两学一做”学习教育实施计划》，明确常态化制度化推进“两学一做”学习教育活动的总体思想和活动方案，全年共组织各类形式的党课集中学习20余次，全面提升支部全体党员的理论水平和“四个意识”。四是加强支部标准化建设，提升党支部的标准化建设水平。2017年发展预备党员1人，入党积极分子2人。每季度开展一次党员民主评议，加强档案整理和资料汇编，强化党务公开工作。五是加强作风建设，打造廉洁高效务实的基层党支部。加大对网络建设和网络运维管理的重点领域、关键环节中突出问题的执纪监督力度，加强对市场方面各项费用的监督和管控。

【转型升级】 2017年，临湘市移动分公司4G网络规模持续增长，客户结构进一步优化，宽带客户再上规模。信息化拓展持续领先，新业务发展保持领先地位。

【能力建设】 2017年，市场经营能力迈上新台阶，渠道建设能力持续增强。一是精简机构，调整人员分工。二是通过找准弱势区域、制定拓增规划、下沉营销资源、合作建点等多种手段，有效提升渠道掌控能力。

加快网络工程建设，网络能力得到提升。4G网络规模进一步扩大，累计开通4G站点88个，基本覆盖各行政村的人口密集区；家庭宽带覆盖进一步提升，宽带建设覆盖行政村98个、自然村170个。

加强网络维护工作，网络质量得到提升。从网络优化和MR（信号差）弱覆盖两个方面着手，积极开展网络优化工作。常态化开展网络隐患整治工作，着力排查重点安全隐患问题，对于隐患点发现一起，整改一起。在日常工作之外，配合地方政府做好应急通信保障工作，全年完成8起因电力部门线路改造引起的大面积、超长时间应急通信发电抢修工作；6月，完成两次汛期通信抢修和保障工作，有效地保障电力线路改造期间和汛期临湘移动通信网络的正常运行。

【履职尽责】 2017年，共举办“幸福1+1”活动6次，员工参与率达到86%；落实员工关心关爱，对员工生日、困难员工进行慰问。发动员工积极上报合理化建议及微创新，临湘分公司上报的合理化建议在省公司获奖。开展“师徒结对”活动，以老带新，发扬光荣的工作和思想传统。开展工会主席“送清凉、走听转”活动，慰问奋战在一线的营销队伍及员工。开展“优秀女职工”“五好家庭”评选工作。

认真贯彻“五三三”工程精神，积极参与地方政府工作。2017年，对桃林镇源冲村及花鼓戏剧团开展结对帮扶，公司帮扶的源冲村贫困户已于2017年成功脱贫；同时还积极参与防汛抗洪、义务植树、义务献血、志愿者活动、学雷锋活动等，为建设文明、秀美、和谐新临湘积极奉献力量。认真落实政法委综治维稳工作要求，维护企业稳定，全年未发生一起邪教、涉赌、涉毒等影响企业及社会稳定的事件。

（杨　芳）

联　通

【概况】 2017年，中国联合网络通信有限公司临湘市分公司现有干部职工39人，其中合同制18人，劳务派遣21人；本科29人，大专6人，中专或高中4人。内设综合中心、市场中心、固网中心、建维中心、政企中心。2017年，被评为全市安全生产先进单位第一名、全市先进工会优秀单位、全市纪检先进单位第一名。

【市场工作】 2017年，临湘市分公司不断完善对代理商的服务管理工作，针对新签及销售能力薄弱的代理商，通过制订网格经理驻店帮扶计划，增加接触点及培训面，使代理商市场观念及零售能力得到大幅度提升；继续以“终端为牵引，引领业务发展”的宗旨来加速4G业务的发展，共组织渠道在县分公司召开终端订货会4场，在岳阳参加沃易购上大型订货会1场，共完成终端订货近1万余台，其中4G终端1万余台，沃易购的渠道订货覆盖率每月都在75%以上，发展4G用户近3万户，终端合约近5000户；该公司以“一切为了客户、一切为了市场”为出发点，构建客户诉求与一线呼唤在企业内部高效传导的运行机制，实现“一线围绕市场、客户转”，推动企业资源配置效率和投入产出效益稳步提高。

【政企工作】 2017年，临湘市分公司一直注重企业信息化的发展，坚持信息化发展演进和企业发展相匹配的信息化发展思路，积极投入到企业信息化建设中来，组织全县规模企业召开“企企通”信息峰会，全面推进工业化与信息化的深度融合，服务县域经济的发展，积极投入到县政法委的“平安乡镇”及“雪亮工程”的建设中来，利用“十户联防”开创农村综治信息化管理的新模式，提高突发事件响应速度，履行村委信息化责任，全面提升村级信息化管理水平与安全管理水平为构建社会主义和谐新农村创造条件的一项基础性工作。加大对政府项目的投入力度，服务地方经济，加大投入县综治民调短信平台的建设，不断提升政府服务职能，提升群众对政府的满意度，积极投入到县司法矫正项目建设中，开发司法矫正平台，全面提升司法矫正管理水平，为加快企业信息化和服务地方经济打下坚实的基础。

【通信基础网络建设】 2017年，临湘分公司为响应国家提速降费要求，投入光网宽带建设资金1000多万元，在城区对原光纤到楼进行光纤到户改造，具备500兆入户能力；通过科学规划、网元补点等手段，实现辖区内高速、铁路良好覆盖，3G、4G移动网络覆盖率达96%，集镇已全面光纤覆盖，村级光纤也在加紧建设，端口数达2万个，行政村宽带覆盖率达80%。

【综合管理工作】 2017年，临湘分公司以宣传贯彻中央、集团和湖南分公司纪检工作为主线，以“廉洁从业、诚信经营”为主题，健全临湘联通党风廉政宣传教育工作机制，增强宣传教育的针对性和实效性，增强党风廉政建设和反腐败工作的渗透力和影响力，筑牢拒腐防变的思想道德防线，营造反腐倡廉的融厚氛围。安全生产，实行部门负责人与部门全体员工签订安全责任书，并送安保部门备案，安全责任书与责任人业绩考评、用工合同挂钩，服从安全管理，认真落实“一岗双责”制，对本岗位工作安全负责。人力资源管理，深入推进体制机制改革，打造企业内部自下而上贯穿基层单元、市、省的高效运行机制，优化基层单元组织架构和运营管理模式，建立以“快速支撑，快速响应”为核心的集约、扁平、高效服务支撑体系，激发公司活力。

（夏　丽）

金 融

银 行

中国人民银行临湘市支行

【概况】 2017年，中国人民银行临湘市支行认真贯彻上级行工作要求及临湘市三级干部会议精神，正确把握履职新特点，主动作为，坚持做好“实”字文章，圆满完成2017年各项工作任务，有力地促进地方经济金融快速发展，被临湘市委市政府评为“临湘市推进‘五三三’工程综合绩效考评一类单位”。截至12月31日，辖内银行业金融机构各项存款余额159.37亿元，同比增加25.98亿元，增长19.48%；各项贷款余额94.27亿元，同比增加27.91亿元，增长42.06%，完成市委、市政府下达的小康指标任务。

【支持地方经济发展】 2017年初，敦请市政府下发《临湘市2017年信贷工作指导意见》，引导银行机构加大有效信贷投入，完成市委、市政府确定的2017年新增28亿元目标任务，信贷投放增速再创新高。

【精准扶贫】 2017年，金融作为精准扶贫的牵头单位，通过制定下发《临湘市金融精准扶贫“十三五”工作规划》等文件，组织召开工作协调会、督战会，深入金融机构、贫困村和贫困农户进行督查督办，确保各项金融扶贫措施落细落小落实，全面贯彻落实脱贫攻坚扶贫政策。至年末，临湘市26个贫困村全部建立金融扶贫服务站，其中，12个村实现金融扶贫服务站、农村电商和助农取款点“三站”融合，为贫困地区提供融资信息沟通交流平台、金融政策宣传平台、信用评级操作评台、借贷双方联系平台、金融扶贫对接评台，较好地解决建档立卡贫困农户小额信用贷款申请和基础金融服务不足等问题。全市银行机构发放扶贫小额贷款6823万元，超额完成省、市两级扶贫贷款发放任务。全市贫困户累计获贷率超过40%，为岳阳辖内唯一达到要求县（市）。支持农民专业合作社14个，累计发放扶贫贷款875万元；支持种养殖大户8户，累计发放扶贫贷款474.1万元。支持光伏发电项目7个（主要是板桥村、官田村、马家洞村），累计发放扶贫贷款266.4万元，支持农业产业化龙头企业1家（湖南十三村食品有限公司），累计发放扶贫贷款94万元，共带动276户贫困人口走上脱贫致富道路。

（李陟晖）

中国工商银行临湘支行

【概况】 2017年，中国工商银行股份有限公司临湘支行（简称工行临湘支行），位于临湘市长安西路13号，主要提供办理人民币存款、贷款、结算业务；办理票据贴现；代理发行金融债券；代理发行、兑付，销售政府债券；外汇存贷、汇兑业务；代理开放式基金业务以及经中国银监会批准的其他业务。至年末，工行临湘支行各项存款12.47亿元，比年初增加1.26亿元，其中对公存款3.42亿元，比年初增加5358万元；储蓄存款9.01亿元，比年初增加6991万元；保证金存款366万元，比年初增加209万元。各项贷款中，正常类贷款余额14.63亿元，占98.70%；关注类贷款530.35万元，占0.36%；次级类贷款76.95万元，占0.05%；可疑类贷款183.41万元，占0.12%；损失类贷款1139.32万元，占0.77%。

【存款】 2017年12月末，工行临湘支行各项存款12.47亿元，比年初增加1.26亿元；对公存款3.42亿元，比年初增加5358万元；储蓄存款9.01亿元，比年初增加6991万元。

【转型业务】　2017年，工行临湘支行为进一步加快业务转型步伐，银行卡、网上银行、代理业务等转型业务发展迅速，取得临湘市社会保障卡合作银行资格，代理发行临湘市社会保障卡7万多张，并做好社保卡上门服务工作。

【资产业务】　2017年，工行临湘支行坚持按照国家宏观政策把握信贷投向，以信贷结构的优化调整，加大对重点基础产业、节能环保产业的支持力度。加大对高新技术产业和企业自主创新的支持力度，加大对小企业和个人消费融资需求的支持力度。在风险可控的前提下，大力发展优质信贷业务，积极支持临湘市经济发展。

【内部管理】　2017年，工行临湘支行始终坚持内控先行、内控优先、内控从严的原则，坚持在依法合规，风险可控的前提下发展业务，确保稳健经营，持续发展。支行通过加强党风廉政建设，加强对党员、干部的监督约束，基本杜绝以权，以职、以岗谋私的行为，通过在全行开展创建节约型银行活动，降低成本费用。

【队伍建设】　2017年，工行临湘支行始终坚持以人为本，构建和谐银行的指导思想，把队伍素质和凝聚力作为推动各项工作发展的动力，采取制度管理和人性化管理相结合的办法，不断提高全员综合素质，增强全员凝聚力，力争不让一名员工掉队。

【其他工作】　2017年，工行临湘支行通过优化柜台劳动组合，实行高低柜分流改造，网点排长队的现象已基本得到解决。支行还通过《文明优质服务考核办法》的制定及实施，加大文明优质服务力度，全面提升网点服务形象，树立行业新风。

（余晓霞）

中国农业银行临湘支行

【概况】　2017年，中国农业银行临湘支行（简称农行临湘支行）领导班子认真贯彻市分行党委的各项工作决策，紧紧依靠市分行各职能部门的指导支持和全行员工的共同努力，始终贯彻“升级进位”这一主线，进一步转观念、促转型、严考核、强管理、夯基础，全行员工凝心聚力，攻坚克难、勇于竞争，各项工作持续稳健发展。

【经营状况】　2017年，农行临湘支行综合绩效考核排名岳阳市第三。市场份额方面，农行临湘支行各项存款余额占国有四大行总量市场份额42.6%，排名第一，增量占全部金融机构市场份额28%，临湘市排名全辖第一。完成营业收入5260万元，计划完成率95.6%，列居全市第三，完成净利润3747万元，计划完成率107%，位列全市第四位，中间业务收入完成884万元，计划完成率77%，个人贵宾客户净增1100户，完成率120%。

【重点工作】　2017年，农行临湘支行布放机具531台，比年初净增68台，二星级以上服务点179个，二星级以上服务点比年初减少37个。月均金融性交易32笔，累计助农取款1357笔，金额90万元，电费代缴59058笔，金额716万元。严格执行人行标准，新建金融扶贫服务站5个，依据“八有”标准基本完成场地、办公设施、联络人员、服务牌匾、操作流程、支付通机具、宣传资料、业务台账的到位。2017年，农行临湘支行利用三农专业团队例行巡检和现场业务指导的机会，大力开展电费代缴、农村金融知识宣传、农户信贷业务宣传、农村电子商务推广等工作。

【对公业务】　2017年，农行临湘支行坚持围绕市分行党委决策，把对公业务做为支行升级进位的重要抓手，行领导主动出击，高层对接拿下大单，为支行对公业务发展打造核心支撑。一是重要单位存款，支行“一把手”直接与对方“一把手”对接，达成高端共识，主管行长与主任直接与对方财务人员抓落实，直击目标。4月，农行临湘支行将临湘市拆迁办账户，从中国银行注销开至农行临湘支行，直接增加对公存款3.8亿元。9月，该账户又新增1亿元，为全行的对公零售双存款再上台阶打下了坚实的基础。二是重要项目贷款，支行“一把手”和主管行长主动与临湘市政府对接，抓高价值客户拓展与维护，争取了长忠公路项目、临鸭公路项目。三是对公中收，在日常收入基础上，支行领导层多方沟通与营销，亲自参与项目中收、国际业务中收的谈判中，3月，交建投两笔结算与投行入账110万元、国际业务收入5万元，占整个对公中收的52%，再次体现了高层营销对对公业务的决定性作用。四是高端客户全时间段维护。针对支行高价值对公客户，面对激烈的同业竞争，支行行领导层无节假日，与中层骨干一起，对其“一把手”、分管领导和财务人员分层维护，确保到该行的业务不会走。

【扶贫项目】 2017年，农行临湘支行在省农信担保前提下，与政府大力合作，对区域内种粮大户采取财政共同调查方式，先后调查种粮大户14户，涉及种粮信贷资金1500万元左右，已放款800万元，其余正在流程中。全年与湖南省农业信用担保公司合作对临湘市白羊田的30个土鸡养殖贫困农户采取“农户+专业合作社”方式进行重点支持，每户发放贷款10万元，累计投放300万元实施产业脱贫致富，已全部发放到位。积极向临湘市人民政府和扶贫办推广“光富贷”寻找突破口，与扶贫办、国网公司、发电设备和服务提供方共同签订四方合作协议，由临湘市政府设立光伏扶贫风险补偿基金，对辖内建档立卡贫困户申请的“精准扶贫·光富贷”提供保证担保，已发放贷款55户、275万元。

【风险管控】 2017年，农行临湘支行重点抓不良资产的催收。富安矿业不良贷款虽然归属大客户部，但落地在农行临湘支行，对临湘支行绩效考核影响至深，经过多方努力，市分行大客户部和资产处置部已与企业进行沟通催收，先后收回本金3000万元，为临湘支行考核升级进位打好基础。扎实推动各类创建活动。抓运营“三化三铁（标准化、规范化、制度化；铁账、铁款、铁规章）”创建，强化网点运营基础工作。健全考核机制，明确奖罚办法；突出工作重点，开展短板治理。抓保卫“三化三达标（标准化、制度化、精细化；物防、技防、人防达标）”创建，提高网点安全防卫能力。注重安保教育培训，组织开展消防演练，按月进行一次全面的安全检查，提高应对突发情况的能力。抓信贷“三化三无（制度化、程序化、规范化；无不良、无逾期、无不合理）”创建，提高信贷管理水平。通过清收、诉讼、核销有力措施，推动个贷及信用卡不良重点治理。

【加强管理】 2017年，农行临湘支行制定规范化管理实施细则，从考勤、会议、学习等方面对员工行为进行严格规范，结合考勤和不定期查岗制度，对机关员工不规范着装、迟到早退等不履职现象进行整顿，通过开展检查督导，既掌握了有关情况，又为化解消除案件苗头隐患、研究治理对策起了积极作用。考勤扣罚员工工资1690元，谈话教育8人，有效抓好了日常工作管理。

对“三线一网格（党建线、纪检线、运营线；员工行为管理网格化责任体系）”管理人员进行工作职责分类，制作工作笔记本，将工作频率、工作内容印刷在笔记本首页上，要求各岗位对照履职，并在月末和重要时点对全行员工进行工作督导和检查，将检查结果纳入考核。支行牵头设计员工家属承诺函，通过开展活动，创新家访形式，建好“行家”联动机制。运用结果，开展谈心谈话。对员工排查出来有兼职嫌疑或不认真履职的员工，纪委书记牵头组织部门负责人进行了谈心谈话和警示教育，通过考核、教育建立起员工监督帮扶体系。通过“三线一网格”学习、安全合规学习制度，将风控观念实时传导，严格落实银监会“六项禁令”，严把柜员制度执行关、窗口服务关、业务技能关、现场监控关，把风险控制在第一线。

【队伍党建】 2017年，农行临湘支行为改善员工办公环境，在网点添置了凭证装订机，采购了微波炉，完成了机关、网点“职工小家”建设。营造和谐团队氛围。开展员工趣味运动会，形式多样的文化娱乐活动，召开了多次青年员工座谈会，征集员工的工作建议，增强了全行员工的归属感和凝聚力。充实基层业务一线人员，开展营业网点柜员轮岗工作，指导网点开展弹性排班，高柜、三级主管纷纷走进大堂，参与客户维护，确保人力资源效应最大化。二次转型强执行：转型的核心工作就是推进“计价为主绩效考核为辅”的管理模式。稳步推进《中国农业银行临湘市支行深化网点转型计价考核办法》。在全行员工中全力传导“谁营销、谁受益”和坚决打破大锅饭的工作理念，坚决摒弃吃照顾饭的不良习气，在原切块绩效工资总额的基础上支行增加30%财务资源配置充分调动网点员工和前台部门客户经理的工作积极性，有效拉开做事与不做事，做得好与坏的收入差距，形成争先创优你追我赶的干事氛围。全力实施《中国农业银行临湘市支行重点产品计价考核管理办法》。按照省、市分行深化网点转型的工作要求，临湘支行实行重点产品全敞口计价，对重点创收产品在省、市分行的计价标准基础上提升2倍进行重点推动，同时在不同考核时点上实行弹性计价标准，有效发挥计价指挥棒的引领作用。在不断完善和优化调整的过程中，有效释放网点和个人金融部及公司业务部的营销效能，增强市场拼抢能力。

【强化落实】 2017年，农行临湘支行为结合“三严三实”问题查摆强化党委班子建设：一是加强学习防微杜渐。班子成员定期集中学习，利用业余时间自主学习，积极讨论交流意见，不断提升政治素质、理论水平和业务能力。二是平等互信民主集中。坚持贯彻民主集中制，凡涉及重大问题，特别是干部任免、项目营销、大额度资金使用，均实行民主决策，不搞一言堂。三是团结协调形成合力。班子成员互相尊重，坦诚相处，团结共事。

结合党风廉政建设要求强化党员队伍建设：一是全面落实党风廉政建设工作要求，分层签订责任状。二是强化党建考核增强党性修养，针对不缴纳党费的员工，通过学习、谈话仍不缴纳的，在绩效考核中重点扣分，且取消一切评先评优资格。三是自觉遵守廉洁自律各项规定，班子成员在各类公务、业务活动中坚持高标准，严要求，同时对所分管部门的员工从严要求，杜绝一切不廉洁行为。结合党建要求强化基层党组织建设，在辖内5个网点全部建立了单独党支部，建立了完备的基层党组织体系，为做好党建各项工作夯实了组织基础。持续开展“两学一做”学习教育，各党支部每月组织进行党小组学习，进行党员评议。开展“四个一”活动：聆听一堂党课，缴纳一月党费，佩戴一枚党徽，重温一次誓词，倡导全行党员同志佩戴党徽亮身份，制定党支部考核办法，做到党建工作与业务经营同谋划、同部署、同考核，推进党建与业务经营良性互动。

结合改进工作作风强化两个主体责任落实：在上级行出台的制度办法基础上，农行临湘支行相关职能部门对原来没有完全接轨、要求不高、标准不明确的制度进行修订，定条款、立规矩，确保落实作风建设各项规定有据可依，有章可循。二是强化各项规定的执行。严格执行公务接待标准，积极引导公务接待回归职工餐厅。并对差旅、会议、招待、车船使用等单项费用实行“预算+限额+模板+监测”的管理方式，至12月差旅费、会议费、业务招待费、车船使用费、车辆修理费等比2016年同期减少5567.53元，特别是业务招待费比同期减幅达9.68%，单项费用全部控制在市分行下达列支限额内。三是深入基层解决实际问题。要求班子做到“一个目标、一条心思、一致步调、一个声音”，增强责任意识、合规意识、创新意识，提升市场竞争力、价值创造力、风险控制力、班子战斗力、队伍活力和品牌影响力。农行临湘支行班子成员多次深入联系点指导活动的开展，特别是到联系网点的党支部民主生活会，着力解决服务群众“最后一公里”问题，出实招、求实效，实行福利费向基层倾斜，解决基层中餐问题等工作。

（杨　美）

中国银行临湘支行

【概况】　2017年，中国银行临湘支行现有在岗员工33人，内设综合管理部与支行营业部，下辖城西、福桥2个支行。

【财务指标】　2017年，支行实行税后利润1632万元，较上年末税后利润提升323万元，较2016年进步24.7%，人均税后利润达49.57万元。

【业务指标】　2017年，人民币各项存款余额为14.11亿元，较年初净增2.34亿元，较年初增长19.84%，其中储蓄存款达10.23亿元。人民币各项贷款余额为5.14亿元（含中小企业贷款），较年初增加1.29亿元，其中涉农贷款2.66亿元，企业贷款2.66亿元。

【资产质量】　2017年，不良授信余额127万元，占各项贷款余额0.25%。

（孟文伟）

中国建设银行临湘支行

【概况】　2017年，中国建设银行股份有限公司临湘市支行（简称建设临湘支行）主要提供办理人民币存款、贷款、结算业务；办理票据贴现；代理发行金融债券；代理发行、代理兑付、销售政府债券；买卖政府债券；代理收付款项及代理保险业务及经银行业监督管理机构批准的其他业务。

【业务】　2017年12月31日，中国建设银行临湘支行一般性存款余额达20.48亿元，比年初新增3.74亿元，在当地四大股份制银行中，市场份额第二，存款新增占比第二。其中个人存款余额达13.25亿元，比年初新增1.47亿元，余额与新增占比均排名同业第二。截至12月末，对公贷款余额达13.8亿元，比年初新增4.5亿元，四行排名第一。

根据2017年信贷政策，找准目标，克服困难，全面提升重点项目支持力度，为临湘市交教投授信4亿元，全年实现投放2亿元，余下2亿元待落实抵押条件后将逐步发放。临湘市鹏翔建筑安装有限责任公司发放流贷1600万元，岳阳华强混土有限公司流贷1500万元，临湘市中医院发放流贷350万元，临湘市妇幼保健院流贷500万元。同进贮备一批项目：临湘市羊楼司竹类交易物流园8500万元项目贷款，正在积极申报贷款资料；金叶肥1亿元流贷项目已审批通过，力争于2018年年初实现投放。2017年初，制定一系列产品营销方案：“情聚建行　感恩有您”VIP客户答谢会活动方案、临湘支行两节客户维护方案、临湘支行两节存量代发客户走访方案、临湘支行专业市场走访方案、临湘支行预算单位联谊活动方案，并指定专人负责各个方案的具体实施，将工作落实到实处并将其落实到实处，有效促进个人存款的增长。同时下乡镇，进农户，全力营销“金湘通”，大力拓展农村市场，打造存款新的增长点，营销“金湘通”商户140余户，全行排名第一。

通过业务的全面快速发展，一是员工收入得到大幅度提升，两节员工人均绩效8万元，实现员工人均绩效14万元，创建行临湘支行员工绩效最高记录，大大鼓舞员工工作热情。二是建行临湘支行在岳阳市分行2017年度KPI（官方最高规格专业晋级赛事）考核中荣获三等奖。三是支行工作得到市政府肯定，荣获2017年度临湘市政府综合绩效考评一类单位称号。

【管理】 2017年，支行班子狠抓服务质量的提升，规范化服务要求支行每一个工作人员，坚持贯彻市行党委提出的做岳阳市民首选银行的要求，以服务提升来赢得客户的信赖和支持，每周开展服务点评、情景模拟演练，每月评选服务明星，多手段、多举措推动服务水平的提升；同时，支行针对高端客户群体扩大，维护力度弱化的矛盾。通过发动全行员工，强化客户维护意识，从行领导到支行员工人人上阵做维护，使客户维护工作上一个新台阶，客户反响非常好。关爱员工落到实处，员工幸福感及获得感大幅提升。一是开展形式多样的集体活动；二是改善员工的办公条件；三是对办公楼前后进行绿化美化；四是改善员工的用餐环境及用餐标准。

（晏军雄）

中国农业发展银行临湘市支行

【概况】 2017年，中国农业发展银行临湘市支行（简称临湘农发行）位于临湘市临湘大道东侧（临湘市市区京珠连线东侧），主要提供办理政策性的专项储备贷款，代理安装工程保险、保证保险、船舶保险、飞机保险、航天保险、核电站保险、货物运输保险、机动车辆保险、家庭财产保险、建筑工程保险、能源保险、农业保险、企业财产保险、信用保险、责任保险，开户企事业单位存款、结算等服务。

【支持地方经济建设】 2017年初，临湘农发行主动向市委、市政府汇报，宣传支行信贷政策，加强与发改局、保健投、教建投等部门联系沟通，积极上门营销，前期已对接成功申报2个项目，贷款需求合计6亿元，因财政50号、87号文影响暂未审批，全年无新增营销中长期贷款，存量贷款实现投放2.9亿元，其中，2016年审批贷款保建投公司农民集中住房贷款4亿元，支持新建6个安置住房点，安置住房2643套，已投放2亿元，2017年无投放；2016年审批棚户区改造贷款4亿元，拟支持建设安置房面积13万平方米，安置居民714户、2713人，已投放4亿元，2017年投放2.4亿元；2016年审批教建投公司3.1亿元，拟支持新建教学楼、综合楼等建筑设施面积14.95万平方米，解决学生就读安置6075人，已投放2.5亿元，2017年投放0.5亿元。

【粮油收购信贷资金供应与管理】 2017年，积极支持粮食收购、储备，发放贷款1120万元，其中2017年发放600万元；支持收购地方储备粮200万公斤、购销贸易粮220万公斤；同时，对2017年中储粮公司的托市粮收购库存，支行切实负起管理行的责任，落实库存监管职责。

【存款组织工作】 2017年，临湘农发行充分认识到存款指标在新的绩效考评办法中的权重占比，加大存款营销力度。一方面发动全行员工，团结协作抢先机。将存款任务细化分解到每人，并与绩效考核、评先评优挂钩；另一方面，抓好低成本存款，防止企业存款流失；第三，搭建银政合作，借力政府增存款，行领导多次走访政府有关部门，开展高端营销，独处政府出面协调，吸收财政性涉农资金1309万元。

【健全内控机制】 2017年，临湘农发行以思想建设、责任延伸、制度落实、能力提升和工作推进为重点，进一步加强作风建设，落实廉洁从业承诺制，落实三项谈话制，落实廉政教育学习制度；进一步推动临湘农发行党建工作，将党建工作与业务工作结合，两手一起抓，打好脱贫攻坚持久战。认真贯彻落实省委“联村联户、为民富民”行动计划。共拨付5146万元，其中支付信贷资金2829万元，代拨资金2317万元，解决建档立卡287户的住房问题。

（朱燕午）

湖南临湘农村商业银行股份有限公司

【概况】 2017年，湖南临湘农村商业银行股份有限公司（简称临湘农商银行）是由临湘市农村信用合作联社改制而来，是临湘辖内唯一一家具有独立法人资格的股份制商业银行。现有注册资本2.4亿元，股东88人，董事9

人，监事5人，高管6人，员工275人。总行内设16个职能部室，下设1个营业部、22个支行、6个分理处，现有存贷款规模58.68亿元。是临湘市资金实力最强、职工队伍最庞大、服务机构最多的金融机构，综合实力在全市金融机构中位居第一，被临湘市委、市政府评为“2017年度推进‘五三三’工程综合绩效考评一类单位”。

【存款】 2017年，临湘农商银行通过采取优化网点建设、增强服务意识、改善服务质量、强化绩效考核等措施，扩充资金规模，扩大市场份额，夯实发展基础。至年末，全行各项存款余额38.13亿元，较年初增加6.39亿元，增长20.14%，完成省联社分配任务4.4亿元的145.23%，存款总额占全市金融机构的23.92%，居第一位。

【贷款】 2017年，临湘农商银行通过采取分类放开贷款审批权限、推行限时服务、缩短审批时间、营销竞赛考核等措施，深植营销观念，深耕客户市场，扩大贷款规模，增加有效投放。至年末，全行各项贷款余额18.3亿元，较年初增加3.4亿元，增长22.8%，完成省联社分配任务3.2亿元的106.25%，贷款总额占全市金融机构的21.08%，排名第一。

【资产风险】 2017年，临湘农商银行坚持表内外贷款清收一起抓，以流血流汗、拼死拼命的战斗精神，全力出击，大打不良贷款清收攻坚战，通过采取常态化依法清收、员工责任清收等措施，在到期贷款收回压力巨大的情况下，确保表内不良贷款不出现大幅反弹，确保表外不良贷款按计划压缩。至年末，表内不良贷款余额7309万元，占比为3.99%，分别较年初增加3075万元和1.15个百分点，低于银监监管指标1.01个百分点，2017年共收回表外不良贷款本息1769万元。

【经营效益】 2017年，临湘农商银行通过加强贷款营销，增加贷款利息收入；加强金融市场资金业务，增加资金营运收入；加强电子业务推广应用，增加中间收入；加强库存现金管理，增加往来收入等措施，至年末，实现总收入2.76亿元，同比增加0.76亿元，增长38%；同时，严控费用支出，综合费用率为28.47%，比上年下降10.08个百分点；收入成本比为39%，比上年下降12.49个百分点，通过增收节支，全行实现经营利润1.21亿元，同比增加4578万元，增长60.74%。在自身效益提高的同时，全年缴纳各项税费2281万元，同比增加1963万元，成为临湘市的纳税大户。

【财务指标监管】 2017年，临湘农商银行以增强抗风险能力为出发点和落脚点，坚持经营目标服从财务指标的业务发展思路，认真核算财务指标，仔细预算经营目标，确保经营目标按计划实现，确保财务指标达标提质，确保抗风险能力不断增强。至年末，全行资本充足率为15.58%，贷款损失准备充足率为307.91%，拨备覆盖率为152.57%，各项财务指标均实现达标并超过银监部门监管指标的下限值。

【内控管理】 2017年，临湘农商银行牢固树立抓案防就是抓效益，抓案防就是抓发展的工作理念，时刻围绕“零发案”目标，强化领导责任，人人签订案防责任状；强化全员责任，层层传导压力；群策群力，群防群治，全面强化内控管理。发挥预警、授权、监控职能，加强非现场监控，发现问题，及时处理，按季通报，通过合规风险部，累计处罚167人次，罚款32.25万元；加强现场稽核审计，开展各项专项检查，严厉查处各种违规行为，通过稽核审计部，累计经济处罚70人次，金额5.07万元；加强安全保卫工作，通过安全保卫部，通报批评54人次，处罚责任人17人次，罚款9700元；通过纪检监察室，政纪处分7人，免职6人，通报批评6人，罚款3.2万元；通过人力资源部处罚23人次，罚款5400元；通过政府约谈56人次，追回信贷资金18.7万元。由于严抓严管，连续10多年保持“零发案”。

【党建引领】 2017年，临湘农商银行为加强党风廉政建设，发挥党组织战斗堡垒作用，按照全面从严治党的新部署新要求，切实落实“两个责任”，形成由党委承担主体责任、纪委承担监督责任、班子人员“一岗双责”的党风廉政建设新格局。组织全体党员干部接受警示教育，拒腐防变的思想防线更加牢固；加强党员教育管理，以基层支部为载体，扎实推进“两学一做”学习教育常态化制度化，认真学习贯彻中共十九大精神，党员先锋模范作用得到增强；不断夯实基层党建基础，大力推动党员组织关系集中排查、党费收缴工作专项检查等6项基层党建重点任务落地落细；加强爱岗敬业职业道德思想教育，充分调动每个员工的工作积极性，切实解决人浮于事的问题；加强“三定”工作，全面实施岗位轮换、异地交流、亲属回避；加强员工培训，提高思想、业务素质，通过有计划选派骨干外出参加业务培训，常态化开展内部集训，提高队伍整体素质。

【沟通协调】 2017年，临湘农商银行通过积极主动的请示汇报，取得市委、市政府的大力支持，市委、市政府相继召开会议研究如何支持临湘农商银行发展，为快速健康发展提供坚强组织保障；同时，临湘农商银行积极争取市人民法院的支持，法院专案诉讼执行组，加大不良贷款清收执行力度，使之常态化，在全市营造大声势、浓氛围，收到良好效果。2017年共拘留执行对象7人，通过诉讼调解和执行，共收回不良贷款本息269.56万元。

（龚　进）

中国邮政储蓄银行临湘市支行

【概况】 2017年，中国邮政储蓄银行股份有限公司临湘市支行（简称市邮储银行）位于临湘市城西中路35号，业务范围有：吸收公众存款；办理汇兑业务；从事银行卡业务；代理收付款项；代理发行、兑付、承销政府债券；买卖、代理买卖外汇；代理政策性银行，商业银行及其他金融机构特定业务；办理个人存款证明服务；提供保管箱服务；办理网上银行业务；办理小额贷款业务；办理基金代销业务；办理保险代销业务；办理国内外结算；经银行业监督管理机构批准的其他业务。市邮储银行小贷、商贷结余突破2亿元，排名全区第二；消费贷快速发展，净增近1亿元创历史新高；小企业贷款实现翻番；个人理财类业务突破新高，资产质量持续保持优良，获得连续4年利润超计划的良好局面。荣获岳阳市分行经营绩效管理第二名，连续7年获全市先进单位等称号。

【个人储蓄】 2017年，市邮储银行自营网点个人储蓄存款余额为6.36亿元，与年初相比净增7295万元。电子银行替代率81%。个人理财业务销售量3451万元，完成年计划的98.6%。信用卡发卡1309张，完成年计划62.3%。

【信贷业务】 2017年，市邮储银行小贷成为岳阳六县（市）发展亮点单位，结余7879万元，绝对值排岳阳六县（市）排第一。消费净增8943万元，结余3.15亿元，在岳阳市六县（市）排名第一，年净增排临湘8家金融机构之首。信贷资产质量优良，小企业不良率为零，消费贷款不良金额6.88万元，小额贷款不良余额为104.1万元，商贷不良金额125.88万元，不良率为0.43%，资产质量在行内全区排名第一。

【公司业务】 2017年，对公存款余额为2.70亿元，净增2894万元。

【服务“三农”】 2017年，信贷业务主要以农户联保、农户担保小额信贷业务和商户联保、商户担保贷款为主，以农机购置补贴贷款、家庭农场、专业合作社、公司授信为发展方向，以商务贷款、消费贷款和小企业贷款为支撑，不断夯实银政、银保平台，做大做强再就业贷款、助保贷业务。农户、商户小额贷款每户额度分别在5万元和10万元之内，特色行业每户额度分别在10万元和30万元之内，商务贷款在500万元之内，小企业贷款在2000万元以内，小额贷款平均额度仅在5万~10万元之间，认真做好小额信贷工作，全力支持地方经济发展。由于邮储银行临湘支行定位服务“三农”方向明确，通过八年多不懈的努力，已逐步发展成为支持“三农”发展的新生主力。主要服务以下几个行业：

浮标行业。2010年7月，借全市浮标行业协会成立的机会，市邮储银行派人进行一次业务宣讲，又成功召开浮标行业协会产品推介会，到会人员45人，现场签订合同9份。市邮储银行累计向浮标行业发放贷款3000余万元，2017年发放900万元。

养猪行业。2010年8月，在行领导的牵头下，市邮储银行召开由养猪协会成员参加的产品推介会，有56人参加会议，现场就有15户养猪专业户签订贷款联保协议。向全市811户养猪户发放贷款，2017年为养殖专业户发放贷款1019万元，累计金额8600余万元。

羊楼司地区竹器行业。2010年9月30日，市邮储银行通过召开行业产品推介会，使该行业的大多数客户接受小额信贷产品。羊楼司竹器行业的会员有150人在邮储银行临湘支行贷款，累计发放贷款金额6000余万元，2017年，为该行业发放贷款1900余万元，及时解决他们囤货的资金需求。

大力扶持专业合作社、家庭农场，2017年，发放贷款1706万元。

投放创新创业小额贴息贷款5719万元，结余3118万元。从2012年开始，市邮储银行与市劳动局、财政局合作，共同推出政府担保贴息创新创业贷款业务，2017年发放再就业贷款114笔，金额1140万元。2017年来，为临湘市社会上的弱势群体，失业人员、大学生创业人员、退伍军人、妇女创业人员共114人贷款，享受中央财政贴息100余万元，上述人员实实在在得到政府的关心和温暖。

积极与金桥建材大市场、长河建材大市场合作，全方位做好城区商户贷款的宣传发动工作，在市场管理方的大力下，在临湘商会的配合下，有60户个体工商户在市邮储银行贷款，及时解决他们融资难的问题。

积极搭建园区融资平台，通过园区领导牵头，逐一走访园区企业，进行摸底调查，2017年，共为6家园区企业解决资金不足的难题。

2017年，为做大做强羊楼司竹器行业和养猪行业，向总行申报上述两个行业的产品要素调整工作，一是农户贷款金额由5万元提高到15万元，商户贷款金额由10万元提高到30万元；二是还款宽限期由4个月调整到6个月；三是利率由年息12%降到10%。通过产品要素的调整，羊楼司竹器行业发放贷款1900多万元。

【党建工作】 2017年，市邮储银行坚持每月组织全体党员开展学习活动，学习内容覆盖、党章、党规、中共十九大精神等一系列重大政治内容。开展批评与自我批评，全体党员政治素养不断提升。积极参与地方维稳活动，参加向阳社区夜间巡逻及平安创建工作，积极走访忠防镇马家洞村预脱贫贫困户帮扶对象，履行党员职责。6月，获得岳阳市分行“先进党支部”的荣誉称号。

（刘　一）

华融湘江银行临湘支行

【概况】 2017年，华融湘江银行临湘支行加快政务金融向产业金融转型的步伐，坚持明确的市场定位和服务方向。依托公私联动、全员营销两个着力点，一手抓管理资产、一手抓零售存款，从战略上做好零售基础客户群的建设与维护。落实好“二线为一线、全行为市场”的服务理念，内控管理良好，无重大安全事故，各项工作健康、平稳发展。

【存款业务】 截至2017年12月31日，临湘支行各项存款余额4.81亿元，较年初新增9937万元，增长率为26%。其中储蓄存款余额1.10亿元。公司存款余额3.71亿元，较年初新增9861万元，增长率为36%。

零售业务方面：客群建设得到了充分的发展。个人有效客户较年初新增1069户，达成率161%，超额完成全年任务。信用卡新增发卡917张，发卡率居岳阳分行第二名。新增手机银行1386户，网上银行1734户。

【信贷业务】 截至2017年12月31日，临湘支行授信余额为11.71亿元，其中公司类贷款11.02亿元，小微类贷款4903万元，个人消费类贷款2039万元。公司贷款主要投放到桃林河治理项目、棚改项目、儒溪工业园、妇幼保健院等，小微贷款主要投放在制造业、贸易流通等行业，个人消费贷款主要是住房按揭消费贷款。

【风险防控】 2017年，临湘支行未新增一笔逾期贷款。资产质量优良。原有一笔湖南省临湘市沈君炭仙有限公司330万元逾期贷款，对该企业进行破产清收，法院将抵押物评估价值确认，完成贷款清收工作。

落实案件防范责任制，临湘支行与员工都签订安全保卫目标责任书和案件防控管理目标责任书，使案件防控工作做到目标化管理、制度化要求。同时做好重要岗位人员审查工作，加强员工的风险防范意识，规范员工的操作行为。

【党风廉政】 2017年，华融湘江银行临湘支行严格贯彻“遵守制度、合规操作”职业操守理念，推进合规文化建设。规范领导干部和员工从业行为，除定期开展廉政学习、加强思想教育外，还从以下两方面开展工作。首先，对领导班子行为进行规范。对人事、财务，信贷等重大事项，坚持民主集中制原则，加强对班子成员的监督检查，禁止以权谋私，以贷谋私。对员工进行认真细致的排查，重点是员工社会关系及8小时之外的排查，严格把关，确保银行人员不涉毒、不涉黄，不染赌。加强对客户经理的管理，不准接受关系客户的吃请、红包，打造阳光信贷。

【助学圆梦】 自2014年起，华融湘江银行连续4年每年资助1000名来自三湘大地的寒门大学生圆梦。每人费用3000元，累计资助款项已达到1200万元。临湘支行2017年资助寒门学子7人，资助费用2.1万元。自2014年至2017年累计资助学子39人、11.7万元。

（张伶俐）

保　险

中国人寿临湘支公司

【概况】 2017年，中国人寿临湘支公司现有在编员工23人，专职销售业务员和民生专干共计578人，内设六部一室，即综合部、个险部、团险部、银保部、客服部、健康部和经理室。全年共收取完成各险种保费收入1.69亿元，理赔1279万元。公司年度各项工作和效能考核连续排位在县域支公司前列，团险部、综合部、银保部、个险部分别获得岳阳寿险系统第一、第二和并列第三的好成绩，多项工作受到了上级公司的表彰，特别是临湘支公司在年度考核评比中，党支部创建和业务发展齐头并进，荣获省级“五好党支部”和“县域三十强支公司”荣誉称号，公司党支部书记、经理陈小平被评为中国人寿（集团）总公司“2017—2018年度优秀党务工作者”。

【业务】 2017年度，中国人寿临湘支公司共完成总保费收入1.69亿元，其中新单保费7105万元，期交保费4415万元，意外险保费1277万元，续期保费8475万元，新单保费和意外险保费分别同比增长36%和18.6%。公司个险部、团险部和银保部3条业务线全面完成和超额完成上级公司下达的年度目标考核任务。全年共收取各种理赔案件4550件（含新农合补偿中心案件寿险），意外险赔付总金额为1279.8万元，综合赔付率达13.7%，结案率达98.7%，意外险赔付率为36.8%，新农合赔付率高达98%以上。寿险、意外险单笔理赔案件5万元以上的个案达24件起，通过大力发展业务，周到的服务态度，快速的理赔速度，受到广大参保客户和理赔客户的好评。2017年无一类有效投诉和上省、上京及群体上访纠纷案件的发生。2017年度公司风险防控和反洗钱工作受到上级公司和人民银行临湘支行领导的称赞。

【支持地方经济建设】 2017年，中国人寿临湘支公司积极主动参加配合市委、市政府、市金融办组织开展的各项重要活动，关注民生，扶贫帮困，共计向国家缴纳各种税收236.8万元，为残疾人提供帮扶资金8000元，为临湘市民提供创业就业岗位136人，在双联点国营白石园林场提供帮扶资金7500元，在白羊田镇双泉村扶贫点扶贫捐资5万元，为重点扶贫户提供项目养殖帮扶资金1万元。公司共完成扶贫帮困资金共计6.75万元，超额完成市政府分配的计划任务。另外还能积极参加抗洪救灾工作，并按要求巡点守库出资出力，不讲理由，全力支持，较好地完成市级各部门交办的民调走访，城市义务巡逻，文明城市管理，平安单位和平安家庭创建，计划生育管理，风险防范和反洗钱教育、邪教禁毒和安全维稳等中心工作任务，为临湘的社会稳定和经济建设保驾护航，为“精彩北大门、品质新临湘”建设作出积极应有的贡献，受到市委、市政府、市金融办领导的关注和重视，肯定和赞扬。公司2017年度目标考核被市委、市政府评为双管系统一类单位。

（严永华）

中国人保临湘支公司

【概况】 2017年，中国人民财产保险股份有限公司临湘支公司（简称中国人保临湘支公司）收取保费4579.12万元，发生总赔付支出2131.02万元，赔付率为56.68%，全年无一起客户投诉案件。全年共缴税458.89万元，其中代缴车船税253.44万元。2017年签入临湘医疗保险1020万元保费。

【工作】 2017年，临湘支公司制定各项内部考核制度，强化内部管理，设立奖罚机制，实行择优淘劣的用人模式，严格按照高效、快速、及时的承保和理赔服务流程为客户提供及所能及的方便和服务，中国人保临湘支公司作为临湘的双管机构，始终认真完成临湘市委、市政府下发的各项工作。参加防汛工作，并在团湾水库派人进行驻点看守，对临湘防汛灾情捐助10万元资金。双联工作中，出资对帮扶单位的困难职工家庭进行帮助；在综治工作中，中国人保临湘支公司建立了领导小组和制度，将责任落实到人，并时常组织员工对综治工作进行学习，还配合社区对附近的小区进行夜间巡逻，保障附近居民的生活安全。组织人员参加访民情工作，为群众排忧解难，将问题收集反映到社区。在保险方面，中国人保临湘支公司承保养殖业保险业务，为农户养殖发展保驾护航，还承保临湘民生保险。

（谢继尧）

中华联合财保临湘支公司

【概况】 2017年，中华联合财产保险临湘市支公司（简称中华联合财保临湘支公司）是一家主营财产保险业务的国有保险公司，于2006年2月成立，共有正式员工13人，保险代理人25人，公司设立了经理室、综合部、农险部、业务部，各乡镇农业保险办公室，并聘请各乡镇农技站长、林业站长为协保员，为保险业务的健康发展搭建了良好的平台。

【业务】 2017年完成保费收入2969.6万元，包括商业险保费收入1198.8万元，其中车险896.5万元，非车险302.3万元；农险保费收入1770.8万元，其中水稻承保面积4.87万公顷，保费收入1314万元。棉花承保面积0.17万公顷，保费收入60万元；油菜承保面积0.77万公顷，保费收入103.7万元；玉米承保面积0.13万公顷，保费收入33.6万元；公益林承保面积3.56万公顷，保费收入85.4万元；商品林承保面积5.87万公顷，保费收入140.9万元；油茶林承保面积0.13万公顷，保费收入33.3万元。

【农业保险】 2017年，在市委、市政府的坚强领导下，中华联合财保临湘支公司与市直相关部门抽调的精兵强将，采取多种宣传措施。通过广播、电视、墙体宣传栏、宣传窗、宣传标语、悬挂宣传横幅形式提高农业保险政策的入户率，让广大农户了解农业保险承保理赔基本流程，同时狠抓投保农户的信息采集工作，统一制成农户基本信息表，真正做到投保和理赔信息准确、真实、有效，使受灾之后的赔款准确、足额、迅速地发放到受灾农户的手中，同时也把市委、市政府的富民政策根植到农民的心田里。通过细致务实的工作，中华联合财保临湘支公司的农险业务从无到有，由弱到强，保费收入逐年递增，险种由单一的水稻保险发展到当前的水稻、棉花、油菜、玉米、公益林、商品林等农险产品。

2017年农业保险共计赔付1466.14万元，分别为水稻保险赔付1145.14万元，棉花保险赔付34.4万元，玉米保险赔付40万元，油菜保险赔付52.3万元，油茶林保险赔付24.3万元，林木保险赔付170万元，为临湘农业发展保驾护航做出了一定的成绩。

【司社联动】 通过认真学习市政法委关于综治民调工作的各项指示精神，对照过去，找出公司在综治、民调工作中存在的不足，深刻领会综治、民调工作的重要性。中华联合财保临湘支公司在综治工作领导小组的领导下，坚持“两手抓”“两手硬”的工作作风，无论业务工作再忙，也要保证定期召开综治领导小组会议，以确保综治民调工作的正确方向，逢会必讲综治、民调工作的重要性，做到警钟长鸣。凡是综治、民调工作必定是一把手亲自抓，副职具体督办，综治小组成员及时为促，形成公司上下共同维护和遵守的良好氛围。为创建平安社区，根据上级安排，市公司民调工作联系点为五里社区居委会，接到民调指令后，在人手紧缺的情况下，立即选调精干人马，组成民调工作小分队，按市委、政法委统一部署，上半年和下半年多批次进村入户，深入了解群众的呼声和困难，先后走访了五里社区谭家组居民150户，受访居民近300人，耐心宣讲党的富民政策，使市委、市政府强市、富民的美好蓝图深入人心。与所处辖区南华社区居委会组成治安联防分队，在社区居委会工作人员的引领下，不定期组织夜间巡查活动，有效地提高社区居民对防火、防盗、防事故工作重要性的认识，加强“联防、联治”，促进“平安创建”工作的落实，抑制违法犯罪事故的发生，收到良好的社会效果。

【扶贫帮困】 2017年，中华联合财保临湘支公司按照市委、市政府年初工作目标要求，在聂市镇马垅村进行结对帮扶。先后组织员工20多次到扶贫村、扶贫对象家中走访，了解实际情况后，派出一名副经理专门负责扶贫工作，根据贫困村、户的实际情况，为贫困户制定黑鱼养殖帮扶措施，并提供3000元用于购买黑鱼苗，发展黑鱼养殖，并邀请专家到户进行技术指导；同时投入扶贫资金15万元帮助马垅村建设光伏发电、农村清洁用水、村级公路改造扶贫项目。按照扶贫方案，黑鱼由市公司负责销售，贫困户邓建如已获利1万多元，帮扶项目全部达成帮扶要求，受到市委、市政府和聂市镇党委政府的好评。

（陈三萍）

文化·旅游

文 化

【概况】 2017年，临湘市文旅广新局是主管全市文化旅游广电新闻出版事业的政府工作部门，主要职责是贯彻党和政府有关文化旅游广电新闻出版工作的方针政策和法规，研究制定全市文化旅游广电新闻出版工作的规划、规章并监督执行。下设10个二级机构，其中文物管理所（加挂临湘市博物馆）、文化市场综合执法大队为参公单位，图书馆、文化馆、青少年学生校外活动中心、龙窖山遗址文物保护管理所、旅游服务中心、美术馆为全额事业单位，影剧院为自筹事业单位，楚韵临湘花鼓戏剧团为企业（加挂临湘花鼓戏传承研究所，为全额事业单位）。全局在职干部职工182人，其中党员130人。

【全域旅游】 2017年，市文旅广新局按照市委、市政府提出的"全景临湘，全域旅游"发展战略，以强力推进"'2124'行动主攻旅游产业"和"创建国家全域旅游示范区"为工作重心，从改革创新、党政统筹、融合共享、绿色发展等方面下功夫，开创全域旅游发展新局面。临湘市荣获"中国健康养生休闲度假旅游最佳目的地"称号，浮标小镇被评为"湖南省级工业旅游示范点""湖南省第三批湖湘风情文化旅游小镇创建单位"，临湘牛角寨农业发展有限公司被湖南省乡村旅游点星级评定委员会评为"湖南省五星级乡村旅游点"，接驾楼生态休闲园被岳阳市乡村旅游点星级评定委员会评为"湖南省四星级乡村旅游点"，湖南高圣生物有限公司选送的"人人灸"在中国湖南（第八届）旅游产业博览会活动中获得"湖南特色旅游商品奖银奖"。旅游接待总人数704万人次，旅游总收入51亿元，分别增长32%、34%。

【文化创建】 2017年，全市13个镇（街道）全部建有综合文化站，每个文化站面积超过400平方米，有6个镇建有文化礼堂，5个镇建有1000平方米以上的中心文化广场，成为广大群众文化活动的大舞台。全市161个村（社区）全部按照"七个一"的标准建成村级文化活动中心，建有农家书屋和文化信息资源共享基层服务点，实现广播电视村村通。全市每年送戏下乡180场，送电影下乡3300余场，送书进村5万多册。建成爱心图书室15个、公益阅读吧2个，建成文化分馆4个、图书分馆5个。

【文化活动】 2017年，完成送戏曲下乡180场，送电影下乡3421场，送图书下乡53640册，均已完成目标任务。举办"世界读书日"全民阅读、临湘文化大讲堂、"我们身边的文化遗产"大型图片展览等大型系列活动。开展"2017暑假公益艺术培训班""2017暑假培训汇报展演"活动，通过地方剧团嗡琴戏爱好者免费培训班，培训戏曲爱好者300余人，培训社区文艺团队舞蹈骨干和积极分子300多人。精心打造以"共筑文化梦"为主题的创建省级公共文化服务体系示范汇报晚会。

【艺术生产】 2017年，微电影《良心的守护》参加中宣部宣教局、中央新闻纪录电影制片厂举办的微电影征集活动，获三等奖；选送的《中华故乡》参加岳阳"新人新歌"大赛，获美声组银奖；花鼓戏课本剧《将相和》参加岳阳市第十一届"三湘蒲公英"少儿才艺大赛，获创作金奖，广场舞《富强之歌》参加"喜迎十九大 共圆中国梦"——"我们都来跳"社会主义核心价值观湖南省原创广场舞大赛岳阳市决赛，获银奖。组织

102名才艺少年，赴省会长沙参加“中国梦·少年梦”第八届湖南省少儿才艺大赛总决赛。

【遗产保护】 2017年，深入开展龙窖山堆石墓群和龙窖山遗址文物安全检查，完成《龙窖山堆石墓群文物保护规划》《龙窖山遗址朱楼坡青石工程抢险加固修缮方案》的编制工作，做好“万里茶道”申遗工作。将第一批临湘市级非物质文化遗产项目代表性传承人68人进行摸底调查和资料入档，人员名单在市政府网进行公示发文。成立剪纸艺术传承培训基地，组织城区和乡镇中小学校进行非遗传承授课32课时，参训学生1500多人次。

【市场管理】 2017年，共立案99件，结案96件，开展专项行动10余次（联合治安大队、消防大队专项行动3次）。开展“3·18”法制日普法宣传活动，开展“护苗”“净网”“固边”“秋风”“清源”五项“扫黄打非”行动，联合工商等部门共出动执法人员16人次，检查了旅行社、宾馆酒店、旅游景区点、旅游购物点、旅游餐饮点等场所16家，清理违法违章旅游广告20份，检查导游员12人次，现场纠正3人次。

【荣誉奖项】 2017年，临湘市文旅广新局荣获岳阳市文广新工作综合绩效考评第一名，获临湘市推进“五三三”工程综合绩效考评一类单位、党风廉政建设先进单位、优秀领导班子、平安创建先进单位、文明创建与城市管理“三大攻坚”行动先进单位、为民办实事先进单位、安全生产先进单位、招商引资先进单位、全域旅游先进单位、提案办理先进单位、联手帮扶企业先进单位称号。

临湘市文化馆选送微电影《良心的守护》在中宣部宣教局、中央新闻纪录电影制片厂组织的社会主义核心价值观主题微电影征集展示活动中获三等奖，舞蹈《浮标儿尖尖》在湖南省委宣传部、文化厅组织的“欢乐潇湘”大型群众文艺会演中获三等奖，武术表演《中华武术魂》、小唢呐独奏《十送红军》在岳阳市委宣传部、岳阳市文广新局“欢乐潇湘”大型群众文艺会演中分别获得一等奖、二等奖，文化馆青年舞蹈队被湖南省委宣传部、文化厅评为“欢乐潇湘”大型群众文艺会演优秀团队，在岳阳市第十一届“蒲公英奖”少儿才艺大赛中，市文化馆选送的节目获银奖3个、铜奖2个、优秀奖3个，在岳阳市“新人新歌”大赛中，文化馆选送的歌曲获银奖1个，优秀奖2个。广场舞《富强之歌》在岳阳市文广新局“喜迎十九大　共圆中国梦”——“我们都来跳”社会主义核心价值观原创广场舞大赛中获银奖，文化馆获“组织奖”，摄影作品《百年苍桑》在岳阳市摄影家协会组织的首届湖南临湘野樱花油菜花摄影大赛中获银奖。

临湘市图书馆被湖南省图书馆评为“全国公共图书馆第六次评估定级湖南省先进单位、岳阳市图书馆授予“书香岳阳”全民阅读主题征文活动“组织奖”、图书馆信息共享工程业务技能竞赛“组织奖”“岳州讲坛”品牌活动“先进单位”，岳阳市委宣传部、岳阳市文明办、岳阳市教体局、岳阳市文广新局、共青团岳阳市委、岳阳市妇联、岳阳市关心下一代工作委员会授予“全市少年儿童系列读书活动阅读活动奖”。

临湘市文化市场综合执法大队被湖南省“扫黄打非”办评为“全省扫黄打非工作进基层示范点”，被岳阳市文化市场综合执法局授予“岳阳市平安文化市场创建先进单位”、“岳阳市平安文化市场综合执法先进单位”、岳阳市“扫黄打非”办授予“岳阳市扫黄打非工作先进单位”称号。

临湘市花鼓戏传承保护中心编排现代小戏《赶种猪》在岳阳市文广新局组织的岳阳市第二届小戏小品大赛中获得银奖。

临湘市青少年活动中心被共青团湖南省委授予“三星级湖南省优秀青少年校外活动基地”“湖南省示范性青年之家”称号。戏曲课本剧《将相和》在湖南省文化厅组织的湖南省第十六届“三湘蒲公英”活动中获戏剧曲艺类金奖，在共青团湖南省委组织“湖南省少儿才艺大赛”中获得一等奖并被授予“优秀组织奖”，在第十一届岳阳市“蒲公英奖”少儿才艺电视大赛中获得创作金奖。

（张日平）

广播电视

【概况】 2017年，临湘广播电视台有在职干部职工252人，其中财政全额编制人员111人，自筹编制人员101人，在职企业职工13人，劳务用工27人；退休人员88人。设办公室、政工股、计财股3个股室，下辖电视宣传中心、广播宣传中心、都市频道、新媒体部、五尖山转播台、城网中心（网络公司）、农网中心、无线数字中心、电影公司9个二级机构。

【新闻宣传】 2017年，广播、电视两台先后组织“两会”特别报道和三级干部大会系列报道，策划制作《撸起袖子加油干，“2124”在行动》《项目建设进行时》《身边的工匠》《喜迎十九大，谈五年变化》等20余组专题报道，播出电视新闻2400余条，广播新闻3100余条。外宣，保持领先态势。在央视上稿1条，在湖南卫视、经视、省电台上稿31条，在岳阳广播电视台上稿220余条。

2017年，共摄制《品质临湘》《登高望岳赋华章》《湘北门户党旗红》《创园林城市 建品质临湘》《紧系金融安全 开创行业新篇》《追逐梦想》专题片6部。获湖南省广播电视奖二等奖1个，岳阳广播电视奖一等奖3个、二等奖5个。2017年下半年，“品质临湘”手机台正式上线，实现在手机上看临湘新闻、查临湘资讯，临湘的声屏借助快捷的现代互联网技术，覆盖全国，落户全球。严守宣传纪律，播出管理日渐规范。一是严把导向关；二是坚持播出许可制度；三是认真落实“三审制”和“重播重审”制；四是规范广告播出管理，增加公益广告播放量；五是加强采编人员职业道德教育，切实改变行业作风。升级制播设备，提升临湘广电硬实力。2017年投资150余万元，完成临湘电视台采制播出数字化的全面升级。

【事业建设与产业经营】 2017年，网络经营在逆境中求生存、谋发展。城网中心紧紧围绕省集团公司年初下达的目标任务，强化内部管理，完善考核机制，做足服务功课，临湘公司在集团百余子公司排名较上年有显著提升。农网中心新上农村宽带网接入业务，2017年完成桃林、羊楼司、桃矿等镇（办事处）、江南、白羊田5个乡镇的接入平台，新加架光纤干线158公里，新增光接点78个。加强“村村响”工程的后续维护与管理，严格按上级要求办结“户户通”工程。无线中心坚持把社会效益放在第一位，重点抓人口稀少有线网络难以到达地区的广播电视信号覆盖，确保了临湘广播电视信号覆盖无死角。2017年，上级分配临湘市农村公益电影放映任务3312场，超额完成省下达的放映任务。公司员工引进优秀影片，克服夏暑冬寒，乡镇、村合并等诸多不利因素，圆满完成放映任务，观看人数达200万人次。

【播出管理】 2017年，明确广播电视安全播出工作的目标任务，完善重保期安全播出保障方案、安全防范方案和应急预案，落实领导带班制度、24小时值班制度和零报告制度，确保中共十九大等重要安保期间广播电视安全播出。完成临湘台监测前端建设资金的筹集和项目招标采购，解决广电监测信号源，落实特护期等重要播出时段的零报告制度。定期督导排查安全播出隐患，发现存在的隐患和问题，及时整改，彻底消除隐患，保证播出传输各环节安全。

（林　广）

临湘市美临文化旅游发展投资有限公司

【概况】 2017年1月，临湘市美临文化旅游发展投资有限公司是经临湘市委、市政府批准设立的国有独立法人企业，注册资本金20000万元。主要职能为按照政府主导、市场运作模式，对临湘境内文化旅游资源实行统一规划、开发、运营，通过资源整合和资本运作，完善旅游基础设施，培养精品旅游线路，拓展旅游发展空间，促进全市文化旅游产业加速发展。公司设有董事会、监事会，设置综合、财务、融资、工程、规划5个部室，拥有2家控股子公司，共有员工29人。公司自3月运营以来迅速发展壮大，年底资产总额达26.7亿元，净资产24.31亿元，荣获全市综合绩效考核一类单位称号。

【融资招商】 2017年，在融资政策紧缩的情况下，公司多方开拓融资渠道，融资到账3.15亿元。从张家界旅游集团股份有限公司收回临湘山水旅游开发有限公司股权，并引进上市公司中惠旅集团，合作开发运营6501风景区。

【旅游规划】 2017年，公司坚持规划引领，按照“一中心、一走廊、一区、一园”的发展蓝图规划旅游产业，编制《临湘市全域旅游规划暨国家全域旅游示范区创建三年行动方案》《旅游产业落地实施方案》《旅游厕所规划设计》《雁南山隐居民宿规划设计》和《智慧旅游规划设计》，正在编制千年茶乡文化旅游走廊、体育小镇、野樱岭景区和乡村旅游扶贫重点村产业扶贫规划。

【项目建设】 2017年，公司围绕五尖山创建国家AAAA级旅游景区，已种植杜鹃13.33公顷，正在进行佛天门、普济观、大悲寺二期工程升级改造；十里桃花景区栽种桃树17000株；砖茶岭生态旅游茶园栽种茶树6.53公顷，种植湘莲2.67公顷，主干道路白改红7500平方米，建设观景平台1个；龙窖山景区老龙潭项目已完成电瓶车道，正在进行二期游步道建设，启动梅池民宿装饰设计；江南油菜花基地建成稻草人王国、风车世界、观景平台、旅游公厕、人行步道、木栈道等基础设施；詹桥樱花基地栽种樱花6000株，野樱岭景区完成壁山村立面改造（墙绘）3985平方米，完成景区道路路基平整6100米，硬化1500米，建设生态停车场2000平方米；6501景区新建生态停车场，对功能用房和景区环境进行亮化绿化，新建A级旅游厕所3座；建好25个生态环保公厕，并移交属地管理；完成智慧旅游平台项目技术部分，并启动运营。

【宣传营销】 2017年，公司在传统营销上，设计临湘旅游LOGO，拍摄《打造全景临湘，构建全域旅游》宣传片，编印《临湘形象画册》《全域旅游导游手册》和《旅游招商手册》，邀请湖南经视制作《湘北门户可以这样玩》专题节目。在节会赛事营销上，成功举办首届野樱花、油菜花节暨全省摄影大赛、“5·19”中国旅游日大众旅游T台秀、2017湖南汽车旅游音乐节等系列节会赛事，吸引省内外游客数万人次，40多家中央、省、市主流媒体关注报道。多渠道、多角度的宣传营销，扩大临湘旅游品牌的影响力和辐射范围，使临湘旅游出镜率、知名度大幅提升，在中国新旅游时代——2017年度品牌推介盛典上，临湘被评为“中国健康养生休闲度假旅游最佳目的地”。

（沈小勇）

新华书店

【概况】 2017年，湖南省新华书店有限责任公司临湘市分公司（简称市分公司）在省集团和市分公司的正确领导下，在当地政府和教育等部门的关怀支持下，公司全体干职员工，负重前行，自强奋进，全年销售3021万元，实现利润130万元。

【应对教辅征订专项整治行动】 2017年，面对秋季岳阳市中小学违规征订教辅材料问题专项整治行动，市分公司在秋季中小学教辅材料征订中，严格按“限年级、限学科、限范围、限数量、限总额”要求执行。并承诺教辅材料推荐坚持自愿和无偿代购原则，按照规范流程公示公开操作。同时组织全体员工，在暑期到社区、街口、闹市发放精美教辅宣传单15000份，利用开学三天时间，在各城关学校门口摆摊销售教辅材料，以积极的姿态展现新华人在逆境中的自强形象。

【教材及一教一辅的征订】 2017年，市分公司各校订单回收过程中，组织相关人员及时仔细审核订单，发现有征订品种结构不合理，或订数不到位的，不厌其烦地去做工作，提高征订质量，不留科目空白，确保教材足额征订。特别是课改后的教参教案的征订，总是极力宣传鼓动，取得较好的效果。订单数据录入报订后，对实物的收、发、调、存、退、销、报损实现全流程信息化管理。

【加强沟通工作】 2017年，由于课改及其他因素的影响，如今教材到货越来越集中，市分公司教材一直是集中分发，致使教材分发时间紧、任务重，给确保学校正常开学带来很大的困难。为此，克服困难，提早准备各校数据，抓紧报订，货到后分发及时快捷，克服量大库小的困难，分批次发出各学校的教材，并采取定期统一调剂以提高工作效率，寒暑假作业及开学后到书全都免费送货上门。在征订、分发、售后服务等各个工作环节做到热情接待，始终奉行亲情、微笑的服务学校理念，争得社会和学校好评。

【“千人营销”活动】 2017年8月30日至9月，市分公司全员行动，分片包干，前期做好假期阅读推广策划，将人员按单位、按社区、按居民点、按学校分片负责，并主动联系相关科室、居委会、小区物业、学校，根据需要备齐备足书源，摆摊设点，把书籍送到读者家门口。此次“千人营销”充分利用假期开展的社会阅读服务活动，公司坚持社会效益放在首位的原则，彰显了国有文化企业的社会责任，凸显处在逆境中新华人的拼搏精神，为打造一支深谙市场规律的阅读推广队伍搭建平台。

【农家书屋配送服务】 2017年，市分公司为配合省集团农家书屋馆配图书新战略，公司与临湘市文旅广新局紧密合作，在不到一个月时间内顺利完成本地区2017年度298个农家书屋网点图书的配送。并按合同要求，做好各网点图书交接证明材料、图书上架和书屋内外景图片等资料。

【提升公司形象】 2017年，市分公司充分发挥新华书店作为党的宣传阵地和窗口作用，以中心门店为依托，社区摆摊、校园书店为延伸，通过不断拓展店内店外图书销售市场，增强书店的服务功能，为读者提供全新的阅读体验，积极参与当地书香临湘全民阅读活动，努力推进书香进农村、社区、家庭、学校、机关、企业、军营的“七进”活动。全年进社区、机关、学校摆摊15次，取得一定的经济效益和良好社会效益。

【参与社会活动】 2017年4月，为提高市民素质、创建文明城市，举办临湘市第一届创意作文大赛，共组织500多位学生参加复赛；7月，由临湘市人民政府主办、市教体局承办的第七届临湘市大众运动会，公司获得“新华杯”冠名权，突显公司在服务教育、传播文化方面的主动性、责任意识和行为担当，彰显新华员工在逆境中的自强形象；9月，市分公司党支部组织本支部在岗党员到羊楼司金鸡社区，开展迎接中共十九大主题党日活动。活动中，新华书店党支部向金鸡社区捐赠了价值3000元的医药、农村种植、科普类图书和习近平总书记的重要文献，并捐赠现金2000元。并在社区工作人员的带领下，到破产企业羊楼司水泥厂看望两名贫困老党员，各送慰问金500元。

【发行党政读物】 2017年上半年，市分公司在临湘市委组织部、宣传部的大力支持下，开展《从严治党》《胡锦涛文选》及《读有所得》两次大型的宣传推介活动。特别是下半年，又进行中共十九大辅助读物的宣传发行。全体员工在党员干部的带领下，积极到各单位宣传征订并送货上门，发行进度实行日报制，及时反馈各单位征订数量和缴款情况，全程协调，各小组通力合作，较好的完成党交给的政治任务。

【运营阅达书城线上平台】 2017年，阅达APP是全省连锁门店由线下经营向线上线下一体化运营转型升级的重要载体，公司发动全体员工及家属，利用微信朋友圈发展线上会员，在线发布产品信息和营销信息，结合线下同城配送和三方物流配送，逐渐引导和培育会员在线购书消费习惯。

【推进A佳教育】 2017年，市分公司加大力度，深入各中小学校，加强服务，在取得高中阶段全部采用A佳考试卷的基础上，使A佳教育理念深入到各学校、各年级，最终使所有的考试全部采用A佳模式，为企业寻找新的利润增长点。

（彭　红）

五尖山国家森林公园

【概况】 2017年，五尖山国家森林公园管理处分质量监督股、项目建设股、资源管理股、旅游管理股、综合协调股共5个股室。按照市委、市政府的统一部署，公园牢牢把握国家“大力实施乡村振兴战略”的发展契机，主动融入临湘市委、市政府“全域旅游、全景临湘”发展框架，不断强化生态经营理念，加大项目申报力度，完善基础设施建设，制造靓点卖点，精心打造“洞庭东来第一山”旅游品牌，落实国家全域旅游示范区创建工作，不断满足游客需求和树立湘北门户形象，将五尖山森林公园成功打造为国家AAAA级旅游景区。公园在时间紧、任务重、资金缺的情况下，落实项目建设，全面加快公园提质改造，迎难而上，改革创新，各项工作取得较大成绩。2017年共接待游客100万人次，创旅游总收入1779万元，比2016年同期增长26%。2017年，公园被评为湖南省森林公园质量管理十佳单位、湖南省“秀美林场”。

【立项争资】 2017年，公园通过向国家、省、市级林业及旅游主管部门申请争取到十多个项目资金支助共1000多万元，建设、改造、完善一批硬件设施。其中保护与利用项目720万元，旅游厕所建设63万元，秀美林场建设30万元，防火营房建设121万元，生态保护建设46万元，其他项目资金68万元。

【生态建设】 2017年，公园通过立项争资、招商引资、职工自筹等方式，筹集资金8000多万元，营造杜鹃园、紫薇园、茶花园、梅花园共20多公顷特色花卉园，完成油茶改良、茶花茶梅嫁接100亩，珍稀植物园和大径林、无节良材示范基地13.33公顷，新造楠竹133.33公顷，楠竹低改6000亩，林相改造升级景观林66.67公顷，荒山补植5万株，培植珍稀植物2.2万株，种植绿化花草2万多平米。实现了从“砍树”到“看树”、从“卖山头”到“卖生态”、从“卖木材”到“卖景观”、从“把林产品运出去”到“把城镇居民引进来”的历史性转变。

【景区建设】 2017年，岳阳市、临湘市领导、专家多次到五尖山考察，先后召开常委会、办公会及创建推进会共十余次，将五尖山国家森林公园提质建设纳入市里的重点工程，并由财政拔付项目配套资金8600万元，用于景区前期基础设施建设。由公园及市交通局、文旅广新局、林业局、交建投、文旅投等市直单位分工协作，完成公园一系列工程建设：旅游公路、游步道、配套景观、安全护栏、警示牌、路灯系统、安全监护系统、防火指挥大楼、标识标牌、游客中心、生态停车场、旅游厕所、垃圾中转站、垃圾桶以及水、电、通信、网络等设施建设、提质、改造等。启动了南门综合服务区、智慧系统建设，公园基础设施日益完善。

【防火保障】 2017年，公园坚持开发与保护并举的原则，始终贯彻“以人为本、预防为主、积极扑救、有效消灾”的森林防火方针，建立一套完善的生态及防火保障机制。公园林区与7个乡镇的27个村组接壤，每年入园游客100多万人次，防火责任重。公园本着“防火就是林区生命线”这一宗旨，重点突出联防联治措施，取得连续25年无火警火灾出现的佳绩。营造枫香、木荷防火林带25公里，开通防火公路8公里，维修林区道路35公里，人工疏通水沟30公里，保证每一条防火通道畅通无阻，新添置一批防消设备；拥有30人的防火巡逻队，60人的防火扑救队；新修、维修护林点6处，新建的塔高15米瞭望台，已投入使用，大大提高防火监控能力。

【其他工作】 2017年3月，完成瞭望台13.33公顷杜鹃园建设；9月，启动南门综合服务区建设；10月，完成风坳至东门提质改造及安全护栏安装，防火营房主体工程建设，景区外交通指示牌制作及安装；12月，启动景区标识标牌、垃圾池、垃圾桶建设。

（叶美华）

教育·卫生

教 育

【概况】 2017年，临湘市有中小学43所，其中，公办36所，民办7所，在校学生60166人；幼儿园124所，其中公办22所（城区1所，乡镇21所），民办102所，省级骨干幼儿园2所，岳阳市级示范幼儿园9所。在园幼儿18869人。市教体局有二级机构9个、行政单位1个，全市有在编教师3712人。

【调整教育布局】 2017年，临湘市投入资金近亿元，完成市三中、市六小建设，已于2017年9月1日投入使用；投资3.8亿元，用地340亩，能容纳5000多名学生的新一中将于2018年2月投入使用。原一中校区由六中整体迁入，新增500多个初中学位；市一完小搬迁至现六中校区，新增小学学位700多个。教育布局的调整，进一步缓解城区中小学大班额问题。

【改善办学条件】 2017年，临湘市为加快推进薄弱学校改造工程，投入1370万元，完成白羊田中学等5所薄弱学校食堂、综合楼改造。利用中央和省级薄改专项资金1615万元，对19所薄弱学校校舍进行改造，利用维修改造专项资金870万元；对27所中小学校进行68个项目的维修改造。投入1000多万元的132套农村中小学教师周转房已使用；投入近1亿元建设的952套教师公租房已交付使用。完善中小学实验室建设，建设高标准新一中理化生及通用技术实验室、江南中学理化生及科学实验室、横铺中学理化生及科学实验室、占桥中学生物实验室。投入资金270万元，着力打造智慧校园，新增班班通设备设施105套。临湘市所有学校教室和功能室已全部配备3种模式的班班通设备，市教体局已建成中心机房和教育城域网，全市中小学全部拉通校园网，实现教育教学资源人人通。

【办学模式改革】 2017年，临湘市各学校着眼当前，规划未来，统筹城乡义务教育一体化改革发展，调动办学积极性，积极培育优秀教育人才，深入践行社会主义核心价值观，积极开展学雷锋主题实践、志愿者服务、“三爱三节”“五好小公民”“阳光校园·我们是好伙伴”等各种德育大讲堂专题教育活动和中小学德育示范校创建，切实加强心理健康活动，全面提升中小学生的思想道德素质。特别是在“五好小公民”主题教育读书活动中，市教体局连续三年被教育部评为“先进集体”。大力推进高效课堂建设工程、阅读素养提升工程，先后确定了临湘六中等9所学校为课改实验校，率先进行课堂教学改革，临湘六中被授予“全国自主教育实验学校”称号。临湘二小构建并全面普及“学案引路，小组互动”课堂教学模式，被评为岳阳市级课堂教学改革先进学校。

【体艺工作】 2017年，临湘市成功举办第七届大众运动会，承办湘鄂赣边区第十六届老年运动会，呈报“一县一品”特色体育项目，争取体育项目经费1160万元；建设多功能社区3个、健身路径5套。完成体育彩票发行3000多万元。组队参加岳阳市级篮球、羽毛球、乒乓球团体赛，并获得篮球赛第三名、羽毛球团体赛第五名的好成绩。举办中小学生个人才艺大赛、教师节优秀节目表演以及中小学校建制班合唱比赛等活动。参加岳阳市中小学校园文化艺术节系列活动，取得优异成绩，获得2个最佳才艺奖、5个一等奖、7个二等奖、11个三等奖，市教体局获评优秀组织奖。在参加湖南省国学知识竞赛中，临湘七中获得岳阳市级三等奖。成功举办临湘市第十届中小学生运动会。在全国中田赛中临湘二中获金牌

6枚、银牌5枚、铜牌3枚，团体总分稳居全国前八名。在湖南省第五届武术大赛散打比赛中，临湘文武学校荣获团体总分第一名，获17个级别冠军。

【提升教学质量】 2017年，临湘中考报名学生4574人，总平均分702.96分，比2016年提高14.9分，其中临湘六中十科全合格率进入全岳阳市265所学校前30名。全市普通高考中，报名学生2186人，文理科一本上线311人，上线率14.23%，比2016年提升了1.56个百分点，超过岳阳市平均上线率0.8个百分点。二本以上上线突破1100人，上线率41.22%，比2016年提升了5.62个百分点，创近5年来新高，特别是理科本科上线率为71.87%，位居岳阳市第一。600分以上高分共41人，有15人进入全省前1%，优生比例稳居岳阳市前列，其中临湘二中理科考生魏莹以681分居岳阳市第二名，理科综合以290的高分获湖南省单科第一名，录取北京大学。2017年，临湘市无论是高考、中考还是德育管理、教育教学综合质量评价都位居岳阳市前列。临湘市教体局被岳阳市评为教育教学工作先进县（市、区），临湘一中和临湘五中被评为普通高中教育教学工作先进学校，临湘二中被评为普通高中教学质量提升优胜学校，源潭中学被评为初中教育教学工作先进学校，临湘二中、临湘六中、市一完小被评为岳阳市中小学德育工作先进单位。

【完善教育体系】 2017年，临湘市以中心幼儿园为龙头、乡镇独立建园的格局基本形成，有力促进全市农村学前教育健康、快速、均衡发展；积极推进义务教育课堂教学改革模式，加强校际合作、校地合作和交流。近年来，临湘市与华中农业大学、湖南农大、湖南一师、岳阳民族学院等高校签订教育发展协议，共同促进学校发展。规范高中学校的办学行为，深化课堂教学改革，加强学生综合素质培养，继续实施普通高中改革。着力改善中等职业学校办学条件，不断转变办学模式，实行订单式培养、现代学徒制教学试点。职业中专与湖南省中科师创联合办起“电商班”，与临湘市花鼓戏剧团办起“花鼓戏剧班”，与临湘市钓协办起“钓童班”等冠名班，临湘市钓协还把职业中专定为钓鱼协会培训基地。

【狠抓队伍建设】 2017年，临湘市坚持把师德建设摆在突出位置，通过多种措施和形式，多样的活动，加强教师职业道德教育。充分做好教师招聘和选调工作。公开、公平、公正招聘列编教师140人（含委培生10人），乡村定岗教师40人。同时从外地调回籍贯在临湘的正式在编在岗教师20人，全部分配在乡镇学校工作。组织424名教师参加国培计划，市本级实施8个短期集中培训项目，参加人数达4000余人次。修改并完善《临湘市关于进一步加强教师队伍建设的实施意见》《关于推进临湘市义务教育学校校长教师交流轮岗的实施方案》，建立科学合理的教师交流和支教管理办法，提拔校长8人，交流副校长12人，选派5名教师到平江、9名教师到新化支教。同时着力清理吃空饷人员，对没有到岗教师，一律先停发工资，再责成限期到岗到位，全年共催返教师21人。

【党建工作】 2017年，全面开展“党员活动日”活动，扎实推进“两学一做”制度化、常态化。开展系统内党风廉政建设主题教育活动，结合行业特点，开展“小手牵大手，廉洁一起走”为主题的廉洁文化进校园活动。针对岗位性质抓预防，让规章制度成为保障。紧盯重要节点抓监督，让咬耳扯袖成为常态。突出主职主业抓问责，让执纪审查产生威慑。

【校园安全】 2017年，临湘市教体局继续以创建“平安校园”为主线，成立安全工作领导小组，形成安全工作一把手亲自抓、全员参与、齐抓共管的良好局面。教体系统没有出现大的安全事故，更没有发生一起责任事故。安全管理网络健全，党政同责、一岗双责及各项规章制度落到实处。校车运营逐步走上正轨，市校车办严查资质不符、超载超速、跨界运营现象，规范校车接送环节，确保校车有序运营。市一中等10所学校申报岳阳市“三园”建设示范校。

【加大助学力度】 2017年，临湘市教体局对1508名家庭经济困难幼儿进行入园补助，发放资金150.8万元；对5754名小学生、3625名中学生补助生活费1028.5万元；对1211名高中学生发放国家助学金242.2万元；对518名中职学生发放国家助学金103.6万元；对3026人次中职学生享受免学费，补助资金723万元。为确保受资助学生能及时、足额享受到国家资助，县级配套资金共计423.66万元全部及时足额到位，且保证安全及时发放。

（方超纲）

临湘一中

【概况】 临湘市第一中学位于风光秀丽的长安河畔、五尖山下，交通极为便利，文化积淀深厚。学校创办于1927年，其前身系旧县城陆城镇莼湖书院。1931年随新县城迁至长安桥畔新校舍(今一中校址)，先后使用"临湘县立中学""临湘县城关中学""临湘县第一中学""临湘市第一中学"等校名。临湘一中目前是岳阳市重点中学，湖南省一级A类学校，湖南省体育传统项目学校。校园占地面积6.5万平方米，建设面积5万平方米。

【落实"三抓"】 2017年，临湘一中学校在做好常规德育工作的同时，力求德育活动的实效性，以德育教育来带动学生日常行为习惯的优化和学习效率的提高。最大的特色是德育"三抓（抓学生禁用手机、中午静校和晚上安寝）"工作取得显著成效。迁入新校园后，政教处、安保处、团委大力宣传"三抓"内容和措施，以此在学生及家长中形成禁用手机的氛围，创建和谐校园。开学后，团委、政教处、年级组和班主任联手对学生进行疏导，对违反规定者进行细致入情入心的教育，严重的也会给予适当的处罚。并且为方便学生有急事和家长联系，学校开放教师手机和各年级组办公室、行政办公室全部固定电话，免费给学生使用。通过这个学期的整治，基本杜绝学生在校使用手机的现象。静校和安寝制度，保证中午校园和晚上寝室就寝的安静，给学生提供良好的学习和休息环境。学校安排专人值班，将午休和就寝情况纳入班级管理评分中。静校和安寝制度实行以来，休息时间学校环境静谧，学生休息学习时间得到保证，学生就寝纪律和卫生大为改观，学习状态明显提升。

【安全教育】 2017年，临湘一中为确保学生安全，根本在于提高安全意识，增强自我防范和自护能力，抓好安全教育是学校安全工作的基础，为此，学校经常对学生开展安全教育活动。4月28日，学校与市人民法院联合开展一次送法进校园活动，让学生从书本中走进现实，进一步了解法律，去感受到法律的温暖和威严，增强自我防护意识，学会用法律保护自己。6月25日，学校与岳阳市蓝天志愿者救援队合作，在力行楼后广场开展预防溺水应急知识进校园活动。全体师生参加，学生上台与志愿者互动，收到了很好的效果，教会学生在危险时刻该怎样求助他人或救助他人，为自己的人身安全多一份保障等等活动，

【课余活动】 每一名孩子都是独特的个体，学校在教育的同时，也有责任为他们提供展现才能的舞台。同时，这也是丰富校园文化，提升学习效率的一个有效方式。4月17日，在校田径场举行"靓丽青春，自强不息"励志演讲和读书活动，扩大学生知识面，丰富学生社会知识，提升学生阅读兴趣。4月23日，在学校大会议室开展"教建投杯"读书节活动，经典"悦读"伴我行，让学生在阅读中找到快乐，找到自信，在阅读中健康成长。5月4日，高三年级全体师生一行在莼湖书院前，举行十八岁成人仪式，让他们更加自信，懂得身上的责任，勇于面对社会的挑战。学校团委组织的"湘草"志愿者协会，以"文明交通劝导，学校在行动"为主题，利用星期天下午开展文明交通劝导活动，累计向市民发放文明交通宣传资料2000余份，签订文明交通承诺书1000余份。

【以改促教】 2017年，临湘一中广泛开展听评课活动，学校积极推行教研组"同课异构"集体听课和推门随机听课活动，每节课都进行集体评课，向课堂要质量，向课堂要效率。

【实施"青蓝"工程】 2017年，临湘一中加强教师队伍建设是提高办学效益的关键，特别是关注青年教师培养是学校的重中之重。建设适应现代教育的教师队伍至关紧要，加之学校青年教师多数毕业不久或缺乏教学经验，实行岗位练兵，势在必行。为此学校在教师培训上做了大量卓有成效的工作。一是五四青年节举行青年教师教学比武，全校40位青年教师参加比赛，通过角逐，最后评出11个学科、13个一等奖，李亚琴、吴勇超、李梓楹、张娟等一批青年才俊脱颖而出。二是学校在本着"发现新人，培养新人，成就新人"的原则，经个人申报、学科组推荐、教科室评审后报校务会通过，最终确定5位教师为临湘一中首届名师：江辉波、沈辉霞、何方针、陈西波、王超，并分别成立"江辉波名师工作室（数学）""沈辉霞名师工作室（英语）""陈西波名师工作室（化学）""王超名师工作室（生物）"，努力实施"青蓝"工程为青年教师提供实现自我价值的舞台和成长的空间，实现"一年胜任，三年出成绩，五年挑大梁"的青年教师培养目标。重视青年教师的培养与成长，重视对中老年教师的再培训。组织他们学习新课标、新教材，参加网络继续教育培训等。

【教学质量】 2017年高考，在学校的正确领导下，在2017届高三全体教师顽强拼搏下，出色地完成各项工作。首先，积极做好辅优培后进生工作。岳阳市一模考试后成立各科的"辅优攻关小组"，优生的试卷用手机

拍照后到多媒体黑板上展示，攻关小组的几位老师集体评判，形成辅优意见，然后再进教室实施。对于临界生多加鼓励，从心理上开导，帮助他们找回信心，树立正确的人生价值观。其次，加强对高考的研究。密切与名校的联系，订阅名校的资料或直接向名校学习，如带领高三各科老师参加长郡中学的“5·9”会议，认真吃透会议精神，再结合本校的实际情况，各学科召开讨论会然后实施。

（喻格雄）

临湘市职业中专

【概况】 临湘市职业中专由原临湘市职业中专和临湘市成人教育联校（含湖南电大临湘分校、临湘市教师进修学校、临湘市成人中专）于2001年8月合并组成。是国家级重点中等职业学校，湖南省示范性职业中专。学校以习近平新时代中国特色社会主义思想为指导，全面贯彻党的教育方针，坚持立德树人，为构建现代职业教育体系做出了积极贡献。2017年，学校坚持立德树人，以服务发展，促进就业为导向，以专业建设，校企深度合作为抓手，不断充实学校内涵发展，教育教学取得优异成绩。

【成果】 2017年，临湘市职业中专在岳阳市“金鹗杯”全市教学比武中，学校教师获得2个一等奖；在全国教师说课大赛中，学校有一名教师获得国家级三等奖；在全省中职学生技能大赛中，学校汽车专业4人参赛，有1人获一等奖、2人获二等奖、1人获三等奖；在岳阳市“中职技能竞赛”中有4名学生获得一等奖，6名学生获得二等奖，7名学生获得三等奖；在岳阳市39届“青少年科技创新大赛”中也有1名学生获一等奖、1名学生获得二等奖。

先后被评为湖南省远程培训先进单位；岳阳市干部执法资格考试优秀单位。学校投入1000多万元的新实训大楼拔地而起，投入300多万元的塑胶操场和灯光球场使美丽的校园更加绿化、美化和亮化，办学条件显著的改善，使办学品质大幅度提升；学校网站已经正式上线，学校信息能及时发布，老师个人空间建设已经起步，校园信息化资源库建设已初具规模；93人参加高考，100%的学生升入高等学府。600分以上的有5人，600~550分的有10人；就业卓有成效，绝大多数学生进入中国500强企业，就业率100%，对口就业率90%；跟岗、顶岗实习的学生都成了万元户。当年上半年，临湘电大重点招收了首届“幼教学历提升计划”即学前教育专业学员88人，加上其他开放教育专业总计招收专本科学员120人。下半年，电大招收了第四届“农民大学生”专本科学员30人（专科23人，本科7人），第三届“幼教学历提升计划”即学前教育专业学员53人，加上其他开放教育专业专、本科学员25人，下半年完成招生108人，全年总计招生228人（其中本科27人，专科201人），超额完成本年度的招生任务。

（廖亚萍）

临湘市永安教育建设投资有限公司

【概况】 临湘市永安教育建设投资有限公司（简称“市永安公司”）于2014年4月由市国资局全额出资正式确定设立，注册资金1亿元，主要负责教育建设项目的资金筹措、投资建设和管理以及处置教育布局调整的资产和国有教育资源。公司内设综合人事部、财务融资部、工程项目部、投资发展部、资产经营与管理部、商务合约部6个部室，现有工作人员25人。2017年，公司主要承建了新一中、六小、三中、薄弱学校改造项目，启动教体新城PPP项目。

【建设项目】 2017年，市永安公司投资近4.6亿元完成新建面积近9.4万平方米，维修房屋等约5000平方米，建成4个田径运动场近3万平方米，征收房屋80栋、厂矿企业6家，征收土地200多亩。

临湘市一中整体搬迁建设项目，东邻向阳路，南抵107国道，西抵桃矿铁路，北靠芙蓉西路。该项目总用地面积283亩，总建筑面积12.5万平方米，总投资3.8亿元。2015年10月开工建设一期工程，包含教学楼3栋，学生宿舍6栋，综合楼、食堂和学生超市各1栋，2017年建设二期工程包图书馆、体育馆、田径场、附属工程等建筑及配套设施建设。各类设备设施配备齐全，符合国家示范性高中的建设标准，2018年2月投入使用。

市六完小建设项目。按照2013年市委、市政府作出的教育布局调整决策，城乡小学重新规划改建成第六完全小学。市六小位于临湘市五里牌街道办事处向阳居委会芳草坪组，占地54.37亩，新建1栋教学楼、1栋学生宿舍、1栋食堂和1个地下车库等建筑及配套设施建设，总建筑面积19709.61平方米，设计42个教学班，可容纳学生2000人，总投资5600万元。2016年9月，启动项目建设，

2017年9月投入使用。

市三中建设项目。文件精神，新征用地1.13公顷，将城南中学扩容提质建成一所可容纳近2000名学生的临湘市新三中。该项目新增2栋教学楼、1栋综合楼、1栋食堂、1栋学生宿舍等建筑，配套附属学校田径场、围墙、门楼等设施，总投资3000万元，2016年5月启动主体工程建设，2017年9月投入使用。

教体新城PPP项目。该项目选址临湘大道南侧，南太路西侧，峡山路北侧，兆邦大道东侧，总用地约1955亩，总投资12.87亿元，总建筑面积45.6万平方米。2017年成立教体新城建设指挥部，召开概念性规划方案选定评比专家审查会、初步规划设计方案讨论会、环境评价专家评审会、规划委员会，办理项目的可研报告和批复、规划环境影响报告书的审查意见，完成70%以上的深化设计。已征拆房屋72栋，面积约1.7万平方米，兑付征拆款约1.3亿元。PPP项目已入财政部PPP库，通过公开招标的方式，确立中标单位为江苏扬建集团。

薄弱学校改造建设项目。为落实三级干部会议精神，公司投资近1000万元对3所学校进行标准化建设。2017年8月，完成长塘中学运动场的建设及围墙厕所的维修改造，11月完成实验学校综合楼建设，12月完成七中食堂建设。

【开发融资】 2017年，市永安公司共向各银行申报融资项目6个，申报额度12.1亿元，到位2.25亿元；协调争取项目资金。争取到上级项目资金5693万元。其中以临湘市五里社区健身活动中心为载体，向国家体育总局申请本级公益金800万元；以临湘市公共体育场田径跑道和足球场为载体，争取中央预算内资金360万元；以向阳路、峡山片区棚改争取配套基础设施建设资金1700万元，征拆配套资金2577万元；以桃林、职高公租房争取奖补资金170万元；新一中水电气配套经费86万元；以门面及停车位销售为契机，实现公司盈利。

【安全生产】 2017年，市永安公司成立安全领导小组，制订安全工作计划，建立安全责任制，层层签订责任状，每个建设项目都建立施工安全台账，公司认真开展安全施工宣传，定期进行隐患排查和整改。由于安全施工工作做到工作有部署、宣传有阵地、管理有制度、预防有举措、检查有落实，没有发生一起安全责任事故。

（钟丽敏）

卫生和计划生育

【概况】 2017年，临湘市卫计系统有2499人，其中，在职人员1826人，离退休673人；专业技术人员1416人，每千人口拥有专业技术人员2.8人。全市有医疗卫生机构501家，二级医疗机构4家，社区卫生服务中心3家，卫生院20家，村卫生室301家，个体诊所131家；开放病床3089张，每千人口拥有病床数6张。5岁以下儿童死亡率为3.62‰；每千人拥有床位数5.2张；每千人拥有职业医师数2.7人；农村卫生厕所普及率93.02%。人均预期寿命为77.3岁。卫计各项事业蓬勃发展，获得多项荣誉。全国流动人口卫生计生动态监测工作获得全国县（市、区）排名第一，成功创建全国基层中医药工作先进县（市），顺利通过省级蜚蠊密度控制水平C级达标复查，聂市镇中心卫生院、桃林镇中心卫生院荣获全国“2017年度群众满意乡镇卫生院”称号。

【健康临湘建设】 2017年，市卫计系统按照卫生计生“十三五”规划和医疗卫生服务体系规划，临湘市有3个医疗卫生项目纳入省“十三五”投资项目库，规划投资8236万元。创建省级医学重点专科5个，其中，市中医医院康复科已被纳入全国基层中医药特色优势重点专科建设项目，并与市社会福利中心共建共享，打造成临湘市医养结合示范基地，市胸痛中心将于2018年完成省级认证。市人民医院和市中医院将整体搬迁，长安社区卫生服务中心已搬迁至原妇幼保健院，城南卫生院搬迁到原市计生服务站，忠防、儒溪、聂市和乘风卫生院完成改扩建任务。精神病专科医院二期主体工程已封顶。基层医疗卫生机构基本按预定要求，完成新建和改造升级任务。群众就医需求得到有效满足，卫生事业得到长足发展。

【医卫体制改革】 2017年，市卫计系统出台《临湘市分级诊疗制度实施方案》，积极推进县域内医疗共同体建设。市直医疗机构分别与岳阳市一医院、二医院、乡镇卫生院建立双向转诊关系，拟在县域内形成以市人民医院、市中医院、市妇幼保健院为牵头单位的医疗共同体，推进医共体成员单位中的医疗机构医疗资源共享、检查、检验结果互认等。严格实行国家基本药物制度。做到三个统一：统一网上采购，统一零差率销售，统一使用国家基本药物目录内药品。推动“两票制”全面落地。市医疗机构10月1日起全面实施药品采购“两票制”。11月底，全市医疗卫生单位网上集中采购药品总金额8205.2万元。所有药品严格按照零利润销售。认真落实家庭医生签约服务。全市成立家庭医师签约服务团队32个，实现签约18.13万人，完成重点人群签约率64.5%；特殊人群签约率100%。市人民医院组织140名医生与1973户居民开展“家庭医生签约”服务，较2016年增加484户，回访、接受咨询、指导复诊服务26084人次。2017年度，市人民医院呼吸内科、产科、儿科和市中医医院疼痛科、骨科、康复科完成省级重点专科建设，临湘市将继续加强市精神病专科医院省级重点专科建设和申报。

【医疗服务工作】 2017年，市卫计系统共取缔黑诊所5家、游医2人，开展专项整治行动2次，收缴药品、医疗器械9件（箱），折合人民币2万元；吊销“两非”违法行为执业机构核准诊疗科目妇科专业1家，吊销“两非”违法行为执业人员执业助理医师执业证1人。严把依法执业“准入关”。从人员、机构准入方面着手，全面开展医疗机构、医师和护士电子化注册。其中医师电子化注册完成率84%，已激活886人；护士电子化注册完成率76%，已激活727人；医疗机构电子化注册完成率99%，已激活487家。另外办理护士首次注册63人，延续注册67人，变更注册74人；办理医师注册50人，延续注册72人，变更注册14人，注销28人。重抓医疗机构“安全关”。积极推行医疗纠纷第三方调解，切实做好医疗纠纷处置工作。一方面各医院进一步加强对重点科室、重点部门、重点环节的管理，另一方面积极建立和完善医疗纠纷第三方调解机制。全市辖区内共发生医患纠纷26起，调处结案23起，发生2起小型医闹群体性事件，未发生一起伤医事件。未出现因医闹事件引发医护人员罢医、游行、请愿、网上串联煽动事件。优化医疗作风。一是继续推行医德医风建设，在“5·12”护士节特别表彰和推荐一批优秀护士代表，树立一批爱岗敬业的医护模范。聂市镇中心卫生院、桃林镇中心卫生院荣获全国“2017年度群众满意乡镇卫生院”称号。二是组织开展“三个示范”（党员示范日、党员示范科室、党员示范岗）活动，如市精神病专科医院开展“党员献爱心、关爱特殊人群”主题实践活动，市人民医院、中医院、妇保院分别利用“党员活动日”，每月安排党员干部深入基层开展免费巡诊、女性“两癌”检查和健康知识进基层活动。三是与团市委协作，开展大型义诊活动，组织市人民医院、市中医医院、市妇幼保健院分别在社区、乡镇卫生院、学校等地方，开展公共场所义诊、对口支援社区卫生服务机构义诊、举办健康大讲堂等活动。

【公卫服务】 2017年全市艾滋病、结核病、急性传染病等防治工作平稳有序，法定传染病报告病例2210例，较2016年同期减少124例。血防查螺、灭螺，查病、治病和牛羊淘汰封洲禁牧工作全面完成。城乡饮用水水质监测工作深入扎实开展。免疫规划工作落到实处，基础疫苗接种率达95.5%。2017年度血吸虫病防治工作绩效考核被省卫计委评为优秀单位。提高卫生应急水平，加强重要时段、重大节假日应急值班制度。疫情预警共85次，均在2小时内进行有效处置，并及时上报。临湘市荣获岳阳市卫生应急技能比赛团体一等奖和多个单项及个人奖项，被评为岳阳市应急技能标兵。促进妇幼健康服务。以降低孕产妇和儿童死亡率、提高出生人口素质为目标，落实妇幼保健路径管理。全市孕产妇系统管理率97.86%，住院分娩率100%；开展出生缺陷干预防治，婚检6650人，婚检率93.64%；叶酸服用率97.09%；孕前优生健康检查4346人，查出高危风险717人。2017年无一例孕产妇死亡。重抓中医药健康管理服务。完成儿童中医健康管理建档并开展中医调养17473人，较2016年增加39.07%。65岁以上老人中医健康建档并开展中医体质辨识34662人，较2016年增加22.13%。中医药健康管理服务记录真实性较2016年有明显提高。基本公卫服务落实落细。实现资金全到位，项目全覆盖。重点民生实事项目全部到位，完成2家乡镇卫生院和精神病专科医院二期工程建设；红十字会全面完成1700人的献血任务，确保了临床用血需要；农村适龄妇女（35~64岁）“两癌”免费检查8600人次，孕产妇产前免费筛查4743人次，均属超额完成任务。对全市260名城乡居民进行关于实施基本公共卫生服务项目的知晓率和满意度测评，知晓率为80%，满意度为96%。

【计划生育】 2017年，市卫计系统强化抽样调查和数据核查，建立数据终审把关制度。截至9月底，全市共出生7802人，其中政策内7345人，符合政策生育为94.14%，出生性别比112.9。严惩违法生育行为，强化社会抚养费征收。有效地遏制违法生育，彰显社会公平。出台《关于做好特殊困难家庭扶助工作的实施办法》，为2088名计生“两扶”对象发放扶助资金415.37万元，享受独生子女保健费对象1316人，15.79万元奖励资金将以直通车的形式，发放到对象手中；为5804名城镇独生子女父母，发放奖励金393.45万元。群众满意度不断提升。

【能力建设】 2017年，由市编委办发文，明确计生协会设立办公室、业务指导股、综合服务股3个内设机构，核定股级职数3人。市财政新增生育关怀预算经费30万元，使协会年度经费预算达到65万元。召开第七届计生协会会员代表大会，全市共推选出席市计生协会第七次会员代表大会的正式代表125人，选举产生新一届协会理事、常务理事和协会领导机构。注重示范，稳步推进群众自治。共申报省级示范镇（街道办事处）1个、示范村2个，岳阳市级示范村3个，均创建成功。其中，桃矿街道办事处获得"全省计划生育基层群众自治示范街道"荣誉称号，桃矿金坡社区、五里牌新庄社区获得"全省计划生育基层群众自治示范社区"荣誉称号。黄盖镇合兴村、聂市镇三和村、忠防镇丘坪社区成功创建岳阳市基层群众自治示范村（社区）。扩大影响，打响生育关怀品牌。在生育关怀上，主要利用"5·29"会员活动日、"7·11"及中秋等传统佳节，对计生特殊困难家庭开展上门走访慰问，全年共上门走访慰问211户、285人次，为每户送去500~1000元不等的慰问金。在计生系列保险上，完成计生家庭系列保险59万元，共对57例进行理赔，理赔金额26.7万元，理赔率达到45%，其中女性原发性癌症3例，理赔6万元。在爱心助孕上，在贴息项目帮扶上，申报7户对象，其中3户收到好的社会效果。如坦渡镇定湖村种粮户黄长林，通过贴息贷款发展种植加工一条龙，年收入70余万元，并解决了40余名计生群众用工问题，取得经济效益和社会效益的双丰收。

（陈　芬）

疾病预防控制

【概况】 2017年，临湘市疾病预防控制中心（简称市疾控中心）是市卫计局下属二级机构，主管全市儿童预防接种、疾病预防控制、全民健康教育等工作。2017年，在市卫计局的统一部署和上级业务主管部门指导下，市疾控中心以习近平总书记系列讲话精神为指针，认真贯彻"预防为主"的工作方针，全面落实疾病控制各项工作措施，不断强化工作责任，提升服务能力，圆满完成全年工作任务。

【技术培训】 2017年初，市疾控中心制订详细的业务培训计划，采取全员集中培训、短期培训、进修培训和外出参观学习等培训学习方式，大大提高专业人员的业务水平。2月，市疾控中心利用农历正月上班间隙，组织开展为期5天的集中业务培训，由市疾控中心各科室业务骨干讲课，培训后进行考试，县级疾控机构等级达标标准被列为学习重点。在外出学习培训方面，全年共48人次参加上级举办的专业培训。根据疾病防控要求，适时组织乡镇疾控专干开展业务培训，举办4期业务培训，共培训370人次。通过业务培训和交流学习，业务人员及时掌握国家最新的疾病防控策略、防治技术和工作要求，及时更新专业知识，进一步提升了业务技能。投入260万元升级改造实验室，为顺利推进等级评审奠定了基础。选派6名队员积极参加岳阳市卫计委、市人社局、市总工会联合举办的岳阳市卫生应急技能竞赛取得优异成绩，荣获突发急性传染病防控单项二等奖、突发中毒事件处置二等奖，5名队员获个人标兵称号。

【编制置换】 2017年，向市编委争取到25名全额编制，并且是由本单位自收自支编制人员置换。在市编办、市人社局、市卫计局的领导下，按照"公开、公正、公平"和"竞争择优"的原则，通过考试择优，选定25名置换人员名单，至年底已经完成15人编制置换，整个编制置换工作规范有序，广大职工无异议。市委和编办、人社等部门给予充分肯定。

【精准扶贫】 2017年，市疾控中心根据市政府"一扶多帮，一户一策，多人帮一"精准扶贫要求，1月20日，主动进驻羊楼司新屋村，定点联系帮扶贫困户，开展一系列扶贫帮扶活动，先后10次入户探望脱贫家庭，实地调研扶贫项目，因地制宜实施养殖扶贫，共支援扶贫资金近3万元。与此同时，两名政协委员也积极参与扶贫工作，主动慰问帮扶对象。为落实省、市二级医疗卫生机构对口支援乡镇卫生院项目，成立两支支援队，分别负责支援两个社区卫生服务中心，结合自身特长，在基本公共卫生服务和预防接种门诊规范化建设方面提供大力的支援。

【基础免疫】 2017年2月，市疾控中心把乡镇预防接种信息化建设作为督导重点，定期上门督导。通过督促指导，免疫规划信息化建设的各项指标明显上升，疫苗扫码入库完成率100%，预防接种个案基本信息完整率98.3%，接种信息及时上传率100%，接种门诊扫码接种率90%，均达到上级要求的指标。二是进一步提高基础疫苗接种率。按照全省麻疹类疫苗查漏补种活动部署，临湘市于3月20日至5月19日在全市范围内开展适龄儿童麻疹类疫苗查漏补种活动，查漏补种结束后抽查全市麻疹类疫苗接种率为95.5%，其中乡镇麻疹类疫苗接种率为96.5%，通过查漏补种，临湘市麻疹发病率显著降低。3月、5月和9月对全市预防接种工作进行3次全面督导，专项督导辖区内产科预防接种单位，确保各接种门诊建设更加规范。春、秋两季指导全市开展入托、入学儿童接种证查验补种共查验入学入托2093人，查验率为96%，补种后全市接种率抽查达到95.2%。在免疫规划疾病监测方面，完成接种异常反应监测18例，麻疹监测14例，AFP（甲胎蛋白）监测2病例，无乙脑、流脑，全面完成监测任务。

【规范传染病报告管理】 2017年，市疾控中心进一步加强传染病信息报告业务管理、技术培训和工作指导，督促各医疗单位进一步健全传染病信息报告管理组织和制度，建立行之有效的传染病报告管理自查制度和奖惩制度，严格执行责任制和责任追究制，进一步提高报告的及时率、准确率、完整率。每月开展传染病疫情监测资料的分析和反馈，每半年开展一次漏报调查，杜绝了错报、漏报。全市报告法定传染病2327例。按照《湖南省霍乱监测方案》，5月，启动霍乱监测，共采集外环境样112个，经霍乱弧菌检测均为阴性。各乡镇卫生院及市直医疗单位监测腹泻病例120例，检测15例，检索率12.5%，霍乱弧菌检测均为阴性。按照手足口病监测方案要求，采样57个手足口病标本送岳阳市疾控中心检测。针对2017年的H7N9禽流感疫情形势，每月2次主动开展外环境监测，对全市主要活禽市场进行采样送检。截至12月中旬共采集外环境样120份，其中6份H7N9病毒核酸检测阳性。根据监测结果，先后建议市政府于2月10日至3月3日，对临湘市北正街集贸市场禽类交易休市，3月11—31日对全市禽类交易休市，4月27日至5月19日，对全市禽类交易休市，5月20—27日，北正街集贸市场禽类交易继续休市。同时，按照H7N9流感诊疗方案要求，督促各医疗单位迅速启动发热门诊，加强发热病例监测，对疑似病例积极采集咽拭子送岳阳市疾控中心检测。共采集4例疑似病例咽拭子送检，结果均为阴性。按照狂犬病防治工作要求，对全市狂犬病暴露人群进行监测，按要求及时上报岳阳市疾控中心。三是进一步提升艾滋病和结核病防控工作质量。继续开展艾滋病咨询检测，最大限度发现病人。共为555名目标人群提供自愿咨询检测服务，超额完成全年任务，查出HIV阳性6人，完成在押人员监测544人，查出HIV阳性1人。全市新报告HIV感染者26例，累计报告156例，现在管感染者和病人100例。对符合治疗条件的89名病人积极开展抗病毒治疗。市疾控中心每月组织干预队针对相关人员开展干预工作。高危人群全部进行艾滋病检测，检测率100%。按上级要求密切关注8例麻风病患者，及时上报相关数据，各项指标都达到省级项目要求。在结核病诊疗转向完成之前，继续做好病人的发现与管理。转诊之前共接诊可疑结核病人550例，痰涂片1080张，查出活动性结核病人126例，其中新涂阳病人33例，对126例确诊病人全部实行免费治疗和管理。在做足前期准备的情况下，8月，正式将结核病诊疗转向定点医院，诊疗转向平稳推进，评估结核病防治效果的各项指标继续保持项目要求。对所有免费治疗的病人实施全程电话督导管理和重点病人访视督导的管理模式，并且结合乡村医生在结核病治疗管理作用的基础上，培训一批志愿者、家庭成员参与病人管理，真正做到“送药到手、看服到口、记录再走”。新涂阳患者治愈率按2016年同期计算，2017年1—11月确诊结核病患者335人，其中检测病原学阳性的患者135人，病原学阳性检测率40.3%。各项指标均超过上级规划任务要求。

【应急能力建设】 2017年7月，临湘市多处发生洪涝灾害，立即启动应急预案，深入灾区开展各项卫生防疫工作，确保灾后无大疫的目标。同时，还响应岳阳市卫计委的召唤，积极支援平江灾后防病工作，得到平江市委、市政府致信感谢。在2017年的救灾防病中，共消耗84消毒液300件、漂白粉2吨、漂白精片30件、杀虫剂20件、一次性防护服300套、一次性防护手套300双等。积极开展突发公共卫生事件风险评估。全年，先后开展人感染H7N9禽流感防控风险评估、春季呼吸道传染病风险评估及洪灾后传染病风险评估，将各类风险降到最低。到11月底，疫情预警85次，均按上级要求在2小时之内进行有效处置，并及时上报。其中一起腥红热疫情预警初步判定为疑似事件，通过现场调查，最终排除暴发疫情，整个调查处置报告均向上级部门报告，有效防止疫情进一步蔓延。五里发生一起野生毒蘑菇中毒事件后，积极配合省专家组开展调查处置工作。

【其他工作】 2017年，市疾控中心进一步加大慢性非传染性疾病防治技术指导力度，把高血压和2型糖尿病防治管理作为2017年工作重点，进一步规范管理。各乡（镇）卫生院、村卫生室、社区卫生服务中心（站）充分利用健康建档和接诊时机，对35岁及以上居民测量血压，对45岁以上的居民检测血糖，及时建立慢病档案，提供规范的随访服务，对原发性高血压患者和确诊的2型糖尿病患者，每年进行一次全面的健康检查。2017年，督促指导各乡镇卫生院新建居民健康档案2760份，累计建档515338份，建档率95%以上。全市共有48836名65岁及以上老年人接受健康管理，34140名老人享受免费体检服务。开展慢性病危险因素监测5000余人次，监测项目11项。在管高血压病人17824人，糖尿病3688人。11月，根据岳阳市综治办等6家单位联合下发《关于印发严重精神障碍患者监护人申领看护管理补贴暂行办法的通知》文件精神，全面开展患者排查鉴定工作，共排查1706例登记病人，确诊3级及3级以上患者1216例。11月底，累计建档2606例，其中死亡94例，现有在册患者2512人，经其本人或家属知情同意患者2511人，报告患者率4.91‰。至年底，接受管理2483人，管理率98.85%；按上级要求进行规范管理2227人，规范管理率88.65%；服药患者2009人，服药率79.9%；能够规律服药的患者1884人，规律服药率75%。死因监测，全市共报告死亡病例2150例。各项指标均达到上级要求。二是职业病防治工作。2017年开通重点职业病监测数据报告账号，配备一名专职工作人员，对体检中发现的疑似职业病进行网络报告。2017年共开展上岗前和在岗期间职业健康体检5000多人，均为他们建立职业健康监护档案，切实保障厂矿从业人员生命健康，受到社会广泛好评。为落实省政府职业病患者救治惠民项目，中心积极开展病人搜集转诊工作。11月底，共向岳阳市职业病防治院转诊185人，确诊106人，对较为严重的26例尘肺病人实施免费治疗，超出上级规定的指标（20人）。三是卫生监测工作。自国家4月出台政策停止疾控中心三项收费后，迅速落实，免费开展预防性健康体检，共办理健康证3054人次。共对4家市直医院、23家乡镇卫生院和部分村卫生室进行消毒监测，共采集检测样品420个，检测合格率90%以上。饮水卫生监测共对2家自来水公司、11个乡镇供水单位、4所学校和18户乡镇农户饮水进行监测，共采样检测108个样品，对城区3家消毒餐具公司及幼儿园和学校采集餐具消毒样品150个。根据《2017年岳阳市食品安全风险监测方案》的要求，顺利完成食品安全监测任务，共设置80个食品安全风险监测点，采样检测80个样品，及时送检并上报数据。5月10日，在疾控中心三楼会议室，由市卫生和计生局组织对3家哨点医院一线医护人员进行食源性疾病监测培训工作，邀请岳阳市疾控中心监测科科长授课。共监测食源性疾病372例，超额完成上级下达的工作任务。每月一次虫媒微生物密度监测均按要求开展。四是学校卫生工作。共组织62所学校和幼儿园共420名食品从业人员进行体检，发放健康证明。为落实H7N9禽流感、手足口病等重点传染病防控措施，不定时督导学校和托幼机构认真落实晨午检制度，加强环境卫生消毒工作，及时报告疫情。利用城乡居民医保基金对47所学校40017名学生开展健康体检工作，对8000名入学新生开展结核病筛查，并对结果进行评价分析。桃江结核病公共卫生事件发生后，与市教育局组织督导组，对学校传染病防治工作进行督导指导，进一步规范晨、午检和因病缺课登记工作。对4例学生结核病例进行流调处置，对第一完小流感疫情进行调查处置，采样检测为B型流感，建议学校作出停课两天的处置。对其他几所学校疑似流感疫情，及时进行调查排除。五是寄生虫病和地方病防治工作。疟疾防治共检测“三热”病例63例，均为阴性。碘缺乏病防治4月和5月完成了碘缺乏病监测工作，抽取5个乡镇，共检测学生200人、孕妇100人。检测结果显示：学生B超甲状腺容积均达标，学生碘盐覆盖率为100%，碘盐合格率为93.0%，合格碘盐食用率为93.0%；孕妇碘盐覆盖率为100%，碘盐合格率为98.0%，合格碘盐食用率为98.0%，尿碘已按要求送岳阳市疾控中心检测。按照全省生活饮用水水碘含量调查工作安排，5月完成全市水碘采样送检工作，共采集水样195份，按要求送岳阳市疾控中心检测。六是健康教育工作。充分利用每一个卫生专题日，积极开展健康知识宣传教育活动，在每一个活动中，中心都认真开发群众乐意接受的宣传材料。共设计、制作、出台印刷资料16种，累计下发健康教育资料30多万份，制作宣传展板110块，电视宣传8次，悬挂横幅标语410条。在全民健康生活方式支持型环境创建方面，临湘市申报的健康食堂（临湘移动）、健康社区（长城社区）、健康公园（白云湖公园）和健康步道（白云湖公园步道）推进顺利，得到湖南省健康行动办的专家高度肯定。

（李旭光）

血 防

【概况】 2017年，临湘市血吸虫病防治领导小组办公室（简称临湘血防）隶属于临湘市卫计局，主要职能是为人民身体健康提供血吸虫病保健服务，负责宣传血吸虫病防治知识，以人民身体健康为己任，努力构筑血防安全平台。下设4个股室：办公室、财务股、业务股、党建办。

【制定防治工作方案】 2017年，临湘血防根据市疫情变化及达标要求，科学制定防治工作方案。一是深入疫区调研，倾听基层干部、群众和血防人员意见，制定《临湘市血防办2016年工作管理方案》《临湘市2016年血防工作规划》《临湘市2016年血防工作要点》等纲领性文件，明确年度防治工作重点和难点，指导全市科学开展血吸虫病防治工作；二是结合防治工作要求，制定《临湘市2016年查螺灭螺灭蚴工作实施方案》《临湘市2016年血吸虫病防治项目实施方案》《临湘市2016年基层人员血防知识学习方案》《临湘市2016年人群查病与晚血筛查工作方案》和《临湘市2016年人群血吸虫病化疗工作实施方案》等十多个单项防治工作方案，明确防治工作要求，规范技术操作规程，提高防治工作效能；三是把工作效能、工作经费与个人绩效和单位目标管理考核挂钩，层层落实责任追究制，先后下发《临湘市2016年基层血防站血吸虫病防治工作目标管理考核方案》《2016年血防工作平时督查考核方案》《临湘市基层血防站血防经费管理办法》等文件。

【重点家畜传染源管理】 2017年，临湘血防在沿长江以及与毗邻县（市）相邻的重疫区乡（镇、场）牛、羊等主要家畜传染源管理，采取以下措施：一是加强已围栏封洲禁牧区域的后期管理，建立长效管理机制，与疫区有关村签订后期维护协议，明确双方职责，落实管理经费，及时修复破损禁牧设施，使禁牧设施保持在较好状态，保障禁牧效果；二是与畜牧、农机等相关职能部门加强沟通、密切配合，大力修整机耕路，逐步淘汰敞放耕牛，全面提高疫区农田机耕率；三是采取疏堵结合的方式，在无螺区域划设家畜敞放区，允许附近牛、羊在此敞放区放养，同时临湘血防多次对敞放区不定期开展螺情调查，严密监控钉螺孳生环境情况，一旦发现可疑情况，及时进行处置；四是与畜牧部门协作，推进在基础条件许可区域圈养牛、羊等家畜；五是加强与云溪区、赤壁市的联系，对农户、养殖户购买牛、羊等情况及时掌握，严格实行进出检疫，确保域外病牛（羊）不进入临湘市，通过以上措施，有效控制家畜重点传染源。

【查螺灭螺】 2017年，临湘血防为真实掌握临湘市螺情动态，做好“急感”防控工作，对查螺、灭螺工作非常重视：一是血防办分派人员蹲点各血防站，重要血防站由业务主任亲自挂帅，确保工作不走样、数据不掺假；二是把查螺灭螺工作纳入绩效考核，强化平时督查，单独进行考核计分；三是督促各血防站组织血防人员开展技能培训与考核，要求人人过关，提高现场工作质量；四是继续实施“单盲法”质控查螺。在全市4个查螺村共设假螺点12个，血防办全程监控，做到假螺回收率为100%，取得预期效果；五是根据全国钉螺调查方案，临湘市已完成现场螺情调查及各环境的GPS定位，现正进行资料收集及绘图；六是在联防区实施同步联防查螺，掌握联防区螺情资料，严防域外疫情入侵；七是采取多种方式实施灭螺前扫障，对大面积的灭螺环境首先采取喷洒除草剂，然后实施灭螺，确保灭螺效果，在组织的灭螺效果考核中，所有考核环境的钉螺校正死亡率均为100%。截至5月底，已完成查螺875.503万平方米，占2017年任务的126%；完成灭螺221.83万平方米，占任务的116.75%。

【渔民防治】 2017年，临湘血防把渔民船民的血吸虫病防治工作纳入常规工作进行重点管理。一是根据上级防治工作新要求，制定《临湘市2016年渔船民血吸虫病防治工作实施方案》；二是对渔船民码头集散地、主要活动区域、集中居住区等钉螺孳生环境开展钉螺调查，及时掌握螺情；三是采取上船入户方式对当地和流动渔船民开展渔船民春季禁渔期查病、化疗和宣教工作，提高渔船民查病和化疗依从性；四是加强与洪湖市等毗邻县市间渔船民的信息通报，及时掌握渔船民状态，提前做好相关防控准备。已完成渔船民集散地查螺417.246万平方米，灭螺149万平方米，发放各类宣传资料3000余份、宣传品2000余个，渔船民接受宣教2500余人次，实施查病270人次，化疗256人次。

【血防健康教育】 2017年，临湘血防为做好血防健康教育工作，以“血防宣传周”活动为契机，创新工作亮点。一是争取领导重视，营造血防宣传声势。邀请省血防所防治部、岳阳市卫计委、临湘市人民政府、市卫计局等领导专家亲临现场督导，3个重点疫区乡镇党委、政府一把手都参加血防宣传周活动。二是在临湘市长安城区和各疫区镇集镇设立多个血防宣传咨询点，特别是在流动人员比较密集的临湘市工业园区设立血防宣传咨询点，在宣教现场悬挂横幅、设置大型彩门，并专门设立晚血救治政策咨询台，向群众详细讲解晚血救治政策。三是建立“警地共建”血防安全网。特别邀请武警临湘市中队武警官兵共同参加血吸虫病宣教、灭螺活动。活动期间，临湘血防对36名官兵进行血吸虫病预防知识教育，并与武警官兵一起进行灭螺，通过此次活动，使武警官兵充分了解临湘市的疫情现状，亲身感受血防工作的艰辛，提高武警官兵在参加执勤、处突和野外驻训的防护意识和能力，降低血吸虫病的感染风险，为此，武警中队特送血防办一面“温暖润军营，鱼水情谊深”的锦旗。四是在宣传点发放宣传资料、脸盆、桶、雨伞、围裙等宣传品以及临湘血防自制的宣传纸杯、连环画、作业本、环保手袋等宣传品，提高群众了解、支持、参与血防工作的热情。五是临湘市江南血防站与云溪区血吸虫病预防控制站在联防区（儒溪外洲）开展联合灭螺和血防宣传活动，提高群众对外洲钉螺环境危险性的认识。六是采取群众喜闻乐见的方式开展血防宣传，租用广告公司流动液晶宣传车采取播放血防宣教片方式在城区、疫区乡镇、村组进行不间断、巡回流动宣传，提高血防宣教效果。血防宣传周活动期间，全市共设立咨询台10个，接受群众咨询6000多人次，张贴宣传画500多张，制作血防宣教展板28块、血防知识宣传栏15个，发放自制血防知识的作业本、环保手袋等宣传品880个，自制宣传单7500份，宣传脸盆1200个，雨伞800把，出动宣传车30台次，悬挂大型横幅40条，竖大型气球拱门4个。

【推进联防工作】 2017年，临湘血防按照联防联控工作“六同步（同步查灭螺、同步查治病及扩大化疗、同步家畜管理、同步改水改厕、同步健康教育、同步疫情监测）”要求，进一步加强与毗邻地区的血吸虫病联防联控工作，实现联防联控工作规范化、制度化、科学化。一是下发《临湘市2016年“湖区五省”血吸虫病联防区联防联控工作方案》，将联防工作任务分解到乡镇、村、组，到地点，并督促相关血防站认真实施。二是加强与湖北省赤壁市、洪湖市和湖南省云溪区的联防联控工作的组织领导。4月14日，组织召开湖南临湘市、云溪区和湖北省赤壁市、洪湖市血吸虫病联防联控工作会议，印发《2016年湖南临湘市云溪区和湖北赤壁市洪湖市血吸虫病联防联控实施方案》，签订四市区联防协议，明确年度工作目标，落实四方责任，确定渔船民等流动人员管理、“急血”防控为中心的年度联防联控工作重点，建立立体联络机制，完善多层次信息交流渠道。

【血防知识培训】 2017年，临湘血防办召开专题会议，下发《2017年临湘市乡（村）医师血防知识培训方案》。采取下乡分片集中培训方式，以站为单位举办培训班，方便乡村医生参加培训。全市9个疫区乡（镇、场）的卫生院防疫专干、乡（村）血防医生、个体诊所医生和民营医院医生共113人次接受培训，培训工作结束后进行的闭卷测试中，所有学员获得90分以上的好成绩。

【血吸虫病监测】 2017年，临湘血防为做好血吸虫病监测工作：一是组织学习监测工作方案，为全市开展疫情监测工作提供组织保障和技术保障；二是落实配套监测经费，购置监测所需器材，确保监测工作顺利开展；三是加强工作督导，血防办多次到监测现场指导工作开展，确保监测结果真实、数据准确无误，资料及时上报。

【血吸虫病治疗】 2017年，临湘血防办按照相关工作要求，认真落实慢血治疗和晚血救治工作。一是督促相关责任单位制定慢性血吸虫病治疗和晚期血吸虫病救治方案，明确诊断和治疗的标准和流程。二是严把治疗关和审核关，加强病人随访，确保政府民生工作落到实处，疫区群众得到实惠。三是开展工作督查。不定期进行工作督查，杜绝虚假治疗，发现问题及时整改。截至6月上旬，治疗慢性血吸虫病病人800人次，发出疑似晚期血吸虫病病人鉴定介绍信16封，全部报送省晚血鉴定中心进行鉴定，已成功完成鉴定8人，符合救治标准8人，已实施救治40人次（全部为内科救治）。

【“急血”防控】 2017年，临湘血防为确保临湘市不出现一例“急血”病例，主要采取了以下措施：一是成立以分管副市长任组长，卫计局局长、血防办主任为副组长的“急血”防控工作领导小组，将急性血吸虫病防控工作作为年度工作的重中之重。二是迅速修订完善《临湘市2016急性血吸虫病预防控制方案》《临湘市血吸虫病突发疫情应急处理预案》和《临湘市2016年重点堤段急感防控工作部署》等文件。三是完善防控体系，明确相关单位主要领导为“急血”防控第一责任人，层层签订责任书，确保每一个防控环节都有专人抓落实，推进健全“医防”联系渠道，建立“首诊责任制”；对突发疫情所需的药品、器材等进行贮备，并提前将灭蚴缓释球下发到站。四是对基层血防站人员、乡（村）医生等进行“急血”防控知识培训，对疫区中小学生、渔船民、外来民工、探亲、旅游等可能接触疫水重点人员等人群进行日常宣传教育；在沿江堤段主要路口新增大型宣传牌（栏）5处，发放宣传资料3000余份；血防站与学校、学校与学生和家长签订责任状与承诺书。五是在外洲重点堤段设立了8个急血防控“哨卡”，值守人员全天候上堤，节假日不休，及时劝阻接触疫水人员，排查3205人次，其中接触疫水人员220人次，完成追踪化疗204人次（达到化疗服药期限的人员均接受化疗），及时甄别处理疑似“急血”，把隐患消除在萌芽状态。六是组织人员开展不定期的密集督查，重点是防“急血”哨卡、排查化疗、发热病人登记管理、防控数据上报等。2017年，临湘市没有发生一例“急血”病例。

【其他工作】 2017年，临湘血防深入开展“两学一做”活动。成立活动领导小组，召开专题会议，分组开展“讲政治，有信念”讨论，下发《实施方案》，撰写学习心得体会；顺利完成支部和总支换届工作。健全办班子和基层血防站班子的党风廉政责任制，狠刹“四风”，严格工作纪律，杜绝中餐饮酒、公车私用、请客敛财等不良现象，系统半年来未现一例违纪、违法现象。加强“访民情”力度，按照市委、市卫计局的要求，对血防办辖区居民进行认真走访，当年辖内未发生治安刑事案件和越级上访事件。严格按上级要求，落实各种预防措施，未出现一起安全生产事故和纠纷。春节召开老干部座谈会，并发放慰问金；“三八”妇女节和“六一”儿童节对妇女和儿童进行慰问。

（张彬良）

临湘市人民医院

【概况】 临湘市人民医院始建于1937年，是全市唯一一所集医疗、急救、科研、教学、保健于一体的二级甲等综合性医院。2017年12月有在职干部职工659人，其中，高级职称70人，中级职称183人，开放床位499个，病床使用率达127.9%；设有内、外科等17个一级临床科室和急诊科等28个门诊诊疗科室，并单独设立急救中心；拥有一批较先进的诊疗设备，能开展心血管、神内科等较前卫的介入手术。2017年，收治住院病人3万余人次，日均住院500余人次；接诊门诊病人20万余人次，日均接诊门诊病人600人次；年抢救急危重病人3000余人次，完成大中型手术6000余台次，接待健康体检7000余人次，是多所医学院校实习基地且与多家“三甲”医院建立指导关系。全院干群坚持以中共十九大精神为指导，推进“两学一做”学习教育常态化、制度化，以“服务病人，发展医院”为主题，开拓进取，扎实工作，较好地完成全年各项目标任务，创造新的工作业绩。

【开展“两学一做”】 2017年，市人民医院不断推进“两学一做”专题学习活动常态化、制度化。全院各支部按照年初制订的学习计划，每月定期组织党员召开支部党员会，开展党员学习日活动。班子成员分别下到挂点支部，带头学党章、学条例，学习习近平总书记系列重要讲话和中共十九大精神，并组织开展讨论。年内，各支部开展“党员活动日”集中学习讨论12次。在“红星云”学习活动中，全年班子成员学习积分不少于600分，一般党员不少于400分，营造浓厚学习氛围，达到良好学习效果。根据党建工作要求，组织召开5个支部的“双述双评”和“支部书记抓党建述职评议会”，各支部书记作年度述职报告，现场解答群众代表和党员代表提问。通过活动开展，广大党员对党建工作和组织生活有全新理解。

【党风廉政建设】 2017年，市人民医院重新修订《2017年领导班子成员党风廉政建设责任分解》等专项文件，建立健全工作机制。在市纪委的统一部署下，先后组织干部职工开展涉沙、涉矿、涉金融等专项整治活动。全院干部职工人人填报申报表，班子成员、中层骨干人人签订承诺书；组织开展“雁过拔毛”式腐败问题专项整治“百日会战”行动，与全院干部职工签订《廉政建设及治理商业贿赂承诺责任状》，要求临床医生与患者签订《医患双方不收、不送“红包”协议书》。与所有药品、器械供应单位签订《医药购销反商业贿赂责任状》，并对其进行廉洁防控约谈。抓住春节、国庆节等时间节点，开展“纠四风、治陋习”的专项整治活动，利用院周会、支部党员会，组织中层骨干和党员观看《打铁还需自身硬》《反腐枪声》《刹人情歪风、治婚丧陋习、树文明新风》等宣教片。

【扶贫工作】 2017年，市人民医院做到“月月有行动，次次有措施”。针对周一到周五医疗业务工作繁忙的特点，先后8次利用周末等休息时间，组织帮扶队员下到聂市镇三和村，开展情况摸排、帮助发展产业脱贫以及“教育助学”等扶贫活动，共投入扶贫资金10万余元，发动干部职工爱心捐款近7万元，组织全院党员为特困户捐献衣物、鞋子、被子等生活用品400余件（套）；为3户肾病患者每人减免医疗费用4000元，缓解了患者“因病致贫”的压力。成功帮助三和村13户贫困家庭39人顺利实现脱贫；在健康扶贫工作中，落实市委、市政府脱贫攻坚部署和健康扶贫工作总体要求，积极推行一系列健康扶贫措施：出台《农村贫困住院患者“先诊疗后付费”工作实施方案》和《农村贫困人口大病专项救治工作方案》，开设农村贫困患者“先诊疗后付费”服务窗口，开通一站式即时结算服务，为建档立卡的特困人口提供食管癌、胃癌等4类9种大病的免费医疗救治。利用宣传栏、横幅、电子显示屏、电视媒体等手段加大政策宣传。全年，共为60名贫困患者提供“先诊疗后付费”一站式结算服务，大病专项救治贫困患者41人次，与城乡医保、大病补偿、民政救助等多部门协作，共计为贫困户减免医疗费用40余万元，减轻或免除贫困患者经济负担。

【文明创建】 2017年，市人民医院积极响应文明城市创建和“美丽县城”“园林城市”等创建活动。按照市委、市政府的统一部署，年度内投入近百万元，完成医疗区“拆墙透绿”、道路“白改黑”、生态停车场以及家属区篮球场、园林绿化等建设项目，增设公益广告牌7处。医院庭院建设成为市内一大亮点。坚持开展周末大扫除活动。全年共安排活动班次48个，抽调干部职工624人次。

【综治民调】 2017年，市人民医院组织全体干部职工特别是离退休老干部召开综治民调工作动员会，及时贯彻传达活动的内容、意义及注意事项，使干部职工活动知晓率达100%。同时，积极开展“平安医院”“平安家庭”等平安创建活动，向全院各科室干部职工下发“平安创建联系卡”500余份，悬挂宣传横幅3条，制作宣传窗2期，长期在住院大厅电子显示屏将平安创建内容反复滚动播出，营造浓厚的活动氛围。院班子分别在上、下半年，带领工作人员深入到院内职工住户家中，了解群众生活状况，宣讲综治民调政策。2017年度医院综治民调工作在本市群众满意度调查中取得较好成绩，在整个卫计系统中排名第一。

【学科建设】 2017年，市人民医院投入近100万元资金，先后对血透室、内三科、内四科等科室进行整体改造搬迁，新增血透机16台。通过调整改造，使血液透析、ICU重症监护病房的工作流程和服务功能进一步专业化、标准化。同时，医院分别设立胸痛中心和孕产妇急救中心，并相继成立胸痛中心委员会、孕产妇急救领导小组、医疗小组及后勤保障小组，加强对相关专业疾病的规范化管理。

【能力建设】 2017年，市人民医院投入资金900余万元，购置更新施乐辉等离子手术系统、拓普康免扩瞳眼底摄影照相系统、GE彩超、西门子移动C臂、飞利浦DR、奥林巴斯胃肠镜、莱博瑞尿动力、狼牌内窥镜、膀胱镜、经皮肾镜、双通道纤维肾镜、食道心房调搏仪、费森尤斯床旁连续血液净化系统等一批高新诊疗设备。同时，开展3D打印微创骨折内固定术、微创入路髋关节置换术、食管心房调博术、永久起搏器植入术、连续性肾脏替代治疗（CRRT）、可视喉镜、尿动力学检查、胆道镜联合钬激光碎石等新技术、新项目12项，服务患者18327人次。

【队伍建设】 2017年，市人民医院共引进南华大学临床医学及口腔等专业本科毕业生7人，引进副主任医师2人。邀请上级医院的专家、教授到院开展胸痛中心建设指导、冠心病诊断、抗生素应用等业务培训、讲座7次；组织全院医务人员举行等院内业务学习4次；安排医务人员到湘雅等上级医院学习、进修47人次。年内在岳阳市举办的应急技能竞赛中，医院代表队夺得“突发事件紧急医学救援县市区级团体项目”一等奖。其中，刘胜辉勇夺岳阳市卫生应急技能竞赛突发事件紧急医学救援项目第一名，被授予“岳阳市卫生应急技能标兵”“岳阳市技术能手”称号，并被推荐为“岳阳市五一劳动奖章”和“岳阳市巴陵工匠”候选人；胡政清荣获紧急医学救援项目一等奖，被授予“岳阳市卫生应急技能标兵”称号；易亚倩荣获紧急医学救援项目三等奖，充分展示医护队伍良好的职业形象与风采。同时，内一科主任李响被授予“岳阳二十大名医”称号。

【内部管理】 2017年，市人民医院制定《安全生产责任制》及《重大事故隐患治理“一单四制”制度贯彻落实工作实施方案》等文件，完善安全生产从院班子成员到各科室再到相关岗位的三级网络管理体系，利用各种会议，尤其是节假日前，反复强调安全生产工作的重要性，有效杜绝安全隐患，确保年内无安全责任事故发生。二是医疗安全得到保障。坚持开展“医疗安全生产月”活动和院长业务查房。制定《临床“危急值”报告制度》和《新生儿复苏实施方案》等专项文件，进一步提高医疗质量，避免重大医疗隐患与差错事故的发生。

【对外服务】 2017年，市人民医院组织140名医生开展“家庭医生签约”1973户，较2016年增加484户；提供患者回访、接受各类咨询、指导复诊等服务26084人次。5月，组织医务人员到桃林镇治水村，参加临湘市老年保健协会组织的“金秋助贫、送医义诊”活动，接诊村民近200人，免费发放5000余元的药品。10月，组织

14名医务人员，赶赴聂市镇三和村开展“扶贫义诊志愿者活动”。免费为群众提供B超、医学检验、心电图检查等多项医疗服务，共服务群众1500余人次，免费发放价值3000余元的药品。年内还开展“服务百姓，健康进万家”义诊周活动，先后组织医务人员20余次，下到乡镇、村、组和社区，为当地群众进行爱心义诊1000余人次，并免费发放价值3万余元的药品。

（方立志）

临湘市中医医院

【概况】 临湘市中医医院始建于1976年，位于长盛西路30号，占地面积8000平方米，建筑面积2万平方米，是一所集医疗、急救、预防保健、教学、康复于一体的二级甲等中医医院，系全市120急救中心，也是临湘市城镇职工、城镇居民、工伤、生育、商业保险和新农合定点医疗机构，2013年高分通过省中医药管理局评审，正式被评定为二级甲等中医医院。2017年，医院有在职职工318人，其中，高级职称27人，中级职称73人，床位240张，设9个临床科室、19个医技科室、15个行政后勤科室。

【创建工作】 2017年11月10日，根据书记办公会精神，市委、市政府确定医院整体搬迁至民政局社会福利中心，启动“十三五”中医院建设项目，按“前医后养”模式，建成临湘市医养结合示范基地。医院的综合建设新目标是成为全省中医特色突出、综合实力强劲、医养功能齐备的园林式中医医院。医院在创建全国基层中医药先进单位工作圆满成功。年初，按市政府、市卫计局的统一部署，医院将创建全国基层中医药先进单位工作作为2017年工作的重点，成立了领导小组，抽调12名医务人员成立创建办公室，制定方案，分步实施，既完成医院本身工作任务，又选派26名主治医师以上职称的中医专业技术人员到乡镇卫生院指导，举办为期15天的中医药适宜技术推广培训班。在政府无资金投入的情况下，医院克服资金压力，垫付70万元，一次性成功创建全国基层中医药先进工作单位，受到市委、市政府的高度肯定。近年来，医院投入大量资源，实施重点专科建设计划，将重点科室打造成为湘北地区享有技术领先地位的名科。医院针灸推拿科、骨伤科已创建成湖南省中医重点专科，大康复科列为国家农村特色优势重点专科，并评为岳阳市中医名科。重点专科共有4个病区，开放床位180张，收治住院病人占全院住院人数的65%以上，中医特色优势更加明显，越来越多的群众更加信中医、用中医，医院综合服务能力进一步增强。2017年，医院被岳阳市综治委授予“平安医院”创建示范单位称号，也是临湘市唯一获此殊荣的医疗机构。为抓创建活动，医院将此项工作纳入医院整体工作目标，成立专门组织机构，建立安全防范日常管理制度，制定突发事件应急处置机制和应急预案，全年共投入20多万元用于安保设施建设维护，在各重点部门、重点场所及医疗纠纷多发场所安装摄像头，实施24小时监控，在各临床科室装备一键式报警装置，与城西派出所一键报警应急联动，确保医院平安和谐的就医环境。

【机关党建】 2017年，市中医医院以“支部建设年”为抓手，充分发挥党建示范引领作用。一是“两学一做”学习教育形成常态化，“三会一课”制度全部落到实处，党员活动室建设逐步规范，经费保障及时到位，党员活动日活动丰富，既有钓鱼、登山、气排球等文体活动，又有下乡扶贫义诊等惠民活动。在卫计局党建工作年度考核中，获得红旗单位称号。二是作风建设明显加强。结合行风建设规定，共约谈医生18人，停止药品销售一个月的品种12个，约谈药品、器械耗材经销商165人，并签订《廉洁承诺书》。纪检监察室全年不定期督查96次，查处违纪违规人员44人，全部严格按照规定处罚，其中1人停岗1个月，2人停岗2个月，对负有主体责任的6名科主任进行诫免谈话。全院共收到病人表扬信及锦旗46件次，医务人员拒收红包8人次，金额2300元。三是精准扶贫成效明显。医院响应党中央和上级组织的号召，投入近12万元资金，精准帮扶聂市镇权桥村11户贫困家庭，每月班子成员到点走访一次以上，采取介绍工作、产业扶助、健康保健等方式，让8户贫困户脱贫。

（张　辉）

妇幼保健

【概况】 2017年，市妇幼保健院在市委、市政府和市卫计局的正确领导和大力支持下，市妇幼认真学习中共十九大精神，始终坚持以优质服务为己任，以群众满意为追求，不断提高服务质量，切实履行公共卫生的职责，开展与妇女儿童健康密切相关的基本医疗服务，经过全院干部职工的共同努力和辛勤工作，较好地完成了市委、市政府和行政部门下达的指令性任务和各项工作。

【目标任务】 2017年，市妇幼保健院业务收入较2016年同期增长34.63%；门诊97303人次，其中妇科22921人次，产科31128人次，儿科35962人次，康复科7292人次，比2016年同期增长21882人次；住院9567人次，其中妇科1511人次，产科3774人次，儿科4282人次，比2016年同期增长926人次；住院分娩3478人次，剖宫产率47.1%；危重病人抢救130例，抢救成功率100%。孕产妇死亡率、婴幼儿死亡率得到有效控制。各项业务指标与2016年同期相比实现大辐度增长。门诊、病房病人综合满意度大幅提高。

【基础工作】 2017年，市妇幼保健院通过QQ群与微信等软件建立市直医师、专干与信息员的信息交流平台，有利于及时掌握孕情及高危，及时掌握流动人员信息，有效保障临湘市孕产妇及0~6岁儿童及时、均等享有妇幼健康优质服务。临床与保健共同参与高危孕产妇的管理，每发现一例、上报一例、追踪管理一例；2017年临湘市孕产妇死亡为0。将公卫工作进行量化指标考核，制定流动非户籍孕产妇及儿童的健康管理登记册，要求严格按属地管理原则进行建册、建档管理，根据服务次数核算绩效。8月25日，对全市124家托幼机构卫生保健管理人员进行《托幼机构卫生保健工作规范》培训，并对全市托幼机构进行年终考核评估。全年，托幼机构工作人员健康体检与儿童体检率较往年有明显增高。为将妇幼健康工作做到实处，坚持实行项目工作专题培训、督导、考核、通报，基础工作临床专家参与培训、指导、评估。严格落实五位一体，进一步完善妇幼健康信息。加大健教力度，提高健教参与率。通过孕妇学校、育儿课堂集中宣教，利用微信、电视、宣传折页、宣传栏广泛宣传相关健教知识，保证宣传形式多样化，健康教育参与率得到提高。

【系统管理】 2017年，市妇幼保健院规范妇幼健康服务工作实施方案，提升产科质量及儿保的服务能力。1.成立孕产妇和0~6岁儿童健康管理领导小组，及技术指导小组严格执行3月集中高危孕产妇筛查活动，规范产科门诊建设，及时排查高危孕产妇，发现高危及时通报，纳入县、乡两级共同管理，追踪落实。根据省级要求将产科急救中心改名为危重孕产妇救治中心，并预定将由综合医院承担危重孕产妇救治任务，进一步提高救治能力。2017年，产妇总数5730人，健康建档100%；孕产妇系统管理5627人，系统管理率达97.05%；管理高危孕产妇2364人，高危管理率41.25%。全年无一例孕产妇死亡。2.充分把握儿童保健合格县复评契机，规范托幼机构管理，提升儿保服务能力，降低5岁以下儿童死亡。严格对照儿保合格县创建标准，制定复评方案，严格执行各项评估标准，进一步巩固创建成果，借力规范托幼机构管理，与教育部门协商参与全市托幼机构年终考核评估，并开展乡级托幼机构幼儿健康体检，效果理想。新生儿死亡10例，死亡率1.72‰；婴儿死亡14例，死亡率2.41%；5岁以下儿童死亡21例，死亡率3.62%。全活产数5798人，新生儿访视5735人，新生儿访视率达98.91%；0~6岁儿童总数41870人，健康建档41870人，建档率达100%；3岁以下儿童系统管理16403人，健康管理率达87.71%。均完成上级下达的目标任务。

【妇幼重大公卫项目】 2017年，市妇幼保健院把“两癌”筛查项目定为重点民生实事工程，为提高项目成效，妇幼购买软件，重装系统，实行无纸质化操作，大大提高工作效率，现每天可筛查200多例，院内免费门诊常年开放，下乡集中筛查4月启动，全年任务数8000人，共筛查8686人。确诊CIN（宫颈上皮肉瘤变）Ⅱ12人、CINⅢ15人，宫颈癌3人（坦度、白羊田、长安各1例），宫颈癌患病率为3.45/万，乳腺彩超可疑异常数为44人，转诊岳阳市二人民医院乳腺钼靶检查44人，确诊乳腺癌2人（横铺、白羊田各1例），乳腺癌患病率2.3/万。筛查结果阳性对象正在进一步追踪随访中。2.产前筛查项目工作。截至10月20日，共免费筛查4391人，筛查率95.66%，共筛查出异常811人，其中，21三体异常740人，18三体异常65人，开放性神经管畸形13人。转诊上级医院632人，高危孕妇产前诊断干预率77.93%。对157例风险人群（高风险44人，临界风险113人）进行妊娠结局随访，其中147例正常分娩，8例引产终止妊娠，1例自然流产，1例缺陷儿出生，有效控制出生缺陷儿发生。3.预防艾滋病、梅毒、乙肝母婴传播项目。艾滋病检测6107人，检测率98.42%，阳性患者为2人（均系早孕期查出），阻断2人；乙肝检测6102人，检测率98.34%，其中表面抗原阳性者459人；梅毒检测6084人，检测率98.04%，阳性人数37人（其中孕早期发现19人，孕中期发现12人，孕晚期发现1人，产时发现5人），对阳性孕产妇及所生婴儿均进行规范追踪随访管理，干预阻断管理更加规范。4.农村孕产妇免费住院分娩项目：全年农村孕产妇5171人，实施免费住院分娩补助3465人，补助金额103.95万元，因下拨资金未到位，7月停止补助；实施危重贫困孕产妇补助12人，补助金额6.505万元。

【出生缺陷综合防控】 2017年，市妇幼保健院将婚检、孕前优生检查、备孕对象叶酸发放项目有效结合，创新工作模式。将市民政局国家免费婚孕检查中心窗口前移，实行新婚对象婚前检查、孕前优生检查、结婚登记一站式服务模式，2017年引进了婚育检查系统，确保项目工作更规范、更科学，大大提高工作效率，全年结婚登记7102人，免费婚检6650人，婚检率达93.64%，检出疾病人数625人，均进行婚前卫生咨询与健康指导；孕前优生健康检查共免费检查4346对，完成年度目标任务100.45%，早孕随访率100%，妊娠结局随访率100%，查出高风险人群717人，高风险检出率8.24%。全年服用叶酸5609人，叶酸服用率达97.09%，依从率91.26%。新生儿疾病筛查6238人，疾病筛查率99.69%，确诊20例，其中G6PD（磷酸脱氧酶缺乏症）15例，PKU（苯丙酮尿症）1例，TSH（甲亢）4例，全部做高危儿追踪管理；新生儿听力筛查6377人，听力筛查率达101.91%，阳性患儿8人，全部进行追踪随访管理。

【医疗安全】 2017年，市妇幼保健院严格规范医务人员的医疗行为，做好依法执业。组织医务人员认真学习卫生法律法规和医院的各项规章制度并进行考试，要求全体医务人员严格按照相关法律法规和医疗护理操作办事，全年医院没有出现大的医疗纠纷和医疗事故。严格落实首诊负责、三级医师查房、疑难病例讨论、危重患者抢救、术前讨论、死亡病例讨论、交接班等核心制度的落实工作。建立手术分级管理制度，制定具体实施细则和管理办法，制定手术分级目录，严格审核医师手术权限。认真执行《病历书写基本规范》，提高病历质量。强化医务人员“三基”训练，有计划、有目的的组织医护人员业务学习，传输新的知识，训练业务技能。通过开展理论知识学习与考试、业务技术训练与比武工作，在全院营造了重学习、重安全、重质量、重技术、重服务、重实效的良好氛围。坚持召开医疗质量和医疗事故分析会议，分析医疗事故的原因，完善制度，改进管理，提高技术水平。对形成的一些经验性总结在全院组织学习，以切实保障医疗质量和医疗安全。继续加强传染病预防管理，按照《传染病应急预案》《院内感染控制方案》《医疗垃圾及废物的处理规范》等规章制度的要求，对出现的传染病，按要求及时上报。积极预防院内感染，树立无菌观念，制定洗手制度，严格按照要求洗手，减少院内感染的发生。制定一次性用品的处理工作流程，确定各科护士长为第一人责任人，明确职责，对一次性医疗用品的回收，医院感染领导小组定期或不定期进行抽查，杜绝了医疗垃圾和医疗废物的外流。积极开展院感控制知识培训，采取分散与集中、理论与实际相结合的办法举办各类培训班，提高全院职工对院内感染控制的意识。为进一步提高全体医务人员的业务水平，选送骨干医师到上级医院进行进修学习，科室医师轮流到上级医院学习轮训，科室与科室之间轮训学习；经常性地组织职工进行业务学习，特别是对新知识、新技术的学习。全年共对职工进行业务培训10次，每季度进行一次业务知识的考试并对考试优秀者给予奖励、对考试不及格者予以处罚。深化“以病人为中心”的服务理念，提升服务内涵，持续改进护理质量。加强基础理论知识的培训和护理专业技术操作的培训，使科室护理人员综合素质、专业能力以及实际工作能力得到提高。还采取各种形式的学习培训，以提高全科护理人员的业务素质，提高护士观察病情、落实护理措施、记录护理文书的能力。加强医务人员医患沟通技巧，提升医疗服务水平。为强化医院精细化管理，增强医务人员的服务意识，9月16日，医院特邀请杭州之善管理公司讲师进行医患沟通技巧的专题讲座，让在座医务人员受益匪浅，认真学习医患沟通技巧，在今后的医疗实践中更加注重医患关系的处理，把建立良好医患关系作为医疗服务的重要内容，更好地为全市妇女儿童服务。

【城乡职工医保】 2017年，新型农村合作医疗是一项利民工程，是解决群众看病难、看病贵问题的重要途径，为此将其作为医院工作的重点，常抓不懈。积极组织全体干部职工认真学习新农合的相关政策和制度，并结合院实际制定具体的实施方案和工作制度首先增设窗口，严把关口，认真审核有关证件，防止弄虚作假、借证报销等违规现象发生，全年共兑付参合农民7151人，金额888.44万元，没有出现任何违法操作的现象。

【建立维护常态化机制】 2017年3月5日下午，为迎接“三八”妇女节的来临，特别筹划“关注女性健康，科学防治两癌”大型公益活动，为该市女性环卫工人免费进行“两癌”筛查。此次公益活动得到市卫计局、市环保局的大力支持，得到环卫工人的一致好评，医务工作人员用热情、细致的服务赢得来检人员的声声赞扬，展现妇保院的良好形象，同时也给辛勤工作的环卫工人带去温暖和健康。为给准妈妈和准爸爸们普及相关知识，让更多人了解和认识新妇幼，4月22日，医院举行“情动妇幼，心系母婴”大型孕妇活动，9月30日，举行“金色9月，相约妇幼”大型孕妇学校，两次活动吸引几百名孕妈妈参加，让亲临现场的孕妈妈不仅学到丰富的孕期知识，而且还收获丰盛的礼品，孕妇学校活动得到大家的一致好评。为贯彻落实市扶贫办的工作要求，医院与方山村形成结对帮扶对象，并于2017年5月选派一名干部进行驻村帮扶，与当地百姓同吃同住。6月14日，医院领导前往方山村进行贫困走访，为当地贫困家庭带去米、油等生活必需品和扶贫资金。9月1日，医院领导在方山村举办“爱心助学送温暖”活动，为贫困家庭孩子送去书包、文具等学习用品，并为村里送去2万元扶贫资金。鼓励贫困学生勇敢克服当前困难，努力勤学，用知识改变命运。为传达贯彻中央、省、市各级党组织关于推进“两学一做”学习教育常态化制度化部署要求，6月9日，中共临湘市妇幼保健院党总支召开“两学一做”学习教育活动专题会议，部署、布置安排医院“两学一做”学习教育活动的工作计划和具体要求，按照上级党组织和医院总支要求，医院各党支部在6月12—15日期间，分别召开支部党员大会。会后，各支部积极组织开展学教活动，认真学习《中国共产党章程》《关于新形势下党内政治生活的若干准则》以及《中国共产党党内监督条例》。

【人事分配制度改革】 2017年初，对医院绩效分配制度进行重大改革，出台《临湘市妇幼保健院绩效管理分配方案》。在确保现有队伍稳定和医疗秩序正常的前提下，坚持效率优先，既克服公平主义弊端，又要避免不合理的收入悬殊，做到公平、公正、公开的向临床一线倾斜、向业务骨干和管理骨干倾斜。根据医务人员工作性质的不同建立医生、护士、医技、保健、职能后勤5个体系的绩效分配制度，最大限度地调动全院职工的积极性、能动性和创造性，推动医院的健康有序发展，向社会提供优质、高效、安全的医疗卫生保健服务。

【加强财务管理】 2017年，医院是独立核算、自负盈亏的事业单位，以艰苦奋斗、勤俭建院、开源节流、增收节支为指导思想；坚持收支两条线，加强财务核算和财务监督，杜绝贪污浪费；各项重大开支，做到集体研究、民主决策，充分考虑到实效性；坚持按规定使用医药票据，医疗项目、药品价格公示上墙；固定资产登记造册，做到账、册、物相符。

【考核结果】 临湘市模范街道（1个）：桃矿街道。

先进乡镇（5个）：江南镇、羊楼司镇、忠防镇、黄盖镇、五里牌街道。

一类乡镇（5个）：聂市镇、詹桥镇、坦渡镇、白羊田镇、长安街道。

先进市直单位（5个）：林业局、住建局、民政局、发改局、工业园。

综合治理先进单位（5个）：市委统战部、农业局、人社局、财政局、公安局。

合格单位（9个）：市委宣传部、市委组织部、民政局、住建局、房产局、食品药品工商质量监督管理局、移民局、教体局、工商联。

（谢　佳）

乡镇·街道

长安街道

【概况】 2017年，长安街道总面积104平方公里，人口近13万人（其中户籍人口8.9万人）。管辖15个村（居委会）、251个村民小组。全年，工农业生产总值13.79亿元，同比增长16.2%；固定资产投资14.5亿元，同比增长11.8%；城乡居民人均收入分别达到31200元、17200元，同比分别增长13.5%、12.5%。街道境内交通便利，矿产资源丰富，工业基础好。境内的白云石、石灰石储量全国第二，海螺水泥、金叶肥、三湾工业园等一批骨干企业先后落户于此，京珠高速、107国道穿境而过，是临湘市政治、经济、文化中心，也是临湘城市建设"西进、南拓"的主战场。

长安街道境内旅游资源丰富，历史人文景观众多。有天然氧吧五尖山国家森林公园、西湖之美的白云湖、五尖山烈士公园、荆竹山万亩竹海，是临湘市及湘、鄂、赣等周边地区人们休闲、旅游、度假胜地。

2017年，长安街道党工委、办事处团结带领13万长安人民紧紧围绕迎接中共十九大胜利召开和学习宣传贯彻中共十九大精神这条主线，把建设"精彩北大门，品质新临湘"的发展战略作为行动指南，统筹做好改革发展稳定各项工作，取得显著成效。全年获国家级荣誉1项、省级荣誉5项、岳阳市级荣誉1项、临湘市级荣誉15项，长安街道荣获2017年度推进"五三三"工程综合绩效考评一类单位称号。

【基层党建】 2017年，长安街道在全市率先完成村（居）"两委"换届选举，荆竹山村为临湘市村（居）"两委"换届示范点，新（改）建9个村（社区）服务平台。践行一系列先进的理论成果。结合"党员活动日+"，开展"两学一做""四种精神"等各类学习讨论教育主题活动12次；开展中共十九大全会精神宣讲15次；部分支部参与"红星云"学习率达100%。开展一系列正风肃纪专项整治行动。大力开展"刹人情歪风、治婚丧陋习、树文明新风"、公职人员涉沙涉矿涉炮违规经营、"雁过拔毛"式腐败等专项整治行动，办结各类信访举报23件，立案查处各类违纪违法案件11起。

【项目建设】 2017年，长安街道共有重点项目43个，已启动41个。面对任务重、难度大、时间紧、人员少的情况，街道上下思想统一、目标坚定、行动迅速，实行每个项目一套班子，坚持"5+2""白+黑""晴+雨"的工作模式，明确考核奖惩，充分调动干部积极性，保证征拆进度。全年共征地172.83公顷；征拆房屋713栋（套），其中，私房593栋，套间120套。完成城西入口、迎宾绿地公园、金泰路、钓鱼园、临鸭公路、连心路、建新北路、麦坡西路、屠宰场等重点项目的征地拆迁。

【禁建治违】 2017年，长安街道作为城区的主战场，禁拆治违一直是一项重要工作，街道党工委高度重视该项工作，加大宣传力度，强化工作责任，采取"一否决二问责三挂钩"的网格化层层责任到人、户户包干的措施。全年共拆除违法建设536处、5.85万平方米，其中存量78处、7123平方米，拆除房屋钢架棚428处、4.79万平方米，挖掉基脚16处、1658平方米，填埋基础14处、1823平方米。

【环境整治】 2017年，长安街道创建亮点小区3个，其中投入240多万元将同德巷示范小区打造成精品样板小区，得到上级领导的高度肯定。投入15万元用于清除街边牛皮癣。投入60多万元硬化20多条背街小巷，面积

4700平方米；“白改黑”2处，1600平方米；下水管道新建维修6处，1300多米；安装路灯300多盏；清除乱圈乱种44处，4200平方米；拆除乱搭乱建11处，2400多平方米。农村环境整治专项资金投入共计180万元，聘请了29名保洁员，购买1辆垃圾清运车，并采取以奖代投的方式，强力推进环境卫生整治，共清理垃圾1000多吨，消除38处卫生死角，人居生活环境质量大幅提升。

【民生实事】 2017年，两个贫困村成功摘帽，脱贫37户111人，异地搬迁户19户、73人已全部入住。板桥、杨田两村建成60千瓦的光伏发电项目已并网发电，贫困户年增收2000元。民生实事全部完成：解决两个贫困村8539人安全饮水；对32户养猪场进行退养。三年绿化持续发力：投入7万元在荆竹山村和集庄社区四季共绿化2.08万米。计生工作常抓不懈：全年共出生828人，符合政策生育率94.6%，综合性别比125.6。社会保障不断提升：新增城镇就业1150人；城乡医保已缴4.8万人，完成80%；城乡养老保险已缴1.2万多人，完成87%。民政优抚全面到位：全年共计发放各类优抚、救助、残补资金334.47万元。

【综治维稳】 2017年，深入贯彻习近平总书记关于“发展是硬道理，稳定也是硬道理，抓发展、抓稳定两手都要硬”的重要指示，积极创造安全的政治环境、稳定的社会环境、公正的法治环境、优质的服务环境。矛盾纠纷全面化解：司法所、信访办全年化解信访积案10起，调处各类矛盾纠纷118起，调处率100%，联调联处群体性事件9起，预防民转刑3起，处理非正常死亡事故11起。社会治理全面到位：综治办以久久为功、善作善成的韧劲，积极呼吁群众参与“平安创建”，发放便民联系卡3万余张，调查问卷2万余份；认真组织党员开展“三全行动”，共组建义务巡逻队15支，购置治安巡逻车4辆，先后抓获犯罪嫌疑人1名，协助公安机关破获案件2起，处置突发事件5起，收缴码书2000多份（本）；号召干部结合大走访进行矛盾排查，共排查重大隐患46起，重点上访人员41人。烟花爆竹全面清停：安监部门以抓铁有痕、踏石留印的干劲，强力开展“打非清剿”，共出动执法人员100多人次，开展执法行动50余次，下发宣传资料及“禁售”通告1000余份，查处烟花爆竹违法经营储存点21处，非法运输车辆4台，没收烟花爆竹1800余件，市场价值约20余万元，并关停辖区内所有非法经营门店，消除了辖区内的重点安全隐患。

（陈　容）

五里牌街道

【概况】 2017年，五里牌街道辖16个村（社区），面积128.6平方公里，有村（居）民约8万人。现有班子成员18人，干部职工132人。有山林0.83万公顷，耕地0.23万公顷，山塘水库近千座；境内企业80多家，其中规模工业企业18家。城区面积16平方公里，大街小巷120多条。境内有武广高铁、京广铁路、京港澳高速、107国道和长安路与城中北路、向阳路、福桥路、金桥路、金鄂路交织的“五纵五横”交通网；有鸿鹤岭、棋子山省级五星级休闲农庄和乡村旅游区；有火炬、楠木、松峰等十多个生态果园和乡村度假区；有新市一中教育新区。2017年，完成农业总产值2.4亿元，增长10%，完成规模工业产值22.7亿元，增长9%，完成固定资产投资10.76亿元，超出计划数5%，预计实现城镇居民人均可支配收入26144元，实现农村居民人均纯收入15620元；完成财政收入1080万元，立项争资3.5亿元。街道先后荣获全国创建无邪教示范社区、全国综合减灾示范社区、湖南省科普示范社区、全省无邪教创建示范村、湖南省综合减灾示范社区、岳阳市综合减灾示范社区、岳阳市市级文明单位等多个荣誉称号和全国流动人口卫生计生动态监测检查第一名。

【项目建设】 2017年，五里牌街道推进的重点项目有五里汽贸、综合市场、永昌东路（金河社区）、永昌东路棚改安置点、麦坡东路、纱厂路、湘北大道、新一中、芙蓉中路、氮肥厂棚改、五大路、汽车总站棚改项目12个，需征地908亩，拆屋138栋，拆违2万多平方米。每个项目成立专门征拆（协调）指挥部，抽调专人负责征拆；建立群众参与机制，在征拆管理中，让被拆迁群众代表参与拆迁全过程，保障其知情权、参与权和监督权，增加征拆工作透明度；出台重点工程征拆管理办法，规范了资金管理，强化干部责任；严格补偿标准，规范征拆秩序。

【禁建治违】 2017年，五里牌街道有控违执法队员26人，3个巡查小组，1个督查小组，分片巡查，责任到人，管控到位，全天候出动3辆巡查车，执法人员在辖区内巡查，坚决做到“第一时间发现，第一时间拆除”，对新发生的违法建设做到“晚上做，白天拆，白天做，当天拆”。办公室设立值班举报电话，如晚上发生偷建行为，控违执法人员第一时间赶到现场，当即拆除，决不姑息迁就，以拆违确保控违。2017年，街道、村、社区共发生新增违法建设81起，即查即拆81起，下达停建违法通知书81张，拆除面积16120平方米，共组织大型拆除行动9次，拆除面积6594.7平方米。共拆除违法建筑44处。同时将107国道、最江沿线、花木路两侧纳入重点监管地段，为街道创建“零违建”村、社区打下坚实基础。

【民生实事】 2017年在农村共投入180多万元，建立专职保洁清运队伍，将辖区分为20个责任区，聘请38名专职保洁员实施常态保洁，在城区共投入106万元，其中将全办98条背街小巷保洁和牛皮癣清除劳务承包给专业保洁公司，费用75万元，实施市场化运作模式，确保城区保洁逐步向市场化、专业化、长效化管理转变。为确保整治工作深入人心，开展了形式多样的宣传攻势，其中标语近500条，横幅22条，公开信2000份，宣传窗11个，各村（社区）相应成立机构，各组评比栏如实公示。同时组织各村（社区）保洁员、清运员、监督员进行分片培训，效果明显。据各村（社区）统计共更换新垃圾桶1800多个，修建垃圾池30多个，新建垃圾中转站1个。坚持高品位规划、大资金投入、高起点建设、铁手腕治理。重点建好湘北大道沿线千亩果蔬采摘园，最江公路沿线千亩茶叶示范园，花桥、许畈千亩高产示范竹笋园和新球千亩农耕文化园。2017年，“四园”建设已完成土地流转80公顷，并成功引进北京中体民兴商务服务有限公司投资建设。投资1500万元高标准完成16个村（社区）服务大楼的改建和新建任务，为广大群众办事营造良好环境。

【基层党建】 2017年，五里牌街道为实现全体党员参与教育实践活动全方位、全对接、全覆盖，在“两学一做”学习教育常态化制度化中，针对流动党员“党费收缴难、去向掌握难、活动开展难、集中学习难、管理到位难、作用发挥难”的特点，通过网络载体，改变传统流动党员管理模式，随时随地可以向身在外地的党员传送学习资料，并让他们通过视频参与到“两学一做”学习讨论全过程；同时，推出三卡服务，即登记卡，使每位党员的动态得到掌握；联心卡，让每一位党员诉求得到回应；爱心卡，让困难党员得到帮助。

2017年是“支部换届年”，按照上级文件精神，成立换届工作指导督导及纪律监督组，依法依规依程序推选出党组织班子成员70人，村（居）委班子成员58人，平均年龄46岁，其中男性70人，女性38人。将辖区内9个村（社区）纳入村级服务平台建设范畴，成立以党工委副书记为组长的村级服务平台建设指导督导组，主要采取“以奖代投”的方式，除市财政拨付的工程款外，截止9月25日，街道已经预付500万元经费用于平台建设，为有效促进工程如期如质完成，在国庆期间竣工的给予奖励12万元，10月底前竣工的给予奖励10万元。

抓好三个常态。一是抓好“党员活动日+”。下发《关于在五里牌街道基层党组织建立“党员活动日+”制度的通知》文件，确定每个月的10日为“党员活动日”。督促指导各基层党支部制订年度计划，根据中心任务和重点工作，组织党员开展特色活动。二是抓好“两学一做”学习教育。深入学习市委书记李美云在全市推进“两学一做”学习教育常态化制度化工作会议上的讲话精神，在6月、7月、9月分别完成“学《中国共产党廉洁自律准则》《中国共产党纪律处分条例》，做合格党员”“刹人情歪风、治婚丧陋习、树文明新风”及“向李大元学习”的3次专题讨论。三是抓好党员积分管理。根据市委组织部《〈关于印发临湘市农村（社区）党员积分管理考核办法〉的通知》要求，建立农村（社区）党员积分管理考核体系，对党员日常行为进行考核，并将党员积分情况作为民主评议党员的重要依据。

【精准扶贫】 2017年，五里牌街道工委高度重视脱贫攻坚突出问题整改，成立整改工作领导机构，明确整改工作责任。一是全面查排存在的突出问题，列出问题清单。二是坚持问题导向，制定整改方案。根据问题清单，研究制定《五里牌街道脱贫攻坚突出问题集中整改工作方案》。三是加强整改工作力量和责任。主要领导亲自抓，亲自调度，组织专门力量，对所有扶贫项目资金进行再核查、再审计，全面按要求整改到位；对驻村帮扶、结对帮扶、扶贫项目资金管理及问题整改工作进行全面督查考追责；对全街道所有的兜底保障对象进行逐户逐人核查认定和整改，做到应保尽保；对全街道2014年以来393户、1099人贫困户进行再识别，坚决把握政策和标准，遵循新增和删除程序，坚持民主评议和公开公示，做到应进尽进、应退尽退。四是整改措施得力，效果显著。通过整改，从393户建档立卡贫困户中清理删除“四类人员”和不符合条件的188户、520人，新增符合条件的贫困户41户、108人，认定返贫15户、38人，认定兜底保障人员41户、98人，清退不符合条件的兜底保障对象5户、15人。实现贫困户应进尽进、应退尽退和兜底保障对象应保尽保的工作目标。五里牌街道工委坚持按章办事，严格管理扶贫项目资金，以“六个精准”为指导。以贫困村和基础设施建设为重点，以实际需要和群众意愿为前提，将交通、水利、安全饮水及扶贫产业发展等项目精准安排在新庄、许畈、烟冲、五里、花桥、松峰、火炬、新球、楠木9个村（社区），项目资金61万元，有效改善提高了贫困村及贫困人口的生产生活条件。在坚持资金使用精准的基础上，加强对扶贫项目、资金实行全程监控，确保使用合理，程序合法，效果明显，坚持“四议两公开”和资金封闭运行，扶贫资金建专账，扶贫项目建专台账，并进行定期审计核查。2017年，街道共改造贫困户危房17户，发放危改资金20.06万元、财政扶贫资金8.6万元，每一分钱都确保规范管理，合法运作，阳光公开，没有发现任何违纪违规现象，群众非常满意。全面落实国家扶贫优惠政策是脱贫攻坚的重要措施，因贫施策，按照“五个一批”到户到人是基层扶贫办的基本职责。2017年，全街道贫困人口中，133名在校学生享受到国家扶贫助学金，其中享受“雨露计划”10人，网上发放助学金2.5万元，没有一名贫困学生因贫辍学。所有建档立卡贫困人口726人全部接受体检并建立健康档案，按人平200元的国家标准落实健康扶贫资金14.5万元。对15名有劳动能力的贫困人口进行劳动技能培训，按排就业12人，发放小额扶贫贷款205万元，为41户贫困户增加收入12.3万元，每户每年增收0.3万元。四是加强整合社会扶贫力量。在积极引导动员人大代表、政协委员和企业家参与扶贫，关爱弱势群体的基础上，2017年，全力抓“互联网+扶贫”工作，贫困户网上注册246户，注册率达100%，为贫困户网上发布需求信息170条，爱心人士注册138人，与贫困户网上对接成功40多户，网上扶贫体系基本构建完善。脱贫退出是检验扶贫工作成效是否显著，目标任务是否完成的重要环节，真实性是脱贫精准的灵魂，坚持实事求是才是唯一出路。2017年，坚决以国家脱贫退出标准核查贫困村摘帽退出和贫困户脱贫。保证脱贫退出数量，确保完成上级下达的减贫任务。实现1个贫困村摘帽退出和31户、94名贫困人口脱贫的目标。保证脱贫退出的质量，确保无错退。所有脱贫退出都严格按标准、按程序，逐项指标、逐村逐户核查验收，贫困村退出的贫困发生率控制在1%以下（0.96%），“两个完善”的10项指标都达到国家规定标准，评估得分超过标准线20个百分点。所有脱贫退出经省、市考核验收都顺利过关，整个脱贫攻坚工作卓有成效。

【综治维稳】 2017年，五里牌街道工委严格制定工作方案，明确责任分工，完善创建机制并下发文件，加强政法工作的力量。实施岗位责任制、属地负责制、主管负责任。进一步明确街道党政班子成员挂点包村（社区）、线上工作维稳、包项目的维稳责任制，进一步明确街道党政班子成员的主管负责制，街道干部岗位维稳责任制，村（社区）的属地负责制，村（社区）干部包组包小组、党员、组长包户制。明确工作责任目标。在年初街道三级干部大会上，街道与7个村、9个社区签订禁毒、信访维稳目标责任书，将平安幸福新五里牌创建工作责任分解落实到村（社区）、机关单位、学校。四是加大资金投入。2017年，街道投入综治中心工作经费18万元。另外禁毒工作额外拨付9万元。在街道机关院内、16个村（社区）刷固定墙体宣传标语11条、横幅16条、喷绘宣传14处、户外大型宣传牌12处、大型宣传栏3处。村（社区）张贴平安创建宣传标语596条，悬挂横幅49条、宣传栏34个，发放省民调问卷3.7万多张。并完成走访任务4.16万人，将走访任务分解到村（社区）、到走访单位、到走访干部。机关、站所干部和46个市直联点社区的单位也分配到社区参加走访。街道新旧各种矛盾相互交织，征地拆迁工程项目多、难度大、矛盾多、不稳定因素时有发生。面临各种复杂多变的社会治安状况，街道办事处高度重视维护社会稳定，全力将创建“平安幸福新五里”作为头等大事来抓。2017年，街道共接待175起、456人来信来访案件；共处理信访件134起，已处理132起，占98.5%，并全部在网上录入、网上办理、网上回复，群众满意率90%，网上办理达到100%。尤其是在4次特护期期间，共排查出14起群众事件、个体重点信访人员共108人。9月，街道代表临湘市信访维稳工作接受岳阳市政府领导、市信访局领导的两次检查，受到高度评价。2017年，街道社区戒毒执行率达95%以上，社区戒毒就业率达72%，复吸率低于20%。为有效遏制禁毒贩毒现象，采取加大阵地建设。投入15万元建设一个高标准的社区戒毒（康复）工作站。加大脱失逃跑清零工作力度。10月10日市禁毒清零工作会后，街道工委连夜召开社区支部书记、禁毒专干、派出所民警的紧急会议，会议决定不惜一切代价，不惜人力、物力、经费，将脱失逃跑的36名人员找到。全力做好迎国家禁毒委的检查。2017年，调集派出所精干力量，做好禁毒宣传，做好台账建设，将492名有吸毒史的人员按照一人一档建好禁毒台账。街道烟冲村和金河社区分别获得“省级无邪教村”的荣誉称号和“岳阳市平安社区”的荣誉称号。全街道开展“三打击一整治”，节日期间“党和国家工作人员涉赌涉毒问题”集中查禁，“春雷”、缉枪治爆、缉毒、联合打击制毒犯罪“4·14”、追逃八大专项行动并取得显著效果，有力地维护人民生命、生产安全，净化社会风气，维护正常社会秩序。

（李毓昕）

桃矿街道

【概况】 2017年，桃矿街道现有建成区面积36平方公里，下设2个社区，辖区无农业，主要以工业产业和旅游产业为主，境内有国家AAA级旅游景区6501地下军事人工洞、龙潭湖漂流等景点。完成工业总产值14.8亿元，社会固定资产投资13.15亿元；桃矿街道被临湘市委、市政府评为推进“五三三”工程综合绩效考核一类单位，党政班子被评为优秀领导班子。同时还先后被评为全国“创建无邪教示范社区”、全省有色系统“共同维稳”工作先进单位、岳阳市计划生育模范乡镇，平安创建、为民办实事、安全生产、美丽乡村建设等一系列工作被评为临湘市先进。

【项目建设】 2017年，桃矿街道启动“工矿特色”小镇建设，先后投入资金3000多万元对街道立面进行改造和管线入地工程建设，渔潭集镇范围内立面改造总面积达8万平方米，拆除违章建筑190多处，铺设地下管网5800米；并对社区部分道路进行“白改黑”和绿化亮化，集镇街道较以往相比更加美观。总投资1.035亿元的“三供一业”分离移交项目资金已拨付到财政局专账并完成前期的设计、规划、招投标等手续以及取水点改造部分工程。总投资7000多万元燃气改造项目已完成50立方米超低温液化天然气储气罐区和金鑫社区及渔潭集镇入户供气管网建设。投资近1000万元的长忠公路桃矿连接线项目已完成前期拆迁、土地平整等工作，2017年正在进行主道路及附属设施建设。投资2040万元的社区养老服务中心项目已全面启动。投资1665万元的学校、医院维修改造项目已全面完工。同时还完成垃圾中转站和污水处理厂的选址、规划、设计等工作。

【实事办理】 2017年，先后投入资金近1000万元完成危旧房屋升级改造，社区服务平台、街道便民服务中心、敬老院提质改造，殡仪馆搬迁，尾矿库位移监测系统安装等实事工程。深入开展“刹人情歪风、治婚丧陋习、树文明新风”工作，新办婚事4起，简办丧事35起，劝导无事酒38起，为深化殡葬改革和文明社区创建起到很好的推动作用。大力开展扶贫帮困，全年发放低保金526万元、大病救助金17万元、临时救济和困难慰问照顾资金36万余元。

【综治维稳】 2017年，桃矿街道工委先后投入近60万元进行街道综治中心和网格化等建设，基层基础全面夯实，综治管理水平有效提升；深入开展矛盾纠纷排查、民调走访工作，接待各类来访82次，调处矛盾纠纷79起，调处成功率100%；大力开展平安创建和法制桃矿建设，全年累计开展大型宣传活动8次，发放宣传资料8000多份；积极开展违法犯罪打击处理工作，共破获各类案件4起，逮捕起诉3人，行政拘留5人，禁毒脱失逃跑人员6人。通过上述有效措施，居民满意度和获得感不断提升，在2017年全市人民群众满意度调查工作中，桃矿街道排名第四位，先后被评为全国“创建无邪教示范社区”、全省有色系统“共同维稳”工作先进单位，共同维稳工作被省信访联席会议办公室通报表彰。

【安全生产】 2017年，桃矿街道工委严格落实安全生产“党政同责、一岗双责”要求，由党政领导带队先后开展安全生产各类检查120多次，下达整改指令19份，依法关停无证企业1家，取缔非法经营摊店2处。深入贯彻落实“企业主体责任落实年”要求，在富安等企业高标准建好宣传阵地、制度台账，6月28日上午，在辖区富安矿业有限公司圆满举行全市非煤矿山事故应急救援演练，岳阳市安监局纪检组长李荣华，临湘市市委常委、常务副市长凌晓明，副市长吕乐与相关部门、企业负责人现场观摩。

【文明创建】 2017年，积极做好开展省级文明单位、省级公共文化服务体系示范区创建工作，按照“政府买单、居民参与、成果共享”的模式，投入70万元完成社区文化中心大楼改扩建，并结合旅游事业发展收录原桃林铅锌矿时期部分工矿特色物品，设置工矿特色展厅。先后参加和开展各类文化宣传活动20多场次，组织开展文化市场清理整顿6次，文明创建工作得到省文化厅副厅长鄢福初，岳阳市委常委、宣传部部长马娜等各级领导的高度肯定。

（田　鹏）

坦渡镇

【概况】 坦渡镇位于临湘市东北，距市区40公里，东与湖北省赤壁市赵李桥镇隔河相望，南接羊楼司镇，西抵源潭镇，北与湖北省赤壁市一河相隔，京珠高速公路、羊定线横贯全境，京广铁路、107国道擦界而过，境内通车里程达128公里，交通优势明显。全镇土地面积151.9平方公里，耕地面积5003.2公顷，山林6544.4公顷，辖韩桥、大和、红旗、定湖、新湖、坦渡、联合、万峰、农胜、晓阳、灯明11个村，长岭、桐梓铺2个社区，共312个村民小组34109人，其中，非农业人口26010人，人口出生率为1.3%，人口自然增长率为6.3‰。2017年，完成财政总收入1800万元，人平纯收入达到14998元，固定资产投资达到7.03亿元，粮食总产量47008吨，水产品产量4217吨，水果产量12940吨。此外，还争取省际边界口子镇建设、艾草小镇建设、定坦公路提质改造、农业综合开发、农胜生态农庄建设、“一事一议”连片整治等多个项目；投资100万元的镇文化楼已经完工，投资80万元的多功能室外篮球场已经投入使用；着力打造韩桥、长岭、坦渡、桐梓铺4个集镇；年内获得岳阳市美丽乡镇、岳阳市粮食生产先进乡镇等荣誉称号，辖区内农胜村获得全省无邪教创建示范村、湖南省卫生村称号，万峰村获得湖南省卫生村和岳阳市美丽村庄称号。

【经济基础】 2017年，坦渡镇党委以特色加工业为引领，壮大镇域经济实力。继续引导羊定公路沿线灯明等村加大竹木加工招商力度，引进新技术，拉长产业链，增加产品附加值。全镇竹木加工厂已达20余家，年产值近5000多万元，解决400多人的就业问题。永和电子厂、粮油加工厂发展迅速，吸引大量附近居民就近工作，为坦渡等村带来经济收入。在定湖、韩桥等粮食生产大村鼓励兴建大米加工厂，打造自身品牌特色，提高产品市场竞争力。以农业产业化为基础，促进农民增产增收。一是稳定粮食生产强基础。重点推广早稻湘早籼32号和中早39号等优质品种，全镇湘早籼32号种植面积达0.15万公顷，中早39号种植面积达533.33多公顷，为农民增产增收和粮食生产大镇建设打下了坚实的基础。二是发展地方特色增效益。进一步发展黄桃、南斯拉夫雪莲藕等特色种植；乌鱼、甲鱼养殖等特色养殖和柴鸡、黑土猪、富硒猪等特种养殖，经济效果显著。三是培育市场主体促发展。全镇流转种植土地面积1000公顷以上，规模种植大户稳定在100户以上，种植专业合作社12个，是全市农村新型市场主体培育最好、土地流转面积最大的乡镇之一，涌现出黄长林、来再生等一批省级、岳阳市级种粮大户。

【党建工作】 2017年，坦渡镇党委选优配强了“两委”班子，全镇13个村（社区）“两委”换届风清气正、顺利圆满。换届后“两委”班子平均年龄从55.4岁下降到51.3岁，新进9名35岁以下且具有大专以上学历的年轻干部。年内新建“两新”组织党支部6个，基本实现党的组织和工作全覆盖。一方面，村民服务中心顺利完工。全镇10个新建、3个改建村级平台工程全部竣工，晓阳、农胜等8个村已于10月搬进新办公楼办公。另一方面，数字党建平台遍地开花。“临湘党建”“红星云”等微信公众号在各支部党员中关注率均达到70%以上，各支部在红星网积极上传支部动态、组织生活。三是传精神。中共十九大闭幕后，镇党委迅即召开专题会议，研究制定并下发学习贯彻中共十九大方案，确保中共十九大精神第一时间在全镇传达学习贯彻到位。在深入学习后，机关干部每人手写一份学习心得体会在学习园地公示。

【维稳工作】 2017年，坦渡镇党委对贫困户进行全面清理和识别，共计清查出不符合建档立卡对象245户847人，新纳入低保户、重病户、重灾户57户140人。同时，坚持把产业扶贫作为重要抓手，重点发展艾草产业、茶叶产业、光伏发电产业、乡村旅游产业4个产业，力争贫困户每年每户增收3000~5000元。抓好防汛救灾。在2017年的防汛工作上，坚持“四措并举”：压实工作责任，制定防汛预案，全面排查隐患，修复水毁除险。全镇干群同心协力做好了排查、转移、自救等工作，将灾害影响降到最低。抓实安全生产。严格落实安全生产目标责任制，认真履行“一岗双责”“党政同责”。顺利关闭两家炮厂，端掉一处非法储存爆竹的仓库，关停了黏土砖厂、石场，安全生产形势良好稳定。抓牢森林防火。坦渡镇有0.66万公顷山林，是森林防火的重点乡镇。坚持把森林防火宣传到户、责任到人，做到“零火警”。抓细综治维稳。推进综治“网格化”管理，及时化解矛盾纠纷，加大打击力度。全体镇村干部进行入户走访，实现走访全覆盖，下半年，坦渡镇民调处临湘市第三名，岳阳市第46名，全镇和谐稳定。抓紧计生工作。始终坚持“三个不变”，着力稳定计生工作队伍，确保符合政策生育率、出生人口性别比等刚性指标达标，整体工作升类进位。

【项目建设】 2017年，把握重点精准发力，助推项目建设再上新台阶。1.省际边界口子镇建设。投入资金700万元对长岭街道进行提质改造，“白改黑”街道2000米，新装路灯70盏、景观花箱122个，疏通砖砌下水道

500米，美化集镇环境，完善基础设施，提升人民群众的生活质量；2.定坦公路升级改造。牢牢把握临湘创建全省“四好农村公路”示范县的机遇，成功争取定坦公路7公里改造计划。做到以最快速度确保进场，以最优环境保证施工进度。短短一个月时间，高标准、优质量建成该工程，被誉为“坦渡高速”。3.农胜生态农庄建设。该项目由北京扬德公司投资5000万元进行建设，2017年已成功流转土地31.2公顷（其中包括水面6.67公顷），员工生活区已初步建成，试养生态土鸡、麻鸡等多批专供北京市场特色农产品，其他项目正在火热建设中。重点办好以下民生实事：完成投资400万元的镇财政楼建设；完成1600万元农业综合开发；完成80万元的省体育项目建设；完成投资700万元长岭街道“白改黑”工程；完成投资100余万元的文化楼项目建设；完成植树造林133.33公顷、低改抚育楠竹0.13万公顷，流转土地0.1万公顷；完成150万元的“一事一议”连片整治项目；完成13个村级活动场所建设；完成长岭集镇至韩桥幸福岭水厂延伸工程及胜龙水库提质改造。

【特色小镇建设】 2017年，镇党委、政府紧盯市场信息，结合艾草产业的发展前景，借助国家打造特色小镇的机遇，向市委、市政府申请打造艾草特色小镇。市委、市政府高度重视，经过深入调查研究后，认为项目可行，明确提出将坦渡打造成全国首个艾草特色小镇，市委副书记余岳雄于2017年9月9日在杭州举办建设坦渡艾草特色小镇的新闻发布会。市委、市政府相继成立艾草产业发展机构，编制发展规划，出台艾草产业发展政策。坦渡镇大力落实市委、市政府的决策，以打造全国首个“艾草小镇”为目标，上下同心，吹响做强做大艾草产业号角。2017年已落实种植面积5000亩，10万平方米的标准厂房建设正在进行规划设计，全国首个艾灸技师培训基地即将落户坦渡。

【环境治理】 2017年，全镇共投入资金200多万元进行全域环境卫生整治，每季度召开一次全域环境整治工作现场会，成立专门队伍对集镇街道中的乱停乱靠等进行集中整治，有力推动全镇全域环境整治工作。坦渡镇在前三季度的临湘市环境卫生评比中每次都取得前三甲的佳绩，临湘市2017年二季度全域环境整治讲评现场会也在坦渡镇召开。年终代表临湘市迎接岳阳市农村环境卫生年终检查，效果较好。规范建房，打造魅力村落。严格实行了“两鼓励、四禁止”的工作要求，坚持“规划先行、合理布局”的理念。首先，进行大力宣教。印发了村民建房告知书，大抓宣传，形成共识。其次，严格程序标准。以临政办函文件落实把关，对不符合要求的建房申请一律不批。再次，强化查处考核。共强制拆除羊定线边私人围墙13个，拆除未批先建房屋2栋，有效地规范及保障建房行为秩序。移风易俗，树立文明风尚。按照岳阳、临湘的要求，以建队伍、广宣传、抓示范、严督查为重点手段，全力推进“刹人情歪风、治婚丧陋习、树文明新风”工作。镇纪委共对2名违规大操大办的党员分别进行诫勉谈话和纪律处分，人情歪风和陋习得到有效遏制，让坦渡移风易俗遍地开花，树起乡村文明新风尚。

（方　威）

羊楼司镇

【概况】 2017年，羊楼司镇完成生产总值33亿元，增长8%；完成财政收入7800万元，增长8%；固定资产投资达9亿元，增长26%；人均年纯收入达18042元，增长9.5%。

【项目建设】 2017年，羊楼司镇坚持项目为大、为重、为先，围绕打造“中南地区规模最大的竹产业集群”目标，全力推进“三园一城”建设，取得显著成效。总投资3.5亿元的竹木家居创新创业园，正在加快建设一期12万平米标准化厂房。10月18日，与8家首批山东返乡企业签订入园协议，预计首批投资额达2亿元以上。总投资1.5亿元的竹类交易物流园，基本具备经营功能，入园经营户80多家。总投资8000万元的笋竹冷链物流园，已完成办公楼及冷库主体工程建设，正在进行配套设施建设及消防、环保验收。总投资1.5亿元的中国竹艺城项目已完成85%的股份收购，完成京东电商馆、金丝楠木馆、竹博馆的装修，进入试运营阶段。竹乡投在国家融资政策紧缩的情况下融资3亿元，实现开门红，并通过惠临公司担保，在长沙银行成功授信3.3亿元，有效解决项目建设资金问题，确保项目建设稳步推进。

【产业发展】 2017年，羊楼司镇完成楠竹低改0.27万公顷，新建笋竹两用林200公顷。产值过千万元的竹器加工企业发展到108家，全镇竹产品销售总额达到18亿元。2017年为26家竹木加工厂争取260万元无息返乡创业贷款，帮助一批中小企业解决资金困难。共兴办食品生产合作社8家、食品加工企业6家，各类产品达151种，年产值突破6000万元。湖南省十三村食品有限公司受邀参加2017中国中部（湖南）农业博览会，绿野星辰顺利通过农业部绿色食品认证，野菜种植面积扩大到1127亩，每年可吸引2000多户城市家庭来基地体验农事休闲，为一、二、三产业融合发展提供了样板。三是旅游产业。加大龙窖山生态文化旅游区开发保护力度，投入600万元，新建游步道10公里、旅游公厕8个，羊楼司镇被评为湖南省历史文化名镇，龙窖山村、梅池村被评为省级历史文化名村。农家乐发展方兴未艾，“竹乡瑶寨游”“溯溪游”“全竹宴”等特色旅游产品，吸引大批背包客和户外运动爱好者。牛角寨被评为湖南省五星级乡村旅游区（点）。

【环境整治】 2017年，羊楼司镇认真践行习近平总书记“绿水青山就是金山银山”理念，突出抓好中央环保督察整改落实，先后3次组织专项整治行动，库区养殖户全部取缔，责令27家竹木加工户对油漆、锅炉全面整改，整改率达100%。对8条机动客货船舶全部取缔，对4家影响环境锯木场采取断电措施，关停餐饮门店4家，关停采石场2家，关停新屋页岩砖厂，已签订拆除协议。督促纸厂进行整改，确保达标排放。全面推进黄标车淘汰工作。全面推行“河长制”，全镇253.8平方公里5条流域面积较大的河流均明确了保洁员、巡查员、信息员，实现巡河护河常态化。集镇垃圾压缩中转站已建成，即将开始运营。全面启动“三年绿化行动”，各村均安排保洁员，落实市委“扫地栽树”“四旁绿化”部署要求，累计栽植各类花卉苗木21万株。

【脱贫攻坚】 2017年，羊楼司镇坚持把脱贫攻坚作为最大的政治任务和第一民生工程来抓，通过精准识别，清除“四类人员”279户776人。全镇共有贫困户134户、418人，其中新增贫困户25户、67人，返贫26户、78人，新纳入整户低保贫困户14户、46人。新屋、三港、明星3个贫困村光伏发电项目已全部建成并网，均可实现3万元以上集体经济收入。小额贷款超额40万元完成任务。易地搬迁贫困户59户、301人，其中，集中安置57户、202人，分散安置2户、9人，至年底，已全部入住。通过雨露计划，帮助16名贫困学生就学，并助学一中、五中贫困学生11人。医疗救助27户，民政兜底44户，产业和就业帮扶27户。完成3个贫困村全部摘帽、30户、102名贫困人口脱贫的年度目标任务。

【民生工程】 2017年，羊楼司镇党委为推进城镇化发展战略，狠抓建设和管理。湘北大道季台坡至中州桥段提质改造工程全面完成，京广铁路跨线桥已竣工通车。“6·1”集中建房点和梅池规范建房点完工入住，梧桐铺规范建房点主体工程已完工，规范建房工作得到省、岳阳市领导的高度认可。恢复水毁公路13公里、桥梁10座，对1座小（2）型水库进行整险加固，完成山塘清淤15座，渠道疏通3700米。投入120万元推进安全饮水工程，通过幸福岭水厂让全镇居民喝上放心水。加大公路养护力度，配合市交通局完成“四好农村公路”创建。加快推进土地确权颁证工作，流转土地近666.67公顷。耕地地力保护补贴打卡发放到户418万元，惠及农户8532户。

【社会事业】 2017年，羊楼司镇党委在卫生和计生服务上不断创新，开展“5·29”大型协会活动、预防艾滋病大型宣传活动，免费为全镇育龄妇女开展义诊、送药等活动，得到群众一致好评。高标准、高质量圆满完成“国家生育状况抽样调查”工作，受到国家卫计委领导肯定。贯彻落实“全面二孩”政策，累计发放计划生育家庭奖励金31.3万元，发放独生子女保健费1.58万元。社会保障工作稳步推进，全镇养老保险、医疗保险参保率均稳定在98%以上。完成新农保年审5957人，领取待遇人员死亡上报162人，坚决杜绝冒领现象。社会救助体系进一步完善，落实城镇居民低保114户、167人，落实农村居民低保159户、311人，发放各类救助资金110万元。新增转移就业972人，返乡创业6人，城镇转移就业315人，通过培训实现就业12人。义务教育普及成果有效巩固，中小学入学率和巩固率均达100%，教学质量大幅提升。敬老院加大基础设施投入，完成养老床位护理改造，幼有所育、学有所教、劳有所得、病有所医、老有所养、住有所居、弱有所扶的基础日益牢固。投入近400万元，提质改造文化活动中心，高标准建设文化长廊、文化展厅，打造“五公里文化圈”，为岳阳、临湘两级创建省级现代公共文化服务体系示范区验收提供样本点，全年开展各类文化活动15场次，群众精神文化生活不断丰富，文化工作得到省文化厅领导“点赞”。

【社会环境】 2017年，镇、村两级综治中心建设全面完成，走在全市前列，打黑除恶工作得到中央综治办领导肯定。全年刑释帮教对象79人，调处矛盾纠纷205件，结案203件，结案率99%。加大禁毒工作力度，严厉打击毒品犯罪，对48名社区戒毒人员实行建档管理，定期尿检，确保无1人复吸，并帮助他们树立信心回归社会。继续实行镇领导开门接访制度，解决群众的合理诉求，做到“小事不出村，大事不出镇”。接待法律咨询203人次，受理信访108件，办结率100%。中洲社区李秋丙荣获全省百名优秀农村“法律明白人”称号。大力推进“治陋习、树新风”，全体镇村干部带头签订“刹人情歪风、治婚丧陋习、树文明新风”承诺书，累计发放倡议书2.2万份。各村均成立红白喜事理事会等自治队伍，累计劝导干部群众近560人次，有效遏制大操大办、搭台放炮等行为陋习，成功劝止有请客意向的群众137户，切实减轻群众的人情负担，得到广大群众的拥护和支持。评选“刹人情歪风、治婚丧陋习、树文明新风”文明户63户，居民素质不断提高。不断加大安全生产工作力度，组织安全环保督查3次，出动督查执法人员128人次，结合安全生产月、隐患整治行动出动宣传车36台次，关停非煤矿山7家，撤散人员120人，拆除设备10台，闭塞开采道路11条，现场指导整改隐患22起，拘留无证驾驶船舶1人。森林防火工作持续加强，新建生物防火林带20公里，被评为临湘市森林防火先进单位。

【党建工作】 2017年，羊楼司镇党委认真贯彻中共十九大精神，严格落实全面从严治党主体责任，扎实开展“两学一做”学习教育，来培训党员骨干、无职党员4000多人次，党员干部政治意识、理论水平和精神状态持续提升。积极推进民主政治建设，人大、政府、政协的重要作用有效发挥，高标准抓好村、社区“两委”换届工作，实现圆满顺利、风清气正。整合筹措资金共1500万元，镇财政投入200万元以奖代投资金，全面完成20个村级服务平台建设，圆满完成岳阳市“四大会战”项目建设流动现场会、村级综合服务平台建设现场会的各项任务。全面落实“党员活动日+”、农村党员积分管理、“三会一课”等制度，创新“党建+”模式，积极开展“党建+扶贫”“党建+项目”，新成立“两新”组织8个。严格落实中央八项规定精神，全面推进党风廉政建设，严肃查处一批违纪违法案件，全年共立案15起，销案2人，开除党籍3人，留党察看1人，党内严重警告3人，警告5人，诫勉谈话27人次，在干部队伍中形成有力震慑。

（潘　骙）

聂市镇

【概况】 2017年，聂市镇辖14个行政村、3个社区居委会（合并前共42个行政村、2个居委会），共有512个村（居）民小组，总面积259平方公里（山林面积1.11万公顷，耕地面积0.6万公顷，水域养殖面积0.24万公顷），总人口5.82万人，其中非农业人口7831人。共有党支部71个，党员2032人。全镇社会生产总值31.2亿元，固定资产投资12.15亿元，财政总收入近6100万元，人均纯收入15950元。粮食种植面积1.01万公顷，油料种植面积0.2万公顷，蔬菜种植面积0.1万公顷；粮食产量5.57万吨，油料产量0.43万吨；生猪年末存栏4.79万头，出栏8.58万头；禽蛋产量1586吨；水产品产量1.09万吨，其中养殖水产品产量0.84万吨；木材产量0.35万立方米。

镇政府驻地设源潭社区，距市中心约25公里，208省道、301省道、源定、乘石、乘黄公路穿境而过，长安河纵贯全境，距儒溪码头、鸭栏码头20多公里，距京广铁路、武广铁路、京珠高速公路约20公里，是临湘市面积最大、人口最多的乡镇之一，区位优势明显，水陆交通便利，旅游资源丰富，发展潜力巨大。

【基层党建】 严格落实党要管党、从严治党八项要求，切实把党建作为第一政绩来抓，层层落实基层党建工作责任制，顺利完成合村后第一次换届工作，选出村（社区）总支部委员115人、村（居）民委员会委员98人。乘岭、源潭、新安等11个村（社区）新建村部，沿河、三和、乘风等6个村（社区）改建村部，所有村（社区）硬件设施齐全，做到有党员活动固定场所，有活动记录手册，有党员学习资料，有党建工作内容上墙，党建阵地进一步得到夯实。全镇共有党支部71个、党员2032人。通过党组织关系排查和站所党支部换届，其中预备党员转正16人，新发展党员15人。2017年开展“两学一做”学习教育和镇“五创五争”活动共12次，所有党支部召开支部党员大会，并划分党小组进行分组学习讨论，参与党员达到5320人次。选派12名干部（每村3名）到软弱涣散村（同合村）和贫困村（红土村、同合村、官田村、马垅村）担任办点干部，帮助后进村抓党建工作，带领村民发展生产。深入开展“创先争优”、“四讲四有”、“纠‘四风’治陋习”、“雁过拔毛”式腐败整治等行动，观看廉政警示教育片，党员干部的党风、政风、作风进一步转变，党的创造力、凝聚力和战斗力进一步增强。

【精准扶贫】 2017年，聂市镇汇集各级帮扶干部486人，结对帮扶贫困对象1186人，实现帮扶全覆盖。深入开展精准识贫专项清理行动，剔除703户2006人，新增101户269人。争取金融扶贫资金670万元，投入资金375万元完成易地扶贫搬迁38户和危房改造37户。4个贫困村安全饮水主体工程和光伏电站建设全部完工。3个贫困村顺利退出，513名贫困群众完成脱贫。

【生态产业】 2017年，聂市镇拥有茶园面积333.33多公顷，可年产优质茶苗5000多万株；特种湘莲、黄鳝、甲鱼等水产种养殖年产值近亿元。接待各级领导、中外专家学者36批400余人次，得到外界的一致认可。

【实事办理】 2017年，总投资约1500万元，涉及11个新建和6个改建的村级综合服务平台建设，均已按照“七室一厅一广场”标准建成并入驻办公；投资600多万元的公租房项目已于6月入住，二期工程建设已于10月初启动；投资320万元的镇财政所办公楼已于8月底交付使用；投资约150万元的镇便民服务中心已完成主体工程建设，预计2018年初可入驻办公；投资近200万元，对方兴发旧居、胡家巷码头、牌楼码头、古街4栋老宅等急需修缮的聂市古街标识性建筑物进行了修复；黄盖湖防洪治理工程已于9月30日正式开工建设；造林绿化286.67公顷，义务植树25835株，5.6万亩生态公益林、2.4万亩天然商品林补偿面积重新确权补偿到户；投资144万元的马垅村、红士村、同合村3个60千瓦光伏发电站已于6月底并网，荆竹山风力发电项目已开工建设；投资约200万元的垃圾中转站已完成主体工程建设；投资约100万元的高标准旅游厕所正在建设；投资近200万元的省级“四好农村公路”建设已顺利通过验收。

【全域整治】 2017年，聂市镇全面落实“河长制”，11名河长累计巡河400多人次；黄盖湖综合治理期间，共拆除迷魂阵2800个、竹篙15万根、地豪1万个、土围35.33公顷、网箱6700个、拦河罾83个；关闭黏土砖厂6家，退养生猪养殖14家；淘汰黄标车46台，代表临湘迎接了中央环保督察检查。严格落实建房审批程序，完成规范村民建房简易规划点263处，30户以上集中规范建房点已完成选址。按“两鼓励两禁止（鼓励适度集中建房、鼓励按示范图建房；禁止占用基本农田建房、禁止在山洪地质灾害易发点和影响水工程运行地段建房）”原则和“五有三到场（有村庄规划、有示范图集、有审批手续、有施工管理、有绿化美化；批前选址到场、开工放样砌基到场、竣工验收到场）”要求建房153户，依法强制拆除违章建筑28处。移风易俗成效明显，引导制定移风易俗《村规民约》，发挥“三支队伍”作用，劝导新办婚事22起、简办丧事53起、禁办无事酒50起，通报2起2人，切实做到“婚事新办、丧事简办、其他不办”。在全市乡镇率先启动“禁炮”工作，镇十八届人大第二次会议通过《关于在全镇范围禁止燃放烟花爆竹的决议》。

【维稳防治】 2017年8月11日至19日，聂市镇共投入防汛抗灾资金42万元，动用机械车辆25台次，投入人力510多人次，使用砂卵石220多吨、编织袋8600多个、彩条布28捆、木桩810根，完成51座水库、23.9公里撇洪渠堤段、15个堤垸堤、长35.65公里清基扫障，成功处置大小险情15处，维修防汛公路5公里，实现安全度汛。安全生产常抓不懈。加大排查整改和处罚力度，切实加强烟花爆竹、校车、食品、道路交通、建筑施工、消防、危险化学品等行业和领域安全生产工作，2017年共清剿鞭炮312件，扣留非法营运校车1台，查处校车超载行为2起，农用车、摩托车非法载人126台次，关停非法散装液化气4家，关闭不具备规范经营条件的门店12户，停止审批非煤矿山2家，关闭存在安全隐患的旧菜市场1家，成功完成乘风花炮厂转型退出工作。安全生产代表临湘接受湖南省验收检查，并成功创建湖南省平安农机示范镇。计划生育齐抓共管。进一步完善计划生育导向机制，提高出生人口素质。2017年共出生小孩741人，符合政策生育率94.4%，自然增长率6.26%，流出人口12188人，流入人口50人，所有流动人口均已纳入动态管理。森林防火警钟长鸣。防火期间，先后出动宣传巡逻车150多台次，发放资料1万多份，查处违规用火22起。综治维稳成绩显著。利用“6·26”禁毒普法宣传和“七一”党建系列活动，积极开展“平安创建”和“三全”行动，及时掌握民情民意和和群众需求，做好矛盾纠纷排查和化解。全镇43名干部参加普法考试，考试及格率为100%。2017年处理网上信访39件，接听“12345”热线185起，上门走访稳控参战老兵300余人次，调处各类纠纷247起，办理法律援助案件4件，综治民调排名临湘第一。

【主要荣誉】

2017年被评为临湘市脱贫攻坚先进单位、临湘市全域旅游先进单位、临湘市环保专项整治先进单位、临湘市为民办实事先进单位、临湘市全域环境整治先进单位、临湘市乡镇人大规范化建设先进单位、临湘市文学艺术界联合会创作采风基地、临湘市美丽乡村建设先进单位、临湘市美丽乡村建设先进单位（马垅村）、临湘市红旗村（社区）（长源村、乘岭社区）、岳阳市平安乡镇（街道）、岳阳市无偿献血优秀团队、岳阳市计生系列保险工作县（区）、岳阳市现代农机合作社示范社

（聂市农机站）、岳阳市抗洪救灾先进基层党组织（聂市镇乘风供电所）、岳阳市秀美村庄（马垅村）、湖南省安全示范乡镇、湖南省“四好农村路”示范乡镇、全省十佳基层站（所）（聂市农机站）。

（全李楠）

江南镇

【概况】 2017年，江南镇辖14个村（居）委会，总面积197.3平方公里，人口5.1万人，耕地面积0.69万公顷，养殖水面0.38万公顷。

2017年，全镇实现国民生产总值18.7亿元，增长12%；固定资产投资1.75亿元，增长20%；完成财政收入2653万元，增长12%；农民人均纯收入达到1.83万元，增长10%。经济社会事业的发展呈现出速度加快、后劲增强、民生殷实、作风优良的良好态势。一是产业发展步伐坚实；二是民生保障铿锵有力；三是服务园区纵深突破；四是平安社会治理有效；五是围绕从严治党，夯实基层党建，抓责任落实，完善基层党建阵地，抓活动载体，发挥党员模范作用；六是围绕“两个责任”，强化执纪问责。2017年，江南镇财政所被评为省星级财政所，定为省财政厅监管点；成功创建了省级“平安农机”示范乡镇，获得了岳阳市安全生产先进单位称号。另外，综治民调、森林防火、计划生育、征地拆迁、环境保护、老干关工委、社会保障、“治陋习、树新风”等工作，都取得好成绩，在临湘排名靠前。长江村定为全省农村集体经济发展业务培训班现场考察点，成功召开省市现场会。

【产业发展】 2017年，江南镇始终保持抓产业发展促农民增收的坚定信心和第一要务，按照“稳粮油、兴瓜菜、扩养虾”的总体思路，加快建设高标准农田，做实土地确权登记，流转土地0.11万公顷。组织农民工外出参观学习培训，大力推广稻田养虾、养蛙等复合生态种养，全镇套养面积已超过0.1万公顷。投入785万元推进农田水利建设，对冶湖渍堤进行加固整治，全面修复“五湖”渍堤险工险段；开展电排检修、渠道清淤等水利项目建设，较好解决了防汛抗旱、农田灌溉的问题。投入资金170多万元，以鸭栏村油菜高产示范区为核心，完善景区设施，打造油菜花观光基地，成功举办了首届湖南临湘油菜花摄影大赛，游客达到5000多人次。长江村挤入临湘市首批特色小村建设，投资近2000万元，完成420栋房屋的立面改造和4.5公里主干公路的“白改黑”建设。

【实事工程】 2017年，江南镇顺利完成承诺承办的10件实事。投入200万元对沟渠进行清淤；完成177万元进行环保项目建设；投入75万元完成江南镇集贸市场后期建设；投入300万元进行国土占补项目建设；投入100万元进行公墓山第二期建设；投入200万元发展乡村旅游，打造333.33公顷油菜花观赏基地；争资500万元全面改造江南中心小学宿舍楼；投入50万元建设江南镇便民服务中心；完成13个村级综合服务平台建设。

【民生保障】 2017年，江南镇全面兑现年初确定的8件民生实事，特别是江南镇的殡葬改革走在全市的前列，人民群众幸福感、获得感进一步增强。

环境治理方面。坚持绿色发展理念不动摇，狠抓生态环境整治，大力整改中央环保督察反馈的突出问题，强行关停长江沿线砂场10处，取缔黏土砖厂3家，强行退养大中型养猪场13家和冶湖水面承包养殖方式，封洲禁牧淘汰牛羊2000多头。投入700多万元，实施河湖垃圾治理项目，新购置34辆垃圾清运车，新建265个垃圾池，改建540个标准化垃圾池，建成了河湖垃圾处理中心和新洲、江南两个垃圾清运中转站；投入近3000万元的谷花集镇污水处理项目已完成主体工程建设。

社会保障方面。新型农保农合参合率达98%，参合农民的门诊减免、住院补偿资金累计2000多万元，有效防止了群众因病返贫、因病致贫。严格执行五保、低保的重新评定标准，取消不符合低保评定条件的810人，新增低保24户、67人，真正抵制“人情保”，做到应保尽保。

脱贫攻坚方面。强力推进脱贫攻坚战，坚持以“一超过、两不愁、三保障”为重点，发放扶贫贷款383万元，帮助贫困户4户易地搬迁、35户危房改造、13户旧房修缮，皆喜迁新居，基本上达到了住房安全保障；洋溪村投资50多万元新建光伏发电扶贫项目，投入178万元实施饮水安全项目，已如期摘帽脱贫。

【服务园区】 2017年，征地拆迁、禁建控违是服务园区工作的重中之重，也是难中之难。树立征拆新理念，运用“加减法”拔钉子方式，对大量征拆遗留问题进行大排查、大整治，一个一个消除。坚持阳光征拆，严格执行国家补偿标准。把征拆进度量化、把责任细化，实行“任务倒排、责任倒逼”。2017年完成拆迁房屋98栋、33659平方米，征收土地116.67公顷；拆除违规建设企业厂房6家，乱搭棚7个，挖掉违建落屋基9处、2100平方米；成功调处项目建设矛盾纠纷79起，高新技术产业园20万平方米标准化厂房如期施工。

【平安社会】 2017年，江南镇以创建“平安江南”活动为载体，大力开展整治等违法犯罪专项行动，果断处置“4·22”龙虾重大死亡事件等重大疑难复杂案件12起，应急处置群体性事件和突发性事件成效突出。全面采集农户基本信息，启动网格化管理，预防犯罪能力不断增强。加强对25名社区矫正人员和37名吸毒人员的重点帮教管理，无一人重新犯罪。实施“红袖章”工程，成立群防群治巡逻队伍，成功排查化解矛盾纠纷270起。细化落实“企业主体责任年”责任，强化安全生产重点领域监管，开展烟花爆竹经营门店“打非”清剿大行动，规范整治经营门店，宏发炮厂安全退出；严格执行渡口渡船“六不发航”“签单发航”制度；加强校园校车日常监管督查，确保学生安全；重点管控食品安全，严格查处违规行为18起。

【基层党建】 2017年，履行书记抓党建“第一责任人”责任，认真落实从严治党主体责任，反“四风”、改作风，推进“两学一做”学习教育常态化制度化。开展“巴陵先锋先行”“党员活动日+”“湖乡夜话”等党员活动，党员的带头示范作用得到充分展示。顺利完成村（社区）“两委”换届，选举产生87名村干部，消化减少23名原任村干部，村（社区）干部队伍结构优化，战斗力增强，得到了岳阳市换届工作领导小组的赞许。争取上级财政支持830万元，镇财政以奖代投75万元，按照“三统一”的要求，新建村级综合服务平台5处、改扩建8处，建成镇级便民服务中心1处，镇村便民服务能力大幅提升，党建阵地得到夯实加强。

【执纪问责】 2017年，江南镇抓牢党委主体责任，支持纪委监督执纪问责，持续推进作风建设，加大惩治腐败和不正之风力度，对村级、站所财务进行大清查，“雁过拔毛”式腐败问题和扶贫领域相关问题得到有效监督执纪。积极开展“刹人情歪风、治婚丧陋习、树文明新风”专项行动，推行“婚事新办，丧事简办，其他不办”，倡导形成勤俭节约、文明健康的社会新风尚。党员干部带头婚丧喜庆事宜不大操大办、不占道搭棚、不搭台唱戏、不违规请客，办理丧事使用电子鞭炮，入公墓山安葬。岳阳电视台、《岳阳日报》对江南镇长江村、莼湖社区典型经验进行推介报道。认真办理群众来信来访，严肃监督执纪问责，2017年立案查处党员干部9人，党员干部自觉把纪律和规矩挺在前面。

【荣誉奖项】 2017年，江南镇财政所被省财政厅定为省级财政资金监管点；成功创建了省级“平安农机”示范乡镇，获得岳阳市安全生产先进单位称号。

（张子龙）

詹桥镇

【概况】 2017年，詹桥镇辖11个村、3个社区，分别是跳石村、云山村、分水村、雁南村、沙团村、印石村、三界村、水泉村、余湾村、壁山村、长浩村，贺贩社区、詹桥社区、泰和社区，377个村（居）民小组，总人口50200人，其中非农业人口3609人，人口出生率1.3%，人口自然增长率5.7‰。辖区面积151平方公里，耕地2143.06公顷。实现社会生产总值9.05亿元，财政总收入3557万元，完成固定资产投资8.8亿元。詹桥镇跳石村被评为岳阳市美丽乡村；被评为岳阳市抗洪抢险先进集体。

【村镇党建】 2017年，詹桥镇全面完成14个村的村级服务平台新建、改建任务，村级综合功能一体化得以实现。完成14个村村支“两委”换届，各村均选配1名女性干部和1名年轻干部。

【扶贫攻坚】 2017年，詹桥镇完成脱贫任务101户、337人，实现80户、282人集中安置搬迁入住，全面完成4个贫困村的光伏发电项目和安全饮水工程，扶贫迎省检顺利验收，4个贫困村成功退出、摘帽。

【环境治理】 2017年，借力中央环保督察东风，拆除退养省市4年多时间以来督办的壁山钟星海养猪场，整改跳石养猪场，永久性关闭红岭垃圾填埋场，环境污染信访积案得到妥善处理。对于17家非煤矿山洗厂，重点打击鸦山采石场，强拆水泉铣砂厂，采取8次集中行动关停取缔，乱采滥挖行为得到有效遏止。

【产业发展】 2017年，詹桥镇在酿酒、豆豉、粉皮传统产业上继续壮大，劳务用工输出继续拓展，在外酿酒人员突破2万人，预计年创产值超过3亿元，“詹桥醇”“龙庭湖”等本土产品畅销市场，年销售总量100吨以上。湘北八味豆豉品牌化效应呈扩大化态势，投入800万元的新厂即将完工。“老詹家桥”绿豆粉皮包装销售，获得市场青睐。山岳休闲旅游兴起，壁山野樱花乡村观光旅游火爆，承办了“3·17”摄影节，先后接待游客近万人次，农家乐自发兴办，詹桥“野樱花”声誉鹊起，闻名三湘。

【民生事业】 2017年，詹桥镇进一步规范和完善城乡居民最低生活保障，清理不符合低保条件的低保户385户、620人，累计发放城市低保资金21.56万元、农村低保资金108.95万元、民政各类救助补贴资金133.5万元。切实提高养老、医疗、计生、就业等社会保障服务水平，实现新农合、新农保征缴率80%和93%；完成计生率93.2%，自然增长率7.8‰，各项指标均达到市平均水平；新增农村、城镇劳动力转移就业362人和56人，超额完成任务总数的103%和112%。逐步健全公共文化服务体系，积极开展省级公共文化示范创建，镇文化站被评为国家乡镇一级文化站，印石村、分水村文化广场，沙团民俗文化广场获公共文化创建示范广场荣誉称号，农民艺术团广场舞全市比武荣获第一，示范创建顺利通过省、市验收。

【法治维稳】 2017年，詹桥镇坚持推进“平安詹桥”建设，注重矛盾纠纷调处，全镇干部走访群众7000余次，信访稳控200余件，调解纠纷60余起，调解成功率95%。整改安全隐患15处，及时打击处置印石非法种植罂粟事件，开展“地下六合彩”、邪教组织专项打击和禁毒管控行动56次，23名吸毒人员全部管控到位。积极开展平安创建走访活动，全年无一起恶性违法刑事犯罪案件。特别是中共十九大安保维稳特护期，全力以赴，主动管控，实现零上访、零进京目标，获得市委、市政府的表彰。

【村镇建设】 2017年，詹桥镇继续开展“刹人情歪风、治婚丧陋习、树文明新风”活动，全面宣传造势，倡导婚事新办、丧事简办、其他不办，抓好党员干部示范带头，严格督导问责，狠抓请客收礼不良风气，确保党风政风与社风民风互促共进。成功组建一支60余人的保洁队伍，深入开展全域环境整治，清理道路及河港障碍物70余处，清淤臭水沟渠68条共5公里，清理陈年垃圾13处，拆除乱搭乱建5000多平方米；投入整治经费近300万元，全面铺开“秀美屋场”“美丽乡村”系列创建活动，跳石村、分水村成功通过岳阳市美丽乡村验收。规范建房走在全市前列，全面建成云山曙光新村16户、黄泥民居40户两个集中建房示范点，获得岳阳市人大、市政协、临湘市政府高度评价，全市规范建房现场流动会在镇召开。

（赵府臣）

桃林镇

【概况】 2017年，桃林镇是全国重点镇、湖南省经济百强镇、湖南省小康示范镇和临湘市“特色小镇”发展战略乡镇。桃林镇镇域总面积160.7平方公里，辖16个行政村、2个居委会（清泉社区由永丰村、万安居委会和清泉居委会合并；苎麻社区由爱国村和苎麻村合并；源冲村由笔山和源冲两个村合并；坪上村由坪上和汤桥两个村合并；金盆村由金盆和长春两个村合并；东湖村由东湖和塘下两个村合并；大畈村由大屋和大畈两个村合并；横铺村由横铺和谢塘两个村合并；治水村由治水、凤凰、梓山三个村合并；旧李村由旧李、东方、潘费三个村合并），共463个村（居）民小组，土地面积156.24平方公里，耕地面积3026公顷，总人口6.1万人，人口出生率为14‰，人口自然增长率12‰。全镇生产总值46.5亿元，其中规模工业企业总产值28.5亿元，农业总产值4.32亿元；财政总收入2350万元，增幅10%；固定资产投入10亿元，增幅12%；城镇居民收入达到26771元，增幅6%；农村居民收入达15970元，增幅5.4%。镇级十二件实事全部完成，各项事业呈现出“稳中有进，进中创优”的良好态势。乡镇卫生院获国家卫生计生委2016—2017年度群众满意卫生院称号，清泉社区获湖南省人力资源与社会保障厅充分就业星级社区称号。

【党建工作】 2017年，桃林镇召开党建专题工作会议15次，严格按照书记督、专人抓的工作方针，落实分工；逐级签订基础党建目标管理责任书，明晰责任；全面推行党建工作任务月清单制度，按期督查。严格按要求选举产生全镇18个村（社区）“两委”班子成员98人；严格落实《中国共产党发展党员工作细则》，按期转正党员15名，发展新党员11名，培养积极分子48名；严格落实党员积分制、党员冬春训、规范党费收缴等党员教育管理工作；严格依法依规处理违纪违法党员21名。优先保障党建经费，鼓励发展村级集体经济，规范村级财务运行。村干部年均薪资达到2万元，安排10万元资金对老党员、困难党员进行了慰问帮扶。2017年，村级活动场所实现全覆盖，新建村级综合服务平台8个，改扩建村级综合服务平台7个。落实镇党委中心组学习制度，双重组织生活制度。以“党员活动日”为载体，扎实推动“两学一做”学习教育常态化制度化。

【村镇建设】 2017年，桃林镇按照市委、市政府“桃林河流域特色小镇”发展战略，抓住临岳融城发展机遇，城镇建设创特色、补短板、打基础。坚持规划先行。进行整个特色小镇规划的投资评选，投资139万元，由上海经纬建筑规划设计研究院股份有限公司进行桃林镇核心控制区五公里测绘、桃林镇总体规划、镇区控制性详规等设计。坚持建设为重。在桃林河两岸栽种近万株桃花；桃林河核心景区张梁湖立面改造，污水处理，庭院改绿，强、弱电入地，新景点打造；张梁湖景区景观大桥桃林三桥开工建设；京港澳高速出口连结线拓宽以及绿化、亮化工程；长桃公路提质改造、长忠公路桃林段建成通车；县道089线源冲至骆坪段提质改造；万安路加油站至新路口段两侧排水沟建设；共投入资金2.9亿元建设集镇污水处理厂、垃圾中转站等大小项目共13个（处）。坚持精细管理。集镇建设管理做到建管并重。持续加大集镇和农村禁违拆违力度，坚决打击违法违规建设行为，全年拆除各类违法建筑5栋，控制水田建房近60多处。

【产业发展】 2017年，桃林镇党组坚决落实中央环保督查整改要求、上级关于全面退出烟花爆竹生产企业决定，退出烟花爆竹生产企业16家，关停黏土砖厂7家、牲猪养殖场3家。重招商，引进优质企业。先后多次前往广州、深圳、东莞等地开展招商引资工作，共计投入生产建设资金1.8亿元。重传承，壮大传统产业。总投资5200万元完成湖南省桃林佬食品有限公司升级改造扩建，企业年总产值过亿元；引进湖南湘铺食品有限公司，投资2000万元建设湘铺粉丝厂，企业年总产值达3000万元。

【民生事业】 2017年，桃林镇完成长桃、长忠公路通车，五路四桥20公里村路的道路交通建设；修建一批村组垃圾池、2个垃圾中转站、2个污水处理厂、1个垃圾焚烧炉；完成治水、旧李、源冲3个贫困村安全饮水工程；完成东湖、坪上2个村土地平整项目；完成浩然小学改扩建项目；实行农村妇女“两癌”免费检查。发放社保养老资金872万元，城镇新增就业人数413人，新增农村劳动力转移就业602人。实现贫困村光伏产业全覆盖，发放扶贫贷款560万元，完成异地扶贫搬迁9户41人，完成贫困户危房改造70户，贫困村全部退出，脱贫268人。开展平安创建“红袖章”工程，强力推进“打击黄赌毒、帮帮伙伙及乡痞恶霸团伙犯罪”等专项行动。落实“河长制”管理、黄标车淘汰工作。强化重点领域安全生产监管，加大对非煤矿山违规开采、河道非法采砂的监管整治力度。开展“刹人情歪风、治婚丧陋习、树文明新风”专项整治行动，推进殡葬改革，建设凤凰陵园公墓。

【所获荣誉】 2017年，被岳阳市委、市政府评为临湘市防汛救灾先进集体；被临湘市委、市政府评为全市安全生产先进单位；被评为市环保专项整治先进单位；被评为临湘市森林防火先进单位。

（方美兰）

白羊田镇

【概况】 2017年，白羊田镇总面积83.4平方公里，耕地面积0.16公顷，森林覆盖率达63%，辖6个村、1个社区，共有245个村（居）民小组，总人口23100人，其中非农业人口1396人，人口出生率为11.3‰，人口自然增长率为4.7‰。白羊田镇历史悠久，文化底蕴深厚，积淀了灿烂的湖湘文化，特殊的地理环境和地域文化，孕育了境内多姿多彩的民间文化艺术，凭借颇具特色的天狮舞荣膺“湖南省民间文化艺术之乡”称号。2017年，安全生产工作获得岳阳市先进，综治维稳、文明创建和城市管理、脱贫攻坚等工作获得临湘市先进，白羊田财政所获岳阳市星级财政所，计划生育工作保持在岳阳市一类乡镇位置。

【产业建设】 2017年，全镇现有油茶种植面积0.13万公顷。九丰油茶合作社投资300多万元的油茶文化园已近完工，200公顷油茶产业园中排水功能齐全，林间山路和自行车山道别具一番风味。现代农业正趋雏形，久鸿农场已与多家公司签约，正在打造农作物、花卉栽种与观光旅游休闲相结合的现代农业综合体，现已完成第一期近40公顷农业大棚建设。

【项目建设】 2017年，投资660多万元的卫生院迁建项目顺利完工；投资150余万元完成双泉、西山两个贫困村的安全饮水工程；投资近1000万元完成所有7个村综合服务平台建设；全镇11座小型水库和80口骨干山塘完成除险加固；完成村组道路建设9.6公里。

【党建工作】 2017年，白羊田镇大力投入资金对3个村部进行改建、4个村部进行新建，全方位配齐各套设施。顺利完成村支“两委”换届选举工作，选出素质优良、结构合理、群众公认的40名村干部，人数较上届减少12人，其中女性16人，占比40%；大专以上文化程度5人，较上届增长3人；35岁以下年轻干部7人，突破了村干部老龄化的瓶颈。利用党员冬春训、“七一”庆祝大会集体讲党课、“红星云”学习等宣讲党的重要理论成果，紧跟中共十九大的政策、方针和会议精神。白羊田镇西山村因党建工作突出，获得临湘市“红旗单位”和“先进基层党组织”称号。

【精准扶贫】 2017年，白羊田镇实行精准帮扶对接，镇、村干部，人大代表，政协委员一对一结对帮扶，制定脱贫路线图和时间表，在产业扶贫上，西山村扩建光伏发电50千瓦，双泉村新建光伏发电106千瓦，集体收入都接近10万元，确保入股贫困户分红收入3000元。全镇完成易地扶贫搬迁22户83人，脱贫79户227人，脱贫效果明显。

【安全生产】 2017年，白羊田镇强力推进“安全生产主体责任年”活动，成立综合执法大队，开展执法行动50余次，关停整顿非煤矿山6家，拆除非法洗砂场7家。烟花爆竹生产企业成功退出。以抓铁有痕、踏石留印的韧劲，强力推进烟花爆竹生产企业退出，快乐花炮厂属于全市第一批退出的企业，消除了白羊田镇最担心的安全隐患。强化落实整治隐患排查。两次邀请安监局业务专家到加油站、液化气站指导安全生产工作，根据专家意见及时整改。2017年对镇域内企业、学校食堂、经营门店以及道路交通开展多次巡查。

【综治维稳】 2017年，白羊田镇加大投入，强化基础建设力度。镇综治中心建成并投入使用、“雪亮工程”等基础项目全面建成。联防联控，形成整体合力。“五打五整治”和全警巡防、全民参与、全域创建专项行动深入推进，公安派出所出警146次，破获刑事案件13起，行政拘留9人，刑事拘留4人。积极调处，妥善化解矛盾。2017年司法调处68起，调处成功率达100%，矛盾纠纷在基层得到化解。群众满意度不断提升，群众安全感不断增强。

（曹　丞）

黄盖镇

【概况】 2017年，黄盖镇土地面积34.3平方公里，耕地面积0.24万公顷，总人口1.83万人。下辖广坪村、黄盖湖村、合兴村和团山社区，30个村民小组。黄盖镇前身为岳阳市国营黄盖湖农场，2000年体制改革，撤场建镇归并临湘市。境内省级公路穿境而过，长江水道四通八达，是享誉两省的“粮棉大镇”“鱼米之乡”。至年底，实现社会生产总值12.5亿元，同比增长7%，固定资产投资23085万元，超出全年计划3085万元，完成比例115.4%；财政收入995.8万元，增长11%；农村居民人均可支配收入16634元，增长9%。经济运行稳健，发展势头强劲。

【产业建设】 2017年，坚持把加快经济发展作为振兴黄盖的根本出发点，并以现代农业和生态旅游业为突破口，引导农民从传统农业向高效、生态、规模化农业发展，推广新品种、新技术，普及农业机械化、产业化。传统农业展新颜。黄盖镇0.2万多公顷水稻单产平均470公斤，加工成稻米后，每0.07公顷为群众增收170元以上。在水产养殖上打破“四大家鱼”主打模式，着重引导水产养殖户向特种养殖、集约养殖、品牌养殖转变。成立了“江湖之鲜”农民专业合作社，全镇稻虾连作规模达1万亩，产生经济效益3000余万元。强力推动生态旅游，黄盖镇依托长江经济发展带和黄盖湖流域综合治理工程，以“黄盖八景”为支点，黄盖湖和萝卜湖为助点，集镇仿古立面改造为抓手，大力渲染古三国文化旅游，着力发展绿色观光旅游业，据不完全统计，2017年到黄盖镇休闲的游客首次突破2万人。湘莲、玉米、大豆等特色农产品品牌推广有模有样，农业结构进一步调优，农业基础进一步夯实，农业增效、农民增收效应进一步凸显。

【小城镇建设】 2017年，把优化环境作为增强黄盖镇综合竞争力的重要途径。努力抓好规范农民建房，在编制实施总体规划的基础上，再编制出台乡村规划，将农民集中建房点明确到面。严控违建乱建，对集镇60多户经商户门前搭建的临时棚进行拆除，共拆除违章建筑70多起。着力将黄盖湖堤垸整治拆迁安置点打造为岳阳新农村建设示范点，年底房屋主体全部完工。整合危改项目600多万元，启动黄盖大道、迎宾路两侧房屋立面改造示范工程，整个屋面全部采用仿古改造，改造统一房屋样板，统一规划布局，三国古镇初具雏形。扎实开展好“刹人情歪风、治婚丧陋习、树文明新风”活动，各村（社区）都成立理事会、组建宣讲队和监察队，阻止党员干部违规请客2起，杜绝铺张浪费、大操大办等攀比之风。在合兴村规划公墓山。在抓好生态环保建设过程中。践行习近平总书记提出的“绿水青山就是金山银山”理念，强力抓好中央环保督察整改落实，关闭全镇唯一一家黏土砖厂，拆除黄盖湖围网围栏373.33公顷。黄盖湖再现碧波荡漾的景象。投入资金100万元对201省道沿线和广坪街道两旁进行绿化，黄盖镇过境县道美景如画。

【民生基础设施建设】 2017年，黄盖镇加大基础设施投入，方便群众生产生活。投入资金200万元延伸拓宽迎宾路，为萝卜湖的旅游开发打下良好的基础。筹资180万元改造镇文化礼堂，成功举办临湘市送文化下乡活动，丰富了群众业余文化生活。河湖垃圾治理项目完成投资280万元，新修2座垃圾中转站，购置8辆垃圾车，街道沿线设置花箱垃圾桶，集镇环境得到极大改善。年初对全镇电排进行“大维修”，虎山、群英、犀角电排全部换新，水利基础设施焕然一新，为全面打赢防汛抗灾打下基础。

【社会事业建设】 2017年，黄盖镇坚持贯彻落实人口和计生政策，严格实行党政一把手亲自抓负总责和计划生育“一票否决”制度。全镇共出生人口135人，符合政策生育率95.5%，综合节育措施落实率100%，计生工作顺利通过省、岳阳市、临湘市检查。教育事业优质发展，教学改革取得实效，新建一所国家AA级标准旅游厕所，解决学生上厕所难得问题，协调划拨一块土地给黄盖中学修建食堂，投入200万元搬迁新建广坪小学，在小学、初中的教育教学质量评估中均进入全市先进行列，有效促进教育均衡发展。安全生产常抓不懈，黄盖镇一直采取高压态势，抓实安全生产，实现安全生产“零事故”。精准扶贫大力推进，黄盖镇现有建档立卡贫困户67户、190人，享受易地搬迁10户、36人，危房改造16户、41人，“雨露计划”6户、6人，低保兜底8户、15人，2017年预脱贫18户、53人。社会管理井然有序，把信访和维稳工作有机结合起来，坚持常抓不懈，出现信访总数明显下降、民调成绩不断上升、居民幸福指数显著好转的良好态势。继续保持重大安全生产、森林失火事故零记录。与此同时，卫生、教育、体育、武装、妇联、共青团等各项社会事业蓬勃发展，人民群众幸福指数不断提升。

【基层党建建设】 2017年，黄盖镇牢固树立“大党建”工作思维，以党建工作统揽全镇工作大局。一是强教育。多措施发力，全面推进“两学一做”，通过宣传栏、横幅、广播、微信等方式，宣传“两学一做”和四个专题等相关内容。根据“两学一做”学习要求，收集和整理相关学习资料，并将学习资料全部下发至各基层党组织，确保学习不漏项。二是管队伍。严格把牢发展党员入口关，坚决落实党员发展推荐、测评、纪实、预审、培养、谈话等程序规定，注重从优秀青年、返乡精英、退伍军人中考察培养入党积极分子和预备党员。全年共培训入党积极分子22人，发展党员4人，真正使基层党组织成为一支结构优、聚合力强、表率作用显著的优质队伍。三是强阵地。投资100余万元的合兴村部已正式入驻办公，团山社区投入30万元升级改造完成，黄盖湖村、广坪村村部建设年底全部完工，4个村部建设都配有活动广场、文娱中心和居民议事厅，基层治理得到显著提升。

【作风建设】 2017年，主要以“三个约束”为抓手，确保作风建设落到实处。一是制度约束。结合自身的特点，建立密切联系群众制度，首问首办责任制度，有错无为问责制度，上、下班考勤制度，会议制度，公务用车和来客接待制度，党务、政务、财务三公开制度。二是监督约束。要求所在的村、社区和站所对其办点干部的思想作风和工作作风、办事效率、工作业绩进行客观的评估，并将评估的结果报送镇党委，作为干部年终评先的重要依据之一，奖优罚劣。三是常态约束。成立由党委书记任组长，镇长、人大主席、纪委书记为副组长，相关站所长为成员的领导小组，定期不定期地对干部转作风建设情况进行抽查，常态跟踪、动态管理。

（王子豪）

长塘镇

【概况】 2017年，长塘镇辖6个村、2个居委会、179个村（居）民小组，总人口2.9万人，耕地面积58.3平方公里。长塘为农业大镇，镇域范围地势平坦，境内有游港河、犁头河两条河流，其中游港河贯穿全镇，又有何洞水库、幸福水库两座小（1）型水库，水质良好，水资源充足。

【集镇建设】 2017年，全镇上下贯彻市委、市政府特色小镇建设的工作要求，主动作为、精心组织、攻坚克难，整合资金1.2亿元对长塘社区一甲组至托坝社区长塘桥沿线进行道路拓宽、立面改造、环境整治等一系列综合治理工作。在不到一个月的时间内，无补偿拆除沿线的260处违章围墙和棚子。完成立面改造2万多平方米，开建下水道1000多米，街道铺设彩砖600多米，拆除长塘桥旁的建筑18栋，并完成污水处理厂工程和垃圾中转站的主体工程部分。

【项目建设】 2017年，长塘镇通过争资、引资、筹资，镇党委、政府兑现年初承诺的8项民生实事工程。一是完成长新公路提质改造项目；二是长塘大礼堂和托坝中学运动场顺利竣工并交付使用；三是启动游港河的综合治理工作，并完成前期征地拆迁和苗木栽种，为长塘特色小镇建设打下坚实生态基础；四是加强机关五小设施建设并新建镇级服务平台，改善机关办公环境，方便群众办事；五是完成幸福水库整险除险工程；六是完成村级服务平台建设，改善村（社区）办公条件；七是总投入资金600万元，占地面积333.33公顷的国土平整项目正式启动，将有效地改善长塘镇的农业生产环境；八是投入1800万元的污水处理厂已经完工，投入500万元的污水管网项目也已经开始使用。

【安全生产】 2017年，通过大宣教、大排查、大整改、大打击，开展“打非清缴”专项行动，强化源头控制，全年安全生产形势平稳，辖区内烟花爆竹、非煤矿山、危险化学品、道路交通等领域实现“零事故”目标。共开展13次联合执法工作，在开展“打非治违”工作中：整治校车超载3次，卸载45人次，出动执法车辆12次，执法人员总计达600多人次，并对校车司机进行专题安全培训，关闭5家非法厂外带药加工厂，清剿5家非法打内筒厂，1个非法储存点，扣押假冒伪劣烟花爆竹580个，销毁新生、程盛、民兴3家鞭炮厂的亮珠70余吨。

【综治维稳】 2017年，长塘镇坚持群众利益无小事原则，全面抓好矛盾纠纷的排查和化解，及时有效处理各类社会热点问题。特别是中共十九大特护维稳期间，镇政府积极开展“信访问题大排查、落实责任大包案、矛盾纠纷大化解”行动，共排查出有关问题100余例，除对重点问题安排专人负责、及时追踪、及时汇报，并组织全镇机关站所对排查出的问题来一次集中性、限时性、有效性的化解，对于一般性的问题，集中力量解决，对于历史遗留问题，做好解释安抚工作；根据问题类型和站所职责，分类整理，列出清单，由各站所牵头具体负责。

【环境整治】 2017年，初步建立环境卫生整治长效机制。实行垃圾统一清运、处理，通过民间组织模式，成立长塘镇环境卫生保洁公司，由政府购买服务的形式进行全镇垃圾的统一清运。创新环境卫生整治管理方式，通过聘用保洁员、管理好村一级环境卫生“十户长”、扎实开展环境卫生农户评比等方式，初步建立起环境卫生整治长效机制。二是进一步夯实环境卫生整治基础。全镇新建107个垃圾池，购置845个垃圾桶，新砌排污沟2000多米。三是环境突出问题得到有效治理。一方面，积极整改长塘镇铁山北干渠周边环保的突出问题。长塘镇沿线关闭1家砖厂、2家取土场、1家养猪场，并组织镇环保站、水管站、畜牧站等站所对北干渠沿线11户居民居住地，多次实地察看，制定整改方案，对存在影响可能性的5户居民，其中3户重新修建三格式粪池，2户开挖排水沟予以整改，以确保生活污水远离渠道。另一方面，在全镇开展严厉的环境问题整治行动。首先，按照市政府统一部署，关闭4家砖厂；其次整顿全镇养猪场，对设施简陋、环境污染较大、受到当地群众举报的猪场，镇政府组织相关站所多次上门督促其整改。至年底，大部分猪场已建沼气池，沉淀池等污水处理设施。

【队伍建设】 2017年，长塘镇在党建工作中，镇村党建专干把一项虚功落到“实处”，使得党建在岳阳、临湘各级检查中顺利通过；在扶贫工作中，扶贫战线从主管领导到专干，带领镇村扶贫线上的干部，扎扎实实的把每一项工作完成到细处，顺利通过省检第三方检查。在2017年的特色小镇建设中，沿线的挂点干部及村（社区）干部勇于担当，攻坚克难，长塘社区一甲至托坝社区长塘桥沿线4.5公里的违章建筑在不到一个月的时间里全部补偿拆除。在2017年的防汛抗洪中，全镇干部都守在水库、大堤上，特别是在何洞水库出险时，除了镇里干部的坚守外，长塘社区、托坝社区的党员干部在危难时刻伸出援手，体现一方有难，八方支援的共产党员情怀。2017年，全镇启动大小工程十余处，资金达上亿元，镇、村两级本着节约、清廉的原则，一甲至长塘桥下水道建设，采取村级“四议两公开（村党支部会提议、村“两委”会商议、党员大会审议、村民代表会议或村民会议决议；决议公开、实施结果公开）”的模式，不仅工程开工早、质量好，而且比市招标价格便宜100多元，全线节约资金100多万元；村级平台建设中采用280元/平方米，包工的形式，各村比进度、比选价，总支部书记带领党员干部投工投劳采购材料，集体团购，每个村部同比造价节约20多万元。

（唐　云）

忠防镇

【概况】　2017年，忠防镇总面积117平方公里，山林0.75万公顷，耕地1501.6公顷，其中水田1063公顷。辖8个行政村、5个社区、232个村（居）民小组。境内交通四通八达，301省道穿境而过，距京珠高速桃林出口仅5公里；杭瑞高速公路途经本镇沙坪村，并在此设立临湘连接线直抵6501风景区；208省道长安至忠防段公路主体工程已完工，公路联网后，将从各个方向拉近忠防与全国的距离，南下长沙，北上武汉，均只需一个多小时。全镇实现生产总值13.3亿元，同比增长5%；财政收入910万元，同比增长11%；固定资产投资6.12亿元，同比增长5%；农村居民纯收入14978元，同比增长10%。全镇旅游经济持续增长。

【重点项目建设】　2017年，208省道长忠公路及连接线建设全线加快。共征收房屋1295.8平方米、坟墓233座、土地28.42公顷，全市率先交地，镇域内基本实现通车。长忠公路至汀畈集镇段裁弯取直拓宽，打通集镇入口最后一公里，现已完成路基建设。全面启动特色小镇项目建设。完成立面改造186户，完成集镇道路升级，雨污分流管网、管线入地铺设，集镇中心停车场，汀畈集镇污水处理厂与垃圾压缩中转站完成主体工程。村级公路升级改造。拓宽马家洞村村级公路4公里，3个月时间连通硬化忠防詹桥王家山道路，原晓峰村级道路拓宽升级5公里，已完成路基裁弯改直14处，基础土石方2万余立方米。中心小学顺利搬迁，原中心完小由新建子校改造而成，地势低洼积水严重，学生经常停课，整体搬迁至桃矿二小实现整体改造扩容，合并为忠防中心小学，9月1日正式投入使用。

【常规工作】　2017年，忠防镇在环境整治方面按照市委、市政府的“十无九禁六有”要求，全镇全域环境整治已形成干群齐抓共管的良好局面，2017年全市第3、4季度环境整治考评，忠防镇排名靠前，邱坪社区的便山组、渔潭村老屋组被评为临湘市美丽屋场，双港村荣获“湖南省卫生村”称号。加强队伍建设，持续整治四风，切实抓好村级两委换届，坚持从严管党治党，党的建设全面加强，统筹推进各项工作，风清气正干事创业的氛围日益浓厚。2017年，全镇脱贫68户、188人，清理不符合建档立卡对象135户、468人，新纳入贫困户52户、113人，完成精准识别建档立卡。共发放城镇、农村低保金38.3万元，发放五保户保障金71万元。各类优抚、临时救助资金及时发放，确保困难群众基本生活保障。全年26404人参加新型农村养老保险，4410人享受养老保险，共发放养老金449.82万元；21676人享受城乡居民医疗保障待遇，兑付保险金676.5万元；城乡居民医保参保率年90%以上；农村劳动力转移就业300人，城镇新增就业人员80人。全年共受理群众来信来访来电75件，办结75件，打击处理违法犯罪41起，其中批捕5人，直诉4人，治安拘留9人，违法犯罪得到有效打击。

【底线工作】　2017年，忠防镇积极开展非煤矿山、危险化学品行业打非治违专项行动，完成力拓矿业等安全隐患整治工作；认真执行烟花爆竹行业退出及关闭整治工作，关闭取缔烟花爆竹经营门店74家，清剿所有非法经营烟花爆竹产品。3家炮厂成功转型。镇、村干部开展防火应急演练，加强森林防火宣传，加强森林防火带管护，从源头上预防森林火灾的发生；全镇所有河流、湖泊、小（2）型水库全面实行了河长制管理。3个集镇禁止燃放烟花爆竹行动，将禁炮行动纳入村规民约管理。全镇范围内引导拒绝使用一次性塑料制品，红白喜事不用一次性餐具。划定“禁养区、限养区、可养区”三区，禁养区依法拆除养殖场，限养区分步转产、转业逐步拆除，可养区规范污染物排放处理；禁建。在基本农田保护区、饮用水源区、自然保护区、生态脆弱区禁止任何建设行为，中心集镇、县级以上公路两侧、河道两岸、水库安全控制区、旅游景区等区域未经规划同意，不得审批农村居民建房；禁坟。推进殡葬改革，严厉打击修建活人墓、豪华大墓、乱埋乱葬行为，开展“三沿六区”无坟化治理，强制拆除活人墓400平方米。

（李文龙）

附　录

中共临湘市委文件目录

临发〔2017〕1号　转发《市委宣传部、市司法局关于在全市公民中深入开展法治宣传教育的第七个五年规划（2016—2020年）》的通知（2017年1月9日）

临发〔2017〕2号　关于印发《临湘市“2124”行动实施方案》的通知（2017年4月7日）

临发〔2017〕3号　关于印发《临湘市产业园区建设大会战工作方案》《临湘市交通建设大会战工作方案》《临湘市港口建设大会战工作方案》《临湘市脱贫攻坚大会战工作工作方案》的通知（2017年4月7日）

临发〔2017〕4号　关于成立和调整有关议事协调机构的通知（2017年5月16日）

临发〔2017〕5号　关于深化供销合作社综合改革的实施意见（2017年6月5日）

临发〔2017〕6号　关于做好2017年度推进“五三三”工程综合绩效考评工作的通知（2017年9月7日）

临发〔2017〕7号　关于印发《2018年度招商引资工作实施方案》的通知（2017年10月17日）

临发〔2017〕8号　关于印发《临湘市贯彻落实“健康中国2030”规划纲要实施方案》的通知（2017年12月5日）

临发〔2017〕9号　关于印发《临湘市深化国家监察体制改革试点工作实施细则的通知》（2017年12月13日）

临湘市人民政府重要文件目录

临政发〔2017〕1号　临湘市人民政府关于印发《临湘市环境保护工作责任规定（试行）》的通知（LXDR—2017—00001）

临政发〔2017〕2号　临湘市人民政府关于表彰2016年度全市机关事业单位记功、嘉奖人员的决定

临政发〔2017〕3号　临湘市人民政府关于表彰2016年度专项工作的决定

临政发〔2017〕4号　临湘市人民政府关于授权临湘工业园区管委会实施部分市级行政审批事项的通知

临政发〔2017〕5号　临湘市人民政府关于下达2017年岳阳市政府重点工作目标任务分解的通知

临政发〔2017〕6号　临湘市人民政府关于公布规范性文件清理结果的决定（LXDR—2017—00003）

临政发〔2017〕7号　临湘市人民政府关于印发《临湘市全民健身实施计划（2016—2020年）》的通知

临政发〔2017〕8号　临湘市人民政府关于印发《临湘市招商引资优惠政策》的通知（LXDR—2017—00005）

临政发〔2017〕9号　临湘市人民政府关于印发《临湘市招商引资重点项目一事一议优惠政策（工业八条）》的通知

临政发〔2017〕10号　临湘市人民政府关于印发《临湘市妇女发展规划（2016—2020年）》和《临湘市儿童发展规划（2016—2020年）》的通知）

临政发〔2017〕11号　临湘市人民政府关于印发《临湘市政府投资工程竣工结算管理办法》的通知（LXDR—2017—00008）

临政发〔2017〕12号　临湘市人民政府关于印发《临湘市政府投资项目审计监督管理办法》的通知（LXDR—2017—00009）

临政发〔2017〕13号　临湘市人民政府关于部分国有土地资产注入市兴路交通建设投资有限公司的决定

临政发〔2017〕14号　临湘市人民政府关于部分国有土地资产注入市兴路交通建设投资有限公司的决定

临政发〔2017〕15号　临湘市人民政府关于部分国

有土地资产注入市兴路交通建设投资有限公司的决定

临政发〔2017〕16号　临湘市人民政府关于加强农机安全生产工作的通知

临政发〔2017〕17号　临湘市人民政府关于建立完善守信联合激励和失信联合惩戒制度加快推进社会诚信建设的实施意见

临政发〔2017〕18号　临湘市人民政府关于加快推进社会信用体系建设的意见

临政发〔2017〕19号　临湘市人民政府关于取消和调整一批行政审批项目的通知（LXDR—2017—00012）

临政发〔2017〕20号　临湘市人民政府关于同意授权岳阳惠临投资发展有限公司经营临湘市城市停车场建设项目的决定

临政发〔2017〕21号　临湘市人民政府关于做好2016年度退出现役士兵接收安置工作的通知

临政发〔2017〕22号　临湘市人民政府关于公布临湘市公共服务事项目录的通知

临政办发〔2017〕1号　临湘市人民政府办公室关于印发《临湘市分级诊疗制度工作实施方案》的通知

临政办发〔2017〕2号　临湘市人民政府办公室关于印发《临湘市城市重污染天气应急预案》的通知

临政办发〔2017〕3号　临湘市人民政府办公室关于印发《临湘市2017年城乡居民基本医疗保险实施方案》的通知

临政办发〔2017〕4号　临湘市人民政府办公室关于印发《临湘市烟花爆竹生产企业安全隐患整治工作方案》的通知

临政办发〔2017〕5号　临湘市人民政府办公室关于印发《临湘市农村环境综合整治整市推进项目污染防治设施运行管理办法》的通知（LXDR—2017—01001）

临政办发〔2017〕6号　临湘市人民政府办公室关于建立临湘市困难群众基本生活保障工作协调机制的通知

临政办发〔2017〕7号　临湘市人民政府办公室关于印发《临湘市易地扶贫搬迁项目资金管理暂行办法》的通知（LXDR—2017—01002）

临政办发〔2017〕8号　临湘市人民政府办公室关于印发《临湘市大中型水库移民避险解困试点工作实施方案》的通知

临政办发〔2017〕9号　临湘市人民政府办公室关于印发《临湘市烟花爆竹安全生产事故应急预案》的通知

临政办发〔2017〕10号　临湘市人民政府办公室关于印发《临湘市创建“省级金融安全区达标单位”实施方案》的通知

临政办发〔2017〕11号　临湘市人民政府办公室关于印发《临湘市城乡绿化三年行动总体方案（2017—2019年）》的通知

临政办发〔2017〕12号　临湘市人民政府办公室关于印发《临湘市投融资平台公司绩效考核暂行办法》的通知

临政办发〔2017〕13号　临湘市人民政府办公室关于印发《临湘市全民科学素质行动计划纲要实施方案（2016～2020年）》的通知

临政办发〔2017〕14号　临湘市人民政府办公室关于在市场体系建设中建立公平竞争审查制度的通知

临政办发〔2017〕15号　临湘市人民政府办公室关于印发《临湘市规范农村村民建房管理办法（试行）》的通知（LXDR—2017—01004）

临政办发〔2017〕16号　临湘市人民政府办公室关于印发《临湘市加快推进基层综合性文化服务中心建设实施方案》的通知

临政办发〔2017〕17号　临湘市人民政府办公室关于印发《临湘市现代物流产业2017—2020年重点推进方案》的通知

临政办发〔2017〕18号　临湘市人民政府办公室关于印发《加强治理拖欠农民工工资问题的实施细则》的通知（LXDR—2017—01005）

临政办发〔2017〕19号　临湘市人民政府办公室关于印发《临湘市银行业金融机构支持地方经济发展工作目标管理考核奖励办法》的通知

临政办发〔2017〕20号　临湘市人民政府办公室关于印发《关于推进行政许可标准化的实施方案》的通知

临政办发〔2017〕21号　临湘市人民政府办公室关于印发《临湘市城市公交改革实施方案》的通知

临政办发〔2017〕22号　临湘市人民政府办公室关于加快培育发展家庭农场的实施意见

临政办发〔2017〕23号　临湘市人民政府办公室关于印发《临湘市城市园林绿化管理办法》《临湘市城市绿线管理办法》《临湘市城市公园游园管理办法》的通知（LXDR—2017—01006）

临政办发〔2017〕24号　临湘市人民政府办公室关于印发《临湘市落实粮食安全省长责任制考核办法》的通知

临政办发〔2017〕25号　临湘市人民政府办公室关于印发《临湘市2018年城乡居民基本医疗保险实施方案》的通知

组织机构及负责人名单

中共临湘市委员会

书　　记　李美云
副书记、市长　魏淑萍
副书记　余岳雄
常委、常务副市长　凌晓明
常委、统战部部长　李其报
常委、组织部部长　易兴建
常委、政法委书记　胥春华
常委、宣传部部长　李孟阳
常委、纪委书记　叶　罡
常委、市委办主任　孙少游
常委、人武部部长　郑　斌

临湘市人大常委会

主　任　魏新咏
副主任　王友华　陈长英　曹小光
李垂利　余　浩

临湘市人民政府

市　　长　魏淑萍
常务副市长　凌晓明
副市长　彭海云　刘如乐　张国辉
吕　乐　李新宇　熊　丽
副市长、公安局局长　邓可杰

政协临湘市委员会

主　　席　廖祯祥
副主席　李征雷　马　榕　盛美华
陈步龙　刘伯凤

市人武部

部　　长　郑　斌
政　　委　王国峰

中共临湘市纪律检查委员会

书记、监察委主任　叶　罡
常务副书记、监察委副主任　方　靖
副书记、监察委副主任　李中流　吴贤德
常委、监察委委员　冯志刚　贺江涛　廖　晨
常　　委　李昀芳　梅红军
监察委委员　方忠明

临湘市委办公室

主　　任　孙少游
常务副主任　李勇良
副主任　廖毅生　李阳　沈道平

临湘市人大机关

办公室主任　万云霞
选任联工委主任　刘祖德
财经委主任委员　柳景焱
教科文卫工委主任　黄湘临
内司工委主任　周　晶
农工委主任　李四雄
城环工委主任　方　虹
法制委副主任委员　方黎明

临湘市政府办公室

书记、主任　黎建平
副书记、副主任　王立新
副主任、信访局局长　姚　维
副主任　李神霖　张　韵　李美波　李　斌
刘　鑫　王庆伟
党组成员　丁其华
工会主席　何　猛

政协临湘机关

秘书长 程威生
提案委员会主任 黄海柏
联络工作委员会主任 甘云霓
经济科技委员会主任 余巍巍
法制群体人力资源环境委员会主任 方小玲

组织部

部长 易兴建
常务副部长 方晓宏
副部长、人社局局长 邓寒屏
副部长、“两新”工委书记 姚伟波
部务会成员 何美星
副部长 刘宝
副部长、老干局局长 袁飞龙

宣传部

部长 李孟阳
常务副部长 胡子贵
副部长 段光胜
工会主席 陈明旗

统战部

部长 李其报
常务副部长 胡华望
副部长 汤勇兵 陈夭元 沈晗霞

政法委

书记 胥春华
常务副书记 詹荣
副书记 余汉平 吴焰星
610办主任 刘小兵
工会主席 刘晓瑜

法院

院长、书记 张猛
常务副院长、副书记 杨孝平
副书记 张敏仲
副院长 沈新文 周建伟
工会主席 方琴

检察院

书记、院长 吴春生
副书记、常务副院长 沈洪波
副检察长 吴平南 胡超
党组成员 吴云霓 陆建林 杜立新
工会主席、办公室主任 何路标

史志办

书记、主任 许定华
党组成员 李小容 李旭宇 魏新敏

档案局

书记、局长 潘和林
副局长 李忠茂
党组成员 谢文锴
工会主席 余行

民宗局

局长 汤勇兵
副局长 湛勇兵

归国华侨联合会

书记 陈夭元
副主席 李翔

接待处

主任 姚桂南
副主任 胡容

编办

主任、登记局局长 刘剑铎
副主任 闫敏 周月明
登记局副局长、编制管理室主任 郑辉军

党校

校长 王精兵
副校长 程瑞军 姚笛新

总工会

书记、常务副主席 梅良
副主席 王占良

党　组　成　员　王华山

老干局

局　　　　　　长　袁飞龙
副　　局　　长　李清泉
副局长、关工委秘书长　郑文梅
工　会　主　席　刘立星

团　委

书　　记　沈　澍

妇　联

主　　席　沈凡力
副主席　刘林霞
党组成员　范　卉

科　协

书记、主席　石刚民

工商联

主　席　邓　纬
书　记　胡华望
副主席　黄敏志　汪　郁　李国武　王建军
　　　　胡晓珊　李建利　阮炎林　程达光
　　　　钟良华
副会长　李宗勇　姚炳炎　朱旭东　何　如
　　　　李华平　张　亿　彭　毅　吕忠峰
　　　　瞿园园

残　联

书记、理事长　易佐伟
副理事长　刘　宁
工会主席　陈　良

文　联

书记、主席　余望君
副　主　席　曾晓虎　陈政印　曾明亮　李东雄
　　　　　　肖久胜

贸促会

书记、会长　杨　奕
副　会　长　黎　钧

工会主席　刘旭英
党组成员　徐　林

信访局

书记、局长　姚　维
副　局　长　周光焰　葛卫华
工会主席　龚艳辉

政务服务中心

主　任　李红旭
副主任　李天平　赵卫东

发改局

书记、局长　周　伏
副书记、副局长　周凯峰
副　　局　　长　李云辉　刘乐清
党　组　成　员　彭小琛　王　健

统计局

书记、局长　沈国齐
副　　局　　长　彭　耿　郑　旭
党组成员、总统计师　张华良

公安局

书　记　、局　长　邓可杰
副书记、副局长　刘木清
副　　局　　长　廖良佳　石一兵　吴曙光
党委委员、政工室主任　何　珊
党委委员、纪检组长　沈家文

交警大队

大　队　长　黄明良
教　导　员　谌立新
副大队长　刘红卫　李胜兵　陈晓疆
班子成员　黎　萍
工会主席　何　芳
大队总支委员　刘本红　罗红林

司法局

书记、局长　陈小良
副　局　长　孟　利　彭文胜
党组成员　李辉芳
工会主席　陈　莉

安监局

书记、局长　柳德皇
副　局　长　夏朝良　赵　冲
工会主席　杨智军

民政局

书记、局长　皮述禾
副书记、副局长　陈飞玲
副　局　长　张天明　朱华林　赵飞雄
党组成员　元小勇

财政局

书记、局长　吴天星
副书记、副局长　胡正爱
副局长、征管局局长　晏国金
副　局　长　潘德明　阮岳军
工会主席　李晨曙
党组成员、总设计师　陈三雄

惠临公司（城建投）

董事长　廖魏兵
书　记　刘伟旭
总经理　刘　辉
监事长　万定保
副总经理　周学军　刘朝曦

保建投

负责人　蒋永生
总经理　吴焰星
监事长　涂旭东
副总经理　陈敬云

交建投

董事长　袁　翰
总经理　李炜云
监事长　徐立梁
副总经理　李军辉　何从春
工会主席　阎天平
总工程师　卢志红

教建投

董事长　曹道仁
总经理　赵声波
监事长　张文敏
副总经理　邓寒彦

文旅投

董事长　陆如勇
总经理　赵沛智
监事长　彭盛平
副总经理　李凤华
副总经理、工程部部长　王　健

钓具产业办

副指挥长　李炎岳
产业办主任　龙志敏

征管局

书记、局长　晏国金
副　局　长　李正国　周传立
党组成员　田金阶

人社局

书记、局长　邓寒屏
副　局　长　谢凤珍　李迎薇　王雪明　师光灿
党组成员　丁　华

教育体育局

书记、局长　朱琼波
副书记、副局长　李彰波
副　局　长　李　琪　夏志纲　刘小兵　刘志伟
党委委员　杨小英　李石璜
工会主席　陆辉娥

工业和信息化局

书记、局长　黄　晓
副书记　刘国平
副　局　长　李明红　方　芳　卢国强
党委委员　廖军峰　杨思全
工会主席　李　放

审计局

书记、局长　梅　筠
副　局　长　王凌藩　李春保　熊海晟

党组成员 黄干平
工会主席 张志华

国土资源局

书记、局长 程金波
副书记、副局长 李作义
副局长 王济民 姚炎军 古楚清 李铁垂 胡旭东
党组成员 李凯辉
工会主席 尹国良

住房和城乡建设局

书记、局长 张 韧
副书记 刘正文
副局长 盛美华 李慷夫 刘石林 郭先惠 张国鼎 方志雄 姜治新 王学武 李 朝 汤迪兴 程宏太
工会主席 袁忆龙
党委委员 刘热平

城乡规划局

书记、局长 周生和
副局长 戴兰亭 廖美华 周中文
党组成员、总工程师 张 晓

人防办

书记、主任 罗 颖
副主任 陈洪武 李 敏
党组成员 王 琴
工会主席 王一征

农业局

书记、局长 汪 洋
副局长 肖久胜 陈以平 张用民 陈西湖 胡咏梅 方其美 张新生 李学军 吴 猛
党组成员 廖义军 方艳平 王景良 马三林
工会主席 余雄波

林业局

书记 李王安
局长 尹建新
副书记、副局长 陈建平
副局长、森林公安局局长 姚沫华
副局长 徐正刚 李焱辉
工会主席 周 良
党组成员 张海林
总工程师 李乐阳

森林公安局

书记、局长 姚沫华
政委 黄岳军
副局长 陈继红
党组成员 李春雨
工会主席 卢卫民

五尖山国家森林公园

主任、场长 张 斌
副主任 汪火松 魏学林 魏宏涛 刘建村
副场长 魏应志 龚庆会 陈珠琳 钟广德
工会主席 卢忠忠

水利局

书记、局长 李 卓
副局长 王文雄 李四红 刘虹霞
党委委员、总工程师 彭 进
党委委员 孙建军
工会主席 孙 源

畜牧水产局

书记、局长 李正勇
副局长 余振华
党组成员、总工程师 杨德惠
总畜牧师 余致新
工会主席 李旭芬

移民局

书记、局长 夏志操
副局长 李森林 姚 敏
党组成员 卢永红
工会主席 李 君

交通运输局

书记、局长 袁 翰
副局长 卢勇军 李德才 谌卫国 谈红亮

总工程师 郑 辉
工会主席 鲁 智

环保局

书记、局长 李四雄
副局长 肖新虹 刘 婕 潘华辉

工业园区管委会

书记、主任 刘星魁
副主任 向前初 邬文曙 沈映林
副主任、企业党委书记 谢俊刚
三湾工作部部长、企业党委副书记 李志云
工委委员 王卫平 朱发林 叶建平
工委委员、总工程师 汤素华

文旅广新局

书记、局长 陆如勇
副局长 胡木荣 陈矿雄 汪军红
张国良 丁清利
副书记 何其谷
党组成员 阎 勇 廖 琼
工会主席 龙 慧

广播电视台

书记、台长 方 觉
副台长 王安保
党组成员 高 雄
工会主席 何美霞

卫生和计划生育局

书记、局长 李伟峰
副书记、副局长 陈东湖
副局长 李先春 李细学 李新兵
党组成员 张鸣镝 李学会 胡继新 邬道德
党组成员、工会主席 卢阳阳

商务粮食局

书记、局长 周少林
副书记、副局长 黄世雄
副局长 孟永波 龙志敏 陆如定
副局长、城东收储公司董事长 张庆华
副局长、商业总公司总经理 马津川
副局长、市场中心书记、主任 李红宇
副局长、粮食事务中心主任 邓龙胜
副局长、外派劳务中心主任 王细文
党组成员、工会主席 郑朝鹏

供销联社

书记、理事会主任 熊庆郎
副书记、监事会主任 王 军
理事会副主任 毛伟平 朱 晖
党委委员 李 龙

市场管理中心

书记、主任 李红宇
副主任 李 勤 陈明辉 权文良
工会主席 戴 昕

商业总公司

总经理 马津川
副总经理 宋耀祖 肖良初
党委委员 李建华
工会主席 杨 瓒

食品药品工商质量监督管理局

书记 李四海
局长 何碧辉
副局长 李宏久 方新刚 李旭东 余永宏
刘胜利 汤小康 潘淑辉
工会主席 李小频

扶贫办

主任 曹新望
副主任 刘庙堂

国税局

书记、局长 白 宇
副局长 余艳玲 苏南方 何松辉 沈赵生
纪检组长 舒卫东
工会主席 张文峰

地税局

书记、局长 李先斌
副局长 陶 忠 高 巍

纪 检 组 长 刘雄飞

公路建设和养护中心

书记、主任 谢学文
副 主 任 朱保华 李正伟 朱金林
纪委书记 彭建平
工会主席 高兴发

烟草局

书记、局长、经理 王玉虎
纪 检 组 长 张 震
副 经 理 毛续纯
副 局 长 刘昕兮
工 会 主 席 黄亚平

盐务公司

经 理 郑 斌
书 记 李 军
副经理 郑 曙

气象局

局 长 丁云波
副局长 甘 泉

国网临湘供电公司

总 经 理 陈中伟
书 记 许 兵
副总经理 杨 文 姚东胜
纪委书记 陈柯名

邮政分公司

总 经 理 李 辉
副总经理 曹大新
副总经理 任 勇

电信公司

总 经 理 毛振宇
副总经理 李淑军 卢 鹏

移动公司

经 理 唐志辉
副经理 许 力

联通公司

总经理 李灿贵

石油公司

书记、经理 汪丽红
副 经 理 李 勇 陈胜军 李 磊

住房公积金

主 任 余文辉
副主任 刘宗毅

新华书店

经 理 李湘波
副经理 廖文理 方伟荣

人民银行临湘支行

行 长 周传恕
支部书记 张绪清
副 行 长 刘文全 漆学华
纪检组长 卢建军

工商银行临湘支行

行 长 彭德孝
副行长 李勇军 余晓霞

中国银行临湘支行

行 长 潘 松
副 行 长 刘 进 陈明初
纪检书记 李 锋

建设银行临湘支行

行 长 付 杰
副行长 毛君华 刘志山

农业银行临湘支行

行 长 姜伟宏
副行长 黎育成 冯 凌
副经理 李平伍

农业发展银行临湘支行

行 长 刘 炜

副行长　李潜良　庄曙光

华融湘江银行临湘支行

行　长　李　微

副行长　张伶俐

邮政储蓄银行临湘支行

行　长　彭　标

副行长　陆　蒙

农村商业银行

董事长　程江华

行　长　刘朝辉

监事长　余西平

副行长　张　琳　蒋向阳

中国人保临湘支公司

经　理　吴伟锋

副经理　曹伯勋

中国人寿临湘支公司

书记、经理　陈小平

副经理　刘　勇

支部委员、综合部经理　严永华

中华联合财产保险公司临湘支公司

经　理　骆先军

副经理　舒辉军

水文水资源局

局　长　余　彬

副局长　唐　哲　廖　彧

消防大队

书记、教导员　夏超平

副书记、大队长　叶　令

预备役三营

营　长　隋　平

教导员　李宗才

武警大队

大队长　李四良

教导员　夏　超

副大队长　李　永

武警中队

中队长　朱晓健

指导员　李　力

副中队长　文　华

长安街道

工委书记　何华光

副书记、主任　彭晓鹏

副书记　方　彬

人大联络处主任　黄时星

副主任　方艳明

纪工委书记　陈　阳

组织委员　王佑良

五里牌街道

工委书记　李　瑜

副书记、主任　权志伟

副书记　彭新明

人大联络处主任　刘明德

副主任　卢友良　何培望　李敦乐　李勇军　沈康祥

纪工委书记　李子龙

组织委员　刘　佳

宣传统战委员　李仕军

武装部部长　张曙斌

工会主席　卢平平

政协联络办主任　张儒泉

人大联络处副主任　赵跃飞　马清香

云湖街道

云湖街道筹委会负责人　汪　浪

云湖街道筹委会负责人　汤勇刚　刘文元　候明华　汤立德　马海林　尹雪雁　李学舟　喻文伟

桃矿街道

工委书记　刘庆明

副书记、主任　喻俊峰
副书记　王学军
人大联络处主任　刘　永
纪工委书记　曾丽华
组织委员　李冶湘
宣传委员、武装部部长　陈立勇
副主任　谢东文

羊楼司镇

党委书记　夏逢响
副书记、镇长　李志华
副书记　李　正
人大主席　高国宝
政协联络办主任、宣传统战委员　吕艳明
常务副镇长　钟三军
组织委员　庞支农
纪委书记　李小军
副镇长　王生云　李　艳
人大副主席　张正常

坦渡镇

党委书记　何卫华
副书记、镇长　陈云虎
副书记　廖　智
人大主席　彭朝辉
常务副镇长　王新星
宣传统战委员　张雄文
组织委员　谢德强
武装部部长　谈振兴
副镇长　郑　颖　权志奎
工会主席　孟建云

聂市镇

党委书记　郑新宇
副书记、镇长　张富贵
副书记　骆东子
人大主席　孙学清
副镇长　李　劼　曹进良　张国良　赵金海
刘　正
纪委书记　陆新龙
组织委员　柳　絮
宣传委员　张东波

江南镇

党委书记　陈彦彬
副书记　向前初
人大主席　李政敏
纪委书记、政协联络办主任　陈建平
常务副镇长　陈艳明
党委委员　霍康平　高华阳
工会主席　元初明
副镇长　张　宁　张兵初

黄盖镇

党委书记　郑　娟
副书记、镇长　冯　义
人大主席　王大长
党委委员、副镇长　李石球
武装部部长　李铁毓
纪委书记　黎玄林
副镇长　杜志勇
人大副主席　黄赐荣

詹桥镇

党委书记　袁　胤
副书记、镇长　柳　勇
人大主席　何三龙
纪委书记　戴　斌
常务副镇长　李最中
政协联络办主任、组织委员　袁春辉
宣传统战委员　桂志雄
副镇长　付　兴
人大副主席　曹文龙
工会主席　曹华雄

忠防镇

党委书记　吴　斌
副书记、镇长　罗成英
人大主席　胡军勇
纪委书记　李正见
政协联络办主任　袁　弘
武装部部长　方敦望
常务副镇长　冯　广
副镇长　邹　易

宣传统战委员　廖国英
党委委员　甘夔
人大副主席　李勇

桃林镇

党委书记　戴季田
副书记、镇长　彭庆楚
人大主席　罗林明
纪委书记　沈正东
常务副镇长　杨晴
武装部长　谢正新
副镇长　王胜华　张姣娥
宣传统战委员　王瑜琪
组织委员　何芬芬
工会主席　李岳才
党委委员（挂职）　刘志刚

长塘镇

党委书记　李开龙
副书记、镇长　张华
副书记　陆奇
人大主席、政协联络办主任　李晓庆
纪委书记　陈军
宣传统战委员　谢征兵
组织委员　陈文
武装部部长　谭晓宏
副镇长　谭书秀　蒋仙赐

白羊田镇

党委书记　陆晖
副书记、镇长　肖芳明
副书记　李进文
人大主席　李青
宣传统战委员　柴志慧
常务副镇长　杨林森
纪委书记　陆伟雄
组织委员　周明检
副镇长　陈贵平

中共临湘市委　临湘市人民政府关于2016年度先进集体和先进个人评选结果的通报

（2017年2月14日）

2016年，全市广大干部群众在市委、市政府的正确领导下，深入学习贯彻党的十八大、十八届六中全会和习近平总书记系列重要讲话精神，按照“四个全面”战略布局，紧紧围绕“一极三宜”江湖名城战略部署，认真处理两个关系，着力拉伸一个产业链，主攻两大产业，扎实做好“园、路、水、竹”四篇文章，强力推进“五三三”工程，实现了经济社会又好又快发展。根据省、岳阳市关于规范评比达标表彰活动相关要求，按照市委、市政府2016年初制定的考评办法，经民主推荐、综合考评，市委常委会议审定，现将2016年度先进集体和先进个人评选结果予以通报。

希望获评先进的单位和个人珍惜荣誉、戒骄戒躁、再创佳绩。全市各级各部门和广大干部群众要以先进为榜样，解放思想、扎实工作、创先争优，为建设“精彩北大门，品质新临湘”作出更大的贡献。

附件：2016年度先进集体和先进个人名单
（此件发至村、社区）

附件

2016年度先进集体和先进个人名单

一、推进“五三三”工程综合绩效考评一类单位（37个）

羊楼司镇　五里牌街道　聂市镇　长塘镇
忠防镇
总工会　编　办　团市委　接待处

交通运输局　住建局　林业局　财政局
发改局　商务粮食局　工业园　惠临公司
统计局

文旅广新局　民政局　人社局　教育体育局
信访局　扶贫办

食品药品工商质量监督管理局　公安局
城乡规划局　环保局　公安局交警大队

地税局　国税局　公路局　烟草局
供电公司　农发行　中华联合保险公司
电信公司

二、党风廉政建设先进单位（10个）

公安局　财政局　编　办　经管局
教育体育局　国税局　地税局　羊楼司镇
五里牌街道　长塘镇

三、综治工作

1.平安创建先进单位（6个）

坦渡镇　司法局　民政局　森林公安局
国税局　老干局

2.综治工作先进单位（15个）

桃矿街道　聂市镇　黄盖镇　詹桥镇

文旅广新局　人社局　公安局
食品药品工商质量监督管理局　城乡规划局
工业园　房产局　惠临公司　交通运输局
市场管理中心　审计局
3.综治工作先进个人（10人）
刘剑铎　曹新望　方　觉　姚　维
马津川　刘星魁　陈艳明　付孝会
闾　炜　苏栋华

四、基层党建工作

1.先进单位（10个）
羊楼司镇　长塘镇　忠防镇　詹桥镇
政府办　城乡规划局　市场管理中心
教育体育局　总工会　人社局
2.先进个人（10人）
肖芳明　刘　佳　王佑良　卢　兰
向前初　沈小勇　余华玲　陈志宏
胥　丹　吴文风

五、红旗村（社区）（20个）

长安街道围城社区　长安街道荆竹山村
五里牌街道桥头社区　五里牌街道许畈村
羊楼司镇梅池村　羊楼司镇金鸡社区
坦渡镇韩桥村　聂市镇汤畈村
聂市镇官田村　桃矿街道金鑫社区
江南镇盛塘村　江南镇莼湖社区
黄盖镇团山社区　忠防镇沙坪村
桃林镇中畈村　桃林镇三合村
詹桥镇雁南村　詹桥镇跳石村
长塘镇古洞村　白羊田镇八百村

六、文明创建与城市管理“三大攻坚”行动工作

1.先进单位（21个）
住建局　公安局　交通运输局　国土资源局
教育体育局　卫计局　环保局　城乡规划局
食品药品工商质量监督管理局　公安局交警大队
市场管理中心　房产局　政务服务中心　法　院
惠临公司　城管大队　羊楼司镇　长安街道
五里牌街道　桃矿街道　白羊田镇
2.先进个人（22人）
梅　良　罗成英　黄　晓　肖久胜
方　觉　谢学文　蒋永生　李作义
罗　红　王文龙　周丽群　王　祥
刘文元　刘　佳　丁清利　彭晓阳
廖中山　廖作雄　周　伟　刘传学
杨孝平　刘　辉

七、安全生产工作

1.先进单位（14个）
羊楼司镇　长安街道　坦渡镇　工业园
交通运输局　环保局　食品药品工商质量监督管理局
水利局　公安局　林业局　房产局
总工会　文旅广新局　住建局
2.先进个人（10人）
李强华　李　勇　张儒泉　梅伟华
吕　斌　王高全　方　毅　陈雄标
周应华　朱　琦

八、计划生育工作

1.先进单位（10个）
江南镇　五里牌街道　黄盖镇　忠防镇
住建局　民政局　林业局　交通运输局
水利局　畜牧水产局
2.先进个人（10人）
刘庆明　陈彦彬　郑新宇　汪　浪
张富贵　陈建华　邓寒屏　汤其加
戴　昕　方艳萍

九、信访工作

1.先进单位（10个）
羊楼司镇　五里牌街道　桃矿街道　江南镇
坦渡镇　城乡规划局　房产局　人社局
民政局　市场管理中心
2.先进个人（10人）
沈国齐　方　勇　陆朝晖　潘华辉
姚　力　张子俊　杨朝军　叶建平
沈玉标　邓冬日

十、农村工作

1.美丽乡村建设工作先进单位（8个）
羊楼司镇　忠防镇　黄盖镇
坦渡镇韩桥村　羊楼司镇金鸡社区　詹桥镇长浩村
桃林镇中畈村　聂市镇三和村
2.美丽乡村建设工作先进个人（8人）
刘　宝　袁　胤　冯　义　胡军勇
袁进亮　钟军岳　余清泉　张　辉

3.精准扶贫工作先进单位（15个）

聂市镇　坦渡镇　忠防镇　民政局
工商联　财政局　发改局　商务粮食局
人社局　交通运输局　市场管理中心
信用联社　岳阳亿利达建设工程有限公司
湘农壹品生态农业科技有限公司
临湘市凡泰矿业有限公司

4.精准扶贫工作先进个人（13人）

汪　洋　马津川　陈小良　沈国齐
李开龙　何华光　刘庙堂　仇文勋
张曙斌　苏从友　李国武　李宗勇
瞿圆圆

十一、防汛抗灾工作

1.先进单位（22个）

供电公司　教育体育局　卫计局　人社局
住建局　交通运输局　市场管理中心
财政局　检察院　惠临公司　羊楼司镇
桃林镇　堤委会　中山湖渔场
聂市镇同德村　聂市镇黄盖村　坦渡镇定湖村
坦渡镇韩桥村　江南镇丁坊村　江南镇鸭栏村
黄盖镇合兴村　黄盖镇团山社区

2.先进个人（52人）

李强华　柳　勇　李四雄　甘云霓
杨勇成　徐　慧　柴海军　蔡　勇
杜　虎　胡子贵　王　欣　彭　星
方　晖　吕　斌　余良松　胥光明
肖久胜　方　觉　熊庆郎　方来文
刘乐清　苏南方　陈　潜　方伟平
郑　浩　刘行海　陆如定　刘晓建
丁清利　贺　新　王占良　邬定波
陈　浩　刘胜利　王庆伟　陈艳明
张兵初　张雄文　周宗华　余西阶
郑新宇　曹进良　舒昌雄　汤清平
危楚权　乔华山　师会群　谭晓宏
彭庆楚　王智辉　袁　胤　王　飞

十二、立项争资奖励项目（6个）

S208临湘江南—最兰坡公路项目
2016年龙源水库除险加固工程项目
浮标特色小镇建设项目
桃矿独立工矿区改造项目
桃林河重金属底泥污染治理工程项目
2016年第一、二批专项建设基金项目

十三、突出贡献奖（3人）

袁　翰　汤勇刚　王文龙

中共临湘市委
临湘市人民政府
关于2017年度“五三三”工程综合绩效、乡科级领导班子和领导干部、综治工作、人口和计划生育工作目标管理考评（核）结果的通报

各乡镇党委和人民政府，各街道办事处，市直各单位：

经市委、市政府研究同意，现将2017年度“五三三”工程综合绩效、乡科级领导班子和领导干部、综治工作、人口和计划生育工作目标管理考评（核）结果通报全市。

希望全市各级各部门对照2017年度相关工作完成情况，总结经验，查找不足，牢固树立创先争优意识，认真制订2018年度奋斗目标和工作措施，确保圆满顺利完成2018年度各项工作任务。

附件：

1.2017年度全市推进“五三三”工程综合绩效考评结果

2.2017年度全市乡科级领导班子和领导干部考核结果

3.2017年度全市综治工作考核结果

4.2017年度全市人口和计划生育工作目标管理考核评估结果及奖励处罚情况

2018年2月23日

附件1

2017年度全市推进“五三三”工程综合绩效考评结果

一、乡镇（街道）（13个）

1.一类单位（5个）

羊楼司镇　五里牌街道　长安街道　坦渡镇

桃矿街道

2.二类单位（7个）

聂市镇　黄盖镇　江南镇　桃林镇　忠防镇

詹桥镇　白羊田镇

3.三类单位（1个）

长塘镇

二、党务群团类（14个）（“四大办”和常委任一把手的10个单位不参与等级评定）

1.一类单位（4个）

总工会　编　办　妇　联　接待处

2.二类单位（10个）

团市委　工商联　老干局　贸促会　党　校

史志办　科　协　档案局　文　联　残　联

三、经济管理类（16个）

1.一类单位（5个）

交通运输局　财政局　水利局　林业局　发改局

2.二类单位（9个）

住建局　工业和科技信息化局　畜牧水产局

商务粮食局　统计局　经管局　商业总公司

供销联社　征管局

3.三类单位（2个）

农机局　农业局

四、社会服务类（12个）

1.一类单位（5个）

文旅广新局　教体局　人社局　民政局　扶贫办

2.二类单位（7个）

移民局　市场管理中心　信访局　五尖山国家森林公园

广播电视台　政务服务中心　卫计局

五、行政执法类（14个）

1.一类单位（6个）

公安局　房产局　环保局　检察院　安监局

城乡规划局

2.二类单位（8个）

国土局　食品药品工商质量监督管理局

公安局交警大队　法　院　司法局　审计局

森林公安局　人防办

六、投融资公司（5个）

1.一类单位（2个）

保建投　文旅投

2.二类单位（3个）

惠临公司　交建投　教建投

七、双管单位类（26个）

1.一类单位（7个）

国税局　地税局　建设银行　农商行

华融湘江银行　烟草局　人民银行

2.二类单位（19个）

公路局　国网临湘供电公司　气象局　移动公司

中华联合财产保险公司　住房公积金　人寿保险公司

水文水资源局　电信公司　石油公司　中国银行

人保财险公司　邮储银行　工商银行　新华书店

邮政公司　农发行　盐业公司　农业银行

八、工业园区（1个）

工业园区综合绩效考评得分在900分以上，属于一类单位，一名班子成员被立案查处，降为二类单位。

附件2

2017年度全市乡科级领导班子和领导干部考核结果

一、优秀领导班子（27个）

1.乡镇（街道）（5个）

长安街道　五里牌街道　桃矿街道　羊楼司镇

坦渡镇

2.市直单位（22个）

史志办　编　办　总工会　老干局　信访局

发改局　司法局　安监局　民政局　财政局

人社局　二　中　审计局　房产局　森林公安局

水利局　交通运输局　环保局　文旅广新局

扶贫办　市场管理中心　食品药品工商质量监督管理局

二、合格领导班子：名单略

三、基本合格领导班子：黄盖镇

四、优秀领导干部（163人）

1.乡镇（街道）优秀领导干部（32人）

长安街道：何华光　彭晓鹏　黄时星　刘文元

五里牌街道：李　瑜、汪　浪　彭新明　沈康祥

桃矿街道：沈凡力　陈立勇

羊楼司镇：夏逢响　高国保　钟三军　王生云

坦渡镇：何卫华　陈云虎　王新星

聂市镇：喻俊峰　骆东子　陆新龙

江南镇：王庆伟　霍康平

黄盖镇：肖芳明

忠防镇：权志伟　李正见

桃林镇：沈正东　杨　晴

詹桥镇：戴　兵　曹文龙

长塘镇：李晓庆　谭小红

白羊田镇：陆　晖

2.市直单位优秀领导干部（113人）

市委办：李勇良、廖毅生

人大机关：李四雄、王伟红

政府办：黎建平、李宗才、丁其华

政协机关：余巍巍、曹湘杰

市纪委监委：方　靖、王一平

市委组织部：何美星

市委宣传部：胡子贵

市委统战部：胡华望、汤勇兵

市委政法委：詹　荣

工商联：黄敏志

法　院：周建伟

检察院：陆建林

史志办：刘晓瑜

档案局：谢文锴
接待处：姚桂南
编　办：谢金桥、李红旭
党　校：程瑞军
总工会：梅　良、王华山
老干局：汪　洋、刘立星
团市委：沈　澍
残　联：周月明
贸促会：刘旭英
信访局：姚　维、周光焰
政务中心：赵卫东
发改局：周　伏、梅小金
统计局：郑　旭
公安局：刘木清
司法局：陈小良、孟　利
公安局交警大队：谌立新
安监局：柳德皇、赵　冲
民政局：皮述禾、赵飞雄
财政局：吴天星、孙南街
惠临公司：唐新道
保建投：吴焰星
交建投：李炜云
教建投：张文敏
征管局：周传立
人社局：邓寒屏、谢凤珍
教体局：陆辉娥、周良植
一　中：沈元树
二　中：周立宏、李　勤
职业中专：易　华
工业和科技信息化局：李明红、杨思全
审计局：梅　筠、王凌藩
国土局：古楚清、胡旭东
住建局：李慷夫、刘正文
城乡规划局：廖美华
房产局：张　韧、郭先惠、李　朝
人防办：李　敏
农业局：陈以平、陈西湖
林业局：李焱辉、周　良
五尖山森林公园管理处：汪火松
森林公安局：李春雨
水利局：李　卓、周正清、彭　进
畜牧水产局：余致新
农机局：马三林
经管局：胡咏梅
移民局：卢永红
交通运输局：袁　翰、李德才、谈红亮
环保局：李四雄、余火焰
工业园：邬文曙、李志云
文旅广新局：陆如勇、汪军红、廖　琼
广播电视台：王安保
卫计局：李先春、吴　亮
人民医院：余　兴
中医院：龚波涛
商务粮食局：孟永波、郑朝鹏
供销联社：熊庆郎
市场管理中心：李红宇、陈明辉
商业总公司：马津川
食品药品工商质量监督管理局：汤其加　李晓平
汤小康
扶贫办：曹新望、刘庙堂

3.副科级二级机构负责人优秀领导干部（18人）
纪委第一纪检室主任：李勇士
纪委组织部部长：柳　云
纪委廉政警示教育中心主任：彭　艳
市委党员教育中心主任：曾　伟
卫计局血防办主任：陈永清
人社局基本医疗保险基金管理服务中心主任：刘春阳
人社局人力资源服务中心主任：安军利
文旅广新局文化市场综合执法大队大队长：李风华
水利局江堤管理委员会主任：李四红
财政局非税收入管理局局长：张水清
住建局城市管理综合执法大队大队长：向岳初
住建局市政管理中心主任：周丽群
林业局荆竹山国有林场场长：苏家荣
人民法院桃林法庭负责人：彭　萧
公安局刑事侦查大队大队长：李海雄
公安局危险爆炸物品管理大队大队长：游黎明
公安局城西派出所所长：李　实
公安局城东派出所所长：张泽洪

五、称职领导干部：名单略

六、基本称职领导干部

五里牌街道：李勇军（受党内警告、行政记过处分）

白羊田镇：杨林森（受党内警告、行政记过处分）

七、不称职领导干部

农机局：陈文虎（受党内严重警告、行政降级处分）

黄盖镇：黄赐荣（受行政记大过处分）

八、本年度内受到党纪、政纪处分的领导干部其考核等次按照省委组织部《加强受组织处理纪律处分领导干部管理实施意见（试行）》（湘组发〔2015〕2号）文件规定办理。

附件3

2017年度全市综治工作考核结果

一、一类单位（优秀）（47个）

聂市镇、桃矿街道、忠防镇、羊楼司镇、黄盖镇、坦渡镇、长安街道、五里牌街道、白羊田镇、司法局、检察院、法院、公安局、森林公安局、民政局、国税局、老干局、文旅广新局、人社局、水利局、畜牧水产局、国土局、市场管理中心、贸促会、惠临公司、审计局、食品药品工商质量监督管理局、扶贫办、团市委、妇联、林业局、政务服务中心、统计局、气象局、工商联、总工会、科协、房产局、财政局、城乡规划局、农机局、征管局、发改局、中国银行、地税局、中医院、烟草局

二、二类单位（合格）（48个）

长塘镇、江南镇、詹桥镇、桃林镇、公安局交警大队、人防办、商业总公司、工业和科技信息化局、环保局、公路局、卫计局、供销联社、107国道临湘管理所、安监局、工业园、广播电视台、保建投、住建局、信访局、交建投、接待处、教体局、经管局、移民局、交通运输局、人民医院、新华书店、党校、商务粮食局、水文水资源局、农业局、住房公积金、编办、档案局、教建投、史志办、残联、直属粮库、邮储银行、移动公司、联通公司、农业银行、人寿保险公司、中华联合财产保险公司、建设银行、人民银行、工商银行、电信公司

三、三类单位（基本合格）（6个）

盐业公司、邮政公司、农商行、国网临湘供电公司、石油公司、人保财险公司

四、四类单位（不合格）（3个）

农发行、华融湘江银行、火车站

附件4

2017年度全市人口和计划生育工作目标管理考核评估结果及奖励处罚情况

一、评估排队结果

1.乡镇（街道）（13个）

模范（1个）：桃矿街道

先进（5个）：江南镇、羊楼司镇、忠防镇、黄盖镇、五里牌街道

一类（5个）：聂市镇、詹桥镇、坦渡镇、白羊田镇、长安街道

二类（1个）：桃林镇

一票否决（1个）：长塘镇

2.村（社区）（162个）

一类村（社区）（136个）：名单略

二类村（社区）（24个）：长安街道大岭村、板桥村；聂市镇同德村；羊楼司镇柘庄村；桃林镇清泉社区、苎麻社区、大畈村、金盆村、坪上村、坪头村、治水村、横铺村；白羊田镇双泉村；长塘镇托坝社区、长塘社区、石田村、马安村、古洞村；忠防镇忠防社区、渔潭村、沙坪村；詹桥镇贺畈社区、沙团村、雁南村。其中桃林镇金盆村、长塘镇马安村，予以“黄牌警告”。

三类村（社区）（2个）：长塘镇水圳村、桃林镇源冲村，予以“一票否决”。

3.部门单位（98个）

先进单位（5个）：林业局、住建局、民政局、发改局、工业园

一类单位（93个）：名单略

4.综合治理责任部门（14个）

先进单位（5个）：市委统战部、农业局、人社局、财政局、公安局

合格单位（9个）：市委宣传部、市委组织部、民政局、住建局、房产局、食品药品工商质量监督管理局、移民局、教体局、工商联

5.人口和计划生育工作先进个人（10人）

袁翰、李卓、方艳萍、朱常青、刘庆明、何卫华、

汪浪、王生云、谭见平、陈文君

二、奖励与惩处

1.奖励

人口和计划生育工作模范乡镇由岳阳市表彰。

对5个评为人口和计划生育工作先进的乡镇（街道），5个评为人口和计划生育工作先进单位的部门单位，5个评为人口和计划生育综合治理工作先进单位的综合治理责任部门由市委、市政府表彰。

对10名人口和计划生育工作先进个人，由市委、市政府给予每人500元奖励。

2.惩处

依据临发〔2016〕3号文件的规定，对被“一票否决”的长塘镇一年内取消其综合性荣誉称号和评先评优资格，对长塘镇党委书记、镇长、人口和计划生育主管领导一年内不得授予个人荣誉称号、评先评优、晋职晋级、提拔重用和人事调动，并由市委组织部给予诫勉谈话，同时责成镇党委政府对负有直接责任的卫计办主任给予相应组织处理。

被“黄牌警告”和“一票否决”的村支部书记、村主任、计生专干、办点乡镇（街道）干部一年内不得被授予综合性荣誉称号和综合性评先授奖，另外对办点的乡镇（街道）干部由市委组织部约谈并落实相关组织处理，在一年内不予调动、提拔和晋升职务，对村支部书记、村主任、计生专干责成相关乡镇（街道）党（工）委、政府（办事处）依照临发〔2016〕3号文件的规定，给予相应组织处理。

索　引

说　明

一、本类目设主题索引和图表2个分目。

二、主题索引中文标目按汉语拼音顺序排列，同音字按页码先后排列，图表按序号排列。

三、类目、分目用黑体字标明。

四、索引名称后的阿拉伯数字表示内容所在的页码。

五、本年鉴的条目“图片专辑”“特载”“专辑”“大事记”“人物”“附录”均未做主题索引。

－D－

－F－

－H－

－J－

－K－

－Q－

－R－

－S－

－图表－

临湘市长安街道办事处

长安街道位于临湘市长安河以西，总面积 104 平方公里，人口近 13 万(其中户籍人口 8.9 万)。管辖 15 个村(居委会)、251 个村民小组。办事处境内交通便利、矿产资源丰富、工业基础好。境内的白云石、石灰石储量全国第二，海螺水泥、金叶肥、三湾工业园等一批骨干企业先后落户于此，京珠高速、107 穿境而过，是全市政治、经济、文化中心，也是临湘城市建设“西进、南拓”的主战场。长安街道办事处境内旅游资源丰富，历史人文景观众多。有著名的天然氧吧“五尖山”国家森林公园、西湖之美的“白云湖”、五尖山“烈士公园”、荆竹山“万亩竹海”，是湘、鄂、赣等周边地区人们休闲、旅游、度假胜地。2017 年长安街道党工委、办事处团结带领十三万长安人紧紧围绕迎接党的十九大胜利召开和学习宣传贯彻党的十九大精神这条主线，把建设“精彩北大门，品质新临湘”的发展战略作为行动指南，统筹做好改革发展稳定各项工作，取得了显著成效。全年获国家级荣誉 1 项，省级荣誉 5 项，岳阳市级荣誉 1 项，临湘市级荣誉 15 项，长安街道荣获 2017 年度推进“五三三”工程综合绩效考评一类单位。

长安街道办事处揭牌

省财政厅领导对长安星级化财政所进行验收

市委书记李美云视察重点工程项目

市长魏淑萍现场指导教体新城拆迁工作

岳阳市人大领导《湖南省农村扶贫开发条例》执法检查

召开三级干部会

荆竹山村换届选举大会

临湘市五里牌街道办事处

党工委书记　李　瑜

市委书记李美云、市长魏淑萍带队视察许畈“空心房”整治

五里牌街道位于临湘市区东部，辖 16 个村（社区），面积 128.6 平方公里，有村（居）民约 8 万人。现有班子成员 18 名，干部职工 132 人。有山林 12.4 万亩，耕地 3.5 万亩，山塘水库近千座；境内企业 80 多家，其中规模工业企业 18 家。城区面积 16 平方公里，大街小巷 120 多条。境内有武广高铁、京广铁路、京港澳高速、107 国道和长安路与城中北路、向阳路、福桥路、金桥路、金鄂路交织的“五纵五横”交通网；有鸿鹤岭、棋子山省级五星级休闲农庄和乡村旅游区；有火炬、楠木、松峰等十多个生态果园和乡村度假区；有市一中教育新区。2018 年完成工农业总产值 17.93 亿元，增长 8.3%，完成规模产值 13.35 亿元，增长 10.1%，完成城镇居民人均可支配收入 24600 元，完成财政总收入 2650 万元，完成招商引资任务 10 亿元。街道先后荣获全国创建无邪教示范社区、全国综合减灾示范社区、全国流动人口卫生计生动态监测检查第一名、湖南省科普示范社区、全省无邪教创建示范村、湖南省综合减灾示范社区、岳阳市综合减灾示范社区、岳阳市市级文明单位等多个荣誉称号。

市委副书记余岳雄调研农村“空心房”整治工作

五里牌街道三级干部大会

控建拆违会议

办事处干部第一期普法学习

临湘市云湖街道办事处

党工委书记　汪浪

主任　汤勇刚

云湖街道位于临湘市107国道以南，东抵五里街道，南邻桃林镇，北与长安街道接壤。总面积52平方公里，其中城市规划建设用地15平方公里，建成区8平方公里，人口5.13万，辖南华、飞跃、石咀、王禾4个社区和三联、大岭、板桥3个村，街道办事处机关驻地王禾居委会三湾工业园。云湖街道境内旅游资源丰富，有天然氧吧“五尖山”南门公园、西湖之美的“白云湖公园”、国际垂钓中心“垂钓园”、浮标特色小镇等自然、人文景观，是临湘市及湘、鄂、赣等周边地区人们休闲、旅游、度假胜地。

根据临湘城市发展的需要，云湖街道于2018年3月底开始筹建，7月17日正式挂牌，现有机关站所工作人员82人，党员44人。自筹建以来，云湖街道党政一班人深入贯彻落实党的十九大精神和习近平新时代中国特色社会主义思想，把建设“精彩北大门，品质新临湘”的发展战略作为行动指南，以党建为统领，重点突出城市建管、项目建设、社区服务，统筹做好改革发展稳定等各项工作。目前，云湖街道迅速步入正轨，打开了工作新局面，呈现出人心思齐、风清气正的良好工作氛围，奠定了新云湖、新面貌、新发展的基础和格局。

全体机关站所干部

7月17日，云湖街道正式挂牌

云湖街道办事处办公楼

五尖山国家森林公园

临湘国际垂钓中心

临湘市桃矿街道办事处

党工委书记　刘庆明

省文化厅副厅长鄢福初到桃矿调研考察

桃矿街道位于临湘市南部，前身为原国有大型企业桃林铅锌矿，2004 年经省民政厅批准成立桃矿街道办事处。桃矿现有建成区面积 36 平方公里，下设 2 个社区，辖区无农业，主要以工业产业和旅游产业为主，境内有国家 3A 级景区 6501 地下军事人工洞，龙潭湖漂流等景点。2017 年全年完成工业总产值 14.8 亿元，社会固定资产投资 13.15 亿元；启动“工矿特色”小镇建设，先后投入资金 3000 多万元对街道立面进行了改造和管线入地工程建设，渔潭集镇范围内立面改造总面积达 8 万平方米，拆除违章建筑 190 多处，铺设地下管网 5800 米；并对社区部分道路进行了白改黑和绿化亮化，集镇街道较以往相比更加美观。2017 年度桃矿被临湘市委市政府评为推进“五三三”工程综合绩效考核一类单位，党政班子被评为优秀领导班子。同时还先后被评为全国“创建无邪教示范社区”、全省有色系统“共同维稳”工作先进单位、岳阳市计划生育模范乡镇，平安创建、为民办实事、安全生产、美丽乡村建设等一系列工作被评为临湘市先进。在 2017 年全市人民群众满意度调查工作中桃矿街道排名第四位。

岳阳市委常委、宣传部长马娜调研桃矿

市委副书记、市长魏淑萍调研桃矿

养老服务中心

天然气站

治理后的江南大漠

整洁的集镇街道

羊楼司镇

党委书记　夏逢响

镇长　李志华

羊楼司镇镇域面积283.5平方公里，辖15个村5个社区，393个村(居)民小组，5.6万人。位于湘北边陲，与湖北赤壁、通城、崇阳三县接界，扼湘鄂咽喉，守南北要冲，是湖南四大边境重镇之一。京广铁路、武广高铁、107国道和京港澳高速穿镇而过。羊楼司镇还是全国重点镇、湖南省新型城镇化试点镇、湖南省同心示范镇、湖南省安全生产示范镇、湖南省历史文化名镇、湖南省小城镇建设示范镇、湖湘风情文化旅游小镇。相传元朝初年，朝廷向南方推广养羊技术，在此建楼瞭望，设司管理，简称羊楼司。境内文化资源丰富，竹文化、瑶文化、药文化交相辉映，民俗文化丰富多彩，境内的龙窖山千家峒是300万瑶族同胞的精神家园，堆石墓群属全国重点文物保护单位。嗡琴戏、十三村酱菜制作技艺分别被列为国家级、省级非物质文化遗产。羊楼司镇是国务院命名的“中国竹器之乡”，2018年中国林学会授予“中国竹家居用品之乡”称号。全镇山林面积36万亩，境内的龙窖山是省级风景名胜保护区，高山云绕，村寨幽雅，风光秀美，负氧离子浓度平均每立方厘米3万个以上，特别是在老龙潭瀑布，浓度达到每立方厘米11.2万个，是名副其实的“湘北大氧吧”。境内旅游资源十分丰富，有高峡平湖的龙源水库，有色彩绚丽的落家坑野樱花海，有潭谷幽深的老龙潭瀑布，有曲径通幽的梅池山庄，有原始古朴的青石瑶寨，有五人合抱的千年银杏，有历史悠久的茶马古道，初步形成以“竹乡瑶寨”为特色的旅游产业，打造了“秘境龙窖山、寻根瑶祖源”的旅游品牌。

省委副书记乌兰深入羊楼司镇调研特色小镇创建工作

省财政厅党组成员、副厅长何伟文、岳阳市副市长李激扬一行到羊楼司镇调研农业产业化特色小镇建设

“七一”庆祝大会

十三村特色食品加工园

中国竹乡标志

坦 渡 镇

党委书记　何卫华

镇长　陈云虎

市委书记李美云调研艾草特色小镇建设

市长魏淑萍到大和村调研扶贫工作

坦渡镇位于临湘市东北角，距市区 40 公里，南接羊楼司、西抵源潭、与湖北省赤壁市新店镇一河相隔，京珠高速公路、羊定线横贯全境，京广铁路、107 国道擦界而过，境内通车里程达 128 公里，交通优势十分明显。全镇土地面积 151.9 平方公里，耕地面积 7.5 万亩，山林 10 万亩，现辖 11 个行政村，1 个社区居委会，共 312 个村（居）民小组，总人口 36203 人。其中非农业人口 4323 人，人口出生率为 1.3%，人口自然增长率为 6.3‰。2017 年财政总收入完成 1800 万元、人平纯收入达到 14998 元、固定资产投资达到 7.03 亿元、粮食总产量 47008 吨、水产品产量 4217 吨、水果产量 12940 吨。此外，还争取了省际边界口子镇建设、艾草小镇建设、定坦公路提质改造、农业综合开发、农胜生态农庄建设、一事一议连片整治等多个项目；投资 100 万元的镇文化楼已经完工，投资 80 万元的多功能室外篮球场已经投入使用；着力打造了韩桥、长岭、坦渡、桐梓铺 4 个集镇；年内获得了岳阳市美丽乡镇、岳阳市粮食生产先进乡镇等荣誉称号，辖区内农胜村获得了全省无邪教创建示范村、湖南省卫生村，万峰村获得了湖南省卫生村和岳阳市美丽村庄。

坦渡镇党委中心组集中学习

陪同市联点领导在贫困户家中走访

支部党员活动日

聂 市 镇

党委书记　郑新宇

镇长　张富贵

岳阳市市委书记刘和生在临湘市委书记李美云、市长魏淑萍陪同下考察涓湖生态田园综合体

市领导基层党建联系点“讲党课”活动

聂市镇位于素有“湘北门户”之称的临湘市北端，由原乘风乡、源潭镇和聂市镇合并而成，北邻黄盖湖，南接临湘市区，是临湘市粮棉生产基地，湖南省历史文化名镇，湖南省千亿茶产业“十佳示范”乡镇，南方八省万里茶道重要节点，国家农业部健康养殖示范区。现辖 14 个行政村、3 个社区居委会（合并前共 42 个行政村、2 个居委会），共有 512 个村（居）民小组，总面积 259 平方公里（其中：山林面积 16.58 万亩，耕地面积 9 万亩，水域养殖面积 3.58 万亩），总人口 5.82 万人，其中非农业人口 7831 人。共有党支部 71 个，党员 2032 人，全镇社会生产总值 31.2 亿元，固定资产投资 12.15 亿元，财政总收入近 6100 万元，人均纯收入 15950 元。2017 年粮食种植面积 15.08 万亩，油料种植面积 3.02 万亩，蔬菜种植面积 1.26 万亩；粮食产量 5.57 万吨，油料产量 0.43 万吨；生猪年末存栏 4.79 万头，出栏 8.58 万头；禽蛋产量 1586 吨；水产品产量 1.09 万吨，其中养殖水产品产量 0.84 万吨；木材产量 0.35 万立方米。镇政府驻地设源潭社区，距市中心约 25 公里，S208、S301、源定、乘石、乘黄公路穿境而过，长安河纵贯全境，距儒溪码头、鸭栏码头 20 多公里，距京广铁路、武广铁路、京珠高速公路约 20 公里，是临湘市面积最大、人口最多的乡镇之一，区位优势明显，水陆交通便利，旅游资源丰富，发展潜力巨大。

党员活动日

聂市镇三级干部大会

聂市镇脱贫攻坚常态化督查座谈会

江 南 镇

江南镇三级干部大会

江南镇位于临湘市的最北端，与湖北洪湖市隔江相望。辖 14 个村（居）委会，总面积 197.3 平方公里，5.1 万人，有 10.4 万亩耕地，5.7 万亩养殖水面。2017 年，全镇实现国民生产总值 18.7 亿元，增长 12%；固定资产投资 1.75 亿元，增长 20%；完成财政收入 2653 万元，增长 12%，农民人均纯收入达到 18300 元，增长 10%。经济社会事业的发展呈现出速度加快、后劲增强、民生殷实、作风优良的良好态势。一是产业发展步伐坚实；二是民生保障铿锵有力；三是服务园区纵深突破；四是平安社会治理有效；五是围绕从严治党，夯实基层党建，抓责任落实，完善基层党建阵地，抓活动载体，发挥党员模范作用；六是围绕“两个”责任，强化执纪问责。2017 年江南镇财政所被评为省星级财政所，定为省财政厅监管点；成功创建了省级“平安农机”示范乡镇，获得了岳阳市安全生产先进单位。另外，综治民调、森林防火、计划生育、征地拆迁、环境保护、老干关工委、社会保障、“治陋习、树新风”等工作，都取得了好成绩，在临湘排名靠前。长江村定为全省农村集体经济发展业务培训班现场考察点，成功召开省市现场会。江南镇始终保持抓产业发展促农民增收的坚定信心和第一要务，按照“稳粮油、兴瓜菜、扩养虾”的总体思路，加快建设高标准农田，做实土地确权登记，流转土地 1.7 万亩。坚持促发展与惠民生并重，年初确定的 8 件民生实事全面兑现，特别是江南镇的殡葬改革走在全市的前列，人民群众幸福感获得感进一步增强。

市委书记李美云、市长魏淑萍陪同岳阳市市委书记刘和生在江南镇视察“空心房”工作

党委书记陈彦彬带头义务植树助力美丽江南建设

镇长向前初走访贫困户

“三全”行动在江南

湖南临湘野樱花油菜花摄影大赛正式拉开帷幕

黄 盖 镇

党委书记　郑 娟

镇长　冯 义

湖南省省长许达哲到黄盖湖视察工作

市委书记李美云，市长魏淑萍带队调研黄盖镇广坪村农村“空心房”整治工作

临湘市黄盖镇位于湖南省最北端，北枕黄金水道长江与湖北洪湖隔江相望，东临临湘黄盖湖与湖北赤壁划湖而治。版图面积34.3平方公里，耕地面积3.56万亩，总人口1.83万。下辖广坪村、黄盖湖村、合兴村和团山社区，30个村民小组。黄盖镇前身为岳阳市国营黄盖湖农场，2000年体制改革，撤场建镇归并临湘市。境内省级公路穿境而过，长江水道四通八达，是享誉两省的“粮棉大镇”“鱼米之乡”。全镇坚持把加快经济发展作为振兴黄盖的根本出发点，坚持苦干加实干，以现代农业和生态旅游业为突破口，引导农民从传统农业向高效、生态、规模化农业发展，推广新品种、新技术，普及农业机械化、产业化。把优化环境作为增强全镇综合竞争力的重要途径，抓好规范农民建房，在编制实施黄盖镇总体规划的基础上，再编制出台黄盖镇乡村规划，将农民集中建房点明确到面。加大基础设施投入，方便群众生产生活，投入资金200万元延伸拓宽迎宾路，为萝卜湖的旅游开发打下了良好的基础，另对全镇电排进行了“大维修”，虎山、群英、犀角电排全部换新，水利基础设施焕然一新，全面打赢防汛抗灾这场硬仗。坚持贯彻落实人口和计生政策，严格实行党政一把手亲自抓负总责和计划生育“一票否决”制度。牢固树立“大党建”工作思维，以党建工作统揽全镇工作大局。

整治后复垦（稻田公园）

村庄规划编制民众座谈会

稻田公园施工

广坪村“空心房”整治后复垦

詹桥镇

党委书记　袁胤

镇长　柳勇

詹桥镇位于临湘市东南边陲，地处湘鄂交汇处，省道 S301 线和杭瑞高速公路贯穿全境，区位优势明显，是临湘市唯一省属革命老区。全镇辖 11 个村 3 个社区，377 个村（居）民小组，总人口 50200 人，非农业人口 3609 人、人口出生率 1.3%、人口自然增长率 5.7‰。辖区面积 151 平方公里，耕地 32146 亩。2017 年实现社会生产总值 9.05 亿元、财政总收入 3557 万元、完成固定资产投资 8.8 亿元。詹桥镇跳石村被评为岳阳市美丽乡村，詹桥镇被评为岳阳市抗洪抢险先进集体。全面完成 14 个村的村级服务平台新建、改建任务，村级综合功能一体化得以实现。完成 14 个村村支两委换届，各村均选配了 1 名女性干部和 1 名年轻干部。完成脱贫任务 101 户 337 人，实现 80 户 282 人集中安置搬迁入住，全面完成 4 个贫困村的光伏发电项目和安全饮水工程，扶贫迎省检顺利验收，四个贫困村成功摘帽。牢固树立“绿水青山就是金山银山”理念，过去千疮百孔的矿山开始复绿，群众期盼多年的愿景正在逐步实现。进一步规范和完善了城乡居民最低生活保障，逐步健全了公共文化服务体系，积极开展省级公共文化示范创建，镇文化站被评估为国家乡镇一级文化站，印石村、分水村文化广场、沙团民俗文化广场获得公共文化创建示范广场荣誉，农民艺术团广场舞荣获全市第一，示范创建顺利通过省市验收。

市长魏淑萍调研詹桥脱贫攻坚工作

市委常委、副书记余岳雄到詹桥镇调研

镇党委中心组集中学习

团湾水库

传统酿酒业

忠 防 镇

党委书记　吴　斌

镇长　罗成英

临湘市忠防镇位于药姑山南麓，临湘市东南角。镇域面积 117 平方公里，山林 11.2 万亩，耕地 22524 亩、其中水田 15945 亩。辖 8 个行政村、5 个社区，232 个村（居）民小组。境内交通四通八达，省道 S301 穿境而过，距京珠高速桃林出口仅五公里；杭瑞高速公路途经本镇沙坪村，并在此设立临湘连接线直抵 6501 风景区；S208 长安至忠防段公路主体工程已完工，公路联网后，将从东、南、西、北各个方向拉近忠防与全国的距离，南下长沙，北上武汉，均只需一个多小时。2017 年，全镇实现生产总值 13.3 亿元，同比增长 5%；财政收入 910 万元，同比增长 11%；固定资产投资 6.12 亿元，同比增长 5%；农村居民纯收入 14978 元，同比增长 10%。全镇旅游经济持续增长。重点项目顺利开展，（一）S208 长忠公路及连接线建设全线加快。全市率先交地，镇域内基本实现通车。长忠公路至汀畈集镇段裁弯取直拓宽，打通集镇入口最后一公里，现已完成路基建设。（二）全面启动特色小镇项目建设。（三）村级公路升级改造。（四）中心小学顺利搬迁，整体搬迁至桃矿二小实现整体改造扩容，合并为忠防中心小学，已正式投入使用。常规工作全面进步，环境整治全域铺开，全市第 3、4 季度环境整治考评，忠防镇排名靠前。队伍建设，全面加强。深入开展党的建设，持续整治四风，切实抓好村级两委换届，坚持从严管党治党，党的建设全面加强，统筹推进各项工作，风清气正干事创业的氛围日益浓厚。

岳阳市组织部长王瑰曙到忠防镇调研工作

“文明忠防　身边好人”评选表彰活动

党员活动日——植树造林

“禁放烟花爆竹　过好文明新年”万人签名活动

集镇经营门店提质改造

精神文明宣传

桃 林 镇

党委书记　戴季田

镇长　彭庆楚

岳阳市人大副主任赵岳平到桃林镇调研

桃林镇是全国重点镇、湖南省经济百强镇，湖南省小康示范镇和临湘市“特色小镇”发展战略乡镇。镇域总面积160.7平方公里，辖16个行政村，2个居委会共463个村（居）民小组，土地面积156.24平方公里，耕地面积45390亩，总人口6.1万人，人口出生率为14‰，人口自然增长率12‰。2017年，全镇年生产总值46.5亿元，其中规模工业企业总产值28.5亿元，农业总产值4.32亿元；财政总收入2350万元，增幅10%；固定资产投入10亿元，增幅12%；城镇居民收入达到26771元，增幅6%；农村居民收入达15970元，增幅5.4%。镇级十二件实事全部完成，各项事业呈现出“稳中有进，进中创优”的良好态势。镇卫生院获评国家卫生计生委2016—2017年度群众满意卫生院，社区建设荣获湖南省人力资源与社会保障厅充分就业星级社区荣誉。

市委副书记、市长魏淑萍到桃林调研

桃林菊花园正式开园

镇党委书记戴季田下乡扶贫

菊花园

长 塘 镇

党委书记　李开龙

镇长　张 华

长塘镇位于临湘市最南端，距临湘市区 29 公里，距岳阳市区 28 公里，与岳阳市经开区隔河相望，交通便利，区位优势明显。全镇辖 6 个村 2 个居委会，179 个（居）民小组，总人口 2.9 万人，镇域面积 58.3 平方公里。长塘为农业大镇，镇域范围地势平坦，境内有游港河、犁头河两条河流，其中游港河贯穿全镇，又有何洞水库、幸福水库两座小（Ⅰ）型水库，水质良好，水资源充足。2017 年，全镇上下贯彻市委、市政府特色小镇建设的工作要求，主动作为、精心组织、攻坚克难，整合资金 1.2 个亿对长塘社区一甲组至托坝社区长塘桥沿线进行了道路拓宽、立面改造、环境整治等一系列综合治理工作，并完成了污水处理厂工程和垃圾中转站的主体工程部分。通过争资、引资、筹资，镇党委、政府兑现了年初承诺的 8 项民生实事工程，完成了长新公路提质改造项目；长塘大礼堂和托坝中学运动场顺利竣工并交付使用；启动了游港河的综合治理工作，并完成了前期的征地拆迁和苗木栽种，为长塘特色小镇建设打下了坚实的生态基础；加强了机关五小设施建设并新建了镇级服务平台，改善了机关办公环境，方便了群众办事；完成了幸福水库整险除险工程；完成了村级服务平台建设，改善了村（社区）办公条件；总投入资金 600 万元，占地面积 5000 亩的国土平整项目正式启动，将有效地改善长塘镇的农业生产环境；投入 1800 万元的污水处理厂已经完工，投入 500 万元的污水管网项目也已经开始使用。

党委书记李开龙在集中建房安置点开工仪式上讲话

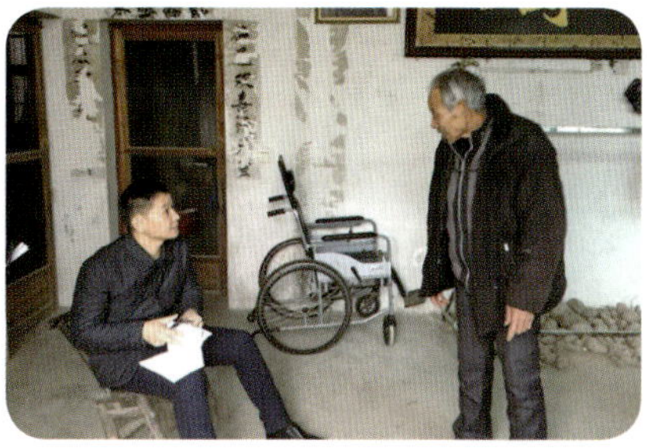

党委书记李开龙走访贫困户

镇长张华走访贫困户

农耕长塘欢迎您

特色小镇建设

白羊田镇

党委书记　陆晖

镇长　肖芳明

白羊田镇地处临湘市最南端，位于国家森林公园大云山脚下，西接岳阳县筻口镇，北连本市长塘镇，距临湘市区35公里、距京珠高速公路出入口10公里。镇域面积83.4平方公里，耕地面积2.4万亩，森林覆盖率达63%，辖6个村1个社区，共有245个村（居）民小组，总人口23100人，非农业人口1396人，人口出生率为11.3%，人口自然增长率为4.7%。白羊田镇历史悠久，文化底蕴深厚，积淀了灿烂的湖湘文化，特殊的地理环境和地域文化，孕育了境内多姿多彩的民间文化艺术，凭借颇具特色的天狮舞荣膺“湖南省民间文化艺术之乡”称号。2017年，安全生产工作获得了岳阳市先进，综治维稳、文明创建和城市管理、脱贫攻坚等工作获得了临湘市先进，白羊田财政所获岳阳市星级财政所，计划生育工作保持在岳阳市一类乡镇位置。2017年，全镇主要围绕三个“狠抓”开展党建工作：一是狠抓村级活动阵地建设。大力投入资金对3个村部进行改建、4个村部进行新建，全方位配齐各套设施。二是狠抓基层党组织队伍。顺利完成村支“两委”换届选举工作，选出了素质优良、结构合理、群众公认的40名村干部，人数较上一届减少了12人，其中，女性16人，占比40%；大专以上文化程度5人，较上届增长3人；35岁以下年轻干部7人，突破了村干部老龄化的瓶颈。三是狠抓党员干部教育管理。利用党员冬春训、“七一”庆祝大会集体讲党课、红星云学习等宣讲党的重要理论成果，紧跟党的十九大的政策、方针和会议精神。其中西山村因党建工作突出，获得临湘市“红旗单位”和“先进基层党组织”称号。

岳阳市委常委、市纪委书记李挚到白羊田镇走访调研脱贫攻坚工作

市委书记李美云在白羊田镇调研脱贫攻坚工作

市长魏淑萍调研白羊田镇规范村民建房工作

陪同市主要领导前往北京德青源集团进行招商考察

临湘市纪委书记叶罡在白羊田镇调研油茶产业发展

湖南临湘工业园区管理委员会

党工委书记、主任　刘星魁

湖南临湘工业园区是经国务院备案的省级开发区，下辖三湾园区和滨江产业区，其中三湾园区于2003年8月开园，实际开发面积3.2平方公里；滨江产业区于2007年8月开园，远景规划面积20.6平方公里，2017年省发改委批准的规划面积8.76平方公里，已开发3.22平方公里。该产业区已纳入湖南岳阳绿色化工产业园规划建设范围，列为岳阳市沿江经济带、湖南省新型工业化产业示范基地，化工新材料特色县域经济重点县，岳阳电子信息产业园，中国农药工业协会生命科技工业产业园。2017年，全园已入驻企业96家，其中三湾园区71家，滨江产业区25家，新入园项目17个，其中滨江产业区5个，三湾园区12个。土地清理回购，取得了突破性进展；争资融资，突出了重围；机构改革、体制创新，激发了干部的活力；全市目标管理分值排在了一类，岳阳市10个园区考核，前进了四个名次，园区大会战，赢得了先进，岳阳流动现场会，得到了地市领导的好评。特别是下半年，园区班子带好头，骨干不休息，干部加油干，加班加点，团结奋斗，取得成效。2017年度的产业项目建设工作，在岳阳市园区排名第五，标准化厂房建设排名第四，获得了临湘市“2124行动”“四大会战”、综治工作和计划生育工作四个单项“先进单位”称号。

国家发改委环资司副司长任献光一行来临湘调研

岳阳市委副书记、市长李爱武调研滨江产业区

市委副书记、市长魏淑萍调研滨江产业园

市委副书记、市长魏淑萍调研钓具浮标休闲运动器材产业园

池海车间

临湘市人民检察院

检察长　吴春生

临湘市人民检察院紧紧围绕全市经济发展主线，践行司法为民宗旨，始终把检察工作放在全市工作大局中谋划和推进，全力促发展、惠民生。全力服务经济发展，坚持依法办案与服务发展相结合，切实做到查办案件和规范司法并重，坚决避免执法不当影响经济发展。坚持正规化、专业化、职业化方向，全面加强检察队伍建设，不断提升检察机关司法公信力。深入推进“两学一做”学习教育常态化、制度化，大力开展理想信念教育。持之以恒抓作风建设，坚持问题导向，防止作风问题反弹。严格履行党风廉政建设主体责任和监督责任，正确运用“四种形态”。积极推进司法体制改革，在市委的统一领导下，配合完成职务犯罪侦防部门机构、职能、人员转隶，做好案件结案、线索清理和移交工作。深入细致开展思想政治工作，严明政治纪律、组织纪律，确保在转隶期间队伍思想稳定，各项工作有序衔接。深入开展大走访、举报宣传活动，广泛宣传检察职能；加强门户网站、微信平台建设，及时公开检察工作信息；加强与新闻媒体的联络沟通，主动回应社会关切；认真落实人民监督员制度。大力推进案件信息公开工作，全年公开程序性信息 625 条，发布重要案件信息 5 条，公开法律文书 320 份，让检察权在阳光下运行。先后获得临湘市“党风廉政建设先进单位”、“五三三”工程综合绩效考评先进单位、岳阳市级“园林式单位”、“全省检察服务大厅建设示范院”等荣誉称号。

法制进校园

重温入党誓词

检察宣传

精准扶贫

防汛抗洪

临湘市人民法院

2017年，是临湘法院司法改革全面铺开，和新一届班子履职的开局之年，全体干警以匠人精神，坚持改革创新、全力攻坚克难的一年，是审判执行工作绩效和队伍建设不断提升的一年，也是司法权威和司法公信同步提升的一年。全年共受理各类案件4818件，审执结4136件，结案率85.84%，收结案数比去年分别上升29.02%、26.48%，在岳阳市审判质效考核中排名较去年上升六名。2017年度湖南省高级法院青年法学应用研究基地在临湘法院落户，院司法警察大队成功晋级全省五星级警队。同年市人民法院被评为岳阳市文明标兵单位，桃林法庭、忠防法庭被岳阳市中院评为标准化法庭，院机关安保工作评为岳阳市法院系统安保工作先进单位。院监察室主任李国良同志被省高级人民法院评为2013-2017全省法院先进个人。

院班子成员宪法宣誓日

全体干警向宪法宣誓

学习党的十九大知识竞赛

案件新闻发布会

人民陪审员培训

关心下一代工作

院舞蹈队在排练

院篮球队在赛场

临湘市国土资源局

市委书记李美云，市委副书记、市长魏淑萍一行到黄盖镇调研规范村民建房与“空心房”整治工作

团结奋进的领导班子

临湘市国土资源局下设 17 个职能股室、8 个二级机构和 13 个国土资源所，现有干部职工 323 人。局机关内设办公室、政务信息中心、地质环境股、矿产资源管理股、耕地保护股、规划股、财务审计股、政工股、机关党委办公室、老干股、建设用地股、交易中心、储备中心、办证大厅、地籍股、地产管理股、矿产资源勘储股、法规监察股、测绘行业管理股、后勤中心、纪检监察室、扶贫办、信访办、基建办、工会、地籍中心、执法监察大队、土地整理中心、矿产资源开发中心、征地拆迁中心、地理信息中心、地质环境监测站。下辖长安、五里、羊楼司、聂市、定湖、黄盖、江南、桃矿、桃林、詹桥、长塘、白羊田、忠防 13 个国土资源所。2017 年完成了《临湘市土地利用总体规划（2006-2020）（2016 修订版）》《湖南省临湘市矿产资源总体规划（2016-2020）》修订完善工作。2017 年 9 月，临湘市积极推进地质灾害“十有县”建设工作，取得较好成效，工作得到省、市领导好评，2017 年获得湖南省国土资源系统先进单位表彰。

人大执法检查汇报会

全市地质灾害防治工作大会

在坦渡镇大和村开展精准扶贫工作

在坦渡镇大和村开展党员植树活动

省国土资源信访工作先进集体

临湘市教育体育局

市委书记李美云专题调研学校党建工作

市长魏淑萍调研教育体育工作

局长　朱琼波

局长朱琼波检查学校开学工作

临湘市教育体育局，在市委、市政府的正确领导下，在上级主管部门的指导下，认真贯彻落实年度工作计划，突出“精准”地位，抢抓发展机遇，狠抓工作落实，圆满完成了既定目标任务。2017年主要工作以巩固教育均衡发展为重点，大力推进教育硬件建设，投入资金近亿元，完成了市三中、市六小建设；投入1370万元，完成了白羊田中学等5所薄弱学校食堂、综合楼改造。各学校着眼当前，规划未来，统筹城乡义务教育一体化改革发展。强抓队伍建设，招聘教师140名，提拔校长8名，交流副校长12名。同时，积极推进义务教育课堂教学改革模式，与华中农业大学、湖南农大、湖南一师、岳阳民族学院等高校签订教育发展协议，共同促进学校发展。扎实开展学雷锋主题实践、志愿者服务、“三爱三节”等各种德育大讲堂专题教育活动，组队参加了岳阳市级篮球、羽毛球、乒乓球团体赛，办学模式改革创新，教育教学质量全面提升。2017年高考，二本以上上线突破1100人，上线率41.22%，比去年提升了5.62个百分点，创近5年来新高，特别是理科本科上线率为71.87%，位居岳阳市第一。600分以上高分，共41人，优生比例稳居岳阳市前列。2018年，临湘市教育体育局，将继续抓好城区教育布局调整，优化教育资源配置，新建2所完小，改建长塘、江南、桃矿等5个乡镇学校薄改工程，促进城乡义务教育一体化发展，全面消除超大班额。进一步加强教师队伍建设，加大招教力度，完善教师队伍结构，全面深化教育体制机制改革，积极备战湖南省第十三届全运会，全面推行阳光体育大课间活动，举办第十一届中小学运动会。

教职工气排球比赛

组织开展义务献血活动

临湘市农业局

省农业农村厅副厅长兰定国带队在临湘检查农村假冒伪劣食品专项整治工作

党组会议

临湘市农业局是临湘市人民政府的组阁局，设站股室21个，二级机构6个，共有在编在岗人员176人。2017年市农业局以中央一号文件为指针，认真贯彻落实中央、省、岳阳市农村工作会议精神，以农业供给侧结构性改革为主线，努力实现农产品稳量、提质、增效，农村环境日渐净化、绿化、美化，农民收入持续较快增长。全市粮食总播种面积106.8万亩，总产43万吨，分别比上年增长9.2%、9.5%；高档优质稻播种面积22.88万亩，比上年增加15.6万亩；共培育发展种粮大户1460户，100亩以上的大户396户，1000亩以上的大户8户，升级大规模种粮大户3户，流转土地总面积21.73万亩。油菜播种面积32万亩，双低杂交油菜种植比例达到96%。经济作物总面积40.1万亩，总产值18.2亿元，茶园总面积8.3万亩，茶叶产量1.5万吨，产值8亿元。蔬菜播种面积15.6万亩，总产42万吨，产值7.8亿，增长9.8%。食用菌播种面积50万平方米，总产2200吨，增长10%。棉花、苎麻、水果、果用瓜平稳发展。现有规模以上农产品加工企业46家（2017年新入规10家），完成加工产值133亿元，增长13.4%，与农业产值比达268%。十三村龙窖腐乳、龙窖酱菜获国家地理标志保护产品，“洞庭”“十三村”商标获国家驰名商标；十三村公司产品获中国中部（国际）农博会金奖，“胡子哥”山茶油、“梦田”葡萄已被国家农业部认定为绿色食品，新创建省级农产品著名商标8个。

开展“先锋护碧水，共促大保护”党建专题活动

赴忠防镇马家洞村开展产业扶贫“双百”活动

荣获临湘市“五三三”绩效考评一类单位

黄盖镇农业产业化特色小镇生产基地鸟瞰图

办公楼

临湘市水利局

局长　李卓

临湘市水利系统现有干部职工 626 人，机关内设 9 个职能股室，下设龙源水库、忠防水库、团湾水库、龙源供水公司、铁山咀电排站、江堤管理委员会、宏建水利水电工程公司、鸭栏电排站 8 个二级机构，兼负着全市防汛抗旱、水利建设、水法贯彻等社会职能。2017 年争取各类项目资金近 11 亿元。总投资 10.6 亿元的黄盖湖防洪治理项目正式落地；龙源水库等 11 坐中小型水库除险加固进展顺利；农村安全饮水建设主体工程基本完工，按照全省推行河湖库长制工作的总体要求，全局加强力量，在河湖库拆违、打击非法采砂、水源地保护、非法码头整治等工作上都取得了很好的成效。确定了《临湘市河湖名录》，安装了河长制公示牌，相继制定了《临湘市河长制市级河长会议制度》《信息共享制度》《工作督办制度》《工作考核办法》及《河湖、水库日常监管巡查制度》等制度。局党组主动适应从严治党新常态，落实管党治党新要求，秉持“防大汛抗大旱”的工作理念抓党风廉政建设，坚持主责主抓，确保力度均衡。紧紧抓住主体责任“牛鼻子”，严格履行“一岗双责”，做到业务工作与党风廉政建设工作同研究、同部署、同检查、同落实。建立“两学一做”长效机制，开展“三会一课”不走过场，坚持“四个必查”实现全面覆盖，延续“五个必谈”做到警钟长鸣。

副省长隋忠诚调研黄盖湖项目

岳阳、临湘两级领导巡视长江

市委书记李美云、市长魏淑萍一行调研黄盖湖防洪治理工程

市长魏淑萍带队调研防汛抗旱工作

中国国际贸易促进

团结奋斗的贸促一班人

中国国际贸易促进委员会临湘市委员会（中国国际商会临湘商会），简称临湘市贸促会，根据全市机构改革方案于2016年单列。2017年，临湘市委、市政府高度重视招商引资工作，将其作为“一号工程、一把手工程”来抓。9月，临湘市委、市政府在市贸促会设立临湘市产业招商引资指挥部办公室，针对临湘区位、交通、资源、产业特点，分别成立了高新技术、钓具及休闲运动器材、港航物流、竹木家居、农产品加工、精细化工、文化旅游七大产业招商指挥部，开展分线招商活动。并进一步完善了招商引资信息研判、项目评审、协调联动、重大项目跟踪等机制。2017年，全市实际利用内资46.456亿元人民币，同比增长41%。实际利用外资3000万美元，同比增长11%。超额完成2017年

党员活动日学习活动

扶贫点慰问贫困户

上海雄驭实业家居项目评审及签约

临湘市贸促会办公楼

委员会临湘市委员会

任务。市贸促会被评为2017年度岳阳市贸促系统先进单位、临湘市2017年度“双联”和困难职工帮扶先进单位、年度综治工作先进单位。市委、市政府已确定2018年度继续为招商引资活动年，要求在全市营造出“人人身上有任务、个个肩上有担子，全民关心招商、参与招商、服务招商”的浓厚招商氛围，为了配合和推进全市招商工作，市委、市政府先后出台了《2018年度招商引资工作实施方案》《关于2017年新增财税任务、立项争资任务、招商引资任务分解的通知》《2017年度招商引资考核办法》《关于调整市招商引资工作领导小组的通知》《招商引资优惠政策》《重大招商项目的一事一议优惠政策（工业八条）》等系列方案、政策和办法，为吸引招商企业来临洽谈、落地提供了有力的政策保障。

招商引资第二季度讲评会

富士康集团领导到临湘考察

荷兰莱茵集团考察十三村

赴昆明参加2018第六届国际灸法大会

赴韶山开展“不忘初心，牢记使命”主题活动

实地考察瑞琦项目建设

临湘市统计局

局长　沈国齐

临湘市统计局设有办公室、业务一室、业务二室、法规股、农调队、城调队、信息中心、民调中心、小康监测中心等 9 个职能股室，肩负着全市国民经济和社会发展情况的全面调查统计，有农业、工业、商贸、服务业、投资、建筑、劳资、人口、社会、核算、综合、农调、城调、民调等 14 项专业统计。全局共有在岗在职人员 22 名。面对全市 2017 年总体发展目标和要求，积极主动加强统计监测预警，认真仔细分析研究，加强对热点难点问题的跟踪调查，密切关注主要敏感指标的速度升降、结构变动、位次变化及目标任务完成情况，密切关注苗头性、突发性和系统性问题，为市委、市政府提供及时可靠的统计预警服务。注重加强与各指标监管部门的沟通联系，定期组织召开部门经济运行监测和评估联席会议，及时通报各项数据的运行情况，对存在的问题，共同协商解决，形成抓落实的合力，提前做好预防工作。努力提高统计分析信息质量，2017 年共撰写《统计分析》33 期，发放《临湘经济动态》600 多本，上报政务信息 60 余篇，多方面、多层次、多角度反映了全市经济发展情况和统计工作实际，为领导决策提供了重要依据。

市统计局到詹桥镇开展"双百"活动

局长沈国齐带领全局干部职工开展"周末大扫除"

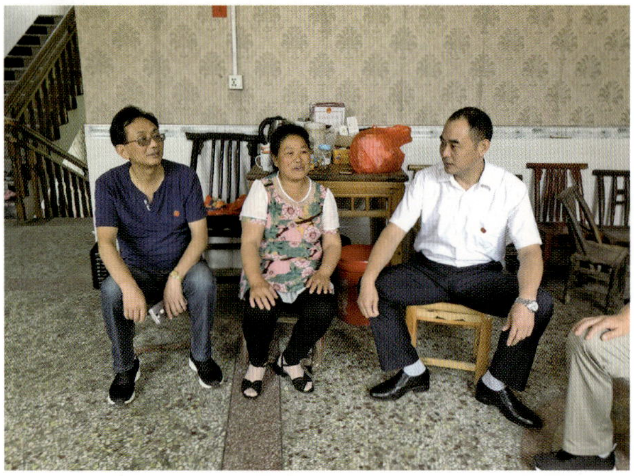

市统计局到詹桥镇壁山村走访慰问贫困户

党员活动日

临湘市司法局

局长　陈小良

临湘市司法局负责主管全市司法行政工作，承担着人民调解、法制宣传、法律援助、法律服务、司法公证、社区矫正和刑释解教人员的安置帮教工作等职责。内设 6 个股室和其他机构（临湘市公证处、临湘市法律援助中心、临湘市社区矫正管理服务中心）3 个，下辖 13 个司法所，行业管理 2 个律师事务所和 2 个法律服务所，并在全市组建人民调解组织 174 个。2017 年，市司法局按照“突出一个中心，赢得两个满意，完成三大工程，提升六个能力”的思路，以细化量化考核项目为重点，以争先创优为目标，不断提升临湘市司法行政工作在社会管理和经济发展工作中的参与度，提升了工作水平。先后获得“全国人民调解宣传工作先进单位”“临湘市平安创建先进单位”等荣誉。全市调解组织共调处纠纷 6131 起，其中，各级调解组织共处置非正常死亡事件 113 件；防止群体性械斗 85 起，防止群体性上访 106 起，防止因纠纷引起的民转刑案件 118 起，全市没有发生一起民转刑案件，最大限度的减少了不和谐因素。对 114 个村、33 个居委会的人民调解委员会进行了加强和升级。全市法律援助办案任务是 230 件，2017 年已完成 316 件，已超额完成任务 86 件，帮助困难群众挽回损失 1500 多万元。市法律援助中心主任被评为全国法律援助工作先进个人。

全市处级干部学法考试

公证体制改革座谈会

宪法宣传日

扶贫走访慰问

法治文化公园一角

临湘市商务粮食局

局长　周少林

临湘市商务粮食局在市委、市政府的正确领导和上级主管部门的大力支持下，坚持以“六个创新”统领全局，转作风、抓项目、强管理，力推商粮金融“三驾马车”加速前行，较好的完成了市委、市政府交办的各项工作任务，实现了临湘市商务粮食金融事业又好又快发展。2017 来，粮食局荣获了一系列荣誉：在省商务厅，荣获了五项荣誉，分别是“2017 年市场秩序工作先进单位”“2017 年商务综合行政执法优秀队伍”“全省商务（外贸）工作先进单位”“全省商务信息服务工作先进单位”“全省商务系统市场运行监测工作先进单位”；在岳阳，荣获了“岳阳市示范性离退休干部党支部”的荣誉，再生资源管理工作也被通报表扬。全面推动党建工作责任制的落实，形成党组书记负总责、分管领导具体抓、一级抓一级、层层抓落实的工作机制。推动“两学一做”常态化、制度化，除按要求完成规定动作外，还结合工作实际自创了一些活动，组织系统内老、青、少干部职工举办“喜迎十九大文艺汇演”等，通过不同的方式开展学习教育，取得了十分良好的效果。另外，严格落实厉行节约八项要求，实现经费支出指标全面压缩，“三公”经费支出比去年明显下降。一年来，全系统干部职工做到了自律自警，洁身自爱，没有发生一起违纪违规问题，树立了商务粮食金融部门廉洁自律、务实高效、勤政为民的良好形象。

创建省级金融安全区工作推进会

上级领导视察病虫害绿色防控示范区

局长周少林走访慰问贫困户

党组会议室

临湘市矿产资源税费征收管理局

局长　晏国全

临湘市矿产资源税费征收综合管理局主要负责全市矿产资源税费集中征收管理工作。自2010年成立以来，经过八年的发展，已经健全了机构队伍，完善了管理机制，步入了正规化轨道。全局有编制25名，工作人员76名（其中48名为从国土、林业、公安等涉矿部门抽调），内设征管、结算等5个股室，在矿区设置8个服务所。先后投资近千万元，在全市矿区和矿产企业设立了100多个税控网点，并对两千多台运矿车辆，装备了税控设施设备，全面采用了先进的矿业综合管理系统，实行刷卡缴费。全市矿产行业形势总体上呈现下滑趋势等现实困境，适时调整征管政策，力保税费任务完成，对零散矿山和服务所不能覆盖的矿山企业管理，主动上门与企业对接。加紧在产企业征收，积极协同税务对在产企业实行账目查核，特别是对监管难度较大、偷逃风险高的企业稽查稽核，实行从严从重打击。加强对富安矿业等相关企业和零散矿业的清欠力度，及时跟进相关制度设计，在结算体制上，变半年结算为按月结算，确保税收均衡入库。按照年初绩效考核方案，严格考核进度，确保在重要时段、重要路段24小时值守到位。在处理处罚上，敢于“亮剑”，3个稽查小组开展了多轮联合行动，集中对相关企业的偷逃税费行为进行整治，实行顶格处罚，对乱挖乱采的企业进行监管，有效堵塞了征收的“跑、冒、滴、漏”。

局长晏国金在监控中心指挥工作

市征管局下乡精准扶贫

征管局执法稽查大队查处冲卡逃税车辆

站所工作人员在结算中心缴票

运矿车辆在站所刷卡缴纳矿产资源税费

临湘市食品药品工商质量监督管理局

市长魏淑萍调研食品药品工商质量监管工作

临湘市食品药品工商质量监督管理局内设 17 个机关股室、10 个直属单位、10 个基层所，在编在岗 223 人。2017 年，在市委、市政府和上级业务主管部门的坚强领导下，以服务发展为主线，以食品药品工商质量监管为主责，加强总体谋划。突出工作重点，把握关键节点，以高度的责任感和使命感，真抓实干，攻坚克难，各项工作成绩突出。被湖南省消费者委员会评为全省消委系统宣传工作先进单位，岳阳市工商局评为红旗单位，岳阳市食品药品监督管理局评为稽查先进，市委、市政府评为领导班子综治工作、文明创建与城市管理“三大攻坚”行动和全域环境整治先进单位。全局深入学习党的创新理论和十九大精神，全面落实从严治党要求，扎实推进支部建设年活动，丰富党员集中活动日内容，高标准建成党员活动室，机关党建工作水平明显提升。坚持严管就是厚爱，积极配合市纪委驻局纪检组开展执纪监督工作，深入开展“刹人情歪风、治婚丧陋习、树文明新风”等专项整治，开展公职人员参与涉砂、涉矿、涉烟花爆竹经营排查，通报违反考勤制度的具体单位具体人，机关“慵懒散”现象有了明显好转。以迎接岳阳市人大《食品安全法》执法检查、岳阳市政协《产品质量法》执法调研为契机，落实“行刑衔接”要求，完善职权划分，整合执法程序，规范执法行动，行政执法水平和办案效率全面提高。着眼事业长远发展，突出好干部标准，拓宽选人用人视野，统筹加强中层骨干的使用、煅炼、培养，干部职工的晋升通道和出路更加广阔。

副市长刘如乐带队开展食品药品市场安全检查

召开2018年度监管工作会议

机关党委组织开展主题党日活动

组织干部职工观看话剧《良心结》

临湘市扶贫开发办公室

主任　曹新望

副主任　刘庙堂

临湘市总人口53万，共有贫困村26个，建档立卡贫困户4192户12182人。近年来，临湘市全面落实政策措施，压紧压实工作责任，2016年、2017年连续两年被评为全省脱贫攻坚先进县市，2018年有望在全省59个面上县中进入前18名，夺得全省先进"三连冠"。截止到2018年底，共脱贫3197户、9672人，26个贫困村全部退出，工作经验得到中国扶贫网、湖南日报等主流媒体推介。全市贫困发生率下降到0.6%，脱贫攻坚取得了决定性进展和历史性成效。主要做法：一是组织领导不断加强。调整扶贫开发领导小组，实行双组长负责制，大幅度增加了本级财政扶贫资金投入，建立健全了"市级领导、示范引领、常态督查、高位推动"的工作机制。二是问题整改成效明显。以问题为导向，逐一照单对标整改，涉及体制机制、政策落实等大面问题整改有序落实。2018年共清退1120人、新纳入217人、返贫7人。三是工作作风持续转变。市直部门帮扶的村达到85个，后盾单位达到126家，并对所有驻村帮扶干部进行了新一轮的培训。绝大部分扶贫干部认真践行"一线工作法"扎根基层、冲锋一线，用务实、沉底的作风赢得了贫困群众的高度点赞。四是行业扶贫加力加速。三湾易地扶贫搬迁集中安置点667名贫困群众正在陆续搬迁入住。黄盖稻虾连作基地、坦渡艾草基地、桃林菊博园等产业扶贫基地带动贫困户就业增收明显。

市委书记李美云在长安街道办事处督查精准扶贫工作

市长魏淑萍一行调研光伏发电扶贫项目

市长魏淑萍走访慰问贫困户，主任曹新望陪同走访

脱贫攻坚迎省检紧急会

临湘市供销合作联社

党委书记、理事会主任　熊庆郎

党员活动日

临湘市供销合作联社属参照公务员法管理的事业单位，设立了理事会、监事会、党委三套组织机构，实行理事会主任负责制。内设政工人事股、财务计统股、业务指导股、法纪保卫股（加挂审计、综治、信访室牌子）、联合工会（加挂计生办牌子）、办公室 6 个股室，共有在职在岗人员 27 人。党委下设 5 个党支部，共有党员 127 名。2017 年度，临湘市供销联社在岳阳市社的指导与支持下，在临湘市委、市政府的坚强领导下，继续贯彻落实湘发 [2016]3 号和岳发 [2016]11 号文件精神，以基层党建为抓手，以安全稳定为基础，扎实推进综合改革示范市创建工作，较好地完成了 2017 年工作目标。全系统共完成销售总额 49096 万元，较上年增长 22.18%，其中：消费品零售额完成 29791 万元，商品购进总额 51398 万元，商品市场交易额 12570 万元，净利润 269 万元，较上年增长 64.02%；年末资产总额为 19229 万元，所有者权益 5949 万元，超额完成年初预定的经济目标任务。根据岳阳市创建湖南省深化供销合作社综合改革示范市工作部署，制定出台了《临湘市深化供销合作社综合改革实施意见》，配套出台《岳阳市创建湖南省深化供销合作社综合改革示范市临湘市实施方案》。不断完善党风廉政建设责任制，严格落实主体责任和监督责任，党委书记切实履行“一岗双责”。党委班子签订《党风廉政建设工作责任书》和《“两禁”责任书》，召开关于廉政建设、作风建设专题会议，层层分解党风廉政建设责任。

时任岳阳市市委书记胡忠雄在羊楼司镇金鸡社区调研电商平台运行情况

市委书记李美云、市委副书记余岳雄视察村级惠农服务中心建设

市长魏淑萍在长塘镇惠农服务中心考察时观看临湘市供销合作社综合改革宣传视频

供销联社党委书记、理事会主任熊庆郎深入贫困户家中走访

临湘市残疾人联合会

党组书记、理事长易佐伟与贫困残疾人亲切交流

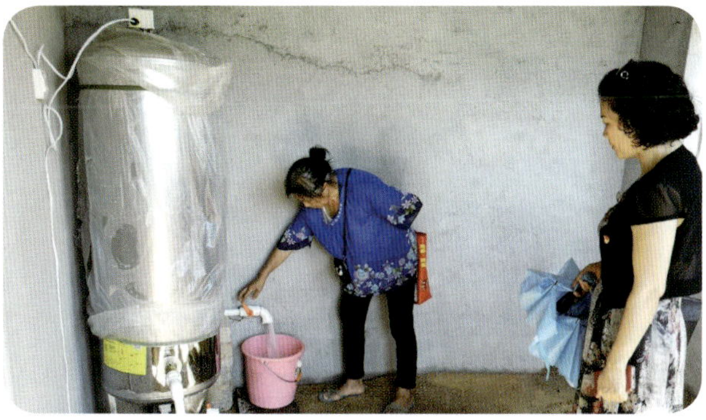

副理事长刘宁察看残疾人无障碍改造项目改水情况

市残联认真履行“代表、服务、管理”职能，开展残疾人教育、就业、康复、维权和扶贫工作，团结激励残疾人自尊、自信、自强、自立，全市残疾人生存状况不断改善，幸福感和获得感明显提升，为推动全市经济发展、社会和谐作出了积极贡献。临湘市获得“湖南省残疾人状况监测工作先进单位”“湖南省贫困残疾人家庭无障碍改造工作先进单位”“湖南省残疾人康复工作先进单位”。全面实施残疾人城乡居民医疗保险个人缴费减免政策，做到应保尽保，城乡全覆盖。这是继贫困残疾人城乡居民养老保险个人缴费由财政代缴、全面实施贫困残疾人“两项补贴”制度后又一特惠政策，是对临湘市残疾人社会保障体系的进一步完善。不断加强康复服务平台建设，出台了《临湘市人民政府办公室关于转发〈岳阳市残疾人精准康复服务细则〉的通知》(临政办函 [2017]58 号)，协调人社、卫计、扶贫等部门，确保残疾人精准康复服务落到实处。出台了《2017 年度临湘市贫困残疾人精准扶贫方案》(临残发 [2017]4 号)，明确了指导思想和工作任务，做到组织上有保障，措施上有方案，时间上有规定，责任上有压力，确保全市残疾人行业扶贫落到实处。为做好来年的残疾人信息数据动态更新工作，残联党组多次召开专题会议进行研究和部署，并在人力和财力上进行倾斜。按照省残联规定的时间节点积极推进工作开展，组织精干力量对信息数据进行比对和录入，圆满完成全部工作任务，为科学制定残疾人相关政策提供了详尽的一手资料。

省市领导与来临湘演出的中国残疾人艺术团演员合影

副市长张国辉参与“全国助残日”活动

残联全体党员重温入党誓词

党组书记易佐伟为残联全体党员讲党课

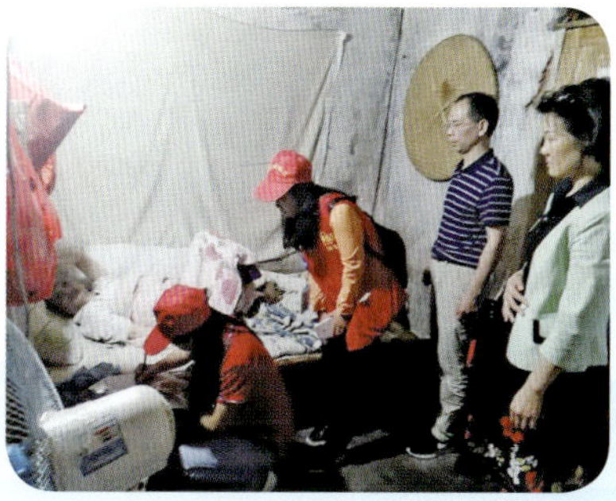

组织助残志愿者为残疾人上门服务

临湘市移民局

省移民局领导、岳阳市移民局领导来临湘督查移民工作

移民局原属于财政局二级机构，2009 年升格，2010 年单列为正科级行政支持类事业单位。现内设 4 个股室，在职在岗工作人员 14 名。2017 年，市移民工作在上级移民部门的精心指导和市委市政府的坚强领导下，紧紧围绕全面建设小康社会战略布局，深入贯彻落实大中型水库移民扶持政策，开拓进取，克难奋进，较好的完成了全年工作任务。2017 年完善贫困移民人口信息库，在深入细致工作的基础上，将贫困移民全部纳入建档立卡范围，对贫困移民实行动态管理，做到应进则进，应扶尽扶，扎实做好贫困移民人口精准识别工作。在深入调查研究的基础上，结合贫困移民的意愿和需求，会同发改、财政、扶贫等部门，编制了全市水库移民脱贫攻坚方案，并纳入临湘市大中型水库移后期扶持“十三五”规划。另通过“五个一批”确保脱贫，根据市重点移民村人口、收入、资源、现有基础设施和经济发展水平、急需解决的主要问题及制约发展的主要因素、需要提升的主要内容、拟扶持的重点项目，将移民后扶规划项目和年度计划项目，突出安排在整村推进示范村，用于移民产业开发、避险解困、扶贫攻坚、和美丽乡村（家园）建设等民生项目，整村规划、因村制宜、补齐短板。

根据省市文件和会议精神，在深入调查研究广泛征取相关职能部门意见的基础上，制定了《临湘市大中型水库移民避险解困试点工作实施方案》，并经市政府同意后，以临政办发 [2017]8 号文件下发到乡镇和市直单位。方案中对避险解试点对象、安置方式、补助标准及发放方式都作了明确规定。该《方案》在 10 月 12 日已通过了岳阳移民局组织的专家评审。

参观华容县整村推进项目

羊楼司镇龙窖山村2018年整村推进项目——百亩采摘园

水库移民适用技术龙虾养殖培训班

羊楼司镇明星村2018年整村推进路灯安装项目

参加五尖山植树造林活动

临湘市新华书店

门店内部

2017 年，公司在国家倡导“全民阅读”的大背景下，把社会效益放在首位，重塑品牌形象。围绕“全民阅读”展开全员营销活动，号召全体员工走出去，努力扩大公司的社会影响力和一般图书的销售。充分发挥新华书店作为党的宣传阵地和窗口作用，公司以中心门店为依托，以社区摆摊、校园书店为延伸，通过不断拓展店内店外图书销售市场，增强书店的服务功能，为读者提供全新的阅读体验。积极参与当地“书香临湘”全民阅读活动，努力推进书香进农村、社区、家庭、学校、机关、企业、军营的“七进”活动。全年进社区、机关、学校摆摊 15 次，取得了一定的经济效益和良好的社会效益。

新华书店作为党的喉舌，始终积极配合上级党组织政治读物的发行。2017 年上半年，公司在临湘市委组织部、宣传部的大力支持下，开展了《从严治党》《习近平谈治国理政》及《读有所得》两次大型的宣传推介活动。特别是下半年，又进行了十九大辅助读物的宣传发行。全体员工在党员干部的带领下，积极到各单位宣传征订并送货上门，发行进度实行日报制，及时反馈各单位征订数量和缴款情况，全程协调，各小组通力合作，较好的完成了党交给的政治任务。

市领导视察校园书店

市领导视察校园书店

走访慰问扶贫户

民主生活会

党课学习照片

金鸡社区捐赠

党员活动日

公司晨会

中国移动临湘分公司

临湘市移动分公司隶属于中国移动通信集团湖南有限公司岳阳分公司，于 1999 年 7 月 8 日挂牌成立，是负责临湘地区移动通信网的规划、建设、运行管理和经营服务的国有控股境外上市企业。下设 3 个部室，2 个中心，5 个营业部。现有正式员工 63 人，招聘员工 6 人，党支部共有党员 27 人。按照年初确定的总体工作思路和目标，全体员工坚定信心、奋勇拼搏。截止 2017 年底，4G 客户数达到 14.4 万户，4G 客户渗透率达到 66.7%，期末通话客户份额 67.91%; 网络工作方面，加快网络能力建设，持续保持网络质量领先。截止 2017 年底，共有 2G 基站 245 个，4G 宏站 484 个，室分 45 个；武广高铁专网 TD100 个，FDD65 个，GSM71 个，直放站 40 个；汇聚机房 25 个，本地网线路 4530.74KM，传输干线 225KM，光交 70 个，管道 38KM；有线家庭宽带小区 449 个，覆盖用户数达 14.5 万户，端口总数 6.3 万个；综合工作方面，持续开展精神文明建设工作，进一步加强党建工作，提升管理效能。党支部被评为 2017 年度岳阳移动先进基层党支部，临湘分公司申报 2016 年度省级文明单位顺利通过验收，于 3 月份获评 2016 届湖南省省级文明单位。

团结奋进的领导班子

临湘移动公司部门工会创“全国模范职工小家”通过验收，被全国总工会授予“全国模范职工小家”荣誉称号

3.15消费者权益保护日，临湘移动公司组织青年志愿者参与消费者信息疑问解答现场会，用微笑服务展现文明单位形象

临湘移动组织开展无偿献血活动，奉献社会，做“优秀企业公民”

党支部开展植树活动

“结对帮扶精准扶贫”主题党日活动

公司青年志愿者开展“清洁行动”活动

湖南临湘农村商业银行

董事长　程江华

湖南临湘农村商业银行股份有限公司（以下简称“临湘农商银行”）是由临湘市农村信用合作联社改制而来，是临湘辖内唯一一家具有独立法人资格的股份制商业银行。现有注册资本 2.4 亿元，股东 88 人、董事 9 人、监事 5 人、高管 6 人、员工 269 人。总行内设 17 个职能部室，下设 1 个营业部、22 个支行、6 个分理处，现有存贷款规模 60.67 亿元。是临湘市资金实力最强、员工队伍最庞大、营业网点最多的金融机构，综合实力在全市金融机构中位居第一位。

一直以来，临湘农商银行始终坚持服务“三农”和小微企业的市场定位，始终坚持“合规稳健、创新超越”的经营理念，始终专注于“建设现代一流农村金融企业”的发展愿景，始终履行社会责任和担当，努力将临湘农商银行打造成“农民朋友的贴心银行”“社区居民的亲情银行”“中小企业的伙伴银行”“地方经济的发展银行”。临湘农商银行将继续秉承优良传统，充分发挥地方性金融机构的特点和优势，按照现代金融企业发展需求，以“一流的经营业绩、严密的内控体系、完善的服务功能、高素质的人才队伍”为目标，坚持以市场为导向，以客户为中心，以“三农”为根基，创新创业，开拓进取，播洒“阳光”，为地方经济社会发展做出更多贡献。

开拓创新的领导班子

临湘农商银行礼仪队

员工风采

工作会议

开业挂牌仪式

中国建设银行股份有限公司临湘支行

求真务实的领导班子

中国建设银行股份有限公司临湘支行位于临湘市长盛西路42号，下辖临湘支行营业部、临湘长安支行，两个营业网点，临湘市路中、五里，两个离行式自助服务区，现有员工25人。中国建设银行临湘支行始终坚持“以客户为中心”的服务理念，着力提升服务水平，为每一位客户提供优质的金融服务，努力加大对县域实体经济的扶持力度，取得了良好的社会效益和经济效益。截至2017年末，中国建设银行临湘支行各项存款余额20.48亿元，各项贷款余额16.51亿元，贷款投放连续多年四行第一。连续多年获得临湘市政府绩效考评一类单位荣誉。未来，中国建设银行股份有限公司临湘支行将不断完善经营机制，不断拓宽发展空间，加大普惠金融贷款投放力度，助力临湘市经济发展。

员工风采

临湘市政府战略合作协议签约

临湘市保障性安居工程建设投资有限公司

党支部组织学习中央、省、市组织工作和学习反对“七个有之”文件精神

临湘市保障性安居工程建设投资有限公司成立于 2013 年 7 月，注册资本 7000 万元，下属子公司兴城置业有限公司成立于 2013 年 12 月，注册资本 1000 万元，下属子公司临湘市扶贫开发投资有限公司，成立于 2016 年 7 月，注册资本 800 万元。目前公司员工含子公司共有 26 人（体制内 10 人，社会聘用 16 人），其中班子成员 4 人，中层骨干 6 人，工程技术管理人员 8 人。公司下设综合人事、财务、工程、开发融资、合约、协调和销售部等六个部室，为全市重点项目建设提供了有力保障，给经济发展注入了新的活力。全体认真学习贯彻十九大精神，紧紧围绕打造“精彩北大门、品质新临湘”发展战略，深入开展“两学一做”教育实践活动，积极发挥平台公司应有的作用，近两年共实施棚改安置房计划 4611 套，其中实物安置 1052 套，货币安置 3559 套。大力推进 8 个民生实事项目建设，其中 5 个棚改安置房建设项目（就业局地块、石咀、白云湖、太阴庙、永昌东路），3 个农民集中安置点（詹桥、羊楼司、黄盖）。公司经营管理运行良好，发展前景喜人。在 2017 年度推进“五三三”工程综合绩效考评中被评为一类单位。

全体党员在桃林菊博园进行菊苗定植

党支部书记蒋永生在桃林菊博园种植菊苗

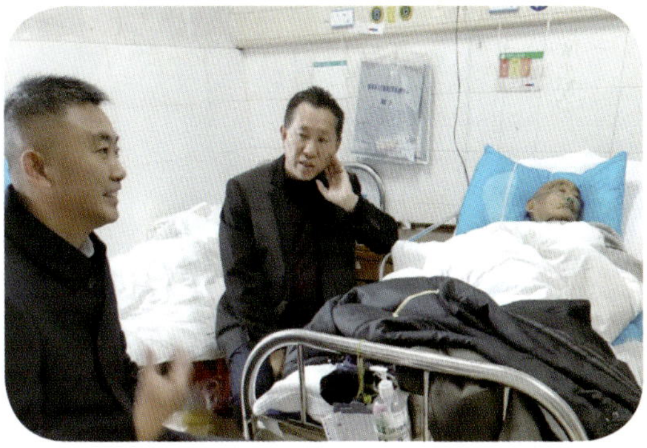

党支部书记蒋永生在医院看望五里松峰村结对扶贫户沈海生同志

组织学习《临湘市机关事业单位党支部“五化”建设标准》

走访五里松峰村结对扶贫户

太阴庙工地施工现场检查

岳阳惠临投资

省委常委、省委统战部部长黄兰香（右三）视察临湘游钓文化园，市委书记李美云等陪同调研

市长魏淑萍一行在施工现场考察项目进度

岳阳惠临投资发展有限公司的前身为临湘市城市建设投资开发有限责任公司，成立于2003年6月，注册资本6667万元。2005年，公司加挂临湘市城市建设投资管理中心牌子，业务管理从市建设局转到市财政局。2013年8月，由临湘市政府和岳阳市国资委共同出资组建新的融资平台，其中岳阳市国资委持股53.6%，临湘市国资局持股36.4%，国开基金持股10%，并更名为岳阳惠临投资发展有限公司（简称惠临公司），公司成功转型改制，实现资产重组优化，活力明显增强。公司内部下辖9个部门、3个参股公司、5个全资公司。分别为：综合部、党务政工部、财务部、融资部、工程部、投资发展部、土地储备部、商务合约部、审计法务部。以及参股公司为：临湘农村商业银行股份有限公司、汉湘文化有限公司、科环建材公司。全资公司为：临湘市惠临置业公司、湖南惠临渔乐文化传媒有限公司、临湘长盛建设投资公司、临湘市恒盛小城镇建设投资公司和湖南中睿资产管理公司。公司经营范围是城市建设投融资、土地储备开发、城市基础设施投资建设、国家开发项目投资的管理、临湘市人民政府授权管理的其他业务。截至2017年底，公司总资产136.88亿元，总负债44.69亿元，净资产75.7亿元，资本运作和利润规模实现了快速增长，公司

施工现场

长安河生态环境综合治理项目

发展有限公司

得到了壮大发展，已成为岳阳市级平台公司、主体信用AA评级平台公司。公司被评为全市2017年度全域旅游、平安创建、文明创建与城市管理“三大攻坚”行动、部门决算编报工作先进单位，被人民银行评为经济监测工作先进单位。

公司按照“科学合理、运作规范、监管严格”的要求，努力提升公司及下属子公司的经营能力和管理水平，初步完成了城市建设管理职能由政府行为向企业行为的转变，重点加强内部管理和队伍建设，努力在优服务、强管理、促学习、抓作风上充分发挥职能，展现作为。紧紧围绕“五个倡导”和“一个目标”要求，进一步完善内部规章制度，理顺工作机制，全面加强绩效管理，确定责任权限，制订考核细则，把员工工作业绩与绩效薪酬挂钩，做到了压力传导到人，进度考核到周，办结时限到月，确保各项工作有力有序开展。公司以社会主义核心价值观作为企业文化建设的重要指导，全面加强重要岗位和关键环节的日常监管，不断创新人才培养模式，公司与湖南理工学院合作办学，举办员工综合素质提升班，聘请教授在周末集中授课，计划用两年时间开设15门课程，员工学业成绩作为晋级考核的重要依据，地方政府融资平台与高校教育资源共享开创了岳阳市先河。

2018年6月23日，“全能王”全国钓鱼锦标赛湖南临湘选拔赛开幕

快乐垂钓频道直播现场

昼夜施工，如期完成“连新路”二期道路工程

完工后的连新路二期工程

临湘市永安教育建设投资有限公司

班子成员及党员到詹桥镇三界村结对帮扶

党员活动日

临湘市永安教育建设投资有限公司于 2014 年 4 月由临湘市国资局全额出资正式确定设立，注册资金 1 亿元，主要负责教育建设项目的资金筹措、投资建设和管理，以及处置教育布局调整的资产和国有教育资源。公司内设综合人事部、财务融资部、工程项目部、投资发展部、资产经营与管理部、商务合约部等六个部室，现有工作人员 25 人。2017 年，共向各银行申报融资项目 6 个，协调争取项目资金。其中以临湘市五里社区健身活动中心为载体，向国家体育总局申请本级公益金 800 万元；以临湘市公共体育场田径跑道和足球场为载体，争取中央预算内资金 360 万元；以向阳路、峡山片区棚改争取配套基础设施建设资金 1700 万元、征拆配套资金 2577 万元；以桃林、职高公租房争取奖补资金 170 万元；新一中水电气配套经费 86 万元；以门面及停车位销售为契机，实现公司盈利。新一中田径场临近教师公租房，公司将田径场下面 19 间门面和 150 个车位作为开发项目，另由市国资局牵头组织拍租，拍租收益约 1000 万元。公司将经营开发所得收益都用于偿还融资本息，减轻财政对教育建设的投入压力。2017 年，公司主要承建了新一中、六小、三中、薄弱学校改造项目，启动了教体新城 PPP 项目。成立安全领导小组，制定安全工作计划，建立安全责任制，层层签订责任状，每个建设项目都建立施工安全台账，认真开展安全施工宣传，定期进行隐患排查和整改。由于安全施工工作做到工作有部署、宣传有阵地、管理有制度、预防有举措、检查有落实，没有发生一起安全责任事故。

教建投全体党员学习《中国共产党支部工作条例》

市委巡察组巡察动员大会

公司例会

市一中整体搬迁建设项目

新一中多功能报告厅

临湘市兴路交通建设投资有限公司

董事长　袁　翰

总经理　李炜云

2018 年，在市委、市政府的正确领导下，本着“担当作为、创新发展、筹措资金、服务交通”的工作思路，交建投领导班子带领全体员工在困境中求突破，在变化中求发展，全年融资额达 1.3 亿元，争取省交通建设专项资金 1.43 亿元，新修续建公路项目 6 个，全年完成投资 2.22 亿元，交通建设保持了稳中有进的良好局面。

公司全面落实党风廉政建设责任制，强化抓党风廉政建设的主体责任，扎实推进党风廉政建设和反腐败工作，为全市交通项目建设科学发展，提供了有力的政治保证和纪律保证。一是筑牢思想防线。坚持廉政思想教育的基础性地位，筑牢拒腐防变思想防线。今年初，制订《市交建投党风廉政建设工作要点》，把党风廉政建设、落实“两个责任”作为全公司工作的重要内容，纳入年度目标管理考核，对党风廉政建设工作任务进行全面部署。并定期召开作风建设专项会议，组织公司全体员工多次专题学习转变作风活动，全体员工签订党风廉政建设公开承诺书，加强对各部门的教育、监督和考核，全面提高公司党员干部的党风廉政意识。二是转变工作作风。大力弘扬党的优良传统，坚持不懈解决“四风”突出问题，纠正损害群众利益不正之风。先后组织开展了“严明组织纪律、克服软弱涣散”、“厉行勤俭节约、反对奢侈浪费”等多项整治活动。坚持勤俭节约和艰苦朴素，公司“三公”经费控制在较低水平。三是规范廉政程序。坚持用制度管权管事管人，严格执行民主集中制，健全完善“一把手”“四不直接分管”和末位发言制度，不断深化党务政务事务公开，推动权力公开透明阳光运行，对重大事项决策、重要干部任免、重大项目安排、大额资金使用等“三重一大”事项决策，一律上会讨论作出决定，按照规定程序组织实施。

岳阳流动会现场

兴路交通建设团队班子

政协副主席李征雷讲党课

井冈山红色教育主题党员活动日

临湘市农村“空心房”整治工作领导小组办公室

湖南省省长许达哲在黄盖镇调研指导“空心房”整治工作

岳阳市市委书记刘和生到黄盖镇调研指导“空心房”整治工作

整治办局长程金波、副局长胡旭东一行到黄盖镇黄盖湖大堤整治点督查工程质量和工程进度

临湘市农村“空心房”整治工作领导小组办公室每周一例会，推进复建、复绿、复垦工作

2018年，认真贯彻落实中央、省、市关于推进乡村振兴战略的指示精神，始终坚持以农村“空心房”整治为突破口，实现了“一点撬动、一线贯穿、一招总揽”的指示要求，有效改善了农村人居环境，提升了农村面貌，促进了农村产业发展。为做好农村“空心房”拆除动员工作，全市多措并举力求实效。春节期间，利用外出务工人员返乡这一时机，组织乡镇干部上门入户进行了重点宣传；节后通过张贴公开信、发放宣传手册、拉横幅进行了广泛宣传；启动拆除工作前又组织工作人员逐一上门动员，进行了深入宣传，全市“空心房”整治工作做到了家喻户晓，使广大群众从冷眼旁观变成了积极响应，从犹豫不决变成了主动要求拆。

严格按照“一表两书三公开”以及拆除现场安全管理等工作要求，规范、有序、高效完成了全年“空心房”拆除任务。建立健全农村基层党组织和村委会“四位一体”治理机制，培训党员和村组干部，提高“空心房”整治后续管理能力和水平。加强监督考核，建立经常性的督查机制，定期督查“空心房”整治成果，杜绝“空心房”出现新的增长，防止整治成效疏于管理而遭到破坏。深入贯彻党的十九大和十九届二中、三中全会精神，全面落实乡村振兴战略，实现农村产业兴旺、生态宜居、乡风文明、治理有效、生活富裕的总要求。全市始终坚持以农村“空心房”整治为突破口，综合施策，认真做好“空心房整治＋”工作，促推乡村振兴战略落实到位。

临湘市羊楼司镇尖山村“空心房”整治后规范村民建房集中安置点

临湘市黄盖镇广坪村“空心房”整治后复垦

临湘市聂市镇乘风村“空心房”整治后复绿（涓湖生态基地）

临湘市桃矿林河流域特色小镇建设

桃林河流域的桃矿街道、忠防镇、桃林镇和长塘镇等几个乡镇围绕打造各具特色的小镇建设，强力推进各个项目工程，取得了显著效果。

自去年5月份开始，市委市政府超前契合党的十九大报告中提出的“实施乡村振兴战略”新理念，把桃林河流域特色小镇建设作为农村环境治理的重要举措，采取突出特色，高起点规划，融合文化、产业、风格等诸多元素，重点围绕旅游设施、游客集散中心、路面白改黑、集镇立面改造、网线入地、污水和垃圾处理等建设项目进行整体推进。通过一年多上下齐心的不懈努力，以桃林河为纽带的路网、镇街立面、环境面貌等已焕然一新。到目前止，已完成总投资2.3亿的90%，桃林河流域的四镇打造的各具文化特色（忠防的工矿文化、桃矿街道的红色文化、长塘镇的农耕文化、桃林镇的吴獬文化）的“既看得见山、又望得见水、也记得住乡愁”的休闲旅游小镇的雏形已经显现。

市委书记李美云一行察看桃矿立面改造

正在建设中的桃林污水厂

桃林吴獬广场一角

长塘至岳阳出口农耕文化广场一角

忠防汀畈立面改造

桃矿街道立面改造

长江村立面改造及白改黑

临湘市公安消防大队

党委书记、政治教导员　夏超平

党委副书记、大队长　叶　令

临湘市公安消防大队按照中央、省、市的统一部署，认真贯彻新《消防法》和落实《湖南省消防安全责任制实施办法》《湖南省农村消防安全管理若干规定》确定的目标和任务，大力改革训练方法和加大消防执法力度，不断提高部队灭火救援和全社会抗御火灾的整体能力，有效地遏制了重、特大火灾事故的发生，为全市政治稳定和经济发展创造了良好的消防安全环境，实现了连续三十五年未发生重特大火灾事故的目标。消防部门狠抓消防监督执法检查，消除了一大批火灾隐患，查处了一批违法违规单位或个人，极大地震慑了消防违法行为。全年共检查单位或场所2762家，下发责令限期改正通知书2495份，下发行政处罚决定书47份，责令“三停”36家，依法查封104处，行政拘留9人。持续开展了六个消防安全专项治理活动，劳动密集型企业消防安全排查整治、夏季消防检查、公众聚集场所、“三合一”场所、高层和地下建筑、易燃可燃装修材料等。在专项整治行动中共发现火灾隐患6168处，督促整改到位6049处，提出整改意见2495条，查封104家。除经常性开展消防宣传教育外，特别注重在重要节日、重大活动中的宣传效果，采取出动宣传车、悬挂宣传横幅、张贴宣传标语、发放宣传资料、组织人员参加消防知识培训等，由于这些活动的纵深开展，消防宣传教育取得了显著的成效。与此同时，发挥在新闻媒体中的宣传教育优势，全力抓好宣传报道的社会影响。

市长魏淑萍率队开展春节前消防安全检查

市委常委、常务副市长凌晓明，副市长、公安局局长邓可杰率队开展消防安全工作检查

大队党委班子成员

组织官兵参加烈士纪念活动

开展小区消防安全检查

临湘市公安局交警大队

大队长　黄明良

教导员　谌立新

交通指挥手势演练

临湘市公安局交警大队主要呈现“四大”工作和“三大”亮点。“四大”工作：一是春运保畅工作圆满。为期40天的春运，实现了无长时交通拥堵、无重大事故、无车辆滞留、无涉交群闹事件和负面舆情的目标。二是专项整治持续推进。先后大力度开展了集中打击重点交通违法行为“百日会战”、货车非法改装专项整治、两、三轮摩托车专项整治、公安交警系统“三个不发生”创建活动、路面防控战严管统一行动、预防重特大道路交通事故专项整治行动、工程运输车辆交通安全专项整治、拖拉机联合整治行动等8个专项整治，同时进行了全域性的交通安全隐患排查整改。路面执法的力度和强度均属前所未有。三是源头管理力度强劲。组织专门力量对全市企事业单位、学校、社区、二手车交易市场、停车场等场所等进行了重点摸排，基本澄清了假（套）牌车、报废车、黄标车等违法车辆的存量，为开展针对性的整治提供了现实可靠依据。四是交通安保万无一失。元旦、春节、清明、端午中秋等传统节假日和“五一”“十一”等长假以及重要会议、重大活动，我队都严密部署，精心安排，全警动员，全力以赴。“三大”亮点：一是下功夫、较真劲、见实效，推动城区保畅再入新境；二是十九大期间特护安保凯歌高奏；三是淘汰黄标车的“淘黄”工作破冰前行。交警大队借力政治建警、优秀警队创建，实施“三带”举措，增强了队伍活力。以党建带创优，把党建与创优工作相结合，同步运作，同步推进。以优势带创优，挖掘优势资源，利用优秀文化人才，组织开展警营文化活动，编纂了《临湘公安交警三十年》《探索之路》《成事之鉴》等三本反映交警风貌的文集。

大队全体民（辅）警参加“集中教育整训动员会”

大队在江南镇新洲村开展“党员活动日+”精准扶贫活动

大队在长安街道办事处荆竹山村开展“双百”活动

民（辅）警进行拔河比赛

临湘市森林公安局

局长　姚沫华

临湘市森林公安局与临湘市森林防火指挥部办公室合署办公，实行一套人马、二块牌子的管理体制。2011 年 4 月 8 日（岳编办通 [2011]25 号），单位机构升格为正科级行政机构，2012 年 11 月，成立党组。是一支具有刑事、行政双重执法权限，兼有武装性质，专门保护森林和野生动物资源安全、维护林区社会秩序稳定的执法力量。同时，肩负着全市森林防火日常工作。设路中（2018 年 3 月起加挂刑侦治安队牌子）、路南、路北 3 个森林派出所，内设综合办公室、法制办、消防股、司法鉴定中心 4 个股室，现有工作人员 43 人，其中，森林公安民警 29 人（定编 30 人），森林防火编制人员 5 人，协警 9 人。

2018 年，临湘市森林公安局坚持以科学带警、教育培警、规范管警、纪律束警，队伍建设持续实现“零”违纪违规事件记录。进一步强化职责职能，资源保护重拳出击，野保工作敢于亮剑，林地案件持续发力，火案打击快步紧跟，专项行动务实开展，执法质量持续向好，确保打击处置整体铺开。先后被省森林公安局评为“全省执法质量综合考评优秀单位”；被岳阳市评为森林公安工作先进单位第一名；森林防火工作，市政府和市林业局（市防火办）连续 8 个防火期被岳阳市双向评为森林防火工作先进单位；被市委、市政府评为平安创建先进单位等多项荣誉。相继有中央电视台、湖南卫视、湖南经视、湖南广播电台等多家媒体竞相报道了市森林公安局的案件侦破情况，为临湘打造人与自然和谐共处的生态景观抹上了浓墨重彩的光辉一笔。

市森林防火指挥部在聂市镇朱圣村易家山举行扑救森林火灾实战演练活动

岳阳市扶贫办主任李永胜一行督战市森林公安局牵头的詹桥镇沙团村扶贫工作

市武装中队森林灭火救援队伍培训

全市森林防火工作会

临湘平安创建图片展

临湘市卫生计生综合监督执法局

局长　李华君

局长李华君在自来水厂检查工作

2017年，是党的十九大胜利召开之年，对于临湘市卫生计生综合监督执法局，也是非常不平凡的一年。面对机构重组时间不长，办公场地再度搬迁，中心工作繁重等重重困难，市卫计监督执法局没有退缩，而是以更加饱满的干事创业热情，以深入学习十九大精神为抓手，以践行执法为民、护卫健康为动力，在上级业务部门的精心指导和本级卫计行政部门的大力支持下，大家心往一处想，劲往一处使，内强素质，外树形象，突出重点，抓住难点，服务大局，稳步推进公共卫生、医疗执业、计划生育三大块的监督执法工作，较好地完成了全年工作目标任务。积极围绕市委、市政府及党组重大工作部署，以高度的政治感推进中心工作，敢于担当，大胆作为。深入贯彻党的十九大重要论述，以强烈的责任感推进队伍的作风建设，通过学用十九大报告精神，目前卫生计生监督员队伍风清气正、精神饱满、热情高涨，各项工作稳步推进。

“七一”活动

首届医疗执业法律法规知识竞赛活动

党员活动日

关爱弱势群体，慰问精神病人

临湘市市容环境卫生管理局

省环保厅领导督察无害化垃圾处理场渗滤液处理工艺

市委书记李美云、市长魏淑萍带队督察无害化垃圾处理场环境保护工作

局长李永军部署安全生产工作

临湘市环卫局成立于 1979 年，现有干部职工 669 人，其中正式工 239 人，临时工 430 人。下设 4 个股室和 8 个所级单位。主要负责城区 200 多万平方米主次干道清扫保洁和路面清洗，及 1 万多米的护栏清洗；2 万多户城市居民住户的垃圾清收，220 多个企事业单位垃圾清运；负责城区 23 座中转站（7 座转运站、简易中转站 16 座）和 18 座公厕的管理。主干道保洁时长为 18 小时，次街保洁 16 小时，背街小巷实行垃圾收集，日清运处理生活垃圾 150 多吨。目前已启动农村 18 座转运站生活垃圾运输、处理工作（另 3 座转运站在建设之中），实现农村生活垃圾处理全域覆盖。

在中共临湘市委、市政府和城管局党组的正确领导下，在各级文明委的指导下，环卫局创新改革，砥砺前行，切实落实城市综合管理和文明单位创建工作任务，全面提升城市市容和环境卫生质量和干部职工精神文明建设，为打造“精彩北大门，品质新临湘”夯实基础。进一步推进城区环卫整治工作，创新思路，优化管理模式，改进工作方法，坚定不移按建设局目标管理要求，提高城市服务质量。扩大清扫保洁面积，将即将建成和拉通的麦坡路、云升路、连心路等纳入服务范围。逐步加大清扫、保洁、降尘等方面机械化作业力度，致力机械化、现代化、精品化服务。背街小巷清收实行全覆盖，垃圾清运保证日产日清，清运率和无害化处理率达 98% 以上。继续把垃圾分类等各项宣传工作不断深化城乡各家各户，结合文明单位创建工作，扩大社会影响，促进城市文明，不断提高城市品味，让广大市民享受新临湘的新感觉。

局长李永军进村扶贫

2018年农村生活垃圾无害化处理启动，垃圾转运车

智慧环卫五大监控体系

临湘市城市管理综合执法大队

大队长　向岳初

临湘市城市管理综合执法大队成立于1991年，原名临湘市城管监察大队，2016年更名为临湘市城市管理综合执法大队，2018年从市住建局划转市城管局，属副科级公益一类事业单位。内设3室7中队：办公室、财务室、督查考评室、长安中队、五里中队、湘北中队、车辆管理中队、机动中队、燃气中队，渣土巡查中队。现有干部职工150人。

主要职能是：负责拟定城区城市管理专项整治、集中执法行动方案，并组织实施；负责城区主次干道的违章摆设、出店经营、占道作业、流动摊贩、乱停乱放等违章行为的管理和督促整改；负责城区范围内的户外宣传、广告、促销活动监管；负责夜宵市场整治；监督落实“门前三包”管理，维护市容市貌和各项秩序；查处擅自设置户外广告及乱倒垃圾、污水行为；查处占压、损坏、堵塞、偷盗公用市政设施等违法违规行为；查处违反城市绿化管理方面的违法违规行为；查处影响环境卫生方面的违法违规行为；行使市政府依法规定的各项行政处罚职能。同时，大队加挂了“临湘市森林防火指挥部专业扑火大队”的牌子，兼负全市森林火灾应急扑火工作。

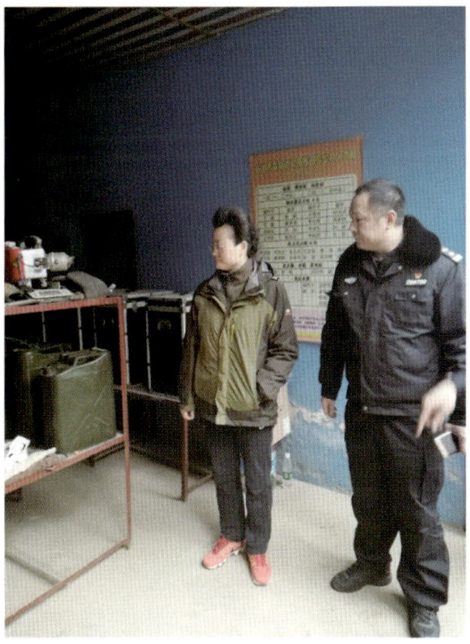

市长魏淑萍下基层检查城市管理工作

走访慰问困难党员

清除牛皮癣工作

开展夜宵整治工作

城管专业扑火队员参与森林扑火演练

劝导规范出店占道经营行为

临湘市殡葬管理所

所长　来艳

临湘市殡葬管理所在局党组的正确领导下，积极落实认真贯彻落实国家和省、市关于开展殡葬领域突出问题专项整治的工作要求，克服重重困难，坚持问题导向，采取有力措施，扎实推进整治工作，紧紧抓住殡葬管理和殡葬改革这个主轴，全所团结一心，拧成一股绳，奋力拼搏，各项工作取得了新的突破和进步。经市委、市政府“两办”出台了《临湘市殡葬领域突出问题专项整治工作行动方案》。严格按照路线图、时间表稳步推进专项整治工作，推行遗体火化、改革土葬、整治“三沿六区”乱埋乱葬。围绕殡葬领域短板，高位推进专项整治工作，市委督查室、市政府督查考评办会同民政局，全年两次采取座谈走访、查阅资料、察看现场等形式对各乡镇（街道）开展实地督查。采取试点先行、以点带面的原则推进农村公益性墓地建设，取得了良好开端。由民政、发改、规划、国土、农业、林业、环保等部门共同编制了《临湘市2018年至2020年农村公益性公墓建设规划》，计划在2020年，每个镇（街道）至少建成一个农村公益性公墓。完善党建工作，殡葬管理所党支部，集中学习《新党章》《中国共产党纪律处分条例》《中国共产党党员监督条列》、特别是深入学习贯彻党的十九大精神系列重要讲话精神，紧紧围绕“不忘初心、牢记使命”的主题，将“三会一课”“两学一做”制度常态化。齐心协力、为把全市殡葬改革推向一个新台阶而努力奋斗。

市人大调研殡葬改革工作座谈会

市领导视察桃林公益性公墓

所长来艳下乡扶贫慰问

“关于殡葬改革的意见”宣传车

临湘市人民医院

团结务实的院领导班子

市长魏淑萍到院开展健康扶贫现场调研

临湘市人民医院始建于 1937 年，是全市唯一一所集医疗、急救、科研、教学、保健于一体的二级甲等综合性医院。现有在职干部职工 659 人，其中高级职称 70 人，中级职称 183 人，开放床位 499 个，病床使用率达 127.9%；设有内、外科等 17 个一级临床科室和急诊科等 28 个门诊诊疗科室，并单独设立了急救中心；拥有一批较先进的诊疗设备，能开展心血管、神内科等较前卫的介入手术。年收治住院病人 3 万余人次，日均住院 500 余人次；接诊门诊病人 20 万余人次，日均接诊门诊病人 600 人次；年抢救急危重病人 3000 余人次，完成大中型手术 6000 余台次，接待健康体检 7000 余人次，是多所医学院校实习基地，且与多家“三甲”医院建立了指导关系。2017 年，全院干群坚持以党的十九大精神为指导，推进“两学一做”学习教育常态化、制度化，以“服务病人，发展医院”为主题，开拓进取，扎实工作，较好地完成了全年各项目标任务，创造了新的工作业绩。全院各支部按照年初制定的学习计划，每月定期组织党员召开支部党员会，开展党员学习日活动。重新修订了《2017 年领导班子成员党风廉政建设责任分解》等专项文件，建立健全了工作机制。年内在岳阳市举办的应急技能竞赛中，医院代表队夺得“突发事件紧急医学救援县市区级团体项目”一等奖。其中，队员刘胜辉勇夺紧急医学救援项目第一名，被授予“岳阳市卫生应急技能标兵”、“岳阳市技术能手”称号，并被推荐为“岳阳市五一劳动奖章”和“岳阳市巴陵工匠”候选人。

临湘市人民医院中层干部聘任大会

临湘市胸痛中心启动会

医院代表队参加岳阳市应急技能竞赛，荣获“一等奖”

医院被授予“国家十三五重点研发精准医学合作中心”

医院门诊楼

临湘市妇幼保健院

开拓创新的领导班子

市长魏淑萍到院视察工作

庆“七一”党员大会

开展关爱儿童，庆六一活动

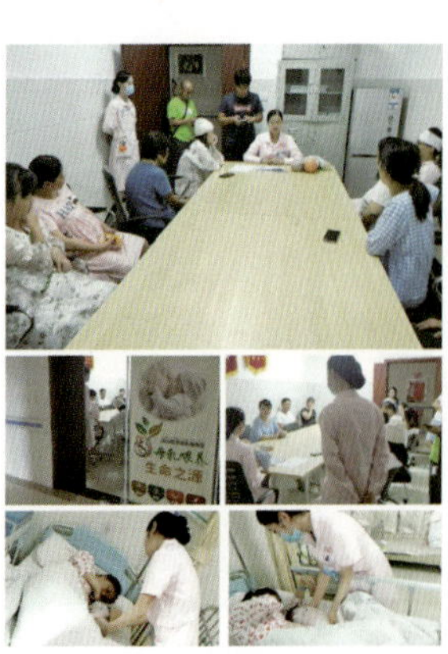

护士日常工作服务

临湘市妇幼保健院，在市委、市政府和市卫计局的正确领导和大力支持下，全院认真学习党的十九大精神，始终坚持以优质服务为己任，以群众满意为追求，不断提高服务质量，切实履行公共卫生的职责，开展与妇女儿童健康密切相关的基本医疗服务，经过全院干部职工的共同努力和辛勤工作，较好地完成了政府和行政部门下达的指令性任务，圆满的完成了各项工作。2017 年稳步发展，完成了全年经济目标任务，各项业务指标与去年同期相比实现了大幅度增长，门诊、病房病人综合满意度大幅提高。全院开展“两学一做”学习教育活动，为传达贯彻中央、省市各级党组织关于推进“两学一做”学习教育常态化制度化部署要求，中共临湘市妇幼保健院党总支召开了“两学一做”学习教育活动专题会议，部署、布置安排“两学一做”学习教育活动的工作计划和具体要求，按照上级党组织和医院总支要求，医院各党支部分别召开了支部党员大会。会后，各支部积极组织开展学教活动，认真学习了《中国共产党党章》《关于新形势下党内政治生活的若干准则》以及《中国共产党党内监督条例》。另对医院绩效分配制度进行了重大改革，出台了《临湘市妇幼保健院绩效管理分配方案》。在确保现有队伍稳定和医疗秩序正常的前提下，坚持效率优先，既克服公平主义弊端，又要避免不合理的收入悬殊，做到公平、公正、公开的向临床一线倾斜、向业务骨干和管理骨干倾斜。根据医务人员工作性质的不同建立医生、护士、医技、保健、职能后勤五个体系的绩效分配制度，最大限度的调动全院职工的积极性、能动性和创造性，推动医院的健康有序发展。向社会提供优质、高效、安全的医疗卫生保健服务。

临湘市精神病专科医院

市领导率爱心企业家来院捐赠

求真务实的领导班子

临湘市精神病专科医院是全市唯一一家由政府主办，治疗精神疾病的非营利性公立医疗机构。于 2013 年 11 月由原省卫生厅批准设置，2014 年市委、市政府批准成立，为纯公益性事业单位，承担全市精神疾病综合防治工作任务。医院于 2016 年 9 月建成并正式投入使用。医院位于市五里牌街道办事处千针村跃财组 107 国道南侧 100 米（季兰坡往羊楼司方向 1.5 公里），交通便利。医院占地 21 亩，总投资 4000 万元，总建筑面积 13000 平方米，其中住院综合楼 6300 平方米，配有中央空调、电梯、集中热水，食堂、工娱疗康复中心、农疗基地、污水处理、消防、配电等基础设施齐全。院内环境温馨舒适，非常适合精神病人治疗、康复。医院现有职工 83 人，其中专业技术人员占 90%，医院共开设男一科、男二科、女病区三个病区，可容纳 320 名病人住院；设有门诊、心里咨询室、中心药房、工娱疗康复中心和农疗基地；开展生化、B 超、心电图、脑血流图、脑涨落图、DR 等功能科室。在坚持传统药物治疗的同时，开展工疗、农疗、娱疗和心理疏导等多种治疗模式。医院秉承“仁爱厚生、精医济世”的办院理念，内强素质，外树形象，积极争取救治救助政策。将始终坚持以患者为中心，努力把医院建设成一所专科特色突出、技术精湛、服务优良、环境优美、社会认可、百姓放心的精神康复医院。为精神病人提供科学化、人性化的治疗、康复服务。

医院周年庆活动

院长　吴 鸣

临湘市精神病专科医院

农疗

娱疗

工疗

临湘市职业中专

校长　徐楚良

临湘市职业中专由原临湘市职业中专和临湘市成人教育联校（含湖南电大临湘分校、临湘市教师进修学校、临湘市成人中专）于2001年8月合并组成。是国家级重点中等职业学校，湖南省示范性职业中专。学校以习近平新时代中国特色社会主义思想为指导，全面贯彻党的教育方针，坚持立德树人，为构建现代职业教育体系做出了积极贡献。临湘市职业中专是1983年下学期由“临湘县长安人民公社中学”改制而成。其时，学校积极探索职教发展的新途径，创办了汽车运用与维修专业，并逐渐摸索出学历教育和短训并举、自办与联办相结合的新路子，为学校的发展壮大打下了坚实的基础。近几年来，临湘市职业中专不断深化产教融合、校企合作，实现学校与企业无缝对接，为学生优质就业提供坚强保障，谱写了校企合作新篇章。学校先后与株洲职业技术学院、长沙航天航空职业技术学院、湖南大众传媒职业技术学院、湖南网络学院及湖南农大等高等院校进行衔接，与惠州龙旗集团、广州美的、长沙中科师创集团、北京福田汽车制造集团等大型企业合作，办起了“工业机器人班”“电子商务班”“汽车维修与营销班”“美的班”等冠名班。这些冠名班和专业的设置，都是适应市场需求、服务当地经济、就业前景非常看好的专业。如今的临湘市职业中专人才济济，事业兴旺，学校呈现出一片兴旺景象，为临湘的社会经济发展作出了应有的贡献，成为湘北地区一颗耀眼的职教明珠。

培训课程资源共建基地签约仪式

校领导参加2018下学期新生军训汇报

职业中专2018年班主任培训会

职业中专军训营风采

学校办公楼

临湘市第一中学

新校址剪彩现场，左起：余祥辉、沈元树、黄山青、许李衡

2018 年，临湘市第一中学在新校区首战高考，旗开得胜，有李洁、孟颖同学分获临湘市文理科状元；一本上线人数首破 300 人；二本上线人数首破 600 人；还有王睿等三人被空军飞行学院预录等等，呈现出了前所未有的良好发展势态，圆满完成了上半年各项工作任务。学校在做好常规德育工作的同时，力求德育活动的实效性，以德育教育来带动学生日常行为习惯的优化和学习效率的提高。最大的特色是德育三抓”工作取得了显著成效。为确保学生安全，根本在于提高安全意识，增强自我防范和自护能力，抓好安全教育是学校安全工作的基础，为此，学校经常对学生开展安全教育活动。进一步了解法律，去感受到法律的温暖和威严，增强自我防护意识，学会用法律保护自己。在学校的正确领导下，在 2018 届高三全体教师顽强拼搏下，学校积极做好了辅优培后进生工作。岳阳市一模考试后成立了各科的“辅优攻关小组”，优生的试卷用手机拍照后到多媒体黑板上展示，攻关小组的几位老师集体评判，形成辅优意见，然后再进教室实施。对于临界生多加鼓励，从心理上开导，帮助他们找回信心，树立正确的人生价值观。每一个孩子都是独特的个体，学校在教育的同时，也有责任为他们提供展现才能的舞台，也是丰富校园文化，提升学习效率的一个有效方式。激发了学生的学习兴趣，鼓励了他们勇挑责任信心，锻炼了他们的社会实践活动能力，也彰显了一中学子的风采。

学校党员教师在沈元树校长的带领下，在聂市镇长源村参加帮扶扶贫活动

高三年级在白云湖莼湖书院广场举行成人宣誓仪式

学校党员教师在井冈山学习

第33届校园艺术节在田径场举行

临湘市第二中学

校长　王良敏

临湘市第二中学始建于 1958 年，至今已有 60 年的办学历史，是湖南省示范性普通高级中学、省级文明单位、国家级体育传统项目学校、全国平安和谐校园。学校占地 346.95 亩，建筑面积 6 万余平方米，现有教学班 65 个，学生 3480 人。现有教职工 280 余人，本科以上学历 273 人，其中研究生 11 人，有岳阳市名师 1 人，特级教师 1 人，高级教师 85 人，一级教师 96 人。近几年来，学校紧紧抓住改革带来的发展机遇，坚持严格而科学的管理，以工作创新为导向，以特色教育为突破口，提高了教育质量，增强了学校的吸引力，实现了“一年一跨越，五年翻一番”的目标。高考上线人数和万人录取率连续多年稳居临湘市第一，并有 20 多位学生被北大、清华录取。2017 年高考，其中 600 分以上共有 14 人；临湘市理科前十名二中有 6 人；一本上线 116 人，二本上线 392 人，万人录取率和提升度继续居岳阳市第一。2018 年高考，其中文科 13 人，临湘市前十名，二中有 5 人，理科 19 人，临湘市前十名，二中有 6 人；二本以上上线 383 人，其中一本上线 168 人。学校多次受到国务院、教育部、国家体育总局、共青团中央等部委的嘉奖和表彰，在全省乃至全国享有较高声誉。目前，学校正朝着“办人民满意的教育，创全国知名学校”的目标而奋斗。

岳阳市市委常委、组织部部长王瑰曙、临湘市市长魏淑萍一行到临湘二中视察

临湘二中参加2018年全国中田赛获3金2银团体总分第五名

李芳伟（2016年高考岳阳市文科第一名，被北大录取）

魏莹（2017年高考理综成绩全省排名第一，被北大录取）

临湘二中获得湖南省第三届建制班歌唱比赛一等奖

临湘市第三中学

副市长刘如乐陪同岳阳市教体局领导到学校视察

临湘三中总支委员会开展党员活动日

临湘三中成功举办第二届校运会

临湘三中原名长安中学，开办于 1956 年，距今有 62 年的办学历史。学校历经变迁，开始选址在长安公社茶园（现在白云镇集庄村境内）。1962 年迁址于现在的“临湘市职业中专南院”，1984 年迁于现址，1993 年 12 月 26 日学校随区划调整更名为“城南中学”，2015 年 5 月，被收编为市直，改建为“临湘市第三中学”，真乃是“三易其址，三更其名”。

学校区位优势明显，地处临湘大道、南太路和 107 国道相互交错的三角区内，东临风景秀丽的白云湖，西靠五尖山森林公园，南接三湾工业园区，北托临湘市中心城区，深受山水灵气的润泽，学校才俊云集，人才辈出。学校办学条件优越，近年来，市委政府高度重教，将临湘三中作为化解城区大班额的重点改造学校来建，投入 4600 余万元，拓展校园面积 14 亩，使校园占地达 29240 平方米；新建两栋 28 个教室的教学楼，建筑面积达 4218 平方米；新建男、女生宿舍各一栋，建筑面积达 2430 平方米；多功能综合楼一栋，建筑面积达 3700 平方米；学生食堂一栋，建筑面积达 900 平方米；学生公厕 2 个，建筑面积 140 平方米；门卫室 2 个建筑面积达 60 平方米；新建高标准运动场一个，建筑面积达 7100 平方米；新衬砌了学校周边围墙 810 米，绿化面积 1100 平方米；黑色油路面达 3600 平方米，新建高标准篮球场 2 个，排球场一个，理化生实验室 6 个，多媒体等教育教学设施一应俱全，广播、监控系统校园全覆盖，图书室、阅览室应有尽有，完全可以满足现代化教育教学的需要。学校师资力量雄厚，在编教师 109 人，其中高级教师 18 人，一级教师 72 人，初级教师 19 人，教师学历合格率达 100%，学科结构齐全。在岳阳市中小学生运动会上，学校获团体总分第二名；在临湘市中小学生田径运动会上，学校获团体总分第二名；在各类学科知识竞赛中，有 182 名学生获奖，有 13 名教师被评为“优秀辅导员”；在年终目标管理考核中，被临湘市教体局评为“先进单位”。临湘三中一定会和衷共济，励精图治，潜心教育教学，奋力拼搏，努力将学校打造成为临湘市高质量的品牌学校。

三中田径场

临湘市儒溪中学

实事求是的领导班子

临湘市儒溪中学地处江南镇洋溪村，紧邻临鸭公路，距离美丽的长江仅 3 千米，是一所九年一贯制学校。2014 年 9 月因临湘市工业园的发展整体搬迁至现址，在各级领导的重视和关怀下，搬迁后的儒溪中学办学条件得到极大改善，教学质量稳步提升，服务半径不断扩大，学生人数逐年增多，学校现有 14 个教学班，教师 33 人，学生近 700 人，另外公立幼儿园有幼儿 170 人，教学班 5 个，教工 12 人。学校总占地面积为 45 亩，总建筑面积 8792 平方米，现有教学楼、学生宿舍、教工宿舍、学生食堂及幼儿园各一栋。学校连续多年被临湘市教育体育局评为目标管理先进单位和教育教学质量先进单位。

学校在校长陈小涛的带领下，紧紧围绕办“农村孩子的乐园，教师成长的沃土”这一宗旨，立足农村现实，科学施教，科研兴校，全面执行党的教育方针，积极推进素质教育。狠抓学生的养成教育，严格落实日常管理。特别在落实“一校一品”的工作中，学校坚持走体育特色之路，近两年来先后建成了室内外乒乓球馆、灯光篮球场和 200 米的塑胶跑道，2016 年正式挂牌为“临湘市中小学生乒乓球训练基地”，在 2017、2018 年连续两年代表临湘参加岳阳市中小学生乒乓球比赛并取得较好成绩。儒中的孩子们必将在人生起点的大舞台上绽放出更加灿烂的生命活力，在温馨的校园里，必将留下他们最美好的人生回忆。

新建成的塑胶操场

市教育体育局局长朱琼波体验乒乓球馆

六一汇演

丰富多彩的活动

参加姚基金篮球季活动

校门

公立幼儿园

临湘市忠防中学

校长　袁宏舟

临湘市忠防中学座落于忠防镇秀丽的晓煦山下，占地面积 200 亩，建筑面积 18574 平方米。学校现有初中本部、3 个完全小学、3 个小学教学点，在编教职工 84 人，在校中小学生 1600 人。初中本部有教职工 43 人，其中 8 人获得高级教师职称，6 人荣获临湘市“骨干教师”和“学科带头人”称号，2 人荣获岳阳市“骨干教师”称号。舒升琴、刘天娇等 8 名教师先后在国家、省级报刊杂志上发表多篇教研教改论文，其中获国家级奖的 5 篇，获省级奖的 7 篇，获岳阳市级奖的 18 篇。自 2003 年以来，忠防中学向临湘市二中输送的李忠丹、万梦兰、赵宁、陆江、余炯等 5 名学生先后考入清华、北大。学校曾连续 8 年被评为临湘市目标管理红旗单位，先后被评为临湘市“文明单位”“绿色学校”。

副市长刘如乐来校视察

2018 年，忠防中学在上级部门的正确领导下，通过全校教职工的共同努力，整体工作稳中有进，各项工作呈现一派欣欣向荣的态势。学校为培养能力型学生创设了锻炼平台，成立了学生课外活动小组，开展了“六一”文艺汇演，庆“十一”朗诵比赛，举办了 2019 庆元旦晚会，组织了三次学生社会实践活动，14 名学生在寻找中国少年写作之星作文大赛中分别获一、二、三等奖，66 人次在市语文、英语、物理、化学竞赛中获一、二、三等奖。2018 年，学校荣获临湘市初中教育教学质量综合评比二等奖。

感恩教育演讲

教研活动

学生宿舍楼

临湘嘉洲房地

董事长　刘青

员工风采

重庆吉祥天地产（集团）是刘青董事长亲手创建，集房地产开发、水泥制造、商品混凝土生产、砂石场投资、物业管理等多个行业为一体的综合性集团企业。2013年以房地产投资领域为主，在临湘新建下属子公司临湘嘉洲房地产开发有限公司。公司拥有房产开发、建筑工程、营销策划、会计等各类专业技术管理人才，秉承以人为本，以“科学、求实、创新、发展”为宗旨，积极依托重庆吉祥天地产（集团）有限公司的开发资质和品牌实力，倾力打造高品质的项目，塑造集团一流品牌。迄今，承建项目为临湘市白云湖公园公益项目和吉祥·嘉年华房地产建设项目。

白云湖公园项目

临湘市白云湖公园属市政公益建设项目，临湘嘉洲房地产开发有限公司以BT形式出资承建。公司按照市委、市政府要求，在6个月内将合同期为一年的工程项目优质高效提前完成，移交给政府投入使用。同时为安置白云湖拆迁户垫资承建长安古街，其公园和古街整体风格、施工工艺、施工质量得到相关质量部门的高度评价。白云塔集三国文化、长安驿站文化、迁徙瑶文化、茶马古道文化、湘贤吴獬文化，形成创意型经济开发圈，辐射云梦新区，带动周边经济大开发、大繁荣，为“精彩北大门，品质新临湘”的重大举措起到重要的作用，项目的建成将以一个崭新文化为主题的休闲公园展现给广大市民，成为湘北门户地标建设项目之一。

吉祥·嘉年华一期施工

产开发有限公司

吉祥·嘉年华房地产项目

吉祥·嘉年华项目是公司承建临湘市白云湖公园项目的又一精品地产项目。占地 137 公顷，总建筑面积 63 万平方米，总投入 18 亿，分三期建设，预计 8 年完成。吉祥·嘉年华为文化、娱乐、健身、休闲、购物的综合性高档小区。入户大厅尊显高贵奢华，23 栋 32+1 的住宅楼，将山水城市景观尽收眼底。小区空间以点、线、面结合，构成丰富多彩的立体空间系列，形成超大中庭，最大限度增加楼距的采光面，有效节能、低碳、环保，一改城市单一简约欧式建筑风格。

吉祥·嘉年华位于临湘市城市中心，东邻临湘一中新校区，城中南路横穿腹地直连 107 国道，西伴临湘第八完全小学，北接长安大道。政府行政服务中心、教育、文化、医疗、购物、金融、服务机构近在咫尺，地理条件十分优越。小区配套双语幼儿园，商务会所、休闲广场，篮球场、羽毛球场、乒乓球室，儿童乐园，老年人健康活动中心，湿地公园，生态游泳池，音乐喷泉，超大地下停车库实现人车分流，休闲、运动、健康生态置身于一体，尽享一流城市宜居新品质。

吉祥·嘉年华严格按规划建设，连续 3 年评定为《岳阳市富民强市模范单位》，2018 年评定为《岳阳市绿色生态宜居楼盘》《岳阳市级园林式小区》光荣称号。项目领军临湘地产龙头产业，建成后是临湘市最大的商住小区，将大大提升临湘市城市整体形象，造福一方百姓。对做强湘北门户，树立湘北大门的宜居城市标杆，提高城市品位，促进城市发展有着十分重要的意义。

临湘嘉洲房地产开发有限公司主管领导观看吉祥·嘉年华项目冬季特训汇演

吉祥·嘉年华小区区名石

获得的部分荣誉

吉祥·嘉年华一期实景

湖南国发精细化

董事长　胡晓珊

湖南国发精细化工科技有限公司地处洞庭之滨，东邻京广铁路和京珠高速公路，西依长江，南傍美丽开放的岳阳市，水陆交通便利，是专业从事化工新材料的研发、生产和销售的高新技术企业。公司充分发挥光气资源优势，利用异氰酸酯类新材料生产农药原药、医药中间体、化工中间体，是光气化精细化工产品生产龙头企业，技术力量雄厚，检测手段先进，质量保证体系健全，是湖南省认定的高新技术企业和化工新材料生产企业。拥有异氰酸酯系列化工新材料产品、氨基甲酸酯系列农药原药产品、基础化工原料、精细化工产品、医药中间体五大类30多个品种。公司拥有自营进出口权，与国际上30多个国家、地区和200多家国外公司建立了广泛的业务往来。公司以高新科技为引领，以责任关怀为基础，努力践行“安全健康，安居乐业，共同担当，共同富裕”的国发梦。全力塑造“安全化工，绿色化工，智慧化工”核心竞争力，树立打造全球供应链理念，竭诚为国内外客商服务，殷切希望强强联合，欢迎国内、外客商洽谈商贸，进行广泛的交流与合作，携手双赢共进。

整洁的厂区

湖南国发厂区大门

工科技有限公司

两新组织“先锋护碧水”活动

走访贫困户

金秋助学

党员活动日

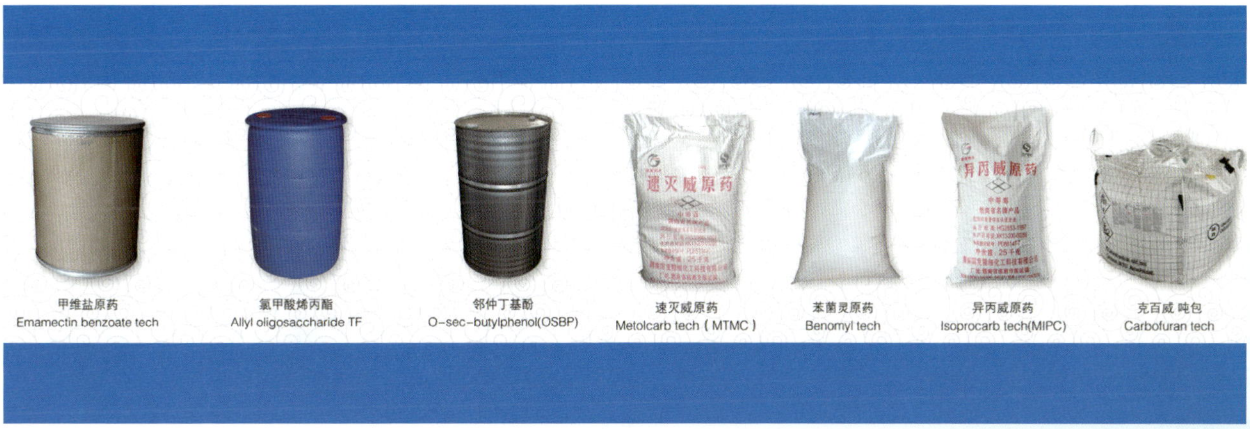

公司部分产品

临湘华银置业投资发展有限公司

董事长　李建利

临湘华银置业投资发展有限公司（以下简称华银置业）成立于2006年8月，公司注册资本7830万元整，是华亿集团独资，以房地产综合开发为主营的现代民营企业，是临湘市综合性房地产领军企业。隶属于华亿企业集团，集团创始于1997年，20年间企业实行多元化发展战略，旗下除了华银置业，并设有岳阳亿利达、华强混泥土、长信监理、新华亿实业、新文化影视、华兴物业、江苏连云港华联置业、深圳华银实业、华银华美达广场酒店、华银享悦时光月子会所等各分子公司，在房建施工、房地产开发、商品混泥土、工程监理、星级酒店、3D数字影城、母婴护理等行业创造了临湘的领军品牌。

华银置业拥有一支成熟的、高素质的管理队伍；拥有先进的经营理念，以“打造临湘最高端房地产项目”为现阶段企业目标，以“产品为王、服务至上”作为企业宗旨，建设了临湘最高端的项目——长安购物公园·白云湖公馆。项目总建面40万平米，是集居家、购物、休闲、娱乐、餐饮、文化、酒店、旅游、商务于一体的第五代公园式综合体。在发展过程中，具有较强的社会责任感，不忘回报社会。响应临湘市政府号召，积极参与精准行动，自2016年5月1日起，每销售一套住宅，捐出3000元用于扶贫专项基金；同时解决贫困户问题达30余户，不仅是在物质和经济上的支持，更是从多方面给予帮助和支持，授人以鱼不如授人以渔。在社会上获得很高的赞誉，诚实守信单位、诚信房地产企业、最具责任感品牌开发商等荣誉。未来华银置业将实施的首要目标是，以房地产为主业，打基础、练内功、树品牌，成为湖南的行业先锋。“创名牌地产，建常青基业”，公司将朝着这个美丽愿景昂首阔步，不断求索，不断前进！

“精准扶贫·爱心捐赠”仪式

年度工作总结表彰会

鸟瞰白云湖公馆夜景

湖南信泰置业有限公司

董事长　何如

湖南信泰置业有限公司于2013年成立。是一家集餐饮、酒店、珠宝、商贸为一体的商业综合体。由临湘市信泰首饰行和临湘市家味餐饮公司共同注资1000万元注册成立。现今信泰企业旗下拥有众多的优质明星企业。信泰置业有限公司秉承诚信守法、以人为本、追求一流、回馈社会的核心价值观，以为湘北大众提供安全、优质、便利的服务为己任，全力打造信泰誉峰商业综合体。搭建了一个深受湘北大众喜爱的五星级体验，二星级收费的服务平台。公司始终坚持响应党和社会的号召，积极参与社会各项公益活动，践行企业回馈社会，实现了信泰企业经济效益和社会效益双丰收。

真抓实干的领导班子

长安书画院

信泰物业

家味食坊

维也纳酒店

蒸锦美食水疗

岳阳亿利达建设工程有限公司

董事长李建利陪同市人大副主任李炎利、市扶贫办主任曹新旺、市工商联党组书记胡华望等领导在花园村走访调研精准扶贫工作

岳阳亿利达建设工程有限公司成立于1994年，是一个集建筑、安装、装饰等于一体的房屋建筑工程施工总承包壹级企业。本公司独立核算，自负盈亏，技术力量雄厚，现有干部职工1426人，有职称技术人员308人，其中：高级职称12人，中级职称108人，初级职称188人，注册造价师3人，国家一级建造师13人，二级建造师12人，公司机械设备齐全，资金雄厚，注册资金1亿元，机械设备655台（件），总功率为13152千瓦，人均技术装备8000元，年完成产值5亿元左右。公司狠抓质量管理，企业信誉较高，对所承建的工程，公司项目部均严格按照优质工程标准组织施工，及时推广和采用新工艺、新技术、新材料，严格规范文明施工现场，安全生产按照国家有关新标准、新规范实施操作。工程质量、安全生产、文明施工现场多次受到省、市建委领导的好评，连续多年被湖南省建设厅、岳阳市建委评为“工程质量管理”先进单位、“安全生产目标管理”先进单位、“岳阳市十佳建筑企业”“岳阳市文明施工企业”“岳阳市诚信企业”“岳阳市AAA信用企业”及“岳阳市安全质量认证优秀企业”等称号；被中国质量万里行工作指导委员会评为“质量服务双满意”单位，岳阳华银华美达酒店获芙蓉奖，临湘市人民医院拆近还建工程荣获省优工程。公司靠质量求生存，凭信誉求发展，力求做到“团结、严谨、务实、创新”，充分发挥企业的良好优势，使管理、质量、效益再上新台阶，同时将以精谌的业务水平，过硬的工程质量，准确合理的工程造价为社会各界用户服务。

岳阳市组织部“两新工委”副书记谭军一行到公司进行基层党建工作调研

临湘市长安购物公园

获得的部分荣誉

公司办公楼

岳阳华银华美达广场酒店——芙蓉奖

临湘市人民医院拆迁还建工程——省优工程

临湘市大成房地产开发有限责任公司

董事长　郝拥军

临湘市大成房地产开发有限责任公司成立于2002年，注册资金1000万元，主业为房地产开发经营，现法人代表郝拥军。公司先后开发了3.3万平方米的荷花小区，2.5万平方米的长安阁花园小区及4.3万平方米的大成帝苑桂花城小区。其中，大成帝苑桂花城项目由临湘市住建局招商引进临湘籍在深圳创业人士、现大成公司法人代表郝拥军先生投资1亿元复盘开发。建设规模为2梯4户型24层电梯房2栋，5层2单元20套步梯房1栋及临街一、二层商铺门面20个。项目位于市广电局西侧，紧邻第九小学及大型成熟小区富临家园，又与天然氧吧五尖山国家森林公园对接，交通便捷，是读书、安居、创业的理想之地。小区绿化以桂花为基调，彰显大成帝苑桂花城建设主题，人文荟萃的环境释放出生活的诗意。

临街黄金旺铺开盘

项目公示牌

桂花城沙盘模型

湖南长兴建筑工程有限公司

董事长　钟良华

湖南长兴建筑工程有限公司，原系临湘市长兴建筑工程有限公司、临湘市第二建筑工程公司。始建于1973年，2001年改制为有限责任公司，是一家建筑施工总承包二级企业，并具有建筑机电安装工程专业承包叁级、市政公用工程施工总承包叁级、建筑装修装饰工程专业承包贰级、地基与基础工程专业承包叁级、起重设备安装工程专业承包叁级资质。已有三十多年的建筑施工经历，是临湘市建筑行业中一支劲旅。公司在过去的施工经历中，都能够坚守“信誉求发展、质量求生存”的宗旨，近几年承建过“临湘市防汛抗旱指挥中心综合楼”分别获得“岳阳市优质工程”和“湖南省优质工程”奖，2009年承建的临湘市广电局办公大楼工程为岳阳市质量安全管理现场会基地，并获“湖南省文明工地”称号和“湖南省优质工程奖”；其中检察院办公楼评定为湖南省优质工程，并已申报湖南省芙蓉奖；同时临湘市人民法院的法警楼被评为公司装饰装修的2016年度湖南省优质工程，正在承建的金沙商业广场、法苑小区、广商豪苑小区也被评定为岳阳市标准化示范工程。

公司有良好的企业形象作旗帜，自有办公楼4层，建筑面积4000平方米。有各股东雄厚的资产和经济作保证，有各级主管部门领导的大力支持作后盾，有各建设单位的口碑信誉作基础，一定能发展成一支强大、兴旺、精锐的施工企业，为临湘市的建筑事业开创出更加辉煌的新局面。

金沙商业广场

获得的部分荣誉

临湘市人民检察院（2000年湖南省优质工程）

临湘市市委大楼（2000年湖南省优质工程）

临湘大酒店（2005年省优质工程）

临湘市消防大队（2008年市优质工程）

临湘市广播电视大楼（2010年湖南省优质工程）

临湘市锦康房地产开发有限公司

湘北购物广场

剑桥郡（效果图）

董事长　李正炎

临湘市锦康房地产开发有限公司成立于 2010 年，是一个集房地产开发、销售于一体的企业，公司注册资本 2000 万元，法定代表人李正炎，现任临湘市人大代表、人大常委委员、临湘市房地产协会会长，是临湘市自主创业的成功典范。锦康房地产经历了起步、创业、发展的三个跨越，逐步走向理性与成熟，建立了完善的企业管理制度，具有过硬的项目管理团队，储备了可持续发展的人才队伍。公司秉承“质量第一，服务上乘，优质高效”的企业宗旨，本着“打造精品社区，引领住宅潮流”的产品理念，立足主业，从项目开发、土地储备、团队建设、资本运作等各方面未雨绸缪，夯实了逐步做大做强的稳固基础。八年来公司成功开发了临湘市五甲巷、百货、司法、粮苑小区等具有影响力的房产项目，建筑达 30 万平方米。项目依法依规，全程提供优质服务，工程质量合格率 100%，赢得了广大客户及质量主管部门的一致好评。目前开发的“湘北购物广场”项目为一栋 5 层商业裙楼及 20 层住宅，建筑面积 33000 平方米，已基本完工。

2018 年 6 月，通过临湘市政府招拍挂，公司取得原金叶复合肥地块约 100 亩的宗地使用权，专为打造剑桥郡住宅小区项目用地。剑桥郡项目地处临湘市城市中心繁华地段，东邻临湘市一中，南抵 107 国道（湘北大道），西伴临湘市第八完全小学，北与吉祥·嘉年华小区相连，占地面积 6.3176 公顷，总建筑面积约 27 万多平方米，距临湘市政府行政服务中心近在咫尺，金融、教育以及长达 380 米的临街商铺，剑桥郡是真正人文商住一体的学区房，地理位置、环境条件十分优越。目前，剑桥郡住宅小区项前期基础工作已投入运行，将很快进入正式开发建设。临湘市锦康房地产开发有限公司将始终秉承“诚信为本，用户至上，创建精品、服务大众”的经营原则，恪守“管理创效益，品牌促发展，诚信赢顾客”的服务方针，开拓创新，努力把锦康房产建设成为本土最具竞争力的房地产企业，为助力“品质新临湘，精彩北大门”，提高城市品位做出更大的贡献。

临湘市振宇建筑工程有限责任公司

总经理　冯卫兵

临湘市振宇建筑工程有限责任公司成立于 2001 年 10 月 8 日，由始创于 1951 年 5 月的原临湘市建筑工程公司按建设部资质就位的有关精神改制后成立的建筑工程施工总承包三级企业。2015 年 2 月 12 日公司资质升级为建筑工程施工总承包二级，增项资质：建筑装修装饰工程专业承包二级、市政公用工程总承包三级、环保工程专业承包三级、城市及道路照明工程专业承包三级、机电工程施工总承包三级和钢结构工程专业承包三级。公司现有干部职工 258 人，固定资产 2600 万元，注册资金 2019 万元，拥有各类大中型机械设备 200 余台（套），公司技术力量雄厚，有各类专业技术人员 155 人，其中，高级职称人员 3 人，中级职称人员 23 人，初级职称 106 人，初级以上经济管理人员 10 人，建造师 15 人。

公司在改制后的新形势下，遵循“力创品牌、信誉至上”的经营宗旨，内强管理外树形象，努力拓展建筑市场，近年来公司承建的工程临湘市长河国际花城一期工程，6 层框架结构，建筑面积 19568 平方米（岳阳市优质工程）；临湘市人民法院审判法庭工程，12 层框架结构，建筑面积 12980 平方米（湖南省优质工程）；临湘市妇幼保健院迁建工程，13 层框架结构，建筑面积 24984 平方米（湖南省优质工程）；临湘市农村综合服务平台工程，3 层框架结构，建筑面积 95685 平方米。公司曾多次被建设行政主管部门评为“重合同守信用”企业、“质量管理先进单位”“安全生产先进单位”等。

公司党支部会议

学习党的十九大精神

党员活动日

获得的部分荣誉

临湘市妇幼保健院综合大楼

临湘市凡泰矿业有限公司

董事长　曾凡雄

总经理　阮炎林

临湘市凡泰矿业有限公司于 2003 年在原临湘市联营矿业公司基础上改制成立。公司成立十五年来，在市委、市政府正确领导下，在各级主管部门的监督指导及大力支持帮助下，紧紧围绕每年既定的工作目标部署，以服务全市经济发展为目标，以安全高效、绿色环保矿山建设为重点，以多元化经营为突破，以企业文化建设为保障，开拓进取，取得了一定的发展成绩。历经十五年的发展，公司从 30 多人发展到现有员工 830 余人，从单一的矿石开采发展到拥有白云石开采加工、工程材料、民用爆破、码头装卸、物流运输公司等数家下属子公司、分公司的集团型企业，同时拥有长江大宗散货集散码头、矿山专用物流集散货场、与广铁集团战略合作长期租用环矿山铁路专用线等配套的增值产业链，公司初步形成了以矿山资源开采为依托，深耕白云石开采深加工为主，涉足工程材料、民用爆破、码头装卸、水－公－铁物流联运多个行业领域。在市委、市政府和上级各主管部门的关心支持下，公司自从成立以来，秉承“守法、诚信、进取、感恩”的企业精神，不断开拓创新，依法依规经营，企业经营业绩保持稳健增长态势。全面通过了矿山企业 1SO9000 质量体系标准认证、ISO14001 矿山环境标准认证和 OHSAS18001 职业健康与安全管理体系标准认证。全面贯彻十九大报告精神为指引，落实上级经济工作会议精神，围绕加强风险防控，经营提质增效，加快转型发展为核心。继续保持安全生产持续稳定，生态环境面目一新，经营质量不断提高，社会声誉不断提升，实现公司可持续发展目标。

市长魏淑萍到公司视察工作

上级领导到生产基地视察工作

2017年工作总结表彰大会

生产基地一角

岳阳华强混凝土有限公司

岳阳华强混凝土有限公司是一家专业生产、销售商品混凝土的股份制企业，2010 年 10 月注册成立。公司座落在工业园石塘大道，占地面积 26640 平方米，总投资 3000 万元。公司引进“三一”成套设备，年产能 60 万立方米。公司实行董事会领导下的总经理负责制，采用层级管理模式，现有员工 107 人。公司设备、资金、技术实力雄厚，多年来产品市场占有率均在 70% 以上，为临湘的建设事业作出了重大贡献。为响应国家和建设职能部门提倡的低碳环保，节能降耗政策，公司在 2017 年外部环境面临最大挑战的情况下，创新挖潜，开发新原料、新工艺，在本地区率先生产了透水和彩色混凝土，并成功将人工砂投入到混凝土生产中，解决了河砂资源短缺带来的生产瓶颈，增强了企业的竞争力，目前，企业正向着制度化、规范化的管理模式迈进。

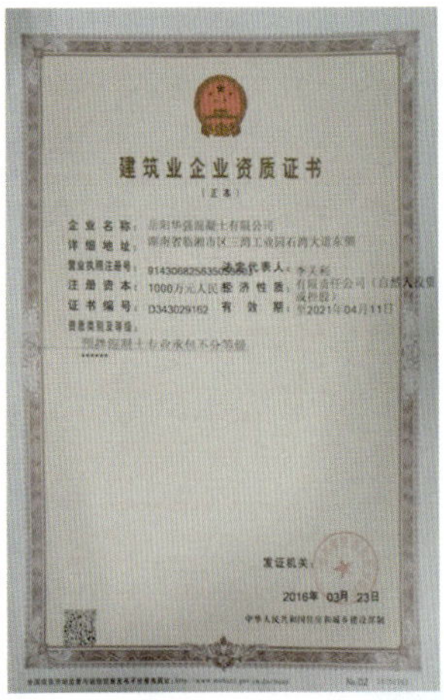